Der homiletische Entwurf von Gerhard Aho (1923–1987)

Daniel J. Schmidt

Der homiletische Entwurf von Gerhard Aho (1923–1987)

Studie zur Rekonstruktion eines nordamerikanischen lutherischen Predigtkonzepts

EVANGELISCHE VERLAGSANSTALT
Leipzig

Daniel J. Schmidt, Dr. theol., Jahrgang 1964, ist heute Pfarrer in der Lüneburger Heide, nachdem er seit 1989 auf drei Kontinenten (Nordamerika, Europa, Afrika) in fünf Sprachen (Englisch, Französisch, Deutsch, zwei Bantusprachen) durch Gemeindearbeit und Mission Predigterfahrungen gesammelt hat. Mit der vorliegenden Arbeit wurde er im Jahr 2013 an der Augustana-Hochschule in Neuendettelsau zum Doktor der Theologie promoviert.

Augustana-Hochschule Neuendettelsau, Dissertation 2013

Bibliographische Information der Deutschen Nationalbibliothek
Die Deutsche Nationalbibliothek verzeichnet diese Publikation in der Deutschen Nationalbibliographie; detaillierte bibliographische Daten sind im Internet über http://dnb.dnb.de abrufbar.

Printed in Germany · H 7832

Das Buch wurde auf alterungsbeständigem Papier gedruckt.

Cover: Zacharias Bähring, Leipzig
Satz: Daniel J. Schmidt, Groß Oesingen
Druck und Binden: Hubert & Co., Göttingen

ISBN 978-3-374-03891-6
www.eva-leipzig.de

»What you are after is not that people shall say at the end of it all,
›What an excellent sermon!‹ That is to fail in preaching.
What you are after is to have them say with deep thanksgiving:
›What a wonderful Savior!‹«

W. Harry Krieger (Lectures on Effective Preaching,
Concordia Seminary St. Louis/MO, 26.–28.2.1957)

Vorwort

Die vorliegende Arbeit wurde im Wintersemester 2012/2013 von der Augustana-Hochschule in Neuendettelsau als Dissertation angenommen. Für den Druck wurde sie geringfügig überarbeitet und um ein Personenregister ergänzt, Verweise auf Internetquellen wurden aktualisiert. Die Gutachten erstellten Herr Prof. Dr. Klaus Raschzok, Herr Prof. Dr. Hanns Kerner sowie Dr. Michael Rogness. Allen dreien gebührt dafür mein Dank.

Diese Arbeit wäre nicht möglich gewesen ohne die Unterstützung einer Vielzahl von Personen. Mein Dank gilt an erster Stelle Prof. Dr. Klaus Raschzok, der sich auf mein Promotionsvorhaben eingelassen hat noch bevor ich 2010 aus der kirchlichen Arbeit im südlichen Afrika nach Europa zurückkehrte und eine persönliche Begegnung möglich war. Die ausführlichen Gespräche, zu denen er sich in der Folgezeit regelmäßig Zeit nahm, waren nicht nur entscheidend für die Entwicklung dieser Arbeit, sie haben mir auch das Verständnis der deutschsprachigen Praktischen Theologie neu erschlossen, die für mich im buchstäblichen Sinne fast zwei Jahrzehnte lang in der Ferne gelegen hatte.

Zu denen, die zu meiner Arbeit beigetragen haben, gehören manche, die mir dazu Mut gemacht und mich im Gebet begleitet haben. Dazu zählen (bewusst oder unbewusst) auch viele Gemeindeglieder, die meine eigenen Versuche auf der Kanzel – von meinen Anfängen 1985 in der Gemeinde von Phill Andreasen, einem Schwiegersohn Gerhard Ahos, im ländlichen Iowa bis heute – wohlwollend und kritisch aufgenommen haben. Hilfreich und bereichernd war auch die Erfahrung der gemeinsamen Arbeit mit Studenten in Pretoria und Oberursel, denen ich in den vergangenen Jahren etwas weitergeben durfte von dem, was ich selbst bei Gerhard Aho gelernt habe.

Mein besonderer Dank gilt der Kirchenleitung der Selbständigen Evangelisch-Lutherischen Kirche und der Fakultät der Lutherischen Theologischen Hochschule in Oberursel, die mit der Übertragung der Assistentenstelle an der Hochschule solche Erfahrungen möglich gemacht und mir zugleich den Freiraum zum wissenschaftlichen Arbeiten gegeben haben. Beide haben zudem in dankenswerter Weise Druckkostenzuschüsse gewährt. Besonders danke ich Prof. Dr. Werner Klän, der auf diesem Weg mehr als eine Brücke geschlagen hat. Eine unschätzbare Hilfe war die Unterstützung durch Robert (Bob) Smith und Prof. Robert V. Roethemeyer an der Bibliothek des Concordia-Seminars in

Fort Wayne sowie durch Helmut Fenske, den Bibliothekar der Lutherischen Theologischen Hochschule in Oberursel. Nur durch ihre immer wieder sehr zeitnahen Bemühungen verbunden mit dem Einsatz digitaler Technik, durch die sie mir Einzelexemplare auch aus der Entfernung zugänglich gemacht haben, war es möglich, manche entlegene Quelle aufzuspüren und auch ansonsten kaum zugängliche homiletische Beiträge zu erhalten.

Prof. Dr. David Scaer, der selbst in den 80er Jahren mein Lehrer am Concordia-Seminar in Fort Wayne war, hat wiederholt Fragen zu seinem Kollegen und Freund Gerhard Aho beantwortet. Mit Carl Fickenscher und David Schmitt, die den homiletischen Ansatz Ahos an den beiden Seminaren der Missouri-Synode weiter verfolgen, habe ich in Fort Wayne und in Oberursel intensive Gespräche führen können; der E-mail-Austausch, der sich daraus ergab, hat die Weiterarbeit an der Dissertation anregend begleitet. Zu besonderem Dank bin ich der Familie Aho verpflichtet, insbesondere Monica Andreasen, die mir mit manchen Auskünften zu ihrem Vater geholfen und mir persönliche Aufzeichnungen aus dem Besitz ihrer Familie zukommen lassen hat.

Ausdrücklich danke ich zwei Personen, die ich bisher nicht persönlich kennengelernt habe und denen ich umso dankbarer bin, dass sie mich an ihrer Verbundenheit mit Gerhard Aho haben teilhaben lassen: Tuula Contarino in Queensland in Australien, die als junges Mädchen Ahos Gemeindeglied war, und Dr. Reijo Arkkila, der als finnischer Austauschstudent in Fort Wayne bei Aho studiert hat.

Meiner Mutter danke ich für ihren finanziellen Beitrag zur Veröffentlichung dieser Arbeit. Einen ganz eigenen Anteil daran hat meine Frau, ohne deren kontinuierliche Unterstützung und Geduld kein Teil dieser Arbeit möglich gewesen wäre und die mir damit mehr gegeben hat, als in Worte zu fassen ist.

Diese Arbeit sei denen gewidmet, die mir während meiner Zeit als Student in Fort Wayne zu entscheidenden Wegweisern wurden:

To the Faculty of
Concordia Theological Seminary
Fort Wayne
Who taught me to love
the Ministry of the Word

Daniel J. Schmidt
Groß Oesingen, im Oktober 2014

Inhalt

Anhang

Prolog

Im August 1984 kam ich als deutscher Austauschstudent in die USA. Ich hatte das Theologiestudium mit dem Ziel begonnen, in die kirchlich-missionarische Arbeit im Ausland zu gehen. Mich lockte die Erfahrung eines Studienjahres in einem anderen kulturellen und konfessionellen Umfeld. Schon bei der Anmeldung am theologischen Seminar der Missouri-Synode in Fort Wayne, Indiana hatte sich das unterschiedliche Studiensystem bemerkbar gemacht. Es ging um theologische Ausbildung nicht an einer staatlichen Fakultät, sondern an einem kirchlichen Seminar. Alles wissenschaftliche Lehren und Lernen geschah mit dem steten Blick auf die kirchliche Arbeit.

Von diesem Ersteindruck abgesehen hatte ich keine großen Erwartungen an das Studienjahr. Ich erlebte eine Campus-Gemeinschaft aus 500 Studierenden und drei Dutzend Dozenten.[1] Die Liturgie der täglichen Gottesdienste in der Kapelle im Zentrum des Seminars war lebhafter als die mir vertraute. Die Predigten der Dozenten waren bei allem Tiefgang in einer unkomplizierten Sprache gehalten, die sich nicht sehr von den Gesprächen beim anschließenden Kaffee mit Donuts in der Mensa unterschied.

Das Unterrichtssystem kannte keinen Unterschied zwischen Vorlesungen und Seminaren. Teilnahme an einer Lehrveranstaltung hieß ständige Mitarbeit. In großer Regelmäßigkeit wurden Leistungen abgefragt und waren Arbeiten einzureichen. In vielen Fällen war eine umfangreiche Quellenlektüre obligatorisch. Wo sie nicht selbst Inhalt des aktuellen Unterrichtsgesprächs wurde, bildete sie den Hintergrund dafür. Viele Lehrveranstaltungen verbanden die wissenschaftliche Arbeit mit ihrer beständigen Anwendung – eine Notwendigkeit in einem Studiensystem, in dem die Ausbildung zum Pfarramt in drei Studienjahren und einem einjährigen Vikariat geschieht. Eine Reihe von Lehrveranstaltungen haben sich gerade durch diese Verbindung bei mir eingeprägt.[2]

---

[1] Im akademischen Jahr 1984/85 waren 505 Studenten eingeschrieben (Lutheran Church Missouri Synod. 1984 Statistical Yearbook. Department of Personnel and Statistics [Hg.]. St. Louis/MO 1985, 12). Der Lehrkörper bestand aus 36 Dozenten (Concordia Theological Quarterly [CTQ], 49 [1984], 4, vordere Umschlaginnenseite). – Kürzel für Zeitschriften, biblische Bücher etc. nach Siegfried Schwertner, IATG. Internationales Abkürzungsverzeichnis für Theologie und Grenzgebiete. Zeitschriften, Serien, Lexika, Quellenwerke mit bibliographischen Angaben. 2., überarb. und erweiterte Aufl., Berlin 1992.

[2] Das Austauschprogramm zwischen den Concordia-Seminaren der Missouri-Synode in St. Louis und Fort Wayne und der Lutherischen Theologischen Hochschule in Oberursel

Im Frühjahrsquartal 1985 belegte ich einen homiletischen Grundkurs bei Gerhard Aho. Dabei wurde schnell deutlich, dass dieser größtmögliche Präzision und Klarheit erwartete, theologisch wie handwerklich. Innerhalb von 10 Wochen mit jeweils drei Sitzungen waren 11 schriftliche Aufgaben einzureichen, darunter exegetische und homiletische Vorarbeiten, Grobgliederungen, ausführliche Predigtaufrisse sowie vollständige Predigten. Die sofortige Beurteilung und Benotung dieser Arbeiten bot den Teilnehmern eine stetige kritische Begleitung. Hinzu kamen rund 500 Seiten obligatorischer Lektüre.

Von den Lehrveranstaltungen am Concordia-Seminar war es dieser Kurs, der für mich in besonderer Weise direkt zur Anwendung kam. Am Ende des Austauschjahres bewarb ich mich vor meinem Weiterstudium an der Friedrich-Alexander-Universität Erlangen-Nürnberg um ein dreimonatiges Gemeindepraktikum. Ich kam in die St. Paul's-Gemeinde in Williamsburg/IA im Mittleren Westen. Deren Pfarrer, Phill Andreasen, war ein Schwiegersohn Gerhard Ahos. In den folgenden Wochen sammelte ich erste Erfahrungen in der Gemeindearbeit. Jeden zweiten Sonntag stand ich in je zwei Gottesdiensten vor mehreren hundert Gemeindegliedern auf der Kanzel. Was ich bei Aho gelernt hatte, musste ich nun in einer relativ regelmäßigen Predigtarbeit anwenden. Dabei machte ich die Erfahrung, dass es sich nicht um eine mechanisch zu befolgende Methode handelt, die dem Anfänger das Gefühl vermittelt, alles Wesentliche getan zu haben, bis er sie mit wachsender Routine hinter sich lässt. Gerhard Ahos homiletischer Ansatz war vielmehr stets von neuem die Herausforderung, das lebendige Wort der Verkündigung so auf die Kanzel zu bringen, wie der Hörer es braucht und aufnehmen kann.

Noch vor dem Ende der drei Monate erfuhr ich von Monica Andreasen, dass ihr Vater schwer krebskrank war. Nach einer intensiven Behandlung konnte er seine Lehrtätigkeit noch einmal aufnehmen, doch riss ihn der Krebs zwei Jahre später aus der aktiven Arbeit heraus.

Nach dem Abschluss meines Studiums in Deutschland stellte sich mir von neuem die Herausforderung der Verkündigung in einem anderen kulturellen und sprachlichen Umfeld, als ich mein Vikariat 1989 in einem Vorort von Paris begann und es anschließend in Deutschland im Raum Stuttgart/Tübingen fortsetzte.

Nach der Ordination wurde ich im Juni 1991 mit meiner Frau in eine beginnende Arbeit im Kongo-Kinshasa (damals Zaïre) entsandt. In den folgenden Monaten predigte ich sonntäglich auf Französisch in verschiedenen einheimischen Gemeinden. Schon im September wurden wir jedoch aufgrund allgemeiner Unruhen evakuiert. Die nächsten 20 Monate verbrachten wir in einer nord-

besteht weiterhin; im akademischen Katalog von Fort Wayne wird diese Möglichkeit im Rahmen des Studienangebotes ausführlich behandelt, s. N.N., Academic Catalog 2013 /14, Ft. Wayne/IN [2013], 44f. http://www.ctsfw.edu/-document.doc?id=1059, 44f. [Stand: 19.9.2014]).

deutschen Landgemeinde, die stark niederdeutsch geprägt war. Da an eine Rückkehr in den Kongo nicht zu denken war, erfolgte 1993 unsere Neuaussendung nach Botswana im südlichen Afrika. Wir wurden mit einer Aufbauarbeit unter den Kalanga im Nordosten des Landes beauftragt, deren Sprache als Minderheitssprache nur ansatzweise erforscht war. In den folgenden 16 Jahren predigte ich nach der ersten Sprachlernphase sonntäglich und versah alle Dienste in der Gemeinde in dieser Sprache, einschließlich Unterricht und Seelsorge. Mit der Ausdehnung der Arbeit entstanden weitere Gemeinden mit ganz unterschiedlicher Zusammensetzung. Die Landessprache Tswana und Englisch kamen hinzu. An den meisten Wochenenden predigte ich in zwei oder drei Sprachen, häufig im selben Gottesdienst und abhängig von denen, die jeweils kamen.

Dabei erwies sich, dass die Predigtvorbereitung nicht nur am Schreibtisch geschah, sondern in allem Miteinander in Unterricht und Seelsorge, bei Hausbesuchen und gemeinsamen Fahrten. Sie geschah direkt und indirekt durch die Hörerreaktionen auch auf Schulfeiern, Feiern zum *Independence Day* und Hochzeiten, zu denen ich eingeladen wurde. Während dieser Zeit stieg die HIV-Infektionsrate in Botswana auf 40% der erwachsenen Bevölkerung. Ich nahm immer häufiger an Beerdigungen teil, von den täglichen Abendandachten ab dem Todestag bis zur Aufbahrung des Leichnams im Haus am Freitagabend, der Nachtwache und den mehrstündigen Begräbnisfeiern, die mit dem Sonnenaufgang am Samstag begannen. Da wurde, wer als Pfarrer galt, selbstverständlich und unangekündigt zum Sprechen aufgefordert. Dabei war Klarheit besonders wichtig, denn von manchmal mehr als tausend Zuhörern hatten die meisten kaum ein christliches Vorverständnis. Und es kam auf genaues Reden an einem Punkt an, wo eine Sippe und ein Dorf als ganze betroffen waren und wo es um Leben und Tod ging. Solche Predigtsituationen waren ein Lernprozess, der mich immer wieder dankbar sein ließ für das theologische und rhetorische Handwerkszeug, das ich von meinem Lehrer mitbekommen hatte.

Mit Interesse erlebte ich während dieser Zeit unterschiedlichste Redner und Redeweisen in verschiedenen Kulturen. Ich befasste mich auf der linguistischen Seite mit den Diskursmerkmalen menschlicher Rede. Ich begleitete eine entstehende Bibelübersetzung in der Kalanga-Sprache und arbeitete mit an der Erstellung einer ersten Grammatik. Ich erlebte verschiedenste Arten christlicher Verkündigung in unterschiedlichen Kirchen und Konfessionen. Jede solche Erfahrung half zu einer erneuten Feinstellung des von Aho erworbenen homiletischen Werkzeugs, keine davon ersetzte es. 2007 unterrichtete ich einen dreimonatigen Homiletikkurs am Seminar der Lutherischen Kirche im Südlichen Afrika in Pretoria. Dort machten Studenten aus einem halben Dutzend afrikanischer Nationen und Sprachen eine ähnliche Erfahrung mit diesem Ansatz.

In der Begegnung mit Familien in der Nachbarschaft, in unserem Gemeindekindergarten und mit Spielkameraden unserer eigenen Kinder stellte ich einen Umgang der Gesellschaft mit Regeln und Gesetzen fest, der nicht ohne Einfluss auf das Hören der christlichen Predigt sein konnte. Jeder Erwachsene und jedes Kind konnte einem Jüngeren etwas ge- oder verbieten und Strafe androhen. Kinder lernten schnell, dass es meistens bei der Androhung blieb. Und sie lernten in einer überwiegend schamorientierten Kultur, dass nicht das Übertreten solcher Regeln das eigentliche Problem war, sondern die Schande, wenn man dabei ertappt wurde. In einer Zeit des rapiden Wandelns der Strukturen galt die Kirche Vielen als Garant für ein System von Regeln, das nach traditionellem Verständnis den Jüngeren eingeschärft werden sollte. Botswana hat sich innerhalb von drei Jahrzehnten nach der Unabhängigkeit 1966 von einem unbedeutenden und unentwickelten britischen Protektorat zu einem modernen und erfolgreichen Schwellenland gewandelt. In immer mehr Lebensbereichen spielten überkommene Formen der Autorität und die soziale und verwandtschaftliche Verpflichtung, die den Zusammenhalt der Gesellschaft garantiert hatten, eine abnehmende Rolle. Was bedeutete die Predigt von Gottes Geboten für Hörer in dieser Situation? Und was bedeutete die Rede vom Gericht? »*Watjinya* (du hast gesündigt)« – diesen Satz hörte jedes Kind täglich viele Male selbst bei kleinen Missgeschicken. Hieß das nicht, dass »Sündigen« letztlich kein wirkliches Problem ist? Und was bedeutete das für das Hören des Wortes von der Vergebung in Christus? Ähnliches galt von den Verheißungen des Wortes Gottes. Eine Mutter, die in die Stadt fuhr, versprach den zurückbleibenden Kindern, dass sie ihnen Süßigkeiten mitbringen würde. Kinder lernten jedoch bald, dass ein solches Versprechen aus der Situation heraus gemacht wurde und nicht eingehalten werden musste.

In diesen Situationen war ein kontinuierliches Predigen nicht möglich ohne stets neues Hören auf den Hörer und mit dem Hörer, das seinerseits immer neu die Frage nach dem aufwarf, was Gottes Wort tatsächlich (und nicht nur in meinem eigenen Vorverständnis) sagt. Ebenso unabdingbar war ein immer besseres Kennenlernen der Lebenssituation der Predigthörer, ihrer Freuden, Wertmaßstäbe, Nöte und Erwartungen. Dabei gehörte Gerhard Ahos Arbeitsmaterial zu dem, was in den wechselnden Situationen der Gemeindepraxis stets in Reichweite meines Schreibtisches blieb.

In allen diesen Übergängen zwischen Kulturen und Sprachen, aber auch in der fortwährenden gesellschaftlichen Entwicklung prägte sich mir eine Erfahrung immer tiefer ein: Die Wechselwirkung zwischen Predigt, Unterricht, seelsorglich-geistlicher Begleitung und der Sprache der kirchlichen Verkündigung. Als wir Ende 2009 als Familie nach Deutschland zurückkehrten, begleitete mich eine Frage, die seit meiner Zeit in Fort Wayne bei Gerhard Aho immer deutlicher Gestalt annahm: Wie kann die Homiletik den Prediger in die Lage versetzen, den Hörern das lebendige Wort Gottes nach dessen eigener Intention so zu sagen, wie sie es in ihrer menschlichen und geistlichen Situation brauchen und hören können? Die Beschäftigung mit dieser Arbeit hat mir gezeigt, dass diese Frage sich nicht nur am Übergang zwischen Kulturen immer wieder stellt, sondern in gleicher Weise auch in allen gesellschaftlichen und homiletischen Umbrüchen. Beides bildet den Hintergrund für das Wirken Gerhard Ahos als Homiletiker in den USA von 1960–1987. Aus der Erfahrung, dass sich das bei ihm Erlernte in den vielfältigen kulturellen Herausforderungen meiner anschließenden Arbeit immer wieder neu als tragfähig erwies, ist die Themenstellung der vorliegenden Arbeit erwachsen.

0. Einleitung

0.1. Forschungs- und Quellenlage, Methodik

Gerhard Ahos schriftliche Veröffentlichungen zur Homiletik bestehen im Wesentlichen aus seinen akademischen Arbeiten für die Grade eines »Bachelor of Divinity« und eines »Doctor of Philosophy in Speech«, aus Beiträgen zur Vierteljahresschrift des Seminars, an dem er 27 Jahre lang unterrichtet hat, Hilfen für den Predigtdienst der Gemeindepfarrer, einer Schrift zum Aufbau der Predigt sowie Arbeitsmaterial für seine homiletischen Kurse am Concordia-Seminar. In seinen akademischen Beiträgen wie in seinem Unterricht war die christliche Verkündigung auf der Kanzel stets sein vorrangiges Anliegen. Dieses Verständnis seines Dienstes für die Kirche und der Ausbildung von zukünftigen Predigern und seine Erkrankung, die ihn im 65. Lebensjahr aus dem aktiven Lehrbetrieb herausriss, sind der Grund für den fragmentarischen Charakter seines gedruckten Werkes. Es gibt bisher keinen Versuch, Gerhard Ahos Wirken und Werk im Zusammenhang zu erfassen. Die vorhandenen Darstellungen beschränken sich im Wesentlichen auf Artikel zu Aho als Prediger und auf Nachrufe. Ein Verständnis seines Beitrags zur Homiletik ist deshalb nur auf dem Weg einer Rekonstruktion möglich. Diesem Versuch stellt sich die vorliegende Arbeit. Ausgehend von der Beobachtung der Wirkung, die Ahos Lehren und Wirken dennoch bis heute hat, geht sie der besonderen Verbindung nach, die Theologie und Praxis, das geistliche Erbe seiner europäischen Vorfahren und die unvoreingenommene Wahrnehmung der Homiletik als ganzer bei Aho erfahren. Sie zielt damit darauf, diejenige Lücke aufzuarbeiten, die dadurch entstand, dass Ahos Homiletik nicht mehr von ihm selbst geschrieben werden konnte. Zu einer solchen Rekonstruktionsleistung eines homiletischen Konzepts, der sich die Studie posthum und aus einem Abstand von fast drei Jahrzehnten unterzieht, hat Aho selbst die Spur gelegt mit seiner im Nachhinein sich als hoch durchdacht erweisenden Liste zur begleitenden Lektüre in seinem homiletischen Unterricht.

Eine solche Rekonstruktion erfordert zugleich die Wahrnehmung seines Werkes in dessen Kontext. Auch zur nordamerikanischen Homiletik seiner Zeit gibt es im deutschsprachigen Raum zwar mit der Dissertation von Jeffrey

Myers[3] und den von Martin Nicol aufgegriffenen Elementen[4] einige Annäherungen, doch ist diese bisher nicht umfassend erfasst worden. Ein wesentlicher Teil dieser Arbeit ist daher der nordamerikanischen Predigtlehre und -praxis im 20. Jahrhundert gewidmet. Durch die Einzeichnung des Konzepts von Aho in die US-amerikanische kirchliche und homiletische Landschaft wird zugleich exemplarisch ein Blick von »innen« auf die nordamerikanische Homiletik eröffnet, der das Bild, das die deutschsprachige Theologie von dieser hat, in mehrfacher Hinsicht ergänzt und korrigiert.

Eine Herausforderung stellt die Quellenlage dar. Es gibt bisher weder eine vollständige Bibliographie zu Ahos Veröffentlichungen noch sind alle seine Arbeiten im öffentlichen Druck erschienen. Zudem sind auch die biographischen Angaben zu seiner Person in den vorhandenen Quellen begrenzt. Meine Nachforschungen führten deshalb auch zur Suche nach einzelnen Personen, die in der Lage waren, weitere Einzelheiten hinzuzufügen, und so entscheidend zu einem verlässlichen Gesamtbild beitrugen.

Zur Erschließung ihres Themas mit den genannten Aspekten geht die vorliegende Arbeit in mehreren Schritten vor. In einem ersten biographischen Teil zeichnet sie die Herkunft Ahos und seine geistliche und persönliche Entwicklung bis zu seiner Promotion nach. Ein zweiter Teil befasst sich mit der nordamerikanischen Homiletik im 20. Jahrhundert, dargestellt nach der überkommenen Predigtlehre, die ihre Wurzeln im 19. Jahrhundert hat, und der sogenannten »neuen«, die in den 1960er Jahren Gestalt gewinnt. Vor diesem Hintergrund widmet sich der dritte Teil dem Werk und Wirken Ahos. Hier erfolgt eine Nahaufnahme der homiletischen Arbeit in der »Lutheran Church-Missouri Synod«, zunächst allgemein und dann mit dem Fokus auf der homiletischen Lehre und Praxis bei Gerhard Aho. Dieser Abschnitt befasst sich außerdem mit deren Rezeption, d.h. dem Ertrag dieser Arbeit, ihrer Wirkung über Grenzen hinweg, der Weiterarbeit mit Ahos Ansatz heute und den Implikationen für eine interkulturelle Predigt. Er schließt mit einer Zusammenfassung

---

[3] JEFFREY T. MYERS, Unfinished »Errand into the wilderness«: Tendenzen und Schwerpunkte der Homiletik in den USA 1960–1985, Frankfurt a.M. (u.a.) 1996 (i. Folg.: MYERS, Errand). Im englischsprachigen Bereich ist die folgende Arbeit zu nennen: WILLIAM HENRY LEVERING, The Development of the Field of Homiletics in America from 1960–1983, o.O. 1986 (i. Folg.: LEVERING, Development); diese setzt sich jedoch ebenfalls keine umfassende Darstellung zum Ziel.

[4] S. MARTIN NICOL, Preaching from Within. Homiletische Positionslichter aus Nordamerika. In: Pastoraltheologie. Wissenschaft und Praxis in Kirche und Gesellschaft 86 (1997), 295–309 (i. Folg.: NICOL, Positionslichter); DERS., To Make Things Happen. Homiletische Praxisimpulse aus den USA. In: UTA POHL-PATALONG (u.a.), Predigen im Plural. Homiletische Perspektiven, Hamburg 2001, 46–51 (i. Folg.: NICOL, Things); DERS., Preaching as Performing Art. Ästhetische Homiletik in den USA. In: PETER CORNEHL (u.a.), Pastoraltheologie. Wissenschaft und Praxis in Kirche und Gesellschaft 89 (2000), 435–453 (i. Folg.: NICOL, Performing Art) sowie DERS., Einander ins Bild setzen, Göttingen 2002 (i. Folg.: NICOL, Bild).

und der Formulierung des Ertrags. Im Anhang schließlich finden sich außer einer Bibliographie zu Gerhard Aho Kurzbiogramme zu einflussreichen nordamerikanischen Homiletikern des 20. Jahrhunderts sowie eine vollständige Kopie seines Arbeitsmaterials zum homiletischen Grundkurs am Concordia-Seminar in Fort Wayne.

Der Umfang der vorliegenden Arbeit und die Konzentration auf die Wahrnehmung Ahos setzen ihr in mehrfacher Hinsicht Grenzen. So ist es zum Einen nicht möglich, einen Gesamtüberblick über die nordamerikanische Homiletik zu geben. Die Untersuchung beschränkt sich vielmehr geographisch (von einer Ausnahme abgesehen) auf die Vereinigten Staaten und konfessionell im Wesentlichen auf den protestantischen Raum; zeitlich setzt sie nicht vor der Evolution einer eigenständigen amerikanischen Homiletik gegen Ende des 19. Jahrhunderts an und richtet sich besonders auf die entstehende neue Homiletik, die weitgehend mit Ahos Lehrtätigkeit zusammenfällt. Zum Anderen setzt sie auch innerhalb dieser jüngeren Epoche einige Schwerpunkte, die jedoch nicht willkürlich gewählt sind, sondern sich insbesondere aus der von Aho erstellten Literaturliste ergeben. Diese wurde vollständig und in dem Bemühen bearbeitet, jeden Autor und jedes Werk zunächst selbst zu hören; ob und inwiefern es sich bei der neuen Homiletik um ein einheitliches Ganzes handelt, sollte der Untersuchung nicht als Postulat vor-, sondern als Resultat nachgeordnet werden. Dabei wurden weitere Homiletiker und ihre Werke herangezogen, wo dies im Rahmen des sich abzeichnenden Gesamtbildes oder zur Korrektur der bisherigen deutschsprachigen Rezeption sinnvoll und notwendig erschien. Die Untersuchung der eigenen Beiträge Ahos beschränkt sich auf schriftliche Quellen, darüber hinaus vorhandene Audio- und Videoquellen wurden nicht bearbeitet.

Die Arbeit versucht, durch notwendige Erklärungen der Rezeption vor einem deutschen Hintergrund Rechnung zu tragen; sie stellt jedoch nicht die zeitgleiche deutschsprachige Homiletik dar und nennt (abgesehen von einzelnen Hinweisen für das Verständnis) gegenseitige Bezüge nur dort ausdrücklich, wo sie aufgrund historischer, personeller oder kirchlicher Verbindungen bestehen oder in der bisherigen, punktuellen gegenseitigen Rezeption erscheinen.[5] Sie bemüht sich durchgehend, ihre Beobachtungen aus dem nordamerikanischen Kontext heraus zu deuten mit seiner eigenen konfessionellen Aufstellung

[5] Myers schreibt, »Was aber die deutsche und die amerikanische Diskussion vielleicht am ehesten gemeinsam haben, ist die wechselseitige Unkenntnis. [...] selbst die bedeutenderen Homiletiker werden meist nur beiläufig erwähnt.« (MYERS, Errand, 213). Rudolf Bohren erwähnt im Vorwort zu seiner »Predigtlehre«, dass er ursprünglich die homiletischen Ansätze des englischen Sprachraums mit heranziehen wollte, diesen Plan aber aus Kräfte- und Zeitgründen aufgab (RUDOLF BOHREN, Predigtlehre, München 1974, 7 [i. Folg.: BOHREN, Predigtlehre]). Michael Meyer-Blanck und Birgit Weyel stellen fest, dass es bisher kaum kontextuelle vergleichende Studien im Bereich der Praktischen Theologie gibt, (MICHAEL MEYER-BLANCK/BIRGIT WEYEL, Studien- und Arbeitsbuch Praktische Theologie, Göttingen 2008, 253f. [i. Folg.: MEYER-BLANCK/WEYEL, Arbeitsbuch]).

und kirchlichen Landschaft, der Rolle der Kirche und der örtlichen Kirchengemeinde in der Gesellschaft, den typischen Ausbildungsstrukturen vieler Kirchen mit ihren *seminaries* sowie der Rezeption der klassischen europäischen Rhetorik in der US-amerikanischen Kultur und Theologie. Angesichts der zunehmenden Globalisierung ähneln sich die Fragestellungen beiderseits des Atlantiks zusehends. Umso wichtiger ist es, Gemeinsamkeiten und Unterschiede – in ihrem je eigenen und im gemeinsamen Kontext der christlichen Kirche – wahrzunehmen. Wenn diese Arbeit dem Leser eine derartige Sicht eröffnen und damit zugleich die Wirkung und Leistungsfähigkeit eines solchen Ansatzes auch im Rahmen der homiletischen Theoriebildung erschließen kann, dann hat sie ihren Zweck erreicht.

0.2. Annäherung

Was die Homiletik als Wissenschaft praktisch und theologisch zu sagen hat, sagt sie mit dem Ohrenmerk auf die christliche Verkündigung im Gottesdienst. Auf der Kanzel wird die Vorbereitung des Predigers[6] zur Predigt. Hier erweist sich, was sie ist – zu jeder Zeit, in jeder Kultur und Sprache. Solcher Praxisbezug ist gewiss eines von mehreren Charakteristika der US-amerikanischen Predigtkultur. Dass es dabei auch zu kurzlebigen Beiträgen kommt, die sich oft nach wenigen Jahren überholt haben, wird in der Entwicklung der letzten Jahrzehnte ebenfalls deutlich. Der Blick auf die praktische Seite der Predigtarbeit bedeutet auch eine Beschäftigung mit der Sprache, der Lebenssituation und den Bedürfnissen der Menschen und mit der menschlichen Kommunikation an sich. Und doch ist nordamerikanische Homiletik mehr als dies. Sie ist eine praktisch-theologische Disziplin, die sich ihrer Wurzeln in der kirchlichen Rezeption der klassischen Rhetorik stets bewusst ist. Sie weiß zugleich um ihre europäischen Ursprünge, entwickelt sich jedoch seit dem Ende des 19. Jahrhunderts zunehmend selbständig – auf dem Hintergrund Nordamerikas mit seiner kirchlichen Landschaft, seinen Ausbildungsstrukturen für den kirchlichen Dienst und der Entwicklung der Gesellschaft. Sie ist eine Disziplin, die die Vorarbeit für die Verkündigung auf der Kanzel ebenso wie das Verkündigungsgeschehen selbst fortwährend reflektiert und in diese Reflexion zugleich sehr praktische Anliegen der Predigtarbeit aufnimmt.

Dazu gehört auch der Blick auf die Person, die die Predigt hält: *the preacher*. Im Verständnis dieses Begriffs, der sowohl »Prediger« wie »Predigerin« bedeuten kann, zeigt sich die systematisch-theologische, konfessionelle und kirchlich-praktische Bandbreite der homiletischen Diskussion. Diese konzentriert sich weitgehend auf den öffentlichen Gottesdienst der Kirche und damit in vielen Denominationen auf das Predigt*amt*, beschränkt sich jedoch auf keines von

[6] Zur Verwendung der Form »Prediger« s.u.

beiden.[7] Hinzu kommen ein vielfältiger Sprachgebrauch von *sermon* und *preaching*[8] sowie unterschiedliche Amtsdefinitionen.[9] Die Vielseitigkeit dieser Situation zeigt sich nicht zuletzt an der Frage der deutschen Wiedergabe von *preacher*, insbesondere im Blick auf maskuline und feminine Formen. Bis in die 70er Jahre des 20. Jahrhunderts wird die Frage weiblicher Prediger, von wenigen Ausnahmen abgesehen, in der nordamerikanischen Homiletik nicht thematisiert.[10] In den USA gibt es in einigen Denominationen seit dem 19. Jahrhundert weiblichen Klerus, in anderen in zunehmendem Maße ab ca. 1970. 75% aller Christen in den USA gehören 1999 zu Kirchen, die keine Frauen zum Pfarramt ordinieren;[11] hierzu zählt auch die konfessionell-lutherische Missouri-Synode.[12]

---

[7] Dass die Botschaft der Kirche aus ihr herausgetragen werden muss, prägt nordamerikanische Kirchlichkeit durch die unterschiedlichen Konfessionen hindurch. Solches »Predigen« bezieht etwa David Buttrick insbesondere auf Laien, während die Predigt in der Kirche wohl dem dazu ernannten Klerus vorbehalten bleiben sollte, wie er schreibt (BUTTRICK, DAVID, Homiletic. Moves and Structures, Minneapolis/MN 1987, 226ff., 230, vgl. 257 [i. Folg.: BUTTRICK, MOVES]). Edwards erwähnt Überlegungen zur Zulässigkeit der Predigt durch Laien, die innerhalb von fünf Jahren nach dem Zweiten Vatikanischen Konzil auf römisch-katholischer Seite angestellt werden (O. C. EDWARDS JR., A History of Preaching, Nashville/TN 2004, 693 [i. Folg.: EDWARDS, History of Preaching]; nach KARL RAHNER [Hg], The Renewal of Preaching. Theory and Practice. [Concilium: Theology in the Age of Renewal, Bd. 33], New York/NY [u.a.] 1968). Vgl. auch Edwards' Abschnitt über *women preachers* (EDWARDS, History of Preaching, 558ff.) und seine Unterscheidung zwischen dem Amt als Ordnung (Übertragung durch Ordination), als Aufgabe (konkrete Berufung) und als Funktion (a.a.O., 560).

[8] In manchen Gemeinden etwa der Missouri-Synode werden auch die im Gottesdienst gehaltenen Berichte heimkehrender Missionare oder Missionarinnen als *preaching* bezeichnet, auch wenn es sich nicht um ordinierte Amtsträger handelt.

[9] Der methodistische Homiletiker Randolph etwa berichtet, dass er seit seinem 12. Lebensjahr gepredigt habe (DAVID JAMES RANDOLPH, The Renewal of Preaching in the Twenty-first Century. The Next Homiletics. Mit einem Kommentar v. Robert Stephen Reid, Eugene/OR ²2009, xvi [i. Folg.: RANDOLPH, Twenty-first Century]).

[10] Eine Ausnahme bildet etwa Cleland, der die Frage der Ordination von Frauen 1965 als »a matter for debate and action« in der Christenheit insgesamt bezeichnet (JAMES T. CLELAND, Preaching To Be Understood, New York/NY [u.a.] 1965, 28 [i. Folg.: CLELAND, Preaching]). In den 80er Jahren schreibt D. Buttrick zur Sprache und der Auswahl und Gestaltung von Bildern und Beispielen in der Predigt, die Anzeichen von Sexismus in Predigten seien absolut erschreckend. Dazu rechnet er auch den Gebrauch maskuliner Pronomen in generischer Bedeutung (BUTTRICK, Moves, 168f., 197f.). Im Gegensatz zu seinem Buch von 1969 gebraucht Randolph 2009 fast durchgehend die Doppelform *he or she* bzw. *his or her* (DAVID JAMES RANDOLPH, The Renewal of Preaching. A new homiletic based on the new hermeneutic, Philadelphia/PA 1969 [i. Folg.: RANDOLPH, Renewal]; sowie RANDOLPH, Twenty-first Century).

[11] EDWARDS, History of Preaching, 750. Zu der Entwicklung in den USA s. a.a.O., 749ff. Die erste Frau, die in den »Beecher Lectures on Preaching« in Yale zur Predigt an sich spricht, ist Barbara Brown Taylor im Jahr 1998 (s. a.a.O., 766–769). Zu der Reihe der Yale-Vorlesungen s.u. unter 4.7.

Zugleich ist nicht jeder Homiletiker eindeutig einer Konfession zuzuordnen.[13] Dies stellt die deutschsprachige Darstellung vor eine Herausforderung: Eine grundsätzliche Lesart von »Prediger/in« würde diesem komplexen Bild nicht gerecht und riskierte den unhistorischen Eintrag einer zum großen Teil erst später erfolgten sprachlichen und theologischen Thematisierung und kirchlichen Praxis.[14] Die Rede von »Predigenden« würde den Bezug auf die gesamte Person und – im Kern – das kirchliche Amt ausblenden. In dem Bewusstsein, dass der Begriff *preacher* je nach historischem, konfessionellen und persönlichen Kontext im konkreten Fall auch die Deutung auf weibliche Prediger einschließt, gibt die vorliegende Arbeit ihn daher mit der unmarkierten Form »Prediger« wieder. Entsprechendes gilt für die deutsche Übersetzung weiterer englischer Begriffe wie *hearer* etc.[15]

Die nordamerikanische Homiletik ist auf evangelischer Seite in ihren Anfängen von ihrer europäischen Herkunft her geprägt. In den letzten Jahrzehnten des 19. Jahrhunderts beginnt sie, ihr eigenes Profil zu entwickeln. Es ist in einer Arbeit dieses Umfangs nicht möglich, die US-amerikanische Predigtlehre in ihrer ganzen Geschichte und Breite darzustellen. Die vorliegende Untersuchung versucht deshalb zunächst, die homiletische Entwicklung nachzuzeichnen, wie sie sich in der ersten Hälfte des 20. Jahrhunderts innerhalb der Leitlinien einiger großer Lehrbücher des ausgehenden 19. Jahrhunderts und in Auseinandersetzung mit der theologischen Diskussion in Deutschland und Europa darstellt. Sie wendet sich dann besonders der *new homiletic* zu, die in der zweiten Hälfte des Jahrhunderts aus der Erfahrung einer homiletischen Krise und dem Ansatz bei der »neuen Hermeneutik« in der deutschsprachigen Theologie entsteht. Diese führt zu einer Neubesinnung innerhalb der neuen Parameter und

---

[12] Der Begriff »konfessionell« ist wertfrei verwendet und bezieht sich im lutherischen Kontext auf solche Kirchen, die sich in besonderer Weise den lutherischen Bekenntnisschriften verpflichtet sehen im Gegensatz zu einer unierten Theologie.

[13] Dies gilt u.a. für Harry Emerson Fosdick, der als Baptist jahrelang Prediger in einer presbyterianischen Kirche ist, es aber ablehnt, dort *pastor* zu sein (a.a.O., 666). Vgl. im Anhang, III.1.

[14] Die englischsprachige homiletische Literatur spricht bis in das letzte Viertel des 20. Jahrhunderts recht unbefangen von *man/men* in der Bedeutung »Mensch/Menschen« und impliziert durch die Verwendung der Pronomen *he, his* usw. im Allgemeinen keine Festlegung auf das biologische Geschlecht. Die Neuauflage von Craddocks Buch »As One Without Authority« ([2]2001) rund 30 Jahre nach dessen erstem Erscheinen weist im Text als einzige Veränderung die Ersetzung maskuliner durch feminine Pronomen auf, die von Verlagsseite vorgenommen wurde (Fred B. Craddock, As One Without Authority. Revised and with New Sermons, St. Louis/MO 2001, vii [i. Folg.: Craddock, Without Authority]).

[15] Diesem Sprachgebrauch entsprechen die grundsätzlichen Überlegungen von Standop/Meyer zur Verwendung maskuliner und femininer und der Unterscheidung zwischen markierten und unmarkierten Formen (Ewald Standop/Matthias Meyer, Die Form der wissenschaftlichen Arbeit. Grundlagen, Technik und Praxis für Schule, Studium und Beruf, Wiebelsheim [18]2008, 251).

einer breiten Beschäftigung mit verschiedensten Formen. Zwar begegnen auf beiden Seiten des Atlantiks in den letzten Jahrzehnten des 20. Jahrhunderts ähnliche Fragestellungen und homiletische Versuche mit ähnlichen Formen. Das Interesse an der sogenannten *new homiletic* ist in Deutschland jedoch bisher überwiegend pragmatisch und punktuell, die Entwicklung sowie der originale gesellschaftliche und kirchliche Kontext der nordamerikanischen Homiletik werden in der europäischen Rezeption bisher kaum wahrgenommen.[16]

In einem weiteren Schritt versucht die vorliegende Arbeit, in diese Entwicklung paradigmatisch das Wirken Gerhard Ahos als eines Homiletikers einzuzeichnen, in dem wissenschaftliche und praktische Theologie in besonderer Weise ebenso zusammenkommen wie seine eigene Verbindung mit dem europäischen Luthertum und das gesellschaftliche und homiletische Umfeld seines Wirkens in den USA.

Gerhard Ahos Familie hat ihre Wurzeln im nordeuropäischen Luthertum. Er selbst setzt sich intensiv mit der kirchlichen und homiletischen Entwicklung in Europa auseinander. Von 1960 bis zu seinem Tod 1987 lehrt Aho Homiletik am Concordia-Seminar der Missouri-Synode in Springfield/IL und nach dessen Umzug 1976 in Fort Wayne/IN. Er prägt in dieser Zeit Generationen von Gemeindepfarrern und späteren Dozenten; sein Einfluss ist bis heute auf unzähligen Kanzeln und darüber hinaus zu spüren.

---

[16] Eine gewisse Ausnahme bildet die Dissertation von Myers, die nach einem kurzen Überblick über die »Vorgeschichte« einige zentrale Aspekte und Entwürfe der amerikanischen Homiletik von 1960–1985 beschreibt (MYERS, Errand), jedoch stellenweise zu Verallgemeinerungen und zu historisch und theologisch nicht immer differenzierten Urteilen neigt.

Teil I

Die Person Gerhard Ahos

1. Biographie

1.1. Herkunft

1.1.1. Geistliche Wurzeln

Gerhard Ahos Großeltern väter- und mütterlicherseits immigrieren Ende des 19. Jahrhunderts in die USA. Sie sind Teil einer Auswanderungsbewegung aus ihrer finnischen Heimat, die um 1870 einsetzt und im Gegensatz zu anderen europäischen Ländern ganz überwiegend nicht religiöse, sondern wirtschaftliche Gründe hat. Bis weit in das 19. Jahrhundert hinein ist das Land stark landwirtschaftlich geprägt, die Feldarbeit geschieht von Hand mit einfachsten Methoden.[17] Ab der Mitte der 50er Jahre führt die beginnende Industrialisierung und das Aufkommen der Dampfschifffahrt zum Verlust wichtiger Arbeitsplätze im traditionellen Schiffbau mit Holz und im Teeren der Schiffe. Aufgrund eines gleichzeitigen starken Bevölkerungswachstums kommt es zu einer wirtschaftlichen Not, die besonders hart diejenigen unter der Landbevölkerung trifft, die kein eigenes Land besitzen.[18]

Auch kulturell kommt es zu Umbrüchen. 1809 kommt Finnland aus der jahrhundertelangen schwedischen Herrschaft unter russische Hoheit. Der Zar gewährt dem Land weitgehende kulturelle und religiöse Freiheit. Zwar hat Michael Agricola (1510–1557) im 16. Jahrhundert nach seinem Studium unter Luther und Melanchthon in Wittenberg das Neue Testament ins Finnische übersetzt und ein erstes finnisches Wörterbuch verfasst, doch ist die Sprache der gebildeten Oberschicht bis ins 19. Jahrhundert hinein das Schwedische. Nun entsteht jedoch mit einem erstarkenden Nationalgefühl eine eigenständige finnische Literatur.[19] In den pietistisch geprägten Hauskreisen wird zunehmend auch

---

[17] Gerhard Aho, The Preaching of F. G. Hedberg. Submitted in partial fulfillment of the requirements for the degree of Doctor of Philosophy in Speech in the Graduate College of the University of Illinois. Thesis (Ph.D.), Urbana/IL 1972, 29 (i. Folg.: Aho, Preaching of Hedberg).

[18] Nach Mari Niemi, Emigration from Ostrobothnia, http://sydaby.eget.net/swe/emi_ostr.-htm (Auszüge aus dies., Exploring Ostrobothnia. In: Journal of Finnish Studies), o.O. o.J. [19.9.2014] (i. Folg.: Niemi, Emigration). Vgl. Aho, Preaching of Hedberg, 29f.

[19] A.a.O., 28.

von denen, die zur Oberschicht gehören, Finnisch gesprochen; die Sprache des Volkes wird zum Ausdruck des Glaubens.[20]

Die lutherische Staatskirche, die diesen Status mit der weitaus kleineren russisch-orthodoxen Kirche teilt, wird im 18. Jahrhundert von einer pietistischen Bewegung erfasst, die den christlichen Stand an einer festgelegten Ordnung der persönlichen Erweckung festmacht. Innerhalb dieser Bewegung kommt es im folgenden Jahrhundert nacheinander zu mehreren unterschiedlich geprägten Erweckungsbewegungen. Aho schreibt:

> »A second revival movement, the evangelical movement, arose as a kind of reaction to Pietism. The founder was Frederick Gabriel Hedberg (1811–1893).«[21]

Ähnlich wie Wilhelm Löhe und Ludwig Harms in Deutschland entdeckt der lutherische Pfarrer Fredrik Hedberg (1811–1893), der in Schwedisch und Finnisch predigt, erneut die Gnadenmittel und das konfessionelle Luthertum. In seinen ersten Amtsjahren ist er besonders von Johann Arndt und Philipp Jakob Spener beeinflusst, um 1840 herum ist er ein »glühender Pietist«. Widerstand seitens der Obrigkeit führt zu mehrfachen Versetzungen Hedbergs auf abgelegene Stellen.[22] Ab den frühen 40er Jahren wendet er sich der Lektüre von Johann Gerhard und Löhe zu und findet zu einer zunehmend konfessionell-lutherischen Position.[23] Er beginnt, sich kritisch mit dem Pietismus auseinanderzusetzen.[24] Innerlich aufgewühlt aufgrund seiner fehlenden Gewissheit der Gnade Gottes hat er ein Erlebnis, das dem Turmerlebnis Luthers ähnlich ist. Er erkennt, dass das für den Pietismus typische Leiden der Seele an der eigenen Sündhaftigkeit oft von der Heilsgewissheit wegführt. Diejenigen, die weiterhin darauf warten, dass der Heiland ihnen Gnade gewähren möge, betrachtet er als Menschen, die noch unter dem Gesetz sind. Während die Pietisten das Verlangen nach Gnade in den Mittelpunkt rücken, betont Hedberg die Zuflucht in Christi Sühnetod, durch den alle Christen Vergebung und Frieden mit Gott empfangen haben. Die Autorität des Wortes Gottes – deren Voraussetzung sich bei

---

[20] A.a.O., 44.

[21] GERHARD AHO, The Evangelical Lutheran Church of Finland. A Brief Survey of Its History, Organization and Doctrinal Complexion. In: The Springfielder 28 (1964/65), 2, 7–17; hier 12 (i. Folg.: AHO, Lutheran Church of Finland). In seiner Dissertation gibt Aho den Vornamen Hedbergs in der skandinavischen Form *Fredrik* an (AHO, Preaching of Hedberg, 1). Er scheint hier von der amerikanischen Schreibweise des Vornamens seines fünf Jahre jüngeren Bruders beeinflusst zu sein, der diesen mit dem Erweckungsprediger teilt; vgl. N.N., Aho family in MN, http://boards.ancestry.com/surnames.aho/25/mb.ashx. In: Message Boards – Surnames – Aho, o.O. 5.12.2004 [19.9.2014] [i. Folg.: N.N., Aho family]).

[22] AHO, Preaching of Hedberg, 41.

[23] N.N., Fredrik Gabriel Hedberg, http://en.wikipedia.org/wiki/Fredrik_Gabriel_Hedberg, o.O. Zuletzt geändert 9.5.2014 [19.9.2014].

[24] AHO, Preaching of Hedberg, 37ff.; AHO, Lutheran Church of Finland, 12ff.); SIMO HEININGEN/MARKKU HEIKKILÄ, Kirchengeschichte Finnlands, Göttingen 2002, 151f.

Hedberg nicht ungebrochen auf die Reformation oder die alte Kirche zurückführen lässt, sondern in der Auseinandersetzung insbesondere mit dem Rationalismus neu gewonnen ist – ist die Grundlage für die Gewissheit des Heils für Prediger und Hörer. Die Bewegung derer, die sich dieser Wiederentdeckung des Evangeliums anschließen, nennt sich bis heute »evangelisch«. Wie andere Strömungen bleibt diese strukturell und kirchlich innerhalb der Staatskirche.[25] 1845 erscheint Hedbergs Hauptschrift im Streit gegen den Pietismus, »Pietism och Christendom«, die sich gegen Johann Jakob Rambach, Johann Philipp Fresenius, Anders Nohrborg und Henric Schartau richtet. Hedberg verfolgt gespannt die konfessionelle Entwicklung in Deutschland und sammelt Kollekten zur Unterstützung der Altlutheraner.[26] Gerhard Aho schreibt 1965 über diese Bewegung:

> »More clearly than the other revival movements, this one gives prominence to Luther and to the Lutheran confessions. In addition to many of Luther's works, they have translated and published Walther's Law and Gospel and, more recently, F. Pieper's Dogmatics.«[27]

Wie andere Erweckungsbewegungen ist auch die evangelische Bewegung besonders einflussreich in der Region Ostbottnien[28] im Westen Finnlands. Aus diesem Gebiet kommt zugleich ein überdurchschnittlich großer Teil der Auswanderer, die zwischen 1870 und dem Beginn des Zweiten Weltkriegs nach Nordamerika ziehen und insgesamt fast ein Viertel der Bevölkerung Finnlands ausmachen.[29] Unter den von Finnen bei der US-amerikanischen Einwanderungsbehörde angegebenen Heimatorten liegt Alajärvi an vierter Stelle.[30] Aus dem ländlichen Einzugsbereich dieser Gemeinde kommt der Großvater väterlicherseits von Gerhard Aho, Jakob Antilla Aho, mit seiner Familie.[31]

---

[25] Aho beschreibt die Evangeliumsvereinigung als »Kirche in der Kirche« ähnlich den von John Wesley gegründeten methodistischen *societies*, die anfänglich innerhalb der etablierten Kirche Englands bestehen (AHO, Preaching of Hedberg, 2). Zu den regen Aktivitäten des 1873 gegründeten Evangeliumsvereins gehören heute u.a. eine aktive Jugendarbeit im Inland und missionarische Arbeit im Ausland (DERS., Lutheran Church of Finland, in: The Springfielder, 28 (1964/65), 2, 7–17; hier 14ff.; N.N., Suomen Luterilainen Evankeliumiyhdistys, http://fi.wikipedia.org/wiki/Suomen_Luterilainen_Evankeliumiyhdistys, o.O. Zuletzt geändert 17.6.2014. [19.9.2014].

[26] Wie Anm. 24.

[27] AHO, Lutheran Church of Finland, 12.

[28] Finnisch *Pohjanmaa*, schwedisch *Österbotten*, englisch *Ostrobothnia*.

[29] Die Hälfte der Migranten stammt aus der Provinz Vaasa. Ein Teil von ihnen kehrt nach Finnland zurück, um mit dem in Amerika verdienten Geld in der Heimat eine Existenz aufzubauen, s. Anm. 18 sowie N.N., Finnland. Demographische Entwicklung, http://de.wikipedia.org/wiki/Finnland#Demographische_Entwicklung, o.O. Zuletzt geändert 18.9.2014 [18.9.2014]).

[30] JOHN ILMARI KOLEHMAINEN, Origin of the Finns in the Western Reserve, http://www.genealogia.fi/emi/art/article160e.htm, Evanston/IL o.J. [19.9.2014].

[31] N.N., Aho family.

1.1.2. Von Europa nach Amerika

Jakob Aho wird 1870 auf der Farm Antilla in Kurejoki geboren, das heute zur Gemeinde Alajärvi gehört. Etwa im selben Jahr erreicht die evangelische Bewegung Alajärvi.[32] Die Pfarrer Johannes Bäck und Gustav von Essen predigen in benachbarten Kirchspielen[33] und in Alajärvi den objektiven Charakter der Gnadenmittel. Damit befinden sie sich im Gegensatz zum Rationalismus ebenso wie zum finnischen Pietismus. Der konfessionell-lutherische Einfluss bleibt in Alajärvi jedoch zunächst auf wenige Jahre beschränkt. Pfarrer Jonatan Johannsson versucht in der Zeit von 1877–1904 mit Eifer, ihn zurückzudrängen. Dennoch breitet sich die Evangeliumsbewegung weiter aus. Der 1873 gegründete »Suomen Luterilainen Evankeliumiyhdistyksen« (Lutherische Evangeliumsverein) bringt religiöse Schriften heraus, die sofort durch Laien, die als *kolportöörit* durchs Land ziehen, verbreitet werden; der erste von diesen erreicht Alajärvi im Jahr 1879.

Jakob Aho heiratet 1889 die fünf Jahre ältere Wilhelmina Erkantyfar Juuti aus Alajärvi.[34] 1890 folgt er zunächst ohne seine Frau und ihr erstes Kind seinem älteren Bruder Edward[35] nach Amerika,[36] wohl auf der Route, die seit der Einrichtung einer regelmäßigen Dampfschiffverbindung von Helsinki nach Hull im Osten Großbritanniens, über Land nach Liverpool und von dort nach New York führt. Von Passagieren auf diesen Überfahrten sind Klagen über die Enge auf dem Schiff und das Essen überliefert. Doch es zieht sie in die neue Welt, wo die Arbeit schwer, aber die Wochenstundenzeit geringer und der Lohn besser ist. Viele finnische Einwanderer sind in jenen Jahren und Jahrzehnten in der

[32] Für Information in diesem Absatz über die lutherische Erweckung in und um Alajärvi danke ich Ari Auranen, Pfarrer in Alajärvi (unter Bezug auf TOIVO KIVIPELTO, Alajärven seurakunnan vaiheita: Satavuotisjuhlajulkaisu. [Ort?] 1977. Korrespondenz mit mir per E-mail, 5.10.2011).

[33] Zunächst in Lappajärvi (Bäck, 1870–1871) und Lehtimäki (von Essen, 1871–1874), dann auch in weiteren Dörfern.

[34] N.N., Aho family. – Gustaf Aho, Sohn von Jakob und Vater von Gerhard Aho, nennt in seinen Erinnerungen irrtümlich 1899 als Jahr der Heirat (GUSTAF A. AHO, In Memory of My Father. [Handschriftliche Aufzeichnungen im Besitz von Monica Andreasen. Nach einem ebensolchen Vermerk abgedruckt im Jahrbuch der »Finnish Synod« 1938] [i. Folg.: GUSTAF AHO, Memory]).

[35] Vgl. N.N.: Aho, Edward (Autobiographie in Englisch). In: Finnish-American Family History Project (Selections). (Autobiographien in Englisch und Finnisch einschließlich schriftlicher Familiengeschichten und Audio-Aufnahmen von Interviews). (Vecoli, Rudolph [Hg.]: A guide to the Microfilm Edition of Research Collections in American Immigration. American Immigration Autobiographies, St. Paul/MN 1988, 38), http://-cisupa.proquest.com/ksc_assets/catalog/1724.pdf. [19.9.2014], 38. (i. Folg.: N.N., Edward Aho).

[36] Monica Andreasen schreibt, »[...] Jacob emigrated in 1889 oder 1890 with his brother.« (Persönliche Korrespondenz mit mir per E-mail, 25.9.2010). Die Jahreszahl 1890 ist offensichtlich zutreffend.

Lage, jährlich so viel anzusparen, dass sie einen Betrag in die Heimat zurückschicken können, der dort einem Jahreslohn entspricht.[37]

Jakob Aho findet mit seinem Bruder Arbeit in den Eisenbergwerken im Norden Michigans, dessen Klima mit seinen kalten und schneereichen Wintern den finnischen Einwanderern vertraut ist. 1893 folgen die Eltern ihren beiden Söhnen nach Amerika, gemeinsam mit Jakobs Frau, deren Eltern und ihrem ersten Kind.[38] Die Familie erwirbt ein Stück Waldland in Blowers Township, das sie zu roden beginnt, und errichtet dort ein einfaches Blockhaus.[39] Wie für viele andere Einwanderer sind die ersten Jahre hart, geprägt von Armut, Krankheit und Todesfällen. Von den acht weiteren Kindern, die Jakob und seiner Frau von 1894–1907 geboren werden, sterben drei vor dem 10. Lebensjahr.[40] Es sind diese Erfahrungen verbunden mit einem bleibenden pietistischen Zug in der Frömmigkeit Jakob Ahos, die ihn bisweilen mitten in einer fröhlichen Runde durch den Gedanken an den Ernst des Gerichtes Gottes und an seine eigene Verderbtheit schwermütig werden lassen.[41]

1.1.3. Familie, Kindheit und Jugend: Die geistliche Heimat (1923–1941)

Die Familie Aho befindet sich in Gesellschaft finnischer Auswanderer, die nicht nur durch ihre gemeinsame Sprache und Kultur verbunden sind, sondern auch durch ihre kirchliche Herkunft. Die Familien halten reihum in den Häusern *Sunday School*.[42] Sie stellen eine kleine Gemeinschaftsbibliothek zusammen, die, wie es scheint, reihum in verschiedenen Häusern untergebracht wird. Zu dieser gehört auch religiöse Literatur.[43] Im Sommer reist monatlich ein finnisch-lutherischer Pastor zu einem Abendgottesdienst an, wobei Jakob Aho es für seine geistliche Pflicht hält, mit Pferd und Wagen auch mehr als seinen Teil zu dessen

---

[37] NIEMI, Emigration.

[38] Persönliche Korrespondenz mit Monica Andreasen per E-mail (25.9.2010).

[39] Nach N.N., Aho family sowie persönlicher Korrespondenz mit Monica Andreasen per E-mail (25.9.2010) und nach GUSTAF A. AHO, Memory. Zwei Jahre später zieht die Familie nach Sebeca/MN (ebd. und N.N., Edward Aho).

[40] N.N., Aho family. Alle drei Kinder sterben 1907, zwei davon an Diphtherie und Keuchhusten (GUSTAF A. AHO , The Measure of My Days, o.O. o.J. [Persönliche Aufzeichnungen im Besitz von Monica Andreasen, geb. Aho] [i. Folg.: GUSTAF AHO, Measure]).

[41] Nach der Erinnerung seiner Familie (persönliche Korrespondenz von Monica Andreasen mit mir per E-mail, 25.9.2010) und GUSTAF AHO, Memory, 13f.

[42] A.a.O., 1.

[43] A.a.O., 5. Aufgrund der konfessionell-lutherischen Prägung der Gemeinde (a.a.O., 1) ist anzunehmen, dass sich in dieser Bibliothek auch vom finnischen Evangeliumsverein veröffentlichte Schriften finden. Eine solche Schrift gehört zu den Büchern der Großmutter von Gustaf Aho (s.u.). Dieser berichtet zudem, dass drei Generationen seiner Familie die Verantwortung für den Verkauf kirchlicher Schriften in der Gemeinde hatten, angefangen mit seinem Vater Jakob Aho (GUSTAF AHO, Memory, 2).

Transport beizutragen.[44] Beide Generationen der Aho-Familie arbeiten mit am Bau einer Kirche für ihre Gemeinde.[45]

Die Einwanderer, die sich vor Ort zu Gottesdiensten zusammenfinden, stehen vor einer neuen Situation: In Finnland haben die unterschiedlichen Strömungen der Erweckungsbewegung im 19. Jahrhundert zu Vereinsgründungen innerhalb der lutherischen Staatskirche geführt, denen sich viele Pfarrer, Gemeinden und einzelne Gemeindeglieder anschließen, je nachdem, welcher Richtung sie sich zurechnen.[46] Diese Situation besteht dort im Wesentlichen bis heute weiter, zum Teil mit einer sehr aktiven gemeindlichen und missionarischen Arbeit im In- und Ausland, wie etwa dem jährlichen Sommerfest des Evangeliumsvereins mit mehr als 10.000 Teilnehmern und seiner Missionsarbeit auf mehreren Kontinenten.[47] Auf amerikanischem Boden führen diese Strömungen in Abwesenheit eines staatskirchlichen Rahmens und bei einem Neuaufbau der finnischen Gemeinden »von unten« dagegen schon vor der Jahrhundertwende zur Gründung unterschiedlicher Kirchenkörper oder »Synoden«. So gründen finnische Einwanderer, die aus der evangelischen Bewegung in Finnland kommen, 1898 in Rock Springs/WY die »Finnish Evangelical Lutheran National Church of America«, die ihren Namen später zu »National Evangelical Lutheran Church« (NELC) ändert.[48] Die NELC betont die Bedeutung einer lehrmäßigen Einheit, ist von einer evangelischen Haltung im Gegensatz zu einem gesetzlichen Pietismus gekennzeichnet und besitzt eine demokratische Form der Kirchenleitung.[49] Diesem Synodalverband schließt sich die Gemeinde an, zu der die Familie Aho gehört.

---

[44] A.a.O., 4f.

[45] GUSTAF AHO, Measure, 1.

[46] Nach Reijo Arkkila, der als finnischer Gaststudent 1964/65 unter Gerhard Aho am Concordia-Seminar in Springfield studiert, bestand kein religiöser oder konfessioneller Druck, Finnland zu verlassen. (Persönliche Korrespondenz mit mir per E-mail, 23.8. 2010).

[47] N.N., SLEY. Suomen Luterilainen Evankeliumiyhdistys (in Englisch). O.O. o.J., http://-sley.fi/inenglish [19.9.2014].

[48] Ich schließe mich im Folgenden dem Sprachgebrauch Gustaf Ahos an, der in seinen Erinnerungen den späteren, 1946 eingeführten Namen verwendet; vgl. N.N., National Evangelical Lutheran Church (Finnish), in: The Arda (Association of Religious Data Archives), o.O. o.J., http://www.thearda.com/Denoms/D_1486.asp [19.9.2014] und N.N., National Evangelical Lutheran Church, in: Religion Wiki, o.O. o.J. http://religion.wikia.-com/wiki/National_Evangelical_Lutheran_Church, [19.9.2014]. Während diese Kirche in ihrer Anfangszeit dem Evangeliumsverein in Finnland eng verbunden ist, wächst in den folgenden Jahren in ihrem neuen Umfeld die Beziehung zur Missouri-Synode, s.u. sowie ERWIN L. LUEKER (u.a.) (Hg.), The Lutheran Church Missouri Synod. Christian Cyclopedia. Finnish Lutherans in America, St. Louis/MO 2000, http://cyclopedia.lcms.org/asp?t1=f&-word=FINNISHLUTHERANSINAMERICA [19.9.2014] (i. Folg.: LUEKER, Gustav Aho). S. auch AHO, Lutheran Church of Finland, 12.

[49] GUSTAF AHO, Measure, 9.

Zwar gibt es auch gemeinsame Institutionen mehrerer Synoden wie das einige Jahre lang von der Suomi Synod und der National Evangelical Lutheran Church gemeinsam betriebene theologische Seminar (Suomi College) in Hancock/MI.[50] Doch sind die theologischen Unterschiede erkennbar.[51] Ab 1917 unterhält die NELC ihr eigenes Seminar in Ironwood/MI, dessen erster Präsident ein Missionar des Evangeliumsvereins in Finnland, Kaarlo E. Salonen ist.[52]

Dass in der Familie Aho zugleich das Erbe des Pietismus weiter wirkt und welche Rolle das Ringen um den persönlichen Glauben spielt, zeigt sich in der Person Gustaf Akseli Ahos (1897–1973), des dritten Kindes von Jakob und Willhelmina. Als Vierzehnjähriger lernt er den gesamten Kleinen Katechismus Luthers auswendig, weil er nicht bis zum üblichen Alter von 16 Jahren warten will, um konfirmiert zu werden.[53] Rund ein Jahr später wird er nach der Rezitation eines langen finnischen Gedichtes auf dem Mittsommerfest von seinem Gemeindepfarrer gefragt, ob er Theologie studieren wolle.[54] Dies ist sein heimlicher Wunsch, und sein Pfarrer bietet ihm zunächst Privatunterricht in Kirchengeschichte und finnischer Grammatik an, bis er alt genug ist, um an das College zu gehen. Bald macht er sich freitags zu Fuß auf den 14 Meilen (rund 25 km) langen Weg zum Pfarrhaus und am folgenden Tag zurück.[55] Nach kurzer Zeit hat er jedoch mit Anfechtungen zu kämpfen. Er fragt sich nach seinem geistlichen Stand vor Gott und danach, ob er für dieses verantwortliche Amt geeignet ist. Er betet, dass Gott ihm seine Sünde zeigen möge, und ist beinahe am Verzweifeln, als er deren Ernst immer mehr erkennt.[56] Sein Pfarrer vermag nicht, auf seine Not einzugehen.[57]

---

[50] A.a.O., 9ff.

[51] Vgl. i. Folg. die Erfahrungen Gustaf Ahos, der sein Theologiestudium an diesem Seminar beginnt.

[52] A.a.O., 13f. Die NELC besitzt bereits früher ein theologisches Seminar in Smithville/MN, das jedoch geschlossen wird, nachdem vom Sozialismus beeinflusste, antireligiös eingestellte finnische Einwanderer ohne Wissen der Gründer die Mehrheit der Anteile am Seminar übernehmen (a.a.O., 8f.).

[53] A.a.O., 5.

[54] Gustaf Aho schreibt: »It was a lengthy, inspirational poem emphasizing national unity and religious loyalty and fervor. I had memorized it and I suppose I had said it with proper emphasis and zeal.« Danach habe ihn der Pastor beiseitegenommen, ihm gedankt und ihn gefragt, ob er je an eine Ausbildung zum kirchlichen Amt gedacht hätte (a.a.O., 6). Dies ist ein Hinweis auf die zentrale Rolle, die in diesem gesellschaftlichen Kontext dem »Redenkönnen« für das Pfarramt beigemessen wird. Von Martin Luther King Jr. heißt es später, seine rednerischen Fähigkeiten hätten dazu geführt, dass er den Weg in das kirchliche Amt eingeschlagen habe, s. N.N., Martin Luther King, http://de.wikipedia.org/wiki/Martin_Luther_King, o.O. Zuletzt geändert 15. 9.2014 [19.9.2014].

[55] GUSTAF AHO, Measure, 6f.

[56] Vgl. dazu den Hinweis J. R. P. Sclaters in der Yale-Vorlesung von 1926/27, eine Generation zuvor habe eine Predigt, die sich insbesondere an die Emotionen der Hörer richtete, in drei von vier Fällen an das Gefühl der Angst appelliert (s. BATSELL BARRETT

Gustaf Aho schreibt in seinen Erinnerungen an seinen geistlichen Werdegang von einem Buch seiner Großmutter, das ihm in dieser Situation zum Durchbruch verhilft: »Aarreaitta«, die »Geistliche Schatzkammer« von Stephan Prätorius, in finnischer Übersetzung seit den 70er Jahren des 19. Jahrhunderts in mehreren Auflagen im Verlag des Evangeliumsvereins gedruckt.[58] Er ringt weiterhin um die Gewissheit des Heils, doch lernt er von Prätorius, diese nicht in sich selbst, sondern in den von Christus gestifteten Gnadenmitteln der Kirche zu suchen.[59] Das Ringen um die Rettung aus Gottes Gericht, um das rechte Verhältnis von Gesetz und Evangelium begleitet ihn auch, als er sein Studium 1915 am gemeinsamen Seminar der Suomi Synod und der NELC beginnt. Er berichtet von einer Auseinandersetzung mit J. E. Nikander, der einer seiner Lehrer und zugleich Präsident des Seminars und Präses der Suomi Synod ist.[60] In dieser Spannung zwischen persönlicher, pietistisch beeinflusster Frömmigkeit und konfessionellem Luthertum spiegelt sich in der Familie Aho auch die Situation in der jüngeren kirchlichen Geschichte Finnlands wider.

Im Gegensatz zu anderen Seminaristen spricht Gustaf Aho Englisch ebenso gut wie Finnisch und nimmt in dieser Zeit auch an englischen Gottesdiensten der Missouri-Synode teil, die einen Straßenblock entfernt eine Gemeinde hat. Als die NELC in Ironwood/MI ihr eigenes Seminar eröffnet, setzt er dort sein Theologiestudium fort. In den Sommerpausen predigt er in finnischsprachigen Gemeinden im Mittelwesten, hält *Vacation Bible School* und gibt Konfirmandenunterricht. In den letzten Sommerferien vor dem Abschluss seines Studiums 1921 bereist er eine große Zahl von Gemeinden der NELC in 9 Bundesstaaten im Mittelwesten und in Neuengland. Er verkauft christliche Schriften, die im Verlag der NELC erscheinen, und setzt sich voller Eifer für den Beitritt bisher unabhängiger Gemeinden zu dieser Kirche und für deren Stärkung ein. Nach seiner Meinung soll die Kirche nicht länger auf Pfarrer aus Finnland bauen, sondern junge Männer aus ihren eigenen Reihen für das Amt ausbilden. An der Er-

Baxter, The Heart of the Yale Lectures, New York/NY 1947, 270 [i. Folg.: Baxter, Yale Lectures]).

[57] Gustaf Aho, Measure, 7.

[58] Gustaf Aho nennt weder den Verfasser noch eine genaue Stelle. Er zitiert jedoch den zweiten Satz des folgenden Auszugs, der ihm zum Durchbruch wird (von ihm auf Englisch wiedergegeben; a.a.O., 7f.): »Nicht wissen, bey dem hellen Licht des Evangelii, daß man schon selig sey, ist des leidigen Teufels höchste Kunst, Wirkung, Freude und Gespötte. Denn sollte er nicht lachen, wenn er siehet, daß ein Mensch das Pferd suchet, auf welchem er reitet« (Zitiert nach der deutschen Ausg. v. M. Martin Statius [Hg.], Geistliche Schatzkammer der Gläubigen [...]. Anfänglich von M. Stephan Prätorio, weyland Pastorn zu Salzwedel, Stückweise herausgegeben, und im Jahr 1622 von Herrn Johann Arndt zusammen getragen und zum Druck befördert [...], Frankfurt [u.a.] 1758, 122 [vollständige Angabe im Literaturverzeichnis]).

[59] Gustaf Aho, Measure, 7f.

[60] A.a.O., 10f. Zur Rolle von Gesetz und Evangelium in der Auslegung der Schrift und im lutherischen Verständnis der Verkündigung siehe unten unter 6.2.2.

richtung der Kirchengemeinschaft mit der Lutherischen Kirche – Missouri-Synode ist er ebenfalls beteiligt. Während seiner Sommerreisen lernt er auch seine zukünftige Frau Helia Tuikka kennen. Die Hochzeit findet 1922 nach seiner Ordination und die Berufung auf seine erste Pfarrstelle in Jersey City/NJ statt.[61]

In Jersey City wird Gerhard Aarve Immanuel am 22. April 1923 als erstes von sechs Kindern geboren.[62] Es folgen weitere Pfarrstellen für Gustaf Aho, der 1931 zum Präses der NELC gewählt wird und ihr in dieser Position bis 1953 vorsteht.[63] Er verfasst zwei Bände mit Predigten zum Kirchenjahr, drei weitere mit solchen zur Fastenzeit sowie eine Geschichte der »National Evangelical Lutheran Church«, alle in finnischer Sprache. In dieser Kirche verlebt Gerhard seine Kindheit und Jugend. Von Kind auf denkt er, wie seine Tochter schreibt, mit einer Art »Tunnelblick« an den Beruf des Pfarrers, obwohl er sehr musikalisch ist und der Gedanke, Konzertpianist zu werden, nicht weit davon entfernt ist.[64] Wie nach ihm zwei seiner jüngeren Brüder wählt er den Weg in das geistliche Amt. Für ihn persönlich wie als theologischen Lehrer ist es stets sein Anliegen, andere Menschen mit dem Evangelium zu erreichen und sie für Christus zu gewinnen.[65] Als Thema für seine Dissertation wählt er die finnischen Predigten Hedbergs aus dem 19. Jahrhundert, die er, obwohl selbst Amerikaner in der dritten Generation, in den ursprünglichen handschriftlichen Niederschriften liest und auswertet.[66]

---

[61] A.a.O., 13f., 15f., 16ff., 21ff. Der Beschluss, Kirchengemeinschaft mit der Missouri-Synode zu beantragen, wird 1922 auf einer *Convention* der NELC gefasst, an der Gustaf Aho und seine Frau auf ihrer Hochzeitsreise teilnehmen (GUSTAF AHO, Measure, 24f.).

[62] Eine Webseite zur Ahnenreihe für den Familiennamen Aho in Minnesota gibt irrtümlich 1922 als Geburtsjahr an (gegen andere Quellen und die Grabinschrift auf dem Concordia Garden Lutheran Cemetery in Fort Wayne/IN), N.N., Aho family.

[63] LUEKER, Gustav Aho.

[64] Persönliche Kommunikation von Monica Andreasen mit mir per E-mail, 25.9.2010. Der Leidenschaft des Pianospiels geht Gerhard Aho später in seiner Freizeit weiter nach. So erinnert sich Tuula Contarino, die ihn als junges Mädchen während seiner Zeit als Gemeindepfarrer im nördlichen Queensland in Australien erlebt hat, dass er ein Gemeindeglied, das Geige spielte, oft am Klavier begleitete (persönliche Korrespondenz mit mir per E-mail, 8.10.2010). Aho selbst erzählt in einer Predigt von einem Steinway-Flügel in seinem Besitz und der Bedeutung des Resonanzbodens für den Klang; entsprechend seien Christen »Resonanzkörper« für das Wort Gottes. (GERHARD AHO, The Lively Skeleton. Thematic Approaches and Outlines. [The Preacher's Workshop Series. Bd. 4.], St. Louis/MO 1977, 38f. [i. Folg.: AHO, Skeleton]).

[65] Persönliche Kommunikation von Monica Andreasen mit mir per E-mail, 25.9.2010.

[66] Arkkila schickt ihm Fotokopien der Predigten aus der Finnischen Nationalbibliothek; Aho reist selbst nach Helsinki, um die Quellen zu überprüfen (persönliche Korrespondenz von Arkkila mit mir per E-mail, 23.8.2010). In seiner Dissertation erwähnt Aho einen Finnlandaufenthalt im April 1971 (AHO, Preaching of Hedberg, 223).

1.2. Stationen seines Wirkens (1941–1972)

1.2.1. Studienzeit, Pfarrstellen

Nach dem Besuch der High School in Ashtabula/OH, wo sein Vater Gemeindepfarrer ist, schreibt sich Gerhard Aho 1941 für seine *Junior College*-Ausbildung am Concordia Theological Seminary in Springfield/OH ein. 1943 beginnt er dort seine theologische Ausbildung. Der Abschluss seines Studiums fällt mit dem Ende des Zweiten Weltkriegs zusammen. Nach seiner Ordination 1945 versieht er Gemeindepfarrämter in Waukegan/IL (1945–46) und in New York (1946–53),[67] 1948 heiratet er seine Frau Irma, geb. Haapala. Er spricht und schreibt Finnisch fließend[68] und arbeitet an diesen Stellen ebenso in beiden Sprachen wie in Queensland in Australien (1953–1958), wohin er einem Ruf der Finnischen Seemannsmission folgt. Diese sucht einen zweisprachigen Pfarrer[69] in einer Zeit, in der es viele finnische Migranten in die Zucker-Industrie im nördlichen Queensland und die Minenstadt Mount Isa zieht[70]. Glieder seiner Gemeinde haben ihn als einen begabten Redner und einen freundlichen und respektvollen Pfarrer in Erinnerung, der stets auf Finnen zugeht und für den einfachen Menschen auf der Straße zugänglich ist.[71]

1958 kehrt Gerhard Aho mit seiner Familie in die USA zurück. Er übernimmt ein weiteres Pfarramt in Marquette/MI und dient seiner Kirche zugleich als Distrikt-Präses,[72] bis ihn 1960 der Ruf an das Concordia-Seminar in Springfield/IL erreicht[73].

---

[67] DAVID P. SCAER, Professor Gerhard Aho, Ph.D. In: Concordia Theological Quarterly [CTQ] 51 (1987), 4, 241–244; hier 243. (i. Folg.: SCAER, Gerhard Aho).

[68] Arkkila, der nach seiner Zeit als Gaststudent in Springfield in beständigem Kontakt mit Gerhard Aho bleibt, berichtet, sie hätten stets Finnisch miteinander gesprochen, Ahos finnischen Predigten seien sprachlich perfekt und fehlerfrei gewesen (persönliche Korrespondenz mit mir per E-mail, 26.8.2010).

[69] SCAER, Gerhard Aho, 243. So auch Tuula Contarino (Jahrgang 1949), die seit ihrer Kindheit in Ingham wohnt, wo sich eine der Gemeinden befindet, denen Aho als Gemeindepfarrer dient (persönliche Korrespondenz mit mir per E-mail, 29.9. und 8.10.2010). Bis heute finden in ihrer Kirche Veranstaltungen für finnischstämmige Kirchglieder in ihrer Sprache statt (ebenso, 3.5.2012).

[70] Nach Tuula Contarino (ebd.). Neben der Versorgung dreier anderer Gemeinden fährt Gerhard Aho einmal im Monat zu einem Gottesdienst nach Mount Isa.

[71] Ebenso, 8.10. und 11.10.2010. Vgl. SCAER, Gerhard Aho, 243f. – Scaer ist seit 1966 als Dozent am Concordia-Seminar in Springfield bzw. Fort Wayne, N.N.: Academic Catalog 2013/2014. Ft. Wayne /IN [2013], http://www.ctsfw.edu/document.doc?id=1059. [19.9. 2014], 32 (i. Folg.: N.N., Academic Catalog).

[72] Nach RICHARD KAPFER, Gerhard Aho: A Precise Preacher. In: Concordia Pulpit Resources, 7 (1977), 3, 2–4; hier 2 (i. Folg.: KAPFER, Gerhard Aho).

[73] SCAER, Gerhard Aho, 243f.

1.2.2. Concordia Seminary Springfield und Fort Wayne[74]

In den USA haben im 19. Jahrhundert viele, die in einer Pioniersituation leben, keine kontinuierliche geistliche Versorgung durch eine konstituierte Kirche oder ordinierte Geistliche. Das gilt insbesondere für Einwanderergruppen mit ihren Muttersprachen und kirchlichen Traditionen, einschließlich der Lutheraner, die im 19. Jahrhundert aus Franken auswandern. Deren geistliche Versorgung wird Löhe je länger je mehr ein wichtiges Anliegen. Zugleich liegt ihm das Heil der amerikanischen Ureinwohner am Herzen, besonders im Gebiet der fränkischen Siedlungen, die um den heutigen Ort Frankenmuth in Michigan entstehen.

Auf ein Bittgesuch aus Nordamerika von 1840, verfasst von Friedrich C. D. Wyneken, reagiert Löhe mit einem Aufruf zu finanziellen Spenden und der Suche nach jungen Männern, die bereit sind, sich zu geistlichen Hirten für die Auswanderer ausbilden zu lassen. Während bald eine beträchtliche Geldsumme zusammenkommt, melden sich zuerst nur ein Schuhmacher und ein Lodenweber für die Ausbildung. Da sie für das Studium zum Pfarramt nicht qualifiziert sind, bildet Löhe sie zunächst nur als Schullehrer aus. Nur wenn sie in Amerika an eine Stelle kommen, an der kein Pfarrer ist, sollen sie sich um Ordination bemühen, und dann durch eine evangelisch-lutherische Synode. Bei ihrer Ankunft in Amerika erfahren die beiden Kandidaten, dass sie wenig Aussicht auf eine Anstellung als Schullehrer unter deutschen Einwanderern haben. Sie beschließen, ihre theologische Ausbildung am Seminar der Vereinigten Synode von Ohio in Columbus fortzusetzen. Während der nächsten zwei Jahre folgen ihnen sechs weitere Kandidaten aus Neuendettelsau. Löhe beginnt, das Seminar finanziell und mit Sendungen deutscher theologischer Bücher zu unterstützen. In engem Kontakt zum erwachenden neukonfessionellen Luthertum in anderen Teilen Deutschlands stehend, nähert sich Löhe im brieflichen Austausch jedoch bald den sächsischen Lutheranern in Missouri unter Leitung von Carl Ferdinand Wilhelm Walther an. Unter Wilhelm Sihler, der in Fort Wayne/IN mit der Ausbildung einzelner Männer zum Pfarramt begonnen hat, entsteht dort 1846 auf Initiative von Löhe das theologische Seminar in Fort Wayne. Dieser gründet damit in den USA eine geistliche »Pflanzschule«, obwohl er selbst nie einen Fuß auf den amerikanischen Kontinent setzt. Im Gegensatz zu dem bestehenden, 1839 in Altenburg/MO gegründeten und später nach St. Louis/MO verlegten Seminar der Missouri-Synode soll sich dieses besonders der praktischen Ausbildung für den kirchlichen Dienst widmen; Löhes wichtigstes Anliegen bleibt es, »Nothelfer« für die kirchliche Situation in Nordamerika zu bekommen. Auf der Gründungssynode der »Evangelisch-Lutherischen Synode von Missouri, Ohio und anderen Staaten« im April 1847, der sich bis auf einen alle bis dahin von Löhe ausgeschickten Kandidaten anschließen, wird dieser

[74] Zu diesem Abschnitt vgl. MICHAEL ROGNESS, Amerikanische Kirchenstruktur. In: Lutherische Monatshefte 8 (1969), 10, 502–505.

offiziell gebeten, dem neuen Kirchenkörper das Seminar zu übereignen, es jedoch weiterhin finanziell zu unterstützen. Er entspricht dieser Bitte unter den drei Bedingungen der bleibenden Verpflichtung auf das Konkordienbuch, der deutschen Sprache als einzigen Mittels der Unterweisung und der schnellen Ausbildung von Pfarrern für die deutschen Gemeinden.[75]

1861 wird dieses Seminar nach St. Louis verlegt und existiert dort neben dem anderen, älteren Seminar der Missouri-Synode. 1875 findet ein erneuter Umzug nach Springfield in Illinois statt.[76] Ab den 20er Jahren des 20. Jahrhunderts wird an diesem Concordia-Seminar auch der Pfarrernachwuchs der NELC ausgebildet. Zum Lehrprogramm der Seminaristen aus ihren Reihen gehört auch der Unterricht in finnischer Sprache. Erklärtes Ziel der Ausbildung ist die Vermittlung der Fähigkeit für jeden zukünftigen Amtsträger,

> »[...] to set forth [Scriptural] doctrine clearly and correctly in preaching and teaching, both publicly and privately, also in his relations with the unchurched.«[77]

Zum Erreichen dieses Ziels verbindet sich am Concordia-Seminar der Unterricht im Hörsaal mit dem täglichen Morgen- und Abendgottesdienst, zu dem die Glocke Dozenten und Studenten im Luthersaal zusammenruft, mit individueller geistlicher Begleitung und mit einem Programm, in dem die Studenten unter Aufsicht von Gemeindepfarrern und Dozenten praktische Dienste in Gemeinden übernehmen. Auf diese Weise sollen sie die Fähigkeiten und die gesamte Persönlichkeit entwickeln, die für ein fruchtbares Wirken im Amt nötig sind.[78]

1960 wird Aho als *Assistant Professor* nach Springfield berufen.[79] Er soll finnischsprachigen Studenten den Einstieg in das Seminar erleichtern. Aus dem Verzeichnis der Lehrveranstaltungen geht hervor, dass er für Seminaristen aus der NELC Unterricht in finnischer Grammatik und Übersetzungsübungen gibt.[80]

---

[75] JAMES L. SCHAAF, Father from Afar: Wilhelm Loehe and Concordia Theological Seminary in Fort Wayne. In: CTQ 60 (1996), 1–2, 47–73; hier 49–65 (i. Folg.: SCHAAF, Loehe). S. ebenso N.N., Concordia Theological Seminary. Founded 1846 Springfield, Illinois. One Hundred Nineteenth Year 1964–1965 (Katalog), 6f. (historischer Überblick).

[76] N.N., A History of the Campus. Fifty years of Saarinen's Scandinavian Village, Ft. Wayne/IN o.J., http://www.ctsfw.edu/Page.aspx?pid=313 – About → Campus Info → History [19.9.2014] (i. Folg.: N.N., History oft the Campus-1).

[77] N.N., Concordia Theological Seminary. Founded 1846 Springfield, Illinois. One Hundred Nineteenth Year 1964–1965 (Katalog), 9 (Statement of Purpose).

[78] Ebd. – Der Einsatz in den Gemeinden besteht aus *field work* während jedes Quartals sowie dem einjährigen Vikariat vor dem letzten Studienjahr.

[79] Die Bezeichung eines Dozenten auf diesem Ausbildungsniveau als *professor* ist in den USA üblich und setzt keine Habilitation oder Promotion voraus.

[80] Monica Andreasen schreibt, »Dad's call to the Seminary in 1960 was to primarily work with the Finnish students there.« (Persönliche Korrespondenz mit mir per E-mail, 25.9.2010). In ähnlicher Weise gibt es zu dieser Zeit Deutschunterricht für angehende Pfarrer der Missouri-Synode mit dem Blick auf Predigt und Unterricht in deutschsprachigen Gemeinden. – David P. Scaer erwähnt in seinem Nachruf, dass Aho 1958 an das Seminar kommt, um bei der Ausbildung finnischsprachiger Studenten für die NELC

Die Bedeutung dieser Fächer für die Seminarausbildung lässt jedoch offensichtlich in den folgenden Jahren nach.[81] Am 1. Januar 1964 geht die NELC mit gut 3000 Gliedern und 35 Pfarrern in die Missouri-Synode ein.[82] Für eine Übergangszeit wird eine Kommission gebildet, die besonders die Belange der finnischen Gemeinden in diesem Eingliederungsprozess im Blick behalten soll, doch tendiert die Gemeindearbeit zunehmend zur englischen Sprache.

Der Eindruck, den Ahos Predigten in seinen Gemeinden gemacht haben, spielt bei seiner Berufung offenbar eine Rolle. Von Anfang an lehrt er auch im Bereich der Homiletik, die sein Fach bis zu seinem Tod 1987 bleibt. An den kirchlichen Seminaren in den USA ist zu dieser Zeit die Praxis verbreitet, für einen Lehrstuhl der Homiletik »große« Prediger aus den Gemeinden zu berufen, oft ohne weitere akademische Qualifikation.[83] Für ihn ist die kirchliche Praxis und die Praktische Theologie jedoch stets mit seiner eigenen akademischen Weiterarbeit verbunden. 1964 erwirbt er den Grad eines »Master of Arts in New Testament Studies« an der Universität Boston.[84] 1966 wird er zum *Associate Professor* befördert. Weitere zwei Jahre später wird ihm vom Concordia-Seminar in Springfield für seine Untersuchung der früh- und hochmittelalterlichen Homi-

zu helfen. Von 1958–1960 versieht er jedoch ein Gemeindepfarramt in Marquette/MI (SCAER, Gerhard Aho, 243); im »Springfielder« ist der Beginn seiner Lehrtätigkeit auf August 1960 datiert (N.N., Members of the Faculty of Concordia Theological Seminary 1846–1971. In: The Springfielder 35 (1971/72) 3, 3f; hier 4.).

[81] Vgl. den von Johann Michael Reu 1924 erwähnten Übergang vom Deutschen oder »Skandinavischen« zum Englischen, in dessen Folge sich oftmals ganz aus jungen Leuten zusammengesetzte englischsprachige Gemeinden bilden würden (M. REU, Homiletics: A Manual of the Theory and Practice of Preaching, Chicago/IL ^{2}1924 (^{1}1922), 134 [i. Folg.: REU, Homiletics]). Das Concordia Publishing House in St. Louis stellt 1920 die Veröffentlichung von deutschsprachigem *Sunday School*-Material in Form von losen Blättern ein (N.N., About CPH. History of CPH, St. Louis/MO o.J. http://www.cph.org/t-about-history.aspx [18.9.2014]). Nach Weis lässt die deutschnationale und -kulturelle Einstellung auf der Gemeindeebene in der Missouri-Synode nach dem Zweiten Weltkrieg nach (JAMES WEIS, Life in Two Worlds: A Biography of William Sihler, St. Louis/MO 1968. In: The Springfielder 32 [1968/69], 60f; hier 61).

[82] N.N., Lutheran Church – Missouri Synod. O.O., http://de.wikipedia.org/wiki/Missouri-Synode. Zuletzt geändert 31.5.2014. [19.9.2014] (i. Folg.: N.N., Lutheran Church – Missouri Synod). An anderer Stelle wird nicht ganz zutreffend 1963 als Jahr des Zusammenschlusses genannt, N.N., National Evangelical Lutheran Church/Arda.– Nicht korrekt ist die Angabe, die NELC sei von Kirchgliedern gegründet worden, die die »Finnish Evangelical Lutheran Church of America« verlassen hätten, und sei 1978 in die Wisconsin Evangelical Lutheran Synod eingegangen, N.N., National Evangelical Lutheran Church, o.O., http://en.wikipedia.org/wiki/National_Evangelical_Lutheran_Church, zuletzt geändert 7.11.2013 [19.9.2014]).

[83] Nach einer Untersuchung methodistischer Seminare in den frühen 60er Jahren ist eine »erfolgreiche« Kanzeltätigkeit oft das ausschlaggebende Kriterium für eine solche Berufung. Die Seminare könnten jedoch nicht immer mit dem Prestige oder dem Gehalt mithalten, die solche Prediger in den Gemeinden bekommen würden (nach LEVERING, Development, 46).

[84] AHO, Preaching of Hedberg, 224.

lien in England der Grad eines »Bachelor of Divinity« verliehen.[85] 1972 wird er mit seiner Untersuchung zur Predigt F. G. Hedbergs an der Universität Chicago zum »Doctor of Philosophy in Speech« promoviert, ab dem folgenden Jahr ist er *Professor.*[86] Zu der Rezeption dieser Arbeit schreibt David Scaer:

> »His dissertation, *The Preaching of F.G. Hedberg,* was recognized as one of the most outstanding discourses in the field of rhetoric by the professional speech society.«[87]

Um diese Zeit sind nur die Hälfte aller Rhetorik- und Homiletik-Dozenten an US-amerikanischen Seminaren im Besitz eines vergleichbaren akademischen Abschlusses.[88] William Henry Levering schreibt, die Seminare seien im Gegenteil vielfach mit Leuten besetzt, die keine Erfahrung in der wissenschaftlichen Arbeit (*research*) hätten und oft nur ihre sehr individuellen Theorien und Vorgehensweisen weitergeben könnten:

> »[...] there was little room for discussion other than ›This is the way I do it.‹«[89]

An dem Feld der Rhetorik, in dem sich Ahos Dissertation bewegt, besteht in der religiösen Verkündigung seit etwa 1950 ein besonderes, konfessionsübergreifendes Interesse, das zu regelmäßigen Rhetoriktagungen sowie der Gründung mehrerer Fachzeitschriften führt.[90] 1965 gründen David James Randolph*[91] und einige weitere Homiletiker in Princeton/NJ die »Academy of Homiletics«.[92] Scaer berichtet, Aho sei jedes Jahr mit dem Zug dorthin gefahren und sei wahrscheinlich Mitglied gewesen.[93] Bei diesen jährlichen Treffen hätten die Teilnehmer

---

[85] GERHARD AHO, The Old and Middle English Homilies. A Literary and Theological Study. A Research Paper Presented to the Faculty of the Practical Department, CTS. Thesis (Bachelor of Divinity), [Springfield/IL] 1968. (I. Folg.: AHO, Homilies). S. auch DERS., Preaching of Hedberg, 224.

[86] Nach SCAER, Gerhard Aho, 243f.

[87] A.a.O., 243. Hervorhebg. i. Orig. – Das Literaturverzeichnis zu Ahos Dissertation enthält 10 Werke zur Rhetorik (AHO, Preaching of Hedberg, 222f.).

[88] LEVERING, Development, 54. Es ist anzunehmen, dass hier auch konfessionell unterschiedliche Einstellungen gegenüber einer wissenschaftlich betriebenen Theologie eine Rolle spielen.

[89] A.a.O., 31.

[90] Levering berichtet, dass innerhalb der bestehenden *speech associations* in Amerika in den 50er Jahren ein gewisses Interesse an der Predigt vorhanden ist. Zwei Gruppen von Personen, die mit der »Speech Association of America« affiliiert sind, konstituieren sich 1955 bzw. 1956 unter den Namen »Speech for Religious Workers« und »Catholic Homiletic Society« (LEVERING, Development, 65ff.).

[91] Asteriske verweisen auf die Biogramme unter III.2.

[92] Nach Randolph hat die Academy im Jahr 2005 rund 200 Mitglieder (RANDOLPH, Twenty-first Century, 10).

[93] Eine Anfrage von mir an die Akademie vom 31.3.2012 wird von Prof. Luke Powery am 9.4.2012 bestätigt; sein Bemühen um eine Klärung der Mitgliedschaft Ahos führt jedoch zu keiner weiteren Information (Kommunikation per E-mail). – Von 1964–1979 finden alle Treffen der Akademie in Princeton statt (WILLIAM D. THOMPSON, The Academy of Homiletics: The Formative Years, o.O. 1990, 8 [i. Folg.: THOMPSON, Academy]).

jeweils die Predigt eines Seminaristen gehört, Predigtstile seien kritisch besprochen worden.[94]

1976 kehrt das Seminar an seinen Gründungsort zurück.[95] Es übernimmt den in den 50er Jahren entstandenen Campus eines *Senior College* der Missouri-Synode, der das Werk des vielfach ausgezeichneten expressionistischen Architekten Eero Saarinen ist.[96] Dessen Gesamtkonzept folgt dem Modell einer skandinavischen Siedlung. Wie die Kirche im Dorf bildet die Kapelle auf dem Campus den Mittelpunkt. Von den Wohnungen der Studenten und Dozenten führen alle Wege zu diesem Zentrum; Vorlesungsräume, Mensa und Bibliothek gruppieren sich um das Gotteshaus. Die einfachen geometrischen Linien der Gebäude betonen die horizontale Verbindung, die Ausrichtung von Glauben, Leben und Arbeiten auf den Mitmenschen. Die hoch aufstrebenden Linien der Kapelle weisen auf den hin, der diese Gemeinschaft schafft, und auf den »hohen Beruf« des Christen.[97] Mit dem festen Ort des morgendlichen Gottesdienstes im Stundenplan bildet die »Kramer Chapel« den Mittelpunkt des Seminarbetriebes. Die künstliche Anhöhe, auf der sie steht, ist der höchste Punkt nicht nur des Seminargeländes, sondern auch der Stadt Fort Wayne. Damit wird die zentrale Stellung des Gottesdienstes und der Verkündigung in der theologischen Ausbildung und im Leben zu einer alltäglichen Erfahrung für alle, die sich zur *seminary family* zählen. Die Glocke, die als sicht- und hörbares Zeichen der Einheit von Lehre und Gottesdienst, Akademie und Kirche in Springfield über der *Luther Hall* zu den Gottesdiensten rief, findet 1994 in einem eigenen Glockenturm neben der Kapelle in Fort Wayne einen neuen Platz.[98]

Die Ausbildung des theologischen Nachwuchses an kircheneigenen Seminaren ist kennzeichnend für die US-amerikanische Situation, in der es nur an wenigen Universitäten eine theologische Fakultät mit der Möglichkeit des Erwerbs

---

[94] Persönliche Korrespondenz mit mir per E-mail, 20.7.2010. Diese Treffen der *Academy* finden bis heute jährlich statt, s. N.N. Academy oft Homiletics, http://www.homiletics.org [19.9.2014].

[95] N.N., A History of the Campus. Fifty Years of Saarinen's Scandinavian Village, http://www.ctsfw.edu/Page.aspx?pid=313; N.N., History oft the Campus-1, sowie CTQ 41 (1977), 1, 1f.

[96] Eero Saarinen, der als Jugendlicher mit seiner Familie aus Finnland in die USA einwandert, ist unter anderem bekannt als Erbauer des Terminals 5 des J. F. Kennedy-Flughafens in New York und der »Gateway Arch« in St. Louis.

[97] REED HASLACH, Eero Saarinen: Shaping Community. In: National Building Museum. Telling the stories of architecture, engineering, and design. Blueprints 26, ([2007/2008], 1, Washington D.C. http://www.nbm.org/about-us/publications/blueprints/shaping-community.html [19.9.2014]).

[98] N,N., Campus Guide. Concordia Theological Seminary, (Springfield Bell Tower), Ft. Wayne/IN o.J., http://issuu.com/ctsfwedu/docs/campus_guide?mode=window&pageNumber=1, 9 [19.9.2014].

eines Master-Grades (»Master of Sacred Theology«, S.Th.M.) gibt.[99] Das Concordia-Seminar in Fort Wayne ist akkreditiert für Studiengänge zum Erwerb eines »Master of Divinity« (M.Div.), »Master of Arts (M.A.) in Religion«, S.Th.M., eines »Doctor of Ministry« (D.Min.) und von Ph.D.-Graden (»Doctor of Philosophy«). Zu den Eingangsvoraussetzungen für die Studiengänge zum M.Div. und S.Th.M. gehört biblisches Grundwissen, die Kenntnis von Griechisch und Hebräisch und ein Grundverständnis der lutherischen Bekenntnisse.

Die organische Einheit von Lehre und kirchlicher Praxis verbindet Ahos homiletischen Unterricht mit seiner Tätigkeit auf der Kanzel in der Kapelle. Er gilt als »the seminary's finest preacher«, Studenten kommen seinetwegen ans Seminar.[100] Im Unterricht erwartet er ganzen Einsatz und größtmögliche Klarheit und Präzision, es ist kaum möglich, von ihm die Bestnote zu bekommen.[101] Dennoch versucht er, auch den schlechtesten Predigtentwürfen von Studenten etwas abzugewinnen. Einem Kollegen, der seinerseits über die Aufgabe der Durchsicht und Benotung der Studentenpredigten klagt, würde er, wenn das möglich wäre, selbst diese Aufgabe abnehmen.[102]

Nicht lange vor seinem Tod hat Aho zusätzlich zum Lehrstuhl für Homiletik und seiner Mitwirkung am »Concordia Theological Quarterly« gleichzeitig die Position des Vorsitzenden des Fachbereichs der Pastoraltheologie und des Direktors des Graduiertenprogramms inne. Er wird oft von Kirchenbezirken und Pfarrkonventen für Vorträge eingeladen, insbesondere zur Thematik von Gesetz und Evangelium. Neben Buchbesprechungen und Predigtmeditationen im »Springfielder« bzw. dem »Concordia Theological Quarterly« schreibt er regelmäßig für »Concordia Pulpit« und die Kalenderandachten »Portals of Prayer«. Hinzu kommen Beiträge zu anderen, regelmäßigen Veröffentlichungen der NELC und der Missouri-Synode. Trotz seiner 1983 diagnostizierten Krebserkrankung nimmt er seine Aufgaben am Seminar bis zuletzt wahr.[103]

Für das akademische Jahr 1987/88 erbittet er sich ein *Sabbatical*, um seine eigene Homiletik für die Seminar-Studenten zu schreiben. Zu dieser Zeit ist er eines der drei ältesten Fakultätsmitglieder im aktiven Dienst und der älteste Alumnus am Concordia-Seminar.[104] In den frühen Morgenstunden des 20. November 1987 stirbt Gerhard Aho nach über zweijähriger Krankheit in seinem

---

[99] Der folgende Absatz nach N.N., Welcome to the journey of theological education!, [Ft. Wayne/IN 2012], http://www.ctsfw.edu/page.aspx?pid=183 – About → Academics, [31.10.2012] und Jacob Corzine, einem Absolventen des CTS Fort Wayne (persönliches Gespräch, Oberursel, 1.10.2012).

[100] Nach Scaer, Gerhard Aho, 243f.

[101] Nach persönlicher Erfahrung; so auch Monica Andreasen (persönliche Korrespondenz mit mir per E-mail, 25.9.2010).

[102] Nach Kapfer, Gerhard Aho, 2.

[103] Scaer, Gerhard Aho, 243f.

[104] Gerechnet von seinem Eintritt in das Vorbereitungsprogramm des Seminars 1941 im Alter von 18 Jahren.

Haus. Am 24. November wird er in Fort Wayne beigesetzt. Die Beerdigung hält sein Gemeindepfarrer Luther Strasen, die Predigt übernimmt Ahos früherer Schüler und Mitarbeiter an mehreren homiletischen Veröffentlichungen, Richard Kapfer. Das Concordia-Seminar St. Louis ist durch Francis Rossow vertreten, der als Homiletiker zusammen mit Aho in mehreren *sermon projects* für den Concordia-Verlag der Missouri-Synode involviert war.[105] Ahos Homiletik bleibt ungeschrieben, wirkt jedoch weiter in der Ausbildung an beiden Concordia-Seminaren und in der wöchentlichen Predigtarbeit in unzähligen Gemeinden der Missouri-Synode und darüber hinaus.

1.3. Resümee und Ausblick

Aho steht für den nordeuropäischen Zweig der Missouri-Synode, der geprägt ist von pietistischen Erweckungsbewegungen, dem neukonfessionellen Luthertum und der transkulturellen Erfahrung des neuen gesellschaftlichen und kirchlichen Umfelds in Nordamerika.

Er entwickelt sein eigenes Verständnis dieser Herkunft im Kontext der nordamerikanischen Homiletik, die in ungebrochener Linie an die klassische europäische Rhetorik und an den Beitrag der Alten Kirche zu ihrer Dienstbarmachung anknüpft und diese im Zusammenhang der gesellschaftlichen Veränderungen und zugleich in interessierter Anteilnahme an der Auseinandersetzung der deutschen Theologie mit dem Wort Gottes und der Hermeneutik rezipiert. Er hat damit Anteil an einer Entwicklung, die gegen Ende des 19. Jahrhunderts zur Entstehung einer eigenständigen Homiletik führt, sich im 20. Jahrhundert vor die großen Herausforderungen der gesellschaftlichen Veränderungen und einer homiletischen Krise gestellt sieht und in der Zeit seines Wirkens als homiletischer Lehrer zu einem Neuaufbruch führt.

---

[105] Ebd.

◄ Aufnahme eines gemalten Portraits von Gerhard Aho (Vorlesungsgebäude, Concordia Theological Seminary, Fort Wayne)[106]

► Kirchweihe in der von Aho aufgebauten finnischen lutherischen Gemeinde in Atherton, Queensland, Australien am 6.12.1953 (Mrs. Aho vorne stehend mit einem ihrer Söhne auf dem Arm; vom Betrachter gesehen rechts von ihr durch eine Person getrennt Gerhard Aho in dunklem Anzug und weißem Hemd).[107]

◄ Kramer Chapel Concordia Theological Seminary Fort Wayne (Foto: D. Schmidt)

[106] Freundlicherweise zur Verfügung gestellt durch Bob Smith (Electronic Resources Librarian, CTS Fort Wayne/IN, mit E-mail-Nachricht an mich vom 26.4.2012).
[107] Freundlicherweise zur Verfügung gestellt durch Tuula Contarino, deren Eltern und zwei Brüder ebenfalls im Bild sind (E-mail-Nachrichten an mich vom 1.5., 3.5. und 16.7.2012).

Teil 2

Die nordamerikanische Homiletik im 20. Jahrhundert

2. Das Zeitalter

2.1. Die Gesellschaft[108]

Von Beginn des 20. Jahrhunderts an sprechen englischsprachige Homiletiker von einem Zeitalter der Technisierung.[109] Mit der rapiden Entwicklung der Industrie empfindet sich der Mensch zunehmend nur noch als ein kleines Rad im Getriebe.[110] Die gewaltige Zerstörung, zu der der Mensch und die von ihm geschaffene Technik in den Weltkriegen fähig sind, führt zunächst in England zu einer starken Verunsicherung. Menschen, die ständig mit dem Tod konfrontiert sind, suchen einen Sinn im Leben für sich selbst und für ihre Nation, der außerhalb ihrer selbst liegt. Es ist daher nicht überraschend, dass in dieser Zeit von Seiten der Homiletik nach einer Rückwendung zur systematischen Theologie in der Predigt gerufen wird.[111]

---

[108] Zur konfessionellen Zuordnung der in dieser Arbeit im Folgenden genannten Beiträge zur Homiletik aus dem anglophonen Bereich siehe die Übersicht im Anhang unter III.1.

[109] F. B. Meyer erwähnt Automobil und Flugwesen, elektrische U-Bahnen und den Telegraphen, s. F[rederick] B. Meyer, Expository Preaching: Plans and Methods, Grand Rapids/MI 1974 (photomechanischer Nachdr. einer früheren, undatierten Ausg.; Toronto [1912?]), 8 (i. Folg.: Meyer, Expository Preaching). Theodore Graebner nennt 1919 als Kennzeichen der Zeit die Geschwindigkeit, mit der geistige Prozesse in dieser Generation ablaufen (Th. Graebner, Inductive Homiletics. A Manual for Classroom and Preacher's Desk. Teil III und IV. Literary Elements of the Sermon. Sermon Construction. Qualities of Sermonic Style. Diction, St. Louis/MO 1919, 87 [i. Folg.: Graebner, Inductive Homiletics III & IV]).

[110] Herbert H. Farmer, The Servant of the Word, London 1942 ([1]1941), 135 (i. Folg.: Farmer, Servant).

[111] S. u.a. Sangster, Power, 31ff. Vgl. hierzu das in Deutschland aufgrund der Kriegserfahrung erwachte neue Verlangen nach einer Verbindung von Kultus und Leben; auf beiden Seiten des Atlantiks wird in den folgenden Jahren die Situationsbezogenheit zu einem Kriterium zeitgemäßen evangelischen Gottesdienstes (vgl. Klaus Raschzok, Trendsetter des Aufbruchs: Die ›Frontkämpfer des Gottesdienstes.‹ In: Hanns Kerner [Hg.], Aufbrüche. Gottesdienst im Wandel, Leipzig 2010, 63–84; hier 65ff. [i. Folg.: Raschzok, Trendsetter]). In der unmittelbaren Nachkriegszeit erscheint zudem mit Reinhold Niebuhrs »Discerning the Signs of the Times. Sermons for today and tomorrow.« (New York/NY 1946) einer der wenigen amerikanischen Beiträge im Bereich der Predigt, die auch in deutscher Übersetzung zugänglich sind (s. ders., Die Zeichen der Zeit. Predigten für heute und morgen, München 1948).

Nach dem Zweiten Weltkrieg sind auch US-Amerikaner in stärkerem Maße verunsichert.[112] Man rechnet seit dem Einsatz der atomaren Bombe mit dem Untergang der Zivilisation »wie wir sie kennen«,[113] das Szenario einer Umweltzerstörung ungeahnten Ausmaßes rückt in den Blick.[114] Simon Blocker schreibt 1951, Gott habe die Menschheit zum Stillstand gebracht.[115] Angesichts der Frage, ob es einen Plan hinter der Geschichte gebe und ob die erschreckenden Ereignisse der jüngeren Zeit zu irgendetwas anderem als zu Zerstörung und Untergang führen könnten, äußert sich Theodore Parker Ferris kritisch über das liberale Jesusbild seiner Zeit, das ihn als wohlmeinenden Wohltäter der Menschheit zeichnet.[116]

In den 50er und 60er Jahren stößt der Mensch in der Raumfahrt und mit der ersten Mondladung in ganz neue Dimensionen vor.[117] Es ist eine Zeit, die von dem Gefühl der wissenschaftlichen und technologischen Revolution geprägt ist.[118] Die Verhaltensforschung gewinnt an Interesse.[119] Doch auch der Kalte Krieg,[120] das Kennedy-Attentat[121] und der Vietnamkrieg[122] erscheinen in der Homiletik als Reflektion der Selbstwahrnehmung dieser Zeit. Rassenunruhen[123] und die revolutionären Bewegungen der 60er Jahre stellen nicht nur das Bil-

---

[112] S. WALTER RUSSELL BOWIE, Preaching, New York/NY (u.a.) 1954, 43, 130, 153f. (i. Folg.: BOWIE, Preaching).

[113] CHEVIS F. HORNE, Crisis in the pulpit. The pulpit faces future shock, Grand Rapids/MI 1975, 54, 124, 142f. (i. Folg.: HORNE, Crisis); HENRY J. EGGOLD, Preaching is Dialogue. A Concise Introduction to Homiletics, Grand Rapids/MI 1980, 55f. (i. Folg.: EGGOLD, Dialogue).

[114] Die Erfahrung zweier Weltkriege klingt an, wenn Blocker von der Zerstörung jahrhundertealter Städte, der Auslöschung von Millionen von Menschen und dem Gefühl des Untergangs der westlichen Zivilisation schreibt (SIMON BLOCKER, The Secret of Pulpit Power Through Thematic Christian Preaching, Grand Rapids/MI 1951, 181 [i. Folg.: BLOCKER, Secret].

[115] A.a.O., 188.

[116] THEODORE PARKER FERRIS, Go Tell the People, New York/NY 1951, 36, 44 (i. Folg.: FERRIS, Go). Ferris scheint mit seinem eigenen Jesus-Bild allerdings nicht allzu weit davon entfernt zu sein; er schildert ihn als perfekten Menschen und sein »Kreuz« als einen unvergesslichen Akt der Liebe (a.a.O., 91).

[117] THOMAS M. SCHEIDEL, Speech Communication and Human Interaction, Glenview/IL (u.a.) ^{2}1976, 207 (i. Folg.: SCHEIDEL, Speech Communication); MILTON CRUM JR., Manual on Preaching. A New Process of Sermon Development, Valley Forge/PA 1977, 152 (i. Folg.: CRUM, Manual); HORNE, Crisis, 12, 119.

[118] G[ERALD] P. MOHRMANN, Composition and Style in the Writing of Speeches (Speech Communication Series), Dubuque/IA 1970, 54 (i. Folg.: MOHRMANN, Composition); SCHEIDEL, Speech Communication, 229; HORNE, Crisis, 15, 94.

[119] SCHEIDEL, Speech Communication, 169.

[120] HORNE, Crisis, 123; vgl. 7, 52f., 122, 133.

[121] SCHEIDEL, Speech Communication, 185.

[122] CRUM, Manual, 151.

[123] SCHEIDEL, Speech Communication, 159, 180, 362 u.ö.; HORNE, Crisis, 7, 19, 51, 95; JANE BLANKENSHIP, A Sense of Style. An Introduction to Style for the Public Speaker, Belmont/CA 1968, 80, 148f. u.ö. (i. Folg.: BLANKENSHIP, Sense of Style).

dungssystem, sondern die Struktur und die Werte der Gesellschaft in ihren Grundlagen in Frage.[124] Der Aufstand gegen alle Autorität in den gesellschaftlichen Institutionen und Gefügen trifft auch die Kirche als gesellschaftliche Einrichtung wie auch in ihrer jeweiligen verfassten Form und in ihrer Verkündigung.[125] Der Frauenemanzipation und der Einführung der Anti-Baby-Pille steht die Klage über den abnehmenden Einfluss von Familie und Kirche gegenüber.[126] Mit der Problematik der Ernährung der Weltbevölkerung,[127] der Umweltzerstörung[128] und der Energiekrise rücken potentielle neue Katastrophen globalen Ausmaßes in den Blick.[129] Die Veränderungen und ihre zunehmende Geschwindigkeit[130] werden zugleich als Sinn- und Identitätskrise wahrgenommen,[131] der Mensch fragt sich, »whether anything matters«.[132]

Anfang der 90er Jahre des 20. Jahrhunderts nennt Richard Lischer* Mobilität, Säkularismus, Beklemmung, Entfremdung und Einsamkeit, globalen Pessimismus, AIDS, Klimaveränderung, Welthunger und die Frage der Entsorgung atomaren Abfalls als Kennzeichen der Zeit.[133] Er spricht von einer banalen Religiosität;[134] Gott werde für abwesend oder tot gehalten.[135] Für moderne Christen sei der einzig gangbare Weg nur noch die Abwendung von einer objektiv wahren Realität hin zu den Überzeugungen und Erfahrungen des Einzelnen; nur die persönliche *experience* könne noch Richter und Garant für den Wahrheitsgehalt der Lehre sein.[136] Eine ähnlich zentrale Stellung nehme die Erfahrung in

---

[124] Siehe SCHEIDEL, Speech Communication, 179 sowie CLELAND, Preaching, 48f., 53, 77, 93. Bei Cleland klingen neben dem Zerstörungspotential der Atombombe Rassismus (Martin Luther King Jr.), die politische Situation in Südafrika und das Zweite Vatikanische Konzil als Themen der Zeit an. Vgl. hierzu den Einfluss der 68er-Revolution auf Form und Inhalt des Sonntagsgottesdienstes in Deutschland (s. HANNS KERNER, Der Ruf nach dem Neuen oder die Sehnsucht nach Vertrautem. In: DERS. [Hg.], Aufbrüche. Gottesdienst im Wandel, Leipzig 2010, 7–15; hier 14 [i. Folg.: KERNER, Ruf]).

[125] Vgl. SCHEIDEL, Speech Communication, 240ff., vgl. 205.

[126] A.a.O., 173, 192, 302, 360ff., 387 u.ö. Vgl. HORNE, Crisis, 7, 22, 129.

[127] SCHEIDEL, Speech Communication, 229. Horne erwähnt die wachsende Weltbevölkerung und die Armut in der Welt (HORNE, Crisis, 53, 133).

[128] A.a.O., 7, 54, 117.

[129] MOHRMANN, Composition, 54; SCHEIDEL, Speech Communication, 3, 245. Vgl. CRUM, Manual, 151f., 161.

[130] HORNE, Crisis, 7, 52.

[131] SCHEIDEL, Speech Communication, 184. Vgl. HORNE, Crisis, 94 und White, der *challenge, confusion* und *denial* als Kennzeichen seiner Zeit sieht (R. E. O. WHITE, A Guide to Preaching. A Practical Primer of Homiletics, Grand Rapids/MI 1973, 20 [i. Folg.: WHITE, Guide]).

[132] CRUM, Manual, 161.

[133] RICHARD LISCHER, A Theology of Preaching. The Dynamics of the Gospel, Durham/NC, rev. Ausg. 1991, 9, 28, 66 (i. Folg.: LISCHER, Theology).

[134] A.a.O., 9, 28, 66.

[135] A.a.O., 67.

[136] A.a.O., 81. – Es stellt sich die Frage, ob diese Verlagerung der »Gewissheit« in die Erfahrung des Hörers, die (u.a.) durch Zweifel an einer objektiven Wahrheit verursacht

der Theologie, der Predigtpraxis - als grundsätzliches Argument der Überzeugung - und im rhetorischen Bemühen um konkrete Sprache ein. Für den Prediger sei die Erfahrung, dass Christus ihm begegnet ist, primär.[137]

2.2. DIE KOMMUNIKATION

2.2.1. Die Massenkommunikation und der Einzelne

Das zwanzigste Jahrhundert ist das Zeitalter der beginnenden Massenkommunikation. Der Hörfunk erreicht viele Menschen auf einmal. Der Einzelne erhält nicht nur Informationen aus der ganzen Welt, auch deren Probleme scheinen auf ihn einzudrängen.[138] Zugleich wird die öffentliche Rede, in der einer zu vielen spricht, durch dieses Medium zu einem ständigen Massenereignis. Ab der Jahrhundertmitte wird der Film - zunächst im Kino, dann auch im Fernsehen - zur beliebtesten Freizeitbeschäftigung.[139] In den 40er und den frühen 50er Jahren entwickelt sich in den USA die Massenwerbung.[140] Die Kommunikationsforschung entsteht; Fragen der Marktforschung und Programmgestaltung und Anliegen der Rundfunkwerbung verbinden sich mit einer Loslösung von der einseitigen, »autoritätsbezogenen« Fokussierung auf den Sprecher in der Kommunikation. Viel beachtet werden die Ergebnisse und Theorien des kanadischen Kommunikationstheoretikers Marshall McLuhan, der die Entwicklung einer weltweiten elektronischen Vernetzung voraussieht und die Rede vom »globalen Dorf« prägt. Besorgnis über die Wirkung der Massenmedien wird laut,[141] Milton Crum Jr. spricht von »Informationsimplosionen«.[142] Richard Jensen redet von einer Revolution, die das Ende des von der geschriebenen Sprache bestimmten »Gutenberg-Zeitalters« bedeute[143] - ohne abzusehen, dass auch die schriftliche Kommunikation mit dem Aufkommen des Internets, der elektro-

---

ist, nicht wiederum dazu beiträgt, dass der Einzelne keine bleibende Gewissheit findet. Pfitzner betont, *verbo solo* heiße auch, dass der Glaube sich für seine Gewissheit auf keine Krücken stützen dürfe, weder auf die menschliche Erfahrung noch auf archäologische Funde o.ä. (V. C. PFITZNER, The Hermeneutical Problem and Preaching. In: CTM 38 [1967], 6, 347-362; hier 358 [i. Folg.: PFITZNER, Hermeneutical Problem]).

[137] PAUL SCOTT WILSON, The Practice of Preaching, Nashville/TN 1995, 14, 39, 98, 155 (unter Verweis auf Bultmann) [i. Folg.: WILSON, Practice]). Wilson führt den Nachdruck auf der Erfahrung auf Schleiermacher zurück, a.a.O., 202.

[138] BOWIE, Preaching, 130, 153f.

[139] W[ILLIAM] E. SANGSTER, The Craft of the Sermon, London 1972 (Nachdr. der Aufl. v. 1954), 69 (i. Folg.: SANGSTER, Craft) und BLOCKER, Secret, 182.

[140] BLANKENSHIP, Sense of Style, 140.

[141] SCHEIDEL, Speech Communication, 360f.

[142] CRUM, Manual, 34.

[143] RICHARD A. JENSEN, Thinking in Story. Preaching In A Post-Literate Age, Lima/OH 1993, 17ff. (i. Folg.: JENSEN, Thinking). - Jensen lehrt von 1971-1981 Systematische Theologie am Wartburg Seminary in Dubuque/IA.

nischen Post, der Handy-Kurznachrichten und der Web-Blogs in ihrem Umfang gewaltig zunehmen würde.

Die zweite Hälfte des 20. Jahrhunderts ist eine Zeit der erneuten Suche des Einzelnen und der Gesellschaft nach Identität, Vieles wird nicht mehr als selbstverständlich hingenommen. Damit rücken Fragen des Verstehens in den Brennpunkt.[144] In der Hermeneutik kommt es mit Gerhard Ebelings Ansatz zu einer existentialen Umkehrung: Nicht wir befragen den Text, sondern der Text befragt uns.[145]

Die kirchliche Verkündigung wendet sich mit Interesse der Kommunikationsforschung zu. Der Einzelne rückt in den Blick. Die Formen der Kommunikation verändern sich. Besonders durch das Vordringen des Films werden Menschen zunehmend visuell geprägt. Die Homiletik befasst sich mit einer »Krise der Predigt«, zusammengesetzt aus einer Krise der Autorität (einschließlich der Rolle der Kirche und der kirchlichen Verkündigung), der Identität (die Frage nach dem eigenen Ich in der technisierten und anonymisierten Welt) und der Kommunikation (die stetig wachsende Fülle der Eindrücke und Botschaften und in ihrer Folge die Sinnentleerung und verminderte Aufmerksamkeit).[146] Mit H. Grady Davis'* »Design for Preaching«, das einen großen Teil dessen, was die *biblical theology* lehrt, voraussetzt und über Jahre hinweg das homiletische Feld dominieren wird,[147] beginnt Ende der 50er Jahre eine Neubesinnung auf die Form der Predigt. Die Arbeit mit »anderen« Formen, die zwar in der Geschichte der Homiletik nicht unbekannt sind, aber als neu empfunden werden, geht einher mit der grundsätzlichen, neuen Bestandsaufnahme, die mit der Infragestellung der bisherigen Form der Kommunikation verbunden ist. Dabei ist das Tempo des Umbruchs, wie O. C. Edwards Jr. schreibt, zunächst verhalten:

> »At least for a time, one gains the impression that many pastors tried to put the suggestions into practice while holding on to a typical American homiletical style.«[148]

---

[144] CRUM, Manual, 71, 79.
[145] A.a.O., 72.
[146] Der Blick nach Europa auch in dieser Situation zeigt sich in der Bezugnahme auf die deutsche Theologie, siehe etwa C. Reids Verweis auf Emil Brunner und Helmut Thielicke und seine Feststellung, letzterer habe wohl mehr Energie auf die Untersuchung des Problems der Predigt in der Gegenwart verwendet als irgendein anderer Theologe (CLYDE REID, The Empty Pulpit. A Study in Preaching as Communication, New York/NY [u.a.] 1967, 43 [i. Folg.: REID, Empty Pulpit]).
[147] O. C. Edwards Jr., Professor für Homiletik am Seabury-Western Theological Seminary in Evanston/IL, bezieht sich auf eine Untersuchung von 1974, nach der mehr als die Hälfte der befragten Professoren dieses Buch im homiletischen Unterricht verwendet, s. EDWARDS, History of Preaching, 664, 684.
[148] Ebd.

2.2.2. Neue Formen, neue Erwartungen

Der homiletische Neuaufbruch gewinnt jedoch gegen Ende der 60er Jahre an Momentum, nicht zuletzt aufgrund des revolutionären Klimas in der Gesellschaft mit der grundsätzlichen Infragestellung ihrer Strukturen. Zunehmend werden Schwächen und Stärken verschiedener homiletischer Formen herausgearbeitet. Dabei richtet sich der Blick besonders auf die Gesamtform der Predigt. So wird die analytisch-deduktive Predigtform – oft gleichgesetzt mit einer als typisch traditionell empfundenen Dreipunkte-Predigt, die je nach konfessioneller Prägung häufig in einem Aufruf zu (noch) größerem Engagement gipfelt – von einigen für die »Krise« der Predigt mit verantwortlich gemacht. Sowohl in einer induktiven Predigtweise wie auch in der *story*-Form wird eine Antwort auf diese Krise gesucht. Die Hörer sollen durch Predigtvor- oder -nachgespräche, durch Dialogpredigten oder durch bewusst unabgeschlossene, »offene« oder unvorbereitet-lässige Predigten an diesen beteiligt werden. Die von Gustav Freytag 1863 in seiner »Technik des Dramas« beschriebene[149] und von Andrew W. Blackwood*[150] und Davis[151] in den 1940er und 50er Jahren in der Homiletik ins Gespräch gebrachte Spannungsspirale, bestehend aus Konflikt-Konfliktverschärfung-Konfliktlösung-Folgen, wird zum Thema zweier homiletischer Bücher von Eugene L. Lowry*, deren Absatz Bestseller-Zahlen erreicht; heute ist diese Spannungsspirale allgemein als »Lowry Loop« bekannt.[152]

Die homiletischen Veränderungen dieser Zeit haben auch mit einer veränderten Erwartungshaltung gegenüber der Predigt zu tun. Generelle Information über das Zeitgeschehen oder allgemeine Unterhaltung werden von ihr nicht mehr erwartet. Und immer weniger gründet sich die Bereitschaft zum Hören und zur Aufmerksamkeit für die Dauer der »geistlichen Rede« auf eine generelle

---

[149] Das Werk von Gustav Freytag, in dem er den Aufbau des klassischen Dramas als »Pyramiden-Schema« beschreibt, ist eines der wichtigsten dramaturgischen Lehrbücher seiner Zeit (Leipzig 1863, Neuausgabe Berlin 2003, englische Ausgabe »Technique of the Drama«, Chicago 1984). Für den Hinweis auf Freytag danke ich David Schmitt (persönliches Gespräch, Lutherische Theologische Hochschule Oberursel, 13.11.2010; ebenso Schmitt, Sermon Structures, 28). Schmitt zeigt die direkte Entsprechung der fünf Phasen des *homiletical plot* bei Lowry zu den fünf Akten eines dramatischen Stückes in Freytags Analyse auf (ebd.).

[150] Blackwood schreibt, »In this kind of sermon you begin with a person or a group of persons. Then you bring out the actions, so that the friend in the pew can see someone to admire, someone to dread, someone to be like. The action leads to struggle, the struggle causes conflict, and the conflict involves suspense. After a while comes the dénouement.« (Andrew Watterson Blackwood, The Preparation of Sermons, London 1955 (In Großbritannien erschienener Nachdr. der amerikanischen Ausg. v. 1948), 162, vgl. 268 [i. Folg.: Blackwood, Preparation]).

[151] H. Grady Davis, Design for Preaching, Philadelphia/PA 1958, 182, s. auch 163, 174ff. (I. Folg.: Davis, Design).

[152] Eugene Lowry, The Homiletical Plot. The Sermon as Narrative Art Form, Louisville/KY 2001 ([1]1980) (i. Folg.: Lowry, Plot) und ders., The Sermon. Dancing the Edge of Mystery. Nashville/TN 1997 (i. Folg.: Lowry, Dancing).

Akzeptanz der Autorität der Kirche und des Kanzelredners, wenn auch in weiten Teilen der konfessionellen Landschaft die grundsätzliche Überzeugung bestehen bleibt, dass die Bibel in irgendeiner Form »Gottes Wort« ist und dass dieses Wort mit der Gesellschaft und dem Leben des Hörers zu tun hat.[153] Die regelmäßige Gottesdienstteilnahme geht zurück, zunehmend weniger Menschen halten sich kontinuierlich zu den meisten Predigten in einer Gemeinde.[154] In den 80er Jahren schreibt David G. Buttrick*, der Prozentsatz der Christen in Nordamerika nehme ab.[155] Hinzu kommt die nachlassende Bereitschaft, über längere Zeit einem Redner zuzuhören, die ihrerseits im evangelischen Bereich zu einem Rückgang der typischen Predigtlänge von 45–60 Minuten zu Beginn des Jahrhunderts auf 20 Minuten oder weniger in den 80er Jahren führt.[156]

Mit dem zunehmenden Einfluss des Films als Medium begegnet in der Homiletik ab der Mitte des 20. Jahrhunderts die Rede von einem Zeitalter der Bilder.[157] Zwanzig Jahre später stellt Blocker eine Veränderung der Aufmerksamkeit der Menschen fest: Wie Grashüpfer sprängen sie hin und her, immer auf der Suche nach dem Angenehmen im Leben.[158] Für das Eingehen auf die Menschen sieht Donald L. Deffner jedoch auch eine positive Rolle des Fernsehens im Blick auf die Predigt: Es könne dem Prediger helfen, sensibel zu wer-

[153] Vgl. hierzu den Historiker D. G. Hart, der die Anwendung der Typologie »liberal/konservativ« auf die amerikanische kirchliche Situation für unbefriedigend hält, da beide einem pietistischen Aktivismus verbunden seien; der eigentliche Unterschied sei der zwischen »pietistisch« und »konfessionell« und sei bestimmt durch das Verhältnis von Rechtfertigung und Heiligung (nach Lawrence R. Rast Jr., The Third Use of the Law: Keeping Up to Date with an Old Issue. In: CTQ 69 [2005], 187–190; hier 189).

[154] Auch dieses Phänomen begegnet in der homiletischen Diskussion schon zu Beginn des 20. Jahrhunderts. Graebner erwähnt 1919, dass die Gottesdienstteilnahme abgenommen hat und dass mancher am Sonntagmorgen lieber zuhause den Sportteil der Sonntagszeitung studiert (Th. Graebner, Inductive Homiletics. A Manual for Classroom and Preacher's Desk. Part II. Sermons Classified according to Contents, St. Louis/MO 1919, 12f. [i. Folg.: Graebner, Inductive Homiletics II]). Nach White wirken sich kleinere Hörerzahlen negativ auf die Qualität der Kanzelrede aus; es fehle dem Prediger an der Inspiration und Gelegenheit, die den Worten, die er sich hart erarbeitet hat, Flügel verleihen würden. Man müsse jedoch umso besser predigen, je weniger Hörer man vor sich habe, nur so könne deren Zahl wieder zunehmen (White, Guide, 57f.). Zum Kontext dieser Beobachtungen ist zu beachten, dass bei einem Konsens über die abnehmende Rolle der Religion in der amerikanischen Gesellschaft rund 40% der Amerikaner wöchentlich an einem Gottesdienst teilnehmen, vgl. N.N., Religion in the United States, o.O., http://-en.wikipedia.org/wiki/Religion_in_the_United_States, zuletzt geändert 10.9.2014 [19.9. 2014] (i. Folg.: N.N., Religion in the United States).

[155] Buttrick, Moves, 107.

[156] Zu unterschiedlichen Zeitangaben und der zunehmenden Verkürzung im Kontext der gesellschaftlichen Veränderungen s. 3.6.

[157] Siehe etwa Sangster, Craft, 69.

[158] Blocker, Secret, 40.

den für die Gefühle, Verletzungen und Fragen der Menschen, und könne einen Kontaktpunkt für »fruchtbare Kommunikation« bieten.[159]

[159] Donald L. Deffner, The Real Word for the Real World. (The Preacher's Workshop Series Bd. 3), St. Louis/MO 1977, 32 (i. Folg.: Deffner, Real Word). – Die Langzeitwirkungen der Fernsehkultur kommen in den Überlegungen von M. Rogness von 1994 zu dem Einfluss zum Ausdruck, den diese auf die Erwartungshaltung der Hörer an die Art des Vortrags der Predigt hat (Michael Rogness, Preaching to a TV Generation. The Sermon In The Electronic Age, Lima/OH 1994, 80 [i. Folg.: Rogness, TV Generation]).

3. Die »alte« Homiletik bis in die 50er Jahre

3.1. Das Wesen der Predigt

In der Geschichte der Kirche ist immer wieder über einen schlechten Ruf der Predigt geklagt worden. Treten solche Klagen vermehrt auf, so mag dies ein Symptom für nachlassendes Interesse an der christlichen Botschaft oder für eine allgemeine Krise der Kirche sein. Anzeichen einer solchen Krise werden ab der Mitte des 20. Jahrhunderts in der homiletischen Diskussion vermehrt thematisiert. Dennoch warnt W. Harry Krieger 1957 davor, die moderne Abneigung gegenüber der Predigt und den Mangel an Respekt für sie vorschnell dem Geist der Zeit oder der stets bleibenden Verderbtheit der menschlichen Natur zuzuschreiben; eine Ursache könnte auch mangelnde Mühe und Sorgfalt des Predigers sein, der in die Predigt nicht das einarbeite, was die Aufmerksamkeit eines Menschen festhält und ihm Respekt abnötigt.[160] W. E. Sangster* nennt eine Kombination von Gründen für die abnehmende Zahl der Gottesdienstteilnehmer um die Mitte des 20. Jahrhunderts; konsequent kraftvolles und nahrhaftes Predigen jedoch würde die Menschen auch zurück in die Kirche und unter die Kanzel bringen.[161] Er erinnert an ein Diktum der »frühen protestantischen Theologen«,

> »that doctrines must be preached practically and duties doctrinally«.[162]

Wo Dogma und persönliches Leben getrennt würden, entstehe Chaos: Dogma verkomme zu trockenem, akademischen Bauholz, und das, wozu der Mensch

---

[160] W. Harry Krieger, Angels Having the Gospel to Preach, St. Louis/MO 1957, 30 (i. Folg.: Krieger, Angels). Krieger ist zur Zeit dieser im Februar 1957 am Concordia-Seminar in St. Louis gehaltenen Vorlesungsreihe zu *effective preaching* Gemeindepfarrer und Vize-Präses des Michigan-Distrikts der Missouri-Synode.

[161] W. E. Sangster, Power in Preaching, London 1963. (Nachdr. der Aufl. v. 1958), 53 (i. Folg.: Sangster, Power). – Neben der Bewahrung des konfessionellen Erbes John Wesleys ist es Sangsters besonderes Anliegen, diejenigen zu erreichen, die dem Evangelium gleichgültig oder ablehnend gegenüberstehen, s. N.N., News for Christians. Library of Classic Sermons, o.O. 2011, http://www.newsforchristians.com/classics.html [19.9. 2014].

[162] Sangster, Power, 81.

verpflichtet ist, werde nur noch als gesellschaftliche Konvention angesehen, die im Wandel der Zeit und je nach persönlichem Nutzen angenommen oder verworfen werden könne.[163] John H. Fritz* erinnert in dieser Situation daran, dass es nicht nur auf den Inhalt der Predigt ankommt, sondern auf die rechte Beurteilung und Unterscheidung des Inhalts. Der Prediger müsse zusammenfügen, was zusammengehört, und trennen, was zu trennen ist.[164] Fritz betont,

> »If a preacher would preach interesting sermons, he must know his people, the conditions under which they live, their particular needs. He must know what is agitating the minds of his parishioners, what their peculiar troubles and trials and temptations are, what they read, with whom they associate, what their business connection and who their friends are, what their home-life is like, how they spend their leisure time, etc. *Pastoral visits to the home will reveal these things.*«[165]

Auch bei anderen Homiletikern findet sich die Überzeugung, dass der Mensch ohne Gott verloren ist und dass die Welt sich keineswegs stetig zum Besseren entwickelt.[166] Dies wird von J. Vernon McGee mit der homiletischen Realität seiner Zeit kontrastiert:

> »Somebody has defined the modern church as a place where a mild-mannered man gets up before some mild-mannered people and urges them to be more mild mannered.«[167]

Sangster beginnt sein Buch über das Predigthandwerk 1954 mit dem Satz, die Predigt befinde sich im »Schatten«. Sie sei jedoch die wichtigste Aufgabe des Pfarrers, und die Erwartungen der Hörer dürften nicht enttäuscht werden. Intensive Predigtvorbereitung sei ein wichtiger Dienst an der Gemeinde. Ohne solche auf die Kanzel zu gehen und zu erwarten, dass der »Geist« den Rest tun werde, sei ein Aberglaube, den der Heilige Geist verachte. Eine solche Praxis gehöre zum traurigsten Teil der Geschichte der christlichen Predigt.[168]

---

[163] A.a.O., 82–84.

[164] John H. Fritz, The Preacher's Manual. A Study in Homiletics. With the Addition of a Brief History of Preaching, Sermon Material, Texts for Various Occasions, and Pericopic Systems, St. Louis/MO 1941, 47 (i. Folg.: Fritz, Preacher's Manual). Dieses Buch ist heute als Nachdruck (sog. *print on demand*) erhältlich.

[165] A.a.O., 62. Hervorhebg. i. Orig. Vgl. auch Donald Macleod, The Sermon in Worship. In: Vernon L. Stanfield (u.a.), Homiletics, Grand Rapids/MI 1974, 57–68; hier 62 (i. Folg.: Macleod, Sermon).

[166] William Ward Ayer, My Method of Preparation. In: Clarence Stonelynn Roddy (Hg.), We Prepare and Preach. The Practice of Sermon Construction and Delivery, Chicago/IL 1959, 9–17; hier 17 (i. Folg.: Ayer, Method).

[167] J. Vernon McGee, The Pulpit and the Well of Life. In: Clarence Stonelynn Roddy (Hg.), We Prepare and Preach. The Practice of Sermon Construction and Delivery, Chicago/IL 1959, 98–103; hier 101 (i. Folg.: McGee, Pulpit).

[168] Sangster, Craft, 1.

3.2. Theologie und Materie

3.2.1. Typische Prägung

Die nordamerikanische evangelische Homiletik spiegelt das konfessionelle Bild der USA wider.[169] Sie ist theologisch geprägt von der weithin geteilten Grundüberzeugung, dass die Bibel Gottes Wort ist, einem praktisch-direkten Umgang mit dieser in der (teils eklektischen) Anwendung einzelner Aussagen auf die Hörersituation, dem Bemühen in und mit der Predigt, den Hörer zu einem bestimmten Verhalten zu bewegen, und der Tendenz, dieses Verhalten vor allem im Bereich des Einsatzes für die Gemeinschaft zu suchen. Ab dem späten 19. Jahrhundert liegt der Schwerpunkt der Predigten im nordamerikanischen *mainstream* auf der Lösung persönlicher, familiärer, ethischer oder theologischer Probleme der Hörer, auf moralischer Ermahnung und sozialer Reform.[170] Ein wachsendes Bewusstsein für die Lebens- und Arbeitsbedingungen vieler Einwanderer, von Kindern und Frauen und für soziale Ungerechtigkeit führt zur Entstehung des *social gospel*. Dieses versteht die zweite Vaterunserbitte als Auftrag an die Menschheit, die Welt vor der Parousie Christi von solchen sozialen Übeln zu befreien. Der Einsatz für Benachteiligte und Leidende in der Gesellschaft wird zum Kern der christlichen Verkündigung. Dieses »Evangelium« fasst u.a. im baptistischen, methodistischen und presbyterianischen Raum Fuß. Die Bewegung überschreitet ihren Höhepunkt am Anfang des 20. Jahrhunderts, in der Zeit bis zum Beginn des ersten Weltkriegs wird sie zunehmend zu einem integralen Bestandteil des nordamerikanischen Protestantismus'.[171] Als Grundzug amerikanischer Kirchlichkeit durchzieht sie so die Homiletik bis in die Gegenwart. Sie ist damit auch eine der Ursachen für die vermehrte Frage nach dem Eingehen der Predigt auf die Bedürfnisse und Nöte der Hörer, das in den 1940er Jahren einsetzt.[172] Ihre Themen kehren im *Civil Rights Movement* der

---

[169] Rund ein Viertel der Christen in den Vereinigten Staaten gehören einer baptistischen, methodistischen oder lutherischen Kirche an (nach N.N., Religion in the United States). Vgl. hierzu die Übersicht über die konfessionelle Zuordnung einflussreicher (evangelischer) nordamerikanischer Homiletiker im Anhang unter III.1.

[170] Edwards, History of Preaching, 665ff. (Abschnitt zu Harry Emerson Fosdick [1878–1969]). Nach Edwards gilt dies bis in die Mitte des 20. Jahrhunderts; ab der Mitte der 30er Jahre stelle man jedoch fest, dass eine solide Schriftauslegung die Ansicht nicht unterstütze, das Reich Gottes müsse durch individuelle und gemeinschaftliche menschliche Bemühungen um soziale Reformen herbeigeführt werden (a.a.O., 678).

[171] A.a.O., 648f. Nach Perry kennzeichnet die Bedeutung des *social gospel* neben dem Predigen zu konkreten Lebenssituationen bei gleichzeitigem Rückgang der Lehrpredigt die homiletische Entwicklung in Amerika im 20. Jahrhundert (Lloyd M. Perry, Biblical Preaching for Today's World, Chicago/IL 1973, 129f. [i. Folg.: Perry, Biblical Preaching]).

[172] Der Bezug auf die Nöte und Bedürfnisse des Hörers spielt etwa bei Phelps keine eigene Rolle (Austin Phelps, The Theory of Preaching. Gekürzt und überarb. v. Foris Daniel Whitesell, Grand Rapids/MI 1947 [[1]1881] [i. Folg.: Phelps, Theory]); das gilt ebenso für F. B. Meyer (Meyer, Expository Preaching) und Graebner (Graebner, Inductive Homiletics,

60er Jahre wieder und ihr Einfluss ist auch im Ausblick der Homiletik auf das 21. Jahrhundert erkennbar.[173]

Vor diesem Hintergrund und in Wechselwirkung mit solchen Schwerpunkten und deren Verschiebung werden typische theologische Prägungen verschiedener konfessioneller Richtungen auch in ihrer Differenziertheit sichtbar: Auf der liberalen Seite werden die Nöte und Bedürfnisse des Hörers zum hermeneutischen und homiletischen Maßstab für die Relevanz des Wortes Gottes, von konservativer Seite wird der Ruf nach einem wieder stärker systematisch-theologischen Gehalt der Predigt laut. Baptistische, methodistische und andere Homiletiker suchen in der Bibel nach Themen und tendieren dazu, die Auswahl von Schriftstellen für die Predigt von der vorausgehenden Entscheidung für das jeweilige Predigtthema abhängig zu machen.

3.2.2. Überkommene Definitionen

Eine Homiletik des 19. Jahrhunderts, die bis weit in das 20. Jahrhundert hinein für Nordamerika prägend ist, ist die von Austin Phelps*, die 1881 erscheint, mehrere Auflagen erlebt und 1947 von Faris D. Whitesell gekürzt und überarbeitet wird. Sie ist bis heute im Buchhandel als Nachdruck erhältlich.[174] Für Phelps ist die Bibel ein inspiriertes Buch, das die Welt immer brauchen wird.[175]

Teile I–IV). Wo menschliche Nöte in den folgenden Jahren zur Sprache kommen, handelt es sich zunächst häufig um den geistlichen Bereich. So spricht Reu 1924 von den Nöten des menschlichen Herzens und der jeweiligen Gemeinde des Predigers (REU, Homiletics, 132, 261, 382ff. u.ö.). Ähnlich in R[ICHARD] C. H. LENSKI, The Sermon. Its Homiletical Construction, Grand Rapids/MI 1968. (Nachdr. der Ausg. v. 1927), z.B. 41, 109 (i. Folg.: LENSKI, Sermon). Bei Fritz heißt es 1941, »[...] the purpose of preaching is to supply the spiritual needs of the people [...].« (FRITZ, Preacher's Manual, 36). Farmer nimmt dagegen 1942 die gesamte persönliche Situation des Menschen in den Blick: »If preaching is not accompanied by some participation in men's personal situations and needs, it loses much of its power to convince.« (FARMER, Servant, 24). In der Überarbeitung der Homiletik von Broadus durch Weatherspoon heißt es 1944, »To put ourselves in the place of others will give to their needs a new importance and urgency, compelling us to speak, not of some pet interest of our own, but of the living issues that press upon our hearers. [...] when anyone touches my problem, my interest, shows knowledge and just appreciation of my point of view, feels my difficulties, speaks in my language, he will not need to ask for my attention or catch me by subtle artistry.« (JOHN A. BROADUS, On the Preparation and Delivery of Sermons. Bearb. v. JESSE BURTON WEATHERSPOON, New York/NY [u.a.] 1944 [[1]1870], 286 [i. Folg.: BROADUS, Preparation and Delivery 1944]).
Einen wichtigen Platz hat dieses Anliegen auch bei Halford E. Luccock (DERS.: In the Minister's Workshop, New York/NY [u.a.] 1944, 53, 61 u.ö. [i. Folg.: LUCCOCK, Workshop]). Blackwood stellt neben die von vielen Homiletikern übernommene Definition der Predigt bei Brooks als »divine truth through personality« die folgende: »the truth of God voiced by a chosen personality *to meet human needs.*« (BLACKWOOD, Preparation, 13, Hervorhebg. von mir. Vgl. Anm. 179).

[173] Siehe RANDOLPH, Renewal, 133, vgl. xii, 3, 117.

[174] Sog. *print on demand.*

[175] PHELPS, Theory, 20.

Er verbindet den besonderen Inhalt der Predigt als christlicher »Redeform« mit dem klassischen Ziel der Rhetorik, den Hörer zu überzeugen:

> »A sermon is an oral address to the popular mind upon religious truth contained in the Scriptures, and elaborately treated with a view to persuasion.«[176]

Von vielen Homiletiken übernommen wird die Definition von Phillips Brooks* in seiner Yale-Vorlesung 1876/77,[177] Predigen sei »the bringing of truth through personality«.[178] Auf der Liste der Fähigkeiten, die ein »erfolgreicher« Prediger besitzen sollte, steht für die *Yale lecturers* die Kraft, Menschen zu etwas zu bewegen, weit oben.[179] E. G. Robinson sagt 1881/82, die größten Ergebnisse im Predigen gingen auf das Gewicht der Persönlichkeit des Predigers (*weight of character*) und nicht auf geschicktes Formulieren (*wit of words*) zurück.[180] Peter T. Forsyth spricht wörtlich von einer »sacramental quality of his personality for his message«.[181] Die Definition Brooks' klingt in den Ausführungen Johann Michael Reus* nach[182] und wird aufgenommen von John A. Broadus*,[183] Jesse Burton Weatherspoon*,[184] John Killinger,[185] R. E. O. White[186] u.a. Damit beziehen

---

[176] A.a.O., 11.

[177] BAXTER, Yale Lectures, 3. »Yale-Vorlesung« bezeichnet in dieser Arbeit die »Lyman Beecher Lectures on Preaching«, die seit 1871 stattfinden und zu denen jährlich ein führender Homiletiker eingeladen wird. Vgl. unten unter 4.7.

[178] Brooks ist u.a. bekannt als Dichter des Weihnachtsliedes »O Little Town of Bethlehem«. Die hier genannte These ist das Thema seiner 1876/77 gehaltenen Yale-Vorlesung (s. WILSON, Practice, 78). Fritz hält die Bedeutung von Brooks als Prediger für überbewertet; seine Theologie sei recht vage und seine Predigten übermäßig philosophisch (FRITZ, Preacher's Manual, 152). Caemmerer schreibt dagegen zu einem 1969 erschienenen Nachdruck von Brooks' »Lectures on Preaching«, angesichts des gegenwärtigen Zustands der Predigt wäre es gut, wenn man sich diesem Homiletiker von neuem zuwenden würde (RICHARD R. CAEMMERER, Lectures on Preaching. By Phillips Brooks, Grand Rapids/MI 1969 [Buchbesprechung zu einem Nachdruck]. In: CTM 41 [1970], 5, 318).

[179] BAXTER, Yale Lectures, 27f.

[180] A.a.O., 40. – E. G. Robinson ist zu unterscheiden von dem Homiletiker Haddon W. Robinson, James M. Robinson mit seinen Beiträgen zur neuen Hermeneutik und dem afro-amerikanischen Prediger James H. Robinson (Yale-Vorlesung 1955).

[181] A.a.O., 25, vgl. 40.

[182] Die Wahrheit, die zu verkünden ist, spielt eine zentrale Rolle bei Reu; für die Begegnung mit dem Hörer im Predigtgeschehen gebraucht er das Bild zweier Freunde, die sich die Hand geben und dazu ihre Handschuhe ausziehen (REU, Homiletics, bes. 487, 228). Aho gibt dieses Werk, das über mehrere Jahrzehnte an lutherischen Seminaren verwendet und 1950 und noch einmal 1967 neu herausgegeben wird, für seinen homiletischen Grundkurs als Textbuch an; ein wesentlicher Teil davon gehört zur obligatorischen Lektüre (vgl. die Besprechung von RICHARD R. CAEMMERER zu der letzten Neuausgabe in Concordia Theological Monthly [CTM] 38 [1967], 9, 620).

[183] BROADUS, Preparation and Delivery 1944, 58.

[184] JESSE BURTON WEATHERSPOON, Sent Forth to Preach. Studies in Apostolic Preaching, New York/NY 1954, 59 (i. Folg.: WEATHERSPOON, Sent Forth).

[185] JOHN KILLINGER, The Centrality of Preaching in the Total Task of the Ministry, Waco/TX (u.a.) 1969, 64 (i. Folg.: KILLINGER, Centrality). Auch H. W. Robinson führt diese

sich einzelne Homiletiker nicht nur auf die Rolle der Person des Sprechers oder seine Beziehung zu den Hörern. Es geht vielmehr um ein Predigtverständnis, nach dem der Prediger Menschen inspiriere, sich zu bessern.[187] Deshalb sei die Persönlichkeit und Aufrichtigkeit des Predigers wichtig.[188] Dass es sich hierbei nicht nur um eine Schwerpunktsetzung innerhalb der homiletischen Diskussion handelt, sondern um eine Grundüberzeugung im populären Verständnis der Predigt zeigt D. Buttricks Feststellung von 1987:

> »Popular conviction seems to suggest that the minister's Christian personality somehow speaks through sermons so that, no matter how inept der sermon, people are drawn to God.«[189]

Die Art des von der Predigt angestrebten »Bewegens« bringt diese jedoch um die Mitte des 20. Jahrhunderts in Misskredit: 1940/41 sagt Ralph W. Sockman in Yale, das Wort »predigen« habe einen unliebsamen Beigeschmack. Es suggeriere eine Art von Propaganda, ein Bemühen, andere Menschen zu bessern.[190]

Auch Blackwood setzt in den 40er Jahren bei der von Brooks formulierten Definition der Predigt an.[191] Die göttliche Wahrheit komme dabei hauptsächlich aus der Schrift, aber auch aus anderen Quellen; die menschliche Not, um die es dabei gehe, entspringe hauptsächlich der Sünde, habe aber auch andere Wurzeln.[192] Aus einem anderen Blickwinkel bezeichnet er die Predigt auch als

> »interpretation of religious facts in order to achieve a definite purpose«[193]

oder umgekehrt

> »interpretation of life today in light that comes from God today.«[194]

Definition an (Haddon W. Robinson, Biblical Preaching. The Development and Delivery of Expository Preaching, Grand Rapids/MI 1980, 24 [i. Folg.: H. W. Robinson, Preaching]).

[186] White nennt Brooks ausdrücklich als ihren Urheber (White, Guide, 238).

[187] Baxter, Yale Lectures, 3 u.ö.

[188] A.a.O., 41 u.ö.

[189] Buttrick, Homiletic, 458. D. Buttrick selbst lehnt diese Sichtweise an dieser Stelle ausdrücklich ab.

[190] Baxter, Yale Lectures, 272. Doch findet sich auch eine Aussage wie die von Henry Ward Beecher, Aufgabe des Predigers sei es nicht, Predigten zu »machen«, sondern Menschen zu retten (a.a.O., 233). Vgl. Betty Huttons Song »Poppa Don't Preach To Me« in dem Film »The Perils oft Pauline« von 1947.

[191] Blackwood, Preaching From the Bible, 35.

[192] Blackwood, Preparation, 13.

[193] Blackwood, Preaching From the Bible, 101. Entsprechend bezeichnet Blackwood den Prediger in diesem Buch wiederholt als *interpreter*.

[194] Blackwood, Preparation, 13. Vgl. Langes Beschreibung der Predigt als Gespräch mit dem Hörer über sein Leben, mit dem Hörer vor Gott (Ernst Lange [u.a.], Die verbesserliche Welt: Möglichkeiten christlicher Rede erprobt an der Geschichte vom Propheten Jona, Stuttgart [u.a.] 1968, 84f.).

Das menschliche Bedürfnis wird dabei zum hermeneutischen Ansatzpunkt. Für den Presbyterianer Blackwood ist Predigt weitgehend Themapredigt: der Prediger sucht in der Schrift nach einer Wahrheit, die auf dieses Bedürfnis antwortet. In seinem 1956 erschienenen Buch »Doctrinal Preaching for Today« bezeichnet er die Predigt mit Harry Emerson Fosdick auch als »personal counseling on a group basis – nothing else.«[195] Ein solches Verständnis der Predigt als einer speziellen Form pastoraler Seelsorge, einer geistlichen Therapie in der Gruppe findet sich auch bei Ilion T. Jones.[196]

3.2.3. Der Inhalt in Bezug auf den Hörer

Chevis F. Horne stellt neben Brooks Definition die von Fosdick.[197] Cleland bezieht sich ebenfalls auf Brooks' Definition, formuliert aber selbst wie folgt:

> »A sermon is the truth, plus the man, plus style.«[198]

Nach F. B. Meyer* muss sich der Prediger unter die mit dieser Wahrheit verbundene Autorität der Schrift stellen. Das Wort Gottes hat für ihn bleibende Bedeutung zu allen Zeiten, weil Gott stets gleich bleibe und weil auch das Leben der Menschen trotz allen äußeren Unterschieden in ihren Lebens- und Zeitumständen und in ihren jeweiligen nationalen Kulturen stets gekennzeichnet sei von Freude und Leid, Nöten, Torheit und Sünde und einem unauslöschlichen Verlangen nach Gott. Das sei der bleibende Punkt, an dem Gottes Wort mit dem menschlichen Herzen in Kontakt komme und sich als rettende und lebensschenkende Kraft erweise. Daher müsse die »alte Geschichte« stets durch neue Menschen weiter verkündigt werden.[199]

Theodore Graebner* veröffentlicht 1919 die erste lutherische Homiletik auf amerikanischem Boden.[200] Er definiert die Aufgabe und das Mittel der Predigt

---

[195] Andrew W. Blackwood, Doctrinal Preaching for Today. Case Studies of Bible Teachings, Grand Rapids/MI 1975 (Tb.-Nachdr. der Aufl. v. 1956), 65 (i. Folg.: Blackwood, Doctrinal Preaching). Vgl. die Rezension Ahos zu diesem Buch in The Springfielder 39 (1976), 4, 263.

[196] Ilion T. Jones, Principles and Practice of Preaching, New York/NY (u.a.) 1956, 24, 111 (i. Folg.: Jones, Principles). Christliche Verkündigung zielt bei Jones nicht zentral auf Erkenntnis und Bekenntnis der Schuld oder Umkehr und Vergebung.

[197] Horne, Crisis, 61, 93. Chevis F. Horne ist zu unterscheiden von Charles S. Horne, der 1913/14 die Vorlesung zur Homiletik in Yale hält. – Chevis Horne betont die heilende Kraft des Evangeliums vor allem im sozialen und zwischenmenschlichen Bereich (mit Bezug auf Viktor Frankl, a.a.O., 96).

[198] Cleland, Preaching, 119.

[199] Meyer, Expository Preaching, 3ff. Dieses Buch wird von Aho rezensiert in The Springfielder 39 (1976), 4, 264.

[200] Graebner bezeichnet sein vierbändiges Werk als »Inductive Homiletics« im Sinne einer »Einführung in die Homiletik«. Dies ist zu unterscheiden von der von Craddock im Kontext der neuen Homiletik ab 1970 in den Mittelpunkt gerückten »induktiven« Predigtform. – Reu übersieht offensichtlich dieses Werk, wenn er im Vorwort seines vier Jahre später erscheinenden Buches »Homiletics. A Manual of the Theory and Practice of

mit den Worten von John Quincy Adams, dem sechsten Präsidenten der USA (1825–1829), der zu Beginn des 19. Jahrhunderts für kurze Zeit einen Lehrstuhl für »Rhetoric and Oratory« an der Harvard-Universität innehat. Adams schreibt zur »Kanzelberedsamkeit«:

> »The preacher has no control over the will of his audience other than the influence of his discourse. Yet, as the ambassador of Christ, it is his great and awful duty to call sinners to repentance, his only weapon is the voice; and with this he is to appal the guilty, and to reclaim the infidel; to rouse the indifferent, and to shame the scorner. He is to inflame the lukewarm, to encourage the timid, and to cheer the desponding believer.«[201]

Lutherische Homiletiken gründen auf der Überzeugung, dass die Predigt, wo sie in Treue zur heiligen Schrift geschieht, Gottes Wort ist.[202] Sie hat Teil an der Vollmacht zur Absolution, die dem Amtsträger und damit im Regelfall auch dem Prediger gegeben ist.[203] Andererseits gehört auch die Verstockung des sündigen Menschen zur Wirkung des Wortes Gottes und damit der Predigt.[204]

Nach Johann Michael Reu, der in Neuendettelsau ausgebildet und ordiniert worden ist, ist Christus als Gekreuzigter Herz und Zentrum der Predigt.[205] Es

---

Preaching« schreibt, vor diesem habe die lutherische Kirche in Amerika noch keine Homiletik hervorgebracht, weder auf Deutsch noch auf Englisch oder in einer skandinavischen Sprache; da das Predigen jedoch eine Grundfunktion der Kirche sei und bleibe und sich der besondere Charakter der lutherischen Kirche auch in ihrer Predigt ausdrücken müsse, könnten die vielen wertvollen Beiträge von Theologen aus anderen amerikanischen Kirchen deren Bedarf nicht zur Befriedigung decken. Diese Lücke in der theologischen Literatur wolle sein Werk füllen (Reu, Homiletics, iii).

[201] Zitiert nach Graebner, Inductive Homiletics III & IV, 7f. (ohne Quellenangabe). Adams hat den Lehrstuhl von 1806–1809 inne. Seine eigenen konfessionellen Überzeugungen bewegen sich zwischen denen der Unitarier und der »Presbyterian« sowie der »Episcopal Church«, s. Charles A. Howe, John Quincy Adams. In: Dictionary of Unitarian and Universalist Biography, o.O. o.J., [nach 1998], http://uudb.org/articles/johnquincy-adams.html ([19.9.2014]).

[202] Diese Grundüberzeugung, die lange Zeit vorausgesetzt ist, findet sich ausdrücklich bei Fritz. Dieser bezieht sich für die Rolle der Predigt auf die Apologie der C.A. Nach seiner Überzeugung hält nichts die Leute mehr bei der Kirche als gutes Predigen (Fritz, Preacher's Manual, 7).

[203] A.a.O., 115.

[204] Reu, Homiletics, 167. – Vgl. dazu den theologischen »Kirchenvater« der Missouri-Synode, Walther, nach dem die Rede von Buße, Glaube und Heiligung ein wesentlicher Bestandteil jeder Predigt ist; und zwar so, »daß also nie ganz allein von dem einen Stücke ohne alle Andeutung der anderen nothwendigen Glieder der Heilsordnung die Rede sei, nur daß, indem der Prediger in diesem Sinne immer ›einerlei‹ lehrt (Phil. 3,1), dieses Einerlei in der manchfaltigsten Form vorgetragen werden sollte.« (Carl Ferdinand Wilhelm Walther, Americanisch-Lutherische Pastoraltheologie, St. Louis/MO [2]1875, 94 [i. Folg.: Walther, Pastoraltheologie]).

[205] Reu, Homiletics, 100.

geht darum, der menschlichen Seele sein Bild einzuprägen.[206] Die Predigt ist das Zeugnis von Sünde und Gnade,[207] unter dem sich die Kirche von neuem dessen bewusst wird, was Gott für sie getan hat[208]. Sie freut sich daran und prüft erneut ihre eigene Situation vor ihm.[209] So wird die Gemeinde erbaut.[210] Auf den Einzelnen bezogen heißt das: Es geht darum, dass der Mensch Christ wird und Christ bleibt.[211] Christliches Leben aber ist ein Leben im Glauben. Der Glaube muss also durch die Predigt kontinuierlich erneuert und vertieft werden, damit er wächst; dies geschieht, indem ihm Gott als der Gott gepredigt wird, der ihn rettet.[212] Die homiletische Motivierung des Hörers dürfe sich dabei nicht auf seine Angst vor Strafe oder die Verheißung zukünftiger Belohnung für gute Werke gründen.[213] Es ist damit Aufgabe der Predigt, der Gemeinde auch zu zeigen, was sie durch Gottes Gnade *werden* soll. Die Predigt soll in den Herzen der Hörer das aufrichtige Verlangen danach wecken und sie so zu einem unaufhörlichen Kampf mit der Sünde und einer treuen *imitatio Christi* bewegen[214]:

> »It was the mistake of Schleiermacher and of many of his followers that they overlooked this second element.«[215]

Als deutschstämmigem Lutheraner ist auch Fritz der Einfluss Friedrich D. E. Schleiermachers auf die Theologie und die Homiletik in Deutschland – und mittelbar auch in Nordamerika – besonders bewusst. Dieser habe den Weg für das modernistische Predigen des 20. Jahrhunderts bereitet:

> »He was an immensely learned man but [...] [he] denied the vicarious atonement and developed his religious doctrines from the inner consciousness of the individual heart instead of taking it from the divine source of God's revealed religion. Like the Modernists of our day he spoke of Christ's influence upon human life but never clearly made known who ›his Christ‹ really is.«[216]

Die Predigt Luthers habe deshalb ungleich größere Wirkung gehabt als die der Vorreformatoren, weil er die Lehre der Heiligen Schrift gepredigt habe. Sie sei vor allem von einem Gedanken beherrscht gewesen: von Christus.[217] Diesen verkündige das Wort Gottes in zeitloser Gültigkeit. Die Predigt erhebe deshalb

---

[206] A.a.O., 49.
[207] A.a.O., 59.
[208] A.a.O., 66.
[209] A.a.O., 103.
[210] A.a.O., 128.
[211] Vgl. Whites Bestimmung der Predigt als einer entscheidenden Begegnung zwischen Christus und der Seele (White, Guide, 10).
[212] Reu, Homiletics, 104.
[213] A.a.O., 161.
[214] A.a.O., 104.
[215] Ebd.
[216] Fritz, Preacher's Manual, 147f.
[217] A.a.O., 139.

nicht den Anspruch, etwas Neues zu bieten, sondern wolle je neues Interesse an der alten Botschaft wecken.[218] Das *social gospel*, das in den ersten Jahrzehnten des 20. Jahrhunderts die Predigt auf protestantischer Seite weithin prägt, rechnet er dagegen zur falschen Lehre:

> »[...] by ›preaching the social gospel‹ or talking on politics, economics, literature, book reviews, sanitation, and the like subjects, instead of limiting itself to the Christian religion, the Christian pulpit is desecrated.«[219]

In ähnlicher Weise übt auch Reu theologische Kritik an der Bewegung des *social gospel*:

> »Men may become so absorbed in social wrongs as to miss the deeper *malady* of personal sin. They may lift the rod of oppression and leave the burden of guilt. They may seem to correct social dislocation and overlook the awful disorder of the soul.«[220]

Von der traditionellen fünffachen Anwendung des Wortes Gottes[221] muss nach Reu nur der Lehr-Gebrauch in jeder Predigt präsent sein; welche und wieviele von den anderen hinzukommen, sei jeweils sorgfältig zu entscheiden[222]. Dies heiße jedoch nicht, dass die Predigt trocken und uninteressant werde.[223] Der Prediger dürfe nur nicht vergessen, dass er lebendige Hörer vor sich hat, mit denen er in persönlichen und lebendigen Kontakt treten soll, die er anreden und

---

[218] A.a.O., 149. – Siehe hierzu auch den Hinweis von C. Reid, die Predigt sei bis ins 18. Jahrhundert hinein eine wichtige Nachrichtenquelle für die Bevölkerung (REID, Empty Pulpit, 53).

[219] FRITZ, Preacher's Manual, 4.

[220] A.a.O., 54 (Zitat v. J. H. Jowett ohne nähere Angaben, Hervorhebg. von mir). – Fritz spricht von einer Entweihung der Kanzel, wenn das *social gospel* gepredigt oder über Politik, Wirtschaft, Literatur, Buchrezensionen usw. gesprochen werde, statt sich auf die christliche Religion zu beschränken (a.a.O. 4).

[221] Reu bezieht sich auf die von der älteren lutherischen Homiletik nach 2 Tim. 3,16 unterschiedenen fünf *usus*: *didascalicus*, *elenchticus*, *paedeuticus*, *epanorthoticus* und *paracleticus* (REU, Homiletics, 146).

[222] A.a.O., 146f. Blackwood, selbst Presbyterianer, weist darauf hin, dass Luther in einer Aufzählung von neun wesentlichen Merkmalen guten Predigens die Fähigkeit, systematisch zu lehren, als die wichtigste bezeichnet. Für Blackwood ist ein Proprium der lutherischen Kirche, dass ihre Gemeindepfarrer *lehren*, und zwar die Bibel (ANDREW W. BLACKWOOD, Preaching from the Bible, Grand Rapids/MI [1]1941, 21 [i. Folg.: BLACKWOOD, Preaching from the Bible]; vgl. die Rezension Ahos zu diesem Buch in The Springfielder 39 [1976], 4, 264).

[223] So auch BROADUS, Preparation and Delivery 1944, 60. Vgl. Phelps: »Doctrinal preaching and dull preaching are not synonymous. Doctrinal preaching must be sharpened, made alive, and infused with those elements essential to vivacity.« (PHELPS, Theory, 66) sowie Deffner, der am Ende des 20. Jahrhunderts feststellt, Predigten seien nicht deshalb trocken, weil die Prediger zu sehr auf der »Lehre« bestünden, sondern weil die Lehre vernachlässigt werde (DONALD DEFFNER, Compassionate Preaching. A Prīmer/Primer in Homiletics, o.O. Rev. Ausg. 1990, 8. [i. Folg.: DEFFNER, Compassionate Preaching]).

deren Interesse er gewinnen soll.[224] Es sei seine Aufgabe, sich in ihre Gedanken einschließlich ihres Widerspruchs und ihrer Zweifel hineinzubegeben, um sie zur Teilnahme am Predigtthema zu gewinnen.[225] Zu solchem pastoralen Predigen, das sich auch in der Geschichte der Kirche finde (wie etwa bei Augustinus),[226] gehöre auch, dass die Hörer spüren: Die Wahrheit, die der Prediger verkündigt, ist für ihn selbst ebenso entscheidend wie für sie.[227]

An Reus homiletischem Entwurf wird deutlich, dass dort, wo in der Systematischen Theologie das Wort Gottes als *efficax* verstanden wird und wo die Rezeption der antiken Rhetorik in der Geschichte der Kirche bekannt ist, der Ereignischarakter zum Wesen der Predigt gehört. So bezeichnet Reu 1924 das gesamte Gottesdienstgeschehen, in das die Predigt eingegliedert ist, als ein »liturgisches Drama«.[228] Er steht damit in der Tradition der deutschen konfessionell-lutherischen Liturgik im 19. Jahrhundert. So wie deren performativer, dramatisch-liturgischer Ansatz ein Jahrhundert später im deutschsprachigen Raum zu einem Schlüsselthema der evangelischen Liturgiewissenschaft wird,[229] markiert auch Reus Homiletik an dieser Stelle ein wesentliches Thema für die nordamerikanische praktische Theologie in den folgenden Jahrzehnten. Die Beschäftigung der neuen Homiletik mit diesem Konzept in der zweiten Hälfte des 20. Jahrhunderts ist daher nicht neu. Angeregt durch die Theologie insbesondere von Ernst Fuchs und Ebeling sucht die neue Homiletik damit jedoch neue Antworten in einer veränderten Umwelt. Einzelne Homiletiker entwickeln daraus unterschiedliche Paradigmen für die Predigt ihrer Zeit.

3.2.4. Heilsbotschaft statt Lehrvortrag

Während Broadus, dessen Homiletik mehr als acht Jahrzehnte lang in den USA als Standardwerk gilt,[230] ein deutlich noetisches Predigtverständnis vertritt,[231]

---

[224] Krieger kennzeichnet diese 1957 als eine Kirche, die immer noch auf *doctrinal preaching* besteht (KRIEGER, Angels, 40).

[225] REU, Homiletics, 224f. u.ö.

[226] A.a.O., 162.

[227] A.a.O., 152.

[228] A.a.O., 55. Vgl. RASCHZOK, Gottesdienst und Performativität, 123f. zum Verständnis des Gottesdienstes als eines dramatischen Geschehens bei Löhe; Reu ist in den USA als einer der »Loehe pastors« bekannt. Im Zusammenhang der Rede vom gottesdienstlichen »Drama« ist auch Wedel zu beachten, der 1956 von einer Wiederentdeckung biblischer Theologie als *story*-Theologie spricht (THEODORE O. WEDEL, The Pulpit Rediscovers Theology, Greenwich/CT 1956, 70 [i. Folg.: WEDEL, Pulpit]).

[229] KLAUS RASCHZOK, Gottesdienst und Performativität. In: KLAUS RASCHZOK/KONRAD MÜLLER (Hg.), Grundfragen des evangelischen Gottesdienstes, Leipzig 2010, 115–142; hier 126, 115 (i. Folg.: RASCHZOK, Gottesdienst).

[230] VERNON L. STANFIELD, The History of Homiletics. In: DERS. (u.a.), Homiletics, Grand Rapids/MI 1974, 7–23; hier 19f. (i. Folg.: STANFIELD, History). – Broadus' Werk »On the Preparation and Delivery of Sermons« erscheint 1870 und wird in den folgenden Jahrzehnten in einer Vielzahl von Auflagen und umfassenden Bearbeitungen nachgedruckt (zuletzt revidiert 1979); mehrere ältere Auflagen sind seit 2008 als digitalisierte Nach-

unterscheidet R. C. H. Lenski* die Predigt ausdrücklich von einer theologischen Vorlesung durch den Pfarrer. Gemeindeglieder würden nicht Woche für Woche kommen, um einen solchen Vortrag zu hören; Predigen heiße nicht argumentieren, sondern bezeugen[232]. Der Prediger werde dem Text der heiligen Schrift nur gerecht, wenn er klar und deutlich sage, was dieser mitteilen will.[233]

Lenski geht von den Heilstaten Gottes als Tatsachen aus, die sich die Predigt als objektive Realität homiletisch aneignet.[234] Zu predigen ist der »Christus für uns« und der »Christus in uns«,[235] dies ist der Hauptinhalt der Predigt, wo immer ein Schriftabschnitt Christi Gegenwart ansagt[236]. Dazu gehört als Zweites die homiletische Anwendung zum Leben in der Heiligung, durch die der Christ Christus immer ähnlicher wird.[237]

Auch Lenski geht davon aus, dass das Wort Gottes für alle Menschen und zu allen Zeiten dasselbe ist.[238] Das gilt ebenso für das menschliche Herz in seiner Situation vor Gott:

> »[...] the preacher must remember that the human heart is the same in all ages, no matter what the outward things and ways of doing things among which it moves.«[239]

Lenski rechnet in den 20er Jahren des 20. Jahrhunderts mit einer klaren Erwartungshaltung auf Seiten des Predigthörers: Wenn er kommt, sei er darauf eingestellt, gewarnt, ermahnt und zurechtgewiesen zu werden, in einem Wort: die

---

drucke wieder im Buchhandel erhältlich. Vgl. ebenso die ins Internet gestellte Übersicht v. Stanfield über den Aufbau des Buches ([4]2004): John A. Battle, Outline of On the Preparation and Delivery of Sermons by John A. Broadus. 4., v. Vernon L. Stanfield überarbeitete Aufl., [Tacoma/WA] 2003, http://wrs.edu/Materials_for_Web_Site/Courses/Homiletics-general/Broadus%20Outline%20Syllabus.pdf [19.9.2014].

[231] Die Gründe hierfür sind sowohl zeitbedingt als auch konfessionell-theologischer Art (die Homiletik des Baptisten Broadus enthält keine Reflexion über den *locus* vom Wort Gottes). Broadus' entfaltet seine Homiletik weithin im Rahmen rhetorischer Kategorien (formale und funktionale Elemente der Predigt, Stil, Methode der Vorbereitung und des Vortrags); die Frage, was gutes Predigen ausmacht, wird sofort durch die Frage nach der *eloquence* ersetzt (Aufl. v. 1873, 20). Zu dem Vorwurf gegen Broadus, er habe die Homiletik schlicht als einen Teil der allgemeinen Rhetorik behandelt und sie damit auf einen folgenreichen Abweg geführt, s. 4.2.3.

[232] Lenski, Sermon, 11.

[233] A.a.O., 133. Ganz ähnlich schreibt zwei Jahrzehnte später Ockenga (Harold John Ockenga, A Hard Lesson to Learn. In: Clarence Stonelynn Roddy [Hg.], We Prepare and Preach. The Practice of Sermon Construction and Delivery, Chicago/IL 1959, 113–121; hier 113).

[234] Hierzu gehöre auch recht historische Exegese im Sinne einer Erklärung biblischer Ausdrücke und Kultur; diese dürfe nie pedantisch sein, sie verlange im Gegenteil eine wahre Kenntnis des Lebens (Lenski, Sermon, 201, 223).

[235] A.a.O., 119 u.ö.

[236] A.a.O., 230 u.ö.

[237] A.a.O., 119.

[238] A.a.O., 229.

[239] A.a.O., 223.

Wahrheit gesagt zu bekommen.[240] In falscher Lehre sieht Lenski eine große Gefahr: diese könne falsche Vorstellungen in den Herzen der Hörer verfestigen und sie in einen festen und dauerhaften Zustand des Unglaubens versetzen, der gegen alle Wahrheit Gottes und seiner Verheißungen immun bleibt.[241]

Nach einer Phase des starken Interesses an der Psychologie seitens der Homiletik ist diese nach Don M. Wardlaws Beobachtung gegen Ende der 1920er Jahre reif, ihre biblischen Wurzeln wiederzuentdecken. Wegweisend dafür ist C. H. Dodds* Studie zur apostolischen Predigt.[242] Die von ihm in Großbritannien 1936 in einer Reihe von Vorträgen zur apostolischen Verkündigung herausgearbeitete Unterscheidung zwischen διδαχή, der Verkündigung oder Lehre in der Gemeinde, und κήρυγμα als Verkündigung an Nichtchristen wird in Nordamerika vielfach rezipiert.[243] Letzteres, so stellt er gegen das vorherrschende Paradigma im englischsprachigen Protestantismus der ersten Hälfte des Jahrhunderts fest, bezieht sich nicht auf moralische Unterweisung.[244] Dodds Stimme ist bis in die Evaluierung der *new homiletic* durch Randolph am Beginn des 21. Jahrhunderts und seine Vision einer *next homiletic* zu hören.[245] Zentraler Inhalt der Verkündigung sind für Dodd Person und Werk Christi, in denen das Reich Gottes kommt.[246] Die objektiven Heilstatsachen gemäß dem Credo der Kirche – Menschwerdung, Tod, Auferstehung und Himmelfahrt Christi – gehörten we-

---

240 A.a.O., s. etwa 293. Ähnlich C. REID, Empty Pulpit, 98f.

241 LENSKI, Sermon, 263. Vgl. WEATHERSPOON, Sent Forth, 143.

242 Nach DON M. WARDLAW, Homiletics and Preaching in North America. In: WILLIAM H. WILLIMON/RICHARD LISCHER (Hg.), Concise Encyclopedia of Preaching, Louisville/KY 2000, 243–252; hier 247 (i. Folg.: WARDLAW, Homiletics).

243 C. H. Dodds Buch »The Apostolic Preaching and Its Developments« wird in erster Auflage 1936 gedruckt (in dieser Arbeit verwendet: London [2]1944, i. Folg.: DODD, Apostolic Preaching). Zeitnah dazu erscheint im Theologischen Wörterbuch zum Neuen Testament der Beitrag von Gerhard Friedrich zu κῆρυξ etc., Stuttgart (u.a.) 1938, 682ff. Eine Verbindung zwischen beiden ist nicht zu erkennen. Dagegen nimmt Bohren Dodds Beitrag ausdrücklich auf (RUDOLF BOHREN, Die Gestalt der Predigt. In: Evangelische Theologie 14 (1954), 358–377; hier 371f. [i. Folg.: BOHREN, Gestalt]). Caemmerer greift 1961 auf die Unterscheidung zwischen Kerygma und Didache zurück und befasst sich mit ihren Implikationen für die christliche Unterweisung (DERS., Kerygma and Didache in Christian Education. In: CTM 32 [1961], 4, 197–208). Er hält Dodds Untersuchung grundsätzlich für hilfreich, führt jedoch auch die von ihm in den 60er Jahren beobachtete problematische Annahme darauf zurück, die Predigt des Evangeliums richte sich nur an Ungläubige; diejenigen, die gläubig und Glieder der Kirche geworden seien, seien nur noch in den »Früchten« des Evangeliums zu unterweisen (RICHARD R. CAEMMERER, Preaching and the Recovery of the Church. In: CTM 37 (1966), 3, 146–157; hier 148 [i. Folg.: CAEMMERER, Recovery]).

244 EDWARDS, History of Preaching, 679.

245 RANDOLPH, Twenty-first Century, 47, 51.

246 Diesen Inhalt findet Dodd neben den Evangelien insbesondere bei Paulus (DODD, Apostolic Preaching, 9ff.).

sentlich zur Verkündigung.[247] Zentral sei dabei die Erfüllung der Verheißungen in Christus.[248]

Diese vielbeachtete Schrift von Dodd trägt zu einer Loslösung der amerikanischen Homiletik von einer verbreiteten Art des Predigens bei, die durch die Entfaltung von Thesen den Hörer insbesondere rational zu überzeugen versucht. Homiletiker reden im Rückblick von einer Phase, die sie als *kerygmatic preaching* bezeichnen (im Gegensatz zu *propositional preaching*).[249] Weatherspoon greift die Unterscheidung zwischen κήρυγμα und διδαχή auf, zieht jedoch eine Linie zwischen dem Rufen des Herolds (κηρύσσειν) und dem Evangelisieren (εὐαγγελίζεσθαι) auf der einen und dem Lehren (διδάσκειν) auf der anderen Seite;[250] dieses sei in der Gemeinschaft der Gläubigen, also der Predigt »nach innen« zum primären Element geworden.[251] Er befasst sich mit verschiedenen Termini für »predigen« im Neuen Testament[252] und spricht mit Hermann Sasse von einem Primat des Apostolats über die Prophetie[253].

3.2.5. Gottes Handeln in der Welt

Theodore O. Wedels* Analyse von 1956 ist zugleich eine kritische Bestandsaufnahme. Die Botschaft der Bibel sei auf die Geschichte des religiösen Menschen und seines Aufstiegs zur Gottheit reduziert worden und habe aufgehört, die Geschichte von Gott selbst zu sein, der in seinem Gesetz und durch die Propheten spricht und der selbst als das fleischgewordene Wort in die Welt des Menschen eindringt. Dies führe für den Prediger seiner Zeit zu einem Dilemma: Er müsse, so scheine es, zwischen der Bibel und dem christlichen Bekenntnis wählen, zwischen einer Exegese des biblischen Textes aus der Sicht des traditionellen christlichen Dogmas und desselben Texts in der Emanzipierung von solcher dogmatischen Tyrannei. Aus dieser Situation schließt Wedel, es sei an der Zeit, dass die Kanzel ihr Minderwertigkeitsgefühl abstreife und ihren rechtmäßigen Platz in der Kirche mit der entsprechenden Autorität wieder einneh-

---

[247] A.a.O., 17. Vgl. STANLEY D. SCHNEIDER, As One Who Speaks for God. The Why and How of Preaching, Minneapolis/MN 1965, 96 (i. Folg.: SCHNEIDER, As One Who Speaks). Vgl. auch WEATHERSPOON, Sent Forth, 143 u.ö.

[248] A.a.O., 82.

[249] Vgl. LOWRY, Dancing, 30f. – Randolph verbindet dieses Predigtverständnis unter anderem mit Barth und Dodd (RANDOLPH, Twenty-first Century, 89).

[250] WEATHERSPOON, Sent Forth, 55.

[251] A.a.O., 73. Vgl. auch F. Colquhoun, der in den 60er Jahren auf den von Dodd hervorgehobenen Unterschied Bezug nimmt; beide seien zu differenzieren, jedoch nicht scharf voneinander zu trennen, s. F. COLQUHOUN, Christ's Ambassadors. The Priority of Preaching, Grand Rapids/MI 1979 (Nachdr. der Ausg. v. 1965 [Philadelphia/PA]), 42f. [i. Folg.: COLQUHOUN, Ambassadors]).

[252] Weatherspoon nennt insbesondere die Verben λαλεῖν, λέγειν und μαρτυρεῖν (WEATHERSPOON, Sent Forth, 56ff.).

[253] A.a.O.., 70, unter Verweis auf HERMANN SASSE, Jesus Christ the Lord. In: G. K. A. BELL (Hg.), Mysterium Christi, London 1930.

me.[254] Halford E. Luccock verweist auf die Einsicht der zeitgenössischen biblischen Theologie, dass das zentrale Dogma des neutestamentlichen Christentums selbst ein »Verb-Dogma« ist und damit - wie der Glaube auch - ein Ereignis mit einem Handlungsfaden (*plot*). Diese Erkenntnis könne dabei dazu beitragen, dass sich die Vorbehalte gegenüber dem Wort selbst in freudige Annahme verwandelten.[255] Solche Gedankengänge belegen, dass die in der späteren Kritik der beginnenden neuen Homiletik als Standardform dargestellte Form der Predigt als eines weitgehend deduktiv entfalteten religiösen Vortrags mit Thesen und Unterthesen auch bis dahin in der homiletischen Diskussion kein Monopol besitzt. Zugleich macht sich hier die Wahrnehmung der »neuen Hermeneutik« bemerkbar, die die Rede vom »Wort-« bzw. »Sprachereignis« bei Fuchs und Ebeling aufnimmt[256] und in der ab dem Ende der 50er Jahre entstehenden neuen Homiletik eine grundlegende Rolle spielt[257].

Der britische Theologe Herbert H. Farmer*, der in besonderer Weise Gemeindepfarramt und akademische Lehre verbindet, stellt in der Situation des Zweiten Weltkriegs ein neues Suchen nach dem Sinn des Lebens in der Gesellschaft fest, nach etwas, das größer ist als der Einzelne und das es wert ist, sich dafür einzusetzen und zu sterben.[258] Die Bedeutung der Predigt werde ansatzweise neu entdeckt.[259] Predigt sei nötig, weil Gott Menschen durch Christus rettet, und dazu menschliche Beziehungen in der Gegenwart gebraucht, d.h. die Beziehung, die durch die Predigt zustandekommt.[260] Nicht aufgrund eines irgendwie gearteten inneren Antriebs werde in der Kirche gepredigt, sondern aufgrund ihres göttlichen Auftrags.[261]

---

[254] WEDEL, Pulpit, 73 u.ö. Vgl. dazu White, der hervorhebt, Autorität eigne nicht dem Prediger, sondern der Wahrheit, die er verkündige (WHITE, Guide, 21). - In konträrem Gegensatz hierzu schreibt Jones, es gebe vieles, das den tatsächlichen Nöten der Menschen zu Ostern mehr entspreche als sich mit dem Leben nach dem Tod zu befassen (JONES, Principles, 246).

[255] LUCCOCK, Workshop, 56. - Luccock ist methodistischer Pfarrer und Professor für Homiletik an der »Divinity School« in Yale.

[256] J. M. Robinson: »«[...] das Wort, das einst geschehen ist und in seinem Geschehensein zum Text geworden ist, muss mit Hilfe des Textes wiederum Wort werden und so als auslegendes Wort geschehen.« (JAMES M. ROBINSON, Die Hermeneutik seit Karl Barth. In: DERS./JOHN B. COBB JR. [Hg.], Die neue Hermeneutik. [Neuland in der Theologie. Ein Gespräch zwischen amerikanischen und europäischen Theologen. Bd. 2.], Zürich [u.a.] 1965, 13-108; hier 97. [i. Folg.: J. M. ROBINSON, Hermeneutik]). - In den USA entsteht zu dieser Zeit die sog. Sprechakttheorie, John Austin hält 1955 an der Harvard-Universität eine Vorlesungsreihe unter dem Titel »How to Do Things with Words«.

[257] Vgl. die Aufnahme des *plot*-Gedankens und die Ausprägung zu einem Paradigma für die christliche Predigt bei Lowry (LOWRY, Plot) und Buttrick (BUTTRICK, Moves).

[258] FARMER, Servant, 123ff.

[259] A.a.O., 10.

[260] A.a.O., 29f.

[261] A.a.O., 17.

Farmer ist überzeugt, dass in der Verkündigung des Evangeliums der Inhalt der Predigt und der leidenschaftliche Vortrag untrennbar zusammengehören.[262] Die christliche Predigt bleibe dabei als eine Kommunikation *sui generis* immer etwas Anderes, Fremdes.[263] Im Gegensatz zu mancher »modernen« Interpretation der christlichen Botschaft, die von ziemlich dürftiger, pelagianischer und rein ermahnender Qualität sei, sei die Predigt kein Aufsatz über die Ansichten und Eindrücke des Predigers vom menschlichen Leben, keine Diskussion über politische und soziale Angelegenheiten, keine Unterweisung in christlicher Moral[264] und auch keine theologische Vorlesung, obgleich sie umso besser sei, je theologisch solider sie sei.[265] Sie enthalte Elemente von alledem, aber sie sei in ihrem Wesen Gottes große Rettungstat in der Geschichte, der Geschichte von Menschen, die die »hier Anwesenden« herausfordere und ihnen zu Hilfe komme; denen, die dem Prediger in die Augen sehen.[266] Ja, der Prediger selbst stehe im Brennpunkt dieses Handelns Gottes, denn niemand habe wirklich gepredigt, der nicht mit Zittern und Zagen erlebt hat, dass die Predigt auch seine eigene Seele durchdringt.[267]

Den Charakter der Begegnung des Wortes mit dem Hörer begründet Farmer auch rhetorisch: Mündliche Rede fordert Aufmerksamkeit und Antwort. Sie konfrontiert den Hörer mit einem Wahrheitsanspruch, sie appelliert an seine Einsicht.[268] Aufgrund dieses Anspruchs müsse der Prediger das beachten, was als »the sacred power of rejection« bezeichnet worden sei.[269] Was er sage, müsse einer kritischen Beurteilung standhalten und dürfe keine Feststellungen enthalten, die nicht als wahr erwiesen und erweisbar seien.[270] Die Predigt sei ein Teil des Gesamtzeugnisses der christlichen Kirche. Sie sei zugleich eine Aufgabe innerhalb aller anderen Tätigkeiten des Pfarramts und könne ohne diese nicht ernsthaft bestehen.[271]

---

[262] Auch bei Farmer kommt es vor dem Hintergrund der entstehenden Massenkommunikation sowie der Kriegspropaganda zur Beschäftigung mit der Predigt unter dem Vorzeichen der Kommunikation (a.a.O., 9f., 13ff.).

[263] A.a.O., 16f.

[264] A.a.O., 132.

[265] A.a.O., 69, 173, vgl. 73. Vgl. hierzu auch Luccock, der die Predigt grundsätzlich von einem Aussprechen von Wahrheiten unterscheidet (LUCCOCK, Workshop, 34).

[266] FARMER, Servant, 19, 28–30.

[267] Wie sein britischer Kollege Dodd sechs Jahre zuvor unterschiedet Farmer zwischen *kerygma* und *didache*, sieht aber als gemeinsamen Inhalt die Begegnung des rettenden Handelns Gottes durch die Geschichte in Christus mit denen, die es hören (FARMER, Servant, 29f.). Dieselbe Terminologie findet sich unter ausdrücklichem Bezug auf Dodd auch in BLACKWOOD, Doctrinal Preaching, 51 u.ö.

[268] FARMER, Servant, 72.

[269] A.a.O., 73.

[270] Ebd.

[271] A.a.O., 93.

3.2.6. Das Wort Gottes in der Predigt

Für die einflussreiche Homiletik von Phelps ist die Bibel als ganze und in allen ihren Teilen Gottes Wort und als solches die Quelle für alle christliche Predigt.[272] Dieser warnt zugleich, niemand könne predigen, der nicht an die Wahrheit des Wortes Gottes glaubt:

> »The loss of trust in truth may lead to the use of unnatural means of producing counterfeit results. Every preacher needs that calm und earnest trust in God's truth to do its appointed work in the lives of men which will make him what the world calls a natural orator.«[273]

Zu den Grundwahrheiten, die nicht zu beweisen seien, zählt Phelps, dass Menschen Sünder sind, dass der Tod gewiss ist, dass die Ewigkeit wichtig ist, dazu die Existenz Gottes, die Notwendigkeit der göttlichen Offenbarung, die »Autorität« des menschlichen Gewissens, die Wahrheit der Schrift sowie Himmel und Hölle als Fakten.[274] Ähnliche Stimmen erheben sich wiederholt in der homiletischen Diskussion, häufig verbunden mit der Forderung einer Erneuerung des dogmatischen Predigens. Das Dogma der Autorität des Wortes Gottes gehört zu dem immer wieder beschworenen Grundkonsens, der für weite Teile des konfessionellen Spektrums der USA typisch ist. Dennoch wird in den homiletischen Lehrbüchern deutlich, dass es häufig nicht um das geht, was ein bestimmtes Wort Gottes sagt, sondern darum, was der Prediger darüber sagt. Exemplarisch zeigt sich dies etwa in der Standardhomiletik von Broadus[275] wie auch bei Sangster, dessen konkrete Ausführungen zur Predigt beträchtliche Schwächen in Bezug auf den theologischen Gehalt der Predigt zeigen,[276] und bei Jones[277]. Bei Luccock besteht der Inhalt der Predigt im Wesentlichen aus der menschlichen Erfahrung.[278] Setzt man dies in Bezug zu dem Eindruck, die Predigt sei nichtssagend geworden, so stellt sich die Frage, ob nicht auch eine exegetisch-theologische Entleerung der Predigt dazu beigetragen hat.

---

[272] PHELPS, Theory, 19.

[273] A.a.O., 140.

[274] A.a.O., 100.

[275] S. BROADUS, Preparation and Delivery 1944, 78 u.ö.

[276] Vgl. SANGSTER, Craft, 81f., 99ff., 175.

[277] JONES, Principles, 13, 16 u.ö. Vgl. die Kennzeichnung der Predigt als »Seelsorge« bei Jones, die aber nicht konkret gefüllt wird etwa mit der Aufdeckung, dem Bekenntnis und der Vergebung von Schuld oder der Tröstung des angefochtenen Gewissens (JONES, Principles, 24f.). Dagegen schreibt Krieger, die »gute Nachricht« sei keine Nachricht *über* Jesus, sie sei Jesus selbst (KRIEGER, Angels, 28). Vgl. auch DEFFNER, Compassionate Preaching, 6.

[278] LUCCOCK, Workshop, 63, 73ff. Vgl. BLACKWOOD, Doctrinal Preaching, 131, 136 und DERS., Preaching From the Bible, 56. Der Ansatz dieser Verlagerung auf die Erfahrung in der jüngeren Theologie wird auch in Nordamerika in der Theologie Schleiermachers gesehen (s. WILSON, Practice, 202).

Kurz vor Ende des Zweiten Weltkriegs stellt Luccock einen »Minderwertigkeitskomplex« vieler Prediger fest; es herrsche das Gefühl, große, unpersönliche Mächte fegten durch die Hauptstraße des Lebens und drängten den Verkündiger in eine Seitengasse ab.[279] Dies habe nicht nur mit dem Krieg zu tun, sondern sei schon vorher so gewesen. Es rühre von der verwirrenden Fülle dessen her, was in der modernen Welt auf die Sinne der Menschen einstürzt und ihre Aufmerksamkeit fordert. Die Welt sei schon seit Jahren voll von »Predigtlärm«, aber es handele sich dabei nicht immer um »theologische« Verkündigung.[280] Ähnlich heißt es bei Blocker, auf der Kanzel sei das Zeugnis von Christus, d.h. die »Torheit Gottes«, durch die »Weisheit der Welt« ersetzt worden; gerade dadurch sei die Predigt irrelevant geworden für das Leben und den Kampf des Hörers in der Welt.[281] Für Weatherspoon geht es nicht nur um den Gegensatz zwischen dem, was Gott sagt, und dem, was die Welt hören will. Er bezieht sich auf die Diskussion um die Alternative zwischen dem »historischen Jesus« mit seinem Lehren und Tun ohne die theologische Interpretation auf der einen Seite und der theologischen Interpretation ohne den historischen Kontext auf der anderen. Beides sei in der apostolischen Predigt untrennbar miteinander verbunden. Der Mensch brauche zum Seligwerden mehr als ein Vorbild oder Ideal, mehr als einen Morallehrer, mehr als Erleuchtung. Er brauche Vergebung seiner Schuld und eine innere Erneuerung, die er selbst nicht bewirken könne; er müsse erlöst werden aus der Tyrannei der Sünde durch den Tod und die Auferstehung Christi in seiner menschlichen und göttlichen Natur.[282] Dem entspricht Wedels Feststellung, der »Kult« der vorangegangenen Jahrzehnte um die Rekonstruktion des »historischen Jesus« und ein daraus abgeleitetes »undogmatisches« Christentum, befreit von der »Zwangsjacke« kirchlicher Bekenntnisse und Dogmen, habe sich als romantische Fiktion herausgestellt. Dies sei nichts als ein in den Mantel des Gefühls gehüllter Humanismus. Aus eigener Erfahrung schreibt Wedel,

> »We of an older generation were taught to start with unquestioned historic fact and to proceed from there to construct whatever minimum doctrinal framework appeared necessary to furnish intelligible background. The newer theologians seem to reverse the process.«[283]

Eine Auflehnung gegen das Dogma bezeichnet Wedel als eine Auflehnung gegen das Christentum des Neuen Testaments.[284] Die Verkündigung der Kirche müsse

[279] Vgl. hierzu auch die Feststellung Weatherspoons, die Predigtarbeit werde heute häufig an den Rand der Tätigkeiten des Pfarrers gedrängt (Weatherspoon, Sent Forth, 153).
[280] Luccock, Workshop, 37f.
[281] Blocker, Secret, 95f.
[282] Weatherspoon, Sent Forth, 96. Vgl. die Betonung der Transzendenz Gottes und der Notwendigkeit der Rettung des Menschen in der neuorthodoxen Theologie.
[283] Wedel, Pulpit, 21, vgl. 63.
[284] A.a.O., 21, vgl. 30.

zurückkehren zu dem Christus der kirchlichen Bekenntnisse wie auch dem Christus der Historiker.[285] Die Lehre von der Rechtfertigung durch Glauben sei dem »modernen Menschen« kaum verständlich zu machen, doch sei ein Evangelium ohne sie kraftlos.[286]

3.2.7. Lebenssituation und Unterweisung

Walter Russel Bowie* lehnt 1954 die grundsätzliche Unterscheidung zwischen theologischer Predigt und solcher, die auf Lebenssituationen bezogen ist, ab. Es sei der Predigt nicht aufgetragen, Woche für Woche bedeutende, öffentlichkeitswirksame Prophetien auf die Kanzel zu bringen. Es gehe vielmehr darum, dass Gottes Wahrheit und das, was der Mensch braucht, in der Predigt die »Ehe« miteinander eingingen.[287]

Während die Bedürfnisse des Menschen häufig im sozialen Bereich oder in den Folgen der gesellschaftlichen Veränderungen gesehen werden, werden sie bei einigen Homiletikern immer wieder auch geistlich bestimmt. So benennt Sangster 1958 in »Power in Preaching« als grundsätzliche Aufgabe des Predigers, dass er dem Hörer seine wahre Natur zeigt, Sünde aufdeckt, Heil ankündigt und die Inkarnation und den Sühnetod Christi verkündigt.[288] Er sei ein Herold und nicht ein Kommentator des menschlichen Lebens und des jeweiligen Zeitgeschehens[289]:

> »How can Jesus be both God and man? How does the Cross save? What is meant by the personality of the Holy Spirit? To essay the answer of these and similar questions for minds untutored in things theological is bold in the extreme. Yet that is the preacher's task.«[290]

Mit diesem zentralen Gehalt der Predigt verbindet sich ihr Eingehen auf das, was der Mensch wirklich braucht. Das aber drückt sich nach Sangster in theologischen Grundfragen aus, die seine Erwartungshaltung an die Predigt kennzeichnen:

> »When all is said and done, the questions which every thinking being wants answered amid the chances and changes of this mortal life are very few. Is God there? Does God care? Is there a meaning in life? Does life go on? What is God's purpose with me? If there is a heaven, how may I come there?

---

[285] A.a.O., 21, vgl. 49.
[286] A.a.O., 21, vgl. 72.
[287] BOWIE, Preaching, 137f., 156. Bowie schreibt über die Aufgabe des Predigers: »Most of his preaching should be of that quiet and simple and personal kind which poor human beings with their own intimate problems to be met are mostly needing.« (A.a.O., 59).
[288] SANGSTER, Power, 42.
[289] A.a.O., 102.
[290] A.a.O., 62.

Only the preaching which offers a convincing answer to these questions is preaching directed to the people's need.«[291]

Sangster berichtet von einer Untersuchung, die 1949 von Bildungsexperten in Großbritannien zu den Predigten in ihren jeweiligen Denominationen durchgeführt wird. Diese drücken ihr Bedauern darüber aus, dass die ältere Form der Schriftauslegungs- und Lehrpredigt weitgehend durch thematische Ansprachen ersetzt worden sei, und bitten ihre Kirchenleitungen dringend um kontinuierliche Unterweisung in christlicher Lehre und Ethik.[292] Sangster selbst klagt über Predigten, die sich überwiegend mit marginalen Angelegenheiten befassen,[293] und sieht darin einen Grund für die leeren Bänke in der Kirche.[294] Unterweisung in der Lehre sei die wichtigste Aufgabe des Predigers; dies dürfe nicht darin bestehen, die Leute einer halbverdauten Theologie in Form von Fachausdrücken auszusetzen. Das sei keine leichte Aufgabe, aber eine, die die Leute wollten.[295]

3.2.8. Die Autorität des Wortes

Die Suche nach erneuerter Gewissheit, die für Prediger und Hörer hinter dieser homiletischen Debatte steht, spiegelt das Gewicht des Wortes wider, das dieses in vielen protestantischen Denominationen in Nordamerika auch in »postmoderner« Zeit besitzt. Der lutherische Homiletiker Fritz spricht für viele aus diesem Spektrum mit dem Satz:

»It stands to reason that we must have some authority in religion and that this authority cannot be sinful man but must be God himself.«[296]

Bezeichnend ist Blackwoods Feststellung 1956, unter Christen würde die Aussage des vorsitzenden Richters des Obersten Verfassungsgerichts der Vereinigten Staaten Verwunderung auslösen, dass nichts in der modernen Gesellschaft gewisser sei als das Prinzip, das es nichts Absolutes gebe.[297] In Bezug auf die Gesellschaft konstatiert Blackwood jedoch eine hermeneutische Verschiebung:

»We human beings cling to certitude. Those who lost Christian certitude promptly tried to find scientific certitude, historical certitude, certitude anywhere they could turn it up. And we cling to omniscience as the companion to certitude.«[298]

---

[291] A.a.O., 43.
[292] A.a.O., 31ff.
[293] A.a.O., 32ff.
[294] A.a.O., 52f.
[295] A.a.O., 37, 41f., 56.
[296] Fritz, Preacher's Manual, 221. Dass auch die Forderung älterer Homiletiker, der Prediger müsse ein »väterliches« Herz für seine Hörer haben, nicht kurzschlüssig patriarchal verstanden werden darf, zeigt der Zusatz bei Walther, »... und mütterliches« (Walther, Pastoraltheologie, 88).
[297] Blackwood, Doctrinal Preaching, 77.
[298] A.a.O., 19.

Ebenfalls um die Jahrhundertmitte konstatiert William Ward Ayer eine deutliche inhaltliche Verschiebung im religiösen Bereich. Die neue Philosophie verspreche Heilung für alles Mögliche im Leben, von Sorgen über innere Einstellungen bis hin zu finanziellen Problemen und der körperlichen Erscheinung. Sie fungiere damit aber als Beruhigungsmittel, das die Auseinandersetzung mit den wirklichen Problemen verhindere, insbesondere dem »Krebsgeschwür« der Sünde im Leben des Menschen.[299]

Dennoch wird zu dieser Zeit in der Homiletik eine einsetzende Reflexion über die Infragestellung der Autorität der Verkündigung erkennbar. Die Bibel, die für die ältere Generation ein Buch von verbindlichen und inspirierten Antworten auf die Probleme des Lebens gewesen sei, schreibt Blackwood, sei für die jungen Leute seiner Zeit ein Buch von Problemen geworden, auf die es großenteils keine maßgeblichen Antworten gebe.[300] In seinem Buch »The Principles and Practice of Preaching«, das nach Auskunft von Lowry für diesen selbst und für viele Homiletiker seiner Generation ein Standardwerk in ihrer eigenen homiletischen Ausbildung war,[301] schließt Jones aus der zunehmenden Infragestellung von Autorität und Autoritäten, protestantische Prediger könnten keine diktatorische Vollmacht ausüben; ihre Aufgabe sei vielmehr zu erklären, erläutern, ermahnen und überzeugen; sie sollten dem Hörer Zeit geben, zu Entscheidungen zu gelangen, und ihm dabei helfen[302]. Dies klingt wie ein Vorbote solcher Überlegungen in der neuen Homiletik, wo diese zur theoretischen Begründung verschiedenster Predigtformen herangezogen werden, mit denen neu experimentiert wird, wie etwa der Dialogpredigt, der induktiven und der narrativen Form.

In diesem Kontext erscheint bei Richard R. Caemmerer*, Homiletiker am Concordia-Seminar der Missouri-Synode in St. Louis, 1959 von neuem die lutherische Überzeugung von der Predigt als einem Geschehen, in dem der Mensch durch Christi Tod und Auferstehung aus dem Tod herausgerettet wird.[303] Die Wortverkündigung in der Predigt gebe Gottes Vergebung. Sie könne deshalb

---

[299] WILLIAM WARD AYER, The Holy Spirit and Daily Living. In: CLARENCE STONELYNN RODDY (Hg.), We Prepare and Preach. The Practice of Sermon Construction and Delivery, Chicago/IL 1959, 18–28; hier 18f. (i. Folg.: AYER, Holy Spirit).

[300] BLACKWOOD, Doctrinal Preaching, 73.

[301] EUGENE L. LOWRY, Doing Time in the Pulpit. The Relationship Between Narrative and Preaching, Nashville/TN 1984, 12 (i. Folg.: LOWRY, Time).

[302] JONES, Principles, 31.

[303] RICHARD R. CAEMMERER, Preaching for the Church, St. Louis/MO 1959, 3ff, 27ff, 41ff. (i. Folg.: CAEMMERER, Preaching 1959). Im Februar 1960 erscheinen zwei Buchbesprechungen hierzu in CTM; beide unterstreichen die klare theologische Grundlage dieser Homiletik (ARTHUR C. REPP, Preaching for the Church. A Review. In: CTM 31 [1960], 2, 116 [i. Folg.: REPP, Preaching for the Church]; GEORGE W. HOYER, Preaching for the Church. An Appreciation. A.a.O., 117f. [i. Folg.: HOYER, Preaching for the Church]); Hoyer hebt hervor, dass sich diese mit einer evangelistischen Leidenschaft verbindet (ebd.). Dieses Buch von Caemmerer wird 2003 nachgedruckt.

auch als Sakrament bezeichnet werden und sei ein integraler Bestandteil des Gottesdienstes. Sie habe zugleich eine zwischenmenschliche Wirkung: Die Hörer geben Gottes rettende Liebe untereinander weiter.[304] Das Wort habe also eine Kraft, die größer sei als der Prediger. Er könne ihr nichts hinzufügen, und solle es nicht versuchen. Der Prediger habe dabei eine dreifache Aufgabe: Er solle dem Hörer helfen, damit dieser verstehe, was gesagt wird, erkenne, dass es ihn meine, und entdecke, dass dies eine Kraft für seinen eigenen Glauben und sein eigenes Lebens sei. Dazu müsse der Prediger sowohl das Wort als auch die Leute kennen. Und er müsse so sprechen, dass er die Aufmerksamkeit der Hörer gewinnt und hält.[305] Caemmerer, der auf der dritten jährlichen Konferenz der Academy of Homiletics 1967 zum Thema »Theology of Preaching« spricht,[306] bestimmt die Predigt *materialiter* wie folgt:

> »Preaching does more than tell of this gift of life. It gives it. Through preaching God tells of His life to the world, but more: through preaching God gives Himself to the world.«[307]

3.2.9. Zusammenfassung

Theologisch und material ist die nordamerikanische evangelische Homiletik weithin von der Überzeugung geprägt, dass die Bibel Gottes Wort ist. Dieses Wort bringt Rettung und wird in praktisch-direkter Weise auf die Situation des Hörers angewendet. Bei der Vermittlung dieser Wahrheit wird der Persönlichkeit des Predigers traditionell eine entscheidende Rolle zugeschrieben. Wesentliches Ziel der Predigt ist es, den Hörer zu einem bestimmten Verhalten zu bewegen.

Anzeichen einer Krise der Predigt werden ab der Mitte des 20. Jahrhunderts in der homiletischen Diskussion vermehrt thematisiert. Homiletiker warnen vor den Folgen eines Auseinandertretens von Dogma und Lebenssituation der Hörer sowie einer unzureichenden Predigtvorbereitung. Die Art der Beeinflussung des Hörers durch die Predigt wird zunehmend kritisch gesehen. Die Nöte und Be-

---

[304] Caemmerer, Preaching 1959, 55ff.

[305] A.a.O., 33. Vgl. hierzu die Homiletik Wedels von 1956 mit dem programmatischen Titel »The Pulpit Rediscovers Theology«, die die Predigt erneut in den Zusammenhang von Taufbecken und Altar stellt. Die Predigt stehe nicht über diesen; vielmehr könnten die beiden Sakramente gerade durch die Verkündigung von der Kanzel für die Kirche, die ihre Bedeutung vergessen habe, wieder zu Mitteln der Gnade werden. Für Wedel, der unter anderem in Marburg studiert hat, geht es in der christlichen Predigt wie bei Reu letztlich um Verdammnis oder Errettung. In Bezug auf die *materia* der Predigt ruft er zurück zu einem »dogmatischen« Predigen. Der Christus des Credos der Kirche sei ebenso wie der der Historiker zu verkündigen. (Wedel, Pulpit, 47f., 158 u.ö.): »Undogmatic Christianity has again been shown to be no Christianity at all, but mere humanism covered with a mantle of sentiment.« (A.a.O., 68).

[306] Thompson, Academy, 4.

[307] Caemmerer, Preaching 1959, 1.

dürfnisse des Hörers gewinnen in der homiletischen Diskussion und in der hermeneutischen Vorarbeit zur Predigt vermehrt an Gewicht.

Angesichts der Katastrophen und Entwicklungen des 20. Jahrhunderts bricht die Frage nach dem Sinn des Lebens erneut auf. Es wird daran erinnert, dass das Wort Gottes die Botschaft von seiner Rettungstat in der Geschichte ist. Gleichzeitig ist die christliche Verkündigung durch die Entwicklung der Medien einer wachsenden Konkurrenz von Informationen und Eindrücken ausgesetzt. Es kommt zum Ruf nach einer Wendung von der Predigt in Form eines Lehrvortrags hin zur kerygmatischen Predigt und nach einer Rückkehr zu den kirchlichen Bekenntnissen und dem historischen Christus.

Insbesondere lutherische Homiletiker betonen das Kreuz Christi als Herz und Zentrum der Predigt. Diese ist das Zeugnis von Gottes Gericht und Gnade und ein stets neuer Ruf zur Umkehr. Von hermeneutischer wie homiletischer Seite wird hervorgehoben, dass die Predigt keine statische Wahrheit, sondern ein Wortgeschehen ist. Ihr eignet Autorität, doch ist sie nicht autoritär zu verkündigen. Predigen ist eine pastorale Aufgabe, in deren Erfüllung der Prediger versucht, den Hörer zur Teilnahme zu gewinnen.

3.3. Rhetorik

3.3.1. Die Predigt als religiöse Rede

Bis in das 20. Jahrhundert hinein kommt ein Großteil der Einwanderer in die USA aus Europa. Sie bringen nicht nur ihr handwerkliches Können, sondern auch ihre europäische Bildung mit.[308] Als Grundlage und Teil dieser Bildung prägt die klassische europäische Rhetorik und Dialektik das nordamerikanische Schul- und Hochschulsystem bis in die Gegenwart.[309] Ihr Einfluss auf die öffentliche Rede ist unverkennbar. Dazu gehört die Rede im politischen Bereich, aber auch die Predigt als religiöse Rede. Homiletiken des 19. Jahrhunderts enthalten in der Folge der christlichen Rezeption der klassischen Rhetorik Abschnitte zu den rhetorischen Kategorien der Rede, zu Stil und Stilmitteln, zur Intention und

---

[308] Nach Lawrence R. Rast, dem derzeitigen Präsidenten des Concordia-Seminars in Fort Wayne, ist es im 19. Jahrhundert nicht ungewöhnlich, auf den roh behauenen Regalbrettern deutscher lutherischer Pfarrer der Einwanderergeneration im noch weithin »wilden« Westen ledergebundene Ausgaben der klassischen europäischen Literatur in den Ursprachen zu finden und solche Pfarrer untereinander lateinisch disputieren zu hören (nach einem mündlichen Bericht im Zusammenhang der Geschichte lutherischer Einwanderer in den USA, 6.6.2010, Fort Wayne/IN).

[309] Seit Quintillian gilt die Redekunst in der klassischen europäischen Rhetorik als integraler Bestandteil des gesamten Bildungsvorgangs, sie wird »zur Grundlage sprachlicher Produktion ebenso wie zur Grundlage sprachlicher Analyse« (Gert Otto, Die Kunst, verantwortlich zu reden, Gütersloh 1994, 79 [i. Folg.: Otto, Kunst]).

zur Disposition der Predigt.[310] Dies wird etwa in der Homiletik von Broadus deutlich, deren erste Auflage zu einer Zeit erscheint, als die nordamerikanische Homiletik mit der Einrichtung der »Lyman Beecher Lectures on Preaching« in Yale beginnt, ihre eigene Stimme zu finden.[311] Die nachfolgenden Bearbeitungen dieser Homiletik nehmen nicht nur den Umgang der Homiletik ihrer Zeit mit der Rhetorik auf, sondern beeinflussen diesen auch bis in die zweite Hälfte des 20. Jahrhunderts hinein; Broadus' Buch setzt bis 1970 und länger Standards in der protestantischen nordamerikanischen Homiletik.[312] Die darin erkennbare Rolle der Rhetorik spiegelt sich in ähnlicher Weise in der Mehrheit der homiletischen Beiträge bis in die Mitte des 20. Jahrhunderts wider und beeinflusst auch die Auseinandersetzung der neuen Homiletik mit der Rolle der Rhetorik in der Kommunikation.

3.3.2. Öffentliche Redekunst und Hermeneutik

An dieser Situation wird deutlich, dass das Verhältnis der US-amerikanischen Kultur zur Rhetorik ein anderes ist als das gebrochene Verhältnis, das Gert Otto, Manfred Josuttis und andere für den deutschsprachigen Raum in der Zeit ab dem 19. Jahrhundert bis in die späten 60er Jahre des 20. Jahrhunderts beschreiben.[313] Ein Grund dafür ist die unterschiedliche Rezeption der klassischen Rhetorik in den verschiedenen europäischen Sprachräumen und besonders im englischen Bereich. Hinzu kommen die neuen kulturellen Bedingungen in den USA sowie die weiterbestehenden klassischen Strukturen der englisch-amerikanischen Bildung, wie sie etwa in dem Grad eines »Magister Artium« (M.A.) zum Ausdruck kommen. Otto beschreibt die Situation im deutschen Sprachraum dagegen wie folgt:

> »Im Verlauf des 19. Jahrhunderts verliert die Rhetorik immer mehr an Bedeutung. [...] Der Rhetorik als Regelsystem gehen die philosophisch-ethischen Dimensionen

---

[310] Immink weist darauf hin, dass auch in der »kontinentalen« (europäischen) Homiletik des 19. und der ersten Hälfte des 20. Jahrhunderts der formalen Homiletik und der *dispositie* der Predigt ausdrücklich Aufmerksamkeit geschenkt wird; er nennt konkret die niederländischen Homiletiker J. J. van Oosterzee und T. Hoekstra (GERRIT IMMINK, In gesprek met de ›New Homiletic‹. Literatuurbericht homiletiek. In: Praktische theologie: Nederlands tijdschrift voor pastorale wetenschappen 28 (2001), 371–393; hier 379 [i. Folg.: IMMINK, Gesprek]).

[311] Nach WARDLAW, Homiletics, 245.

[312] Baxter berichtet 1947, diese Homiletik habe eine weitere Verbreitung gefunden als irgendeine andere (BAXTER, Yale Lectures, 28). Die wiederholte, umfassende Überarbeitung und Neuherausgabe dieses Werkes über Jahrzehnte nach dem Tod des Verfassers stellt die Homiletik im Rückblick jedoch vor eine besondere Schwierigkeit aufgrund der Vermischung von Broadus' eigenem homiletischen Beitrag im ausgehenden 19. mit dessen laufender Rezeption im 20. Jahrhundert. Ich ziehe aus diesem Grund stellenweise die von diesem selbst oder mit seiner ausdrücklichen Zustimmung überarbeiteten Auflagen bis einschließlich 1898 heran.

[313] S.u.

> des Rhetorikverhältnisses eines Aristoteles oder Cicero verloren. Desto leichter wird es, sich von der Rhetorik abzuwenden. Die Zeit der modernen Rhetorikverachtung beginnt.«[314]

Über dieser Ablehnung einer instrumentellen (oder instrumentalisierten) Rhetorik merke man jedoch nicht mehr, »dass man zugleich besseren Traditionen verbunden bleibt, die freilich verschüttet sind.«[315] Das antirhetorische Vorurteil

> »[...] wird sodann nach dem Ersten Weltkrieg bis in die fünfziger Jahre durch die Dialektische Theologie zementiert. Wo die Verkündigung des Wortes Gottes durch die menschliche Zutat nur verfälscht werden kann, hat Rhetorik als Menschenwerk keinen Platz.«[316]

Josuttis sieht im Fehlen einer parlamentarischen Demokratie einen weiteren Grund für diese Entwicklung. Dadurch habe Deutschland nicht die institutionelle Voraussetzung für das Gedeihen einer öffentlichen Redekunst gehabt.[317] Eine Station dieses Niedergangs identifiziert er mit der Überzeugung, dass eine strenge Beachtung rhetorischer Regeln im Allgemeinen zu einer Überbewertung der Form führe.[318] Diese habe erst recht wirksam werden müssen,

> »[...] als mit dem Aufbruch der dialektischen Theologie die Frage nach dem Gegenstand und Inhalt der Verkündigung in den Mittelpunkt des theologischen, aber auch des homiletischen Interesses geriet.«[319]

In diesem Sinne formuliert Julius Schniewind 1947:

> »Die Erneuerung unseres Verkündens bedeutet, daß nur noch nach dem Was, nicht nach dem Wie unserer Verkündigung gefragt wird. Die Frage nach dem Wie darf nur die Frage nach der konkreten Situation sein, in die hinein der Kreuzes-Logos dem Verkünder wie den Hörenden vernehmbar und verständlich werden soll.«[320]

Hinzu kommt nach Josuttis die »fast dämonische Überredungskunst einzelner Politiker« in der jüngeren deutschen Geschichte.[321] Es gebe jedoch trotz dieses

---

314 GERT OTTO, Rhetorische Predigtlehre. Ein Grundriss, Mainz (u.a.) 1999, 70f. (i. Folg.: OTTO, Rhetorische Predigtlehre). Vgl. DERS., Kunst, 83f., wo Otto auch andeutungsweise auf Unterschiede in der Rolle der Rhetorik in Deutschland auf der einen und im franko- und anglophonen Bereich auf der anderen hinweist.

315 A.a.O., 73.

316 A.a.O., 74.

317 MANFRED JOSUTTIS, Rhetorik und Theologie in der Predigtarbeit. Homiletische Studien, München 1985, 9f. (i. Folg.: JOSUTTIS, Rhetorik und Theologie).

318 A.a.O., 10. Mit einem Zitat von Martin Schian.

319 Ebd.

320 JULIUS SCHNIEWIND, Die geistliche Erneuerung des Pfarrerstandes, Berlin 1947, 6. Hervorhebg. (Sperrdruck) i. Orig. Vgl. a.a.O., innere vordere Umschlagseite.

321 JOSUTTIS, Rhetorik und Theologie, 10.

allgemeinen Niedergangs vor allem in der Nachfolge Schleiermachers einzelne Theologen wie Heinrich August Schott, Franz Theremin, Alexandre Vinet und Heinrich Bassermann, die weiterhin versucht hätten, das Erbe der Rhetorik in der Homiletik aufzunehmen und auszuwerten. Auch in der homiletischen Diskussion der letzten Generation (vor 1985) seien die Probleme der Predigtgestalt nicht generell außer Acht gelassen worden. Man habe sich von einer Neuentdeckung und Neubesinnung des Inhalts auch neue Gestaltungsprinzipien für die Predigtform erhofft.[322] Zu einzelnen Beiträgen verweist Josuttis auf Rudolf Bohren und eine Bonner Dissertation. Bohren schreibt 1954:

> »Ist die Predigt echte menschliche Rede eines echten Menschen, dann gehört die Predigt auch zur Rhetorik und ist darum der Kunst zuzuordnen. Auch das gehört zur Erniedrigung des Wortes Gottes, daß die Predigt als Werk des Menschen Kunst sein kann.«[323]

Die Dissertation von Karl Christoph Töpperwien »Zur Theologischen Grundlegung der Predigtgestalt« von 1958 spricht analog zur Inkarnation von einer »Inverbation« und fordert ähnlich der entstehenden neuen Homiletik in den USA von der Predigt, dass sie »zeitgemäß«, »schlicht« und »dialogisch« sein soll.[324]

Nach Josuttis ist die Abgrenzung der Predigtlehre von der Rhetorik zwar da berechtigt, wo diese als »Wohlredenheit« oder »Überredungskunst« verstanden werde.[325] Doch setzt dieser Ende der 60er Jahre zeitgleich mit Otto (wenn auch zunächst unabhängig von diesem) zu einer Neubesinnung auf das Verhältnis der Rhetorik zur Homiletik an.[326] Ihm geht es dabei um das Ineinander von Form und Inhalt[327] und darum, die Predigt als *»ein Stück Sprache im Akt öffentlicher Rede«* zu verstehen[328] – ein Verständnis, das in der nordamerikanischen Homile-

---

[322] A.a.O., 13.

[323] BOHREN, Gestalt, 362.

[324] JOSUTTIS, Rhetorik und Theologie, 16. Es scheint, dass die erwähnte Dissertation nicht veröffentlicht wird und keine breitere Rezeption erfährt.

[325] A.a.O., 11.

[326] Vgl. dazu OTTO, Rhetorische Predigtlehre, 74 und DERS., Predigt als rhetorische Aufgabe. Homiletische Perspektiven, Neukirchen-Vluyn 1987, 18 (i. Folg.: OTTO, Predigt als rhetorische Aufgabe).

[327] JOSUTTIS, Rhetorik und Theologie, 12. Hervorhebg. i. Orig. Vgl. 17. – Bei Asmussen spielt in den 30er Jahren die Überzeugung eine Rolle, dass Gott in die Form der biblischen Schriften eingegangen sei (KLAUS RASCHZOK [u.a.]. In: DERS. [Hg.], Zwischen Volk und Bekenntnis, Leipzig, 2002, 167–202; hier 197 Anm. 103). Auch Bohren schreibt 1954, die Frage nach der Form der Rede sei in der Frage nach dem Inhalt eingeschlossen (BOHREN, Gestalt, 359).

[328] JOSUTTIS, Rhetorik und Theologie, 11f. Hervorhebg. i. Orig. Ganz ähnlich OTTO, Predigt als rhetorische Aufgabe, 19. In Anbetracht der Rolle, die die Kirche in der amerikanischen Öffentlichkeit hat, und aufgrund der weit verbreiteten Prägung durch evangelikale Grundanliegen (Zeugnis durch Wort und Tat) begegnet die Forderung, die Dimension der öffentlichen Rede für die Predigt *wiederzugewinnen*, in der amerikanischen Homiletik

tik seit ihren Anfängen im 18. und 19. Jahrhundert bis in die Gegenwart zum ungebrochenen Grundkonsens gehört.

Die Verdrängung der Rhetorik aus ihrer Rolle für die Regeln der Rede führt im deutschsprachigen Raum dazu, dass diese auch in ihrer Funktion für das Verstehen und Interpretieren von Texten nicht mehr wahrgenommen wird.[329] Dieses Vakuum mag dazu beitragen, dass sich die Beschäftigung mit der Hermeneutik in der deutschen Theologie und Philosophie zunehmend aufdrängt. Die aus der Weiterführung der Ansätze Rudolf Bultmanns entstehende »Neue Hermeneutik« wird in einem transatlantischen Rezeptionsprozess von der amerikanischen Homiletik aufgegriffen, deren Verhältnis zur Rhetorik ein anderes ist: Hier prägen die Regeln für die Kunst der öffentlichen Rede weiterhin die Lehrbücher zur Predigt. So fällt in Nordamerika das zunehmende Gewicht der hermeneutischen Fragestellung mit einem neu entfachten Interesse der Homiletik an der Rhetorik zusammen, das sich nicht mit der bisherigen Rezeption begnügt, sondern die Funktion der Rhetorik für die Predigt aktuell neu sucht. Dies führt ab der Mitte der 50er Jahre zu regelmäßigen Konferenzen, der Gründung von Fachzeitschriften und mehreren rhetorischen Gesellschaften.[330] 1969 stellt Randolph diesen Neuaufbruch in seinem Buch »The Renewal of Preaching. A new homiletic based on the new hermeneutic« dar und prägt damit zugleich einen Namen dafür; seine Beschreibung dieser Entwicklung wird gleichermaßen zur Programmschrift.[331] Zur selben Zeit beginnt in Deutschland die Neuentdeckung des Verhältnisses der Rhetorik zur Homiletik und die Beschäftigung mit Themen und Formen, die auch die *new homiletic* kennzeichnen. Dies ist zum einen auf ähnliche gesellschaftliche Entwicklungen zurückzuführen wie die Infragestellung traditioneller Werte, Institutionen und Autoritäten, die Studentenunruhen u.a. Zugleich findet auch eine selektive und punktuelle Rezeption der Ergebnisse dieser Bewegung in den USA statt, die jedoch kaum in ihrer Entwicklung wahrgenommen und zum unterschiedlichen konfessionellen und gesellschaftlichen Kontext im deutschen Raum in Beziehung gesetzt wird.

3.3.3. Rhetorische Fertigkeit und sprachlicher Stil

In den nordamerikanischen Lehrbüchern der Homiletik zeigt sich in unterschiedlichem Maße eine Kenntnis der Rhetorik, deren Behandlung einen selbstverständlichen Teil der homiletischen Aus- und Weiterbildung darstellt, auch

---

nicht (vgl. die Ausführungen Wilsons zur grundsätzlich missionarischen Aufgabe der Gemeinde in WILSON, Practice, 117f., 263ff. u.ö.).

[329] Nach OTTO, Rhetorische Predigtlehre, 70f. Für die Verbindung des ausdrücklichen Bemühens um das menschliche Verstehen mit der gleichzeitigen Ablehnung der Frage nach dem Wie menschlicher Rede, also der rhetorischen Form, in der deutschen Theologie s. Anm. 320.

[330] LEVERING, Development, 64ff. Levering datiert auch den Beginn des wachsenden Interesses an einer »organisierten« Homiletik auf die gleiche Zeit (a.a.O., 84).

[331] RANDOLPH, Renewal, 1-7 und durchweg.

wenn diese nicht selten indirekt rezipiert wird. Es herrscht weitgehend Konsens darüber, dass die Erstellung einer Predigt aus den fünf klassischen Teilen *invention, arrangement, style, memory* und *delivery* besteht,[332] dass der Prediger vertraut sein sollte mit rhetorischen Stilmitteln wie dem Einsatz von Metaphern, Similes etc. und dass die Kenntnis von »Kategorien« ein bewährtes Mittel zur Gliederung einer Rede ist. Die Erinnerung an große englischsprachige Prediger des 19. Jahrhunderts ist lebendig. Dazu zählen auch die bekannten Erweckungsprediger in Großbritannien und den USA, die überwiegend außerhalb der Kirchenmauern auftraten. Diese führten in der öffentlichen geistlichen Rede häufig ihre rhetorischen Fähigkeiten vor, was nicht unwesentlich zu ihrer Beliebtheit beitrug und in vielen Fällen die Person des Predigers in das Zentrum der Aufmerksamkeit rückte.[333] Vor diesem Hintergrund schreibt Broadus,

> »Most of those who feel moved to write or speak are naturally fluent. They find volubility and verbosity to be easy to themselves, and acceptable to many of their hearers. An excessive luxuriance of style is much more promising than extreme barrenness; but, as Cicero remarked, it needs, like an overgrowth of grain in spring, to be pastured down with the pen [...] The task often requires rigorous self-control.«[334]

Im Gegensatz zu dem Stil solchen Predigens setzt sich im 20. Jahrhundert die auch in der Vergangenheit stellenweise vorhandene Überzeugung durch, dass die Rede in einem *conversational style* gehalten werden soll. Die zunehmende

---

[332] Siehe dazu etwa Aristoteles' Rhetorik nach George A. Kennedy, Classical Rhetoric and Its Christian and Secular Tradition from Ancient to Modern Times, Chapel Hill/NC 1980, 77 (i. Folg.: Kennedy, Classical Rhetoric). In Ahos persönlicher Bibliothek befindet sich ein Exemplar dieses Buches (über seinen Nachlass heute in meinem Besitz). – Wilson weist darauf hin, dass die letzten beiden Elemente eine römische Ergänzung zur griechischen Rhetorik darstellen (Wilson, Practice, 16).

[333] Vergleiche hierzu die Ausführungen zur »Kanzelberedsamkeit« am Anfang des 19. Jahrhunderts bei Adams, Rhetorikprofessor an der Harvard-Universität und nachmaligem Präsidenten der USA. Dieser kontrastiert den unterschiedlichen Gebrauch von Logik und Rhetorik in der französischen und englischen Art zu predigen, die er auf ein unterschiedliches Verhältnis der römisch-katholischen und der protestantischen Kirche zur heiligen Schrift zurückführt. Eine französische Predigt sei eine volkstümliche Abhandlung, die sich fast ausschließlich an die Emotionen der Hörerschaft wende; mit der großartigsten rhetorischen Gewandung versehen und allein darauf ausgerichtet, einen Eindruck auf das Herz zu machen. Eine englische Predigt sei bis kurz zuvor eine kalte, emotionslose Anwendung auf den Verstand gewesen, voller Vernunft und logischer Argumente, doch selten darauf aus, die Hörer leidenschaftlich für die Botschaft zu erwärmen. (John Quincy Adams, Lectures on Rhetoric and Oratory Delivered to the Classes of Senior and Junior Sophisters in Harvard University. By John Quincy Adams, LL.D., Late Boylsten Professor of Rhetoric and Oratory. Erster von zwei Bden., Cambridge/MA 1810, 332f. [i. Folg.: Adams, Lectures on Rhetoric]).

[334] John A. Broadus, A Treatise on the Preparation and Delivery of Sermons. Neue (23.) Aufl., hg. v. Edwin Charles Dargan, New York/NY 1898, 395 (i. Folg.: Broadus, Preparation and Delivery 1898).

Akzeptanz dieser Forderung in der Homiletik ist zum Teil durch eine entsprechende Entwicklung in der Politik begründet.[335] Bereits um die Mitte des 19. Jahrhunderts fordern Homiletiker ein Predigen, das eine Verbindung mit den »gewöhnlichen Menschen« herstellt.[336] William Fraser McDowell sagt 1916/17 in seiner Yale-Vorlesung, die Predigt müsse in der Sprache gehalten sein, die gewöhnliche Leute zu hören liebten.[337] Vertreter dieses Redestils - unter ihnen Henry Ward Beecher, der die Yale-Vorlesungen eröffnet - meinen damit keineswegs ein unvorbereitetes Reden; ein literarischer Stil sei jedoch zu vermeiden.[338] Es gehe aber nicht um rohe oder vulgäre Sprache,[339] sondern um den angemessenen Ton einer würdigen (und angeregten) Unterhaltung in einem normalen Tonfall.[340] Dies wird im 20. Jahrhundert zu einem durchgängigen Anliegen der nordamerikanischen Homiletik, das etwa von D. Buttrick in den 80er Jahren ausdrücklich wieder thematisiert wird. Die Predigt solle eine gewöhnliche Sprache sprechen, keine »heilige«. Sie müsse das Vokabular verwenden, das die Gemeinde miteinander teile[341]:

> »If a sermon is well spoken, we can visualize, think, feel, and, therefore, understand on many levels at once. Preaching speaks a simple vocabulary in such a way as to produce huge connotative meaning.«[342]

Das gelte auch für die sprachliche Form, in der die Grundstruktur der Predigt ausgeschrieben werde.[343] Predigen heiße jedoch auch, Theologie zu treiben; die

---

[335] 1915 erscheint ein Buch von James Winans von der Cornell University in Ithaca/NY, in dem dieser sich für einen entsprechenden Charakter der öffentlichen Rede einsetzt (Perry, Biblical Preaching, 192).

[336] Perry, Biblical Preaching, 192; Wardlaw, Homiletics, 245.

[337] Baxter, Yale Lectures, 132, 182. Graebner schreibt 1919, der erhabene und pompöse Stil früherer Zeiten würde auf der modernen Kanzel lächerlich erscheinen, und verweist als Vorbild auf den Redestil der Staatsmänner seiner Zeit (Graebner, Inductive Homiletics III & IV, 78).

[338] Baxter, Yale Lectures, 142, 158. Eine homiletische Begründung für diesen Stil findet sich bei H. W. Beecher; dieser sei gefüllt und durchfärbt von den besten Zeugnissen und Erinnerungen des Lebens (a.a.O., 159). Vgl. hierzu auch den Hinweis auf den einfachen und interessanten Stil der Predigt Hedbergs in Finnland im 19. Jahrhundert in Ahos Dissertation (Aho, Preaching of Hedberg, 16).

[339] Baxter, Yale Lectures, 159.

[340] A.a.O., 177, 183, 195.

[341] Buttrick, Moves, 187f. - Im Gegensatz zu diesem unterhaltungsmäßigen Predigtstil bezeichnet Lucy A. Rose mit dem Begriff *conversational homiletic* in ihrem 1997 erschienenen Buch »Sharing the Word: Preaching in the Roundtable Church« (Louisville/KY) ein Predigen, dem es nicht um fachgerechte Schriftauslegung oder die sachkundige Rede über Glaubensfragen geht, sondern darum, dass an einem »runden Tisch« alle Stimmen gehört werden (nach Immink, Gesprek, 374).

[342] Buttrick, Moves, 189.

[343] A.a.O., 375.

Predigtsprache müsse theologisch angemessen sein.[344] Ein *casual style* nach Art einer Talkshow, in der in salopper Form über etwas gesprochen werde, sei damit ausgeschlossen. Wenn das Evangelium die Botschaft von der Befreiung ist, wenn es uns Christus als Retter bringt, dann sei es dringend, und der Prediger werde mit persönlicher, emotionaler Betroffenheit davon reden.[345] Mehr noch, wenn man in der Gegenwart des heiligen Gottes stehe, sei ein solches Geplappere kaum angemessen.[346]

Das Anliegen eines solchen, gründlich vorbereiteten und zugleich natürlichen Sprechens äußert sich auch in der weit verbreiteten homiletischen Praxis, eine sehr sorgfältige, meistens schriftliche Ausarbeitung der Predigt mit einem möglichst freien Vortrag zu verbinden. Im Einzelnen reicht dies von dem Rat, nicht vom Manuskript abzulesen, über die Anweisung, anhand einer mehr oder weniger ausführlichen Gliederung zu predigen, bis hin zu der Praxis der Rede ohne jegliche Stichworte. Dies ist eine von mehreren Ursachen für die vom Hörer amerikanischer Predigten oft als niedrig empfundene Schwelle zwischen dem biblischen »Inhalt« der Predigt und dem Bezug zu seinem Leben.

3.3.4. Grundlage und Konstruktion der Rede

In der Entscheidung für einen Bibeltext, der der Predigt zugrundegelegt wird, zeigen sich Unterschiede in der traditionellen und theologischen Praxis in verschiedenen Denominationen. Homiletiker aus dem evangelikalen und baptistischen Raum thematisieren ausführlich die Wahl eines Textes durch den Prediger.[347] Häufig geht dieser die Entscheidung für ein bestimmtes »Thema« voraus, das diese Wahl auch hermeneutisch und homiletisch bestimmt. Das Predigen nach Perikopen etwa zum Kirchenjahr wird in den entsprechenden Homiletiken kaum oder nur am Rande behandelt.

Walther, der erste und dritte Präses der Missouri-Synode und ihr theologischer Vater, sieht in einer solchen Praxis zu seiner Zeit eine potentielle Gefahr. Dem Prediger sei die Arbeit am Text und am »Bedürfniß« seiner Zuhörer aufgetragen. Dem dürfe er sich nicht entziehen, weder aus Bequemlichkeit noch aus Menschenfurcht oder -gefälligkeit oder weil er seine Zeit anderweitig verbringe: Er solle den Gegenstand der Predigt nicht danach aussuchen, worüber er

---

[344] A.a.O., 193.

[345] A.a.O., 77f.

[346] Ebd. In den späten 80er Jahren schreibt D. Buttrick, in der jüngeren Zeit sei die übliche Kanzelsprache sehr seltsam: Da man die Offenbarung Gottes vor allem in vergangenen, historischen Ereignissen suche, rede man darüber in objektivierender Sprache; wenn es dann um den Glauben gehe, kämen große, dramatische, persönliche Illustrationen zum Einsatz, die Sprache werde äußerst emotiv (a.a.O., 125).

[347] Siehe Blackwood, Preparation, 38ff. (»The Beginnings of a Sermon«); Broadus, Preparation and Delivery 1944, 18ff. (»Rules for the Selection of a Text«); White, Guide, 65ff. (»Gathering Materials«) u.a.

mit der geringsten Vorbereitung »ein Stündchen reden« oder als »Canzelredner« glänzen könne.[348]

In dieser Tradition kritisiert Fritz, Dozent für Homiletik am Seminar der Missouri-Synode in St. Louis, 1941 scharf die Praxis, die Entscheidung für ein Predigtthema von den Tagesereignissen oder dem, was dem Prediger gelegen komme, abhängig zu machen. Dies wirke sich besonders schädlich auf den Inhalt der christlichen Verkündigung aus und verlange nach einer ernsthaften Reform. Nichts sei eine größere Garantie für eine magere, oberflächliche Frömmigkeit als die Gewohnheit von Predigern, sich den Gegenstand der Predigt von populären Präferenzen oder den unevangelischen und oft armseligen Themen vorgeben zu lassen, die jeweils die Aufmerksamkeit der Gemeinschaft beanspruchen;[349] es gebe keine wirksamere Methode, den einzigartigen Charakter der Kirche zu zerstören.[350]

Trotz dieser homiletischen Gefahren dominiert die Themapredigt nach Fritz lange Zeit die Kanzel. Bei dieser Form hänge die Predigt oft an der thematischen These (*proposition*), die sie entfalte, statt am Text. Dadurch trete die menschliche Seite des Predigens in den Vordergrund, Christus werde verdeckt. Der Grund für diese Praxis liege vielleicht in der allgemeinen Gewohnheit von Predigern des reformierten Spektrums, über kurze Texte zu predigen.[351] Stanley D. Schneider, Henry J. Eggold und Deffner raten auch aus diesem Grund wie andere lutherische Homiletiker zur Predigt nach den Lesereihen des Kirchenjahres.[352] Eine Themapredigt sei nur unter besonderen Umständen zu empfeh-

---

[348] WALTHER, Pastoraltheologie, 78, zu Jer 48,10. Vgl. a.a.O., 95f.: Das Maß für Strafe, Trost, Besserung und Züchtigung in der Gerechtigkeit durch die Predigt müsse aus dem »individuellen Zustande« der Gemeinde herkommen.

[349] FRITZ, Preacher's Manual, 131 (mit einem dementsprechenden Zitat von Joseph A. Seiss von 1868). Vgl. Schneider, der die »Themapredigt« auf außergewöhnliche Umstände beschränkt (SCHNEIDER, As One Who Speaks, 54). – Scheidel weist darauf hin, dass die von den Hörern empfangenen Rückmeldungen gemäß der Kommunikationsforschung die Auswahl der Redethemen, bestimmter Aspekte dieser Themen und die Schwerpunktsetzungen beeinflussen können (SCHEIDEL, Speech Communication, 199). Dieser Gedanke legt eine reale Abhängigkeit des Predigtinhalts von dem, was die Hörer hören wollen, nahe. Befürworter der Predigt nach der Perikopenordnung weisen dagegen darauf hin, dass dort bei rechter exegetischer Vorarbeit der Inhalt von Gottes Wort bestimmt wird.

[350] Vgl. dazu Wilson, der am Ende des 20. Jahrhunderts von einer Wiederzunahme thematischen Predigens berichtet (WILSON, Practice, 162).

[351] FRITZ, Preacher's Manual, 31f.

[352] SCHNEIDER, As One Who Speaks, 56ff.; EGGOLD, Dialogue, 62f.; DEFFNER, Compassionate Preaching, 3. – Nach Krieger ist die Predigt nach den Lesereihen des Kirchenjahres eine »halboffizielle Pflicht« der Prediger in der Missouri-Synode (KRIEGER, Angels, 34). Lischer bezeichnet es als eine besondere »Sünde«, die Bibel nach »Informationen«, »Daten« oder »Predigtmaterial« zu durchsuchen (LISCHER, Theology, 74). – Auch Graebner gibt der Predigt nach den Perikopenreihen klar den Vorzug (GRAEBNER, Inductive Homiletics III & IV, 109, vgl. Teil I 83).

len.[353] Für derartige Fälle bietet Schneider eine Reihe von Kriterien zur Wahl eines »freien« Textes.[354] Kritisch äußert er sich zu einer Praxis, bei der der Predigt nur noch aus Gründen der Tradition ein biblischer Text an die Seite gestellt werde.[355]

Der bleibende Stellenwert der traditionellen rhetorischen Paradigmen zeigt sich in der ersten lutherischen Homiletik, die auf nordamerikanischem Boden entsteht. In seinem Werk »Inductive Homiletics« spricht Graebner 1919 von der »heiligen Rhetorik« als einem grundsätzlichen Teil der homiletischen Ausbildung.[356] Die Anordnung der Haupt- und Unterteile in ihrer Abhängigkeit voneinander bezeichnet er, dem üblichen homiletischen Sprachgebrauch folgend, als »Knochengerüst« (*skeleton*).[357] Als wichtige Elemente in der Konstruierung der Predigt nennt er Einheit und Gedankenfortschritt.[358] Er befasst sich mit angeblichen Unterschieden in Stil und Vortrag zwischen der deutschen lutherischen Tradition und der amerikanischen englischen. Er weist jedoch nach, dass die Elemente, auf die dazu verwiesen wird, – etwa die ausdrückliche Nennung des Themas oder der Hauptteile – für beide kennzeichnend sind.[359]

Auch für Reu ist die Rhetorik vonnöten, wenngleich kein Sprecher damit einen Zugang zur Seele des Hörers oder eine Änderung bei ihm erzwingen könne. Die Mittel der Rhetorik seien aber gottgegebene Mittel der Psychologie, die für jede Art von Rede zuträfen, einschließlich der Predigt.[360] Die Bedeutung der Rede-Form für die Vermittlung des Inhalts wird auch im Zuge des neuen Interesses am Kommunikationsprozess und an der Rezeption durch den Hörer in der zweiten Hälfte des 20. Jahrhunderts hervorgehoben.[361] Die Form ist für sie

---

[353] Schneider, As One Who Speaks, 54.
[354] A.a.O., 59.
[355] A.a.O., 54.
[356] Graebner, Inductive Homiletics II, 14.
[357] Th. Graebner, Inductive Homiletics. A Manual for Classroom and Preacher's Desk. Part I. The Sermon in Its Relation to the Text, St. Louis/MO 1918, 27 (i. Folg.: Graebner, Inductive Homiletics I). Eine ähnliche Terminologie findet sich bei Bohren 1954: »Wenn die Areopagrede in der vor uns liegenden *Skelettform* ungefähr drei Minuten dauert, dann wird Paulus dieses *Gerippe* mit dem Fleisch der Paradigmen gefüllt haben.« (Bohren, Gestalt, 372, Hervorhebg. von mir).
[358] Graebner, Inductive Homiletics III & IV, 9.
[359] Graebner, Inductive Homiletics II, 6ff. Graebner verweist u.a. auf Henry Ripley in »Sacred Rhetoric« und Spurgeon.
[360] Reu, Homiletics, 221. – Vgl. dazu Lenski: »[...] Homiletic demands a thorough knowledge of Rhetoric, from the art of composing a complete discourse down to the details of choice of words, etc.« (Lenski, Sermon, 71).
[361] S. etwa Blankenship, Sense of Style, 2 u.ö.

in keinem Fall ein neutrales, austauschbares Gefäß;[362] im Gegenteil, »the medium is the message.«[363]

Dem entspricht der Weg »vom Text zur Predigt« bei Bowie, der nicht in der Isolierung von Einzelheiten aus dem Text und deren mechanischer Anordnung in einer irgendwie gearteten Form besteht, sondern in einem kreativen Erfassen dessen, was der Schriftabschnitt als ganzer und innerhalb der ganzen Heiligen Schrift sagt:

> »[...] in order to guide the thought of a congregation effectively, the scripture must be seen in its full perspective and in the entirety of meaning within which the several elements find their sure relationship. It is not a mechanical matter of stating one detail after another; it is a creative grasp of what the whole passage says and a setting forth of this with such selection, abridgment, or rearrangement of the details as will make the great pattern unmistakable.«[364]

Bowie spricht von Bewegung und Gedankenfortschritt in den Hauptteilen der Predigt und von »stages of movement«, die Klarheit in diese geistige Reise bringen.[365]

3.3.5. Die Entwicklung der Predigt

Übereinstimmend betonen viele Homiletiker, die Vorarbeit zur Predigt solle möglichst frühzeitig und mit Gebet beginnen.[366] Bowie schreibt, ein fauler Prediger erweise seinen Hörern und seiner Botschaft Unehre. Ein Prediger könne sich die lebensspendende Wahrheit, die ihn selbst bereichert und seiner Predigt Substanz gibt und für die die Leute dankbar seien, nicht in hastig zusammengesuchten kleinen Portionen aneignen und sie auch nicht so weitergeben.[367] Die Sonntagspredigt solle am Donnerstag, spätestens am Freitag fertig sein.[368] Nach F. B. Meyer ist die Predigt dann am eindrücklichsten, wenn der Prediger mit

---

[362] Lischer erwähnt kritisch, für Karl Barth diene die Form der Predigt nur dazu, das Wort Gottes zu verdecken (LISCHER, Theology, 85).

[363] Nach dem weitverbreiteten Satz von McLuhan, zitiert in JOHN KILLINGER, Fundamentals of Preaching, Minneapolis/MN ²1996, 56 (i. Folg.: KILLINGER, Fundamentals).

[364] BOWIE, Preaching, 124f.

[365] A.a.O., 178, 181, 191. Viele von Bowies eigenen Beispielen von Predigtgliederungen und -einleitungen erscheinen unter diesem Kriterium allerdings wenig überzeugend. Das gilt auch unter Berücksichtigung der Unterschiede seiner Zeit in Bezug auf Hörerrezeption und -erwartung. Häufig erscheinen Predigtteile, die sich nicht in eine klare gedankliche Linie der Predigt einfügen.

[366] Luccock erwähnt eine überlieferte homiletische Regel, nach der der Prediger am Montag, spätestens am Dienstag die Vorarbeit zur Sonntagspredigt beginnen solle (LUCCOCK, Workshop, 208). Ganz ähnlich Reu (REU, Homiletics, 511), Bowie (BOWIE, Preaching, 182) und Blocker (BLOCKER, Secret, 29). Auch Wilson übernimmt diese Regel und gibt als Grund an, dass sich so die Ergebnisse der ersten Arbeitsschritte setzen können (WILSON, Practice, 126ff.). Vgl. JONES, Principles, 242.

[367] BOWIE, Preaching, 75.

[368] A.a.O., 209.

einem Schriftabschnitt den größeren Teil der Woche gelebt, geschlafen und gegessen hat.[369]

Blackwood zitiert 1948 Fosdick, der in seiner eigenen Praxis bei einer Predigtlänge von 35 Minuten die gleiche Zahl von Stunden mit der Vorbereitung verbracht hat. Whitesell erwähnt, dass dies auch von Walter Arthur Maier, dem ersten Sprecher der Lutheran Hour in St. Louis, bei seinen Rundfunkpredigten so gehalten wurde.[370] Nach Bowie befähigt solche Disziplin den Prediger, sich zu konzentrieren und seinen Gedanken unmittelbar Ausdruck zu verleihen. Diese Fähigkeit werde sich unmittelbar auch auf die Predigten auswirken, die er nicht schriftlich vorbereiten könne.[371] Die zunehmende Einschränkung der Predigtlänge, die aufgrund der Veränderungen in der Kommunikation und der zunehmenden Schnelllebigkeit zur Notwendigkeit wird, deutet sich in dem homiletischen Rat bei Fritz an, der die Predigtzeit 1941 auf 30–35 Minuten begrenzt[372]:

> »We are all inclinced to use too many words, thereby actually obscuring our thoughts and becoming tiresome to the hearer. We should learn to speak less but say more. [...]
>
> [We] are actually accomplishing more by having an attentive audience during the entire sermon than we could by losing it before the sermon has come to an end.«[373]

Nach Fritz sollte ein Prediger während der ersten zehn Jahre alle seine Predigten schriftlich ausarbeiten. Das Halten der Predigt solle jedoch wie das jeder öffentlichen Rede völlig frei geschehen, ohne Manuskript oder Stichworte.[374]

Viele dieser Ratschläge entsprechen der Rezeption der klassischen Rhetorik in der Geschichte der christlichen Predigtlehre. Diese setzt sich in Nordamerika auch in der ersten Hälfte des 20. Jahrhunderts in der praktisch-theologischen Ausbildung und in vielen homiletischen Werken fort. Dies gilt trotz der gleichzeitigen Wahrnehmung gegenläufiger Tendenzen in Europa etwa in der Theologie Karl Barths. Diese Kontinuität bedeutet in diesen Jahrzehnten, dass sich die Form der Predigt gegenüber dem 19. Jahrhundert nicht wesentlich verändert. Ob die im Rückblick als typisch empfundene, fast stereotyp so genannte »Drei-Punkte-Predigt« tatsächlich für diese Zeit und das konfessionelle Spek-

---

369 Meyer, Expository Preaching, 30.

370 Whitesell, Faris D., Power in Expository Preaching, o.O. 1963, 121 (i. Folg.: Whitesell, Power). Maier ist befreundet mit John H. Fritz, Homiletiker und Dozent für Praktische Theologie am Concordia-Seminar in St. Louis (s. Fritz, Preacher's Manual; nach CTQ 74 [2010], 1–2, 8).

371 Bowie, Preaching, 209.

372 Fritz, Preacher's Manual, 67.

373 Ebd.

374 A.a.O. 72, 79. – Auch Demaray empfiehlt die schriftliche Ausarbeitung jeder Predigt zumindest währen der ersten Jahre, überlässt es aber dem Prediger, ob er sein Manuskript oder eine Gliederung mit auf die Kanzel nimmt; wichtig sei das freie Sprechen und Formulieren der sorgfältig vorbereiteten Predigt (Donald E. Demaray, An Introduction To Homiletics, Grand Rapids/MI 1974, 39 [i. Folg.: Demaray, Introduction]).

trum in den USA übermäßig repräsentativ ist,[375] lässt sich aus den homiletischen Lehrbüchern nicht erheben. Offenbar hat sie jedoch keine Monopolstellung inne. So rät etwa Graebner zur Abwechslung in der Predigtstruktur und zu einer unterschiedlichen Zahl von Hauptteilen.[376] Deutlich ist jedoch, dass die Form der Predigt in »europäisch« geprägten Denominationen weithin in einer analytisch-deduktiven Struktur besteht, die sich aus der Formulierung eines Predigtthemas und daraus abgeleiteten Hauptteilen (gegebenenfalls mit weiteren Unterabschnitten) ergibt. In diesem Rahmen thematisieren einschlägige Homiletiken weiter die Einleitung als Hinführung zum Predigt-Korpus, den Schluss und die Rolle von Illustrationen.[377] Der analytische Zugang zur Predigtrede führt jedoch nicht dazu, das geschriebene Manuskript für die eigentliche Predigt zu halten. Der Sprechvortrag mit Intonation, Aussprache, Gestik, Mimik etc. des Predigers gehört nach dem eigenen Verständnis der Homiletik wesentlich zu ihrem Stoff.[378] Im Bewusstsein des Unterschiedes zwischen Lesen und Hören wird wiederholt die Frage thematisiert, ob Thema und Hauptteile ausdrücklich als solche genannt werden sollen. Broadus berichtet, dass es einst in einigen Teilen Deutschlands üblich war, die Predigtgliederung in der Woche vor dem Sonntag in der lokalen Zeitung abzudrucken oder der Gemeinde am Eingang der Kirche auf Papierstreifen gedruckt in die Hand zu geben.[379] D. Buttrick berichtet 1987, in den meisten amerikanischen Städten würden die Titel der Predigten in den verschiedenen Gemeinden vorab in der Samstagszeitung veröffentlicht.[380] Broadus hält die ausdrückliche Nennung dieses Gerüsts in der Predigt nicht für bindend, sie sei jedoch häufig für Prediger und Hörer hilfreich.[381] Obgleich Notwendigkeit und Nutzen dieses Vorgehens unterschiedlich beurteilt werden und dies nicht generell zur Regel erhoben wird, ist dies eine Tendenz, die in den USA bis in die Gegenwart anhält. Das Predigtthema wird heute vielerorts auf großen Tafeln außen vor der Kirche weithin sichtbar angezeigt oder samt den Hauptteilen im Gottesdienstblatt (*Sunday bulletin*) abgedruckt.

---

375 Edwards schreibt, einige der »Neuen Homiletiker« hielten dies nicht für eine satirische Überspitzung, sondern eine adäquate Beschreibung. Er selbst hält Craddocks Analyse für treffender, der die traditionelle Form generell als »deduktiv« charakterisiert (Edwards, History of Preaching, 800).

376 Graebner geht generell von drei bis fünf Hauptteilen aus, s. Graebner, Inductive Homiletics III & IV, 113.

377 S. etwa Andrew W. Blackwood, Expository Preaching for Today, Grand Rapids/MI 1975 (Tb.-Nachdr. der Aufl. v. 1953) ([1]1943), 57ff, 110 und durchweg (i. Folg.: Blackwood, Expository Preaching); H. W. Robinson, Preaching, 115ff, 185ff..; Fritz, Preacher's Manual, 33ff., 43ff.

378 S. etwa a.a.O., 77ff.; Jones, Principles, 186ff. (»Methods of Delivery«) und 204ff. (»Speech Mechanism«).

379 Broadus, Preparation and Delivery 1944, 118.

380 Buttrick, Moves, 405.

381 Baxter, Yale Lectures, 167.

Ein weiteres Anzeichen der weitgehenden Kontinuität der Predigtform in dieser Zeit ist die relativ unveränderte Dauer der Kanzelrede. Das Plädoyer für eine unterschiedliche Länge verschiedener Predigten in der Homiletik von Broadus scheint in der Praxis kaum befolgt zu werden. Diese empfiehlt, gelegentlich sehr kurze Predigten von 15-20 Minuten zu halten, wenn sich dies aus dem Gegenstand der Predigt ergebe. In anderen Fällen könne eine Predigt auch eine Stunde oder länger dauern, wenn sie interessant und bewegend genug sei. Die durchschnittliche Dauer solle in der Stadt bei 30–45 Minuten liegen. Letztlich sei jedoch nicht die absolute Länge entscheidend, sondern die Art und Weise, wie der Inhalt der Predigt entfaltet werde.[382]

3.3.6. Variabilität in der Form

Mit dem ausgehenden 19. Jahrhundert ist die nordamerikanische Homiletik allgemein vom Wert einer wohlstrukturierten Form der Predigt überzeugt. Bei allen möglichen Unterschieden im jeweiligen Typ der Struktur gehört dies zum Grundkonsens der jährlichen Vorlesungsreihen in Yale, die in den Homiletiken des 20. Jahrhunderts anhaltenden Widerhall finden.[383] Zwar berichtet Reu, Fénelon habe sich gegen jegliche Strukturierung der Predigt mit der Begründung ausgesprochen, es gebe dafür kein Vorbild bei den großen Rednern der Antike, in den Predigten der Apostel, in der Alten Kirche oder im Mittelalter. Diese Argumentation sei jedoch nicht zutreffend.[384] Reu selbst hält eine klare Sprache und eine logische Gedankenfolge für eine Voraussetzung dafür, dass die Predigt überzeugend wirkt.[385]

Obwohl der an einen religiösen Vortrag erinnernde Predigtstil in der ersten Hälfte des 20. Jahrhunderts weit verbreitet ist, ist nicht zu vergessen, dass die Praxis zusätzlicher Gottesdienste am Sonntagabend und an einem Wochentag in den Homiletiken auch die Erfahrung möglicher unterschiedlicher Stile der Predigt am Leben hält. Dies bezieht sich häufig auf die Predigt fortlaufender Texte oder auf die Form des Vortrags, der außerhalb des Haupt-Gottesdienstes weniger detailliert ausgearbeitet und stärker extemporiert werden könne.

Neben der Thematisierung des Stils begegnen in der homiletischen Diskussion auch Hinweise auf mögliche unterschiedliche Strukturen der Predigt. 1873 stellte Broadus fest, in Bezug auf den Aufbau der Predigt gebe es in den USA erhebliche Freiheit:

---

[382] BROADUS, Preparation and Delivery 1898, 361f. Ganz ähnlich H. W. Beecher Anfang der 70er Jahre des 19. Jahrhunderts (BAXTER, Yale Lectures, 221).
[383] DEMARAY, Introduction, 79. Vgl. u.a. JONES, Principles, 87.
[384] REU, Homiletics, 465ff. Es handelt sich um François de Salignac de la Mothe-Fénelon (1651-1715), Erzbischof von Cambrai (Frankreich).
[385] A.a.O., 173.

> »As to this whole matter of the plan of discourse, we may rejoice that in the present age, and especially in our country, there is no established and dominant custom, but a good degree of freedom.«[386]

Broadus erwähnt die Möglichkeit verschiedener Genres der Predigtform, ohne die Wirkung der unterschiedlichen Formen auf die Rezeption durch den Hörer zu thematisieren:

> »[...] substantially the same materials may be wrought into a story, a dialogue, an essay, or a speech.«[387]

Beide Hinweise belässt Weatherspoon in seiner Überarbeitung von 1943 unverändert für die Homiletik des 20. Jahrhunderts.[388] Ausdrücklich erwähnen Broadus[389] und Wedel[390] die *story* als mögliches Format; letzterer spricht von der Bibel als von einem zeitgenössischen, dramaturgischen Stück mit den Hörern als Beteiligten.[391] In Anlehnung an den Einsatz dramatischer Passagen in der Rhetorik erwähnt Reu die Möglichkeit einer dramatischen Auseinandersetzung in der Predigt etwa mit der sündigen Natur im Menschen. Dies verleihe der Predigt einen besonders energiegeladenen Charakter. Predigten von Chrysostomos und Augustin seien voll davon.[392] Lenski bezeichnet *unity, organization* und *progress* als wichtigste Merkmale einer angemessen strukturierten Predigt. Er betrachtet diese als »Bewegung«, die einzelnen Teile stellten darin Etappen dar.[393] Fritz spricht von unordentlich zusammengewürfelten Predigten, die wie aus zweiter Hand und wieder aufgewärmt schmeckten. Mit Metaphern, die wie ein Vorklang der neuen Homiletik scheinen, beschreibt er im Gegensatz dazu Predigten

> »[...] which live and move and enter into the temple, walking and leaping and praising God, the sermons which enter into the hearts of men, causing them to mount up with wings like eagles and to walk in the way of duty and not faint.«[394]

Jones hebt die Bedeutung von Bewegung und eines klaren Höhepunktes in der Gliederung hervor.[395] Wedel schreibt 1956,

---

[386] John A. Broadus, A Treatise On The Preparation And Delivery Of Sermons, New York/NY (u.a.) [5]1873, 276 (i. Folg.: Broadus, Preparation and Delivery 1873).
[387] A.a.O., 241f.
[388] Broadus, Preparation and Delivery 1944, 120 (vgl. 110) bzw. 93.
[389] A.a.O., 93.
[390] Wedel, Pulpit, 70.
[391] A.a.O., 74.
[392] Reu, Homiletics, 211.
[393] Lenski, Sermon, 82f.
[394] Fritz, Preacher's Manual, 23. Fritz sieht die Energie dieser Art von Predigt aus der Person des Predigers kommen, verweist diesen jedoch immer wieder an das Wort und den Auftrag Gottes als Quelle seiner Vollmacht und Autorität (a.a.O., 3ff.).
[395] Jones, Principles, 98.

> »The drama of the Bible – recital theology – expository preaching – biblical theology. Any of these could well serve as a motto for the revival, in our time, of theology in the pulpit.«[396]

Ferris erwähnt um die gleiche Zeit eine »impressionistische« Predigtform, bei der anscheinend unzusammenhängende Teile aneinandergereiht würden, bis sie in einem Kernpunkt plötzlich alle zusammenkämen; dies erfordere jedoch großes Können.[397]

In den folgenden Jahrzehnten ist es ist die Konzentration auf die Sprache in unterschiedlichen Bereichen – der Kommunikationswissenschaft, den Massenmedien, der exegetischen und systematischen Theologie und der Homiletik –, die in der Beschäftigung mit diesen Formen zu neuen Aufbrüchen in der Predigtarbeit führt. Den bahnbrechenden Anstoß gibt dazu 1958 Davis' Werk »Design for Preaching«. Davis selbst schreibt anderthalb Jahrzehnte später über die Rolle der Sprache in der Entwicklung dieser Zeit:

> »The unique importance of language as a human function, how it operates, its limitations and possibilities, in fact the whole question of language has become central in studies of mankind today, and in none more decidedly than in Biblical interpretation.«[398]

Über dieses Werk schreibt Paul Scott Wilson*,

> »[He] was one of the first voices to shift to a new understanding of unity in the sermon. [...] One of the first steps in this move to unite form and content was to argue for organic unity in preaching theory.«[399]

Eine Aufnahme und Weiterführung dieser Arbeit von Davis findet sich insbesondere in der Auseinandersetzung mit den literarischen Formen der Heiligen Schrift bei Thomas G. Long*.[400]

3.3.7. Zusammenfassung

Die klassische europäische Rhetorik spielt in der nordamerikanischen Gesellschaft eine bis in die Gegenwart ungebrochene Rolle. Dazu gehört die Arbeit an rhetorischen Kategorien der Rede, an Stil und Stilmitteln, der Intention und der Disposition der Rede in Schule, Wirtschaft, Politik und Religion einschließlich

---

[396] WEDEL, Pulpit, 157. Edwards fasst Wedels Anliegen in dem Satz zusammen, »Jesus MUST be our Savior before he can be our Master.« Edwards nennt die Notwendigkeit des Dogmas, die Anerkennung der Realität der Sünde und der Notwendigkeit der Gnade sowie die Wahrnehmung der Implikationen der liturgischen Bewegung als Kennzeichen der sog. *biblical theology* dieser Zeit (EDWARDS, History of Preaching, 682).

[397] FERRIS, Go, 57f.

[398] H. GRADY DAVIS, Sermon Structure and Design. In: VERNON L. STANFIELD (u.a.), Homiletics, Grand Rapids/MI 1974, 69–81; hier 76 (i. Folg.: DAVIS, Sermon Structure).

[399] WILSON, Practice, 199f.

[400] Nach a.a.O., 216.

der praktischen Einübung des Sprechvortrags. Seit dem frühen 20. Jahrhundert setzt sich die Verbindung einer gründlichen Vorbereitung mit einem unterhaltungsartigen Redestil durch. Die in Deutschland entstehende »neue Hermeneutik« wird mit besonderem Interesse wahrgenommen. Im Kontext der Entwicklung der Kommunikation und der Kommunikationsforschung wächst die Überzeugung des Zusammenhangs zwischen der Form und dem mit dieser vermittelten Inhalt.

Gegenüber einer verbreiteten Praxis des thematischen Predigens, dessen Inhalt von den Präferenzen des Redners oder der Hörer oder von aktuellen Ereignissen abhängt, betonen lutherische Homiletiker die Bedeutung des Predigens nach den Perikopenreihen der Kirche.

Bis in die 60er Jahre des 20. Jahrhunderts prägt vor allem der analytisch-deduktive Stil die Rede auf der Kanzel, doch finden sich daneben auch andere Formen. In den folgenden Jahrzehnten ist es die Konzentration auf die Sprache in unterschiedlichen Bereichen der Gesellschaft und der Theologie, die in der Beschäftigung mit diesen Formen zu neuen Aufbrüchen in der Predigtarbeit führt.

3.4. Der Hörer

3.4.1. Massenkommunikation und Hinwendung zur englischen Sprache

Seit dem Beginn des 20. Jahrhunderts wird der Mensch zunehmend den landes- und weltweiten Ereignissen ausgesetzt. Mit der Entstehung des Hörfunks beginnt das Zeitalter der Massenkommunikation. Zugleich geht die Technisierung mit der Verbreitung des Automobils und der Erfindung des Flugzeugs und des Fließbands in großen Schritten voran. Der Einzelne fühlt sich dadurch immer häufiger wie ein unbedeutendes Rad im Getriebe der Gesellschaft.[401] Die Hörer erwarten zunehmend vom Prediger nicht nur die Wiederholung biblischer Lehre, sondern ein realistisches Wort, das ihnen hilft, mit den Fragen fertigzuwerden, die eine immer stärker technisierte Kultur aufwirft.[402]

Die in den USA geborenen Kinder und Enkel der Einwanderergenerationen wachsen zweisprachig auf. Das beeinflusst auch die von europäischen Einwanderern entlang muttersprachlichen Linien gegründeten Synodalverbände. Zwar spiegelt sich in der evangelischen Theologie weiterhin der Einfluss besonders der deutschen Sprache wider und deutsche Theologen werden nicht nur im lutherischen Raum im Original gelesen. Doch wird auch in der Predigtlehre der

---

[401] Bowie, Preaching, 130, 153f. Zu dem Gefühl der Ohnmacht des Einzelnen trägt auch die Erfahrung der Great Depression (1929–1941) bei.

[402] Wardlaw, Homiletics, 246.

zunehmende Übergang zum Englischen erkennbar.[403] Dieser geschieht parallel zur fortwährenden Predigt in den ursprünglichen Muttersprachen. Die englische Sprache fördert als Bindeglied zudem die Wahrnehmung von homiletischen Beiträgen sowohl aus anderen Konfessionen innerhalb der USA als auch aus Großbritannien. Graebner, Dozent am Concordia-Seminar der Missouri-Synode in St. Louis, wendet sich in seinem vierbändigen Beitrag zur Homiletik 1918/19 ausdrücklich an Prediger, deren Muttersprache Deutsch ist.[404] Es geht ihm jedoch wesentlich um die englischsprachige Predigt. Er nennt als homiletische Vorbilder den Presbyterianer Lyman Beecher (1775–1863) und den Baptisten Alexander McLaren (1826–1910)[405] und stellt eine Liste mit typisch deutschen Fehlern im Englischen zusammen.[406]

3.4.2. Der Einfluss des Hörers auf die Rede von der Kanzel

Nach antikem Verständnis ist die Reaktion des Hörers ein wichtiger Teil des Rede-Geschehens, auf das der Redner zu achten hat. So finden sich etwa bei Augustin entsprechende Hinweise für den Prediger.[407] Die Geschichte der Predigtpraxis zeigt, dass und wie einzelne Prediger dies getan haben.[408] Graebner unterstreicht 1919 die Bedeutung der Höreranalyse. Der Prediger solle, so schreibt er, Männer, Frauen und Kinder studieren, mit ihnen leben und sensibel sein für ihre Stärken und Schwächen; für das, was sie denken, und für ihr Leben.[409] Reu betont 1924, die Kenntnis, die der Prediger von der Gemeinde haben müsse, beschränke sich nicht auf ihre Nöte und Freuden, sondern um-

---

[403] Reus Homiletik von 1924 ist nach seiner eigenen Angabe aus dem Deutschen übersetzt (REU, Homiletic, VI).

[404] Trotz der Spezialisierung vieler Lehrstühle in den USA auf Teilbereiche innerhalb der theologischen Hauptdisziplinen finden sich gerade in der amerikanischen Homiletik Beiträge auch von Inhabern anderer Lehrstühle und von außerhalb der Praktischen Theologie. Graebner ist Professor für Philosophie und Neues Testament am Concordia-Seminar in St. Louis. Lenski ist Professor für Systematische Theologie und neutestamentliche Exegese und wird posthum besonders durch seinen Kommentar zum Neuen Testament bekannt.

[405] GRAEBNER, Inductive Homiletics II, 24, 42ff.

[406] A.a.O., 169ff.

[407] DEMARAY, Introduction, 113. Die Erwähnung dieses Aspekts bei Demaray 1974 ist selbst ein Hinweis für die intensivierte Beschäftigung der Homiletik mit dem Hörer und seiner Partizipation am Rede-Geschehen. Vgl. jedoch die Ausführungen oben unter 3.2.3. zu Reu. – Vgl. außerdem das Verständnis der Rede als »Seelenleitung« bei Plato und den ästhetischen Ansatz des Aristoteles im Blick auf die Hörerrezeption (s. OTTO, Kunst, 73, 76).

[408] Vgl. etwa Leroux' Untersuchung der Invokavitpredigten Luthers und seine Definition, »Communion refers to the bond that exists between the rhetor and the audience.« (NEIL R. LEROUX, Luther's Rhetoric. Strategies and Style from the Invocavit Sermons, St. Louis/MO 2002, 31 [i. Folg.: LEROUX, Luther's Rhetoric]).

[409] GRAEBNER, Inductive Homiletics III & IV, 44.

fasse ihre Vorstellungen und Einstellungen und die Normen, nach denen sie ihr Leben ausrichten, sowie ihre Sprache:

> »Since it is the individual congregation that is to be edified, and each congregation has its individual peculiarities, the preacher must have an accurate knowledge of his own congregation in order to be in a position truly to edify it. This will involve a study of the social conditions, the circle of ideas, and the vocabulary of his congregation, of its cultural standards in general and its particular interests and tendencies.«[410]

Unter Bezug of Otto Baumgartens »Predigtprobleme« stellt Reu 1924 fest, der Hörer sei zu seiner Zeit der weiten Welt erheblich mehr ausgesetzt und werde mental erheblich mehr stimuliert als je zuvor.[411] Vor allem aber müsse der Prediger einen Einblick in den Zustand des geistlichen Lebens seiner Gemeinde haben. Diesen bekomme er durch seine regelmäßige Gemeindearbeit: Besuche, Unterricht und die Begegnung mit den Gemeindegliedern in der Einzelbeichte und bei der Anmeldung zum Empfang des heiligen Abendmahls.[412] Ohne solche Kenntnis sei auch die rechte Unterscheidung von Gesetz und Evangelium nicht möglich, die immer situationsbezogen sei und auch von der Einsicht, der Verstocktheit oder Bußfertigkeit der Gemeinde abhänge.[413] In diesem Sinne veröffentlicht Graebner 1932 unter der Überschrift »Pastor and People« eine Serie von »Briefen an einen jungen Prediger«, in denen er über einen Zeitraum von 10 Jahren auf Fragen zu Gedächtnisgottesdiensten für gefallene Soldaten, ökumenischen Beziehungen, Lebensversicherung, das Verhältnis von Genesis 1 zu den Erkenntnissen der Geologie oder die Frustration eines Pfarrers, der sein Amt niederlegen möchte, eingegangen ist.[414]

Aus diesem Grund bezeichnet Reu die Predigt als »dialektisch«; dies könne dazu führen, dass ein Teil oder die ganze Predigt wie ein Dialog klinge.[415] Damit steht er in der Tradition der Reformation, für die der Dialog, in dem Wahrheit nicht dekretiert, sondern dialektisch im Prozess des Abwägens gesucht wird, ein beliebtes rhetorisches Mittel ist.[416]

Die Bedeutung der Einfühlung in den Hörer lernen Generationen von Predigern in den USA mit der von Weatherspoon bearbeiteten Homiletik von Broadus:

---

[410] Reu, Homiletics, 128.
[411] A.a.O., 122f. Vgl. Farmer, Servant, 13.
[412] Reu, Homiletics, 129f. – Reu hält einen Mangel an Besuchen und seelsorglicher Arbeit seitens des Pfarrers für eine Ursache eines übermäßig intellektuellen Charakters der Predigt (ebd.).
[413] A.a.O., 140.
[414] Graebner, Theodore. Pastor and People. Letters to a Young Preacher, St. Louis/MO 1932.
[415] Reu, Homiletics, 178, 181.
[416] Nach Otto, Rhetorische Predigtlehre, 69.

»Sympathetic imagination lends appropriateness to preaching. To put ourselves in the place of others will give to their needs a new importance and urgency, compelling us to speak, not of some pet interest of our own, but of the living issues that press upon our hearers. [...] When anyone touches my problem, my interest, shows knowledge and just appreciation of my point of view, feels my difficulties, speaks in my language, he will not need to ask for my attention or catch me by subtle artistry.«[417]

3.4.3. Das Bedürfnis des Hörers

Aus dem rhetorischen Anliegen, die Predigt im Stil der »Konversation« gewöhnlicher Menschen zu halten und dem pastoraltheologischen Anliegen der Wahrnehmung des Predigthörers erwächst so die Frage nach dessen Nöten und Bedürfnissen. Diese verbindet sich mit Paradigmen des Existentialismus und der im 20. Jahrhundert entstehenden Kommunikationswissenschaft.[418]

Eine grundsätzliche Unterscheidung zweier Kategorien findet sich an dieser Stelle bei Farmer: Zum einen gehe es um das, was der Mensch grundsätzlich nothat – dies ändere sich nicht mit dem Wechsel der Zeiten noch von einer Kultur zur anderen –, zum anderen um den äußeren Rahmen, in dem die Menschen leben. Weil dieser sich jedoch ändere, wirkten sich die Faktoren der ersten Kategorie unterschiedlich auf sie aus. So führt Farmer zur Zeit des Zweiten Weltkriegs – sein Buch »The Servant of the Word« erscheint 1942 – aus, dass Menschen nicht nur individuelle Antworten suchen, sondern das, was die Gesellschaft als ganze erhält; etwas, das es wert ist, dafür zu leben und zu sterben,[419] denn ihre Erfahrung in unserer Zeit sei gekennzeichnet von dem, was er zusammenfasst als

»[...] the confusion and perplexity and heartbreak of human history and human society as a whole [...]«.[420]

Als Ursache dieser Situation diagnostiziert Farmer einen Verlust der Dimension des Göttlichen im moralischen und im geistlichen Bereich.[421] Obgleich um diese

---

[417] Broadus, Preparation and Delivery 1944, 286. Dieser Absatz findet sich nicht in der letzten anhand von Notizen des Autors revidierten, posthum erschienenen Auflage von 1898.

[418] Die Kommunikationswissenschaft gründet sich u.a. auf die Arbeit von John Dewey; die Frage nach den wesentlichen Faktoren menschlicher Kommunikation gehört jedoch ursächlich zur Entstehung der antiken Rhetorik und Dialektik (s. etwa Kennedy, Classical Rhetoric, 4, 45 und durchweg).

[419] Farmer, Servant, 123ff., vgl. 141. – Vgl. dazu Wedel, der von Verwirrung und Zukunftsangst spricht (Wedel, Pulpit, 5f.).

[420] Farmer, Servant, 126. Vgl. Luccock, Workshop, 41, 42, 57, 229.

[421] Farmer, Servant, 135. – Bowie spricht von einem Lebensgefühl wie dem von Exulanten: »[...] the men and women of a modern generation may be like exiles, separated from their lost religious traditions yet wistful to recover them, depressed but wanting not to

Zeit nach Batsell Barrett Baxter die Predigt im Leben von Millionen Menschen weiterhin einen Ehrenplatz innehat und sie dieser als Zuhörer Woche für Woche eine halbe Stunde oder mehr Zeit widmen,[422] konstatiert Blocker auch in den USA 1951 eine Säkularisierung der dominierenden Kultur und eine Tendenz zum »Heidentum«[423].

In größerem Maße vom Ersten Weltkrieg direkt betroffen, wird im europäischen englischsprachigen Raum in den folgenden Jahren erneut die Sinnfrage gestellt. Mehrere Homiletiken formulieren die wieder erwachende Erwartung der Hörer an den systematisch-theologischen Gehalt der Predigt. Nach dem Eintritt der USA in den Zweiten Weltkrieg und dem Einsatz der Atombombe schlägt sich die neue Erfahrung der ungeheuren Zerstörungskraft des menschengemachten Bösen auch in der US-amerikanischen Predigtlehre nieder, die sich vor das Szenario eines möglichen Untergangs der bisherigen Zivilisation gestellt sieht. 1954 stellt Bowie fest, an dieser Entwicklung erkenne man, dass die Welt und der Mensch keineswegs immer besser würden. Theologen würden zur Lehre von der Sünde und der Ursünde zurückkehren. Vor diesem negativen Hintergrund betont er, der Prediger solle nicht ständig von Gericht und Untergang reden wie ein Unheilsprophet.[424] Er solle vielmehr das vergangene Rettungshandeln Gottes in Erinnerung rufen, um so für die Gegenwart und die Zukunft Hoffnung zu vermitteln.

> »His ultimate business is to make people become better, and they do not necessarily become better by being made to feel worse.«[425]

Auch in einer postmodernen Zeit ist Bowie überzeugt, dass der Mensch letztlich nach einem Sinn seines Lebens und der Welt sucht, mit dem er Lebensmut gewinnen und Großes erreichen könne. Das ist für ihn Grund zu einem prinzipiellen anthropologischen und zugleich theologischen Optimismus:

> »The human being is capable of high purpose and steady courage, but only as long as he believes that the whole business of living makes sense; and in order to keep on thinking that it does make sense, he reaches out in search of an ultimate meaning, good and great, into which his life can find its place.«[426]

---

become despondent, waiting for a voice that will make them believe in the future and gird themselves to meet it.« (BOWIE, Preaching, 213).

[422] BAXTER, Yale Lectures, 129.

[423] BLOCKER, Secret, 184. Vgl. dazu Mohrmann, der den Anfang einer beginnenden Verschiebung der höchsten Autorität in der Gesellschaft in den USA auf das frühe 19. Jahrhundert datiert, als die »Gründungsväter« der Vereinigten Staaten die »Kirchenväter« aus dieser Position verdrängt hätten (MOHRMANN, Composition, 90).

[424] BOWIE, Preaching, 151ff.

[425] A.a.O., 157.

[426] A.a.O., 138.

In Reaktion auf eine stark rational argumentierende Form des Predigens sowie den zunehmenden Verlust einer allgemeinen Überzeugung von einer überindividuell verlässlichen und verbindlichen Wahrheit findet sich bei Bowie der Rekurs auf die menschliche Erfahrung, deren Macht den Pessimismus des zweifelnden Verstandes überwinde.[427] Hier wird die zunehmende Ablösung des kerygmatischen Paradigmas in der nordamerikanischen Homiletik erkennbar. Das stellvertretende Sühneopfer, das Christus für den gegenwärtigen Hörer gebracht hat, spielt bei Bowie keine zentrale Rolle;[428] das Paradigma des subjektiven Erlebens gewinnt dagegen an Bedeutung.[429]

3.4.4. Neue Mittel zum Erreichen der Massen

Während in der homiletischen Diskussion das Bewusstsein der Wirkung der Massenmedien und der Massengesellschaft auf den Einzelnen zunimmt, wird in der Kirche das Potential des neuen Massenkommunikationsmittels »Radio« früh erkannt. Walter A. Maier gründet mit der »Lutheran Hour« 1924 in St. Louis einen der ersten christlichen Radiosender. Damit wird die geistliche Rede als Verkündigung der biblischen Botschaft selbst ein Teil der beginnenden Massenkommunikation. Von 1930 bis 1949 erreicht Maier als Radiosprecher Millionen von Hörern. Ab 1940 werden Sendungen auch international ausgestrahlt. Maier gilt als bedeutendster Evangelist der USA; es heißt, er vermittele das traditionelle Christentum auf untraditionelle Weise.[430] Unter seinem Nachfolger Oswald Hoffmann erreichen die Sendungen der »Lutheran Hour« ebenso wie Billy Grahams »Hour of Decision« bis dahin unerhoffte Zahlen von Hörern.[431]

---

[427] A.a.O., 138ff.

[428] A.a.O., 140. Dies bedeutet nicht, dass die Heilstaten Gottes in der Vergangenheit für Bowie nur im subjektiven Bewusstsein Wirklichkeitscharakter gewinnen, doch hängt der Glaube an der menschlichen Erfahrung und nicht am Wort Gottes als einem objektiven Gnadenmittel. Ähnliches gilt für Jones, der zwar vom »Kerygma« spricht, das zu predigen sei, und als dessen wesentliche Inhalte er die Hauptpunkte des christlichen Bekenntnisses nennt, in dessen Homiletik aber die *satisfactio vicaria* keine wesentliche Rolle spielt (s. Jones, Principles, 16, 110ff., 116ff., 246ff. u.a.). Nach ihm geht es darum, die Hörer mit dem Kerygma und der Didache des Evangeliums zu konfrontieren, ihnen die historischen Tatsachen dessen, was Gott in Jesus getan hat, weiterzugeben und sie zu überzeugen, diese zu akzeptieren und danach zu leben (a.a.O., 17).

[429] Einen entsprechenden Stellenwert erhält die Erfahrung u.a. bei Lischer (Lischer, Theology, 81). Eine gegenläufige Tendenz – die Rückkehr zu einer theozentrischen Sicht der Botschaft – aus derselben Erfahrung heraus konstatiert Luccock (Luccock, Workshop, 223).

[430] N.N., Walter A. Maier, o.O., http://en.wikipedia.org/wiki/Walter_A._Maier, zuletzt geändert 27.7.2014 [19.9.2014]; Uecker, Konrad (Hg.), Kirche auf festem Glaubensgrund. Fast alles über die Selbständige Evangelisch-Lutherische Kirche, Groß Oesingen 2010, 126. Unter denen, die sich später um Maiers Nachfolge als Sprecher der Lutheran Hour bewerben, ist Billy Graham (ebd.).

[431] William H. Willimon/Richard Lischer (Hg.), Concise Encyclopedia of Preaching, Louisville/KY 2000, 399.

3.4.5. Zusammenfassung

Die pastoraltheologisch und rhetorisch begründete zunehmende Wahrnehmung der Nöte des Hörers verbindet sich mit Paradigmen des Existentialismus und der entstehenden Kommunikationswissenschaft. In der Gesellschaft kommt es zu einer zunehmenden Säkularisierung und zu einem Verlust der allgemeinen Überzeugung von einer überindividuell verlässlichen und verbindlichen Wahrheit. In der Homiletik weicht das kerygmatische Paradigma dem des subjektiven Erlebens. Zugleich bieten die Massenmedien neue Möglichkeiten der Verkündigung.

3.5. Die Intention

Unter den fünf Gebräuchen der Predigt, die Walther im 19. Jahrhundert nennt, ist derjenige des Lehrens für ihn die Grundlage der übrigen.[432] Er konstatiert jedoch, dass aus verschiedenen Gründen zu wenig Lehre gepredigt werde, und begründet diese rhetorisch und theologisch:

> »Kaum hat der Prediger seinen Text und Lehrgegenstand berührt, so fängt er auch schon an zu ermahnen, oder zu strafen, oder zu trösten. Seine Predigt besteht fast aus nichts als Fragen und Exclamationen, Seligpreisungen und Weherufen, Aufforderungen zur Prüfung und Bearbeitungen des Gemüths und Gewissens [...]. Es muß nothwendig jedem Zuhörer widerlich werden, wenn er immer und immer, ohne daß zuvor der Grund durch Lehre gelegt ist, sich ermahnt, oder gestraft, oder auch salzlos getröstet sieht. [...] [D]aß jenes leichter ist, mag wohl bei manchen die Hauptursache sein, daß sie so wenig Lehre predigen, daß sie meist schon solche Themata wählen, die die Kenntniß der Sache bei den Zuhörern schon voraussetzen und daher schon nur praktische Anwendung des Gegenstandes versprechen. Bei vielen liegt aber der Grund hievon ohne Zweifel auch darin, daß sie, weil sie selbst keine gründliche Kenntniß der geoffenbarten Lehren haben, dieselbe natürlich auch anderen nicht gründlich darlegen können. Noch andere aber mögen endlich wohl auch darum so wenig Lehre in ihren Predigten treiben, weil sie in dem Wahne stehen, ausführliche Lehrdarstellungen seien zu trocken, ließen die Zuhörer kalt, dienten nicht zur Erweckung, Bekehrung und einem wahren lebendigen und thätigen Herzens-Christenthum. Es ist dies aber ein großer Irrthum.«[433]

Auch im 20. Jahrhundert sind im evangelischen Raum immer wieder Stimmen zu hören, die nach erneutem und vermehrtem Lehr-Predigen rufen.[434] Prägend

[432] Walther, Pastoraltheologie, 80f.

[433] A.a.O., 81, Hervorhebg. (Sperrdruck) i. Orig. Dieses Zitat zeigt zugleich, dass auch zu Walthers Zeit die im rechten Sinne »lehrende« Predigt nicht der Normalfall war.

[434] Vgl. das folgende, der grundsätzlichen Spannung von Gesetz und Evangelium sowie von Rechtfertigung und Heiligung gewidmete Buch: Stuempfle, Hermann G. Jr., Preaching Law and Gospel, Philadelphia 1978. Neben der zunehmenden Einsicht in die

sind jedoch andere Vorzeichen, unter denen die Intention der Predigt definiert wird. Hier ist zu unterscheiden zwischen der rhetorischen und der geistlichen Absicht. Rhetorisch gilt für die Predigt wie jede öffentliche Rede weiterhin das von Aristoteles formulierte Ziel: Sie soll *docere, conciliare, delectare* und *movere*. Unter dem Einfluss des *social gospel* wird das konkrete Ziel dabei im Blick auf den Einzelnen deutlich im Bereich seines Einsatzes in der Gesellschaft bestimmt, speziell gegen soziales Ungleichgewicht und soziale Ungerechtigkeit.

Während hier der Appell der klassischen Rhetorik besonders an den Willen des Hörers Aufnahme findet, spielt der emotive Appell in der Folge einflussreicher Prediger des 19. Jahrhunderts und der Zeltevangelisationen ebenso wie der Einfluss bestimmter konfessioneller Traditionen weiterhin eine wesentliche, zum Teil die entscheidende Rolle. Diese äußert sich etwa darin, dass die Predigt standardmäßig in dem Ruf zu mehr *commitment* gipfelt, sei es zur eigenen »Hingabe« an Christus mit oder ohne einen *altar call*, sei es zu vermehrtem finanziellen oder arbeitsmäßigen Einsatz für die Gemeinschaft. Zumindest in der Erfahrung vieler Predigthörer vermischt sich eine solche rhetorisch-emotionale Methodik mit der Rede von Gottes Gericht und Gnade. Die Predigt hat ihr Ziel nach dem Eindruck des Hörers da erreicht, wo sie ihn zunächst mit einer drastischen Schilderung des Zornes Gottes erschreckt und dann mit einer gefühlsmäßig eindrücklichen Schilderung seiner Liebe beruhigt hat.

Im Gegensatz dazu betonen lutherische (und andere) Homiletiker in diesem veränderten Kontext erneut die Bedeutung der Lehrpredigt. Dies bedeutet keine Weltferne, sondern legt nach lutherischem Verständnis die Grundlage für das Leben des Christen in seiner Verantwortung für den Nächsten und vor Gott. Vor der Aufforderung zum Tun kommt hier die Einstellung des Herzens in den Blick. Reu schreibt 1924, die Lehrpredigt müsse das in der katechetischen Unterweisung gewonnene Wissen vertiefen und bereichern, indem sie die dogmatischen und ethischen Ergebnisse in ihrer organischen Verbindung ausführt und sie so zu einem lebendigen Besitz des Hörers macht, damit er zu einer umfassenden und christlichen *weltanschauung* kommen kann.[435]

Predigt als einer Form zwischenmenschlicher Kommunikation sieht Stuempfle in der Rückkehr zu den Wurzeln der christlichen Verkündigung in Schrift und Theologie einen Grund dafür, dass die Kanzel nicht nur die gegen sie gerichteten Angriffe der jüngeren Vergangenheit überstanden habe, sondern eine Erneuerung erlebe (a.a.O., 8).

[435] Reu, Homiletics, 131f. Ganz ähnlich Fritz, Preacher's Manual, 65. Die englische Homiletik Reus übernimmt den Begriff *weltanschauung* unübersetzt als Fremdwort. – Bei aller Betonung der Lehrpredigt ist diese für Reu nicht der einzige Predigttyp; welcher jeweils gebraucht werde, hänge von der Individualität des Predigers ab, vor allem aber von dem Bedürfnis der Gemeinde (Reu, Homiletics, 131f.). – Der lutherische Homiletiker Eggold schreibt 1980 unter Bezug auf Brooks, Lehre müsse gepredigt werden nicht damit Menschen sie glauben, sondern damit sie gerettet werden, indem sie sie glauben (Eggold, Dialogue, 23f.).

Ziel der Predigt ist für den Methodisten Sangster, die Hörer dazu zu gewinnen, dass sie sich von ganzem Herzen Christus hingeben. Dabei sei der Kirche bei einem zunehmenden Interesse an der Psychologie immer bewusster geworden, welche Einsichten aus dieser gerade für die Predigt gewonnen werden können. Immer mehr hielten Pfarrer es für ihre Pflicht, darin zu Fachleuten zu werden, um verborgene Absichten zu erkennen, neue Einblicke in die Kraft der Vorstellung und der Gestaltwerdung von Idealen zu gewinnen und der Entstehung und Entwicklung menschlicher Ängste auf die Spur zu kommen.[436]

3.6. Exkurs: Predigtvortrag und Predigtlänge

Zur Beschäftigung mit der Form der Rede gehört schließlich auch nach klassischem Verständnis der Redevortrag. Dessen Einübung ist nach Broadus und H. W. Beecher ein selbstverständlicher Teil der Predigtaufgabe.[437] Eggold geht auf die Rolle der Variation im Vortrag ein (Lautstärke, Geschwindigkeit, Ton, Satzlänge, Modulation), auf Gestik - angemessen sei die, die aus dem Herzen kommt, - und Augenkontakt. Pausen dienten dazu, dass der Hörer den Prediger einholen kann, dass dieser seine Reaktion erspürt und sich auf die Fortsetzung einstellt.[438] In den 40er Jahren des 20. Jahrhunderts schreibt Baxter, die Methode des freien Sprechens sei weiterhin die beliebteste.[439]

Die Mehrzahl der Homiletiken des ausgehenden 19. und des 20. Jahrhunderts betont den Wert einer sorgfältigen und bis ins Detail gehenden Predigtvorbereitung in Bezug auf Aufbau und Formulierung.[440] Die Frage, ob anhand eines Manuskripts, eines Predigtaufrisses, einiger Stichpunkte oder völlig »frei« zu predigen sei, wird verschieden beantwortet, eine generelle Entwicklung in eine bestimmte Richtung ist nicht zu erkennen. Vom Auswendiglernen der vorbereiteten Predigt wird, wo es thematisiert wird, abgeraten. Übereinstimmung herrscht darin, dass der Vortrag kein Ablesen, sondern eine direkte Rede an die Hörer sein soll, und dass eine sorgfältige Vorbereitung auch die beste Voraus-

---

436 SANGSTER, Power, 69.

437 Siehe etwa BROADUS, Preparation and Delivery, 335ff. und BAXTER, Yale Lectures, 175.

438 Für den römisch-katholischen Laien Graham, einen engagierten Fachmann für Kommunikation, ist die Predigt ein Akt der Liebe von Christus am Hörer. Diesem ordnet sich der Prediger ganz unter: Körperhaltung und Gesichtsausdruck sollen beim Vortrag »lebendig« sein - nicht steif, nicht unkontrolliert und unruhig, und ohne Gesten, die einstudiert wirken. Graham gibt daher hilfreiche Hinweise zur Lautstärke, der »Energie« (intellektuell und spirituell), Sprechpausen, Sprechtempo sowie sorgfältiger Aussprache. In all diesen Bereichen solle sich der Prediger üben, nie jedoch solle er die tatsächliche Sprechsituation zu solchem Üben nutzen (WILLIAM H. GRAHAM, The Theory of Communication. In: JOHN BURKE [Hg.], The Sunday Homily. Scriptural and Liturgical Renewal, Washington D.C. 1966, 3-16; hier: durchgehend [i. Folg.: GRAHAM, Theory]).

439 BAXTER, Yale Lectures, 295.

440 Dass das Predigtmanuskript für das Ohr geschrieben werden müsse, ist eine häufig genannte homiletische Maxime (s. etwa WILSON, Practice, 51).

setzung für die Anpassung an die konkrete Redesituation ist.[441] So findet sich bei Mohrmann auf kommunikationstheoretischer Seite 1970 eine Abwägung von Argumenten für das (gründlich vorbereitete und eingeübte) freie Reden bzw. das Reden anhand eines Manuskripts. Es gebe die Auffassung, schreibt er, freies Sprechen führe zu einem natürlicheren Stil. Er zeigt jedoch, dass dies nicht generell gilt, da die Situation des öffentlichen Sprechens für die meisten Menschen nicht die Normalsituation ist.[442] Gewisse Vorbehalte gegen die Rede anhand eines Manuskripts seien in der Vorstellung begründet, der Sprecher sei ein Künstler und Darsteller. Diese Vorstellung kennzeichne die westliche Zivilisation durch einen Großteil ihrer Geschichte hindurch und sei im Amerika des 19. Jahrhunderts besonders ausgeprägt gewesen;[443] zu jener Zeit habe der Redner einen speziellen Status als *histrionic performer* genossen.[444] Ein Sprecher, der ohne die Krücke seiner Notizen oder seines Manuskripts auskommt, werde bewundert. Ein weiteres Argument sei, dass das Manuskript zu einer Barriere für die Kommunikation werden könne. Es gebe dem Sprecher jedoch im Gegenteil mehr Kontrolle über die Sprechsituation, da er Probleme antizipieren und sich in besonderer Weise damit auseinandersetzen könne.[445] Er habe damit zudem die Kontrolle über seine Sprechzeit[446] und könne besondere Präzision[447] und

---

[441] Broadus äußert sich positiv über die Methode der gründlichen schriftlichen Ausarbeitung des Predigtmanuskripts verbunden mit einem freien Vortrag anhand der ausführlichen Gliederung (BROADUS, Preparation and Delivery 1944, 326). Ähnlich schreibt Reu, der vor den Fallgruben der improvisierten Stegreifrede warnt und die Vorteile der schriftlichen Ausformulierung für unterschiedliche »Typen« von Predigern unterstreicht: »On the preacher of restless mind and wandering fancy it exerts a restraining influence, while to the preacher of heavy tongue and slow-moving mind it becomes a source of confidence and ease.« (REU, Homiletics, 509). Farmer spricht sich vehement gegen ein Verlesen des Manuskripts auf der Kanzel aus (FARMER, Servant, 33), Jones befasst sich mit der Bandbreite der Möglichkeiten vom Ablesen oder Auswendiglernen des Manuskripts über das Sprechen anhand einer ausführlichen Gliederung bis hin zur improvisierten Rede (JONES, Principles, 189ff.). – Die Überzeugung vom Wert der schriftlichen Ausformulierung findet sich auch bei Ayer, der eingesteht, dass er mit zunehmenden Verpflichtungen begonnen hat, sein Manuskript mit auf die Kanzel zu nehmen, aber nicht davon abliest (AYER, Method, 14). Krieger nennt als wichtigen Grund gegen das Ablesen des Predigtmanuskripts: »You cannot well preach with power if you have to read what you have to say.« (KRIEGER, Angels, 43). Dass das Memorieren langer Texte in früheren Zeiten nicht ungewöhnlich war, zeigt Graebners Rat, fünf von ihm angegebene Predigten auswendigzulernen, um sich einen Fundus treffender englischer Idiome anzueignen (GRAEBNER, Inductive Homiletics II, 9). M. Rogness gibt am Ende des 20. Jahrhunderts konkrete Hilfestellung zur allmählichen Lösung vom Manuskript (ROGNESS, TV Generation, 96–98).

[442] MOHRMANN, Composition, 33.

[443] A.a.O., 33f.

[444] A.a.O., 36.

[445] A.a.O., 34f.

[446] A.a.O., 37.

[447] A.a.O., 40, 49.

einen effizienten Vortrag erreichen. Es gebe daher keinen Grund, warum der Vortrag anhand eines Manuskripts (dessen Text beim Vortrag der Sprechsituation angepasst werden sollte) nicht lebendig, lebhaft und direkt sein könne.[448] In diesem Sinne heißt es bei Wilson prägnant,

> »A good manuscript struggles to be heard.«[449]

In ähnlicher Weise rät der Kommunikationsforscher Thomas M. Scheidel dazu, die vollständige Gliederung der Rede vor sich zu haben. Was der Redner vorher vorbereitet hat, ist jedoch während des Vortrags dem aktuellen Kontext (Raum, verbale und nonverbale Rückmeldung und damit Mitwirkung der Hörer usw.) anzupassen.[450]

> »As a speaker you should keep your notes at hand for *emergency purposes only* and should address your listeners – not your note cards.«[451]

Gut sei die Kombination aus memorisierter und spontan formulierter Präsentation.[452]

In Bezug auf die Länge des Predigtvortrags stellt H. W. Beecher Anfang der 70er Jahre des 19. Jahrhunderts fest, eine interessante Predigt scheine weniger lang; auf der anderen Seite seien einige Predigten von Alexander MacLaren nur zwölf Minuten lang gewesen.[453] Nathaniel J. Burton spricht Anfang der 1880er Jahre von 15–60 Minuten.[454] 1905 heißt es in einer Yale-Vorlesung, der Prediger müsse berücksichtigen, dass Menschen aufgrund der Veränderung durch den Telegraphen und die Zeitung ab etwa 1880 erheblich schneller dächten.[455]

Nach Reus Auskunft hat sich die durchschnittliche Länge der Predigt (für die er in der Geschichte der Kirche eine Bandbreite von 10 Minuten bis zu drei Stunden angibt) im deutschen (evangelischen) Raum von der Reformation mit 30 Minuten oder mehr bis zu seiner Zeit kaum geändert.[456] Er nennt in der Mitte der 20er Jahre eine durchschnittliche Länge von 35 Minuten in Deutschland;

---

[448] A.a.O., 39.
[449] Wilson, Practice, 47.
[450] Scheidel, Speech, 129, 150, 331 u.ö.
[451] A.a.O., 333. Hervorhebg. i. Orig.
[452] Ebd. Dies entspricht der Empfehlung etwa von Quenstedt an jüngere Prediger, die Predigt ganz auszuschreiben; älteren rät er, zumal wenn andere Pflichten drücken, die Hauptsachen aufzuschreiben, d.h. Argumente der einzelnen Teile, Zeugnisse und Beispiele, und zugleich »die der Sache angemessensten Worte beizufügen.« (Nach Walther, Pastoraltheologie, 77). Osiander rät zum genauen Aufschreiben vor allem von zurechtweisenden Abschnitten, da diese den Hörer gewinnen und nicht zurückstoßen sollten und daher sehr genau abzuwägen seien (nach a.a.O., 86).
[453] Baxter, Yale Lectures, 221.
[454] A.a.O., 222f.
[455] A.a.O., 222.
[456] Nach Wilson rät Spurgeon Ende des 19. Jahrhunderts, nicht zu lang zu predigen, und empfiehlt eine Zeit von 40–45 Minuten (Wilson, Practice, 117).

auch in Amerika sollte die Predigt nach seinem Dafürhalten eher 45 Minuten dauern als 25, wie es der durchschnittliche Hörer dort wünschen würde; wären die Hörer allerdings alle besonders kultiviert und intelligent, könnte sie auch erheblich kürzer sein, ja, sich auf eine oder zwei Zeilen beschränken.[457] Grundsätzlich gilt für ihn,

> »A sermon becomes too long as soon as it ceases to hold the devout attention of its hearers.«[458]

Die Überarbeitung der Homiletik von Broadus durch Weatherspoon nennt 1943 eine Predigtlänge von 25–35 Minuten, 20 Minuten wäre »sehr kurz«.[459] Blackwood äußert sich ähnlich, macht die Predigtlänge aber von der Art des Gottesdienstes abhängig, der insgesamt nicht länger als eine Stunde dauern sollte.[460] In der Mitte der 50er Jahre nennt Jones 30 Minuten für die Länge der Predigt,[461] Krieger 15–30 Minuten; insbesondere der Predigtschluss dürfe nicht zu lang sein[462] – Für die Gesamtzeit, die die Verkündigung des Wortes Gottes im Leben der Gemeindeglieder einnimmt, ist außer der Länge der einzelnen Predigt jedoch auch die Anzahl der Predigten etwa im Laufe einer Woche zu bedenken; weit verbreitet sind zu dieser Zeit weitere Gottesdienste jeweils am Sonntagabend und in der Wochenmitte.[463]

---

457 REU, Homiletics, 505ff.

458 A.a.O., 394.

459 BROADUS, Preparation and Delivery 1944, 374. Die längere Spanne nennen ähnlich Fritz, 1941 (FRITZ, Preacher's Manual, 67), LUCCOCK, 1944 (LUCCOCK, Workshop, 125, 183) und Sangster, 1954, der anmerkt, in Kirchen gewisser Konfessionen, in denen der Predigt kaum Wert beigemessen werde, dauere sie nur 10 Minuten (SANGSTER, Craft, 133). Bowie spricht von 20–30 Minuten (BOWIE, Preaching, 38f.).

460 BLACKWOOD, Preparation, 253. – Fritz empfiehlt kürzeres Predigen etwa in bestimmten Kasualgottesdiensten, in denen die Hörer mit vielem anderen beschäftigt seien (FRITZ, Preacher's Manual, 67). 1975 spricht Blackwood von einer Länge von 25 Minuten (BLACKWOOD, Expository Preaching, 72, 87 u.ö.).

461 JONES, Principles, 32.

462 KRIEGER, Angels, 37. In dieser Erwartung schlägt sich auch der Einfluss von Radio und Fernsehen nieder. – Graham geht 1966 in der römisch-katholischen Kirche von einer 10-minütigen Homilie in der Messe aus; hier ist die unterschiedliche theologische Stellung der Predigt und der Kontext des II. Vatikanischen Konzils zu beachten (GRAHAM, Theory, 15). Nichols spricht 1965 von 15 Minuten oder weniger (SUE NICHOLS, Words On Target. For Better Christian Communication. Art by Doyle Robinson, London 1964, 39 [i. Folg.: NICHOLS, Words]).

463 Hierauf gibt es in der homiletischen Literatur dieser Zeit zahlreiche Hinweise, beispielhaft ist etwa zu nennen BLACKWOOD, Expository Preaching (durchgehend). Vgl. MCGEE, Pulpit; sowie PAUL STROMBERG REES, A Sermon Is Born. In: CLARENCE STONELYNN RODDY [Hg.], We Prepare and Preach. The Practice of Sermon Construction and Delivery, Chicago/IL 1959, 145–148 [i. Folg.: REES, Sermon]). – White (Großbritannien) spricht von zwei Predigten in der Woche (WHITE, Guide, 65, 72). – Cleland berichtet von Kirchen, die zwei- oder dreimal sonntäglich zum Bersten voll sind (CLELAND, Preaching, 109). Baxter

Horne zitiert George E. Sweazy mit einem Buch von 1972, das von einer Predigtlänge von 25 Minuten ausgeht;[464] Crum spricht 1977 von 15 Minuten.[465] Lowry geht noch 1985 von einer zwanzigminütigen Predigtlänge aus, hier ist jedoch auch die besondere Rolle des Spannungsaufbaus in seinem Ansatz zu bedenken.[466]

Die Redezeit für einen öffentlichen Redner, schreibt Scheidel in den 70er Jahren, sei normalerweise auf 20–30 Minuten beschränkt. Als moderne Amerikaner – und hier schließt er sich selbst mit ein – würden sie anscheinend auf solchen *speechettes* bestehen.[467] White stellt fest, dass die Fähigkeit des Hörers, sich auf das gesprochene Wort zu konzentrieren, stark abnimmt. Die Gegenwartskultur sei nicht-literarisch, die Entwertung der Sprache gehe mit einem Rekurs auf verbale Gewalt und obszöne Formulierungen einher. Zugleich komme es damit zu einem Verlust der Vorstellungskraft. Manche suchten daher einen *ersatz* für die Predigt in der Vorführung religiöser Filme, dem Einsatz visueller Hilfsmittel und der Aufführung dramatischer Stücke. White zieht dagegen die Konsequenz, der Prediger müsse farbenvolle und scharfgestellte Bilder auf die geistige Leinwand des Hörers projizieren. Damit folge die Predigt nicht einfach einer Mode der Gegenwart, sondern nehme die dahinter stehende Wahrheit auf.[468] Ein anderes Mittel, um der mangelnden Fähigkeit zur Konzentration und zum Behalten des Gehörten zu begegnen, sei ein sorgfältig gegliederter Aufbau, der sich einprägt.[469] Im Kontext der Gegenwart müssten Predigten kürzer, jedoch zugleich effizienter sein. Dabei komme es jedoch auf die real empfundene Länge an, die davon abhänge, wie interessant die Predigt ist und was sie inhaltlich sagt, nicht auf die absolute Länge in Minuten.[470]

Schon um die Jahrhundertmitte beschreibt Phelps als Vorteil einer gut organisierten Rede ihre umgehende Wirkung.[471] Bewusst oder unbewusst gewinnt damit der sorgfältige Aufbau der Predigt bei abnehmender Predigtlänge und Hörbereitschaft immer mehr an Bedeutung. Bereits 1941 spricht Fritz von erschwerten Bedingungen, unter denen der Prediger das Interesse und damit

---

erwähnt neben zwei Gottesdiensten am Sonntag ein *prayer meeting* in der Wochenmitte (Baxter, Yale Lectures, 232).

464 Horne, Crisis, 71.

465 Crum, Manual, 32.

466 Lowry, Time, 76. Ebenso Buttrick 1987 (Buttrick, Moves, 26) und Wilson 1995 (Wilson, Practice, 117). – Bei diesen Angaben sind auch beträchtliche konfessionelle Unterschiede zu bedenken; Besucher pfingstlerischer Gottesdienste etwa berichten auch heute von Predigten, die bis zu 75 Minuten dauern, teilweise finden außer dem Sonntagsgottesdienst bis zu drei weitere Gottesdienste in der Woche statt.

467 Scheidel, Speech Communication, 80.

468 White, Guide, 160.

469 Die Berücksichtigung des Zeitfaktors für eine realistische Entfaltung des Themas findet sich bei Scheidel (Scheidel, Speech Communication, 302).

470 White, Guide, 59ff., 110.

471 Phelps spricht von *rapidity of execution* (Phelps, Preaching, 77).

die Aufmerksamkeit der Hörer gewinnen und halten müsse, um seine Botschaft hinüberzubringen[472]:

> »The speed at which we are living and the general unrest and restiveness in the world make it difficult to get and hold the attention for a longer period.«[473]

Dies durchzuhalten sei jedoch wichtiger als die Ausführlichkeit der Predigt[474]:

> »[...] we are actually accomplishing more by having an attentive audience during the entire sermon than we could by losing it before the sermon has come to an end.«[475]

Lloyd M. Perry schreibt, übermäßige Länge sei oft die Folge eines Stils, in dem der Prediger sich unnötig lange mit dem aufhalte, was offensichtlich ist. Der Prediger solle sparsam mit Worten umgehen und sich um einen Stil bemühen, der es dem Hörer ermöglicht, die Predigtgedanken mit möglichst geringem Aufwand zu erfassen.[476] Die Kürze des Ausdrucks sei eine Dienerin der Klarheit in der Predigt, und eine wohldurchdachte Struktur eine Hilfe für den Prediger, innerhalb der praktischen Zeitgrenzen zu bleiben.[477]

Die zunehmend kürzere Zeit, die dem Prediger in der zweiten Hälfte des 20. Jahrhunderts für die Verkündigung auf der Kanzel bleibt, und die zunehmend kürzere Aufmerksamkeitsspanne der Hörer bringen ihn im Bereich der Kommunikation an den Punkt zurück, an dem die Überlegungen zur Gliederung der Predigt auf rhetorischer Seite ihren Anfang genommen haben. Weil für die Überzeugungsaufgabe der Predigt nur ein schockierend kurzer Moment bleibe, gilt nach Randolph:

> »[...] no opportunity to make communication more clear and more persuasive should be passed by.«[478]

---

[472] FRITZ, Preacher's Manual, 55.

[473] A.a.O., 57.

[474] Vgl. dazu Scheidels grundsätzlichen Hinweis aus der Kommunikationswissenschaft, dass Hörer stets selektiv hören (SCHEIDEL, Speech Communication, 81).

[475] FRITZ, Preacher's Manual, 67. Fritz schreibt, Luther selbst sei kein Freund übermäßig langer Predigten gewesen, habe aber seine eigene Regel oft gebrochen (a.a.O., 140).

[476] LLOYD M. PERRY, Sermonic Style in Contemporary Terms. In: VERNON L. STANFIELD (u.a.), Homiletics, Grand Rapids/MI 1974, 82–102; hier 93 (i. Folg.: PERRY, Sermonic Style). – Perry ist baptistischer Gemeindepfarrer und Dozent für Praktische Theologie an der Trinity Evangelical Divinity School (Deefield/IL) mit den Graden eines »Doctor of Theology« und »Doctor of Philosophy«.

[477] A.a.O., 96f.

[478] RANDOLPH, Renewal, 98. Randolph schreibt am Beginn des 21. Jahrhunderts, es habe lange Zeit geheißen, der Prediger habe 30 (oder 20) Minuten, um die Toten aufzuerwecken; in der Gegenwart habe er nur noch 30 Sekunden – so lang sei die Aufmerksamkeitsspanne der Hörer (a.a.O., 68). – In der zunehmenden wissenschaftlichen Beschäftigung mit der Kommunikation sieht Demaray eine Chance und eine Notwendigkeit für den Prediger, sich fortwährend um Verbesserung zu bemühen (DEMARAY, Introduction, 123).

3.7. Resümee

Die später so genannte »alte Homiletik« ist geprägt von einer Fortschreibung der klassischen Rolle der Rhetorik in der Predigtarbeit. Die Mehrzahl der Homiletiker empfiehlt einen Sprechvortrag anhand einer klaren rhetorischen Struktur, jedoch in freier Wiedergabe der ausgearbeiteten Predigt. Mit dem wachsenden Interesse an der Psychologie, vor allem aber mit der abnehmenden Länge der Predigt gewinnt eine detaillierte Predigtvorbereitung erneut an Gewicht. Es findet sich ein zunehmender Konsens über die Bedeutung des Appells an die soziale Verantwortung des Hörers. Infolge der gesellschaftlichen Erschütterungen und aus theologischen Gründen wird zunehmend der Ruf nach christlicher Lehre in der Predigt laut. In den Veränderungen des gesellschaftlichen Kontexts wächst die Kritik an einem dozierenden Predigtstil und einer Standardstruktur.

4. Die »neue Homiletik«

4.1. Einleitung

Die zweite Hälfte des 20. Jahrhunderts steht in den USA zunehmend unter dem Eindruck einer Krise der Kommunikation und der Homiletik.[479] Das Vertrauen, dass Wörter eine eindeutige Bedeutung haben oder Realität beschreiben, ist gebrochen.[480] Amerikanisches Christentum sei durch Aktivismus gekennzeichnet, schreibt Fred B. Craddock*; wo man der Predigt nicht mehr zutraue, etwas zu bewirken, leide ihr Ruf daher umso mehr.[481] Die Autorität der Kirche und der Kanzel wird in Frage gestellt, die Predigt scheint vielen irrelevant. Im Zuge dieser Krise erklären Homiletiker ab den 60er Jahren, der Prediger könne nicht mehr schon allein deshalb mit der Bereitschaft des Hörers zum Zuhören rechnen, weil er der Amtsträger (*minister*) sei.[482] Diese Kritik kommt nicht nur von außen. Unter Pastoren, kirchlichen Leitern und Theologiestudenten heißt es, die Zeiger der Zeit seien über die Predigt hinweggegangen und stünden jetzt auf anderen Arten des modernen Pfarramtes wie der Zurückgewinnung der innerstädtischen Bereiche,[483] *world-awareness studies*, Diskussionsgruppen und neuen Liturgien.[484]

Horne diagnostiziert in den 70er Jahren neben der Krise der Kirche als Institution, der Autoritäts- und der Kommunikationskrise eine Glaubenskrise als eine Ursache der Predigtkrise.[485] Sie sei darin begründet, dass Menschen Gott

---

[479] Siehe etwa Perrys Hinweis auf Tittles Feststellung, wenn die Kirche leer sei, dann deshalb, weil es im Prediger leer aussehe (Perry, Biblical Preaching, 35, nach Ernest Fremont Tittle, The Foolishness of Preaching, New York/NY 1930); und H. W. Robinson, Preaching, 15: »The word is out in some circles that preaching should be abandoned.« Vgl. Perrys Zitat aus Helmut Thielickes »Leiden an der Kirche« (Hamburg 1965, nach der englischen Übersetzung »The Trouble With the Church«) mit dem Hinweis, dass sich die Rede von einer Krise der Predigt auch bei diesem findet (Perry, Biblical Preaching, 9). – Vgl. auch den Hinweis von Meyer-Blanck/Weyel auf die Rede von der Predigtnot bei Hans-Joachim Iwand (Meyer-Blanck/Weyel, Arbeitsbuch, 118 Anm. 104).

[480] Edwards, History of Preaching, 799.

[481] Craddock, Without Authority, 6.

[482] Siehe etwa Killinger, Fundamentals, 34.

[483] Die Innenstädte sind in vielen amerikanischen Großstädten soziale Problemzonen, viele »Mittelklasse«-Gemeinden sind in Vororte umgezogen.

[484] Killinger, Centrality, Einleitung (ohne Pagnrg.).

[485] Horne, Crisis, 11. Hornes Buch beginnt wie folgt: »A book that seeks to deal honestly with contemporary preaching must face an obvious fact: There is a crisis in the pulpit.

nicht mehr wie zum Teil in früheren Generationen als »Lückenbüßer« bräuchten.[486] Es herrsche der Eindruck, der »technologische Mensch« dieser Zeit habe kein Gehör mehr für die Predigt.[487]

Andere Stimmen sehen den Grund der Krise darin, dass der kirchlichen Verkündigung die Theologie verlorengegangen sei. Lischer beklagt, dass die Predigt in ihrer Geschichte ständig mit ihrem Ausschluss aus der Theologie zu kämpfen habe, obwohl sie für das Leben der Kirche zentral sei.[488] Im Wort Gottes liege die Vollmacht der Predigt. Der Prediger habe an Autorität verloren, weil er die Exegese nicht mehr ernst nehme. Lischer weist zudem auf die lähmende Überspezialisierung und die Fragmentierung der Theologie seiner Zeit hin.[489]

Die Bewegung der »neuen Homiletik« erwächst aus dieser verzweifelten Situation, in der man der Predigt nicht mehr die Fähigkeit zutraut, im Leben der Menschen irgendetwas zu bewirken. Die unterschiedlichen Richtungen, die von verschiedenen Vordenkern und Weggenossen der neuen Homiletik in einer Art freundschaftlicher Auseinandersetzung[490] eingeschlagen werden, bestätigen die Darstellung bei Edwards. Dieser sieht die Verbindung zwischen ihnen mehr in der Diagnose dessen, was in der »alten« Homiletik kritisch gesehen wird, als in der gemeinsamen Einigung auf ein Rezept dagegen.[491] Hierfür sprechen auch die unterschiedlichen Angaben, die zum Anfang dieser Bewegung gemacht werden und von 1960 bis 1970 reichen.[492] Eine weitere Bestätigung ist die Tatsache, dass schon Mitte der 80er Jahre auch zurückgeblickt, manches Neue verworfen

---

[...] It may well be the most serious pulpit crisis in the whole history of the church.« (Ebd.).

[486] A.a.O., 16.

[487] A.a.O., 15. Vgl. dazu das Zitat des Neutestamentlers W. D. Davies, der auf die Frage nach der Effektivität der Predigt in der Gegenwart antwortet, Predigen sei wie das Läuten von Kirchenglocken – ein vertrauter Klang und willkommen, solange er uns nicht aus dem Schlaf reiße oder eine wichtige Tätigkeit unterbreche. Ein Kennzeichen der Zeit sei eine Über-Stimulierung durch die Umwelt (siehe CHARLES L. RICE, The Story of Our Times. In: EDMUND A. STEIMLE [u.a.] [Hg.], Preaching the Story, Philadelphia/PA 1980, 55–73; hier 58f.).

[488] LISCHER, Theology, 1–5.

[489] A.a.O., 1. Vgl. Horne, der von einer Fragmentierung der Kirche spricht; sie habe sich in ihren Werten und Maßstäben zu sehr zu einem Teil der Gesellschaft gemacht (HORNE, Crisis, 19).

[490] Nach Lowry arbeiten alle führenden Theoretiker der Homiletik seiner Zeit zusammen; er bezeichnet sie als Freunde (LOWRY, Plot, 131). Levering schreibt, dieser Abschnitt der Geschichte der Homiletik sei zum großen Teil die Geschichte von etwa 10 Personen, die sich bemühten, die Homiletik in Amerika voranzubringen (LEVERING, Development, 85).

[491] EDWARDS, History of Preaching, 799. Nach Edwards schließen sich die verschiedenen Richtungen in der neuen Homiletik gegenseitig nicht aus, bilden aber auch keine kohärente, einzige Homiletik (a.a.O., 820f.).

[492] Zur deutlich späteren Datierung bei Nicol vgl. Anm. 844.

und manches Alte als (begrenzt) brauchbar erkannt wird, während zugleich je unterschiedliche homiletische Paradigmen in den Vordergrund rücken.[493]

In den 1950er Jahren wächst ein erneutes Interesse der religiösen Verkündigung an der Rhetorik, das protestantische, römisch-katholische und zum Teil auch jüdische Predigtlehrer und Prediger zusammenbringt.[494] 1960 finden auf Initiative der »Lilly Foundation« acht Regionalkonferenzen zur Homiletik statt, zu denen sich insgesamt 175 homiletische Lehrer von 107 theologischen Fakultäten einfinden. Davis nimmt an jeder dieser Konferenzen teil und berichtet darüber als Vertreter der »American Association of Theological Schools«.[495] 1965 gründen Donald Macleod, Randolph und William Thompson die »American Academy of Homiletics«, später umbenannt in »Academy of Homiletics«,[496] zu deren jährlichen Treffen zwischen dreißig und achtzig homiletische Lehrer zusammenkommen. Davis, der Ende der 50er Jahre die Frage der Predigtform in das homiletische Rampenlicht rückt, schreibt anderthalb Jahrzehnte später,

> »The proper design of a sermon is a movement in time. [...]
> A sermon is a continuity of sounds, looks, gestures, which follow one another in time. [...]
> A sermon is like a play, not the printed book but the action on a stage, which moves from a first act through a second to a third [...].«[497]

In demselben Zeitraum wächst das Bewusstsein umfassender Veränderungen in der Kommunikation und der Gesellschaft. Die Entwicklung der Kommunikationsforschung und die Psychologie eröffnen neue Blickwinkel für die Theologie und die Predigtlehre. Homiletische Lehrbücher widmen sich ausführlich den Nöten und Bedürfnissen der Hörer, die Rezeption der Predigt rückt zunehmend in den Mittelpunkt. Die Frage nach der existentiellen Bedeutung der Botschaft für die Hörer geht mit dem Interesse an der Entwicklung der »neuen Hermeneutik« in Deutschland einher, die sich in der kontinental-europäischen Theologie nach dem Zweiten Weltkrieg aus der Hermeneutik Bultmanns entwickelt. Dies führt zur Suche nach neuen Wegen der christlichen Verkündigung, die von

---

[493] Wardlaw sieht die 70er Jahre bestimmt vom narrativen Paradigma für die Predigt. Als weitere Brennpunkte der Homiletik in den folgenden Jahren nennt er die Rolle der imagination für das Predigen und eine »soziale Hermeneutik«. Hinzu komme um die Jahrtausendwende u.a. die Frage nach der Rolle von Symbolen im Bewusstsein und im Unbewussten (WARDLAW, Homiletics, 249ff.). Vgl. NICOL, Performing Art, 443 Anm. 55.

[494] Nach Levering hat die Zeitschrift »Pulpit Resource« (gegründet 1972) 1984 8000 Abonnenten, darunter 500 Rabbiner (LEVERING, Development, 83).

[495] A.a.O., 39f.

[496] A.a.O., 76ff. Der Grund für die Namensänderung ist der Einschluss kanadischer Mitglieder. Lowry widmet sein Buch »The Sermon. Dancing the Edge of Mystery« (1997) dieser Akademie.

[497] DAVIS, Sermon Structure, 163.

Integrität gekennzeichnet sind und der Hoffnung, sich in der neuen Welt, in der die Geistlichen sich wiederfinden, Gehör zu verschaffen.

Diese *new homiletic* ist im deutschsprachigen Raum bisher nicht zusammenhängend erfasst worden. Ihre Rezeption beschränkt sich im Wesentlichen auf eine schemenhafte Darstellung mit besonderem Interesse an der Importierung einzelner Ergebnisse. Ich werde im Folgenden versuchen, einen Überblick über diese jüngste Phase der nordamerikanischen Homiletik zu geben. Dabei orientiere ich mich grundsätzlich an der von Aho für seinen homiletischen Unterricht in Fort Wayne zusammengestellten, hier vollständig ausgewerteten Literaturliste und folge damit schwerpunktmäßig seiner eigenen Wahrnehmung, die sich in dieser Auswahl niederschlägt.[498] Ich ziehe darüber hinaus eine Reihe weiterer, einflussreicher homiletischer Beiträge heran, die die unterschiedlichen Wege verdeutlichen, welche von verschiedenen Homiletikern eingeschlagen werden und auf denen sich Anliegen der neuen Hermeneutik und des späten 20. Jahrhunderts mit traditionellen nordamerikanisch-protestantischen Grundüberzeugungen verbinden.

4.2. Der Wurzelgrund: Die neue Hermeneutik

4.2.1. Wesen und Inhalt der Verkündigung

Das Wesen des Wortes Gottes und die Bestimmung seines Verhältnisses zum Wort, das der Prediger spricht, ist ein zentrales Anliegen der theologischen Diskussion in Deutschland in der ersten Hälfte des 20. Jahrhunderts. Auch in den USA bringt die zunehmende Massenkommunikation wie auch der wachsende Eindruck von Predigern ebenso wie Predigthörern, dass sich die Predigt in einer Krise befindet, die homiletische Diskussion immer wieder zu diesem Punkt zurück. Die Verbreitung dieses Eindrucks sowie das Gefühl der Unabänderlichkeit dieser Situation zeigen sich in James T. Clelands Bemerkung, manche Hörer hielten das Ertragen der Predigt im Gottesdienst für den Preis, den sie für ihre Rettung »allein aus Gnade« zu zahlen hätten; dies sei eine Art protestantisches Bußsakrament.[499]

Richard Caemmerer macht 1959 den Versuch einer Bestimmung dieses Verhältnisses.[500] Zu dieser Zeit hat der lutherische Homiletiker Davis gerade die Tür zu einer frischen Beschäftigung der Homiletik mit der Predigtform geöffnet,[501] die Analysen der »Krise« gewinnen langsam Gestalt, und erste Linien

[498] Zu den über 40 Titeln dieser Liste und ihrer Bandbreite siehe das Literaturverzeichnis.

[499] Cleland, Preaching, 107.

[500] Caemmerer lehrt bis 1974 am Concordia-Seminar in St. Louis. Er gehört zu der Mehrzahl der Dozenten, die das Seminar in jenem Jahr in einem historischen *walkout* verlassen und das »Concordia Seminary-Seminex« (*Seminary in Exile*) gründen.

[501] Zur selben Zeit bezeichnet Bohren in Deutschland das Ineinander von Inhalt und Form als ein zentrales Thema: »Die Frage nach der Gestalt der Predigt ist [...] vom Gehalt der

werden erkennbar, die in den folgenden Jahren zur Ausprägung der sogenannten neuen Homiletik führen. Nach Caemmerers Überlegungen, von Francis C. Rossow nach ihm in St. Louis zustimmend aufgenommen, muss sich der Prediger demnach der Situation stellen, dass Predigen für viele potentielle zeitgenössische Hörer »Torheit« ist, nicht deshalb, weil es übernatürlich ist oder gegen ihre Selbstgerechtigkeit geht wie im ersten Korintherbrief, sondern weil es mit menschlichen Wörtern in den normalen Strukturen der menschlichen Sprache geschieht.[502] Rossow sieht an diesem Punkt eine enge Verbindung zwischen Inkarnation und Predigt: Sprache sei eine Gabe Gottes. Zu lehren, dass das Wort Gottes und das des Predigers voneinander zu trennen seien, sei homiletischer Doketismus.[503] Rossow hält Caemmerers Darstellung des Miteinanders von Gottes- und Menschenwort für unübertroffen:

> »The preacher is indeed unable to add to the power of the Word of God, and it remains the one means of changing the heart in God's directions. But he is in the business of removing obstacles to its hearing. His constant concern must be to find the approach to the hearer and the way by which he opens his ears and listens. The Word of God does things in the human heart that no other word can do but it reaches it through the same channels of hearing and attention that any other word must use.«[504]

4.2.2. Die Diagnose

Die Analyse der Krise fällt bei verschiedenen Homiletikern unterschiedlich aus. F. Colquhoun spricht 1965 von einer weitverbreiteten Unwissenheit unter Laien. Diese führt er darauf zurück, dass sie zum großen Teil erbarmungswürdige Homilien mit sehr geringem Inhalt zu hören bekämen. Sie seien auf Bruchstücke von Texten gegründet und befassten sich hauptsächlich mit aktuellen politischen oder sozialen Streitfragen oder den jüngsten theologischen oder liturgischen Exzentrizitäten.[505] Blackwood erwähnt Christen, die aus diesem

---

Botschaft abzuleiten. So möchten wir den Versuch wagen, die Frage nach dem Wie als eine Frage zu verstehen, die im Was eingeschlossen ist.« (Bohren, Gestalt, 359).

[502] Rossow, Francis C., Preaching the Creative Gospel Creatively, St. Louis/MO 1983, 16 (i. Folg.: Rossow, Preaching), nach Caemmerer, Preaching 1959, 271. Rossow ist einer der Nachfolger Caemmerers im homiletischen Fachbereich am CTS in St. Louis. – Wenige Monate nach dem Erscheinen von Caemmerers Buch äußert Repp die Überzeugung, dass dieses zu einem Klassiker der lutherischen Predigtlehre werden werde (Repp, Preaching for the Church).

[503] Rossow, Preaching, 18. Auf die genannte Diastase weist die im Concordia Journal am CTS St. Louis/MO 1967 erschienene Auseinandersetzung mit der neuen Hermeneutik hin, verfasst von V. C. Pfitzner, Dozent am Concordia-Seminar der Lutheran Church of Australia in High-Gate, Südaustralien (Pfitzner, Hermeneutical Problem, 356).

[504] Caemmerer, Preaching 1959, 41f. Aufgenommen in Rossow, Preaching, 20.

[505] Colquhoun, Ambassadors, 19f.

Grund dem Gottesdienst fernbleiben.[506] Ein Kritikpunkt richte sich, so Lowry, gegen die auch in der zweiten Hälfte des 20. Jahrhunderts noch recht lebendige Methode der Destillierung einer Wahrheit aus einem Text, die diesen wie ein »Stillleben« behandele.[507] Die Texte würden mit dieser Methode ihrer eigenen Realität entleert und nur als symbolischer Ausdruck einer »tieferen« Wahrheit behandelt.[508]

Der lutherische Homiletiker Schneider erwähnt den Einfluss der Wiederbelebung einer *biblical theology*[509] auf die Homiletik; neuere Bücher zur Predigt bestünden darauf, dass die Predigt »biblisch« sein müsse.[510] Mit einem Blick auf eine entsprechende homiletische Analyse Thielickes in Deutschland sieht Clyde Reid ein Symptom für die Krise der »Integrität« der Predigt in der Weise, wie in ihr über Religion gesprochen werde:

> »If the preacher talks about modern art and drama naturally, but speaks of religion in a special tone of voice as though it were something from another world, he reveals his separation of religion and life. He does not really do his thinking, feeling, and willing in the same world as his world of faith. Thielicke emphasizes the fact that this is a spiritual und theological problem.«[511]

Eine allgemeine Ursache für die Krise ist nach C. Reid die Verwässerung der Botschaft, durch die sie den Massen gefallen soll. Dies erkläre allerdings noch nicht ihre Geringschätzung auch in Europa, »where churchgoing is not a popular sport«.[512]

Ein generelles Versagen der Predigt stellt Killinger Ende der 60er Jahre fest. Zwar sei die Situation in den Vereinigten Staaten noch besser als in den meisten anderen Ländern. Doch gebe es nicht viele Kanzeln, wo die Hörer darauf zählen könnten, Sonntag für Sonntag ein »authentisches«, lebensrettendes Wort zu hören.[513] Dies sei jedoch nicht ein Problem der Predigt an sich, es bedeute, dass

---

506 Blackwood, Expository Preaching, 39. Vgl. die Homiletik von C. Reid, der zwar sechs »Rollen« der Predigt auflistet – sie solle inspirieren, informieren, trösten usw. –, aber den vollmächtigen Zuspruch des Wortes Gottes oder die Rechtfertigung des Sünders nicht dazu rechnet (Reid, Empty Pulpit, 100).

507 Lowry, Dancing, 16.

508 A.a.O., 17.

509 Dieser Begriff kennzeichnet einen aus der Neuorthodoxie hervorgehenden Ansatz der Exegese, der von einer Ablehnung allen abstrakten und philosophischen Denkens und jeglicher Systematisierung der Theologie der Bibel gekennzeichnet ist und vor allem in Wortstudien einen Zugang insbesondere zur hebräischen Denkstruktur sucht (nach Edwards, History of Preaching, 681).

510 Schneider, As One Who Speaks, 19f. Vgl. hierzu Cleland, der im Gegensatz zu Fosdick 1965 von zunehmender Gottesdienstteilnahme in den USA spricht und betont, auch eine »Auslegungs«-Predigt könne interessant, ja *exciting* sein (Cleland, Preaching, 38).

511 Reid, Empty Pulpit, 43f.

512 A.a.O, 41.

513 Killinger, Centrality, Einleitung (o. Pagnrg.).

die Prediger und die Kirchen versagt hätten.[514] Die Predigten, die den meisten Gemeinden zu dieser Zeit vorgesetzt würden, – und das sei kaum je wesentlich anders gewesen – seien wie fade Gebäckstücke, die ihre Gastgeber oder Gastgeberinnen wenig Mühe und noch weniger Überlegung kosteten.[515] Die Leute seien nicht der Predigten überdrüssig, meint Killinger im Widerspruch gegen den Kommunikationsforscher McLuhan[516] und gegen die Meinung aller »Propheten« des 20. Jahrhunderts. Das Gegenteil sei der Fall: Sie seien des Nicht-Predigens überdrüssig, des verworrenen, anachronistischen, irrelevanten Geschwafels, das in so vielen Fällen für Predigen durchgehe, weil kein wirkliches Predigen vorhanden sei, an dem man es messen könne. Hörer würden gar nicht mehr erwarten, dass sie eigentlich jeden Sonntag eine gute Predigt hören sollten.[517] Die sogenannte Irrelevanz der Predigt liege nicht im Kommunikationsprozess an sich, sondern sei wesentlich durch die Banalität und Einfallslosigkeit ihres sprachlichen Ausdrucks bedingt.[518] Es treffe nicht zu, dass ein guter Gebrauch von Wörtern nicht mehr »modern« sei; aufgrund der Fülle von Sinneseindrücken, mit denen der Mensch heute bombardiert werde, werde nur viel mehr von den Wörtern erwartet. Zudem könne der Prediger nicht mehr davon ausgehen, dass er eine relativ homogene Hörerschaft unter der Kanzel habe. Die menschliche Identitätskrise sei verschärft durch Krieg, Technisierung, Urbanisierung, Wohlstand, Armut, Perspektivlosigkeit, eine Überfülle von Eindrücken und ein verrücktes Geflecht von einander überlagernden Widersprüchen. Sie mache rechte Predigt in der menschlichen Gesellschaft dringender denn je zuvor. Äußerlich sei das Leben heute von Glanz, Wohlstand und Bequemlichkeit gekennzeichnet, im Innern aber sei es ein Scherbenhaufen, gebrochen, konfus und in Tränen aufgelöst.[519]

> »It is surely a condemnation of our preaching, in an age which has developed highly sophisticated philosophies of semantics and linguistics, that we are doing less to make God intelligible to people than almost any age before us. It is no wonder there is a widespread apostasy from belief: we have not provided belief its tools!«[520]

Auf lutherischer Seite spricht auch George Hoyer 1968 deutlich von Veränderungen in der Verkündigungssituation und den Einstellungen der Hörer. Es

---

[514] Ebd.

[515] Ebd. Ganz ähnlich heißt es in der Yale-Vorlesung von J. H. Jowett von 1911/12, Predigen, das nichts koste, erreiche auch nichts (Baxter, Yale Lectures, 59). Vgl. die Aussage McGees, die Gegenwart sei keine Zeit großer Prediger, sondern sei gekennzeichnet von einer »Schwäche« der Kanzel (McGee, Pulpit, 99).

[516] McLuhan ist einer der einflussreichsten zeitgenössischen Vertreter der Diskussion um den Kommunkationsprozess (nach Scheidel, Speech Communication, 7).

[517] Killinger, Centrality, 21.

[518] A.a.O., 32.

[519] A.a.O., 21ff.

[520] A.a.O., 33.

gehe jedoch nicht darum, gemeinsam an der »homiletischen Klagemauer« dicke Tränen über den angeblichen Niedergang der Predigt zu vergießen; den neuen Herausforderungen für die Verkündigung sei vielmehr mit positiven Ansätzen zu begegnen.[521]

Nimmt man die Diagnosen verschiedener Homiletiker gerade in der Breite ihres Spektrums als Indikator für die Ernsthaftigkeit der Krise, dann wird diese auch durch die Analyse Craddocks bestätigt. Dieser sieht die Ursache für den schlechten Allgemeinzustand der Predigt weniger im sprachlichen Ausdruck als in der Struktur. Prediger würden ein stets gleiches, monotones Gliederungsschema verwenden:

> »When he ceases to wail about preaching being sick and confesses that his preaching is sick, then the preacher will be willing to do something constructive: not simply choosing more controversial topics and more clever titles to divert attention from his monotonous method of outlining, but choosing a mode of discourse appropriate to the content to be shared and the experience he hopes will occur.«[522]

4.2.3. Die Abgrenzung vom Bisherigen

Nach der Darstellung der bisherigen Homiletik und der Entwicklung seit dem Ende der 50er Jahre durch den methodistischen Homiletiker Randolph besteht die neue Homiletik nicht in der völligen Ablehnung des Bisherigen.[523] Er sieht jedoch eine Mitverantwortung für die Krise der Predigt bei den Predigern durch die Isolierung der Predigt von der gesamten Verantwortung des Pfarramts und ihren Missbrauch zur Selbstdarstellung oder leerem Geschwätz.[524] Er beklagt zudem eine schicksalhafte Entwicklung, für die er die Verantwortung bei Broadus sieht. Dieser habe die Homiletik als einen Zweig der Rhetorik behandelt.[525] Predigen bestehe jedoch nicht im Wesentlichen aus Tatsachenargumentationen und dem Versuch, den Hörer von einer Wahrheit zu überzeugen.[526]

---

521 HOYER, George. [Ohne Titel.] In: CTM 39 (1968), 10, 727f. (Grundsätzliche Überlegungen im homiletischen Abschnitt der Zeitschrift, den Predigtmeditationen dieser Ausgabe vorangestellt).

522 CRADDOCK, Without Authority, 38. – Craddocks Homiletik ist von der *educational philosophy* von John Dewey, dem Existentialismus nach Søren Kierkegaard und von Ebeling und der neuen Hermeneutik geprägt.

523 Randolph erwähnt, dass sein Werk vor Drucklegung von dem ebenfalls methodistischen Homiletiker Steimle durchgesehen wurde (RANDOLPH, Renewal, ix). Vgl. Steimles Beitrag zur Entwicklung einer Homiletik aus der narrativen Theologie: EDMUND A. STEIMLE, The Story of Good and Evil. In: DERS., MORRIS J. NIEDENTHAL/CHARLES L. RICE (Hg.), Preaching the Story, Philadelphia/PA 1980, 129–140 (i. Folg.: STEIMLE, Story). Eine konfessionsübergreifende Zusammenarbeit und freundschaftliche Verbundenheit aller führenden Theoretiker auf diesem Gebiet erwähnt neben Lowry (s. Anm. 490) auch Randolph (RANDOLPH, Twenty-first Century, x).

524 RANDOLPH, Renewal, 7f.

525 A.a.O., 21. Vgl. Craddocks Aussage, in der theologischen Ausbildung an den Seminaren werde Predigen oft im Rahmen der Rhetorik definiert (CRADDOCK, Without Authority,

Bei genauerem Hinsehen wird allerdings deutlich, dass diese Kritik zwar die Struktur der Homiletik von Broadus trifft, die dieser im Rahmen rhetorischer Kategorien entfaltet, und auch zu Recht auf einige Einseitigkeiten in deren Rezeption hinweist. Die 1898 posthum erschienene, anhand von Notizen des Autors und Gesprächen mit ihm überarbeitete 23. Auflage seiner Homiletik stellt jedoch deutlich das Eigentümliche der Homiletik gegenüber der Rhetorik heraus[527] und spricht sich kritisch gegen die Tendenz aus, in der Predigt mehr

5). Auch Richard Lischer schreibt, Broadus' Grundsatz, die Homiletik als einen Zweig der Rhetorik zu betrachten, habe unbeabsichtigt dazu beigetragen, die Beschränkung der Rhetorik bei Peter Ramus auf Stil und Vortrag und die Trennung der Homiletik von den biblischen Fächern, der Theologie und der Liturgik fortzuschreiben (RICHARD LISCHER [Hg.], The Company of Preachers. Wisdom on Preaching. Augustine to the Present, Grand Rapids/MI [u.a.] 2002, 311 [i. Folg.: LISCHER, Company]; so auch MYERS, Errand, 34 Anm. 27). – Die Frage, ob die Ursache der von Randolph und Lischer konstatierten Entwicklung nicht auch oder überwiegend im theologischen Kontext der Homiletik bei Broadus – etwa in Bezug auf das Wort Gottes und das Amt – und im konfessionellen Spektrum der USA, in dem dieses eine breite Rezeption erfährt, zu suchen ist, stellen beide nicht.

[526] Randolph wiederholt seine 1969 geäußerte Kritik an Broadus' Definition der Homiletik in seiner Vision einer Homiletik für das 21. Jahrhundert (RANDOLPH, Twenty-first Century, 14ff.). Er betont, die Einzigartigkeit der Predigt liege nicht in ihrer Form, sondern in dem, was sie tue, d.h. in ihrer Funktion; aufgrund dieser Einzigartigkeit könne sie nicht als ein Zweig der Rhetorik bezeichnet werden (14f.; dass Randolph seine Ausführungen in diesem Zusammenhang nur auf eine einzige mögliche Form bezieht – die der Homilie –, ist überraschend). Augustin habe von der Rhetorik für die Predigt gelernt, diese aber nicht in jene eingeordnet, da sie darüber hinausgehe (60). Wie zuvor übersieht Randolph, dass Broadus mit der Einschränkung, die seiner Verhältnisbestimmung der Homiletik zur Rhetorik in den Auflagen bis 1898 unmittelbar folgt, sinngemäß mit Augustin übereinstimmt. Er nimmt auch die Parallele zu seiner eigenen Definition des Predigtgeschehens als *performance* nicht wahr, die er ebenfalls sofort einschränkt und gegen Missverständnisse sichert (71f.). Im Blick auf Randolphs weitere Kritik an Broadus' Verständnis der Predigt als *argument* (86) ist zuzugeben, dass dieser Aspekt bei dem Homiletiker des 19. Jahrhunderts tatsächlich eine ausführliche Behandlung erfährt (BROADUS, Preparation and Delivery 1873, 158–213). Broadus wendet sich damit jedoch gegen eine Weise zu predigen, die allein an das Gefühl appelliert, und betont im selben Zusammenhang, dass es Dinge gebe, die nicht bewiesen werden könnten. Die größte Autorität sei das Wort Gottes; dieses stelle einen Beweis ohne Begründung (*arguing*) dar (a.a.O., 160). Zudem ist zu bedenken, dass Randolphs eigenes Verständnis von Gottesdienst nicht weniger rational-noetisch ist als ein solches Verständnis der Predigt (s. etwa RANDOLPH, Twenty-first Century, 86).

[527] In einem Unterabschnitt zum Verhältnis der Homiletik zur Rhetorik (BROADUS, Preparation and Delivery 1898, 15f.) schreibt Broadus zwar, jene könne als ein Zweig der Rhetorik (oder als eine Kunst, die dieser verwandt sei,) betrachtet werden, begründet dies jedoch mit allgemein-menschlichen Prinzipien, die für beide gälten, und betont im Folgenden die Unterschiede zwischen beiden. Diese lägen in der Quelle des Materials, der Direktheit und Einfachheit des Stils, der dem Prediger anstehe, und den nichtweltlichen Motiven, von denen er sich antreiben lassen solle. Sowohl der Student der Homiletik wie der aktive Prediger sollte dies bedenken, auch wenn Homiletik und Rhetorik nicht völlig voneinander zu trennen seien. Whitespoon bezeichnet die Homiletik in

an Instruktion als an den praktischen Effekt zu denken.[528] Die Definition der homiletischen Wissenschaft als

> »simply the adaptation of rhetoric to the particular ends and demands of Christian preaching«[529]

in der Überarbeitung durch Weatherspoon (1944) findet sich weder wörtlich noch sinngemäß in den Auflagen von 1873 oder 1898.[530] Obwohl sich die Predigtausbildung im 19. Jahrhundert in beträchtlichem Maße auf die klassischen und die modernen (englischen) Rhetoriker stützt und dies auch bei Broadus erkennbar wird,[531] ist der Vorwurf, er habe die Homiletik schlicht als einen Teil der Rhetorik behandelt, daher nicht uneingeschränkt zu halten. Eine zeitgenössische Polarisierung zeigt sich allerdings darin, dass eine Gruppe (überwiegend) von Gemeindepfarrern ausdrücklich gegen die von Seminar-Professoren vertretene Sicht der Homiletik als einer Gattung der Rhetorik opponierte; die Predigtlehre sei vielmehr eine Spezies der Theologie.[532] Gerade der Primat des rhetorischen Paradigmas ist jedoch in einem Kontext zu sehen, in dem das Bemühen um den Inhalt der Predigt weitgehend bei der systematischen Theologie liegt. Broadus selbst betont die vorrangige Bedeutung der Materie in der christlichen Verkündigung:

> »Rhetoric has to do with the use we make of material, the choice, adaptation, arrangement, expression. But after all, the material itself is more important.«[533]

---

seiner Überarbeitung von 1944 einfach als Anpassung der Rhetorik an die besonderen Ziele und Erfordernisse der christlichen Predigt; er lässt dabei den genannten Abschnitt aus, der Broadus' Definition in den Ausgaben bis 1898 qualifiziert (BROADUS, Preparation and Delivery 1944, 10). – Kurz vorher zeigt Broadus, dass Demosthenes den Rede*vortrag* als das Allerwichtigste bezeichne, aber dabei selbstverständlich voraussetze, dass der Redner sehr genau wisse, was er sagen wolle (BROADUS, Preparation and Delivery 1898, 11f.). Dies gilt offensichtlich entsprechend für die *materia* der Predigt bei Broadus.

[528] BROADUS, Preparation and Delivery 1898, 247. Der entsprechende Abschnitt fehlt in späteren Auflagen (s. etwa DERS., Preparation and Delivery 1944).

[529] BROADUS, Preparation and Delivery 1944, 10.

[530] Myers verweist auf eine Feststellung von Clyde E. Fant, nach der Broadus zwar das »Verbrechen« noch schlimmer gemacht haben möge, aber nicht dafür verantwortlich sei; andere hätten die Gräueltat längst vor ihm begangen (MYERS, Errand, 35 Anm. 30). Demnach folgen die späteren Bearbeitungen der Homiletik von Broadus einer Tradition, die schon vor ihm existiert, der er selbst jedoch nicht unkritisch gegenübersteht.

[531] WARDLAW, Homiletics, 245.

[532] Zu der »Pfarrergruppe« gehören u.a. H. W. Beecher sowie Brooks, die beide für die weitere Entwicklung der Homiletik von beträchtlichem Einfluss sind. Auch diese homiletische Fraktion leugnet nicht den Beitrag der Rhetorik zur Predigt (a.a.O., 245f.); in der Sache sind sich beide Seiten offensichtlich näher, als es in der aktuellen Auseinandersetzung scheint.

[533] BROADUS, Preparation and Delivery 1898, 11. Im Übrigen warnt auch die Auflage von 1944 vor den Gefahren der Rhetorik (DERS., Preparation and Delivery 1944, 10ff.).

Zugleich ist zu beachten, dass das Werk von Broadus nicht die einzige Homiletik des späten 19. Jahrhunderts ist, die bis weit in das 20. Jahrhundert hinein von Einfluss ist. Phelps betont in »The Theory of Preaching« ausdrücklich,

> »Pure argument and pure didactic explanation seldom do themselves justice before the popular mind. The illustrative element in popular discourse is necessary to completeness, because it is necessary to forcible impression.«[534]

Dennoch ist der von vielen als typisch empfundene Charakter der Predigt im 20. Jahrhundert im Hintergrund erkennbar, wenn Randolph schreibt, es gehe weder darum, die Richtigkeit einer Aussage zu etablieren (wie bei einem mathematischen Beweis), noch darum, Einwände dagegen zu widerlegen (wie in einer philosophischen Diskussion).[535] Die Predigt überzeuge vielmehr da, wo sie »von Glauben zu Glauben« rede und die Botschaft aus ihrer einzigartigen Bedeutung als Wort Gottes heraus entfaltet werde. Randolph bezeichnet dies als *kerygmatic reasoning.*[536] In diesem Sinne geht es in der neuen Homiletik nach Randolph um Bekräftigung und Bestätigung der Bedeutung des biblischen Textes und ihre Verwurzelung im Leben der Hörer. Solche Bestätigung

> »[...] seeks to bring persons to the place where they may validate the claim of faith in their own lives; hence it calls for faith and obedience.«[537]

4.2.4. Predigen als Ereignis

Hier wird deutlich, dass sich der Rekurs auf die Rhetorik insbesondere im Hinblick auf die *persuasion*, die sich in den Homiletiken des 19. und 20. Jahrhunderts in den USA findet, unter dem von Randolph benannten Vorzeichen auch in der »neuen Homiletik« fortsetzt,[538] jedoch mit einer Verlagerung des Gewichts von der *Wahrheit*, die zu kommunizieren ist, auf die *Kommunikation* dieser Wahrheit.[539] Randolphs kritische Beurteilung trifft daher nicht die bisherige Homiletik als solche. Sie richtet sich gegen ein einseitiges noetisches Selbstverständnis der Predigt, das den praktischen Umgang mit dem Wort Gottes in einem breiten Teil des konfessionellen Spektrums der USA wider-

---

534 PHELPS, Theory, 99.

535 RANDOLPH, Renewal, 53. – Das Argument als funktionelles Element der Predigt findet sich etwa bei Broadus (BROADUS, Preparation and Delivery 1944, s. bes. 167ff.) Craddocks Plädoyer für eine induktive Predigtweise ist letztlich der Versuch einer neuen Weichenstellung angesichts dieses einseitigen, weit verbreiteten Selbstverständnisses der Predigt.

536 RANDOLPH, Renewal, 55ff.

537 A.a.O., 53.

538 Zu einer kritischen Sicht des klassischen Redeziels der Überzeugung des Hörers auf der Seite von Rhetorikern zur gleichen Zeit verweist Leroux auf die »Neue Rhetorik« von Perelman und Olbrechts-Tyteca (CHAIM PERELMAN/LUCY OLBRECHTS-TYTECA, The New Rhetoric. A Treatise on Argumentation, o.O. 1969. S. LEROUX, Luther's Rhetoric, 28.

539 S. WARDLAW, Homiletics, 244f.

spiegelt. Zum anderen wird an diesem der Einfluss des Rationalismus und der Form wissenschaftlicher Darlegungen deutlich, der man in einem Klima des Fortschrittsglaubens bewusst oder unbewusst folgt. Dies führt zu einer Verflachung und Formalisierung[540] der klassischen Rhetorik und Dialektik. Randolphs Kritik fügt sich allerdings in einen Kanon entsprechender Stimmen in der homiletischen Literatur des 20. Jahrhunderts ein und zeigt damit ähnlich wie das Schlagwort von der »Dreipunktepredigt«, wie einflussreich dieses Predigtverständnis ist und wie es im Empfinden der Prediger wie der Predigthörer zur homiletischen Krise beiträgt.

In Bezug auf Randolphs und Craddocks Beitrag zur Predigtarbeit in dieser Zeit spricht R. S. Reid von diesem als Baumeister und jenem als Architekten der entstehenden neuen Homiletik.[541] Beide hätten danach gefragt, was als Ergebnis der Predigt *geschehen* sollte; Prediger und Hörer hätten beide teil an der Schaffung einer Bedeutungserfahrung (*the creation of an experience of meaning*).[542]

Während den Vordenkern der neuen Homiletik die Kritik an der »alten« gemein ist, lässt sich das Neue an der Homiletik nicht an einer gemeinsam eingeschlagenen Richtung zur Überwindung der Krise festmachen. Die Rede von der Verkündigung des Wortes Gottes als einem Ereignis spielt eine wichtige Rolle und bildet die Grundlage für die Erprobung sehr unterschiedlicher Formen der Predigt. Auch auf lutherischer Seite wird Ebelings Grundsatz, dass die Verkündigung, die stattgefunden hat, zur Verkündigung werden müsse, die stattfindet, aufgenommen. Dies heiße, dass die Predigt den Text nicht einfach wiederholen könne, sondern zu einem neuen Predigen Christi werde, der hinter jedem Text der Schrift stehe. In diesem Sinne habe der Prediger das zu verkündigen, was der Text einst verkündigt habe.[543]

Darüber hinaus lässt sich jedoch kein einheitliches Verständnis vom Wesen der Predigt erkennen. Vielmehr zeigt die homiletische Diskussion an

---

540 Mit diesen beiden Begriffen kennzeichnet Otto die im deutschen Raum anzutreffende ähnliche Tendenz zum Umgang mit der Rhetorik in der Folge von Barock und Aufklärung (OTTO, Kunst, 83).

541 Nach R. S. Reid hat Craddock mit seinem 1971 erschienenen Buch »As One Without Authority« die Tür zu einer neuen Predigtära »eingetreten«; Randolph jedoch habe 1969 dem Raum dahinter einen Namen gegeben, nämlich den der *New Homiletic* (s. RANDOLPH, Twenty-first Century, 114 [= Kommentar R. S. Reids zu diesem Beitrag von Randolph]). Wilson schreibt, Randolphs Buch von 1969 sei mit seinen Beobachtungen zur aktuellen Entwicklung grundlegend für die zeitgenössische Homiletik geworden (zitiert von Randolph a.a.O., 13).

542 A.a.O., 115. – D. Buttrick meint, die Schwäche von Randolphs »Renewal of Preaching« möge die Schwäche der neuen Hermeneutik gewesen sein, nämlich, dass diese dem Existentialismus verpflichtet sei. Dennoch könne dieses Buch von Randolph als einer der wenigen wichtigen Beiträge zur homiletischen Theorie in den 70er und 80er Jahren gelten (BUTTRICK, Moves, 483).

543 PFITZNER, Hermeneutical Problem, 358.

dieser Stelle neben einem traditionellen Eklektizismus[544] sowohl eine bleibende Unklarheit über das Wesen und den Inhalt der Predigt als auch die Fortschreibung der konfessionell je unterschiedlich geprägten Bestimmungen dieses Wesens in der Vergangenheit. Diese werden zum Teil innerhalb der Parameter der zeitgenössischen Diskussion neu formuliert. So deutet White 1973 eine Reihe von Tendenzen in der Homiletik wie folgt:

> »Moves to eliminate the sermon altogether, and to substitute discussion sessions, teach-ins, question-time, drama, or film, [...] illustrate an impatience with preaching, which stems from confusion about its purpose in church discipline and its significance in worship.«[545]

4.2.5. Der Umgang mit der inhaltlichen Krise

White weist darauf hin, dass es auch etwa im Mittelalter eine Krise der Predigt gegeben habe; der Niedergang der Predigt sei mit einem Niedergang der Kirche einhergegangen.[546] Es sei die alte Wahrheit des allein wirksamen Wortes Gottes, die der Prediger auszudrücken habe; seine eigenen Gedanken, Erfahrungen und Weisheit retteten niemanden. Diese alte Wahrheit werde jedoch neu werden und die Menschen erneuern, schreibt White, sich selbst einschließend, wenn »wir« sie in unserer Zeit auf unsere Weise erklären, auf den Punkt bringen, illustrieren und anwenden.[547] Auch Donald E. Demaray erinnert von einem methodistischen Hintergrund her an diese alte Wahrheit:

> »To win converts the preacher is obliged to proclaim the eternal truths of God's Word, involving sin and judgment in God's presence, spelling out God's salvation through Christ and His cross, calling for decision to accept what God has done in Christ and to live accordingly.«[548]

Ähnlich wie White relativiert Crum die Rede von der Krise der Predigt mit der Bemerkung, die Predigt stecke seit »Babel« in Schwierigkeiten. So sei seit der Mitte des 19. Jahrhunderts geklagt worden, sie sei nicht mehr das, was sie drei Jahrhunderte vorher gewesen war. Dies liege dran, dass sie viele ihrer gesellschaftlichen Zusatzfunktionen – etwa Nachrichten aus der Welt zu vermitteln – verloren habe.[549] Diese Begründung wirft zugleich ein Licht auf die entsprechenden Klagen im zwanzigsten Jahrhundert mit seinen rasanten Veränderungen in der menschlichen Kommunikation, die sich auf ihre Weise auf die Erwartungen von Hörern und Predigern an die Predigt auswirken.

---

[544] S. WARDLAW, Homiletics, 251.
[545] WHITE, Guide, 5.
[546] A.a.O., 7.
[547] A.a.O., 18, 21.
[548] DEMARAY, Introduction, 28f.
[549] CRUM, Manual, 23f.

Im Kontext der immer lauter werdenden Frage nach dem, was die Hörer brauchen und was für sie relevant sei, zitiert Demaray Brooks' Warnung an den schüchternen Pfarrer, der sich von der Meinung von Menschen abhängig macht. Ein solcher Pfarrer solle lieber Schuhe machen, die den Menschen passten, oder Bilder malen, die ihrem Geschmack entsprächen, auch wenn sie schlecht seien. Aber er solle nicht sein ganzes Leben damit verbringen, etwas zu predigen, wofür er von ihnen bezahlt werde, aber nicht von Gott gesandt sei.[550]

Die Predigt ist damit bei Demaray material erheblich klarer bestimmt als bei seinem ebenfalls methodistischen Kollegen Randolph. Auch dieser spricht zwar von göttlicher Offenbarung, füllt diese jedoch kaum inhaltlich.[551] Er definiert die Materie der Predigt als das Wort Gottes in der Interpretation durch den Glauben der Kirche in Bezug auf die Menschen der Gegenwart,[552] kann jedoch das Wesen der Homiletik auch wie folgt zusammenfassen:

> »Homiletics is theology in action where the rubber of reflection hits the road of reality.«[553]

Die Theologie erscheint bei ihm wesentlich als das Gute, Wahre und Schöne,[554] das genugtuende Opfer des Sohnes Gottes am Kreuz, die Umkehr aus Sünde und die Lösung von Schuld spielen in seiner Homiletik keine wesentliche Rolle.[555] »Jesus Christus« begegnet nicht als persönliches Gegenüber und als Retter, sein Name wird synonym mit dem Glaubenssatz »Ich liebe dich«.[556] Die Berufung zum Predigen ist für Randolph ein Ruf zum Abenteuer,[557]

> »The preacher is a theological Indiana Jones [...].«[558]

4.2.6. Die Verkündigung als Teil der Hermeneutik

Im Gegensatz zum älteren Verständnis der Hermeneutik als der Methodik und »Technik« der Schriftexegese versteht die »neue Hermeneutik« darunter in umfassendem Sinne den gesamten Vorgang des Verstehens. Dazu gehört nicht nur die Auslegung des ursprünglichen Textes, sondern auch die Überbrückung des

---

550 Demaray, Introduction, 17.

551 Randolph, Twenty-first Century, 17, vgl. 2, 12, 109. Randolph nennt selbst das *gospel of prosperity* als klares Beispiel für einen alarmierenden Mangel an geistlicher Substanz (a.a.O., 11). – Randolph besitzt einen Ph.D.-Grad in Systematischer Theologie (a.a.O., 40).

552 A.a.O. 25, vgl. 1.

553 A.a.O., 111. Vgl. Randolphs Antwort auf die Frage, wie der Anspruch des verkündigten Wortes für den Hörer authentifizierbar werde: Die Verkündigung müsse durch den Einsatz verschiedener Mittel die Resonanz seiner Erfahrung zum Schwingen bringen (a.a.O., 116).

554 A.a.O., 20.

555 A.a.O., 25, 73; vgl. 93, 97.

556 A.a.O., 24, vgl. 26.

557 A.a.O., xvii.

558 A.a.O., 24, vgl. 112.

historischen Abstands zwischen diesem Text (und dem, was er verkündigt,) und dem heutigen Hörer. Auf diesen ist das Heilsereignis in Christus anzuwenden. Dies schließt ein, dass ihm das vergangene Heilsereignis persönlich zugesprochen und dessen Relevanz vermittelt wird. Hermeneutik wird so selbst zu einem Akt der Interpretation, und die auf der Kanzel gehaltene Predigt zu einem hermeneutischen Vorgang.[559]

In diesem Sinne bezeichnet Wilson am Ende des 20. Jahrhunderts die Predigt als einen Teil der Hermeneutik. In dieses Geschehen gehöre neben dem Verstehen und Auslegen das Verkündigen wesentlich mit hinein.[560] Hier zeigt sich eine Verbindungslinie zum hermeneutischen Neuaufbruch in Deutschland in den 50er Jahren, der »Hermeneutik« als das Bringen von Botschaft und das Sagen von Sinn versteht und den gesamten Bereich von der Exegese bis zur Predigt umfasst.[561]

Diesen Gesamtbereich nimmt auch Eggold, ein Kollege Ahos am Concordia-Seminar in Springfield bzw. Fort Wayne,[562] in den Blick, wenn er den Grund für Beschwerden über die Predigt von Hörern wie auch von Predigern auf beiden Seiten des Kommunikationsprozesses ortet. Der Titel seines Buches »Preaching is Dialogue« ist Programm: Prediger müssten lernen, »dialogisch« zu predigen; Hörer, dialogisch zu hören. Aufmerksam zuzuhören sei im Zeitalter der Massenmedien schwerer denn je; Menschen seien darauf eingestellt, den auf sie eindringenden »Lärm« abzublocken.[563] Das Hauptgewicht der Predigt solle auf dem Pastoral-Seelsorglichen liegen; es brauche keine langen Gespräche mit Menschen um festzustellen, wie sehr auch das Leben der Christen von Angst, Zweifel und Hoffnungslosigkeit geprägt sei.[564] Nach lutherischem Verständnis

---

[559] Nach Pfitzner, Hermeneutical Problem, 347f., 356. Pfitzner spricht von *appropriation* und *communication* des Heilsereignisses durch die Predigt (a.a.O., 348).

[560] Wilson, Practice, 189ff.

[561] J. M. Robinson schreibt, »Ein bezeichnender Aspekt der neuen Hermeneutik ist ihre Rückkehr zu der ausgeprägten Assoziierung der Hermeneutik mit der praktischen Durchführung der Auslegung selbst [...]« (J. M. Robinson, Hermeneutik, 18f., s. auch 16, 68f.). Heinz Kimmerle führt die Linie einer solchen straffen Ausrichtung vom Text bis hinein in die Verkündigung auf Schleiermacher zurück (nach a.a.O., 101).

[562] Eggold unterrichtet an diesem Seminar von 1951–1982 Homiletik (Information von Robert Roethemeyer und Robert Smith, Walther-Bibliothek, CTS Fort Wayne; Korrespondenz per E-mail mit mir vom 25.1.2011).

[563] Eggold, Dialogue, 12f.

[564] A.a.O., 48. Eine entscheidende Rolle der Hörer bei der Rezeption der Predigt wird auch von früheren lutherischen Theologen ausgesagt; bei Löhe etwa bezieht sich diese ausdrücklich darauf, dass die Hörer das Wort des Predigers, das aus seinem menschlichen Herzen kommt und daher irrtumsfähig ist, mit dem Wort der Schrift vergleichen. Dies entspringt dem pastoraltheologischen Ansatz des Neuendettelsauer Pfarrers, der den Trost des Sünders allein an dem offenbarten Gotteswort festmacht (s., Klaus Raschzok, Wilhelm Löhe als Publizist. In: Achim Behrens/Werner Klän [Hg.], Wilhelm Löhe und Ludwig Harms, *1808. Vergleichende Studien zum lutherisch-konfessionellen Aufbruch im 19. Jahrhundert. Beiträge des Dies Academicus an der Lutherischen Theologischen

verbindet Eggold das Verständnis der Predigt als der wirkmächtigen Verkündigung von Gericht und Gnade in dieser Situation mit dem Stichwort der *story*:

> »It's the revelation of God's grace, telling the story of God's rescue of the world from the threatening perils of its sin through the atoning death and resurrection of Jesus Christ.«[565]

Rossow bezeichnet es als Häresie seiner Zeit, dass die »evangelischen« Ereignisse, d.h. Christi Geburt, sein Sühnetod und seine Auferstehung häufig nur noch als Metaphern gesehen würden. Er bekräftigt ihre Historizität[566] und schreibt:

> »I believe that the God-conceived, God-executed, God-communicated plan of salvation for the human race is so colossal that it defies the capacity of language to contain it and to convey it.«[567]

Deffner, Gastdozent am Seminar in Fort Wayne, ist als Mitarbeiter von Aho besonders für seine Sammlungen von kreativen und frischen Predigtillustrationen bekannt. Dieser macht deutlich, dass es nicht darum geht, *über* Christus, *über* Hoffnung und Frieden zu predigen. Das sei so, als ob man einem Verdurstenden die Vorzüge eines Glases Wasser preisen würde, ohne ihm etwas zu trinken zu geben.[568] In der Predigt rede Gott vielmehr selbst die Hörer in der Situation an, in der sie leben;[569] in zeitgenössischer Sprache und auf ihre Gedankenwelt bezogen:

> »People are quick to sense pastoral rapport or lack of it in the sermon's definitions of need and fulfillment.«[570]

Deshalb gehöre zum Predigen, dass der Pfarrer zu den Leuten ins Haus komme. Dann würden die Leute auch zur Predigt in die Kirche kommen.[571] Das Predigtgeschehen wird bei Deffner zu einem schöpferischen, phantasiereichen Dialog Gottes mit dem Hörer, den auch eine gute, aber starre Predigtstruktur nicht verdrängen dürfe.[572]

4.2.7. Die Umwälzungen der Zeit

Eine zusätzliche Erschwernis für die Predigt entstehe durch das Fernsehen, stellt Craddock fest. Dieses stelle eine einseitige Beeinflussung in Richtung auf

---

Hochschule am 10. November 2008. (Oberurseler Hefte Nr. 49), 13–37; hier 25 [i. Folg.: RASCHZOK, Löhe als Publizist]).

565 EGGOLD, Dialogue, 41.

566 ROSSOW, Preaching, 32.

567 A.a.O., 34.

568 DEFFNER, Compassionate Preaching, 22.

569 A.a.O., 26.

570 A.a.O., 39.

571 A.a.O., 24, vgl. 54.

572 A.a.O., 72.

die visuelle Wahrnehmung dar. Demgegenüber sei die hauptsächlich über das Ohr laufende Kommunikation in der Predigt erheblich stärker an die Sequenz der Wahrnehmung gebunden.[573] Vielleicht liege hier ein Problem der Gegenwart:

> »Perhaps the expression ›God is silent‹ really is a reference to the deafness of modern humanity.«[574]

Postmoderne Zweifel an allen Aussagen, die finale Geltung beanspruchen, kämen hinzu. Der Kirche sei das kulturelle Gerüst verlorengegangen, das die Akzeptanz ihrer Botschaft in der Vergangenheit gestützt habe[575]:

> »This almost frightening awareness in our time of the contingency and creatureliness of all things pervades every serious grappling with reality and meaning.«[576]

Craddock konstatiert außerdem eine Verschiebung vom Paradigma des Raumes (den die Kirche erobern konnte) zum Paradigma der Zeit, die ebenfalls das Ende der alten Formen kennzeichne, mit denen die Hörer Gewissheit und Letztgültigkeit verbanden.[577] Den Ausweg aus dieser Situation sieht er in der Verlagerung auf die »deduktive« Redeform der Predigt. Die Begründung bilden für ihn kommunikationswissenschaftliche und bildungstheoretische Erkenntnisse. Dass die Predigerausbildung auch an amerikanischen Seminaren weiterhin deduktiv strukturiert sei und damit nicht genuin amerikanisch, führt er auf deren fortwährende Abhängigkeit von Europa zurück:

> »However, the development of an American educational philosophy has produced a new breed of leaders. The conflict between the two modes of thought and the two perspectives on the speaker-hearer relationship has often appeared as a conflict between a minister (deductive, authoritarian) and the educational director (inductive, democratic), between sermons and adult education.«[578]

Craddock stellt fest, die Beschäftigung mit dem Sprechakt als Kommunikation sei zum Zentrum für eine ganze Reihe von philosophischen, theologischen, psychologischen und praktischen Untersuchungen geworden. Damit gehe auch ein neues Interesse an Hermeneutik einher. Es sei schwer zu sagen, woher dieses Interesse der Gesellschaft an der sprachlichen Selbstbeobachtung stamme. Es habe jedoch zu einer intensiven und höchst ermutigenden Suche nach neuen Ansätzen geführt. Psychologie und Psychotherapie zeigten, dass Sprache nicht

---

573 CRADDOCK, Without Authority, 9.
574 A.a.O., 10.
575 A.a.O., 11, 14.
576 A.a.O., 11.
577 Ebd.
578 A.a.O., 15. – Das Kriterium des ursprünglich Amerikanischen würde, konsequent angewendet, auch die logische und theologische Argumentation der paulinischen Rechtfertigungslehre und ebenso die neue Hermeneutik betreffen; J. M. Robinson, der letztere in Nordamerika vermittelt, ist selbst ein Schüler der europäischen Theologie.

ganz tot sei; sie sei im Gegenteil der Kitt, der menschliche Beziehungen zusammenhalte.[579] Im Zeitalter der Elektronik komme dem persönlichen, gesprochenen Wort wieder neue Bedeutung zu.[580] Die Vorherrschaft des gedruckten Wortes, mit dem die Predigt in der Vergangenheit konkurrieren wollte, sei gebrochen; Kommunikation in der Gegenwart sei gekennzeichnet von Spontaneität und Non-Finalität.[581]

In der Praxis verbinden verschiedene Homiletiken des 20. Jahrhunderts mit der Anwendung des gepredigten Wortes auf die Lebenssituation des Hörers auch eine Anpassung an diese. Die ausdrückliche Rede einer zeitgenössischen »Übersetzung« der Bedeutung für die moderne Hörerschaft findet sich bei H. C. Brown Jr.[582]

Perry spricht von der Predigt als dem einzigartigen Vorgang, in dem Gott durch seinen auserwählten Boten hineinreicht in die Menschheitsfamilie und Menschen in ein direktes Gegenüber zu sich bringt: Er schreibt,

> »The ambassador for Jesus Christ must present Jesus Christ so that men will know Him, love Him, trust Him, and yield their lives to Him in obedience to His Word.«[583]

Haddon W. Robinson sieht in der Aufgabe des Predigers eine besondere Herausforderung, die den theologischen Fachmann von anderen unterscheidet:

> »An expert in other occupations seldom has to make himself understood to those outside his profession, but preachers are different. To religion no one is an outsider, and in fact, understanding what God says is a life-and-death matter.«[584]

Crum interpretiert das Leben im Geist und im Fleisch nach Paulus im Sinne von Abraham Maslows Theorie zweier Arten von Verhalten. Damit geht es nicht mehr um ein forensischen Geschehen in Gottes Gericht, sondern um ein inner-

---

579 Craddock bezieht sich hier auf Ludwig Wittgensteins Herausstellung der menschlichen Existenz und Erfahrung als des primären Anliegens der Sprache.

580 A.a.O., 22–24, 28, 32.

581 A.a.O., 25. Vgl. jedoch den Hinweis von Gert Otto, dass gerade in der geschriebenen Sprache durch die Verbreitung des Buchdrucks in der Reformationszeit in ganz neuer Weise ein Adressaten- und Situationsbezug möglich wird: »Die jeweilige Lebenssituation ist nicht nur zufällige Folie, sondern sie wird ernst genommen, sie wird thematisiert, in ihren Belastungen, in ihren Möglichkeiten und Verpflichtungen.« (Otto, Rhetorische Predigtlehre, 69).

582 Brown, Sermon Preparation, 114. – C. Reid verweist auch auf die »Kontemporisierung« des Evangeliums in dem Ansatz Wedels, nach dem der Prediger dieses aus der historischen Vergangenheit in das Jetzt der menschlichen Existenz bringe (Reid, Empty Pulpit, 39; unter Bezug auf Theodore Wedel, Is Preaching Outmoded? In: Religion in Life. 24 [1965], 4, 534–547).

583 Perry, Biblical Preaching, 14. Auch Demaray spricht vom Prediger als einem Botschafter, jedoch ohne Verbindung zu einer Lehre vom Amt (Demaray, Introduction, 16).

584 H. W. Robinson, Preaching, 83.

menschliches Geschehen;[585] nicht die Anklage des Gesetzes vor dem göttlichen Richter stellt eine Bedrohung für den Sünder dar, sondern sein Schuldgefühl[586]:

> »Guilt, anxiety, and boredom complement and support each other in the totality of ›sin‹ from which we need to be reframed by the gospel.«[587]

4.2.8. Theologie und existentialistische Ausrichtung der Predigt

Die nordamerikanische Theologie des 20. Jahrhunderts verfolgt mit Interesse die theologische Diskussion in Deutschland zwischen und nach den Weltkriegen. Die deutsche Sprache gehört lange Zeit zum Lehrplan vieler protestantischer Seminare. Deutschsprachige Veröffentlichungen werden zum Teil in der Originalfassung gelesen, teils indirekt rezipiert. 1956 schreibt Wedel, Übersetzungen deutscher Bücher zur systematischen Theologie würden aus den Druckerpressen Englands und Amerikas strömen. Dies ist zugleich ein Indikator für die Hinwendung zum Englischen als gemeinsamer Sprache der theologischen und kirchlichen Arbeit.[588] Während die homiletische Krise und die Kritik an einer Standardform und -art der Predigt immer deutlicher wahrgenommen werden, schlägt sich die Rezeption Barths und der Wort-Gottes-Theologie, Friedrich Gogartens, Bultmanns, Ebelings und Fuchs' und der existentialen Theologie ebenso wie die Helmut Thielickes in den homiletischen Werken nieder[589] und wird zu einem wesentlichen, systematisch-theologischen Beitrag für den homiletischen Neuansatz ab der zweiten Hälfte der 50er Jahre. 1959 stellt Caemmerer eine Erweckung in der Theologie der Predigt fest, die er auf ein neues Interesse an den biblischen Fächern im Allgemeinen und der Beschäftigung mit der Bedeutung des Wortes Gottes und der Kirche im Besonderen zurückführt.[590]

In der 1950 wieder neu erscheinenden »Zeitschrift für Theologie und Kirche« mit Ebeling als Herausgeber schreibt dieser:

---

585 CRUM, Manual, 146. Zur Verlagerung des objektiven Heilsgeschehens in das Bewusstsein und das innere Erleben des Menschen vergleiche die Rezeption der Theologie Bultmanns bei J. M. Robinson (J. M. ROBINSON, Hermeneutik, 42).

586 CRUM, Manual, 149.

587 A.a.O., 164.

588 WEDEL, Pulpit, 15.

589 Hier sind auch die Existenzphilosophie Kierkegaards, Martin Heidegger und die Bildungstheorien John Deweys, des amerikanischen Philosophen, Psychologen und Reformators des Bildungswesens, zu nennen (so Edwards etwa mit Bezug auf Craddocks Homiletik, s. EDWARDS, History of Preaching, 802), ebenso die phänomenologische Schule der Philosophie mit Edmund Husserl, Michel Foucault, Paul Ricœur und anderen (a.a.O., 807).

590 CAEMMERER, Preaching 1959, 297. Das von Caemmerer festgestellte Interesse bezieht sich auf eine Entwicklung, die deutlich umfassender ist als die Bewegung der sog. *biblical theology* (vgl. Anm. 396, 1709).

»Die hermeneutische Frage bildet den Brennpunkt der gegenwärtigen theologischen Problematik.«[591]

Er fährt fort:

»[...] ebenso ist deutlich, dass für die sogenannte praktische Theologie vor allem in der Lehre von Predigt, Unterweisung und Seelsorge die hermeneutische Frage das allen Einzelfragen zugrunde liegende Zentralproblem darstellt, sofern die applicatio nicht beziehungslos und selbständig neben der explicatio stehen soll.«[592]

Fuchs veröffentlicht 1954 einen Band mit dem Titel »Hermeneutik«.[593] 1962 und 1963 wird an der Universität Zürich und Marburg unter der Leitung von Ebeling bzw. Fuchs je ein Institut für Hermeneutik eingerichtet. In der Reihe »New Frontiers in Theology/Neuland der Theologie«, die deutsche und amerikanische Theologen ins Gespräch miteinander bringt, wird diese Entwicklung ausführlich rezipiert.[594] James M. Robinson[595] stellt auf amerikanischer Seite fest, dass der Begriff der Hermeneutik durch die Arbeit von Fuchs und Ebeling unbestreitbar einen neuen Klang erhält[596] und dass dieser seit dem Ende der 50er Jahre omnipräsent ist. An der Drew University in Madison/NJ findet 1962 eine Hermeneutik-Tagung statt, an der von deutscher Seite Fuchs und Ebeling teilnehmen.[597]

4.2.9. Die Rezeption der neuen Hermeneutik

Die Arbeit mit der entstehenden »neuen Hermeneutik«, die Randolph über den deutschen Philosophen Wilhelm Dilthey auf Schleiermacher und dessen Bemühen zurückführt, die Bedeutung (biblischer und anderer) antiker Texte für den »heutigen Menschen« herauszuarbeiten,[598] ist in Nordamerika besonders mit den Namen der Neutestamentler Amos Wilder und Robert Funk verbunden. Sie wird dort vor dem Hintergrund einer konservativen Grundhaltung rezipiert, die viele Konfessionen durchzieht und sich in der generellen Überzeugung äußert, dass die »Bibel« in irgendeiner Weise Gottes Wort ist. Auch die theologische

---

[591] Nach J. M. Robinson, Hermeneutik, 93. Ich beziehe mich in der Behandlung der neuen Hermeneutik bewusst auf ihre Darstellung bei J. M. Robinson, da diese zugleich der Erweis ist, dass und wie diese Entwicklung in Nordamerika rezipiert wird. Die Reihe erscheint zugleich in deutscher, englischer und japanischer Sprache. Ich zitiere aus der deutschen Fassung.

[592] A.a.O., 94.

[593] Ernst Fuchs, Hermeneutik. Bad Cannstatt 1954.

[594] J. M. Robinson, Hermeneutik, 7.

[595] James M. Robinson studiert von 1947–1951 in Zürich, Heidelberg, Basel, Marburg und Straßburg und promoviert bei Karl Barth in Basel. – Von Surburg irrtümlich als James H. Robinson angegeben (Surburg, Raymond F., The New Hermeneutic Versus the Old Hermeneutics in New Testament Interpretation. In: The Springfielder 38 [1974/75], 1, 13–21; hier 21 [i. Folg.: Surburg, New Hermeneutic]). Vgl. Anm. 180.

[596] J. M. Robinson, Hermeneutik, 61f.

[597] A.a.O., 8. Weitere Konferenzen folgen.

[598] Randolph, Renewal, 17.

Ausgangssituation ist eine andere als die, vor die sich Bultmann mit der liberalen Theologie und dem Historismus in Europa gestellt sieht.[599] Die nordamerikanische Rezeption dieses neuen Ansatzes, wie er sich bei Fuchs, Ebeling, Hans-Georg Gadamer und, auf amerikanischer Seite, J. M. Robinson findet, nimmt diesen daher kaum als eine neue Theologie auf.[600] Sie führt auch in der homiletischen Vorarbeit überwiegend nicht zur »Entmythologisierung« oder zur »Sachkritik« am Text der Schrift.[601] An der Möglichkeit biblischer Prophetie sowie der Eschatologie wird in manchen Bereichen ausdrücklich festgehalten.[602] 1958 betont Davis,

> »The truth we preach is not an abstract thing. The truth is a Person.«[603]

Zugleich findet sich Kritik an der Theologie Bultmanns im Blick auf ihren Anthropozentrismus.[604] Craddock bezeichnet diese Verschiebung als *most disturbing*; der Mensch habe in allen Dingen den Vorsitz übernommen, dann sei das biblische »Mobiliar« um ihn herum angeordnet worden.[605] Gegen ein solches Aufgehen der Theologie in der Anthropologie schreibt Pfitzner,

> »Is not the present preaching of the Cross bound to the New Testament's own understanding of history? Can I make my analysis of human existence the final yardstick for the relevance of the Word of God?«[606]

Bultmanns Haltung in Bezug auf die Historizität der im Neuen Testament berichteten Ereignisse bezeichnet Pfitzner als extremen Agnostizismus und fragt:

> »To what then do I pray when I address myself to the risen and glorified Lord? Can I pray to a *Wortgeschehen*?«[607]

---

599 Surburg, New Hermeneutic, 14.

600 Anders J. M. Robinson selbst in seiner Rezeption der neuen Hermeneutik, der diese damit in eine Reihe mit der Dialektischen Theologie und dem Ritschlianismus stellt (J. M. Robinson, Hermeneutik, 96). Im Rückblick grenzt Randolph den Einfluss dieser Hermeneutik in seiner Vision einer Homiletik für das 21. Jahrhundert ein, wenn er 2009 schreibt, sie möge passé sein (Randolph, Twenty-first Century, 129).

601 Bezeichnend ist die etwa bei Randolph begegnende kritische Wahrnehmung einer »Hermeneutik des Misstrauens« in der Exegese des 20. Jahrhunderts (a.a.O., 7).

602 Surburg, New Hermeneutic, 13–16. Vgl. Imminks Feststellung, aufgrund ihrer starken Ausrichtung auf die Erfahrung widme die neue Homiletik der Eschatologie zu wenig Aufmerksamkeit (»Ik denk dat de ›New Homiletic‹, omdat ze sterk ervaringsgericht is, te weinig aandacht heeft voor de eschatologische dimensie van het christelijk geloof.« Immink, Gesprek, 382).

603 Davis, Design, 19 (zitiert in Lowry, Dancing, 41).

604 S. J. M. Robinson, Hermeneutik, 80. Ähnlich Pfitzner, Hermeneutical Problem, 353f. – Auch bei Fuchs geht es vorrangig darum, dass der Mensch infolge des Sündenfalls in ein verkehrtes Verhältnis zu sich selbst verstrickt ist, die Folge für das Verhältnis zu Gott tritt dahinter zurück (nach J. M. Robinson, Hermeneutik, 78).

605 Craddock, Without Authority, 35.

606 Pfitzner, Hermeneutical Problem, 355.

Die Rezeption der neuen Hermeneutik in den USA führt jedoch dazu, dass die existentielle Beteiligung des Hörers zu einem zentralen Anliegen der »neuen Homiletik« wird; er soll als Teilnehmer in eine tiefgehende Kommunikation involviert werden.[608] Er ist nicht nur als Empfänger einer vom Prediger gesendeten Botschaft zu sehen, er ist selbst an dem »Ereignis« der Predigt beteiligt.[609] Nicol spricht von einer »undoktrinären« Verbindung der Wort-Gottes-Theologie in Amerika mit der homiletischen Praxis.[610] Der Satz, mit dem Raymond F. Surburg[611] die neue Hermeneutik beschreibt, kann in der konfessionellen Situation der USA mit breiter Zustimmung rechnen:

> »The Word of God is received by the listener as such when he makes a decision and accepts it by faith.«[612]

Die Konzentration auf den Empfänger der Botschaft und seine Existenz trifft sich mit dem neuen, rhetorischen Interesse am Hörer der Kanzelrede, das sich in der zunehmenden Thematisierung seiner Nöte und Bedürfnisse in den vorangegangenen Jahrzehnten geäußert hat.[613] Die Aufnahme der persönlichen Geschichte des Hörers und seiner Lebenswirklichkeit in der Predigt erhalten zunehmend Bedeutung.[614] Diese erfolgt durch die Lösung seiner Probleme und

---

607 A.a.O., 356. Hervorhebg. i. Orig.

608 S. SURBURG, New Hermeneutic, 15.

609 Luccocks Ausführungen von 1944 kommen dicht an ein Verständnis des Predigens als eines Dialogs und eines »Ereignisses« im Sinne der »neuen Homiletik« heran (LUCCOCK, Workshop, 127 u.ö. Vgl. seine Aussage, »[...] preaching to a congregation is a two-way traffic.«, a.a.O., 197).

610 NICOL, Positionslichter, 297.

611 Surburg unterrichtet am Seminar in Springfield bzw. Fort Wayne von 1960–1993 Systematische Theologie (vgl. N.N., »Raymond F. Surburg [1909–2001]« In: CTQ, 54 [2001], 4, 291f; hier 291).

612 SURBURG, New Hermeneutic, 15. Mit einer solchen Reaktion des Hörers wird die Verkündigung der Botschaft bei Ebeling und Fuchs zum Wort- bzw. Sprachereignis.

613 Luccock nennt 1944 unter Berufung auf Dewey folgende fünf Schritte des life *situation preaching*: 1. Eine als solche empfundene Schwierigkeit, 2. deren Lokation und Definition, 3. Vorschlag möglicher Lösungen, 4. argumentative Entfaltung anhand der Konsequenzen, die sich aus diesen Vorschlägen ergeben, 5. weitere Beobachtung und Untersuchung und daraus folgende Annahme oder Verwerfung der Lösung. (LUCCOCK, Workshop, 56). Vgl. Reu (1924): »[...] because the heart of man has remained fundamentally the same as it was in the past, both the commands and the consolations of the past may be brought to bear upon it, now as then. Despite the many differences conditioned by time, mode of life and national peculiarities, man's heart continues the same, with its needs, its joys and sorrows, its follies and sins, but also with its inextinguishable longing after God. Therefore divine truth can find in it a constant point of contact and remains for it the one saving and life-giving power.« (REU, Homiletics, 361).

614 Nach Steimle kommen in der Predigt drei Geschichten zusammen: die biblische, die des Predigers und die des Hörers (EDMUND A. STEIMLE, By What Authority? In: EDMUND A. STEIMLE (u.a.) (Hg.), Preaching the Story, Philadelphia/PA 1980, 37–42; hier 41 (i. Folg.: STEIMLE, Authority).

Beantwortung seiner Fragen durch das Wort Gottes. Sie erfolgt auch durch den Dialog vor, in oder nach der Predigt.[615] Sie geschieht am wirksamsten in der ergebnisoffenen, unabgeschlossenen Predigt, die ihr je eigenes Ziel im individuellen Hörer findet.[616] Sprache ist selbst Interpretation, der Sprechakt hermeneutisch.[617]

Von der neuen Hermeneutik herkommend ist die Predigt für Randolph das Teilhaben an dem dynamischen *event*, in dem der erlösende Gott seine Erlösungstat in der lebendigen Begegnung mit Menschen durch den Prediger wiederholt.[618] Der Schrift eigne eine Plastizität, die eine sensible, bruchlose Ausdehnung vom Moment ihrer Schriftwerdung bis zu ihrer Transponierung in das mündliche Wort der Predigt erlaube.[619] Randolph sieht 1969 eine neue Definition der Predigt am Horizont heraufziehen[620]:

> »*Preaching is the event in which the biblical text is interpreted in order that its meaning will come to expression in the concrete situation of the hearers.*«[621]

Ganz ähnlich formuliert Wilson. Predigthören sei nicht nur Hören von Wörtern, sondern Begegnung mit Gott, in der es um Versöhnung gehe.[622] Die Predigt »vergegenwärtige« Christus nicht, er sei bereits gegenwärtig:

> »Our task, then, is not to bring Christ to the church, but to find Christ there and to bring our people before God's throne of judgment and grace.«[623]

Predigen bewirke eine Beziehung. Christus beanspruche die Predigthörer darin für Gott.[624] Von dieser Botschaft ist der Prediger selbst existentiell betroffen.[625] Diesen Aspekt bezeichnet Randolph als einen der Schlüssel zum kerygmati-

---

[615] Siehe u.a. Perry, der sich mit dialogischen Methoden zur Involvierung der Hörer befasst, etwa bei der Predigtvorbereitung, dem Predigtvortrag oder einem Predigtnachgespräch (Perry, Biblical Preaching, 93ff.).

[616] Vgl. Myers, Errand, 39.

[617] Vgl. hierzu Surburg, New Hermeneutic, 14.

[618] Vgl. die Darstellung des Beitrags von Randolph in Wilson, Practice, 24.

[619] Randolph, Renewal, 28f.

[620] A.a.O., 12, 17.

[621] A.a.O., 1, Hervorhebg. i. Orig. – Craddock redet in Anlehnung an Ebeling und Fuchs von dem Wort Gottes als einem Ereignis, »a happening in history« (Craddock, Without Authority, 30). Zugleich stellt Craddock einen Rückbezug auf die Confessio Helvetica Posterior her: »*Preaching the Word of God is the Word of God.*« (a.a.O., 33, Hervorhebg. i. Orig.) und nimmt Heideggers sprachphilosophischen Ansatz auf, nach dem die Sprache selbst Interpretation ist: »[...] reality is linguistically constructed, [...] humanity is a conversation.« (a.a.O., 31).

[622] Wilson, Practice, 18, 21f.

[623] A.a.O., 25.

[624] A.a.O., 23, 27, vgl. 283.

[625] Vgl. die Thematisierung dieses Aspekts in der Geschichte der Predigt unter dem Vorzeichen der persönlichen Frömmigkeit des Predigers und seines Sünder- und Gerettetseins.

schen Charakter des Neuen Testaments.[626] Die Predigt, schreibt Craddock, sei eine Wirklichkeit, die größer sei als Prediger und Hörer und die sie nur gemeinsam entdecken könnten. Der Prediger solle deshalb das Risiko eingehen, nicht die volle Kontrolle darüber zu haben. Dies sei wie bei einem Kunstwerk, das erst in der Wahrnehmung durch den Betrachter vollständig wird.[627] Dies führt in Randolphs Darstellung der neuen Homiletik jedoch nicht zu dem Schluss, dass die Wahrheit ständig im Fluss oder stets subjektiv und deshalb nie verbindlich sei. Er legt Wert auf die genaue Erarbeitung der Bedeutung des Textes. Dazu gehört die historisch-kritische Arbeit mit dem Urtext und den Textvarianten,[628] mit Übersetzungen, dem Kontext der Schrift und der *regula fidei*, die für ihn das Gegenteil *un*historischen Arbeitens ist:

> »This studying of the text may have its dry moments, but on the whole it is one of the most exciting and fruitful parts of sermon preparation. [...]
> It is ludicrous but not uncommon to see preachers leaping – in the name of historical criticism – from the time of Christ to our own day as if historical tradition had no significance.«[629]

Ihren sichtbaren Ausdruck findet die neue Homiletik darin, dass viele Prediger die Kanzel verlassen, um sich zwischen den Gemeindegliedern zu bewegen und mit ihnen zu interagieren.[630] Autoritätskritische Ansätze verbinden sich mit dem Bemühen, die als Monolog empfundene traditionelle Form der Predigt durch andere, multilaterale und multimediale Formen zu ersetzen.[631] So soll die Predigt nicht nur gehört, sondern »erlebt« werden. Der Bedeutung solcher eigener Erfahrung für die Bewusstseinsbildung geht vor allem D. Buttrick in seiner Homiletik nach.[632]

4.2.10. Kritik an der realen Praxis auf der Kanzel

Die Aufmerksamkeit, die solchen Versuchen zuteilwird, und die Hoffnungen, die in sie gesetzt werden, sind zugleich ein Ausweis der vielfach thematisierten

---

[626] RANDOLPH, Renewal, 33.

[627] CRADDOCK, Without Authority, 54. – Nach der Rezeption der neuen Hermeneutik bei J. M. Robinson kommt es in deren Folge zu einem Zusammenrücken mit Erfahrungsweisen außerhalb der Wissenschaft wie etwa der Kunst (J. M. ROBINSON, Hermeneutik, 101f.).

[628] RANDOLPH, Renewal, 36f. Lowry berichtet, in seinem eigenen Theologiestudium habe die historisch-kritische Methode eine wesentliche Rolle gespielt (LOWRY, Dancing, 47). Eslinger erwähnt generell die Anwendung dieser Methode (RICHARD L. ESLINGER, A New Hearing. Living Options in Homiletic Method, Nashville/TN 1987, 87, 163 u.ö. [i. Folg.: ESLINGER, New Hearing]).

[629] RANDOLPH, Renewal, 41.

[630] Siehe etwa RANDOLPH, Twenty-first Century, 75.

[631] Siehe a.a.O., 7ff. und durchweg.

[632] D. Buttricks Homiletik entsteht vor dem Hintergrund der Philosophie von Heidegger, Ricœur und anderen (nach EDWARDS, History of Preaching, 807f.). Vgl. hierzu IMMINK, Gesprek, 373.

Situation, die wechselweise als Krise der Autorität, der Kommunikation, des Wortes, der Kirche als Institution, der Religion, der Theologie oder der Predigt verstanden wird.[633] White beschreibt 1973 einen Zustand der Predigt, wie sie häufig ist, aber nicht sein sollte: Sie sei von einem Dogmatismus gekennzeichnet, der von sich selbst überzeugt sei und mit dem einfache Gemüter »überfahren« würden; von einer Selbstgerechtigkeit, die in der Predigt eine verheerende und zur eigenen Befriedigung des Predigers führende Gelegenheit zum eigenen Ausdruck finde; sie bestehe häufig aus heuchlerischen Tiraden, die unbewusst von einem verwundeten Gewissen getrieben seien; sie sei pfauenhafte Selbstdarstellung eines Narren, der berauscht sei von seinen eigenen cleveren Wort- und Gedankenspielen.[634] Häufig sei sie einfach eine intellektuelle Übung in abstrakten Gedankengängen zu irgendwelchen hochfahrenden Themen.[635] Dagegen betont White, dass es auf der Kanzel keine »Redefreiheit« gebe und dass es nicht unter Predigen falle, wenn einer lauter Papier mit genug Ideen auf die Kanzel bringt, um die zur Verfügung stehende Zeit damit zu füllen.[636]

In ähnlicher Weise kritisiert Killinger die Wahl bombastisch klingender oder vortragsartiger Predigtthemen ebenso wie eine übermäßige Predigtlänge. Beides sei von früheren Generationen überkommen, zeige jedoch einen Mangel an Respekt für den Hörer. Ein seelsorglicher Ansatz des Predigers werde solches ausschließen.[637] C. Reid betont die Bedeutung des Glaubens des Predigers – Thielicke habe an diesem Punkt das Hauptproblem für die Predigt der Gegenwart ausgemacht.[638] Für Killinger ist der Prediger zuallererst ein Diener des Wortes:

> »[...] unless he loves men and wants to communicate the gospel to them he will never be a real servant of the Word. He will be only a stuffed shirt of the Word.«[639]

Killinger konstatiert eine starke Tendenz zur Wiedergewinnung der Auslegungspredigt in der zweiten Hälfte des 20. Jahrhunderts.[640] Er schreibt,

---

[633] Vgl. unten, Abschnitt 4.3.

[634] WHITE, Guide, 12. White rechnet auch damit, dass die Predigt das Ventil ist, das ein Prediger braucht, der zuhause als Ehemann nicht sagen kann, was er denkt.

[635] Ebd.

[636] A.a.O., 12f.

[637] KILLINGER, Centrality, 54f.

[638] REID, Empty Pulpit, 43.

[639] KILLINGER, Centrality, 60. Ähnlich der methodistische Homiletiker Neaves (NORMAN NEAVES, Preaching in Pastoral Perspective. In: EDMUND A. STEIMLE [u.a.] [Hg.], Preaching the Story, Philadelphia/PA 1980, 107–120; hier 118).

[640] Killinger bezieht sich in diesem Zusammenhang auf die sogenannten *expository sermons*, die er mit »biblischem Predigen« identifiziert, ohne dies auszuführen (zu dieser Kategorisierung vgl. unten unter 4.4.4.).

> »As might be expected, the greatest force of the movement has come from conservative, grass-roots Christianity, where respect for the biblical word as the authentic voice of God is paramount. Homileticians in conservative and fundamentalist seminaries have tended to insist to their students that expository preaching is the only Christian way to preach, and that all others are contaminated by human argument and design.
> Ironically, though, a similar movement toward more biblical preaching has come from several respected figures in the more liberal wing of the church.«[641]

Im Gegensatz zu dieser Analyse Killingers konstatiert Lischer 1991 eine deutliche Verschiebung in der Predigt von der Exegese zu den Bedürfnissen der Hörer.[642] Damit ist Luccocks Warnung von 1944 weiterhin aktuell: Dieser bezeichnet es als eine besorgniserregende Entwicklung, wenn das, was an Nöten und Bedürfnissen beim Hörer festgestellt wird, zum hermeneutischen Schlüssel dafür wird, inwiefern das Evangelium für ihn »relevant« ist und ihm etwas zu sagen hat.[643]

In Blackwoods Diagnose verbindet sich die im konservativen protestantischen Bereich betonte Bedeutung des Lehrens in der Kirche mit einer veränderten Sicht, die sich aus der Beschäftigung mit einer Vielzahl von Formen ab den 50er Jahren ergibt und für die die Anleitung zum Predigen nicht eine Methodenlehre, sondern die Einweisung in eine Kunst ist[644]:

> »Much weakness in the pulpit of today may have come from teaching methods in the seminary of yesterday. For any lack of authority in the pulpit now, we who have taught the ministers of today must bear much of the blame, especially those of us who have taught homiletics as a science and not as an art. Conversely, if the Church wishes to strengthen the pulpit of tomorrow, our leaders can find no surer way than to strengthen the seminary today, above all in the teaching of theology and homiletics.«[645]

Killinger stellt fest, Menschen seien misstrauisch geworden, wenn sie längere Reden hören, vor allem aus dem Munde von Predigern und Politikern.[646] Die grundsätzliche Infragestellung aller Autorität der Gesellschaft trifft auch das Amtsverständnis der christlichen Kirchen und das Selbstverständnis der Predi-

---

[641] Killinger, Fundamentals, 57.
[642] Lischer, Theology, ix.
[643] Luccock, Workshop, 53 (mit Bezug auf J. H. Oldham).
[644] Blackwood, Expository Preaching, 187. S.o. zum Paradigma der Kunst in der Homiletik.
[645] A.a.O., 188.
[646] Killinger, Centrality, 17.

ger. In ihrer Zuspitzung in der »Gott-ist-tot-Theologie« bezieht sich diese Krise auf den gesamten traditionellen Inhalt der christlichen Verkündigung.[647]

4.2.11. Theologische und homiletische Implikationen

Angesichts des Bildes, das sich aus einer solchen Gesamtsicht ergibt, scheint es symptomatisch, dass sich zwar homiletische Stimmen melden, die konservative und fundamentalistische Überzeugungen von neuem zu Gehör bringen, dass sich jedoch nur wenige Homiletiker ansatzweise *theologisch* mit der Predigtmüdigkeit auseinandersetzen wie etwa Lischer. Der hermeneutische Neuansatz der 60er Jahre löst zwar in den beiden folgenden Jahrzehnten umfassende Umbrüche in der nordamerikanischen Predigtlehre und -praxis aus, die Zahl der Veröffentlichungen von Homiletikern nimmt drastisch zu.[648] Die Überwindung dieser Krise wird jedoch überwiegend in neuen homiletischen Formen und Methoden gesucht. Die Überzeugung, einen ganz neuen Aufbruch, ja eine homiletische Umwälzung zu erleben, ist Ende der 60er Jahre so stark, dass weithin übersehen wird, dass die Formen, mit denen die Homiletik experimentiert, kaum neu sind; viele Versuche dieser Zeit erweisen sich in der Wahrnehmung der Hörer wie der Homiletiker nicht als bleibender Ausweg aus der Krise.[649] Was sich verändert hat, ist der gesellschaftliche und kommunikationstheoretische Kontext, in dem dies geschieht, und damit die homiletischen Parameter. Wardlaw beschreibt eine gleichzeitig stattfindende hermeneutische Verlagerung:

> »While the Bible remained no less authoritative for the pulpit, its immediacy as revelation was experienced by many interpreters more as an encounter with the literary dynamics of the text than as a reconstruction of the history behind it.«[650]

Das Anliegen der neuen Hermeneutik, so Randolph, mache es der biblisch-kritischen Arbeit daher keineswegs leichter,

> »[...] it simply sets for it a different task; not just to see the establishment of the text in its ›pastness‹ as an end in itself, but to visualize the written text as a point in a moving line which reaches backward and forward in time, and by this means to understand it in the present.«[651]

---

[647] Ähnliche Kritik ist auch in der deutschen Homiletik zu hören. Otto sieht Ende der 60er Jahre für die Predigt die Gefahr eines »weltfernen, introvertierten Monologs« und »undialogischer Indoktrination« (OTTO, Predigt als rhetorische Aufgabe, 19). Josuttis schreibt 1985, »Christliche Wahrheiten kann man nicht mehr als dogmatische Gegebenheiten durch den mittels Ausbildung dazu befähigten und mittels Amtsübertragung dazu bevollmächtigten Theologen an die Gemeinde in der Form von lehramtlichen Deklarationen weitervermitteln.« (JOSUTTIS, Rhetorik und Theologie, 24).

[648] WARDLAW, Homiletics, 249.

[649] LOWRY, Plot, xvii.

[650] WARDLAW, Homiletics, 248.

[651] RANDOLPH, Renewal, 37f.

Randolph betont, zu solcher Arbeit müsse auch die Weiterarbeit der Homiletik an der ontologischen Frage kommen.[652] Craddock sieht als den Ansatzpunkt die Frage des Hörers selbst nach seinem Wesen und seiner Beziehung zur »ultimativen Wirklichkeit«;[653] der »moderne Mensch«, wer das auch sei, sei jedoch nicht das Maß aller Dinge.[654]

Randolph stellt fest, die neue Hermeneutik konzentriere sich auf die Interpretation des Wortes Gottes, das Neue an ihr zeige sich in ihrem Verständnis von Wirklichkeit und Sprache.[655]

> »The biblical text which is the given from which the preacher proceeds is not some objective *thing* back there in history to be grasped and then applied to modern life. Rather, the text is approached as a speech-event which discloses its meaning through its relationship to its context, to the faith, and to us.«[656]

H. W. Robinson begründet theologisch, weshalb es in der Predigt nicht um die Übertragung oder Anwendung von etwas Vergangenem auf die Gegenwart geht:

> »In doing so the expositor does not make the Bible relevant as though he were drawing an apt illustration from an old story. Modern men and women stand under God in exactly the same position as did their counterparts in the Bible and they hear the Word of God addressing them now.«[657]

Auf dem Hintergrund solcher Überlegungen betont die neue Homiletik ein dynamisches Verständnis der Predigt im Gegensatz zu einem mechanistischen.[658] Das Selbstverständnis der »neuen« Homiletik gegenüber der »alten« spiegelt damit die Situation in der neuen Hermeneutik auf europäischer Seite wider, die ihren eigenen Umgang mit der Schrift als »dynamisch« wahrnimmt im Gegensatz zum überkommenen »statischen« Ansatz an dem Dogma der

---

[652] S. a.a.O., 20: »[...] homiletics will have a special interest in reality as comprehended within the limits of history which will tend to preserve the existential eventfulness of preaching. Phenomenology as developed by Edmund Husserl and others will no doubt have a large part to play in this area.« – Beachte auch hier die Verbindung zur »ontologischen« Interpretation in der europäischen neuen Hermeneutik, s. SURBURG, New Hermeneutic, 14.

[653] CRADDOCK, Without Authority, 51.

[654] A.a.O., 35.

[655] RANDOLPH, Renewal, 13. Hier wie an anderen Stellen bezieht sich Randolph auf Ebeling; für diesen sei die Verkündigung das A und O der Praxis der Kirche gewesen (a.a.O., 16).

[656] A.a.O., 49, Hervorhebg. i. Orig.

[657] H. W. ROBINSON, Preaching, 78. Vgl. 94: Unterschiede zwischen den Menschen heute und denen der antiken Welt bestünden im Wesentlichen nur im Bereich oberflächlicher Gedanken, rationaler Einstellungen und Launen des Geistes.

[658] Auch ein dynamisches Predigtverständnis ist nicht neu, wie oben gezeigt wurde. Vgl. die Rolle des organischen Wesens der Predigt in Davis' homiletischem Ansatz in den 50er Jahren (DAVIS, Design), der damit an eine alte homiletische Tradition anknüpft (s. 4.4.6).

Inspiration der heiligen Schrift und dem Prinzip des *scriptura scripturam interpretatur.*[659] Unter diesem Vorzeichen betont die neue Homiletik, die Predigt bestehe nicht aus einzelnen Punkten, die man wie mit einem Hammer zusammennageln könne, sondern aus einer Reihe von interagierenden Kräften oder, mit einer organischen Metapher, von Samenkörnern.[660] Der Nachdruck dieses Ansatzes liege nicht auf dem, was die Predigt *ist*, sondern was sie *tut.*[661] In diesem Ereignis reproduziere der lebendige Gott seine Erlösungstat in einer lebendigen Begegnung mit Menschen durch den Prediger.[662] Die Predigt werde zu einer lebenswichtigen Ausdehnung des biblischen Textes, die diesen im Leben der Hörer in Bewegung setze[663] und die verschiedenen Faktoren der Predigt für ihn zu einer lebendigen Erfahrung verbinde[664].

Aus diesem existentiellen Verständnis heraus grenzt Randolph das biblische Kerygma von einem Appell der Vernunft an die Zustimmung des Menschen ab. Es sei vielmehr ein grundsätzlicher Appell der Offenbarung an den Glauben.[665] Die neue Homiletik, die auf der Grundlage dieser Hermeneutik entsteht, sei dabei auch der bisherigen Predigtarbeit zu Dank verpflichtet, vor allem, wo diese in schwierigen Zeiten geschehen sei.[666]

In dem als *evangelical*[667] bezeichneten Bereich gilt auch angesichts dieser Entwicklung die Predigt als Akt des Zeugnisses seitens des Predigers, in dem es um die uralte Geschichte dessen geht, was Gott für die Menschen getan hat. Der Presbyterianer Macleod formuliert als Ziel der Predigt, dass die Hörer Gott besser und sich selbst in größerer Tiefe erkennen, und ihn aufgrund solchen Wissens preisen und sich ihm zum Dienst hingeben.[668]

4.2.12. Gottes Handeln in seinem Wort

Im US-amerikanischen Kontext wird diese homiletische Diskussion vor dem Hintergrund eines Grundkonsenses geführt, der viele Gemeinden, aber auch die Lehre an vielen kirchlichen Seminaren prägt: In einem generellen Sinne ist das

---

[659] Nach SURBURG, New Hermeneutic, 16f.
[660] RANDOLPH, Renewal, 100.
[661] A.a.O., 19.
[662] A.a.O., 5f., nach einem Zitat von Donald G. Miller.
[663] A.a.O., 97.
[664] RANDOLPH, Twenty-first Century, 15, 105. – Der Stellenwert, den die Erfahrung in dieser Zeit für das Predigtgeschehen bekommt, spiegelt auch die zunehmende Entwicklung einer Unterhaltungskultur in der Gesellschaft wider.
[665] RANDOLPH,, Renewal, 17, 28f., 37f., 55f. Randolph fordert, dass an solcher Verkündigung die gesamte theologische Fakultät teilhaben sollte, so dass man eigentlich nicht von einem Lehr»stuhl« in der Homiletik sprechen sollte, sondern von einer ganzen Lehr»bank«, auf der alle Fachbereiche Platz hätten (a.a.O., 21).
[666] A.a.O., 7.
[667] *Evangelical* wird sowohl im Sinne von »evangelisch« wie von »evangelikal« verwendet.
[668] DONALD MACLEOD, The Sermon in Worship. In: VERNON L. STANFIELD (u.a.), Homiletics, Grand Rapids/MI 1974, 57, 59, 65.

Wort der Bibel von Gott offenbart und besitzt daher eine entsprechende Autorität. Die Ausprägung dieser Überzeugung in der kirchlichen Praxis weist deutliche Unterschiede zwischen Konfessionen, Theologen und einzelnen Gemeinden auf. Dazu gehört auf der einen Seite eine kurzschlüssige Anwendung des Textes auf den Hörer ohne rechenschaftsfähige Exegese und ohne die damit verbundene Wahrnehmung des historischen Kontexts.[669] Andererseits findet sich auch eine Aneinanderreihung theologischer Wahrheiten ohne greifbaren Bezug auf die Situation des Hörers.[670] Zudem begegnet an mancher Stelle ein Einsatz von Rhetorik, der so ausschließlich auf eine bestimmte Wirkung beim Hörer zielt, dass er - um mit Josuttis zu sprechen - in den Verdacht gerät, menschliche Überzeugungskunst mit dem Wirken des Heiligen Geistes zu verwechseln.[671] Doch sind dies auch anderswo begegnende Extreme, die nicht kausal auf die Überzeugung zurückgeführt werden können, dass Gott tatsächlich in seinem Wort gesprochen hat[672] oder dass es eine bleibende Wahrheit des christlichen Glaubens gibt, die auch in menschliche Rede gefasst werden kann[673].

Es ist insbesondere die Homiletik in der lutherischen Tradition, die den in der neuen Hermeneutik und Homiletik hervorgehobenen Aspekt des Ereignischarakters der Predigt theologisch begründet sieht. Dieser ergibt sich für sie aus dem Wesen des Wortes Gottes. Weil dieses aber auf den Menschen ausgerichtet ist, folgt die Verkündigung auf der Kanzel »akzentuierend der Bewegung des Textes«, die immer »als eine Bewegung in Richtung auf den Hörer« verstanden ist, wie Otto im Blick auf Luthers Predigtpraxis formuliert.[674] Recht verstanden führt dies zu einer sorgfältigen sprachlichen und historischen Exegese und dem ebenso sorgfältigen Bemühen, die Gemeinde gründlich kennenzulernen.

---

[669] Eine sehr ansprechende Predigt zu Lk 1,26-38, jedoch ohne Bezug auf die Inkarnation, findet sich bei Craddock (Craddock, Without Authority, 145ff., Thema: »Bei Gott ist kein Ding unmöglich«). Vgl. Blackwoods moralische Anwendung des Gleichnisses vom Verlorenen Sohn auf die Hörer in Expository Preaching, 132 (vgl. Anm. 739).

[670] S. etwa Graebner, Inductive Homiletics I, 67 (Predigtaufriss zu Joh 10,17-21).

[671] Josuttis, Rhetorik und Theologie, 18. Siehe z.B. Meyer, Expository Preaching, 13 (der Prediger stellt dem Heiligen Geist die Pfeile zur Verfügung, die dieser in das Herz des Hörers schießt). Vgl. Blackwood, Preaching from the Bible, 192f. Eine ausdrückliche Befürwortung einer Manipulation des Hörers durch den Prediger unter Loslösung von der Wahrheit findet sich bei Sangster (Sangster, Craft, 175).

[672] Josuttis geht in seiner Darstellung eines ähnlichen Ansatzes bei Hermann Diem von einem solchen kausalen Zusammenhang aus, wenn die konkrete Hörerschaft für den Prediger bei der Formulierung von Thema und Disposition der Predigt bei diesem keine Rolle spiele; ähnliches gelte für den Ansatz von Johannes Wolff, wenn dieser über der Analyse der semantischen Struktur einer Schriftstelle recht schnell zu einer daran entlanggehenden Predigt komme (Josuttis, Rhetorik und Theologie, 13-15).

[673] Ebenfalls gegen Josuttis (s. a.a.O., 25). Nach diesem ist um die Mitte der 80er Jahre im deutschen Kontext alles, was mit Glaubens- und Lebensfragen zu tun hat, grundsätzlich umstritten (a.a.O., 23f.).

[674] Otto, Rhetorische Predigtlehre, 69.

In diesem Sinne ist die Predigt für Schneider als Verkündigung proklamatorisch, sie bewirkt ein göttliches Tun.[675] Wenn Gott in dem offenbart wird, was er für uns getan hat, was er für uns tut und für uns will, dann geschieht etwas in der Predigt: Gott agiert.[676] Schneider teilt Dodds Überzeugung, dass Moralisieren und Zurechtweisen nicht eigentlich im neutestamentlichen Sinne Predigen bedeutet, betont jedoch, dass zur Interpretation dessen, was Gott getan hat, auch Lehre und Unterweisung gehören.[677]

Unter dem Aspekt der Wirksamkeit des gepredigten Wortes hebt Lischer den Zusammenhang des Gottesdienstes und der Gemeinde hervor, in den die Predigt und der Prediger gestellt sind:

> »The basic unit of meaning on Sunday morning is not the sermon but the service, not the preacher alone but the whole people of God. Too often homiletics has presumed that its first task is to shatter the scene and to find a new and exciting discourse with which to replace the language of the people of God.«[678]

Angesichts der vielfältigen Versuche, die Wirkmächtigkeit der Predigt wiederzugewinnen, betont Lischer als lutherischer Theologe, dass Gott derjenige ist, der in der Predigt spricht, und der Heilige Geist, der durch das Wort wirkt; daher wirken die, die predigen, lehren und Zeugnis geben in der Gewissheit, dass das Wort eine unverminderte Wirkmacht besitzt.[679] Zugleich wird auch auf lutherischer Seite die Frage nach der Relevanz des verkündigten Wortes gehört. So fragt Deffner nach der Ursache des Predigtschlafs: Hat die säkulare Welt, in der die Hörer leben, sie so aufgesogen, dass die Rede von Gott für sie nicht mehr relevant ist?[680] Die erste Frage für den Prediger auf der Kanzel müsste sein: »Mit wem spreche ich bitte?« Predigen sei ein dialogisches Geschehen zwischen Gott, dem Pfarrer und den Hörern; zwischen dem täglichen Leben, den Menschen und ihren Bedürfnissen und Nöten.[681] Es sei ein Geschehen, zu dem die Mitarbeit des Hörers dazugehöre.[682] Die Predigt müsse die entscheidenden theologischen und ontologischen Fragen ansprechen: Wo gehst du hin? Was ist die Bedeutung und der Sinn des Lebens?[683] An diesem Punkt begegnet in der Homiletik die schon in

---

675 SCHNEIDER, As One Who Speaks, 5. Schneider verweist hierzu auf Davis.

676 A.a.O., 16f.

677 Schneider bezieht sich hier auf die Unterscheidung Dodds zwischen »predigen« und »lehren«, die seit der Veröffentlichung seines Untersuchung »The Apostolic Preaching and Its Developments« 1936 merklichen Einfluss auf die englischsprachige homiletische Literatur hat (SCHNEIDER, As One Who Speaks, 6). Auch für Cleland ist die Didache ein Teil der Gemeindepredigt (CLELAND, Preaching, 85f.).

678 LISCHER, Theology, x.

679 A.a.O., 53.

680 DEFFNER, Compassionate Preaching, 33.

681 A.a.O., 32. Das gesamte Heft mit 143 Seiten ist eine ausführliche und eigenständige Thematisierung der Bedürfnisse des Hörers.

682 A.a.O., 56.

683 A.a.O., 38.

der klassischen Rhetorik formulierte Erkenntnis, dass für einen guten Sprecher auch die Aufnahme non-verbaler Reaktionen der Hörer stets ein wesentlicher Teil der Kommunikation ist.[684] So weist Craddock darauf hin, dass auch zwei Sprecher letztlich einen Monolog halten können, und dass umgekehrt auch die Predigt eines Einzelnen ein Dialog sein kann, nämlich ein Dialog mit dem Hörer.[685] Aus der Rhetorik kommt hier die Erinnerung an die klassische Methode der Einführung eines konstruierten Gegners, durch die der Sprecher den Hörer indirekt zu überzeugen versucht.[686]

Nach Eggold wird die Predigt da, wo sie ein Monolog ist – also nicht »interaktiv« eine Reaktion vom Hörer erwartet – zur *performance*, die der Prediger gibt, mit den Hörern als Jury, die darüber urteilt.[687] Dagegen setzt Eggold ein Verständnis der Predigt, nach dem sie insofern aus theologischer Sicht ein dialogisches Geschehen ist, als Gott selbst darin den Einzelnen anspricht und eine Antwort erwartet; die Predigt des Pfarrers am Sonntag werde zur praktischen »Predigt« der Gemeindeglieder in ihrem Leben während der Woche.[688] Eggold schließt sein Buch »Preaching is Dialogue« mit dem Satz,

> »Although in the worship service the hearer does not respond verbally to the preacher, he does respond by striving to live more by faith and more by love than selfishness.«[689]

Diese doppelte Zielrichtung der Predigt auf den Glauben und das Leben des Hörers, die sich auch bei Aho findet, ist bei Eggold eingebettet in das lutherische

---

[684] Augustin verlangt von denen, die Gottes Wort auslegen, »in omnibus sermonibus suis primitus ac maxime ut intellegantur elaborent et, quantum possunt perspicuitate dicendi, ut aut multum tardus sit, qui non intellegit, aut in rerum, quas explicare atque ostendere uolumus, difficultate ac subtilitate, non in nostra locutione sit causa, qua minus tardiusue quod dicimus possit intellegi.« (Aurelius Augustinus, De doctrina christiana libri IV. Ausg. besorgt v. Ioseph Martin. In: Sancti Aurelii Augustini de doctrina christiana. De vera religione, Aurelii Augustini Opera. [CChr.SL 32, Teil IV/1.], Turnhout 1962, 1–167; hier 131f. [i. Folg.: Augustinus, Doctrina]). – In diesem Sinne schreibt Bohren 1954, »[...] der Hörer gestaltet die Predigt mit.« (Bohren, Gestalt, 369).

[685] Craddock, Without Authority, 18.

[686] Mohrmann demonstriert dieses Stilmittel der Prosopopöie am Beispiel einer Rede Abraham Lincolns (Mohrmann, Composition and Style, 85, 89).

[687] Eggold, Dialogue, 11.

[688] A.a.O., 11, 14 u.ö. In ähnlichem Sinne identifiziert Schneider die Kirche mit dem Volk Gottes. Da, wo dieses im Alltag ist – bei der Arbeit im Haus und Beruf mitten in der Gesellschaft –, da sei Kirche. Neben der von Schneider betonten Verbindung zwischen Predigt und Sakrament klingt hier auch die lutherische Stände- und Arbeitsethik an (Schneider, As One Who Speaks, 45). Im selben Sinne entfaltet Caemmerer ausführlich diesen Aspekt, den er bisher für unterbewertet hält; mit einem solchen Verständnis werde die Kanzel nach allen Seiten offen und füge sich nahtlos in die Seelsorge und die geistliche und administrative Arbeit in der Gemeinde ein (Caemmerer, Recovery, 148–152, 155f.).

[689] Eggold, Dialogue, 119f. Zu diesem doppelten Ziel bei Aho vgl. 5.4.6.

Verständnis des Glaubens, der nicht nur intellektuelle Zustimmung, sondern eine genuine Erneuerung der ganzen Person bedeutet.[690] Mit Luther bezeichnet Eggold das verkündigte Wort als die *viva vox evangelii*. Dadurch ruft der Heilige Geist den Menschen zu täglicher Reue und Umkehr; es befreit ihn von sich selbst, von seiner Selbstverkrümmung, schafft ihn neu und gibt ihm ewiges Leben.[691] In diesem Sinne wird der Prediger in der Verkündigung zu einem Mit-Arbeiter Gottes.[692]

4.2.13. Zusammenfassung

In der zweiten Hälfte des 20. Jahrhunderts führt die Kritik an Konventionen und Institutionen in den USA auch zur Infragestellung der Bedeutung von Wörtern und der Realität, die sie beschreiben. Die Autorität der Kirche und der Kanzel ist nicht mehr selbstverständlich, die Verkündigung scheint vielen irrelevant und wirkungslos. Es wird von einem Versagen der Predigt gesprochen. Sie entleere Schriftworte ihrer Realität, sei häufig anachronistisch und in ihrer Struktur monoton.

In dieser Situation entsteht ein neues Interesse an der rhetorischen und homiletischen Diskussion, in beiden Fachbereichen kommt es zur Gründung neuer Konferenzen und Fachzeitschriften. Die Frage nach dem Verhältnis zwischen dem Wort Gottes und dem von Menschen gesprochenen Wort wird zu einem zentralen Thema der Hermeneutik. Kritik wird laut an einem Verständnis der Predigtarbeit als einer primär rhetorischen Aufgabe. Während die zu kommunizierende Wahrheit in der Vergangenheit weitgehend zu deren Voraussetzungen zählte, wendet sich das Interesse nun der Kommunikation dieser Wahrheit zu. In der nordamerikanischen Rezeption der neuen Hermeneutik wird die existentielle Beteiligung des Hörers zu einem zentralen Anliegen des neuen homiletischen Aufbruchs. Die Predigt wird zunehmend selbst als ein hermeneutischer Vorgang und als ein dynamisches Ereignis verstanden. Homiletik sei nicht zuerst Methodenlehre, sondern Einweisung in eine Kunst. Vor diesem Hintergrund konzentrieren sich unterschiedliche Neuansätze auf den dialogischen Aspekt dieses Ereignisses und das Paradigma der *story*. Von lutherischer Seite wird der Ereignis- und Dialogcharakter der Predigt auch theologisch begründet. Experimente mit vielfältigen Formen werden unternommen.

---

[690] A.a.O., 25.
[691] A.a.O., 19f., 26.
[692] A.a.O., 21.

4.3. Der Entstehungsgrund: Die Krise

4.3.1. Die Predigt als pastorale Aufgabe

Angesichts des Eindrucks der homiletischen Krise und im Blick auf die Einbeziehung des Hörers in das Predigtgeschehen wird von verschiedenen Homiletikern an die Einbindung der Predigt in die pastorale Arbeit erinnert. Killinger bezeichnet das Predigen als das Zentrum des Pfarr-Amtes; wo dies kreativ angegangen und treu ausgeführt werde, bringe es Ordnung und Sinn in seine gesamte Tätigkeit, die in dieser Mitte ihre Einheit wiedergewinne[693]:

> »As a preacher in an age when preaching is widely regarded as the bogus currency of a bankrupt ministry, the best thing you can do, for yourself and your ministry, is to set the business of preaching at the very center of your life and work, and give it first claim on your time and energy.«[694]

Killinger führt diesen Ansatz ausführlich in Bezug auf Seelsorge, christlichen Unterricht, Gemeindeverwaltung und das persönliche Leben des Pfarrers aus. Der Pfarrer, der regelmäßig Zeit zur Predigtvorbereitung einplant und damit am Montag der Woche beginnt, werde selbst überrascht sein, welche Wirkung das auf die Gemeinde habe, und wie die Apathie so einer eifrigen Begeisterung weiche. Es gehe um eine konsequent gute Predigtarbeit, und das verlange eine definitive Disziplin. Unter Bezug auf die früher verbreitete Praxis des geschlossenen Altars – die Verwehrung des Sakraments in Fällen offenbarer Sünde und Unbußfertigkeit – spielt Killinger mit dem Gedanken, eine »geschlossene Kanzel« einzuführen mit Nichtzulassung jedes Predigers, der nicht 10, 15 oder 20 Stunden Vorbereitung auf die Predigt verwandt hat.[695] Bei Schneider kommt der Charakter der Predigt als *pastoral activity* in seiner Erinnerung an das *ius canonicum* im ausgehenden Mittelalter zum Ausdruck, nach dem das Recht zur Predigt in einer Gemeinde bei dem für sie verantwortlichen Hirten liegt.[696]

Wilson betont das Ethos, die Integrität des Predigers[697] sowie seine persönliche Gottesbeziehung.[698] Barth habe geglaubt, jegliche Aufmerksamkeit, die man auf das Ethos verwendet, wäre *interference* mit dem Wort Gottes. Es gehe dabei jedoch um die Pflege der Beziehung zwischen Prediger und Gemeinde.[699] Dies habe auch mit Seelsorge zu tun. Hierzu gehört für Wilson, dass der »Ton« der

---

693 Killinger, Centrality, 27f., 30, 49. Nach C. Reid repräsentiert diese Sicht der Predigt einen breiten Strom protestantischen Denkens in der Gegenwart (Reid, Empty Pulpit, 39).

694 Killinger, Centrality, 28, vgl. 71.

695 A.a.O., 31f.

696 Schneider, As One Who Speaks, 36. Schneider unterscheidet eine prophetische, didaktische, evangelische und therapeutische Funktion der Predigt (a.a.O., 77ff., vgl. 3ff.).

697 Wilson, Practice, 27 u.ö.

698 A.a.O., 79f.

699 A.a.O., 28, vgl. 32, 53.

Predigt nicht autoritär ist.[700] Vertrauen gewinne der Prediger jedoch auch, indem er der Tradition (auch der lokalen) treu sei.[701]

Wilson geht auf die »Entleiblichung« des Redens durch die Medien, insbesondere das Fernsehen ein. Dass der Prediger als anwesende, lebendige Person predige, sei wichtig dafür, wie Predigten gehört würden. Es sei etwas anderes, als wenn die Gemeinde bei seiner plötzlichen Verhinderung das Predigtmanuskript schriftlich bekäme und jeder es für sich läse.[702]

In den Veränderungen, die im Kontext der Predigt vor sich gehen, muss der Prediger die ihm zukommende Rolle neu entdecken.[703] In einer Zeit, in der die Autorität der öffentlichen Rede und die Kommunikation an sich in Frage gestellt werden, schreibt die Rhetorikerin Jane Blankenship, ein Redner, der keine moralische Verantwortung übernimmt für das, was er sagt, verdiene keine Aufmerksamkeit.[704] Ganz ähnlich fordert Charles L. Rice auch auf Seiten der Homiletik die Integrität und Aufrichtigkeit des Predigers. Dies sei jedoch kein selbstsicheres Predigen, das keinen Zweifel kenne, davon habe die amerikanische Kanzel genug.[705] Scheidel schreibt, jegliches Anzeichen für die Unaufrichtigkeit eines Sprechers könne einen Boomerang-Effekt haben.[706]

Lutherische Homiletiker betonen, dass die Vollmacht des Predigers allein in seiner Taufe und damit in Christus liegt;[707] dieser hat fehlbaren, schwachen Menschen wie »irdenen« Gefäßen für sein Wort das Predigen aufgetragen.[708] Zur Aufgabe des Predigers schreibt Krieger,

---

[700] A.a.O., 30f.

[701] A.a.O., 34. Der persönliche Aspekt kommt bei Wilson auch darin zum Ausdruck, dass die geistliche Erfahrung als überzeugendes Moment ein Grundbestandteil der Predigt ist, obgleich er zugleich betont, der Gegenstand der Predigt müsse theologisch sein, nicht empirisch o.ä. (a.a.O., 72, 83, 217).

[702] A.a.O. 42, vgl. 46f.

[703] Zu diesen Veränderungen gehört auch der zunehmende Nachdruck – in Theorie und Praxis – auf einem sogenannten *ministry of the laity* (vgl. Reid, Empty Pulpit, 95, s. auch 56, 115 u.ö.).

[704] Blankenship, Sense of Style, 152. Die Wiedergabe von *speaker* mit »Redner« folgt dem Sprachgebrauch Blankenships, die grammatisch maskuline Pronomen in generischer Bedeutung mit *speaker, child, man* (Mensch) usf. verbindet, und ist nicht als Beschränkung auf ein biologisches Geschlecht zu verstehen (vgl. oben unter 0.2).

[705] Rice, Preacher's Story, 22.

[706] Scheidel, Speech Communication, 323, vgl. 348.

[707] Lischer, Theology, 73; Fritz, Preacher's Manual, 3.

[708] Krieger, Angels, 12. Vgl. White, Guide, 238. Ähnlich Reu, Homiletics, 84: Der Prediger ist selbst ein Sünder und braucht Christus als seinen Heiland. Vergleiche dagegen das donatistische Verständnis des Beitrags des Predigers bei Harnish, für den die Kirche mit den Idealen und der eigenen Anwendung des Wortes Gottes bei denen, die für das Amt des »Propheten« ausgesondert seien, steht und fällt (Lester J. Harnish, The Mechanics Employed. In: Clarence Stonelynn Roddy [Hg.], We Prepare and Preach. The Practice of Sermon Construction and Delivery, Chicago/IL 1959, 63–70; hier 64 [i. Folg.: Harnish, Mechanics]).

»We aren't likely to be sent out to do startling things. We are likely meant to do the quiet, unspectacular things that matter, precisely where we are and with what we have. The only real danger that I know is that we'll think of them as mean and profitless, rather than holy. The only preventive is to love people, to love them for themselves, and despite themselves!«[709]

4.3.2. Die Person des Predigers

Die unter der Erfahrung einer homiletischen Krise und in der Auseinandersetzung mit der »neuen Hermeneutik« erneut gestellte Frage, inwiefern die Predigt Gottes Wort ist, wird einerseits im Sinne der Neuorthodoxie beantwortet, die den objektiven Charakter des Wortes Gottes betont und die Predigt als Selbstausdruck Gottes viel mehr als des Predigers versteht.[710] Für lutherische Homiletiker wird dieses Wort nicht nur je und dann Ereignis in der Predigt, sondern rechte, schriftgebundene Predigt ist die Verkündigung des Wortes Gottes.[711] Auch Colquhoun betont, dass es dem Prediger nicht frei steht, seine eigene Interpretation des apostolischen Zeugnisses gleichwertig neben dieses zu stellen.[712] Der Prediger müsse die moderne Welt, in der seine Hörer leben, sehr genau wahrnehmen. Von ihm sei jedoch nicht verlangt, dass er Gottes Wort dem Wort von Menschen opfere, das Evangelium verwässere oder eine neue Art von Religion predige, die dem »wissenschaftlichen Geist« entspreche.[713] Daneben findet sich andererseits auch der subjektivistische Ansatz, nach dem der Prediger seine Predigt nicht als eine Anrede von oben, sondern als seine eigene Glaubensantwort auf Gottes Wort verstehen soll.[714]

Aus kommunikationstheoretischer Sicht betont G. P. Mohrmann die Rolle, die die persönliche Beteiligung des Sprechers für sein Thema in Bezug auf eine wirksame Kommunikation spielt.[715] Auch diese Überzeugung begegnet unter spezifisch geistlichem Vorzeichen in der Homiletik,[716] wo sie auf das persönliche Angefülltsein des Predigers mit seiner Botschaft oder sein eigenes geistliches Leben bezogen wird.[717] Lowry greift auf alte pastorale Weisheit zurück, wenn er

---

[709] KRIEGER, Angels, 22.

[710] So MORRIS J. NIEDENTHAL/CHARLES L. RICE, Preaching as Shared Story. In: EDMUND A. STEIMLE [u.a.] [Hg.], Preaching the Story, Philadelphia/PA 1980, 1–16; hier 2 (i. Folg.: NIEDENTHAL/RICE, Shared Story).

[711] Lenski (1927) etwa spricht von der göttlichen Wahrheit, die von den Lippen des Predigers kommt (LENSKI, Sermon, 69).

[712] COLQUHOUN, Ambassadors, 78.

[713] A.a.O., 81.

[714] So GILBERT E. DOAN JR., Preaching from a Liturgical Perspective. In: EDMUND A. STEIMLE [u.a.] [Hg.], Preaching the Story, Philadelphia/PA 1980, 95–106; hier 101 (i. Folg.: DOAN, Liturgical Perspective).

[715] MOHRMANN, Composition, 9; REU, Homiletics, 74, 76.

[716] Siehe etwa SCHEIDEL, Speech Communication, 37.

[717] Sangster etwa redet von der intimen (*secret*) und fortwährenden Gemeinschaft des Predigers mit Gott (SANGSTER, Craft, 147). Für Farmer (1942) gibt das eigene geistliche

gegen die Predigt-Blockade empfiehlt, der Prediger solle die Heilige Schrift regelmäßig um ihrer selbst willen und nicht nur für die konkreten Predigtvorbereitung studieren.[718] Unter dem Gesichtspunkt der Berufung wird diese Beteiligung nicht nur auf den emotionalen Bereich oder den Glauben bezogen, sondern auf die ganze Person. So weist Schneider darauf hin, dass seit dem Alten Testament kontinuierlich einzelne Männer von Gott zum Predigen berufen wurden; dies unterscheide sie von anderen Gliedern der Gemeinde[719]:

> »[...] God chose certain individual men, called them into relationship with Himself and commissioned them to be the agents for the fulfillment of His purpose in the world.«[720]

Colquhoun nennt diese Berufung »an amazing privilege«, nämlich

> »[...] to be allowed to point men and women and young people to the only way of life in this world and the only hope for the world to come; to be Christ's ambassadors and fellow-workers with God in the greatest of all tasks – the making of disciples, the building up of the Church, the advancement of the kingdom in the world.«[721]

Für Reu ist der Prediger Werkzeug und Mundstück der Gnade Gottes. Diese nehme damit auch seine individuelle Persönlichkeit in den Dienst; sie zerstöre sie nicht, sondern reinige, heilige und verwandele sie.[722] So komme es bei aller Einheit des Glaubens und Gemeinsamkeit im geistlichen Leben zu einer wunderschönen Vielfalt in der Predigt, wenn man sie durch ihre Geschichte bis heute verfolgt. Sie sei wie eine Melodie, die selbst in derselben Gemeinschaft in unzähligen Variationen wiederkehrt. Die Gemeinde erfahre mit dem Prediger zusammen und durch seine individuelle Persönlichkeit die Verkündigung des reinen Wortes Gottes in seinem wesentlichen Inhalt vom gekreuzigten und auferstandenen Heiland. Dabei ist das Wort Gottes, wie Reu mit Luther sagt, die geistliche Rüstung, die der Prediger anlegen soll, in der er aber nicht vor der Gemeinde scheinen und sich nicht selbst darin spiegeln soll.[723]

Leben des Predigers, sein eigenes Wandeln in aller Demut mit Gott in Christus ihm Autorität; und er *müsse* mit einer gewissen Autorität reden, da das Christentum eine Offenbarungsreligion sei (Farmer, Servant, 84, 86).

[718] Lowry, Plot, 102.

[719] Schneider, As One Who Speaks, 32ff.

[720] A.a.O., 33. Vgl. Luccock (1944), der den Prediger als Diener des Wortes bezeichnet, das für jede Situation relevant ist (Luccock, Workshop, 25; vgl. 53, 129).

[721] Colquhoun, Ambassadors, 38. Vgl. Colquhouns Zitat aus dem Galaterkommentar Luthers zur Gewissheit des Predigers über seine Berufung a.a.O., 82.

[722] Reu, Homiletics, 92f. Vgl. Phelps, der eine gewisse Zurückhaltung des Predigers in allem, was auf seine Person oder seine Persönlichkeit hinweist, für geboten hält (Phelps, Theory, 50).

[723] Reu, Homiletics, 423. Vgl. Wedel, der 1965 schreibt, nichts mache den Prediger mehr zum Diener der Kirche als wenn er ein treuer Diener des Wortes sei (Wedel, Pulpit, 156).

Wie aber ist es möglich, dass ein schwacher und sündiger Mensch das Wort des heiligen Gottes verkündigt? Caemmerer sieht die Antwort darin, dass es Gottes Plan ist, auf solche Weise Menschen zu retten. Sich auf das Gefühl einer »inneren Berufung« zu verlassen, sei gefährlich.[724] Der Prediger müsse so neu gestaltet werden, dass er selbst und alle menschliche Kunst der Botschaft nicht im Wege steht; dass seine eigene Einsicht in die Botschaft erneuert wird und dass er selbst von Gottes Sorge um die Rettung der Menschen erfüllt und zu ihm für seine eigene Erfrischung zurückgeführt wird. Dazu gehöre auch, dass der Prediger in seiner Arbeit und seinem Handwerk kompetent sei, dass er die menschliche Natur verstehe, die psychologischen und rhetorischen Mechanismen bedeutungsvoller Rede kenne und Sorge zeige für den Hörer in seiner Lebenssituation.[725] Auf römisch-katholischer Seite formuliert Graham 1996 das Anliegen, dass der Klerus sein Potential zur Verkündigung des Wortes Gottes mehr entwickeln müsse – d.h. Geist, Emotionen, Körper und Stimme –, um eine Gemeinschaft von Seelen zu bewirken.[726] Der Prediger könne beim Predigen nichts von sich zurückbehalten:

> »[...] the act of communicating the Word of God is a specific act of love.«[727]

An der technischen Seite des Vortrags zu arbeiten, heiße, die Fähigkeit zur »Mitteilung« zu stärken; im Augenblick des Vortrags gelte die Konzentration jedoch dem Verstehen und der Reaktion des Hörers und nicht der Frage, wie der Vortrag aussieht oder klingt.[728] Der Prediger *könne* Leute zum Zuhören bringen; darin habe die Beschäftigung mit der Rhetorik ihren Sinn:

> »He can quicken their senses, stimulate their imagination and focus their concentration on the most important thing in the life of the listening layman, his salvation.«[729]

---

[724] Vgl. dazu Jones, der den *call* des Predigers ausführlicher als andere Homiletiker thematisiert, sich damit jedoch auf das Entstehen einer inneren Gewissheit, nicht auf einen äußeren, objektiven Akt der Ordination oder Berufung bezieht (JONES, Principles, 61ff.).

[725] CAEMMERER, Preaching 1959, 51, 289f. – White bezeichnet Predigen als eine Gabe. Genau deshalb gehörten jedoch Berufung und Kompetenz dazu (WHITE, Guide, 4). Vgl. Randolph, der schreibt, der Prediger müsse den Umgang mit Worten in seinem Denken, Sprechen und Schreiben zu seinem Handwerk machen. Dies sei ein schöpferisches Tun, kein mechanisches Aneinanderreihen von Teilen (RANDOLPH, Renewal, 19, 127). Mechanische Predigten sind nach Blackwood gewöhnlich das Werk von Kopisten (BLACKWOOD, Preaching From the Bible, 51). Noch grundsätzlicher betont Unger den Wert einer guten Allgemeinbildung und der Beherrschung der (englischen) Sprache für den Prediger (MERRILL F. UNGER, Principles of Expository Preaching, Grand Rapids/MI 1955 [i. Folg.: UNGER, Principles]).

[726] GRAHAM, Theory, 4.

[727] A.a.O., 10.

[728] A.a.O., 5.

[729] A.a.O., 6.

Durch den Prediger erfahre der Hörer die lebendige Liebe, die Christus für ihn hat. Wer als Prediger weniger als alles in dieser Aufgabe gibt, sei »lauwarm«. Das Schlimmste, was in der Kirche geschehen könne, sei daher, dass keine Reaktion vom Hörer ergeht.[730] Der Prediger müsse sich deshalb ganz in diese Aufgabe hineingeben:

> »The Word of God needs, and has the right to, the fullest use of our individual natures, our minds and hearts, our bodies and our voices. The extraordinary Word of God must be communicated through the extraordinary use of self.«[731]

Von einem ganzheitlichen Kommunikationsverständnis geht Caemmerer aus, wenn er schreibt, nicht nur die Predigt müsse »Sinn machen«, sondern auch der Prediger in seiner Person, mit seinem Vortrag und seiner Körpersprache. Sein Grundanliegen solle dabei stets die Sorge um den Hörer sein.[732] Nach Bowie wollen die Hörer keinen Prediger, der sich anbiedert und sich ihrem Lebenswandel in jeder Hinsicht anpasst. Sie erwarteten vielmehr, dass er ihnen still und bescheiden, aber ohne Wanken den Weg zu einem Leben in ganzem »Selbstrespekt« zeige. Ein sorgloser Umgang mit der Predigt verrate einen seichten Prediger. Auch Bowie weist darauf hin, dass alle Aktivitäten des Pfarramts ein Ganzes bilden und in der Aufgabe der Predigt zusammenfließen.[733]

So wird der Prediger mit seiner ganzen Persönlichkeit zu einem Zeugen. Zur Gemeinde besteht schon deshalb eine Beziehung, weil er eine Vielzahl von Aufgaben für sie und in ihr hat. Wo ein Prediger die Hörer überzeugen kann, dass seine Worte ein Werkzeug sind, das sie von den Ketten des Todes befreit – und sie ihn selbst als einen Menschen sehen, der dabei ist, das Band der Sünde und der Furcht in dieser Kraft abzuwerfen –, da hat sein Reden Autorität.[734]

Ähnlich schreibt Krieger, der Prediger, der erkennt, wie unnütz er ist, könne darüber staunen, dass er zugleich ein erlöster, erneuerter und von aller

[730] A.a.O., 15f.

[731] A.a.O., 14.

[732] Caemmerer, Preaching 1959, 50ff. Vgl. Perry in Bezug auf die Einstellung des Predigers zu der Sprechsituation als ganzer: Diese werde seine Körperhaltung, Aufmerksamkeit, Flexibilität der Stimme, Mimik und Variationsbreite im Predigtvortrag beeinflussen (Perry, Biblical Preaching, 185f.). White schreibt, der Prediger, der respektiert werden wolle, habe zuerst seine Gemeinde zu respektieren; ob er sie überzeugen könne, hänge von seiner Sympathie für sie und ihre Situation ab (White, Guide, 47). Ähnlich schreibt Farmer 1942, die Predigt verliere viel von ihrer Überzeugungskraft, wenn sie nicht begleitet werde von einer Teilnahme des Predigers an der persönlichen Situation der Menschen und ihren Nöten. Es dürfe ihm dagegen nicht in erster Linie darum gehen, einen bestimmten Eindruck auf sie zu machen oder bestimmte Emotionen bei ihnen zu bewirken; damit brächte er seine eigene Seele in Gefahr (Farmer, Servant, 24, 83).

[733] Bowie, Preaching, 27, 32f.

[734] Vgl. dazu Jones, der von einer Partnerschaft des Predigers mit Gott in dessen fortwährendem Erlösungswerk spricht (Jones, Principles, 20).

Schuld befreiter Mensch ist.[735] Es sei *eine* Sache, ein Prediger zu sein. Ein *guter* Prediger zu sein und zu bleiben sei eine ungleich schwierigere. Das aber sei genau die Verpflichtung, die jeder habe, dem das Evangelium zur Verkündigung anvertraut ist.[736] Dabei gehörten Predigen, Hausbesuche und Seelsorge zusammen.[737]

Caemmerer betont, dass der Prediger, der auch als Theologe reifen will, auch die Beiträge führender christlicher Denker außerhalb seiner eigenen Konfession wahrnehmen werde. Er sei für jede Einsicht in Gottes Wort dankbar, auch wenn sie in Sprach- und Denkformen gekleidet ist, die nicht seiner bisherigen Gewohnheit entsprächen; er lerne weiterzulernen. Auf der anderen Seite entdecke er daran auch, was es heißt, zu unterscheiden. Er lerne es, die Grundlagen des Evangeliums gegenüber der Arbeit von Auslegern - einschließlich derer aus seiner eigenen Konfession - hochzuhalten. Und er lerne, einen festen Halt in der Schrift und die Wirksamkeit der Sprache, die diese auszulegen versucht, zu schätzen. Damit sei der Prediger stets zugleich Theologe.[738]

4.3.3. Die Erwartung des Hörers

Nordamerikanische Prediger werden nach dem Zweiten Weltkrieg zunehmend *hearer-conscious*.[739] Hier zeigt sich eine Affinität zu der entstehenden neuen Hermeneutik in Europa; ein gemeinsames Anliegen, das als ein Faktor zu deren Rezeption auf US-amerikanischer Seite in der Nachkriegszeit beiträgt. So trifft die hermeneutische Forderung der »Relevanz« in Nordamerika auf vorlaufende Zustimmung:

> »Christian preaching, however, must also be relevant for not only the text but also the historical and cultural situation of the hearers determines the kerygmatic proclamation of the sermon.«[740]

Solches Eingehen auf die Gedanken und Vorstellungen der Hörer stellt jedoch neue und höhere Anforderungen an die Predigt als in der Vergangenheit,

---

735 KRIEGER, Angels, 17.

736 A.a.O., 41.

737 A.a.O., 19. - Das Ergebnis einer von Jones 1956 erwähnten Untersuchung, nach der die Rolle des Predigers in protestantischen Kirchen zurückgedrängt wird von der pastoralen und seelsorglichen Rolle und von der des Organisators und Administrators, mag gerade angesichts dieses von verschiedenen Seiten unterstrichenen Zusammenhangs ein Ausdruck der vielfach genannten Krise der Predigt sein (JONES, Principles, 28).

738 CAEMMERER, Preaching 1959, 265ff.

739 So nach BLACKWOOD, Expository Preaching, 53 u.a. Vgl. oben, Abschnitt 3.4. und BROADUS, Preparation and Delivery 1944, 286. - Bei Blackwood selbst erliegt dieses Anliegen zum Teil einer fundamentalistischen Identifizierung der biblischen Situation mit der des Hörers, etwa wenn er das Gleichnis vom Verlorenen Sohn auf junge Erwachsene unter den Hörern anwendet, die ihr Zuhause auf dem Land verlassen und in die Stadt ziehen wollen (BLACKWOOD, Expository Preaching, 189).

740 SURBURG, New Hermeneutic, 16.

schreibt Fritz 1941, weil der Bildungsstand in der Gesellschaft gestiegen sei.[741] Hinzu kommt die von Blankenship beschriebene Auswirkung der Massenwerbung auf die Sprache:

> »Man [...] becomes no longer the maker of products, but products the maker of man.«[742]

Bewusst oder unbewusst verschließen sich Hörer zunehmend gegenüber Versuchen, sie mit rhetorischen Mitteln zu beeinflussen. So konstatiert Lischer neben einem erneuten Interesse an der Hermeneutik einen zunehmenden Zynismus gegenüber der Sprache der öffentlichen Rede.[743] Ein weiterer wichtiger Hinweis kommt aus dem Bereich der Kommunikationsforschung: Typisch für die Massenmedien sei die Ausrichtung auf eine maximierte Kurzzeitwirkung.[744] Auch dies bleibt nicht ohne Einfluss auf das Hörverhalten unter der Kanzel.[745]

4.3.4. Die Rolle der Kirche im Leben des Hörers

Wedel schreibt 1956, der Säkularismus sei zum herrschenden Rahmen für das Denken und Handeln des Menschen geworden; er spricht von einem säkularen Existentialismus.[746] In den 60er Jahren konstatiert Killinger das Gefühl eines Bruchs mit allen bisherigen Institutionen und Überzeugungen:

---

[741] Fritz, Preacher's Manual, 56. Ähnlich schreibt Killinger Ende der 60er Jahre, die Hörerschaft dieser Zeit sei literarisch gebildeter, besser informiert und kompetenter als sie je ein Sprecher gehabt habe, und aus diesem Grunde höchst schwierig. Die Hörer seien kaum geneigt zu glauben, was sie hören, und höchst ungeduldig. Die Explosion des Wissens vor allem durch das Medium des Fernsehens habe zu einer Krise des kirchlichen Amtes und seines Selbstverständnisses geführt (Killinger, Centrality, 18f., 74). Caemmerer fordert im Gegensatz dazu Ende der 50er Jahre, der Prediger solle sich in Stil, Illustrationen und Direktheit der begrenzten Erfahrung des Hörers anpassen, ohne herablassend zu werden (Caemmerer, Preaching 1959, 65). Dies mag einen älteren homiletischen Rat, aber auch Unterschiede zwischen städtisch und ländlich geprägten Gemeinden widerspiegeln.

[742] Blankenship, Sense of Style, 140.

[743] Lischer, Theology, 63ff.

[744] Scheidel, Speech Communication, 361. Die Massenkommunikation ist ein Aspekt der Untersuchungen des Autors.

[745] Dieser Aspekt spielt offensichtlich auch eine Rolle auf Seiten der Prediger und trägt zu deren Suche nach neuen oder sensationelleren Predigtformen bei.

[746] Wedel, Pulpit, 147, 170. Vgl. Eggold, der die Gegenwart mit den Stichworten Aktivismus, Materialismus und Säkularisierung kennzeichnet (Eggold, Dialogue, 55f.). In Bezug auf letztere und ihre Zunahme schreibt Forsyth bereits mit dem Blick auf das ausgehende 19. Jahrhundert: »The age, and much of the Church, believes in civilization and is interested in the Gospel, instead of believing in the Gospel and being interested in civilization.« (Zitiert bei Wardlaw, Homiletics, 246).

»Ours is the extremest sense of contemporaneity any age has ever had. It is almost as if we were separated by some major surgery from all the institutions and beliefs of the past.«[747]

Diese Situation sei an sich nicht zu beklagen. Der Prediger müsse sich jedoch ihrer Auswirkung bewusst sein. Die Kirche möge weiterhin den Kernbereich im Leben der Hörer darstellen, doch befände sich ein zunehmend größerer Teil ihres Lebens außerhalb dieses Zentrums.[748] Sie suchten deshalb vermehrt nach dem Sinn im Leben und befänden sich in einem Zustand der *Dauerreflexion*.[749] Cleland erinnert in diesem Zusammenhang die Homiletik daran, in wie vielen gleichzeitigen *communities* der Hörer in der säkularisierten und immer komplexeren Welt lebt:

»There are his home and his job, the school to which his children go, and the civic club of which he is a member. There is his town, worried about Sunday movies and comic books on the newsstands. There is his church with its organizations and committees [...].«[750]

Der letzte Satz deutet an, dass diese Entwicklung nicht so zu verstehen ist, als führe sie bei einer Mehrheit von Kirchgliedern zu einer bloß nominellen, passiven Zugehörigkeit. D. Buttrick spricht wie selbstverständlich von mehreren hundert Hörern unter der Kanzel,[751] Craddocks Beschreibung der Situation in den 80er Jahren zeichnet ein Bild von Gemeinden, in denen die Glieder und Mitarbeiter eng miteinander verbunden sind.[752] Pfarrer hätten nicht Klienten, sondern Gemeindeglieder, mit denen sie gemeinsam teilhätten an Predigt, Gebet, Beerdigungen, Hochzeiten, Taufen, Seelsorge und anderen Augenblicken besonderer menschlicher Verletzbarkeit, Angelegenheiten von ultimativer Bedeutung.[753] Er geht davon aus, dass manche Familien ihre Hausandachten an den Predigtreihen der Kirche ausrichten.[754] Auch Leute, die die christlichen Glaubensüberzeugungen und Traditionen nicht ernst nähmen, kämen aus fami-

---

[747] KILLINGER, Centrality, 106.
[748] Vgl. Caemmerers Hinweis auf die von soziologischer Seite kommende Kritik an der »Sterilität« des kirchlichen Gemeindelebens (CAEMMERER, Recovery, 152).
[749] KILLINGER, Centrality, 73; letzteren Begriff übernimmt Killinger als Fremdwort.
[750] CLELAND, Preaching, 52; beachte, dass die Kirchengemeinde hier nur einen unter vielen Lebensbereichen bildet, aber fraglos zu diesen dazugehört. – In ähnlicher Weise nennt D. Buttrick Gewerkschaften, politische Vereinigungen, soziale Gruppierungen, Familie, Nachbarschaft, Nation usw. Zugleich jedoch, so betont er, gehöre der Christ der Christus-Gemeinschaft an, in der ganz andere Vorstellungen des Bewusstseins das Leben ordnen würden als in diesen außerkirchlichen Gemeinschaften (BUTTRICK, Moves, 260).
[751] A.a.O., 26.
[752] In den USA als Einwanderernation finden viele im kirchlichen Raum seit jeher die neue Heimat, nach der sie suchen.
[753] FRED B. CRADDOCK, Preaching, Nashville/TN 1985, 23 (i. Folg.: CRADDOCK, Preaching).
[754] A.a.O., 105.

liären oder gesellschaftlichen Gründen oder aus Tradition zur Kirche.[755] Typisch ist zudem für viele Gemeinden und Gemeindeglieder, dass sie aus einem Verständnis der christlichen Nächstenliebe heraus in ihrem Umfeld praktisch engagiert sind.

Dem Miteinander von Prediger und Gemeinde wendet sich Craddock in seinem Buch »Preaching« in erheblich größerer Ausführlichkeit zu als andere homiletische Lehrbücher.[756] Wesentliche Stichworte sind bei ihm Vertrauen und Nähe.[757] Die pastorale Beziehung zur Gemeinde beeinflusse das Hören der Predigt.[758] Wesentlich für die Predigt als ganze wie für die Vorbereitung sei das rechte Gleichgewicht von Identifizierung mit den Gemeindegliedern und kritischer Distanz.[759] Die Predigtvorarbeit habe zwei Brennpunkte: einen in den Hörern mit ihrem persönlichen, häuslichen, sozialen, politischen und wirtschaftlichen Kontext, den anderen im biblischen Text mit seinem historischen, theologischen und literarischen Kontext. Zwischen beiden Foci gebe es einen sehr realen Abstand, der sich aus den Faktoren von Zeit, Raum, Sprache, Weltsicht und unmittelbaren Umständen zusammensetze.[760]

> »In both the text and the congregation there are real issues of life and death and purpose which reach out to each other, resonating with each other, asking help of each other.«[761]

Blackwood schreibt, in der Zeit nach dem Ersten Weltkrieg, die sich im Rhythmus des Jazz, der Kinofilme und des Automotors bewegte,[762] hätte es als ziemlich unmöglich gegolten, Textauslegungspredigten zu halten.[763] Es sei jedoch gerade diese Art der Predigt, die den Hörern die Anwendung auf ihr eigenes Leben leicht mache; sie lernten dadurch, die Bibel als ein zeitgenössisches Buch zu sehen, das in der Geschichte gegründet und voller Licht und Kraft für die Gegenwart ist.[764] Wenn das Wort Gottes für sie zwar weiterhin Autorität besitze, sie es aber deshalb nicht mehr mit Gewinn lesen würden, weil ihnen gesagt worden sei, eine Anwendung auf ihre eigene Zeit und ihre persönliche Situation sei nicht wissenschaftlich, dann sei dies eine Schuld der Theologen.[765]

---

[755] A.a.O., 91.
[756] A.a.O., 84–98.
[757] A.a.O., 23.
[758] A.a.O., 32; vgl. 38. Relevanz für den Hörer, so Craddock, habe im Wesentlichen damit zu tun, ihn zu kennen (92).
[759] A.a.O., 40, 70, 86f., 90, vgl. 168ff. In ganz ähnlicher Weise thematisiert Craddock die nötige Distanz und Nähe zum biblischen Text (117ff.).
[760] A.a.O., 85.
[761] A.a.O., 86.
[762] Blackwood, Expository Preaching, 21.
[763] Blackwood bezieht sich auf die sogenannten *expository sermons* (a.a.O., 21).
[764] A.a.O., 35.
[765] A.a.O., 189. Vgl. die positive Erwähnung einer Renaissance solider, biblischer Predigt bei Killinger. Dieser berichtet, auf römisch-katholischer Seite seien solche Bemühungen

4.3.5. Das Eingehen auf die Hörersituation

Die Einbeziehung des Hörers und seiner Lebenssituation gehört als wesentliche Anforderung an den Prediger zum existentiellen Grundansatz der neuen Homiletik.[766] Wiederholt wird der ironische Satz Fosdicks aufgenommen, manche Prediger würden ihre Predigt so beginnen, als könnten die Hörer es kaum erwarten zu erfahren, wie es den Jebusitern ergangen sei.[767] Randolph betont, die Bedürfnisse und das Verlangen des Hörers, seine Hoffnungen und Ziele, sollten von Anfang an Teil des Predigtstoffes sein.[768] Die Predigt soll ein vom Hörer empfundenes Bedürfnis stillen oder sich einem bekannten Problem stellen, sie soll die Strukturen, in denen moderne Menschen leben und deren Umbruch das Bewusstsein der Zeit prägt, »in den Griff bekommen«, sie soll ein klares Ziel wählen und erreichen.[769] Mehrere Homiletiker nehmen in diesem Zusammenhang Bezug auf die Kategorisierung menschlicher Nöte und Bedürfnisse bei Maslow.[770] Es wird zum homiletischen Konsens, dass jeder Mangel an dieser Stelle einen entscheidenden Missstand darstellt. Entsprechend besteht die Predigtvorbereitung bei Craddock im Hören auf den Dialog zwischen dem Text der Schrift und der Situation der Gemeinde.[771] Bei der Bemühung um solche Konkretion ist jedoch darauf zu achten, dass Vortrag und Ausdruck bei der Darstellung von Problemen nicht lebhafter werden als bei der Entwicklung von Lösungen.[772]

Zu den Grundbedürfnissen der Hörer zählt Whitesell ausdrücklich auch solche geistlicher Art wie Buße zu tun, zu glauben, zu beten, zu vergeben, zu

der Grund für die Entstehung der Zeitschrift »Preaching« und die Organisation einer Vielzahl von Konferenzen zur homiletischen Krise (Killinger, Centrality, 41).

[766] Dieses Anliegen verbindet den homiletischen und den rhetorischen Aufbruch dieser Zeit. Blankenship zitiert Kenneth Burke, den sie als den vielleicht aufmerksamsten Kritiker und Rhetorik-Theoretiker unter den zeitgenössischen Autoren bezeichnet, nach dem man einen Menschen nur insoweit überzeugen kann, als man seine Sprache spricht, und zwar in Gestik, Tonalität, Anordnung, Bildlichkeit, gedanklicher Vorstellung und inneren Einstellungen (Blankenship, Sense of Style, 13, 43).

[767] Siehe z.B. Eggold, Dialogue, 71. Vgl. Craddock, »[...] the pulpit must be in conversation with the issues of its own time.« (Craddock, Without Authority, viii); Wilson, Practice, 129.

[768] Ähnlich Whitesell (Whitesell, Power, 69). – Nach Demaray geht es darum, Menschen da zu berühren, wo sie leben, fühlen und Schmerzen haben (Demaray, Introduction, 109). – Die Predigt zu gegenwärtigen Nöten bezeichnet White als »prophetische« Predigt (White, Guide, 25).

[769] Randolph, Renewal, 10, 45, 48. So auch Craddock, der einerseits von der Predigt als einem offenen Kunstwerk spricht, sich zugleich aber mit Nachdruck für eine klare gedankliche Linie ausspricht und an der Verbindlichkeit des Wortes Gottes und der dadurch bestimmten Aufgabe der Predigt festhält (Craddock, Without Authority, 73). Vgl. Lowry, Dancing, 113: »Naming your aim ist the test of profound clarity.«

[770] Siehe etwa Scheidel in »Speech Communication and Human Interaction« (164ff.) sowie Deffner (s.u.).

[771] Craddock, Preaching, 39 u.ö.

[772] Eine solche Tendenz beobachtet Craddock (a.a.O., 180).

lieben, zu dienen usw. Ob die Hörer sich dieser bewusst seien und ob sie nach deren Erfüllung suchen würden, sei jedoch zu fragen.[773]

Auch Cleland setzt einen Schwerpunkt, nach dem das Empfinden und Verlangen des Hörers nicht alleinbestimmend für die Predigt werden kann. Dies sei nicht der eine Punkt, um den die ganze Predigt kreise:

> »[...] a sermon is not a circle but an ellipse. It does not have a single focus but two focuses.«[774]

Sowohl die Situation des gegenwärtigen Hörers als auch die biblische Situation müssten im Brennpunkt sein. Jesus habe mit beiden Foci gearbeitet.[775] Solches Predigen habe inkarnatorischen Charakter und sei zugleich immer auch lehrmäßiges Predigen.[776]

Die Forderung nach einem Eingehen auf die Lebenssituation des Hörers findet ihren Niederschlag auch in den Abschnitten vieler Homiletiken zur *application* in der Predigt. Die persönliche Geschichte des Hörers unter der Kanzel soll sich in der Predigt mit der Geschichte Gottes verbinden, die in der Heiligen Schrift zum Ausdruck kommt. Dabei wird seine Erfahrung zu einem wichtigen Ansatzpunkt. Dementsprechend finden sich immer wieder sehr konkrete Reflexionen der gesellschaftlichen und politischen Vorgänge und Veränderungen dieser Zeit.[777]

Caemmerer betont grundsätzlich, der Prediger müsse so sprechen, dass der Hörer merke, es gehe um ihn. Nach lutherischem Verständnis bedeutet dies,

> »He has to show him the signs of his bondage which he can tell are really there, his own fears, apathy toward God, lovelessness toward people, irresponsibility toward duty, surrender to flesh and world.«[778]

Dazu setzt sich der Prediger nach gründlicher Exegese selbst im Dialog dem Text aus und bringt dann den Text in ein inneres, geistiges Gespräch mit der Gemeinde. Er sucht nach zusätzlichen Gedanken, die ihm helfen können, der Gemeinde den Hauptgedanken des Textes aufzuzeigen und ihre Einwände und das Zögern, mit dem sie ihm als Hörer folgen, zu überwinden.[779] Theologisch gilt dabei, dass die Situation der Knechtschaft unter der Sünde – die die Situation des Christen kennzeichnet, sofern er immer zugleich auch Sünder ist, – in gleicher Weise die des Menschen innerhalb wie außerhalb der Kirche ist, so dass der »Krankheitszustand« und das Ziel der Predigt für beide Gruppen die

---

[773] Whitesell, Power, 93.
[774] Cleland, Preaching, 42f.
[775] A.a.O., 45.
[776] A.a.O., 57.
[777] S. etwa Horne, Crisis, 7, 19, 51f., 94f., 117, 123, 133; H. W. Robinson, Preaching, 95.
[778] Caemmerer, Preaching 1959, 45.
[779] So Reu, Homiletics, 382ff.

gleichen sind.[780] Dies führt jedoch nicht zu einer Abkanzelung des Hörers. Es legt sich im Gegenteil in jedem Fall als besonderes Anliegen auf das Herz des Predigers:

»Hence, while we may distinguish types of preaching by the chief targets, the in-church or out-church groups, it is still one and the same preaching. While we may detect special adaptations of the preacher's approach to either, the warmth of his concern will be the same to both.«[781]

Mit dem Verständnis einer durch die Ursünde geistlich verdorbenen Natur des Menschen und seiner Unfähigkeit, Gott und den Mitmenschen zu lieben, verbindet sich für lutherische Homiletiker als wesentliche Aufgabe der Verkündigung die Aufdeckung von Schuld und die Zusprechung der Vergebung.[782] Dieses Predigtverständnis unterscheidet sich von einer Predigtweise, die sich vorwiegend an den Willen des Menschen richtet und ihn auf emotionalem Wege zu beeinflussen sucht.[783] Auch Deffner, gemeinsam mit Aho Herausgeber zweier Bände mit Predigtmeditationen, befasst sich in seinem Beitrag zur »Preacher's Workshop Series« mit der Sensibilisierung des Predigers für die Nöte und Bedürfnisse des Menschen. Er nennt dabei mit Maslow die folgenden Bereiche: Körperlichkeit; Sicherheit, soziale Zugehörigkeit und Liebe; Selbstwert, Status und Anerkennung; Selbstverwirklichung; Wissen und Verstehen sowie Ästhetik. Vor allem aber – und das fehle bei Maslow – sei er ein geistliches Wesen mit geist-

---

780 Caemmerer sieht jedoch einen Unterschied in der Motivation des Hörers, die Predigt zu hören. Bei einem Hörer von außerhalb der Kirche möge sich diese auf Neugier, die Empfehlung von Personen, die ihm nahestehen, oder die Hoffnung auf Hilfe in einer selbst empfundenen Notsituation beschränken. Bei einem solchen Hörer sei zudem nicht die Beziehung des Gemeindeglieds zum Prediger als Gemeindepfarrer gegeben (Caemmerer, Preaching 1959, 62f.).

781 A.a.O., 65.

782 Vgl. die beiden Kapitel »Preaching God's Judgment« und »Preaching God's Rescue« in Caemmerer, Preaching 1959, 21ff., bzw. 27ff. – Dieses Verständnis des *peccatum originale*, der Ursünde, unterscheidet sich von einer Sichtweise, nach der das eigentliche Problem darin besteht, dass der Mensch in ein verkehrtes Verhältnis zu sich selbst verstrickt ist (s. J. M. Robinson, Hermeneutik, 78). Es geht nach lutherischem Verständnis auch nicht darum, was der Mensch in seiner Not mit dem Wort »Gott« meint (so Fuchs, nach a.a.O., 79), sondern was Gott zu ihm in seiner Situation sagt.

783 Sangster bemerkt hierzu, »Evangelical preaching has fallen under some condemnation in the past because it was said always to assail the will with waves of feeling.« (Sangster, Craft, 46) – Die Absicht des Predigers, insbesondere den Willen des Hörers zu beeinflussen, verfolgt White auf Jowett in seinen Yale-Vorlesungen zurück (White, Guide, 41). Vgl. hierzu auf deutscher Seite Otto, der in der Doppelung von »Verstand und Wille, Lehre und Ermahnung« den Einfluss der Rhetorik in der Homiletik sieht; auch er nennt nicht den wirksamen, gültigen Zuspruch der Gnade Gottes in der Predigt (Otto, Rhetorische Predigtlehre, 70).

lichen Nöten.[784] Der Prediger solle sich der Fülle und Verschiedenheit dieser Nöte bewusst sein und auf sie eingehen; er solle keine falschen Nöte schaffen.[785] Es sei hilfreich, ein Profil der eigenen Gemeinde zu erstellen (Alter, Hauptprobleme und Herausforderungen), spezifische Not sowie ethische und theologische Fragen anzusprechen, sich der eigenen Bedürfnisse bewusst zu sein und Möglichkeiten zum Gespräch über die Predigt zu schaffen.[786]

4.3.6. Der Hörer in der Gesellschaft

Den Hintergrund aller Bewusstseinsarbeit in der Predigtpraxis bildet die Situation der Gesellschaft. Deffner charakterisiert diese mit den Begriffen Identitätsverwirrung, Apathie, Selbstzufriedenheit, Identitätsverlust, Verlangen nach persönlicher Integrität, der ontologischen Frage nach der eigenen Existenz und ihrem Sinn, Hedonismus und Nihilismus, kafkaeske Existenz. Zugleich gebe es einen neuen Humanismus, einen neuen Glauben des Menschen an sich selbst.[787] Wie bei Caemmerer stellt die Predigt bei ihm jedoch die Situation des Menschen in das Licht des Wortes Gottes.[788] Eine ähnliche Bestimmung der Not der Gemeinde findet sich bei Wilson: sie wird im eigentlichen Sinne theologisch und von der Schrift her bestimmt.[789] Im Normalfall stellt der Prediger sie im Studieren des Textes fest, indem er herausarbeitet, was Gott zur aktuellen Situation sagt. Erst wird der Zentralgedanke des Textes bestimmt, dann gelangt der Prediger von dort zur tatsächlichen Not, die in der Gemeinde vorhanden ist und überwunden werden muss.[790] Deffner betont, nur im Wort Gottes erkenne der Mensch, wer – und wessen! – er wirklich sei. Entfremdung, Isolation und zerbrochene Beziehungen seien zuerst und vor allem ein Problem der Beziehung zu und Rebellion gegen Gott.[791] Der biblische Beter spreche nicht von einem allgemeinen Schuldigwerden und von »*nostra* culpa«, sondern von seiner eigenen Schuld vor Gott: »*mea* culpa«![792] Ähnlich sieht Eggold in der Gegenwartsliteratur die Widerspiegelung eines Bildes, das den Menschen in der Verlorenheit, Einsamkeit und Sinnlosigkeit seines Lebens zeigt; in seiner Entfremdung, seinem Gemeinschaftsverlust, seiner Schuld und seiner Angst.[793] Eggold sieht hierin Spuren des Bildes, das die Schrift von dem Menschen ohne

---

784 Deffner bezieht sich auf diese von Abraham H. Maslow 1954 benannten fünf Grundkategorien menschlicher Bedürfnisse (DEFFNER, Real Word, 6ff.). So auch SCHEIDEL, Speech Communication, 164ff.

785 DEFFNER, Real Word, 6ff.

786 A.a.O., 9f.

787 A.a.O., 20f., 23, 25–30 u.ö.

788 S. CAEMMERER, Preaching 1959, 16, 36ff.

789 WILSON, Practice, 31.

790 A.a.O., 31f.

791 DEFFNER, Real Word, 18ff.

792 A.a.O., 26. Hervorhebg. von mir.

793 EGGOLD, Dialogue, 24.

Gott zeichnet. Dies sei aber noch ernster: Der Mensch hat nicht nur die Beziehung zu Gott verloren, er lebt in einer negativen Beziehung zu ihm, und das eine Mittel, das diese Not überwinden kann, erscheint ihm als Torheit: das Kreuz Christi. Dies aber ist genau der Mensch, den Gott in seinem Wort anredet.[794]

Diese Konzentration auf die Hörer ist damit auch eine Reaktion auf das allgemeine Empfinden, dass der Einzelne in der Masse und im Getriebe der Welt nur noch eine unbedeutende Rolle spielt. Hier hat die Homiletik einen Anknüpfungspunkt im Bewusstsein der Bedeutung des persönlichen Glaubens, das als generelle Überzeugung im religiösen Kontext in den USA und dem Individualismus in der Gesellschaft immer präsent ist. Paradoxerweise kann sie an dieser Stelle Einsichten und Methoden aufnehmen, die eine Folge der Massenproduktion und der Massenmedien sind: Die kommerzielle Werbung hat Interesse an der Analyse ihrer Zielgruppen, und die wachsende Kommunikationsforschung sieht die Leser, Hörer oder Zuschauer zunehmend als aktive Teilnehmer, ihre Rolle wird vermehrt zum Gegenstand von Studien. An dieser Stelle berührt sich die neue Wissenschaft von Anfang an mit dem »neuen« existentiellen Interesse der kirchlichen Verkündigung und dessen theologischen und rhetorischen Implikationen.

Mit einer anderen Art von homiletischer Krise befasst sich Craddocks 1978 erschienenes Buch »Overhearing the Gospel« (1978), das aus seinen Vorlesungen an der Yale-Universität hervorgeht. Hier geht es nicht um ein säkulares Misstrauen gegenüber der Religion, sondern um eine Hörerschaft, die das Evangelium so oft gehört hat, dass sie ihm keine Aufmerksamkeit mehr widmet.[795] In dieser homiletischen und gesellschaftlichen Situation in Nordamerika empfiehlt Craddock eine indirekte Predigtmethode, bei der die Hörer die gute Botschaft mit-anhören können (*overhear*) wie jemand, der zufällig Zeuge eines Gesprächs wird.[796] Dass im Sinne dieser Analyse auch gegen Ende des 20. Jahrhunderts für einen großen Teil der US-amerikanischen Gesellschaft das Wort Gottes im Bewusstsein vielfach präsent ist, wird an der Aussage einer afro-amerikanischen Sängerin in einem Zeitungsinterview deutlich, dass es ihr beim Singen auf der Bühne so gehe wie beim Erleben einer guten Predigt: sie würde immer wieder dahin gehen, um mehr davon zu bekommen.[797] Randolph erwähnt

---

[794] A.a.O., 24f.

[795] Fred B. Craddock, Overhearing the Gospel, Nashville/TN 1978, s. bes. 28, 38, 104ff., 120ff.

[796] Nach Edwards, History of Preaching, 805f.

[797] Deffner, Compassionate Preaching, 54f. Zum Verständnis ist hier darauf hinzuweisen, dass in Amerika eine öffentliche Rede (in der Politik wie in der Kirche) grundsätzlich und zunächst wertneutral als »inszeniert« gedacht sein kann. Im ausdrücklichen Kontrast zu solcher Redekultur in den USA schreibt der Soziologe Wolf Lepenies in einem Artikel der Süddeutschen Zeitung im Blick auf die Intention des Redners ebenso wie die Hörererwartung in Deutschland (im Zusammenhang der Rede des deutschen Bundes-

Anfang des 21. Jahrhunderts eines Wahlkampfrede Barak Obamas vom 18.3. 2008 mit dem Titel »A More Perfect Union«. Dieser habe darin die Rolle des christlichen Predigers thematisiert und nachhaltig die Freiheit der Kanzel sowie die Verantwortung des Predigers im Kontext des *racial healing* bestätigt.[798] Die christliche Religion spielt für viele Nordamerikaner weiterhin (und ausdrücklich) die Rolle eines *meta-narrative*, obgleich sie in ihrer konkreten Ausprägung den Einfluss des Zeitgeistes mit seinem Individualismus, der Wohlfühlmentalität oder etwa der *quick-fix*-Erwartung zeigt und viele populärchristliche Veröffentlichungen und Programme entsprechend kurzlebig sind. Dies erscheint auf der europäischen Seite des Atlantiks, wo im Gegensatz dazu die Rolle der Religion zunehmend auf die persönliche *story* des Einzelnen zurückgedrängt wird, oft als Vermischung von Kultur und Religion.

4.3.7. Die Art der Kommunikation

Um die Mitte des 20. Jahrhunderts wächst in der Psychologie das Interesse an *audience response testing*.[799] In der homiletischen Diskussion werden die Ergebnisse solcher Untersuchungen zum Hörgeschehen aufmerksam verfolgt, um sie im Interesse der Wirksamkeit der Predigt zu nutzen. Unterschiede zwischen möglichen Hörerschaften, einschließlich gleichgültigen und ablehnenden, werden thematisiert. Hinzu kommen die klassischen Aspekte des Redevortrags wie Diktion, Atmung usw.[800] Die Treue zum Text und die Bedeutung für das Leben der Hörer verbinden sich bei Schneider im Paradigma der Predigt als eines Kunstwerks:

> »How is God proclaimed so that men may know him as Lord? It is in meeting men where they are.«[801]

> »Ultimately, as far as the sermon is concerned, the effectiveness of the sermon, that is, its faithfulness to the truth of the text and its meaningfulness to the life of the people, will determine whether or not it has been a thing of beauty, a work of art.«[802]

---

präsidenten am 9. November 2000 am Brandenburger Tor): »Der Rede des Bundespräsidenten [...] fehlte jede Inszenierung. Das machte den Präsidenten sympathisch – und die Rede wirkungslos. [...] Vielleicht aber wäre dies eine politische Utopie, für deren Verwirklichung sich Anstrengung lohnte: aufrichtig zu sein und zugleich diese Aufrichtigkeit so überzeugend zu spielen, dass jeder daran glaubt.«; (WOLF LEPENIES, Politik braucht die Pose. Über die planmäßige Verfertigung der Gedanken vor dem Reden, In: Feuilleton. Süddeutsche Zeitung, München 3.1.2001 http://www.arila-siegert.de/knz/-urson.htm [19.9.2014]).

798 RANDOLPH, Twenty-first Century, xi f.

799 Nach BLACKWOOD, Preparation, 30.

800 PERRY, Biblical Preaching, 172ff.

801 SCHNEIDER, As One Who Speaks, 13.

802 A.a.O., 66.

Auch wenn es in der Folge der Weltkriege in der Gesellschaft ein unausgesprochenes Misstrauen gegenüber jeglicher Art von »Propaganda« gibt und ein genereller Vorbehalt gegen alle, die öffentlich reden, sowie gegen institutionalisierte Religion hinzukommt, wie White feststellt, bedeutet dies für ihn nicht, dass sich die Homiletik mit der rhetorischen Seite ihres Auftrags nicht befassen soll. White argumentiert:

> »Sound technique never yet made a good preacher, but lack of it makes many poorer than they need to be. Besides, technique is the only element of the preaching art which can be taught: inspiration, integrity, responsibility, grace, cannot be imparted by any human teacher.«[803]

Ob er wolle oder nicht, der Prediger praktiziere öffentlich die alte Kunst der Rhetorik. Deshalb gehöre zur Predigtvorbereitung die Arbeit an dieser »technischen« Seite der Rede.[804] Unter den Bedingungen der Gegenwart sei dabei eine vernünftige (*reasonable*) Einstellung und Argumentation des Predigers besonders nötig. Auch ein mehr unterhaltungsartiger Sprechstil statt der deklaratorischen Tiraden früherer Jahrzehnte sei angebracht.[805] Graebner findet diese Überzeugung schon im 19. Jahrhundert bei Ian Maclaren, nach dem die Menschen von der Kanzel instinktiv eine Sprache hören wollten, die in angemessener, kräftiger und reiner Weise der entspreche, die sie zuhause und auf dem Marktplatz gebrauchten.[806] Eggold sieht in einem direkten, »hemdsärmeligen« Redestil ein Mittel zur Klarheit des Ausdrucks und des Gedankens.[807] Craddock bezeichnet den Ruf zur Umgangssprache auf der Kanzel als Ruf zum Gehorsam gegen Jesus Christus.[808] Für Scheidel stellt die Unterhaltung zwischen zwei Personen

---

[803] WHITE, Guide, 55.

[804] A.a.O., 63f. Ganz ähnlich betont Jones 1956 die Bedeutung der Rhetorik für die Predigt, jedoch nie als Selbstzweck, sondern stets im Dienst der Verkündigung des Evangeliums (JONES, Principles, 18f. Ähnlich DEMARAY, Introduction, 77).

[805] WHITE, Guide, 57ff. Graebner stellt bereits 1919 bei den großen politischen Rednern seiner Tage eine entsprechende Veränderung im Stil fest. Im Gegensatz zu früheren Zeiten gebrauchten sie einen direkten und bodenständigen Ausdruck (GRAEBNER, Inductive Homiletics III & IV, 78). Für die Predigt fordert schon Augustin einen solchen Stil (s. Anm. 684).

[806] GRAEBNER, Inductive Homiletics III & IV, 118. Graebner berichtet, dass Alexander MacLaren (1826–1910) selbst in seinen Predigten ein einfaches, jedoch kräftiges und idiomatisches Englisch gebraucht habe (GRAEBNER, Inductive Homiletics II, 32). Vgl. DERS., Inductive Homiletics III & IV, 156ff. und die Beobachtungen Graebners zur zunehmenden Akzeptanz von Wendungen und Formen in der amerikanischen Sprache, die bis dahin im britischen Englisch als umgangssprachlich gelten, a.a.O., 159, 162ff. Vgl. auch RICE, Preacher's Story, 35.

[807] EGGOLD, Dialogue, 83, 85, 94ff. So auch PERRY, Sermonic Style, 91.

[808] CRADDOCK, Without Authority, 78.

die Grundform aller Kommunikationsformen und -situationen dar.[809] Dies sei die Art zu reden für die gegenwärtige Generation, erklärt Jones 1956, und nicht ein altmodischer Redestil wie mit »silberner Zunge«.[810] Perry führt dies im Bereich der öffentlichen Rede im Allgemeinen auf James Winan von der Cornell-Universität zurück; im Bereich der »Kanzelrede« habe Brooks dies besonders gefördert.[811] Cleland erinnert daran, dass es die technische Verstärkung ist, die im 20. Jahrhundert die Möglichkeit schafft, einen solchen Sprechstil auch in großen Kirchräumen einzusetzen.[812]

Als Kommunikationstheoretiker bezeichnet Mohrmann die direkte und lebhafte Unterhaltung als Norm auch für das Halten einer Rede; dies sei der überkommene Standard für authentische Kommunikation.[813] Crum sieht im *person to person style* des direkten Gegenübers von Prediger und Hörern einen Vorteil gegenüber der Kommunikation durch die Massenmedien. Die Unmittelbarkeit und Vertrauenswürdigkeit der Predigt mache sie als Kommunikation umso effektiver.[814]

4.3.8. Ein dynamischer Prozess

Randolph erwähnt 1969 einen Kommunikationskreislauf aus Erwartung, Aufmerksamkeit, Gefühl, Information, Gedanke und Tun. Einen solchen Kreislauf habe eine Untersuchung zu den Massenmedien Radio, Fernsehen, Film und Presse etabliert. Diese Medien setzten auf eine schnelle und kurzfristige Wirkung.[815] Im Zuge solcher Konkurrenz, schreibt Jones, müsse auch das, was in der Predigt zur Sprache kommt, kurz und treffend gesagt werden, um die Aufmerksamkeit der Hörer zu halten.[816] In ähnlicher Weise beschreibt Sue Nichols 1964 ein verändertes, sprunghaftes Hörverhalten,[817] auf das sich die Kommunikation der christlichen Botschaft auch in ihrem Stil einstellen müsse. Die Aufmerksamkeit des Hörers müsse innerhalb kurzer Zeit geweckt und dann

---

[809] Scheidel, Speech Communication, 69 u.ö. Scheidel rät zum Gebrauch vertrauter Begriffe, soweit möglich (a.a.O., 334), und nennt an einer von ihm beispielhaft angeführten Rede positiv »a lively and conversational pattern of expression« (a.a.O., 337).

[810] Jones, Principles, 173. Dazu Demaray: »Living-room conversation is the medium of sermon delivery today.« (Demaray, Introduction, 68).

[811] Perry, Biblical Preaching, 192. Zu diesem direkten Kontakt zum Hörer s. auch Reu, Homiletics, 228 (vgl. Anm. 182).

[812] Cleland, Preaching, 114.

[813] Mohrmann, Composition, 64.

[814] Crum, Manual, 26.

[815] Nach einer Studie zu Fernsehen, Radio, Film und Presse von 1956 (Randolph, Renewal, 121).

[816] Jones, Principles, 159.

[817] Sue Nichols, Words, 13, 15. Nichols ist zu dieser Zeit assoziierte Direktorin der Kommission für »Christian Education« der Presbyterianischen Kirche. – Blackwood redet 1948 von »nervösen Hörern«, die einem »Geist der Ablenkung« ausgesetzt seien (Blackwood, Preparation, 18), Caemmerer spricht 1959 von einem »Stau« auf den Straßen, die zum Herzen des Menschen führen (Caemmerer, Preaching 1959, 42f.).

gehalten werden. Dies hat Konsequenzen für die Sprache der Verkündigung. Es betrifft zugleich auch den Prediger als Kind seiner Zeit. So spricht Bowie von einem überaktiven Zeitalter und der damit verbundenen Gefahr für den Prediger, sich bei der Vorbereitung durch vieles ablenken zu lassen.[818]

Aus den psychologischen Erkenntnissen der Kommunikationswissenschaft zieht Demaray 1974 Folgerungen für die Gestalt der Predigt:

> »Already we know quite a bit about the budding science of communications. We know, for example, that semantics are important, that word choice can be the difference between turning people off or on, depending on the character and emotion-laden status of terms put into service. We know something about the psychology of communication. [...] We know something about the atmosphere that gets through to people; its chief characteristic is open acceptance, for when people feel wanted they persuade more easily.«[819]

Scheidel bezeichnet die sprachliche Kommunikation als einen aktiven dynamischen Prozess, der alle Beteiligten direkt und persönlich involviert;[820] ein Sprecher reagiere auch auf die nonverbale Rückmeldung von Seiten der Hörer mit Gestik, Ton, Lautstärke oder Geschwindigkeit seines Vortrags.[821] Eine einseitig formale Rezeption dieser alten Erkenntnis führt zu einer weiten Verbreitung tatsächlich dialogisch gehaltener Predigten.[822] Dagegen betont Killinger, eine rechte seelsorgliche Haltung des Pfarrers habe unausweichlich zur Folge, dass die Predigt ihrem Wesen nach dialogisch werde.[823] Es treffe übrigens nicht zu, dass der Hörer in der Bank nichts erwidere. Wenn er es nicht in der Kirche tue, dann insgeheim oder in seinem Privatbereich.[824] In ähnlicher Weise bezeichnet Gilbert E. Doan Jr. in dem von Edmund A. Steimle*, Morris J. Niedenthal und Rice herausgegebenen Buch »Preaching the Story« die Predigt des Wor-

---

818 BOWIE, Preaching, 25.

819 DEMARAY, Introduction, 121.

820 SCHEIDEL, Speech Communication, 7.

821 A.a.O., 9.

822 Nach Killinger sind davon um 1970 nur ländliche Gebiete und konservativere Teile des Protestantismus ausgenommen (KILLINGER, Centrality, 19). Vgl. hierzu Lowrys Beobachtung, dass Versuche mit Dialogpredigten oft zu Enttäuschungen führten (LOWRY, Plot, 95).

823 KILLINGER, Centrality, 61. Vgl. dazu Josuttis, der in der Mitte der 80er Jahre Predigtvor- und -nachgespräche sowie Versuche von Dialogpredigten in Deutschland erwähnt und kritisch fragt, ob letzteres nicht einfach eine Verteilung der in jeder guten Predigt enthaltenen dialogischen Elemente auf mehrere Sprecher sei (JOSUTTIS, Rhetorik und Theologie, 25).

824 KILLINGER, Centrality, 61f. Killinger schreibt, diejenigen, die die Rede eines Predigers durch einen Dialog ersetzen wollten, hätten vergessen, dass die Predigt ihrem Wesen nach einer beschwörenden Anrufung (*incantation*) sehr nahe komme (a.a.O., 36).

tes in der Gemeinde als eine zutiefst dialogische Angelegenheit.[825] Bei Luccock rückt in der Entfaltung des Kontakts mit dem Hörer das Verständnis von Predigt als »Dialog« und als »Ereignis« nahe zusammen.[826]

Nach Whitesell haben manche Schreiber das Bild von dem Zusammenbruch der Kommunikation zwischen Kanzel und Kirchenbank überzeichnet. Durch Besuche, Seelsorge und Involvierung in den Angelegenheiten der Gesellschaft um ihn herum sei der Prediger, der die Schrift auslegt, im Kontakt mit dem Leben und könne daher von der Kanzel kommunizieren.[827] Solcher Kontakt mit den Hörern führe auch zu einem zunehmend besser auf die Situation eingestellten Stil der Predigt.[828]

Im Rahmen eines solchen dynamischen Prozesses bezeichnet Eggold als Elemente der Kommunikation die Übermittlung der Botschaft, Kontakt, Rückmeldung vom Hörer, Verstehen, Akzeptieren, Verinnerlichen und Tun.[829] Dem Prediger dürfe nicht nur an der Wahrheit an sich liegen, es müsse ihm um die Wahrheit *für die Menschen* gehen.[830] Bildhaftes und dramatisches Reden (einschließlich des Einsatzes dialogischer Szenen in der Predigt etwa in Form von Frage und Antwort) finde sich auch in der Heiligen Schrift und spiele eine wichtige Rolle in der Kommunikation.[831] Predigen setze ein doppelseitiges Kennen des Wortes Gottes und der Gemeindeglieder voraus.[832] Dies ist eine Überzeugung, die sich bei Craddock in pointierter Formulierung in dem Satz findet,

> »Taking the congregation out of context is as much a violation of the Word of God as taking the scripture out of context.«[833]

Wer unabhängig davon, wen er vor sich habe, dasselbe predige, würde das wohl auch tun, wenn er niemanden vor sich hätte – und dieser Fall würde vielleicht bald eintreten.[834] Die Einbeziehung des Hörers wird damit zu einem Grundanliegen der Homiletik dieser Zeit. Sie kann durch seine direkte sprachliche Beteiligung an der Predigt geschehen oder dadurch, dass der Prediger seine Botschaft

---

825 Doan, Liturgical Perspective, 100. Vgl. Macleod, der jede Predigt, die gehalten wird, als dialogisches Geschehen ansieht, da das Reden von der willensmäßigen Zustimmung der Hörer begleitet werde (Macleod, Sermon, 65). In gleicher Weise äußert sich White; der Grad der Interaktion während der Rede sei dabei in verschiedenen Kulturen unterschiedlich (White, Guide, 44).

826 Luccock, Workshop, 127.

827 Faris D. Whitesell, Power in Expository Preaching, o.O. 1963, 135.

828 Perry, Sermonic Style, 98.

829 Eggold, Dialogue, 14.

830 Vgl. auch Edmund A. Steimle, The Fabric of the Sermon. In: Ders. [u.a.] [Hg.], Preaching the Story, Philadelphia, 1980, 163–175; hier 169f. (i. Folg.: Steimle, Fabric).

831 Eggold, Dialogue, 88ff.

832 A.a.O., 57ff.

833 Craddock, Without Authority, 104.

834 Ebd.

in ständigem virtuellen Gespräch mit dem Hörer und seiner Lebenswirklichkeit entfaltet.[835]

4.3.9. Der Eindruck einer Revolution

In den USA geht Jensen noch einen Schritt weiter. Er hält die Veränderung im Bereich der Kommunikation in dieser Zeit für derart revolutionär, dass er das Gutenbergsche Zeitalter aus- und ein neues einläutet: Fünf Jahrhunderte lang habe das geschriebene Wort die Kommunikation bestimmt, nun würde dessen Platz von der mündlichen und audiovisuellen Kommunikation übernommen.[836] Er übersieht dabei, dass seit Broadus auch in der nordamerikanischen Homiletik der Grundsatz klar formuliert ist:

> »[...] printing can never take the place of the living word.«[837]

Thesen wie die von Jensen werden innerhalb weniger Jahre von der Entwicklung des weltweiten Datennetzes überholt, weisen jedoch auf die deutlich abnehmende Rolle des Lesens im traditionellen Sinne hin. Der homiletische Rat, Illustrationen und Beispiele aus klassischen oder zeitgenössischen Werken der Literatur zu gewinnen, wird seltener. Angesichts der zunehmenden Rolle des Films im Gegensatz zum Buch versucht die Predigt, vermehrt visuell auf den Hörer zu wirken, indem sie bewusst sprachliche Bilder vor ihm entstehen lässt oder tatsächlich multimediale Form annimmt. Craddock sieht im Einfluss des Film-Mediums eine Ursache dafür, dass Menschen zunehmend »sequentiell« wahrnähmen.[838] Die analytische Gliederung eines Themas in Punkte und Unterpunkte, in ihrer Reihenfolge bisweilen austauschbar, solle einer zeitlichen Reihenfolge weichen, in der jede Sequenz zur nächsten führt. Aus einer Anordnung im »Raum« wird eine Anordnung in der Zeit. Die Predigt wird zum kommunikatorischen und geistlichen Ereignis, Hören wird zum Erleben. Damit schließt sich zugleich der Kreis, der bei der Erfahrung des Hörers angesetzt hat. Im Rückblick auf die 70er und 80er Jahre stellt Lowry fest:

> »Anything short of Russian roulette was taken into the pulpit to create a pulse, to make some nerve twitch, to break out of the general state of ennui. Needless to say, mistakes were made [...]

---

[835] Vgl. die Hinwendung der Homiletik zur Kommunikations- und Medienforschung zu dieser Zeit auch in der deutschen Homiletik, verbunden mit einer »Hinwendung zur Empirie des Verkündigungsfeldes« (Josuttis, Rhetorik und Theologie, 29f.).

[836] Jensen, Thinking, 56 und durchweg.

[837] Broadus, Preparation and Delivery 1873, 18.

[838] Craddock, Without Authority, 9. Wilson gebraucht in seinem homiletischen Handbuch wiederholt das Paradigma des Films (Wilson, Practice, 183, 225, 255).

> Happily, most of those early sincere but flawed attempts have faded from the memory of classroom and pulpit. They surface only in the bibliographies of dissertations on the recent history of preaching.«[839]

Nach dem Urteil führender Homiletiker trägt auch das bei Predigern beliebte Erzählen von *stories* keineswegs zur Überwindung der homiletischen Krise bei; die Hörer werden die Geschichten in der Predigt innerhalb kurzer Zeit leid.[840] Dennoch spiegeln solche Versuche die Fragestellungen dieser Jahrzehnte wider und beeinflussen die Entwicklung der nordamerikanischen Homiletik.[841]

So tritt die Homiletik in Nordamerika in der Mitte der 80er Jahre in ein Stadium der Selbstreflexion. Bedenkt man den rhetorischen Aufschwung in den 50er Jahren und das bahnbrechende Werk von Davis vom Ende desselben Jahrzehnts, so blickt sie inzwischen auf mehr als zwei Jahrzehnte ihres Aufbruchs zurück. Mit Randolph wird diese seit 1969 als *new homiletic* bezeichnet,[842] im Blick auf die 70er und 80er Jahre sprechen Wardlaw, Richard L. Eslinger und Wilson von einer Revolution in der Homiletik.[843] Angesichts dieser Situation überrascht die Datierung bei Nicol, der schreibt, für den damit verbundenen Wandel sei »der Begriff einer Neuen Homiletik (new homiletic) seit 1987 gebräuchlich«.[844]

In Nicols Rezeption der Darstellung bei Wilson wird aus dieser *revolution* – ein Begriff, der auch eine »Umwälzung« bezeichnen kann und von diesem als *recent* und *current* (gegenwärtig) definiert wird, – in etwas militanterer Wieder-

---

[839] Lowry, Plot, xvii.

[840] S. etwa Jensen, Thinking, 10f.; Lowry, Plot, xv. – D. Buttrick stellt fest, das Erzählen von Geschichten in der Predigt um seiner selbst willen möge unterhaltsam, aufregend und informativ sein, aber es forme nicht notwendigerweise ein Glaubens-Bewusstsein und sei in diesem Fall nicht angemessen (Buttrick, Moves, 335).

[841] Lowry selbst schließt an diese Analyse eine deutlich positivere Einschätzung der folgenden Jahre an: »[...] in the main, balanced good sense has returned to the discipline of homiletics. Full meals are being served to the listeners – tasty, too, and well arranged on the plate.« (Lowry, Plot, xvii).

[842] Randolph, Renewal. Randolph widmet der neuen Hermeneutik und der neuen Homiletik je einen einführenden Abschnitt (10ff. bzw. 17ff.) und entfaltet letztere dann anhand der Kapitel *Concern, Confirmation, Concretion* und *Construction.*

[843] Wardlaw, Homiletics, 249; Eslinger, New Hearing, 65; Wilson, Practice, 20, 104. Wilson spricht von starken Winden, wie sie seit dem Mittelalter und der Reformationszeit nicht mehr über das »homiletische Hochland« gefegt seien (Wilson, Practice, 12; aufgenommen in Randolph, Twenty-first Century, 12).

[844] Nicol, Performing Art, 438. Nicol beruft sich auf Eslinger, der jedoch an der angegebenen Stelle weder eine Jahreszahl nennt noch von einer generellen Bezeichnung für diese Bewegung spricht (Eslinger, New Hearing, 13f.). An anderer Stelle gibt Nicol das Jahr 1960 für den Beginn dieses homiletischen Aufbruchs an (Nicol, Positionslichter, 297). Dagegen erscheint die von ihm genannte Dissertation von Myers zur US-amerikanischen Homiletik dieser Zeit (Myers, Errand) nicht 1956, sondern 1996 (gegen Nicol, Positionslichter, 297).

gabe eine »laufende Revolution«[845]; in Fabian Vogts indirekter Rezeption, die sich vor allem auf Nicol stützt, wird *homiletical revolution* zu einem Synonym für die neue Homiletik[846]. Dass die »neue Homiletik« als ganze jedoch keinen völligen Bruch mit der »alten« homiletischen »Orthodoxie« vollzieht, wird deutlich, wenn man sie in ihrem Selbstverständnis über die erste »wilde« Zeit der 60er und frühen 70er Jahre hinaus verfolgt.[847] Zudem ist zu bedenken, dass der Begriff der »Revolution« in den 60er und 70er Jahren modischen Charakter hat.

Es handelt sich bei der »neuen Homiletik« demnach um eine Strömung, die in ihrem Flussbett und darüber hinaus fließt, nicht um eine Schulrichtung, der man sich anschließt oder von der man sich abgrenzt. Auch der Name der *new homiletic* wird nicht zu einer festen Nomenklatur.[848] Die neue homiletische Bewegung kommt in den 80er Jahren nicht zu einem Abschluss, doch ist es Zeit für eine Inventur. Sie ist alt genug, um kritisch auf ihre ersten Schritte zurückzublicken und aus der erreichten Distanz festzustellen, was an der vermeintlich zurückgelassenen »alten« Homiletik, die in der Praxis nie von allen Kanzeln verschwunden ist, auch von bleibendem Wert ist.[849]

4.3.10. Zusammenfassung

Um die Mitte des 20. Jahrhunderts befindet sich die Predigt in Nordamerika nach allgemeinem Eindruck in einer grundsätzlichen Krise. Mit dem Anliegen der Einbeziehung des Hörers in das Predigtgeschehen und der grundlegenden Neubesinnung über die Rolle des Predigers kommt es zur Erinnerung an die Einbindung der Predigt in die pastorale Aufgabe des Pfarramtes. Die individuelle Persönlichkeit des Predigers, seine Integrität, seine psychologische, rhetorische und theologische Kompetenz und – in Verbindung damit – seine Autorität werden thematisiert. Im Zeitalter der Massenkommunikation, der zunehmenden Schnelllebigkeit und der verbreiteten Säkularisierung der Gesellschaft steigen die Anforderungen an die Predigt. Sie soll auf die Situation des gegenwärtigen Hörers ebenso fokussieren wie auf die ursprüngliche biblische Situation des jeweiligen Gotteswortes. Homiletiker sehen den Grund für die in der Gegenwart empfundene Krise der Identität des Menschen, seiner Isolation und seines Fragens nach dem Sinn im Bruch der Gottesbeziehung, die die Situation des

---

[845] Ebd.

[846] FABIAN VOGT, Predigen als Erlebnis. Narrative Verkündigung. Eine Homiletik für das 21. Jahrhundert. MICHAEL HERBST (u.a.) (Hg.), Beiträge zu Evangelisation und Gemeindeentwicklung. Bd. 9, Neukirchen-Vluyn 2009, 33 (i. Folg.: VOGT, Predigen).

[847] S. u.a. ESLINGER, New Hearing, 161; speziell in der von D. Buttrick eingeschlagenen Richtung stellt Eslinger allerdings einen solchen Bruch fest.

[848] Lowry spricht von nordamerikanischen Predigtmodellen, die das ausmachen würden, was einige (»some«) als »the New Homiletic« bezeichnen würden (LOWRY, Dancing, 115).

[849] S. u.a. WILSON, Practice, 206ff. und Craddock in seinem Vorwort zu LOWRY, Plot, xvii. – Nicol spricht in den 90er Jahren von einer »Konsolidierungsphase« (NICOL, Positionslichter, 296), vgl. oben.

Sünders zu aller Zeit kennzeichnet. In dieser Lage finden sie Unterstützung in der sich entwickelnden Kommunikationsforschung. Mit der Unmittelbarkeit des inzwischen etablierten unterhaltungsartigen Stils der öffentlichen Rede auf der einen und der klassischen rhetorischen Forderung nach der *claritas* solchen Redens auf der anderen Seite verbindet sich die Hoffnung auf eine neue Vertrauenswürdigkeit der Predigt. Der Charakter der Predigt als eines dialogischen und dramatischen Geschehens findet formale Bestätigung in Texten der Heiligen Schrift. Theologisch und material ist er darin begründet, dass es um die Verkündigung einer Wahrheit für den Hörer und deren Auswirkung auf ihn geht. Mit der zunehmenden Rolle des Films appelliert die Predigt vermehrt an die bildliche Vorstellung des Hörers. Die räumliche Konzeption der Predigt in einer bisweilen austauschbaren Anordnung von Punkten und Unterpunkten weicht einer zeitlich-sequentiellen im Sinne eines Ereignisses. Der kritische Aufbruch der neuen Homiletik wird als Umbruch empfunden, führt jedoch nicht zu einem völligen Bruch mit der überkommenen Theorie und Praxis der christlichen Predigt.

4.4. DIE RHETORIK

4.4.1. Altes und neues Interesse

Die Rhetorik spielt seit der Mitte des 18. Jahrhunderts und bis weit in das 20. hinein eine wesentliche Rolle für die öffentliche Rede in den USA. Die Bedeutung von »tones, looks and gestures«, also das Wie des Vortrags, wird hervorgehoben.[850] Nach Mohrmann hat man sich dabei stets auch mit der Wahl einzelner Worte, der Anordnung der Teile und der Gesamtstruktur und -form befasst. Damit verbunden sei das Bemühen um die Schönheit der Sprache als Zeichen für einen gekonnten Umgang mit ihr, wobei es um die möglichst wirksame Kommunikation von Gedanken geht.[851]

Mohrmann sieht den Ansatz für die zentrale Beschäftigung des Menschen mit sich selbst – neben zunehmenden Entdeckungen der Wissenschaft und einer Unzufriedenheit mit der Religion – in der Aufklärung. Eine Folge dieser neuen Blickrichtung sei die zunehmende Aufmerksamkeit, die den Gefühlen und Emotionen des Menschen in der zweiten Hälfte des 18. Jahrhunderts in der Literatur zuteilwurde. Eine daraus entstehende Revolte gegen den Klassizismus habe zur Bewegung der Romantik geführt.[852] Glücklicherweise, so Mohrmann, seien einige der schlimmeren Tendenzen in dieser Reaktion gegen die Klassik

[850] MOHRMANN, Composition, 58. Diese Tradition nimmt Wilson am Ende des Jahrhunderts auf und thematisiert ebenfalls Atmung, Stimmeinsatz, Gestik usw. (WILSON, Practice, 267ff.).
[851] MOHRMANN, Composition, 9.
[852] Für diese Gegenbewegung nennt Mohrmann exemplarisch Longinus (a.a.O., 10).

inzwischen überholt; man beginne, ihren wahren Schatz zu heben und komme zu einem umfassenderen Verständnis des Gebrauchs von Sprache.[853] Mohrmann fordert vom Redner eine gewisse theoretische Kenntnis der Rhetorik;[854] auch in einem postmodernen Kontext spricht er von einer Nachprüfbarkeit der Funktion von Sprache.[855]

Die Rezeption klassischer Elemente von Stil, Gliederung und Vortrag vor allem der aristotelischen Rhetorik, die die US-amerikanische Homiletik seit ihren Anfängen prägt, setzt sich auch in der zweiten Hälfte des 20. Jahrhunderts fort. Gleichzeitig kommt es in den 50er Jahren zu einem neuerwachenden, aktuellen Interesse der religiösen Verkündigung an der Rhetorik. In dieser Atmosphäre schreibt Weatherspoon, einer der Bearbeiter und Neuherausgeber der klassischen Homiletik von Broadus, 1954,

> »[...] if the preacher today discounts the value of careful homiletical structure and rejects the art that lies at his hand in Rhetoric and Logic and Psychology he is moving out of his age and away from his people.«[856]

Luccock empfiehlt dem Prediger, sich etwa jedes Jahr die Lektüre eines neuen Buches zur Rhetorik zu gönnen.[857] Perry sieht 1973 einen Grund für das Versagen öffentlicher Reden in der mangelhaften Beherrschung des rednerischen Handwerks. Seine Analyse erinnert an das klassische rhetorische Ziel der *persuasio*:

> »The [...] final reason for the failure of speeches is found in the fact that we try to carry over the push-button technique from the mechanical realm into the realm of human activity. Humans are recalcitrant, they are stubbornly rebellious, and they will not react merely by pushing of a button as you would turn on a light. The speaker is challenged, therefore, to know the techniques of persuasion and the best ways of working with people.«[858]

---

[853] A.a.O., 11.

[854] A.a.O., 7.

[855] Mohrmann schreibt, »If the use of language cannot bear up under analysis, its merit must be called into question.« (a.a.O., 14).

[856] Weatherspoon, Sent Forth, 121. Man beachte die implizite Feststellung, dass dem Prediger dieser Zeit die Mittel der Rhetorik und der Logik unmittelbar zur Verfügung stehen.

[857] Luccock, Workshop, 125. – Sangster spricht vom *object* der Predigt (Sangster, Craft, 183).

[858] Perry, Biblical Preaching, 176. Die Fortwirkung des einflussreichen traditionellen Predigtverständnisses in Nordamerika mit seiner evangelikalen Grundprägung zeigt auch die Bemerkung Browns, nach der jede Predigt vor allem in ihrem Schluss darauf zielt, den Hörer zu einer persönlichen Entscheidung für den Herrn zu bewegen (H[enry] C. Brown, Jr., Sermon Preparation in Contemporary Terms. In: Vernon L. Stanfield [u.a.], Homiletics, Grand Rapids/MI 1974, 103–130; hier 126 [i. Folg.: Brown, Sermon Preparation]).

Seit der Mitte der 50er Jahre werden rhetorische und homiletische Vereinigungen, Konferenzen und Fachzeitschriften ins Leben gerufen, die sich mit der religiösen Rede befassen.[859] In diesem Kontext sind die Klagen vieler Kommunikationstheoretiker und Theologen über die Rolle der Rhetorik in der Ausbildung kirchlicher Amtsträger zu verstehen: Sie sind nicht eine Reaktion auf einen generellen Abbruch der rhetorischen Schulung, sondern der Widerhall des erneuerten Interesses an dieser. So führt Wilson die mangelnde Redefähigkeit angehender Prediger darauf zurück, dass viele Bildungseinrichtungen seit dem späten 19. Jahrhundert dazu tendierten, mündliche Prüfungen durch schriftliche zu ersetzen.[860] Die Entwicklung gehe so weit, dass einige Institutionen (*schools*) gar keine *speech*-Kurse mehr anböten.[861] Die Beschäftigung mit der Rede als solcher gehört jedoch weiterhin zum amerikanischen Bildungssystem auch unterhalb des Highschool- und College-Niveaus. Die homiletische Ausbildung im Theologiestudium schließt an vielen Einrichtungen selbstverständlich eine obligatorische, praktisch-theologische Übung zum Predigtvortrag mit voller Wochenstundenzahl ein.[862]

4.4.2. Der transatlantische Vergleich

Es ist daher nur als Projektion der deutschen Situation auf die amerikanische zu verstehen, wenn Nicol diese Beschreibung bei Wilson in seiner Rezeption zusammenfasst mit der Frage:

> »Wie kommt es, [...] daß gemeinhin die Ausbildungsstätten Europas wie auch Amerikas kaum oder gar nicht gesprochene Sprache [...] lehren, sondern fast ausschließlich das geschriebene Wort fördern?«[863]

---

[859] Myers, Errand, durchweg.

[860] Wilson, Practice, 38f. Der Grund zur Besorgnis ist demnach die teilweise entfallende Notwendigkeit, Erlerntes mündlich überzeugend wiederzugeben.

[861] Ebd. – Wilson berichtet, um 1900 habe vielerorts zu einem dreijährigen theologischen Ausbildungsprogramm ein einjähriger Kurs sowohl in *speech* als auch in Homiletik gehört. Es hätte eine Zeit gegeben, in der die meisten Seminare zusätzlich zu den Dozenten in der Homiletik fest angestellte Lehrer für das öffentliche Reden gehabt hätten. Es sei jedoch damals zu einem allmählichen Verlust rhetorischer Studien in den theologischen und anderen Ausbildungsprogrammen gekommen (a.a.O., 102, 268).

[862] Dies ist z.B. die Situation am CTS in Fort Wayne in den 80er Jahren, wo »Sermon Theory I«, »Sermon Theory II« und »Sermon Delivery« zu belegen sind; letzteres entspricht im Umfang jeder der beiden anderen Lehrveranstaltungen und besteht in konkreter praktischer Einübung in den Vortrag der Predigt.

[863] Nicol, Positionslichter, 304. – Craddock schreibt 1985, Lehrveranstaltungen in *speech communication* seien nicht an allen Colleges und Universitäten verpflichtend, einige würden sie nicht einmal anbieten (Craddock, Preaching, 21, vgl. 72). Das Fehlen solcher Lehrveranstaltungen bezieht sich damit offensichtlich auf eine kleinere Zahl von Institutionen. Die Sachlage spiegelt sich deutlich auch in den homiletischen Lehr- und Handbüchern wider. So finden sich eigene Abschnitte zu den folgenden Aspekten der Rhetorik u.a. in den folgenden homiletischen Werken:

Diese Sicht führt zu der Forderung:

> »Erstes Gebot der Predigtarbeit wäre es, bei der *Gestalt* sprachlicher Äußerungen anzusetzen, bei der Einheit also von Form und Inhalt, nicht bei ihrer Trennung.«[864]

Da der unterschiedliche homiletische und rhetorische Kontext westlich und östlich des Atlantiks bei Nicol nicht aufgezeigt wird, bleibt unklar, auf welchen Kontinent sich dieser Satz bezieht.[865] Zwar bezeichnet die kurz zuvor erschienene vierte Auflage des Buches »As One Without Authority« von Craddock die Trennung von Form und Inhalt als *fatal*.[866] Doch handelt es sich dabei um den unveränderten Text von 1969.[867] So ist zu bedenken, dass Craddock diese Feststellung drei Jahrzehnte vor dem Erscheinen von Nicols Buch trifft, und dass er damit gerade aus einem in den 60er Jahren wieder erwachten Bewusstsein für die Bedeutung der Rhetorik spricht.[868] Auch die Hoch-Zeit der Bemühungen um die Entsprechung von Form und Inhalt in den 70er Jahren liegt fast ebenso lange zurück. Und schon 15 Jahre vor der Jahrtausendwende blickt die *new homiletic* mit einer gewissen Ernüchterung auf die Kurzlebigkeit mancher ihrer Versuche zurück.[869] Die Kritik der in Deutschland verfassten Dissertation von

---

1. Sprechvortrag, Stimme, Körpersprache usw.: FRITZ, Preacher's Manual (1941), 77ff.; BLACKWOOD, Expository Preaching (1943), 153ff.; BROADUS, Preparation and Delivery 1944, 335ff., 348ff.; BLACKWOOD, Preparation (1948), 210ff., 224ff.; BOWIE, Preaching (1954), 206ff.; WHITE, Guide (1973), 146ff.; DEMARAY, Introduction (1974), 123ff.; EGGOLD, Dialogue (1980), 101ff.; CHARLES L. BARTOW, The Preaching Moment. A Guide to Sermon Delivery. Hg. v. WILLIAM D. THOMPSON, Nashville/TN 1980, 69ff. und 91ff. (i. Folg.: BARTOW, Moment); KILLINGER, Fundamentals (1983), 169ff.
2. Verhältnis der Homiletik zur Rhetorik: BROADUS, Preparation and Delivery 1944, 8ff.; W. E. SANGSTER, Pulpit Speech and Rhetoric. In: VERNON L. STANFIELD (u.a.), Homiletics, Grand Rapids/MI 1974, 24–30; hier: insgesamt; WILSON, Practice (1995), 63ff., 75ff.

[864] NICOL, Bild, 26. Hervorhebg. i. Orig.

[865] Angesichts solcher Unschärfe ist zu fragen, in welchem Maß die Feststellung von Meyer-Blanck/Weyel zutrifft, Nicol habe die völlig unterschiedliche Predigtpraxis in weiten Teilen der evangelischen Kirchen der USA »für die deutsche Rezeption [...] erschlossen [...]« (MEYER-BLANCK/WEYEL, Arbeitsbuch, 253).

[866] CRADDOCK, Without Authority, 5.

[867] Der Pionier der neuen Homiletik schreibt im Vorwort zur Auflage von 2001, wenn er darüber nachdenken wollte, was er anders hätte sagen sollen, was klarer formuliert und was auf einen neueren Stand gebracht werden sollte, dann wäre es ein neues Buch geworden. Der einzige Unterschied besteht daher in einer vom Verlag vorgenommenen Überarbeitung im Sinne einer »geschlechtssensiblen« Sprache sowie der Hinzufügung dreier Predigten (a.a.O., vii).

[868] Wilson erwähnt die zunehmende Anerkennung dieser Bedeutung in der Philosophie dieser Zeit, die Gründung der Zeitschrift »Philosophy and Rhetoric« 1968 und den Beitrag von Amos Wilder mit seinem Werk »Early Christian Rhetoric: The Language of the Gospel.« (New York/NY 1964 [i. Folg.: WILDER, Rhetoric]), s. WILSON, Practice, 65f.

[869] S. u.a. LOWRY, Plot, xvii. Damit bestätigt sich Löhes Urteil aus dem 19. Jahrhundert über die Suche nach spektakulären Ergebnissen in der pastoralen Arbeit: Die fieberhafte Schaffung neuer Maßnahmen für dieselbe Arbeit produziere nur eben das, nämlich neue Maßnahmen, deren anfänglich große Wirkung sich schnell abnutze (JOHN T. PLESS, The

Jeffrey T. Myers an der Rolle der Rhetorik in der amerikanischen Predigtlehre und -praxis – sie werde auf ihre technische Seite reduziert, statt als geistliche Rhetorik sowohl zu den einzelnen Arbeitsschritten anzuleiten als auch die Mittel zu deren kritischer Überprüfung zu bieten – trifft in ihrer Verallgemeinerung nicht das Gesamtbild, das sich einer gründlichen Untersuchung bietet.[870]

Das gilt in ähnlicher Weise für das folgende Urteil Fabian Vogts in seiner Darstellung der neuen Homiletik, das gleichermaßen nur als eine solche Projektion verständlich wird[871]:

> »In den Einführungen in die Homiletik findet sich bis heute nur selten eine Darstellung der Grundlagen rhetorischer, gestischer, mimischer, stimmlicher und emotio-

---

Lively Use of Loehe. Kenneth Korby's Contribution to a Renewed Reception of His Pastoral Theology in The Lutheran Church-Missouri Synod. In: DIETRICH BLAUFUSS [Hg.], Wilhelm Löhe. Erbe und Vision. [Die Lutherische Kirche. Geschichte und Gestalten, Bd. 26], Gütersloh 2009, 110–126; hier 124 [i. Folg.: PLESS, Loehe]).

870 MYERS, Errand, 218ff. Vgl. die folgenden Verallgemeinerungen: »In Theorie wie Praxis der deutschen Homiletik gibt es im großen und ganzen eine hohe Integrität, nicht der Menge gefallen zu wollen, woran es amerikanischen Homiletikern mangelt.« (a.a.O., 219) und ebenfalls in Bezug auf die deutsche Homiletik, »Nicht die Wirksamkeit, in handfesten Ergebnissen gemessen, sondern die integre Suche nach der Wahrheit hat Vorrang.« (a.a.O., 220).

871 Die Sachlage ist eindeutig. Was hier als Mangel markiert wird, stellt geradezu ein Kontinuum der amerikanischen Homiletik dar. Außer den genannten Abschnitten zu Sprechvortrag, Stimme, Körpersprache usw. (s. Anm. 863) befasst sich eine Vielzahl homiletischer Werke mit den folgenden Teilbereichen der Rhetorik:

1. Struktur: LENSKI, The Sermon (1927), 74ff., 118ff., 140ff., 287ff.; FRITZ, Preacher's Manual (1941), 33ff.; BLACKWOOD, Expository Preaching (1943), 97 ff.; BROADUS, Preparation and Delivery 1944, 94ff.; LUCCOCK, Workshop (1944), 118ff., 134ff.; PHELPS, Theory (1947), durchweg; BLACKWOOD, Preparation (1948), bes. 137ff. und durchweg; BLOCKER, Secret (1951), 50ff.; BOWIE, Preaching (1954), 163ff., 182ff.; SANGSTER, Craft (1954), 1ff.; JONES, Principles (1956), 87ff., 103ff.; CAEMMERER, Preaching 1959, 93ff.; WHITESELL, Power (1963), 47ff.; SCHNEIDER, As One Who Speaks (1965), 79ff.; PERRY, Biblical Preaching (1973), 42ff.; WHITE, Guide (1973), 79ff., 89ff., 106ff., 112ff.; DAVIS, Sermon Structure (1974), durchweg; DEMARAY, Introduction (1974), 67ff.; AHO, The Lively Skeleton. Thematic Approaches and Outlines. The Preacher's Workshop Series. Buch 4. St. Louis/MO 1977 (i. Folg.: AHO, Skeleton), durchweg; EGGOLD, Dialogue (1980), 69ff.; H. W. ROBINSON, Preaching (1980), 128ff.; KILLINGER, Fundamentals (1983), 47ff., 90ff.; WILSON, Practice (1995), 199ff.

2. Stil: BLACKWOOD, Expository Preaching (1943), 122f.; BROADUS, Preparation and Delivery 1944, 223ff.; PHELPS, Theory (1947), 119ff.; BLACKWOOD, Doctrinal Preaching (1956) 184ff.; JONES, Principles (1956), 87ff., 169ff.; DAVIS, Design (1958), 242ff., 265ff.; WHITE, Guide (1973), 205ff.; H. W. ROBINSON, Biblical Preaching (1980), 175ff.; ROSSOW, Preaching (1983), 73ff., 80ff.; KILLINGER, Fundamentals (1983), 147ff.; WILSON, Practice (1995), 238ff.

3. Dialektik und Ziel der *persuasion*: BROADUS, Preparation and Delivery 1944, 156ff.; CAEMMERER, Preaching 1959, 35ff., 298f.; PERRY, Biblical Preaching (1973), 172ff.

4. Form, die der Funktion folgt: DAVIS: Design (1958), 98ff., 120ff., 139ff.; RANDOLPH, Renewal (1969), 97ff., vgl. 10; CRADDOCK, Preaching (1985), 170ff., 176ff.; WILSON, Practice (1995), 63ff., 75ff.

> naler Präsentation – als wäre eine theologische Äußerung von diesen Faktoren nicht abhängig.«[872]

Für das System, gegen das sich Vogts Kritik richtet, gilt eben dies, dass Predigen oft im Rahmen der griechischen Rhetorik definiert und die homiletische Ausbildung häufig von *speech teachers* durchgeführt wird.[873] Zu Recht sagt Gerrit Immink, dass in der amerikanischen Homiletik der rhetorischen Dimension der Predigt stets viel Aufmerksamkeit gewidmet worden ist.[874] Vor diesem Hintergrund schreibt Blackwood schon um die Mitte des 20. Jahrhunderts umgekehrt über eine von Deutschland geprägte kirchliche Ausbildung:

> »The lack of professorial clarity may have come from the ›Germanizing‹ of our divinity schools. [...] If so, we have less to dread from now on, because most young theologians have been schooled elsewhere. To Germany we owe much, theologically, but not in the way of clarity [...] One German-minded professor even told his students that they must choose between being scholarly and being clear.«[875]

Versteht man mit der amerikanischen Homiletik die Klarheit der Rede als ein kontinuierlich und bewusst übernommenes, wesentliches Anliegen der aristotelischen Rhetorik, das Form und Inhalt verbindet, dann markiert Blackwood mit diesen Worten gerade im Kontrast zur eigenen Situation einen Mangel auf deutscher Seite.

4.4.3. Neue Herausforderung

In der rhetorischen Aufbruchsstimmung in Nordamerika im dritten Viertel des 20. Jahrhunderts verbinden sich mehrere unterschiedliche Anliegen: Die zunehmende Massenkommunikation bringt dem Einzelnen nicht nur Nachrichten aus aller Welt, sie setzt ihn auch einer Flut von Botschaften und Eindrücken aus. Diese sind zum großen Teil akustischer, mit der immer einflussreicheren Rolle des Films in der Gesellschaft jedoch mehr und mehr auch visueller Art; ab der Mitte des Jahrhunderts gilt der Kinobesuch als beliebteste Freizeitbeschäftigung.[876] Zu der wachsenden Fülle verbaler und schnell wechselnder Eindrücke gehört auch die Werbung, die häufig einem einfachen Schema von Problemsituation, Problemverschärfung, Lösung und Konsequenzen aus der Lösung folgt. Zugleich ist die stetige Verkürzung der Predigtzeit zu bedenken, die ungeachtet aller konfessionell und individuell unterschiedlichen Prägungen ab ca. 1950 zu beobachten ist. Die »Kanzelrede« bekommt so im Wochenlauf immer mehr Konkurrenz, zugleich wird von ihr in der verbleibenden Zeit im Gottesdienst eine

---

[872] Vogt, Predigen, 35.
[873] Craddock, Without Authority, 5.
[874] Immink, Gesprek, 371.
[875] Blackwood, Doctrinal Preaching, 188.
[876] Sangster, Craft, 69. Vgl. Craddock zur Rolle des Fernsehens in der Kommunikation der Gegenwart (Craddock, Without Authority, 9).

kontinuierlich größere Effizienz erwartet; sie muss rhetorisch immer mehr leisten.

Diese »Leistung« konzentriert sich schließlich immer mehr auf den eigentlichen »Kernbereich« der Predigt, ihren christlichen Inhalt. Der Grund liegt darin, dass die Predigt die Nebenrollen verliert, die ihr in der Vergangenheit häufig zusätzlich zugefallen sind. Dazu gehört neben der Vorstellung einer literarischen Auslese und, allgemein, der Unterhaltung der Hörerschaft auch die Information über gesellschaftliche Vorgänge. Letztere gilt im ausgehenden 19. Jahrhundert noch als ein so bedeutender Teil der homiletischen Aufgabe, dass H. W. Beecher in seinen Yale-Vorlesungen fordert, der Prediger müsse der bestinformierte Mensch auf Erden sein;[877] neben einer guten College-Ausbildung gehöre dazu auch die Lektüre der Tageszeitung.[878] R. W. Dale rät 1877/78 dem Prediger, jedes gute Buch zu lesen, es sei alt oder neu, katholisch oder protestantisch, englisch, französisch oder deutsch.[879]

Schließlich gewinnt die Beschäftigung mit der Rhetorik auch dadurch an Bedeutung, dass der Prediger als Redner immer weniger davon ausgehen kann, dass der Hörer ihm schon aufgrund eines allgemeinen Respekts für das Predigt-Amt und seine Autorität über längere Zeit aufmerksam folgt.[880] Veränderte Lesegewohnheiten wirken sich zudem auch auf die Verbreitung und Intensität der persönlichen und familiären Hausandacht und damit die allgemeine Bibelkenntnis aus; ein Trend, der wenige Jahrzehnte später in einer Erhebung zu dem Ergebnis führt, dass kaum 20% der Christen Fragen zu grundlegenden Inhalten der Bibel richtig beantworten.[881] Damit verliert die Predigt zunehmend zwei Dinge, die sie lange Zeit als selbstverständlich vorausgesetzt hat: je weniger sich der Hörer außerhalb des Sonntagsgottesdienstes selbst mit Gottes Wort befasst, desto mehr verschiebt sich die Aufgabe der Predigt von der Auslegung bekannter biblischer Inhalte zur Vermittlung solcher grundlegenden Kenntnisse;[882] desto weniger kann sie zugleich auf die vom Hörer selbst (unter der Kanzel und im Alltag) vollzogene »Anwendung« bauen. Darüber hinaus verliert

---

[877] BAXTER, Yale Lectures, 57, 59, vgl. 63.

[878] A.a.O., 64f.

[879] A.a.O., 67.

[880] So etwa KILLINGER, Fundamentals, 34.

[881] S. BUTTRICK, Moves, 145 (1959). Unter den Teilnehmern aus der Missouri-Synode sind die Antworten zu mehr als 40% korrekt. Setzt man jedoch die Gesamtprozentzahl der richtig beantworteten Fragen in Bezug zu der durchschnittlichen regelmäßig-wöchentlichen Teilnahme am Gottesdienst, die doppelt so hoch liegt, dann ist das Ergebnis in jedem Fall auch eine Anfrage an die Predigt und die Prediger (vgl. Anm. 154).

[882] 2009 erwähnt Schmitt, dass manche Gemeindeglieder nicht mehr an Bibelstunden teilnehmen oder ihre Bibel zuhause lesen. Nicht ein postmodernes Weltbild, sondern ein solcher zunehmender biblischer Analphabetismus wird von ihm als Ursache des Verlusts des umfassenden *meta-narrative* der Schrift ausgemacht (DAVID R. SCHMITT, Richard Caemmerer's Goal, Malady, Means: A Retrospective Glance. In: CTQ 74 [2010], 1-2, 28-38; hier 36. [i. Folg.: SCHMITT, Caemmerer's Goal, Malady, Means]).

auch der Zusammenhang von Predigten von ein- und derselben Kanzel untereinander an Intensität. Wiederholt finden sich in den Homiletiken der vorangegangenen Jahrzehnte Hinweise auf die selbstverständliche Voraussetzung von weiteren Gottesdiensten am Sonntagabend und in der Wochenmitte,[883] verschiedene Homiletiken leiten zur unterschiedlichen Gestaltung der Predigt in diesen zusätzlichen Fällen an.[884] Nimmt man an, dass diese Hinweise zum Teil eine vorfindliche Situation widerspiegeln oder umgekehrt zu einer solchen Variation beitragen, dann fällt mit der Reduzierung der regulären Gemeindegottesdienste auf den Sonntagmorgen auch eine oft als selbstverständlich hingenommene Vielfalt der »geistlichen Rede« in der Kirche. Infolge dieser Entwicklungen steht die Predigt vor einer neuen Situation, der sie mit einer einfachen Fortführung der bisherigen Rezeption der klassischen europäischen Rhetorik nicht begegnen kann, zumal wenn diese nicht selten aus zweiter Hand stammt.[885] Entsprechend der Rolle, die die Rhetorik für die öffentliche Rede im Allgemeinen spielt, finden sich die Elemente der klassischen aristotelischen Rhetorik wie Stil, Struktur und Vortrag in selbstverständlicher, ungebrochener Tradition weiterhin in den homiletischen Lehrbüchern.[886] Doch bemüht sich die Homiletik nun, die Vielfalt der Möglichkeiten in einer gesellschaftlich und kommunikativ veränderten Situation auf neue Weise zum Einsatz zu bringen und dies auch im Haupt-Gottesdienst der Gemeinde am Sonntagmorgen zu tun. Zwar ist gegen Nicol festzuhalten, dass die Homiletik in Nordamerika nicht erst ab den 70er Jahren zu einer Disziplin eigenen Rechts wird, jedoch gewinnt sie mit diesen Bemühungen zunehmend an wissenschaftlichem Rang.[887] Ihr Hauptanliegen ist

---

[883] Siehe etwa McGEE, Pulpit, 102; REES, Sermon 147; vgl. BLACKWOOD, Expository Preaching (wiederholt). White (Großbritannien) spricht von zwei Predigten in der Woche (WHITE, Guide, 65, 72), Cleland erwähnt Kirchen, die zwei- oder dreimal sonntäglich zum Bersten voll sind (CLELAND, Preaching, 109).

[884] Siehe etwa BLACKWOOD, Expository Preaching, 177ff. – In vielen Gemeinden der Missouri-Synode findet auch heute an jedem Sonntagvormittag ein Gottesdienst um acht und ein weiterer um zehn Uhr statt. Dies ist zwar ein Anzeichen für die Gesamtzahl der Teilnehmer, jedoch sind in der Regel nur diejenigen in beiden Gottesdiensten anwesend, die ein entsprechendes Amt haben (Pfarrer, Organist). Es handelt sich daher für die Gemeindeglieder nicht um zwei unterschiedliche Predigtsituationen.

[885] Die Rezeption der Rhetorik ist in vielen Homiletik-Lehrbüchern der USA standardisiert und trägt nicht immer die Züge einer Kenntnis aus erster Hand. Vgl. Craddocks Aussage, Predigen würde in den USA oft im Rahmen der griechischen Rhetorik definiert (CRADDOCK, Without Authority, 5).

[886] Siehe die folgende Auseinandersetzung mit der Rolle der Rhetorik in der Homiletik.

[887] S. NICOL, Positionslichter, 298. Nicols Feststellung ist insofern zu relativieren, als sich der folgende Satz Randolphs nicht auf die Entwicklung der Homiletik zu einem eigenen Fachgebiet bezieht, sondern darauf, dass sie zunehmend Anerkennung erlangt für das wissenschaftliche Niveau ihrer Arbeit: »The emergence of homiletics as a discipline of high scholarly standing is one of the great stories of the church and academy in this period.« (RANDOLPH, Twenty-first Century, 10). Eigene Lehrstühle für Homiletik gibt es lange vorher, auch wenn Craddocks Hinweis zu beachten ist, dass die Homiletik in den

dabei die Entsprechung von Form und Inhalt,[888] die ab den 60er und 70er Jahren zu vielen Versuchen und Aufbrüchen führt. So berichten Eslinger und Craddock, um 1970 hätten sich viele Predigten über alle Regeln von Form und Bewegung hinweggesetzt und seien aus lauter Einzelteilen zusammengestückelt worden;[889] in den 70er Jahren sei es dann zu lebhaften Neuansätzen gekommen.[890]

4.4.4. Die Intention

Zum Klima des Umbruchs und der Rebellion der 60er Jahre gehört ein tiefes Misstrauen gegenüber Wörtern; Handeln gilt als wichtiger als Reden.[891] Die Predigt kann jedoch nur durch das Wort versuchen, zum Handeln – d.h. zum konkreten Tun im Alltag und in der eigenen Kirchengemeinde – zu motivieren. Im evangelikal geprägten Raum gehört dies zu den wichtigsten Intentionen der Predigt. Im Kontext der in der Gesellschaft thematisierten Probleme macht es sich die Predigt daher auch zur Aufgabe, gemeinsam mit den Predigthörern Lösungen dafür zu erarbeiten.[892] Die Nähe einer so verstandenen Überzeugungsarbeit zur Werbung wird schon zu Beginn des Jahrhunderts erkannt.[893] Und der traditionelle Appell an den Willen des Hörers erscheint auch in der »neuen« Homiletik als das gewiesene Mittel, um solche Veränderung durch das Verhal-

---

Curricula der theologischen Ausbildung in den späten 60er und frühen 70er Jahren an den Rand gedrängt ist (Craddock, Preaching, 33). So wird Caemmerer 1940 als Professor für Homiletik und Praktische Theologie an das Concordia-Seminar in St. Louis berufen (Caemmerer, Preaching 1959, hinterer Umschlagtext), Aho 1960 als Dozent für Homiletik an das Seminar in Springfield. Levering zitiert eine Untersuchung von 1963, nach der 9 von 12 methodistischen Seminaren unter ihren Dozenten solche mit umfassender, formaler Ausbildung in *speech* haben. Bei der Berufung von Homiletiklehrern werde allerdings mehr Wert gelegt auf ein vorangegangenes »erfolgreiches« Wirken auf der Kanzel (Levering, Development, 45f.). Auch Eslinger berichtet von bestehenden homiletischen Ausbildungsprogrammen zu dieser Zeit, von denen in den 60er Jahren jedoch manche gestrichen würden (Eslinger, New Hearing, 7).

[888] Wilson erweitert dieses Begriffspaar 1995 um das Element der »Funktion« (Wilson, Practice, 200).

[889] Auch eine solche Gesamtform ist offensichtlich bis heute nicht ganz von der Kanzel verschwunden. Douglas Rutt berichtet 2010 von einer typischen, häufig anzutreffenden »mystischen« Form des Predigens, bei der es dem Hörer verborgen bleibe, wohin ihn der Prediger führen will (persönliches Gespräch mit mir, CTS Fort Wayne, 5.6.2010).

[890] Eslinger, New Hearing, 7; Craddock, Preaching, 170f.

[891] Edwards, History of Preaching, 800.

[892] Killinger begründet diese Forderung nach gemeinsamer Problemlösung mit der Demokratisierung der Welt (Killinger, Fundamentals, 34).

[893] Graebner bezieht sich auf die Elemente eines in einem Handbuch für *salesmanship* aufgeführten, persönlich verfassten Briefes eines Verkäufers an einen potentiellen Kunden (die Aufmerksamkeit des Hörers gewinnen, Beschreibung und Erläuterung, Argument, Überzeugung und Höhepunkt: d.h. die Möglichkeit für den Leser, sofort tätig zu werden und etwas zu bestellen; Graebner, Inductive Homiletics II, 14).

ten des Hörers zu erreichen.[894] In der veränderten homiletischen Atmosphäre geschieht dies jedoch nicht autoritär, sondern in einem fast flehentlichen Bemühen der Predigt um Akzeptanz durch den Hörer:

> »In much of the ›new preaching‹, one can detect a longing, not just to be heard and understood, but to be accepted by a world that has been alienated by the religious jargon of a self-addressing church.«[895]

Die eigentliche Reaktion, die die Predigt beim Hörer erreichen will, wird von Randolph mit Zügen beschrieben, in denen sich der Begriff der Buße mit dem Verständnis des *social gospel* verbindet:

> »[...] preaching which is faithful to the intention of the biblical text will inevitably speak to man's personal social life because in the Bible repentance, this turning toward God and the neighbor, is always portrayed in the context of one's relationship to others and in the context of the realities of institutional life.«[896]

Hierin spiegelt sich ein Grundkonsens in der US-amerikanischen Kultur, nach dem das Christsein des Einzelnen (wenn nicht überhaupt die religiöse Überzeugung eines Menschen) für ihn selbst und andere recht unmittelbar an seinem Tun erkennbar wird. Dieses Tun wird nun im Kontext der Forderung nach Veränderung der gesellschaftlichen Strukturen, die die Studenten- und Rassenunruhen der späten 60er Jahre, die antiautoritäre Tendenz und die Frauenemanzipation kennzeichnet, definiert:

> »We will know power has returned to the pulpit when and where preaching effects transformation in the lives of people and in the structures of society. There are reasons to believe that this renewal is not far away.«[897]

In ähnlicher Weise ist auch in D. Buttricks Verständnis der Predigt die soziale Verantwortung ein wesentlicher Zug.[898] Im Anschluss an die Themen der 60er und frühen 70er Jahre schreibt er, wo sich Menschen für die Versöhnung zwischen Rassen und Nationen einsetzten, sei Gottes Gnade am Werk.[899]

---

[894] S. Craddock, Without Authority, 55 u.ö. Vgl. dazu folgende theologische Aussage Craddocks zur Natur des Menschen: »In the second place, it is theologically basic to the inductive method that, even in missionary preaching, the listener not be viewed as totally alien to God and devoid of Godwardness.« (a.a.O., 51).

[895] A.a.O., 19.

[896] Randolph, Renewal, 84; vgl. 51.

[897] Craddock, Without Authority, 19f. Nach Craddock hat der liberale Protestantismus in dem Ruf zum ethisch richtigen Verhalten neue Relevanz gefunden.

[898] Buttrick, Moves, 255 u.ö.

[899] A.a.O., 19. Nach Buttrick hat die Kollision zwischen Barthscher Theologie und dem sozialen Protest in den 60er Jahren zu einer Art radikalem sozial-aktivistischen Moralismus geführt. In den 70er Jahren sei das Pendel in Richtung auf einen romantischen Pietismus geschwungen, einer Spiritualität im Blick auf Gott, die den sozialen Protest weitgehend ausgeklammert habe (a.a.O., 340). Vgl. das »Politische Nachtgebet«, das Ende

Eine solche transformierende Kraft des Wortes nimmt in Randolphs Vision einer »nächsten« Homiletik nach der »neuen« den Platz ein, den in der traditionellen Systematik die Heiligung des Menschen durch den Heiligen Geist innehat:

> »[...] in Jesus Christ, God meets people in their deepest needs and highest hopes as Creator, Redeemer and Transformer.«[900]

Ziel der Predigt ist, die Liebe zu Gott, zu sich selbst und zum Nächsten zu vermehren.[901] Dabei wird Christus jedoch ausdrücklich zum *commander*[902], der Mensch verändert sich letztlich selbst zum Besseren[903]. Dies bedeutet insbesondere eine Wahrnehmung der sozialen Verantwortung des Einzelnen und der christlichen Gemeinde.[904] Das, was der Christ tut, wird dabei zur Bestätigung der Wirklichkeit, die der Glaube beansprucht.[905] R. S. Reid schreibt von dieser Überzeugung Randolphs,

> »Randolph finds that preachers typically must be more pragmatic in providing direction, helping listeners imagine possible ways of enacting a biblical truth.«[906]

Im Bewusstsein der Krise der Predigt und der Problematik ihrer Effizienz übernimmt die Homiletik stillschweigend oder ausdrücklich Ergebnisse der Motivationsforschung, etwa in der Form des erwähnten »Kommunikationskreises«.[907] Kritische Anfragen an eine solche Übernahme beantwortet Randolph mit einer Gegenfrage:

---

der 60er Jahre in Deutschland entsteht, und seine Intention, eine reale Aktionsmöglichkeit der Teilnehmer aufzuzeigen (RASCHZOK, Trendsetter, 77f.).

[900] RANDOLPH, Twenty-first Century, 5, vgl. 23, 41f., 86 u.ö. Vgl. hierzu jedoch auch die Beschreibung des geistlichen Amtes im Sinne eines Transformationsamtes bei Löhe (nach KLAUS RASCHZOK, Das geistliche Amt bei Wilhelm Löhe. Impuls in eine amtsvergessene Kirche. In: DIETRICH BLAUFUSS [Hg.], Wilhelm Löhe. Erbe und Vision. [Die Lutherische Kirche. Geschichte und Gestalten. Bd. 26], Gütersloh 2009, 80–109; hier 87 [i. Folg.: RASCHZOK, Geistliches Amt]).

[901] RANDOLPH, Twenty-first Century, 1, 28f., 41, 50.

[902] A.a.O., 28f.

[903] A.a.O., 98.

[904] A.a.O., siehe z.B. 3.

[905] A.a.O., 46. Vgl. Jowetts Satz im Rahmen der Yale-Vorlesungen von 1911/12: »The word of grace is to be confirmed by gracious deeds« (BAXTER, Yale Lectures, 37). – In Randolphs Vision einer »nächsten« Homiletik, die die *new homiletic* ablöst, taucht das *social gospel* ganz ähnlich der Form auf, in der es im frühen 20. Jahrhundert begegnet (RANDOLPH, Twenty-first Century, 133 u.ö.).

[906] A.a.O., 117.

[907] Beachte die Nähe dieses Schemas zu dem der sog. *motivated sequence*, die Alan Monroe von der Purdue University in Indiana in der Mitte der 30er Jahre entwickelt – bestehend aus *attention, need, satisfaction, visualization* und *action*, s. N.N., Monroe's motivated sequence, o.O., http://en.wikipedia.org/wiki/Monroe's_motivated_sequence, zuletzt geändert 6.8.2014 [19.9.2014]) –, sowie zur kommerziellen Werbung.

»Is it ethical to employ the results of motivation research in preaching? [...] Is it ethical for the preacher to ignore the results of motivation research in preaching?«[908]

In vielen homiletischen Ansätzen innerhalb des konfessionellen Spektrums in den USA spielt die Intention des Predigers überall dort faktisch eine entscheidende Rolle, wo thematisches Predigen die Regel ist. Dies gilt nicht nur für die grundsätzliche Möglichkeit, sich statt für einen Schrifttext zuerst für ein geistliches Thema zu entscheiden und diesem dann mehrere Stellen der Heiligen Schrift zuzuordnen. Es gilt auch weitgehend da, wo die Predigt nach den Perikopenreihen nicht die Norm ist.[909] Die in der nordamerikanischen Homiletik immer wiederkehrenden, jedoch nirgends befriedigend gelösten Versuche, zwischen der sogenannten »Auslegungs«- und der Textpredigt zu unterschieden, sind hierfür ein Zeugnis. Als Auslegungspredigt (*expository sermon*) wird häufig jede bezeichnet, die sich auf mehr als einen oder zwei Verse der Heiligen Schrift gründet.[910] Davon wird die sogenannte Textpredigt (*textual sermon*) unterschieden, der ein einzelner Vers zugrundeliegt.[911] Homiletische Beispiele in den entsprechenden Werken bestätigen den Eindruck, dass dieser Vers häufig zu einer Art Motto im Sinne einer Lebensweisheit oder einer Handlungsanweisung wird.[912] Unbefriedigend bleibt der Versuch einer solchen Kategorisierung neben seiner methodologischen Unklarheit auch deshalb, weil sich häufig kaum wirkliche Unterschiede im homiletischen Ergebnis erkennen lassen. Dies erklärt sich durch den Umstand, dass sich hier konfessionell-theologische Ansätze mit der Praxis verbinden: Der christliche Glaube ist im Wesentlichen die Motivation zum rechten Leben. Unabhängig von der Länge des jeweiligen Gotteswortes wird das rechte Tun hermeneutisch zur »Intention« dieses Wortes, homiletisch zur Intention der Predigt.

So wird bei allen Unterschieden in der Ausprägung der Homiletik dieser Zeit deutlich, dass der gemeinsame Ansatz beim Hörer nicht nur ein Ausdruck des besonderen homiletischen Interesses ist. Dessen konkrete Ausprägung ist auch jeweils ein Ausweis der zugrundeliegenden Hermeneutik. Die auf der kon-

---

[908] RANDOLPH, Renewal, 122.

[909] Craddock berichtet 1985, das Predigen nach den Lesereihen der Kirche(n) nehme zu (CRADDOCK, Preaching, 104).

[910] William M. Taylor definiert diese Form der Predigt in seiner Yale-Vorlesung als die fortlaufende Auslegung und Anwendung eines biblischen Buches (BAXTER, Yale Lectures, 214), M. Rogness als einen versweisen Durchgang durch den Text (ROGNESS, TV Generation, 81).

[911] Nach Baxter war diese Form über Generationen sehr prominent (BAXTER, Yale Lectures, 226, vgl. 212).

[912] S. etwa JONES, Principles, 95ff.; CRADDOCK, Without Authority, 145ff. Reu warnt ausdrücklich vor dieser Gefahr (REU, Homiletics, 315ff.). Bei Lee finden sich Beispiele für Predigten zu einzelnen Schriftversen (ROBERT G. LEE, Forty-Seven Years. In: CLARENCE STONELYNN RODDY [Hg.], We Prepare and Preach. The Practice of Sermon Construction and Delivery, Chicago/IL 1959, 80–85; hier 84 [i. Folg.: LEE, Years]).

servativeren Seite festgehaltene Überzeugung, dass die Bibel »Gottes Wort« ist, bedeutet in der Anwendung, dass der Mensch hier Lebensweisheit und Handlungsanweisungen findet, denen eine höhere Autorität eignet. Faktisch entsprechen diese weitgehend seinen eigenen Fragestellungen und Interessen und seiner eigenen Auswahl. Die Bedeutung der exegetischen Beachtung des ursprünglichen Situationszusammenhangs eines Schriftwortes, seiner ersten Adressaten und seiner Intention im historischen Kontext und im Zusammenhang der Heiligen Schrift als ganzer wird zwar homiletisch thematisiert, aber kaum zu dieser verbreiteten Vorgehensweise theologisch in Beziehung gesetzt. So bleibt das Tun des Hörers explizit oder implizit weithin das einzige Ziel der Predigt. Hierin unterscheidet sich die Homiletik in der zweiten Hälfte des 20. Jahrhunderts nicht wesentlich von der früherer Zeiten. Dem widerspricht auch nicht die wachsende Vorliebe vieler Prediger für das Erzählen von Geschichten in der Predigt: Auch diese eignen sich nicht nur zur Unterhaltung, Illustration oder Steigerung des Interesses, sondern auch zur Vermittlung einer »Moral«.[913]

4.4.5. Die Bedeutung der Form

Das Ziel der Überzeugung des Hörers prägt die nordamerikanische Homiletik, seitdem sie sich mit den Yale-Vorlesungen ihren eigenen Weg bahnt.[914] Baxter setzt diese *persuasion* in Beziehung zu der Rolle, die sie in der klassischen und modernen säkularen Rhetorik spielt.[915] Andere *lecturers* sprechen davon, Menschen zu überzeugen, zu Christus zu kommen;[916] sie definieren diese Überzeugung in Bezug auf die Predigt als den Eindruck einer Seele auf eine Seele[917] oder bezeichnen die Liebe des Predigers zu seinen Gemeindegliedern als die überzeugende Kraft.[918] Immer wieder wird jedoch im 20. Jahrhundert auch auf die Bedeutung der Form für die Wirkung der Predigt hingewiesen. Whitesell hält die Kommunikation vieler Amtsträger von der Kanzel deshalb für ineffektiv, weil sie die Arbeit am Stil vernachlässigten. Sie meinten, Ideen seien genug; die Wörter würden sich von selbst dazu finden. Die Folge sei ein langweiliger, ab-

---

[913] Vgl. hierzu Fickenscher, Carl C. II: The Relationship of Sermon Form to the Communication of the Proper Distinction between Law and Gospel in Lutheran Preaching. Thesis (Ph.D.), Ft. Wayne/IN 1996, durchweg (i. Folg.: Fickenscher, Sermon Form). Fickenscher untersucht den Zusammenhang der Verkündigung von Gesetz und Evangelium mit der deduktiven Form, der *homiletical plot form* und der rein erzählenden Form.

[914] Baxter, Yale Lectures, 90 und durchweg.

[915] A.a.O., 288. Baxter erwähnt den Beitrag zweier einflussreicher englischsprachiger Rhetoriker zur Kommunikationstheorie in der Neuzeit: George Campbell (1719–1796), Pfarrer der schottisch-presbyterianischen Kirche und Autor eines 1776 unter dem Titel »Philosophy of Rhetoric« veröffentlichten Buches, sowie Richard Whately (1787–1863), Erzbischof der anglikanischen Kirche.

[916] So Matthew Simpson, 1878/79 (a.a.O., 46).

[917] So A. J. F. Behrends 1889/90 (a.a.O., 18).

[918] So John Kelman, 1918/19 (a.a.O., 107, vgl. 109, 111).

strakter und farbloser Predigtstil.[919] Nach Killinger kennzeichnet es gerade fundamentalistische Verkündigung, dass sie im Allgemeinen kein Interesse an dem bestmöglichen Ausdruck in der menschlichen Sprache gezeigt und sich damit in die Gefangenschaft fixierter Ausdrucksformen der rechten Lehre begeben habe. Umgekehrt sei die liberale Predigt so sehr mit menschlichen Wörtern beschäftigt gewesen, dass sie das transzendente Wort Gottes, aus dem allein diese ihre Gültigkeit empfingen, aus den Augen verloren habe.[920] Blackwood bezieht sich 1975 auf Ciceros Rhetorik und bezeichnet das Bemühen um Stil - der niemals die Aufmerksamkeit auf sich selbst ziehen dürfe, weder durch besonders kunstvolle noch durch besonders schlechte Gestaltung der Predigt - als ein Bemühen um Klarheit. Dies sei eine Kunst, keine abstrakte Wissenschaft.[921] Auch für Wilson gilt, dass das Medium die Botschaft ist und die Form der Inhalt;[922] der Stil hat Einfluss darauf, wie die Botschaft gehört und aufgenommen wird.[923] Er folgert,

> »There is an urgent need for us to learn to speak with deep simplicity and concrete clarity about God's action in our lives.«[924]

Wie schon Cyprian betont Wilson, es gehe nicht um kluge, sondern um gewichtige Worte, nicht um ein Beeindrucken der Hörerschaft durch kultivierte Rhetorik, sondern um einfache Wörter, die der Verkündigung der göttlichen Gnade gerade deshalb angemessen sind, weil aus ihnen die »unlackierte« Wahrheit spreche.[925]

Für das, was die Predigt beim Hörer erreicht, ist zweitens ihr Aufbau von besonderer Bedeutung. Je weniger geordnet sie ist, desto geringer ihre Wirkung: Diese Grundüberzeugung übernimmt die Homiletik des 20. Jahrhunderts aus der traditionellen Rezeption der klassischen europäischen Rhetorik. Der geordnete Aufbau - von der Gesamtstruktur bis in einzelne Sätze hinein - nimmt beträchtlichen Raum in den homiletischen Lehrbüchern ein und beansprucht

---

[919] Whitesell, Power, 138. Vgl. dazu die fünf Schlüsselelemente effektiven Predigens, die Perry im Anschluss an Paul Rees auflistet: Relevanz, Konkretion, lebendige und bildhafte Rede, »Textur« (wie sich die Predigt »anfühlt«) und Übersichtlichkeit (Perry, Biblical Preaching, 20f.).

[920] Killinger, Centrality, 34.

[921] Blackwood, Expository Preaching, 74, 122f.

[922] Von dem Anliegen der neuen Homiletik herkommend betont Wilson in ausdrücklichem Gegensatz zu postmodernen Thesen (*assertions*), dass Form, Inhalt und Funktion nicht voneinander zu trennen sind. Prediger würden oft mit der Form eine »Theologie« wählen, ohne sich darüber Rechenschaft zu geben (Wilson, Practice, 68; s. auch 52, 68, 82, 191, 231).

[923] A.a.O., 38.

[924] Ebd.

[925] A.a.O., 76.

einen bedeutenden Teil der Vorbereitungszeit des Predigers.[926] Jones zitiert Demosthenes mit dem Satz,

> »Persuasion is as dependent upon the order of the arguments as upon the arguments themselves.«[927]

Das bedeutet jedoch nicht, dass das Predigtmanuskript unabhängig vom Vortrag und der Reaktion des Hörers ein in sich abgeschlossenes Ganzes ist. Reu schreibt in den 20er Jahren,

> »We should even leave something to be supplied, by a hearer as well as a reader; but it is by no means allowed to us to require him to do a work which properly belongs to us.«[928]

Demzufolge hat der Aufbau der Predigt eine wichtige geistlich-praktische Funktion. Um die beabsichtigte Wirkung bei den Hörern zu erzielen, soll der Prediger in der Erstellung der Predigt diejenige Wortstruktur finden und gebrauchen, die ihnen die Bedeutung des Textes am besten vermittelt.[929] Damit ist er herausgefordert, klar zu durchdenken, was er sagen will. Solche Klarheit in der Struktur hilft dem Hörer zugleich beim Behalten des Gesagten. Wenn der Prediger ihm diese Hilfe nicht geben kann, dann verdient seine Predigt nichts als ein Eintagsdasein.[930]

> »Miracles apart, a muddled sermon cannot well be sound in theology, interesting to listen to, effective in persuasion, memorable as an experience, or make any useful contribution to worship. Unclear speaking dissipates attention, destroys persuasiveness, defeats the intention of the speaker from the outset.«[931]

Nach Phelps gibt es in einer Rede immer eine natürliche Abfolge von Gedanken:

> »Every line of thought in a discourse is a link in a chain. Every thought looks forward and backward, and is naturally preceded by something and followed by something. Seek this natural continuity and execute it.«[932]

Die Formulierung der Predigt beschreibt nach H. W. Robinson nicht nur das Reiseziel, sondern auch den Weg, den die Hörer mit dem Redner nehmen müssen,

---

[926] Aho spricht davon, dass die Entwicklung des Knochengerüsts bis zur Hälfte der Zeit für die Predigtvorbereitung in Anspruch nehmen kann (Aho, Skeleton, 8).
[927] Jones, Principles, 94, ohne Quellenangabe.
[928] Reu, Homiletics, 177. Reu zitiert mit diesem Satz den Schweizer Theologen Alexandre Rodolphe Vinet (1797–1847).
[929] Randolph, Renewal, 98. Randolph weist hier ausdrücklich auf die grundlegende Bedeutung von Davis' »Design for Preaching« hin und bezeichnet dies als »one of the most creative and important recent works on preaching« (ebd.).
[930] White, Guide, 83.
[931] A.a.O., 219.
[932] Phelps, Theory, 101.

um dorthin zu kommen. Sie sagt ihnen soweit möglich auch, woran sie erkennen, dass sie angekommen sind.[933] Reu gibt folgende Definition von diesem zielgerichteten Weg:

> »As Paul demands of his διώκειν τὸ βραβεῖον that it be κατὰ σκοπόν, directed toward a goal, so each member in the thought sequence of an oration must be chosen with a view to the final goal: excluded if it lies off the direct line, included if it is adapted to advance the thought a step nearer the goal. This is true of the oration as a whole, as we shall show, as well as of its individual parts. If this all-controlling movement toward a definite goal is lacking, the orator will not only fail to move the minds of his hearers in the direction desired, but will have himself to blame if they lose interest in or even doubt the truths already presented.«[934]

Jede Störung dieser Bewegung mache das wachsende Interesse des Hörers zunichte. Die fortschreitende Entwicklung des Gedankens vor dem Hörer solle ohne Polemik und in einer klaren Darstellung positiver Wahrheit geschehen.[935] Diese Ziellinie der Predigt verfolgen verschiedene Homiletiker bis in den einzelnen Absatz hinein:

> »In order to make a good paragraph, put yourself in the place of the hearer. In a ›train of thought‹ let each car bear its portion of the load, with a form easy to handle.«[936]

4.4.6. Form und Inhalt als Einheit

Wie aber kommt es dazu, dass die Beschäftigung vor allem mit der Gesamtform der Predigt ab den späten 50er Jahren in das homiletische Rampenlicht rückt? Der kanadische Kommunikationstheoretiker McLuhan, der 30 Jahre vor der Entstehung des *world wide web* voraussieht, wie ein solches »Netz« funktionieren kann, nimmt die klassische Erkenntnis der Rhetorik auf, dass Form und Botschaft der Kommunikation nicht wie Gefäß und Inhalt oder Akzidenz und Substanz unabhängig voneinander behandelt werden können: Die Botschaft beeinflusst die Form, und die Form beeinflusst die Rezeption der Botschaft.[937] Es sind vor allem zwei Gründe, die dazu führen, dass diese Erkenntnis in der homiletischen Diskussion dieser Zeit als etwas Neues erfahren wird. Zum einen dominiert im allgemeinen Empfinden bis dahin ein einziger Predigttyp auf der

---

[933] H. W. Robinson, Preaching, 110, vgl. 179. – Siehe auch Davis, Sermon Structure, 78.

[934] Reu, Homiletics, 176. Reu zitiert hierzu Cicero: »Eloquentia nihil est nisi motus animae continuus.« (ebd., ohne Quellenangabe). – Vgl. Lenski, Sermon, 11 (die *line of direction* hält den Prediger auf Kurs). Siehe auch Luccock, Workshop, 168, sowie Randolph, Renewal, 124ff. Aho bezeichnet diese kontinuierliche Ausrichtung der Predigt auf ihr Ziel ebenfalls als *line of direction*, s.u.

[935] Reu, Homiletics, 393f.

[936] Blackwood, Doctrinal Preaching, 191.

[937] Vgl. oben unter 3.3.4. und (u.a.) Mohrmann, Composition, 57.

Kanzel, die analytisch-deduktive, sogenannte »Drei-Punkte-Predigt«.[938] Wo die Form weitgehend gleich bleibt, kommt es kaum zu einer Diskussion über ihre Wechselwirkung mit der jeweiligen konkreten Botschaft. Der zweite Grund liegt in einem homiletischen Wunschdenken: angesichts der vielfältigen Krise, die manchen Homiletiker zu der Bemerkung veranlasst, die Kanzel bleibe besser leer (oder sei es *de facto* schon),[939] wird ein großes Maß an Hoffnung in die Form gesetzt; ein Phänomen, das sich nicht nur in dieser Zeit und im Bereich der Homiletik findet. Ein Argument dafür lautet, es gehe nicht um die analytische Entfaltung zeitloser Wahrheit, sondern um eine existentielle Bewegung aus dem Text heraus in das Leben des Hörers und die Welt.[940]

Das Anliegen, mit dem sich die neue Homiletik auf den Weg der erneuten Beschäftigung mit der Gestalt der Predigt macht – angefangen mit dem bahnbrechenden Werk von Davis in den 50er Jahren –, ist dabei die organische Verbindung von Form und Inhalt. In diesem Sinne schreibt Craddock von einem ästhetischen Ansatz her, die Trennung der Methode des Predigens von der Theologie der Predigt sei ein Gewaltakt, der nicht eine, sondern beide Seiten verwaist zurücklasse.[941] Das bedeutet jedoch nicht, dass beide Elemente sich in gleicher Weise gegenseitig beeinflussen. So betont White, dass Aufbau und Anordnung immer von der Botschaft bestimmt würden, niemals umgekehrt.[942]

In den folgenden Jahrzehnten wird es zum besonderen Anliegen der entstehenden neuen Homiletik, dass sie nach Konkretion und nach Formen der Konstruktion und der Kommunikation sucht, die der Botschaft entsprechen, die sie vermitteln will.[943] Die Form des Schrifttextes, der gepredigt wird, und seine Dynamik werden zu wichtigen Faktoren für die Verbindung zwischen Text und Predigt.[944] Die Konzentration auf die Form der Predigt ist der Versuch, aus dieser Dynamik heraus die als solche empfundene Distanz zwischen der Schrift und dem modernen Hörer zu überbrücken.[945] Ältere Bemühungen in dieser

---

[938] Vgl. Anm. 375.

[939] Vgl. u.a. den Titel »The Empty Pulpit« von C. Reids Buch sowie darin 11ff. Caemmerer berichtet angesichts der zunehmenden Säkularisierung der Gesellschaft, die ihrer Abhängigkeit von der Kirche entwachsen zu sein meint, von dem Vorschlag einer Avantgarde von Theologen, die Predigt des Evangeliums überhaupt einzustellen (CAEMMERER, Recovery, 153).

[940] Dieses Argument wird besonders auf die deduktive Gedankenführung und das Predigen in *plot*-Form angewandt (zu Letzterem vgl. BUTTRICK, Moves, 11, 43f. u.ö.).

[941] CRADDOCK, Without Authority, 43.

[942] WHITE, Guide, 87.

[943] RANDOLPH, Renewal, 23.

[944] EDWARDS, History of Preaching, 806, 819; vgl. CRADDOCK, Without Authority, 121; THOMAS G. LONG, Preaching and the Literary Forms of the Bible, Philadelphia/PA 1989, 23–34, vgl. 11. – Zur »Dynamik« des Wortes vgl. Lischers Buch »A Theology of Preaching. The Dynamics of the Gospel«, Durham/NC 1992.

[945] Craddock wendet sich offensichtlich gegen das Bild einer Predigt, die aus einer gesetzlichen Verkündigung besteht, häufig nach dem Schema »damals« und »heute« struktu-

Richtung hätten sich dazu, so Craddock, der Allegorie, der Postulation von Bedeutungsebenen, des Symbolismus, Literalismus und Mystizismus bedient.[946] Die bisherige homiletische Methode zur Ermittlung und Vermittlung der Bedeutung eines Textes wird im Rückblick jedoch von der neuen Homiletik als mechanistisch empfunden. Jensen beschreibt diesen Zugang wie folgt:

> »When I was a student in the late '50s I was taught homiletics as a ›thinking in idea‹ discipline. I learned to study the text in order to find the ideas. Once I had the idea or ideas of the text clearly in mind the sermon took shape rather quickly. My three points were my three ideas. I then figured out the best way possible to deliver these points/ideas in a way that would help my listener understand what this biblical text was all about.«[947]

Im klaren Gegensatz zu einem solchen mechanischen Ansatz stellt Davis seinem »Design for Preaching« ein längeres Gedicht voran, das er »Design for a Sermon« nennt und das mit der programmatischen Zeile beginnt, »A sermon should be like a tree«. Er geht darin im Einzelnen auf die Wurzeln, Blüten und Früchte dieses Baumes ein und beschreibt die Bedingungen für sein »Wachstum«.[948] Diese organische Metapher der Predigt nimmt keimzellenartig die Rede der neuen Hermeneutik von dem Wort als »Ereignis« auf und fasst zugleich die Hoffnungen zusammen, die die entstehende neue Homiletik mit diesem Ansatz verbindet. Wilson belegt, dass diese organische Einheit der Predigt in ihrer Geschichte immer wieder hervorgehoben worden ist. Jones verfolgt diese

riert ist und in einem Ruf zur Entscheidung gipfelt (CRADDOCK, Without Authority, 71f., 85). Die hier von der Form erwartete Funktion wird in der neuen Hermeneutik dem »Sprachereignis« zugeschrieben (vgl. J. M. ROBINSON, Hermeneutik, 91).

946 CRADDOCK, Without Authority, 33. Craddock bezieht sich hier offensichtlich auf das herrschende Empfinden eines solchen Grabens seit der Aufklärung. In seiner Aufzählung fehlt die lutherische Überzeugung, dass gerade die Exegese, die die ursprüngliche Situation und Intention ernstnimmt, als die eigentliche Kluft die der Sünde erkennt, die den Menschen von Gott trennt und sein Verstehen ebenso wie sein Verstehenwollen zu allen Zeiten hindert. Zu diesem Graben sowie zu Caemmerers Konzept von *goal-malady-means* (insbesondere in Bezug auf den geistlichen »Krankheitszustand« des Menschen), das Aho übernimmt, vgl. unten unter 5.5.1.

947 JENSEN, Thinking, 109.

948 Dieses vielbeachtete Gedicht füllt in DAVIS, Design eine ganze Buchseite (s. dort, 15f); Wilson nimmt dieses 1995 in einem Abschnitt zu »Arranging the Sermon: Unity and Form« vollständig auf (WILSON, Practice, 199–205). – Aho verweist in seiner Untersuchung der früh- und hochmittelalterlichen Homilien auf einen Fachartikel von Otto A. Dieter zur »modernen« mittelalterlichen Predigtstruktur: »[Dieter] shows that the medieval tree of preaching is not outmoded even among present day homileticians by quoting from Henry Grady Davis, Design for Preaching [...].« (AHO, Homilies, 32 Anm. 81). Vgl. hierzu in der Geschichte der Predigt die Rolle von Pflanzenpredigten, in denen Organismen aus der Natur zur klaren und einprägsamen Entfaltung biblischer Wahrheit dienen, s. MARIA MARTEN, Buchstabe, Geist und Natur. Die evangelisch-lutherischen Pflanzenpredigten in der nachreformatorischen Zeit. (BRUNO REUDENBACH [Hg.], Vestigia Bibliae. Jahrbuch des Deutschen Bibel-Archivs Hamburg. Bd. 29/30), Bern (u.a.) 2010.

Vorstellung dementsprechend auf den (Pseudo-)Tractatus von Thomas von Aquin zurück, dessen Autor im Anhang eine detaillierte Erläuterung seines »Predigtbaumes« mit Stamm, Ästen, Zweigen, usw. gebe[949], und verweist zur Wirkungsgeschichte der Metapher vom Baum in der jüngeren Zeit u.a. auf Horace Bushnell.[950] Die Überzeugung von der organischen Einheit der Predigt habe Davis in vielen »großen« Predigten der Vergangenheit gefunden; sie sei eng mit einem pastoralen Ansatz verbunden, der die Menschen als solche behandele, die von Gott geliebt sind.[951]

In den 20er Jahren begegnet die Rede von der Predigt als einem Organismus bei Reu[952] und Lenski:

> »All true sermons present organisms, more or less complex; and the essential and natural portions of each organism are its real parts. A tree has roots, a trunk, and branches. These are its parts.«[953]

Randolph, der für die Bestandteile der Predigt die Metapher von Samenkörnern gebraucht, fügt daran die Folgerung an, dass diese vernichtet würden, wollte man sie wie mit einem Hammer zusammennageln, wie man dies bisher in der »Punktepredigt« getan habe.[954] Gegen Nicols Rezeption der Darstellung bei Wilson ist demnach festzustellen, dass es nicht eine Entdeckung von Davis ist, die den Grund für die homiletische Umwälzung in den folgenden Jahrzehnten legt, sondern seine Pionierarbeit mit dieser Einheit von Form und Inhalt im Blick auf die neue Homiletik.[955]

Das neu erwachte Interesse an der Form führt in der zweiten Hälfte des 20. Jahrhunderts in Nordamerika zur Entdeckung und Wiederentdeckung einer Vielzahl von Möglichkeiten. Die Kirche übernimmt Kommunikationsformen aus dem Radio und dem Fernsehen und setzt visuelle Hilfen und dramaturgische

---

[949] Ilion T. Jones, The Literature of Homiletics. In: Vernon L. Stanfield (u.a.), Homiletics, Grand Rapids/MI 1974, 141–156; hier 145. Dieselbe Metaphorik kehrt 1974 bei Demaray wieder (Demaray, Introduction, 87). Auch Lowry bezieht sich darauf (Lowry, Dancing, 89).

[950] Wilson, Practice, 203.

[951] A.a.O., 204. Davis zählt Liebe, Vertrauen und Mitgefühl zu den Voraussetzungen für das Gedeihen dieses Baumes (Davis, Design, 15f).

[952] Reu, Homiletics, 392. Reu verwendet dieselbe Metapher auch in Verbindung mit dem Aufriss der Predigt, s. 422. – Broadus spricht in etwas anderem Zusammenhang, aber mit einem ähnlichen Bild von Gedanken, die von Natur dazu tendieren, zu besonderer Schönheit zu erblühen (Broadus, Preparation and Delivery 1944, 271). Vgl. hierzu Aho, der methodisch dazu anleitet, eine solche organische Entfaltung zu erreichen und kritisch zu überprüfen (s.u., 6.4.).

[953] Lenski, Sermon, 76, vgl. 81 und 126.

[954] Randolph, Renewal, 100.

[955] Nicol fasst Wilsons Darstellung mit den Worten zusammen, »in der Entdeckung der organischen Einheit liege im Grunde die Homiletische Revolution der Gegenwart beschlossen.« (Nicol, Positionslichter, 299 Anm. 23).

Stücke ein[956], ohne dass es wie in der Rezeption dieser Entwicklung bei Nicol zu einem Paradigmenwechsel von der »Vorlesung« zum »Film« kommt[957].

Aus dem Gedanken einer organischen Entstehung der Predigt aus dem Text erwächst auch die Frage, warum die Vielzahl der literarischen Textgestalten in der Bibel stets in ein und dieselbe Form gegossen werden solle, eine, die von der griechischen Rhetorik lang vergangener Jahrhunderte kopiert sei.[958] Diese Frage verbindet sich mit der Suche nach Formen, durch die sich der Text in das Leben der Hörer hinein entfaltet. Hierzu gehören die *story*, das narrative Predigen und dialogische und dramaturgische Formen. Es wird nicht gefordert, dass die Predigt selbst zum Kunstobjekt wird, aber es wird erwartet, dass sich die Homiletik mit den Gesetzen sprachlicher Kunstwerke befasst.[959]

4.4.7. Zusammenfassung

Die traditionelle Rezeption der klassischen europäischen Rhetorik, die das Bildungssystem in den USA und die öffentliche Rede prägt, setzt sich im 20. Jahrhundert ungebrochen fort. Auf dieser Grundlage kommt es ab den 50er Jahren zu einem neuerwachenden Interesse der religiösen Verkündigung an der Rhetorik. Mit der Entwicklung der Massenmedien und der Massenkommunikation, der Reduzierung der Rolle der Predigt auf ihren Kernbereich und der abnehmenden Predigtlänge kann die aktive Partizipation des Hörers nicht mehr vorausgesetzt, sondern muss stets neu gewonnen und erhalten werden, die Effizienz der Kanzelrede gewinnt an Bedeutung.

Die neue Homiletik erscheint dabei nicht als eine fest abgegrenzte Strömung mit einer einheitlichen Richtung. Sie beeinflusst die nordamerikanische Predigt im evangelischen Raum als ganze, wobei ihre systematisch-theologischen Voraussetzungen in der neuen Hermeneutik und ihre praktisch-theologischen Auswirkungen auf der Kanzel in unterschiedlichem Maße und auf verschiedene Weise rezipiert werden. Gemäß nordamerikanischer Tradition liegt die Intention der Predigt weiterhin in ihrem Einwirken auf das Verhalten des Hörers; nach dem Verständnis von Hörern und Predigern geht es dabei um Handlungsanweisungen und um Vermittlung von Lebensweisheit, denen eine höhere Autorität eignet. Für den Appell an den Willen des Hörers, der im veränderten Kontext kaum noch autoritär erfolgen kann, übernimmt die Homiletik

[956] S. etwa Jones, Principles, 30, vgl. 117.
[957] S. Nicols Entwurf einer dramaturgischen Homiletik (Nicol, Bild, 25 u.ö.). Vgl. unten unter 4.5.11.
[958] Jensen, Thinking, 60.
[959] Vgl. hierzu Josuttis, der 1985 schreibt, die Homiletik könne von den Dramatikern lernen, wie Spannung erzeugt werde, und von den Epikern, wie erzählt werde (Josuttis, Rhetorik und Theologie, 28). Stimmt man jedoch Lowrys Ausführungen zu, nach denen die Spannungsspirale ein Wesensmerkmal menschlichen Erzählens überhaupt ist (Lowry, Plot, 53ff.), so stellt sich die Frage, ob eine solche Trennung überhaupt möglich ist.

Ergebnisse der Motivationsforschung vor allem im kommerziellen Bereich. Im Blick auf das rhetorische und homiletische Ziel, den Hörer zu überzeugen, gerät der Einfluss der Form auf die Rezeption der Botschaft zunehmend in den Blick. Dabei richtet sich das Interesse vor allem auf die Gesamtform der Predigt. Dies verbindet sich mit der Hoffnung auf eine dynamische Bewegung aus der Schrift in das Leben des gegenwärtigen Hörers. Eine Vielzahl von Kommunikationsformen einschließlich visueller Hilfen, dramaturgischer, dialogischer und narrativer Stücke und der *story*-Form kommen zum Einsatz.

4.5. VERSCHIEDENE WEGE

4.5.1. *Story* und Narrativ

Bereits Broadus stellt fest, es müsse eine Weise geben, über narrative Abschnitte der Schrift zu predigen, die speziell dem Narrativen angemessen und doch Predigt sei. Wichtige Aspekte dieser Predigtweise würden von Predigern jedoch oft nicht erkannt werden.[960] Diese narrative Form wird u.a. in den Lehrbüchern von Lenski,[961] Luccock[962] und H. W. Robinson[963] aufgenommen; ab den 60er Jahren des 20. Jahrhunderts rücken die *story* und das narrative Predigen in das Zentrum der homiletischen Diskussion.[964] Der Grund hierfür liegt vor allem im Ereignis- und Erfahrungscharakter der Geschichte als Erzählform. 1980 veröffentlicht Steimle zusammen mit Niedenthal und Rice ein Buch mit dem Titel »Preaching the Story«.[965] Für die Verfasser sind die Begriffe Metapher, *image* und *story* austauschbar. Sie assoziieren damit Säkularität, dialogischen Charakter, dramatische Erzählform im Indikativ und einen schlanken, unverbrämten Stil. Mit diesem Paradigma rennen sie offene Türen ein. Für andere Vertreter der neuen Homiletik werden zur selben Zeit *image* (als stehendes Bild statt des bewegten einer Geschichte) und *imagination* zu einem zentralen Paradigma für die Predigtform.[966]

---

[960] BROADUS, Preparation and Delivery 1944, 144f., vgl. 160ff.

[961] LENSKI, Sermon, 155ff. Lenski definiert den Begriff *narrative* als eine Geschichte mit einem klaren Höhepunkt.

[962] LUCCOCK, Workshop, 129.

[963] H. W. ROBINSON, Preaching, 124. Robinson hält die »Geschichte« als Form für unterbewertet, wenn man bedenke, welche Wirkung sie haben könne.

[964] Nach KILLINGER, Fundamentals, 63. Vgl. RANDOLPH, Twenty-first Century, 62. Killingers Ausführungen hierzu folgen denen von Steimle/Niedenthal/Rice in dem im Folgenden genannten Beitrag, der neben denen von Craddock und Randolph von besonderem Einfluss auf die Hinwendung zu dieser Art des Predigens ist (vgl. BUTTRICK, Moves, 484).

[965] EDMUND A. STEIMLE (u.a.) (Hg.), Preaching the Story, Philadelphia/PA 1980.

[966] EDWARDS, History of Preaching, 815ff. Wilson erwähnt 1995 eine Predigtweise, in der eine Reihe von Bildern derart aneinandergehängt würden, dass es nirgendwo hinführe (WILSON, Practice, 236).

Für Jensen ist die Form der Geschichte eine indirekte Möglichkeit, Hörer mit festgeprägten Einstellungen zu konfrontieren. Dazu zählt er zum Beispiel die grundamerikanische Erfahrung, dass ein Mensch sich das, was er hat, erarbeiten muss; eine Erfahrung, die im Widerspruch stehe zur freien Gnade.[967] Die homiletische Diskussion verbindet in der Folge die Geschichte Gottes mit der Geschichte der Hörer. Jensen berichtet, dass in der Evangelical Lutheran Church of America in den frühen 80er Jahren eine Reihe von Workshops gehalten werden, in der die folgende einfache Form der Predigt propagiert wird, die er selbst für hilfreich hält: »Meine Geschichte« (der Prediger setzt ein Stück des eigenen Glaubenslebens in Beziehung zum betreffenden Text der Schrift) – »unsere Geschichte« (die Geschichte des Predigers erscheint als typisch für die aller Gläubigen) – »Gottes Geschichte«.[968] Der Prediger könne die biblische Geschichte, die er erzählt, für Erklärungen unterbrechen oder (unter Nennung didaktischer Punkte) alternieren zwischen dieser und der gegenwärtigen Welt.[969] Er könne auch mit einer Geschichte (oder mehreren) beginnen, die zeigen, dass der Mensch Gott brauche; daran anschließend könne er die biblische Geschichte als Antwort auf dieses menschliche Bedürfnis präsentieren. Eine solche Verbindung könne daher als Gesetz- und Evangeliums-Struktur bezeichnet werden; sie sei eine Form der Korrelationsmethode bei Paul Tillich.[970]

Eine weitere Möglichkeit sei die, dass die ganze Predigt aus einer Geschichte bestehe, zu der keine Erklärung gegeben wird. Wenn darin die biblische Geschichte in inhaltlicher Treue und lebendig hörbar werde, könne der Prediger erwarten, dass der Heilige Geist sein Werk tun werde; der Prediger müsse nicht völlige Kontrolle über das Verständnis der Geschichte im Hörer haben. Wichtig sei jedoch, dass die Gemeindeglieder wüssten, dass sie das Gehörte unter Umständen im Laufe des Tages mit anderen besprechen müssten.[971]

---

[967] Jensen, Thinking, 61f., 80. Vgl. dazu a.a.O., 77: »Places of ethical resistance in the human heart are reached only by stories!«

[968] A.a.O., 99. – Das veränderte gesellschaftliche Bewusstsein infolge der Rassenunruhen der 60er Jahre zeigt sich bei D. Buttrick in seiner Thematisierung der kollektiven Geschichte einer Gemeinschaft, wenn er schreibt, die Geschichte der USA möge bisher als eine falsche Geschichte erzählt worden sein, d.h. als Geschichte der Weißen (Buttrick, Moves, 10f.).

[969] Jensen, Thinking, 130f.

[970] A.a.O., 124.

[971] A.a.O., 115. Jensen berührt hier eine Grundfrage, die m.E. in der deutschsprachigen Rezeption des *story preaching* wie des narrativen Predigens bisher nicht überzeugend beantwortet ist: Die vom Hörer vernommene Bedeutung einer *story* ist ein entscheidender Teil ihrer Wirkung. Fügt man in die Erzählung selbst konsequent eine Deutungsebene ein (etwa durch inneren Monolog oder durch die Einführung eines Erzählers), hat dies eine monotone Beschränkung der Form zur Folge. Führt das Fehlen einer solchen Deutung andererseits jedoch nicht zu individuell sehr unterschiedlichen und oft zufälligen Interpretationen ähnlich denen, die sich bei einer schweigend angesehenen Fernsehsendung unter mehreren Zuschauern ergeben?

Jensen entwickelt seine Form der *story*-Predigt im Gegenüber zu zwei traditionellen Formen, von denen sich die neue Homiletik absetzt. Dies ist zum einen die »didaktische« Predigt, deren Gebrauch weiterhin legitim, aber nicht mehr sehr effektiv sei. Ein zweites Gegenüber ist das »proklamatorische« Predigen, das vor allem auf der Theologie Bultmanns und seiner Schüler gründe, die die neue Hermeneutik entwickelt haben. Dieses verkünde und biete den Menschen die Hilfe an, die sie brauchen, d.h. Gottes Gnade zur Heilung der Sünder. Als *story*-Predigt bezeichnet Jensen dagegen eine Form, in der das Predigen selbst die *story* ist.[972] Das Ziel ist, dass die Hörer an der Geschichte teilnehmen und selbst darin involviert werden. Dazu helfe es, wenn die Geschichte einen offenen Schluss habe. Ein einfacher Einstieg in diese Methode sei das Erzählen von Geschichten, die der Geschichte im Evangelium des jeweiligen Tages so ähnlich sind, dass die Hörer die Verbindung dazwischen ziehen können. Für Gemeinden, die daran noch nicht gewöhnt seien, sei auch eine Kombination der proklamatorischen Predigt mit dieser Form möglich.[973] Dass die Predigt durch die Erzählform zu einer geistlichen Erfahrung für den Hörer wird, ist für Jerry L. Schmalenberger ein wichtiger Aspekt:

> »Through narratives, our eloquence and witness to the presence of Jesus Christ in the world, the sermon ought to indicate that something significant between God and God's people is taking place while the preacher is preaching.«[974]

Craddock betont, das Evangelium sei keine »reine Botschaft«, die für 10 Minuten ausgesprochen und dann zur Grundlage für daraus zu ziehende Lektionen werden könne, sondern eine *story*, in der die Hörer Mitwirkende seien. (Auf die Frage, ob tatsächlich so viele »Wahrheiten« gehört würden, wie Hörer im Raum seien, antwortet er, dass jeder von ihnen in der Tat eine andere Predigt höre; er hält aber an dem Ursprung der Botschaft außerhalb des Rezipienten und dem *Christus extra nos* fest.[975]) Ganz ähnlich sieht Randolph ein Wesensmerkmal der biblischen *story* darin, dass sie die Hörer als Beteiligte in das »Drama« des Geschehens hineinzieht. Er sieht in der homiletischen Entwicklung dieser Zeit eine Gelegenheit, die *story* als Form einer gesamten Rede zurückzugewinnen; es handele sich um eine Grundform menschlicher Rede (*human discourse*), die fundamental mit dem zu tun habe, wovon Menschen motiviert würden, d.i. mit Freude und Leid.[976] Er macht jedoch darauf aufmerksam, dass diese Form für den Prediger verführerisch sei; bisweilen werde eine Geschichte nach der ande-

---

972 Mit dieser Form meint Jensen damit nicht eine Predigt, in die verschiedene »Geschichten« eingefügt sind.

973 Edwards, History of Preaching, 814f.

974 Jerry L. Schmalenberger, The Preacher's Edge, Lima/OH 1996, 65 (i. Folg.: Schmalenberger, Edge).

975 Craddock, Without Authority, 58.

976 Randolph, Renewal, 60, 63, 110ff. Randolph unterscheidet diese Form vom Geschichtenerzählen in der Predigt, s. folgende Anm.

ren erzählt und kaum eine Pause gelassen, um die Pointe einwirken zu lassen.[977] Ähnlich stellt Lischer Anfang der 90er Jahre fest, dass sich die Predigt in ihrer Hinwendung zur Geschichte und zum erzählenden Predigen auch auf Irrwege begeben hat:

> »Homiletics' discovery of ›story‹ a couple decades ago at first seemed a hopeful sign, but unfortunately it did not lead to a full recovery of narrative. Story-preaching has actually done more to confuse the issue, for it has reinforced the use of illustrations and blurred the true purpose of narrative in preaching. Homiletics tends to ground the use of story in the narrative-like shape of human consciousness rather than in the revealed story of God's deliverance of Israel.«[978]

4.5.2. Narrative Spannung und Bewegung

Nicht immer wird in der homiletischen Diskussion die Form der »Geschichte« klar von narrativem Predigen unterschieden. Der Zusammenhang zwischen beiden kommt in Lischers Erinnerung zum Ausdruck, Augustin habe Predigen als *narratio* der Liebe Gottes bezeichnet; eine Geschichte, die so lange andauere, wie Gottes Handlungsplan (*plot*) von der Schöpfung bis zur Parousie weitergeht.[979] Entsprechend sei die christliche »Geschichte« (*story*) unabgeschlossen, sie setze sich in der christlichen Kirche fort. Der Prediger müsse daher erkennen, dass die Hauptaufgabe einer Geschichte nicht darin bestehe, einen bestimmten Punkt der Predigt zu bestätigen, vielmehr solle sie den Hörer zur Teilnahme an der fortwährenden Geschichte Gottes einladen. In der homiletischen Literatur, so Lischer, sei unter dem Narrativen jedoch weitgehend die enge Verbindung »*meiner* Geschichte« und »*der* Geschichte« als Vehikel der »guten Nachricht« verstanden worden; es sei dabei übersehen worden, auf wie viele Weisen eine Geschichte in der Predigt tatsächlich auch die Distanz *vergrößern* könne, wie das für jedes ästhetische Objekt gelte. Menschen seien zudem immer wieder versucht, sich selbst zu betrügen, indem sie Gottes Geschichte ihrer eigenen unterordneten.[980]

Als narrativ wird dabei ein Predigen bezeichnet, das in seiner Gesamtform der typischen Struktur einer Erzählung folgt. Dies kann zum einen bedeuten, dass die ganze Predigt eine Erzählung bildet wie in Jensens Definition. Ihr narratives Charakteristikum kann aber auch darin bestehen, dass der Hörer erst am Schluss die vom Prediger intendierte Bedeutung erfasst. In diesem Fall folgt die Predigt der Form der narrativen Rede, ohne dass sie notwendigerweise eine

---

[977] »The story is such an alluring form that some preachers tend to become almost wholly anecdotal; story is told after story with hardly a pause to sink in.« (A.a.O., 63).
[978] LISCHER, Theology, 89.
[979] A.a.O., 22, mit Bezug auf AUGUSTIN, De catechizandis rudibus.
[980] A.a.O., 23–25.

story oder *stories* enthält.[981] Hauptbefürworter dieser zweiten Predigtweise ist Lowry.[982] Er setzt beim Aufbau der Predigt an: Es geht nicht um die Anordnung von Ideen, sondern von Erfahrung, nicht um Struktur, sondern um einen Prozess.[983] Statt aus einem *subject* und aus Hauptteilen ein »Knochengerüst« zu entwickeln und dieses dann einzukleiden, ist Lowrys Rat, die Entfaltung der Predigt dem sich entwickelnden *plot* zu überlassen, der sich aus dem einen Grundgedanken ergibt.[984] Das Ergebnis der Vorarbeit sei daher nicht eine logische Gliederung (*outline*), sondern ein Handlungsaufriss (*plot*). Die Erfahrungen, die die Predigt präsentiert, sollen sich der Abfolge in einem solchen *plot* einfügen. Sie folgen damit einem Spannungsverlauf, der das wesentliche Element der dramatischen Form darstellt.[985] Auch für diese Form gilt nach Lowry die Notwendigkeit, dem Hörer während des »Predigtprozesses« deutliche Hinweise zu geben, auf welchem Weg er ist; doch teilt der Prediger ihm nicht im Voraus mit, wie es ausgehen wird.[986] Nicht Logik und Klarheit sind die Mittel, durch die die Predigt den Hörer erreicht, sondern Ambivalenz und erzählerische Spannung.

Nach D. Buttrick liegt die Kraft rechten narrativen Predigens in der Verflechtung von *story*, Theologie und Erzählung.[987] Die Aufgabe des Predigers sei nicht nur, eine gute Geschichte zu erzählen, sondern eine solche, die im Bewusstsein des Menschen theologische Bedeutung für sein Leben gewinne.[988] Zugleich weist Buttrick darauf hin, dass viele Abschnitte der Schrift, die vordergründig ein Ereignis erzählten, ihre eigentliche Bedeutung auf einem symbolischen Niveau hätten wie etwa die Erzählung vom Weinwunder in Kana.[989] Ein »Kanzeltheater« als Ergebnis eines nicht nur narrativen, sondern dramaturgi-

---

[981] S. etwa WILSON, Practice, 208; hier liegt ein Grund dafür, dass *narrative preaching* gelegentlich synonym mit *new homiletic* gebraucht wird.

[982] D. Buttrick schreibt, Lowry sei von einem narrativen Modell ausgegangen, scheine aber eigentlich mit einem »dramatischen« Modell zu arbeiten (BUTTRICK, Moves, 484).

[983] Auch das Anliegen der Einheit von Inhalt und Form entspringt nicht nur einem kommunikatorischen Interesse, schreibt Lowry, sondern dem Ziel, eine Erfahrung zu schaffen (LOWRY, Dancing, 18, 20).

[984] LOWRY, Time, 98ff. Vgl. zu diesem Grundgedanken die Rede von der Keimidee (*generative idea*) bei Davis und das Bild von der organischen Entfaltung der Predigt (DAVIS, Design, 79ff.).

[985] Lowry geht es um »evocation of an experiential event« (nach IMMINK, Gesprek, 377f.). Im Gegensatz zu Wilsons Meinung, jeweils die Hälfte der Predigt solle dem Gesetz bzw. Evangelium zugeordnet sein, schreibt Lowry, es gehe nicht um Quantität, sondern um den *impact*, die Plötzlichkeit der Wahrnehmung (*perception*) und die Kraft der entscheidenden Einsicht (LOWRY, Dancing, 78).

[986] LOWRY, Time, 67.

[987] BUTTRICK, Moves, 244 u.ö.

[988] A.a.O., 344.

[989] A.a.O., 399.

schen Predigtansatzes lehnt er ab. Dieses werfe jeden Hörer letztlich auf seine eigene individuelle Subjektivität zurück.[990]

Ein weiterer Kritikpunkt, der in der homiletischen Diskussion dieser Zeit eine wesentliche Rolle spielt, betrifft die Bewegung in der Predigt, die der neuen Homiletik als wesentliches Element ihres Ereignischarakters gilt. Bewusst oder unbewusst nimmt sie auch damit einen Aspekt auf, dessen Bedeutung für die Rede Broadus schon in der klassischen Rhetorik findet und für die Homiletik unterstreicht:

> »Eloquence consists in maintaining movement by the development of a thought or proof, in perpetuating it, according to the expression of Cicero, ›What is eloquence but a continuous movement of the soul?‹«[991]

In existentialistischer Fortführung dieses Ansatzes bezeichnet Randolph die Predigt als die lebendige Ausdehnung des Textes, die ihn im Leben der Hörer in Bewegung setzt.[992] Die Wirkung der Predigt ist für ihn eng mit der ursprünglichen Form des Textes und in der Folge auch mit der Form der Predigt verbunden, die solcher Funktion folgt.[993] Während Randolph damit auf die Bedeutung der literarischen Gestalt des Schrifttextes aufmerksam macht, schreibt Craddock, ein Aufmerken auf die »Bewegung« im Schrifttext verlange selbst nach umso gründlicherer Exegese, die Predigt müsse »biblisch« sein.[994] Wo ein Prediger Ideen hat, aber für die Predigt kein Gerüst finden kann, rät er, dem des

---

[990] A.a.O., 334. Recht verstanden ist die Predigt nach D. Buttrick ein Gespräch mit der Gemeinde. Darin, dass sie die Hörer in ein gemeinsames Bewusstsein hineinzieht, liege etwas Verbindendes. Im dramatischen Monolog jedoch wohne man der Vorstellung einer *persona* bei und erlebe faktisch eine *performance* mit allen Gefahren, die mit einem solchen Theater auf der Kanzel verbunden seien. Das habe im Ergebnis nichts Verbindendes, im Gegenteil: Sofern die Leute nicht anschließend zusammenkämen, um ihre persönlichen Eindrücke miteinander zu besprechen, schließe eine solche Form sie nur in ihre eigenen, affektiven Reaktionen ein. Dramatische Monologe gehörten deshalb nicht auf die Kanzel (ebd.). – Vgl. die von Kerner zitierte kritische Stimme eines bayerischen Oberkonsistorialrats im frühen 19. Jahrhundert zu zeitgenössischen Versuchen der Gottesdiensterneuerung, die dieser für exzentrisch hält und über die er urteilt, es sei alles »nur auf Sinnenreitz berechnet« und erwecke den Eindruck, man wolle die Kirche zu einem Schauspielhaus machen (HANNS KERNER, Der Ruf nach dem Neuen oder die Sehnsucht nach Vertrautem. In: HANNS KERNER [Hg.], Aufbrüche. Gottesdienst im Wandel, Leipzig 2010, 7–15; hier 9).

[991] BROADUS, Preparation and Delivery 1873, 246.

[992] RANDOLPH, Renewal, 97.

[993] A.a.O., 105f. Vgl. BUTTRICK, Moves, 201ff. u.ö.

[994] CRADDOCK, Without Authority, 119 und ESLINGER, New Hearing, 122. Die Betonung der Bedeutung der Exegese wird verständlich, nimmt man Lowrys Bemerkung hinzu, manche Prediger hielten diese für kontraproduktiv in der Predigtarbeit. Er fährt fort, »I have had more than a few preachers confide that they had learned through the years to not engage in too much exegetical work; it just seemed to shut sermonic doors.« (LOWRY, Dancing, 48).

Textes zu folgen.[995] Ein wesentliches Hindernis für die Bewegung der Predigt in der traditionellen »Punkte«-Form sieht er in den Übergängen von Unterpunkten zu den nächsten Hauptpunkten und dem Einschub von thesenartigen Sätzen, auf die dann jeweils eine neue Entfaltung folgt.[996]

Der typische Verlauf der Spannung in der Erzählung wird von Lowry als eine spiralförmige Bewegung charakterisiert. Es handelt sich letztlich um die Form des Dramas, die Adams zu Beginn des 19. Jahrhunderts im Blick auf die Predigt entfaltet und die sich für ihn in deren Ziel mit der Absicht der klassischen abwägenden Rede (*deliberative oratory*) verbindet:

> »Its means are persuasion; its object, to operate upon the will of the hearer; its result, to produce action; [...] individual, progressive, and sometimes remote action by a change of life and reformation [...].«[997]

Von Davis 1958 für die Homiletik beschrieben[998] und von Lowry 1980 erneut in die Diskussion gebracht und zu einer homiletischen Grundform erhoben, geht dieser Spannungsaufbau als »Lowry Loop« in die Homiletik ein. Auch dies ist ein Ausdruck des allgemeinen Gefühls, dass mit der neuen Homiletik etwas radikal Neues beginnt.[999]

Ein wesentliches Element dieser Spannungsspirale ist bei Lowry die unerwartete Wendung des Evangeliums, oder, wie er auch sagt, der Aha-Effekt der veränderten Sichtweise des Hörers, sobald der Konflikt gelöst ist.[1000] Niedenthal gebraucht hierfür den Ausdruck der »Ironie«: Der Sünder wird gerettet, der Selbst-Gerechte geht verloren, die Letzten werden die Ersten sein.[1001] Eine Aufnahme finden solche Überlegungen eineinhalb Jahrzehnte nach dem ersten Erscheinen von Lowrys Buch bei Wilson, der in die klassischen Schritte der Predigtvorbereitung konkrete Fragen nach *plot*, Kontext, Konflikt und Auflösung des Konflikts einfügt.[1002]

---

[995] S. EDWARDS, History of Preaching, 819.

[996] CRADDOCK, Without Authority, 115. Für diese Art des Predigens ist auch die Wiederholung solcher Thesensätze (*statements*) um des Einprägens willen nicht untypisch.

[997] ADAMS, Lectures on Rhetoric, 330. Vgl. 323f. Im Gegensatz zum Kontext der neuen Homiletik definiert Adams das Ziel der Predigt als Förderung des Wissens und der Tugend der Hörerschaft.

[998] Vgl. oben unter 2.2.2.; s. DAVIS, Design, 182.

[999] Es mag sich hier zugleich um eine Auswirkung der verbreiteten akademischen Praxis in den USA handeln, vorhandene geistesgeschichtliche Erkenntnisse und Ansätze auch da, wo sie in der Literatur rezipiert werden, nicht in jedem Fall *ad fontes* zurückzuverfolgen und entsprechend zu belegen.

[1000] LOWRY, Plot, 53.

[1001] MORRIS J. NIEDENTHAL, The Irony and Grammar of the Gospel. In: EDMUND A. STEIMLE (u.a.) [Hg.], Preaching the Story, Philadelphia/PA 1980, 141–150; hier 141.

[1002] WILSON, Practice, 133.

4.5.3. Die induktive Predigt

Obwohl es nach dem Eindruck vieler Hörer auf der Kanzel bald vor allem um Experimente mit der Form der Predigt geht, wird von den Vertretern der neuen Homiletik wiederholt die Untrennbarkeit von Methode und Theologie der Predigt betont; nach Craddock wird auch in Amerika die Reduktion auf die formale Wie-Frage fast als vulgär empfunden.[1003] Er selbst spricht grundsätzlich von einer potentiellen Vielfalt rhetorischer Formen in der Predigt,[1004] sein Buch »As One Without Authority« ist jedoch ein klarer Appell für die induktive Predigtweise.[1005]

Die Wahrheit auf dem Weg der experimentellen Erfahrung als Hörer der Predigt selbst zu finden, statt diese in Form von Schlussfolgerungen vorgesetzt zu bekommen, zu denen andere gelangt sind, entspricht nach Craddock dem amerikanischen *way of life*. Die letzten zwei Generationen von Amerikanern seien von der Vorschule an mit dieser Methode aufgewachsen.[1006] Gerade auch angesichts der Hinterfragung der kirchlichen Verkündigung und ihrer Autorität würden Menschen auf diese Weise besser erreicht. Unter Bezug auf Bultmann und Ebeling stellt er mit der Inkarnation Christi auch eine theologische Begründung dieser Form her; aus der Erfahrung mit dem Menschen Jesus von Nazareth seien Menschen zu Schlussfolgerungen über Gott gekommen.[1007]

Die Beschäftigung mit dem Unterschied zwischen einer »induktiven« und einer »deduktiven« Gedankenführung ist innerhalb der Homiletik des 20. Jahrhunderts nicht neu. In den 20er Jahren begegnet eine induktive Predigtform, die dem wissenschaftlichen Paradigma von Problem und Lösung nachgebildet ist;[1008] kurz nach dem Zweiten Weltkrieg schreibt Blackwood:

> »In recent times ministers have been experimenting with the inductive plan, especially in preaching at colleges and universities.«[1009]

[1003] Craddock, Without Authority, 43.

[1004] A.a.O., 45.

[1005] A.a.O., 79. In Craddocks Terminologie geht es nicht um den Unterschied zwischen der Schlussfolgerung, die aus einer doppelten Prämisse folgt (Deduktion) im Gegensatz zur Ableitung einer generellen Wahrheit aus individuellen Fällen (Induktion), sondern um die Gedankenführung: Diese bezeichnet er als deduktiv, wenn die Entfaltung des Gegenstands aus einer vorangestellten These folgt, und als induktiv, wenn die Entfaltung den Hörer zur Erkennnis einer solchen Wahrheit führt (a.a.O., 45, 49 und durchweg). Wilson macht darauf aufmerksam, dass Craddock später den Gebrauch des Begriffs »induktiv« aufgibt (Wilson, Practice, 14).

[1006] Craddock, Without Authority, 49. Auch an dieser Stelle kommt es bei Craddock zu keiner theologischen Reflexion darüber, wie sich menschliche Erfahrung und göttliche Offenbarung zueinander verhalten, d.h. inwieweit ein herrschendes Lernmodell tatsächlich zum Argument für einen geistlichen Erkenntnisvorgang werden kann.

[1007] A.a.O., 52.

[1008] A.a.O., 122.

[1009] Blackwood, Preparation, 157. Für Blackwood bedeutet dieses Vorgehen, dass der Prediger bei der menschlichen Erfahrung ansetzt.

Merrill F. Unger widmet beiden Arten der gedanklichen Entwicklung 1955 je ein Kapitel in seiner Homiletik,[1010] bei Davis finden sich Abschnitte zu »A Deductive Continuity« und »An Inductive Continuity«.[1011]

Bei Craddock wird die »Induktion« jedoch nun zu einer Gesamtform der Predigt erhoben. Diese dominiert eine Zeitlang seine eigene Homiletik, stellt jedoch gegen die Rezeption bei Vogt keinen allgemeinen Wesenszug der nordamerikanischen »neuen Homiletik«, sondern eine Richtung neben anderen dar.[1012] Der traditionelle Predigtaufbau mit der Voranstellung einer These und daraus abgeleiteten Haupt- und Unterpunkten sei aristotelischen Ursprungs und nicht ursprünglich amerikanisch.[1013] Er sei von Europa aus an die Seminare und auf die Kanzeln in Amerika vermittelt worden, dort bestehe er auch weiter.[1014] Diese Form werde von jedermann als die traditionelle Form des *mainstream*-Predigens erkannt. Sie sei vielleicht in vergangenen Zeit angemessen gewesen; dass sie jedoch so typisch geworden sei, hält Craddock für eine Engführung, die bedingt sei durch die homiletische Rezeption der klassischen europäischen Rhetorik,[1015] und die er selbst in Frage stellt:

> »Why should the multitude of forms and moods within biblical literature and the multitude of needs in the congregation be brought together in one unvarying mold, and that copied from Greek rhetoricians of centuries ago?«[1016]

Die deduktive Form sei nicht »demokratisch« und »dialogisch«. Der Prediger höre nicht auf den Predigthörer, dieser trage nichts zur Predigt bei.[1017] Craddock sieht in dieser Form grundsätzlich ein Herabsehen auf die Hörer, auch wenn mancher dies durch einen verständnis- oder humorvollen Vortrag oder eine seelsorgliche Art modifiziert habe.[1018] Während es in der Vergangenheit zu einer folgenreichen Verunsicherung geführt hätte, dem Hörer so viel Verantwortung beim Mitdenken und Erreichen von Schlussfolgerungen zu überlassen und ihm

---

[1010] S. UNGER, Principles, 97ff. bzw. 106ff.

[1011] DAVIS, Design, 174f. bzw. 175–177. Wilson führt Craddocks Ansatz hierauf zurück, ohne Ungers Beitrag zu erwähnen (WILSON, Practice, 204).

[1012] S. VOGT, Predigen, 34. Bei Craddock selbst ist die Dominanz dieses Konzepts zeitlich begrenzt, s.o.

[1013] CRADDOCK, Without Authority, 40f. – Hier erhebt sich die Frage, ob das heutige amerikanische Denken, auch in der Form, in der es hier bei Craddock erscheint, in irgendeiner Weise ursprünglicher »amerikanisch« ist als die von ihm hier kritisierte Methodik.

[1014] A.a.O., 45, vgl. 15.

[1015] Edwards weist nach, dass die von Craddock genannten Schwächen der traditionellen, sogenannten »deduktiven« Redeform in der Predigt nicht Aristoteles zugeschrieben werden können, wie jener es tut (EDWARDS, History of Preaching, 822f.).

[1016] CRADDOCK, Without Authority, 113.

[1017] A.a.O., 46.

[1018] A.a.O., 46f. Randolph führt die Prominenz der Induktivität bei Craddock, die für gutes Erzählen typisch ist, auf dessen Südstaatenerbe zurück (RANDOLPH, Twenty-first Century, 118).

die Wahl zwischen mehreren Alternativen zu geben, gelte für die Gegenwart mit ihrem veränderten Verhältnis zwischen Hörer und Prediger:

> »[...] the patterns of thought traffic have radically changed and continue to change. Recent discussions of preaching among Roman Catholics make this abundantly clear. As early as 1949, Viktor Schurr took a position against Karl Barth, saying that Barth's view of preaching was too authoritative and did not invite the hearer to participate in the sermon. Since the Second Vatican Council, Schurr's position has gained wider hearing. Wilhelm Weber has lamented the embarrassment and downgrading involved in the older method of deductive preaching to a world invited to a dialogue. And more recently, Bruno Dreher has called for ›homiletical induction‹ that begins with an interpretation of human existence today and then moves to the text.«[1019]

Hier wird der Einfluss der Individualisierung und Pluralisierung der Gesellschaft sowie das Anliegen des »Miterlebens« in Craddocks Homiletik erkennbar.[1020] Er spricht metaphorisch von einem Gipfel, auf den sich der Prediger in seinem Studierzimmer emporarbeitet; der Enthusiasmus, mit dem er das tue, könne sich aber kaum in der Predigt widerspiegeln, wenn diese deduktiv und damit für den Hörer eine reine Bergab-Bewegung sei.[1021] Ein solches Predigen sei zudem tendenziell geprägt von Wörtern wie »sollen« und »müssen«, als ob auf solche Weise Liebe, Buße oder Glaube gewonnen werden könnten.[1022] Er fragt:

> »Why not the same inductive process in delivery as in preparation rather than a broken path of private induction and public deduction? [...] ›From exegesis to preaching‹ puts the hearers of the sermon in the position of recipients only; they are merely the destination of the sermon. [...] Such a view of the role of the congregation in genuine biblical preaching lacks the support of history in that the relation of scripture and church is a dialogical one, lacks the support of scripture in that the New Testament clearly demonstrates that the life and needs of the congregations addressed contributed greatly to those products we now call books of the new

---

[1019] Craddock, Without Authority, 46. Verschiedene Homiletiker beschreiben ähnlich wie Craddock die zunehmend kritische Sicht einer autoritären Stellung des Predigers. Dies wird jedoch nicht theologisch in Beziehung gesetzt zu einer systematisch-theologisch begründeten Autorität des Predigtamtes oder der – unveränderten – Position des Hörers, der als Sünder vor Gott kommt.

[1020] A.a.O., 60. Vergleiche Randolphs Satz, am »wahrsten« werde für den Hörer die Wahrheit, die von seiner eigenen Erfahrung bestätigt wird (Randolph, Renewal, 53). – Es scheint, dass die Bedeutung des Miterlebens (neben der Verwendung narrativer Mittel) ein Grund dafür ist, warum gute Kinderpredigten oft induktiv aufgebaut sind und warum diese auch von Erwachsenen aufmerksam gehört werden.

[1021] Craddock, Without Authority, 98f.

[1022] A.a.O., 49.

Testament, and lacks the support of actual practice in that the congregation is in the pastor's mind during, not merely at the close of, exegetical work.«[1023]

Dem eigenen Nachdenken des Hörers, gefordert und gefördert von der induktiven Form, wohne dagegen eine intrinsische Kraft inne:

»[...] the inductively moving sermon is more descriptive than hortatory and more marked by the affirmative than the imperative«.[1024]

Es geht Craddock dabei nicht nur um Probleme und Problemlösungen, sondern um eine Fülle von menschlichen Bedürfnissen, Möglichkeiten und Erfahrungen.[1025] Dabei sei es entscheidend, dass der Prediger in Wirklichkeit als jemand spricht, der selbst zur Gemeinde gehört.[1026]

Während sein weiterer Beitrag zur Homiletik in der Folge implizit eine Relativierung seines eigenen Ansatzes erkennen lässt – sein Buch »Preaching« (1985) ist deutlich weniger auf die eine, induktive Form fixiert[1027] – findet sich bei Craddock kein Hinweis darauf, dass die von ihm markierten Schwachpunkte der traditionellen Form keineswegs auf diese beschränkt sind: Auch Gattungen, die szenisch aufgebaut sind,[1028] brauchen (wie Craddock selbst sagt) »Pflöcke«, die an wichtigen Stellen eingeschlagen werden und auch im Predigtaufriss für den Vortrag erscheinen;[1029] auch hier kann es zu Brüchen und Rückblenden kommen, die den linearen Gedankengang unterbrechen. Andererseits kann sich auch bei ausdrücklicher Nennung von Thema und Hauptpunkten und deren anschließender Entfaltung ein nahtloser Aufbau mit einer klaren, zielgerichteten Bewegung ergeben, wenn sich alle Teile und Absätze dieser Zielrichtung einordnen.[1030] Konsequent weiter verfolgt gehen die von Craddock kritisch festgestellten Mängel deshalb nicht ursächlich auf eine bestimmte Gesamtform zurück, sondern beruhen auf (teils unreflektierten) theologischen und homiletisch-rhetorischen Vorentscheidungen, die ebenso andere Formen befallen können. Dies schließt auch die induktive Form ein. Letztlich ist jedoch die in diese Predigtform gesetzte Hoffnung der Grund dafür, dass Craddock die induktive Redeweise in einen ausschließlichen Gegensatz zur deduktiven bringt, obgleich eine derartige Reinform dialektisch, praktisch und theologisch kaum durchzuhalten ist.

[1023] A.a.O., 100.
[1024] A.a.O., 49.
[1025] A.a.O., 122.
[1026] A.a.O., 68.
[1027] Deutlich formuliert etwa in folgendem Satz: »No form is so good that it does not eventually become wearisome to both listener and speaker.« (Craddock, Preaching, 177; vgl. durchweg).
[1028] Vgl. D. Buttricks Rede von *moves*.
[1029] Craddock, Without Authority, 123.
[1030] Vgl. hierzu Ahos Ansatz, s. 6.4.6.

4.5.4. *Plot* und *Moves*

Das bei weitem umfangreichste Werk im Rahmen der neuen Homiletik ist mit 500 Seiten das von D. Buttrick 1987 veröffentlichte Buch »Homiletic. Moves and Structures«. Beeinflusst von der Philosophie Paul Ricœurs[1031], verfolgt Buttrick einen phänomenologischen Zugang zur Homiletik[1032]. Sein besonderes Interesse gilt der Gestaltwerdung von Wahrheit im Bewusstsein durch gelebte Erfahrung und zugleich der im Hörer stattfindenden Transformation, auf die die Predigt zielt[1033]:

> »Christian preaching tells a story and names a name. If narrative consciousness confers identity, then preaching transforms identity, converts in the truest sense of the word, by rewriting our stories into a God-With-Us story – beginning, Presence <sic>, and end.«[1034]

D. Buttricks Anliegen ist der Zusammenhang von Sprache und Bewusstsein bzw. Erkenntnis im Blick auf die Predigt.[1035] Es gehe beim Predigen nicht um formelle Beweisführung oder syllogistische Argumentation, nicht um Erklärung von Lehre, sondern um Erforschung von Symbolen.[1036] Er fragt nicht, was der Text *sagt*, sondern was er *tut*, d.h. was dieser im Bewusstsein des Hörers bewirken will.[1037] Menschliche Erfahrung werde diachronisch, räumlich, sozial (in Beziehung zur Gemeinschaft) und persönlich (im Bewusstsein seiner selbst) angeeignet.[1038] Sprache bedeute Beziehung, sie sei selbst ein Unternehmen (*enterprise*).[1039] Buttrick schlägt vor, die Predigt solle eine Glaubens-Welt im Bewusst-

---

[1031] S. Richard L. Eslinger, Some Ruminations on »The New Homiletic«, in: Homiletix E-Forum. An Electronic Journal of the Academy of Homiletics, http://www.homiletics.org/-pdfvisitors/homiletixfall2006/homiletix_fall2006_eslinger.htm (17.9.2012) (i. Folg.: Eslinger, Ruminations)

[1032] Buttrick schreibt selbst, diese Bezeichnung werde auf seinen Ansatz angewandt (Buttrick, Moves, xii).

[1033] S. Wardlaw, Homiletics, 248f. Vgl. hierzu J. M. Robinsons Ausführungen zu Bultmann und Heidegger (J. M. Robinson, Hermeneutik, 42, 46).

[1034] Buttrick, Moves, 16f.

[1035] A.a.O., 7. Vgl. Ottos Ausführungen zur Rolle der Eloquenz bei Aristoteles: »Die mit den Dingen oft unentwirrbar verbundenen Vorstellungen können [...] durch den rhetorischen Prozeß auch bei anderen Eingang, Zustimmung oder Verständnis finden.« (Otto, Kunst, 75).

[1036] Buttrick, Moves, 41.

[1037] So nach Lowry (Lowry, Dancing, 26). – Die Beschränkung des Ansatzes von D. Buttrick auf eine spezielle Form der Predigt und die Lokalisierung des eigentlichen Geschehens im Bewusstsein des Menschen führt dazu, dass sich nach seiner Ansicht nicht alle biblischen Texte tatsächlich zum Predigen eignen; manche gehörten vielmehr in den Unterricht oder die Liturgie (Buttrick, Moves, 374). Eine entsprechende Feststellung trifft er etwa in Bezug auf die Psalmen (nach Eslinger, New Hearing, 165).

[1038] Buttrick, Moves, 43. Vgl. die Möglichkeit einer räumlichen oder zeitlichen Gliederung unter Ahos Predigtkategorien (s.u., 6.5.1.).

[1039] A.a.O., 174.

sein schaffen, bestehend aus Bildern, Metaphern, Illustrationen und Beispielen.[1040] Mit der Metaphorik des Films erklärt Buttrick, wir könnten Sprache als eine Art von Film für eine Sofortbildkamera verstehen, denn oft würden wir beim Sprechen entdecken, was wir sehen.[1041]

> »Words may name the world, but narrative consciousness tells us who we are and where in the world. Story confers identity.«[1042]

Für die Wirkung der Sprache im Bewusstsein der Hörer gewinnen dabei der Handlungsablauf (*plot*) und die einzelnen Bewegungen darin (*moves*) zentrale Bedeutung. Alles Sprechen ist nach Buttrick strukturiert und es ist performativ, d.h. es hat die Absicht, etwas zu tun. Sprechen könne daher als *plotting* bezeichnet werden,[1043] die jeweilige konkrete Strategie als *plot*. Dies impliziert zugleich immer eine Bewegung: »Plots travel.«[1044] Von diesem Ansatz her leitet Buttrick dazu an, zusätzlich zu den konventionellen Arbeitsschritten der Exegese den jeweiligen Schriftabschnitt auch im Sinne eines *plot* zu analysieren.[1045] Weil Gottes Sprechabsicht aber unausweichlich anders sei als unsere Erwartungen, würden Predigt-Szenarien auch die Umformung konventioneller Handlungsabläufe beinhalten.[1046]

4.5.5. Die Bedeutung von Modulen

D. Buttrick stellt fest, dass Menschen, die Geschichten erzählen, dies immer mit einem Handlungsablauf (*plot*) täten; damit sei Erzählen immer zugleich Interpretation.[1047] Innerhalb dieses Ablaufs gebe es geformte Sprachmodule, die Buttrick als *moves* bezeichnet[1048] und deren Anordnung der Weise folge, wie Menschen im Bewusstsein Gedanken zusammenfügten.[1049] Diese Module selbst dürften nicht zufällig angefüllt werden, sondern müssten sorgfältig durchdacht sein.[1050]

Während Sprecher in einem persönlichen Gespräch oft von einem Thema zum anderen sprängen, müsse ein öffentlicher Redner so lange bei einem thematischen Aspekt bleiben, dass dieser im Bewusstsein der Hörerschaft Form annehmen könne. Es gehe dabei nicht nur darum, dass Wörter etwas bedeuten,

---

[1040] A.a.O., 169.
[1041] A.a.O., 294.
[1042] A.a.O., 10. Vgl. Buttricks These, »preaching renames the human world as a space for a new humanity related to God.« (A.a.O., 16f.).
[1043] A.a.O., 299, 301.
[1044] A.a.O., 291.
[1045] A.a.O., 306.
[1046] A.a.O., 299.
[1047] A.a.O., 10.
[1048] A.a.O., 23.
[1049] A.a.O., 310ff.
[1050] A.a.O., 34f.

sondern dass die Bedeutung auf erstaunliche Arten gesehen und gefühlt werde und Gestalt annehme. Zu gutem Predigen gehöre es, dass Ideen bildhaft werden – dass jede konzeptionelle Vorstellung mithilfe von Metaphern und Bildern, aber auch von Kadenzen und Satzmustern geformt werde. Es gebe Hinweise darauf, dass heute mehr Zeit nötig sei, um solche Bedeutung im Bewusstsein der Hörer zu formen, weil die Sprache sich so schnell verändere.[1051] So seien seit der Mitte des 20. Jahrhunderts mehr als 100.000 Wörter neu in die englische Sprache hineingekommen, viele ältere seien in Vergessenheit geraten.[1052] Um Bedeutung zu finden, müsse der Prediger seine Hausaufgaben machen und sich etwa die Gesamtbedeutung des Begriffs »Sünde« erarbeiten. Das Problem sei jedoch nicht, Ideen zu erweitern, sondern sie im Zaum zu halten, zu disziplinieren und zu formen.[1053]

Für jeden *move* in der Rede rechnet Buttrick etwa drei Minuten.[1054] Dazu gehöre, dass dieser jeweils sprachlich eröffnet und geschlossen werde.[1055] Die Eröffnung solle im Allgemeinen der Fokussierung auf das dienen, worum es geht, statt den Hörer im Unklaren darüber zu lassen, weil dies vermeintlich die Spannung steigere.[1056] Nach jedem Neueinsatz habe der Sprecher nur einen kurzen Moment, um das Bewusstsein der Hörer scharfzustellen, den dürfe er nicht vertun.[1057] Anders als in einem persönlichen Gespräch müsse er dazu oft mehrere kurze Sätze gebrauchen. Wem das unnatürlich vorkommt, dem sagt Buttrick,

> »Being natural is not the purpose of homiletics; serving our neighbors in the gospel is.«[1058]

Die Anfangssätze jedes Moduls markieren die Art der Verbindung zum Vorhergehenden und die Sprech-Perspektive.[1059] Buttrick befasst sich mit deren Länge und Art und ihrem Verhältnis zur gerade abgeschlossenen Einheit (z.B. Kontrastierung).[1060] Ein Modul solle jeweils nicht mehr als drei Teilgedanken enthalten;[1061] auch eine Aneinanderreihung mehrerer Illustrationen sei nicht geraten, da sich diese im Bewusstsein gegenseitig überdecken und in ihrer Wirkung aufheben würden.[1062] Alle Bestandteile eines solchen Abschnitts sollten in sich eine

---

1051 A.a.O., 26f.
1052 A.a.O., 194.
1053 A.a.O., 28f.
1054 A.a.O., 25.
1055 A.a.O., 37.
1056 A.a.O., 38, 94.
1057 A.a.O., 38.
1058 A.a.O., 39.
1059 A.a.O., 39f.
1060 A.a.O., s. u.a. 73f.
1061 A.a.O., 46f.
1062 A.a.O., 135.

Einheit bilden. Zu vermeiden sei, dass sich ein *move* im Bewusstsein des Hörers aufspalte und zu »wandern« anfange.[1063] Eines der wichtigsten Elemente der Predigtvorbereitung ist deshalb bei Buttrick die Auflistung der *moves* anhand jeweils eines zentralen Satzes in der Abfolge, in der sie erscheinen.[1064] Weil Predigten narrativer Texte die Spannung der Erzählbewegung erhalten sollten, die in ihrer Bewegung stecke, solle die Struktur nicht zweigeteilt werden in »Nacherzählung« und »Anwendung«.[1065]

Da die Sündhaftigkeit in uns Menschen stecke – Buttrick spricht von der Sünde als einer Grundausrichtung des Ichs[1066] –, brächten Menschen beim Predigthören eine Resistenz mit.[1067] Buttrick nennt jedoch einen geistlichen Grund, warum dies den Prediger nicht verunsichern solle:

> »[...] we preach with confidence in grace, or else we would not preach at all.«[1068]

Die Rolle der Rhetorik beschreibt Buttrick in diesem Zusammenhang wie folgt:

> »Rightly, rhetoric is concerned with shaping moves in such a way that moves will fit human consciousness, and there contend with the social attitudes that people bring to church.«[1069]

Buttrick behandelt eingehend die Bedeutung der Sprechperspektive für jedes Modul[1070] und die Verbindung zwischen einzelnen Modulen. Im Gegensatz zur älteren homiletischen Praxis, überleitende Sätze (oder, häufiger, Absätze) einzufügen,[1071] seien solche eigentlich nicht nötig, wenn sich die Gedanken der Predigt kontinuierlich in ihrer Gesamtrichtung fortbewegten. Die Praxis der ausdrücklichen Nennung der Hauptteile hält er nicht für sinnvoll, weil dies beim Hörer ein Zeitbewusstsein schaffe; er könne daran jeweils messen, wie weit der Prediger bisher gekommen sei.[1072] Das Knochengerüst solle jedoch erkennbar sein.[1073] Mehrere Module könnten zu größeren *sets* zusammengefasst werden.[1074] Zusammenfassungen etwa am Ende eines solchen größeren Abschnitts seien

---

1063 A.a.O., 49f.

1064 Nach EDWARDS, History of Preaching, 806ff. Vgl. hierzu die Ausführungen zu einem thematischen Satz in jedem Absatz unter 6.5.5.

1065 Nach ebd.

1066 BUTTRICK, Moves, 31f. Mit dieser Bestimmung von »Sünde« rückt Buttricks Verständnis in die Nähe der Ur- oder Personsünde.

1067 A.a.O., 30, 32.

1068 A.a.O., 31.

1069 A.a.O., 28.

1070 A.a.O., 56, 63 u.ö.

1071 A.a.O., 69.

1072 A.a.O., 69f.

1073 »We want a sermon's ›bones‹ to show!« (A.a.O., 70).

1074 A.a.O., 75f.

wichtig, sollten aber nicht pedantisch klingen, weil der Hörer sie dann ausblende.[1075]

Über die Konzentration auf die Sprache und ihre Wirkung im Bewusstsein wird die Predigt bei Buttrick wiederum zu einem Bereich der Rhetorik[1076]:

> »Preaching, like it or not, is a sophisticated form of public address. We do not merely speak, or convey information. We are forming the faith-consciousness of the church on behalf of Jesus Christ.«[1077]

Buttrick unterstreicht den Wert der Rhetorik; sie sei eine alte Weisheit, die alles menschliche Miteinander-Sprechen zusammenhalte.[1078]

4.5.6. Das Heil im Bewusstsein des Hörers

Die Infragestellung der Autorität der Kanzel und des von ihr verkündigten Wortes um die Mitte des 20. Jahrhunderts gehört zu den Auslösern der neuen Homiletik. Diese Frage berührt ein Anliegen, das in vielen Denominationen im nordamerikanischen Kontext wichtig ist. D. Buttrick schreibt 1987, viele Christen glaubten, Gott, der sich in Christus offenbart habe, habe der Schrift Autorität übertragen; ihr sei der Titel »Wort Gottes« verliehen worden, damit sie in der Kirche regiere. Dennoch ist nach seiner Darstellung die Vorstellung der Autorität insgesamt erschüttert; dies liege nicht an der sogenannten historisch-kritischen Methode (auch wenn sich konservative Christen davon angegriffen fühlen möchten), die eigentliche Frage sei die hermeneutische.[1079] Nicht die Christen hätten einen dogmatischen *locus* der Autorität (etwa über die Bibel, Tradition oder Erfahrung), sondern Gottes Autorität in Christus *lokalisiere* die Hörer unter dem Kreuz, das nach allen »gesunden« Maßstäben nicht kraftvoll und weise sei (wie eine Autorität, die man suche), sondern närrisch und ohnmächtig[1080]:

> »God's authority in Christ locates us, with all our contending claims and counterclaims, before the cross as judged/forgiven people. So, instead of having a locus of authority, for example, Bible, experience, or tradition, we are located by God's authority in the presence of Christ crucified where we may know who we are –

[1075] A.a.O., 76f.

[1076] Wie bei Broadus ist die Predigt allerdings auch bei D. Buttrick zugleich deutlich mehr als ein Teil der Rhetorik.

[1077] A.a.O., 36. Vgl. Edwards Ausführungen zur Formgeschichte nach Bultmann, Otto Dibelius u.a., deren Anwendung auf die Evangelien zu der Erkenntnis geführt habe, dass es darin nicht um die bloße Befriedigung menschlicher Neugier, sondern um Bekehrung gehe (Edwards, History of Preaching, 678).

[1078] Buttrick, Moves, 40.

[1079] A.a.O., 240f.

[1080] A.a.O., 247.

frightened, inept, unsmart, but assuredly called disciples who live by grace in God's wide mercy.«[1081]

Hier wird erkennbar, dass Buttrick einerseits an der Rechtfertigung des Hörers vor Gott festhält. So kann er Predigen auch als Mediation bestimmen[1082] und identifiziert die Absicht der Predigt mit der Absicht Gottes in Christus, nämlich der Versöhnung der Welt[1083]. Da die Predigt daran teilhabe, könne sie auch als Wort Gottes und als Gnadenmittel bezeichnet werden.[1084] Andererseits lokalisiert die Predigt bei Buttrick dieses Geschehen im Bewusstsein des Menschen, indem sie das Gerettetsein im Hinblick auf die Offenbarung interpretiert[1085]:

»Preaching is a means of grace, but not merely because it provides a link connecting past-tense acts of God and present-tense faith. Preaching is a means of grace because it speaks the images, symbols, myths, and meanings which are saving and are a hermeneutic for God's self-disclosure.«[1086]

Da die Schrift in diesem Sinne eine ursprüngliche Erinnerung an das Evangelium in der neuen Realität des Gerettetseins beinhalte, sei sie normativ für die Kirche.[1087] Das Streben nach einer unfehlbaren Autorität in der Kirche sieht Buttrick jedoch kritisch und fragt, ob dieses nicht eine Neuauflage der Versuchung Adams und Evas im Paradies sei; das Dogma der Irrtumslosigkeit der Schrift führt er ad absurdum.[1088]

Buttrick thematisiert deutlich den Auftrag der Predigt, Christus und das in ihm gegebene Heil zu verkündigen, und spricht von der Verantwortung des Predigers vor Gott.[1089] Predigen erzähle eine Geschichte mit einer transzendenten und teleologischen Dimension: die Geschichte Gottes.[1090] Es integriere alle menschlichen Geschichten in diese Geschichte und könne damit menschliche Identität verändern.[1091]

»We sense that our life stories may be related to the purposes of God that span human history; we may be living in some sort of God-with-us story.«[1092]

[1081] A.a.O., 246.
[1082] A.a.O., 250.
[1083] A.a.O., 452.
[1084] A.a.O., 456, 116.
[1085] A.a.O., 260f.
[1086] A.a.O., 116, vgl. 269.
[1087] A.a.O., 248.
[1088] A.a.O., 244.
[1089] A.a.O., 270.
[1090] Die transzendente Dimension äußert sich in Buttricks Homiletik darin, dass er die Kenntnis der Menschen von dem Gott-in-Christus dem Werk des Heiligen Geistes zuschreibt (a.a.O., 234).
[1091] A.a.O., 11f.
[1092] A.a.O., 13.

Buttrick distanziert sich an diesem Punkt von einem traditionellen »heilsgeschichtlichen« Ansatz, der der Predigt häufig eine Interimsrolle zwischen dem geschehenen Heil in der Vergangenheit und seiner Erfüllung in der Zukunft zuweise; einen solchen Ansatz bezeichnet er als *unfortunate*.[1093] Christus als die zentrale Person der Christus-Geschichte führe in der Predigt zur Interpretation der *story* als einer neuen sozialen Realität, d.h. der Gemeinschaft der Geretteten.[1094] Mit diesem Evangelium solle die Kirche in die Welt hineinreichen; dabei habe sie jedoch oft versagt.[1095]

4.5.7. Die Rede von der Wirklichkeit Gottes

D. Buttrick verweist auf die in vielen amerikanischen Städten in den Samstagszeitungen abgedruckten Predigt-Titel, die deutlich zeigten, dass Predigen in Amerika großenteils thematisch (*topical*) sei, d.h. bei menschlichen Situationen ansetze.[1096] Zu den weit gefächerten Themen gehörten auch solche wie die ersten Teenager-Erfahrungen mit der Sexualität oder einsame durchwachte Nächte im Alter.[1097] Solches Predigen würde jedoch tendenziell die Geschichte Gottes vernachlässigen und diesen zu Unrecht in die menschliche Subjektivität einschließen.[1098] Es möge voller Relevanz sein, verlöre aber ein biblisches Verständnis der Wirklichkeit aus dem Blick. Da es losgelöst sei von einem konkreten Schriftabschnitt, würde der Prediger zudem oft nach einer eigenen Struktur suchen und dazu auf psychologische oder rhetorische Standard-Gliederungen zurückgreifen,[1099] die der Form biblischer Gedanken u.U. nicht angemessen seien.[1100]

Dass die vor allem von kommunikationswissenschaftlicher Seite im 20. Jahrhundert konstatierte zunehmende Schnelllebigkeit für den Prediger häufig einen wachsenden Zeitdruck bedeutet, kommt in Buttricks Thematisierung der Predigtvorbereitung zum Ausdruck. Auf die Schnelle angefertigte Predigten seien fast immer schlechte Predigten. Letztlich sei dies eine Frage von Prioritäten

---

1093 A.a.O., 16.

1094 A.a.O., 14. Buttrick spricht von der »being-saved community«. Im Gegensatz zu einer solchen gemeinschaftsbezogenen Ausrichtung kritisiert er eine individualistische Hermeneutik in der amerikanischen Volksfrömmigkeit, die über mehrere Generationen von einer entsprechenden Predigtweise geformt worden sei (a.a.O., 19).

1095 A.a.O., 43f.

1096 A.a.O., 405.

1097 A.a.O., 424.

1098 A.a.O., 17.

1099 Hier erwähnt Buttrick Struktur-Kategorien wie Frage-Antwort, These-Antithese-Synthese, die bei Aho im Wesentlichen in der biblisch-exegetischen Predigt begegnen (s.u. 6.5.1).

1100 BUTTRICK, Moves, 366. Homiletische Beispiele zeigen, dass auch die Praxis, der Predigt nur einen einzigen Vers zugrundezulegen, dieselbe Gefahr birgt. Dennoch spricht sich Buttrick für diese Tradition aus, die ihren Anfang im 17. Jahrhundert genommen habe und vielfach weiterhin in Übung sei (a.a.O., 376).

und hänge mit dem theologischen Verständnis des Amtes zusammen.[1101] Dies bedeutet bei Buttrick einen doppelten Blick auf Gott und den Nächsten:

> »We speak of God in the presence of God. We speak to neighbors, loving our neighbors. [...] If we stand before God we must be respectfully truthful. If we serve neighbors, we must care for the careful forming of their faith.«[1102]

Insofern der Glaube ein Sprechen in Christus von Christus sei, sei ihm auch ein symbolisch-reflektierender Wesenszug eigen.[1103] Zu solcher Reflexion bräuchten Gemeinden jedoch Anleitung, sonst würden sie Texte willentlich oder unwillentlich mit allen möglichen menschlichen Erfahrungen in Verbindung bringen.[1104] In diesem Sinne kommt der Glaube nach Buttricks Verständnis aus dem Hören.

Während zur Homiletik in der Vergangenheit auch der Gebrauch rhetorischer Elemente wie Antithese, Apostrophe, Chiasmus, Metapher, Metonymie, Oxymoron oder Zeugma gehört habe, seien solche Mittel in Wirklichkeit nur hilfreich, wenn Prediger gelernt hätten, sie auf natürliche Weise zu gebrauchen wie ein Tischler seine Werkzeuge.[1105] Zugleich machten es aber gerade solche sprachlichen Formen möglich, von Gott zu reden, der auf geheimnisvolle Weise Gegenwart-in-Abwesenheit sei.[1106] In diesem Sinne bezeichnet Buttrick die Predigt im Wesentlichen als ein rhetorisches Handeln[1107] und die Sakramente als »enacted metaphor systems«.[1108] Es gehe daher nicht darum, dass der Prediger Bewunderung für seine rhetorischen Fähigkeiten ernte; wo das geschehe, habe die Predigt vollkommen versagt:

> »We do not preach to be liked, admired, or applauded. Sermon craft is never intended to dazzle, but always to serve.«[1109]

4.5.8. Die Wirkung im Bewusstsein des Hörers

Eine solche dienende Funktion hat auch der sprachliche Stil der Predigt. Während viele Homiletiker darauf hinweisen, dass jeder Prediger seinen eigenen, persönlichen Stil finden solle, geht es bei D. Buttrick nicht um die Entwicklung einer individuellen Redeweise, sondern um die Anpassung des Stils an den je-

---

[1101] A.a.O., 306.
[1102] A.a.O., 317.
[1103] A.a.O., 13f., 233f., 249. Weite Teile der heiligen Schrift seien ebenfalls in solchem Modus geschrieben (a.a.O., 367).
[1104] A.a.O., 20.
[1105] A.a.O., 205.
[1106] A.a.O., 118ff. Hier klingt die Frage an, wie weit das Finite *capax infiniti* sei, vgl. Buttricks ausdrückliche Feststellung, er schreibe als Protestant reformierter Tradition (a.a.O., xii).
[1107] Vgl. dagegen Randolphs Entwurf einer »nächsten« Homiletik, zu der vor allem der Einsatz digitaler Medien gehört, RANDOLPH, Twenty-first Century, 6, 120 und durchweg.
[1108] BUTTRICK, Moves, 125.
[1109] A.a.O., 167.

weiligen *move* in der Predigt[1110]: Kein Stil sei an sich gut; zu fragen sei vielmehr, ob er gut für das sei, was er bewirken solle.[1111] In ähnlicher Weise handelt Buttricks Homiletik auch von den Illustrationen in der Predigt. Er geht darauf ein, wie der Prediger in seinem eigenen Erinnerungsbewusstsein nach solchen suchen könne, und erarbeitet Kriterien für die Beurteilung ihrer jeweiligen Eignung.[1112] Die Verortung des Predigtgeschehens im Bewusstsein des Hörers liefert auch das Kriterium für die häufig thematisierte Frage nach dem Ich des Predigers in der Predigt: Gerade in den Predigtillustrationen könne es geschehen, dass der Prediger mit seiner Person das, was sie bewirken sollen, auslösche. Das lasse sich jedoch vermeiden, wenn er sie so einsetze, dass er in seinen persönlichen Erfahrungen – zumal in seinen konkreten pastoralen Erfahrungen – nicht explizit zu erkennen sei:

> »We need not intrude on our own sermons, we need not blab; we can ›decrease‹ to the glory of God. It is easy!«[1113]

Richtig gebraucht könnten Illustrationen so den Gemeindegliedern zeigen, dass der Prediger und Pfarrer ihre Situation verstehe und für das, was in menschlichen Herzen vorgeht, sensibel sei.[1114]

Mit der Art des Predigtschlusses verbinden sich, wie Buttrick zeigt, verschiedene Absichten, an denen insbesondere auch konfessionelle Unterschiede erkennbar werden. So dient der Schluss etwa zur Wiederholung der »Lektionen«, die die Hörer aus der Predigt mitnehmen sollen, der Überleitung zu einem *altar call* oder zum Altarsakrament usw.[1115] Entscheidend ist für ihn auch hier die Frage, wie sich die einzelnen *moves* im Bewusstsein des Hörers zusammenfügen und einen bleibenden Eindruck bewirken.[1116] Auch an dieser Stelle wird erkennbar, dass Buttrick in seiner Homiletik durchaus eigene Wege geht. Während nach alter homiletischer Praxis der Schluss einen in der Einleitung eröffneten Bogen schließen soll, rät er im Allgemeinen davon ab – nicht, weil das Ende der Predigt gänzlich offen bleiben und erst in der Rezeption durch den Hörer vollständig werden soll, sondern weil ein solcher geschlossener Rahmen die Predigt unter Umständen so abschließen könne, dass nach dem Eindruck des Hörers keine Reaktion mehr von ihm erwartet werde, also keine Antwort oder Entscheidung und kein konkretes Tun.[1117]

[1110] A.a.O., 78f.
[1111] A.a.O., 199, 201ff.
[1112] A.a.O., 132–134.
[1113] A.a.O., 143.
[1114] Ebd.
[1115] A.a.O., 97.
[1116] A.a.O., 101.
[1117] A.a.O., 105.

4.5.9. Die afro-amerikanische Predigt

Ältere homiletische Werke vor der Mitte des 20. Jahrhunderts wie die von Broadus, Bowie, Lenski, Blackwood u.a.[1118] nehmen die Tradition des afro-amerikanischen Predigens kaum wahr, obwohl diese seit langem etabliert ist und es u.a. in baptistischen Kirchen auch zu gegenseitigen Berührungen kommt[1119]. Dies ist auf soziologische Faktoren und die Dominanz einer recht traditionellen, »weißen« Predigtweise in der Mehrzahl der US-amerikanischen Kirchen zurückzuführen.

Jedoch ändert sich dieses Bild auch in den 50er und 60er Jahren kaum. Viele der Vordenker der neuen Homiletik und der einflussreichen Homiletiker dieser Zeit entwickeln ihre Beiträge, ohne der »schwarzen« Predigttradition einen Abschnitt zu widmen oder in den häufig beigefügten Registern auf sie zu verweisen. Dazu gehören Jones, Davis, Caemmerer, C. Reid, Randolph, Killinger, Craddock, Eggold, Jensen u.a.[1120] Insbesondere fehlen die Namen führender afro-amerikanischen Prediger, obgleich acht von ihnen in der zweiten Hälfte des Jahrhunderts zu den renommierten Yale-Vorlesungen eingeladen werden: James Forbes, Peter Gomes, Thomas Hoyt, Henry H. Mitchell, Samuel D. Proctor, James H. Robinson, Kelly Miller Smith und Gardner Taylor.[1121] Es findet auch keine wesentliche Auseinandersetzung damit statt, dass die neue Homiletik manche Elemente, nach denen sie strebt, in der afro-amerikanischen Predigttradition finden könnte.[1122] Dazu gehört die Predigt als *verbal activity*, die die ganze Gemeinde involviert[1123]:

> »[...] a black folk sermon is not a solo performance by a preacher, but a verbal activity involving the whole congregation. This flow between the preacher and the

---

[1118] Siehe BROADUS, Preparation and Delivery (auch in den überarbeiteten Auflagen); BOWIE, Preaching; LENSKI, Sermon; BLACKWOOD, Preaching from the Bible; DERS., Preparation; DERS., Expository Preaching for Today.

[1119] Edwards nennt unter den afro-amerikanischen Predigern, die im Rahmen der Yale Lectures Vorlesungen halten, außer baptistischen Verbindungen auch methodistische, presbyterianische und pfingstlerische (EDWARDS, History of Preaching, 711, 714, 719, 722).

[1120] JONES, Principles; CAEMMERER, Preaching 1959; REID, Empty Pulpit; RANDOLPH, Renewal; KILLINGER, Centrality; CRADDOCK, Without Authority; EGGOLD, Dialogue; RICHARD A. JENSEN, Telling the Story. Variety and Imagination in Preaching, Minneapolis/MN 1980. Berücksichtigt wurden jeweils die Sach-, Personen- und Literaturregister.

[1121] Nach EDWARDS, History of Preaching, 710ff.

[1122] Das gilt auch z.B. für Bartow, der sich mit dem Predigtvortrag befasst, ohne auf die großen afro-amerikanischen Prediger dieser Zeit einzugehen, obwohl diese sich gerade in diesem Bereich hervortun (BARTOW, Moment). Das gilt weiter für BLOCKER, Secret; SCHNEIDER, As One Who Speaks; PERRY, Biblical Preaching; WHITE, Guide; DEMARAY, Introduction; VERNON L. STANFIELD (u.a.), Homiletics, Grand Rapids/MI 1974; WHITESELL, Power; HORNE, Crisis; CRUM, Manual; H. W. ROBINSON, Biblical Preaching sowie RALPH L. LEWIS/GREGG LEWIS, Inductive Preaching. Helping People Listen, Westchester/IL 1983.

[1123] EDWARDS, History of Preaching, 723 u.ö.

congregation is the pattern of ›call-and-response‹ that is distinctive of preaching in this tradition.«[1124]

Neben dieser besonderen Form eines sich aufbauenden, vom Prediger gesteuerten Dialogs zwischen ihm und der Gemeinde[1125] gehört dazu der mündliche Charakter der »schwarzen« Predigt[1126] und der offene Predigtschluss[1127]. Außerdem ist der grundlegende Gebrauch der Schrift im narrativen Predigen als einer *performance art* zu nennen,[1128] die Rolle und die Art des Geschichtenerzählens[1129] sowie der nicht-deduktive Charakter der Predigt, in der der Prediger den Hörer mehr durch die Predigt führt als dass er sich dialektisch mit entgegengesetzten Positionen auseinandersetzt.[1130] Dass dem Säkularen in der afro-amerikanischen Predigtweise mehr Aufmerksamkeit gewidmet wird als dem Heiligen,[1131] berührt sich mit dem Eifer der neuen Homiletik um Lebensbezug und Relevanz.

Auch inhaltliche Anliegen lassen sich nennen, die beiden Bereichen der Homiletik gemeinsam sind. Dazu gehört etwa das zentrale Thema der sozialen Gerechtigkeit, das die afro-amerikanische Predigt von Anfang an prägt und zu dieser Zeit besonders in der Predigt von Smith zum Ausdruck kommt.[1132] Dies verbindet sich mit dem Glauben an eine Transformation der Gesellschaft in dieser Welt, zu der die Predigt die Hörer bewegen kann und soll.[1133] Auch die Kritik an der traditionellen »weißen« Predigt – diese sei zu ausschließlich auf den Verstand ausgerichtet statt auf die ganze Person – kann hier genannt werden. Stattdessen, so heißt es, müssten Bilder und *stories* eingesetzt werden, um die Tiefendimension des menschlichen Bewusstseins zu erreichen.[1134]

1124 A.a.O., 542.
1125 Vgl. a.a.O., 431.
1126 A.a.O., 723.
1127 Ebd.
1128 A.a.O., 539. Vgl. die Entwicklung in der jüngeren deutschen evangelischen Liturgiewissenschaft, für die die Performativität zu einer Schlüsselkategorie wird (RASCHZOK, Gottesdienst und Performativität, 115, 120 und durchweg).
1129 EDWARDS, History of Preaching, 723 u.ö.
1130 A.a.O., 540.
1131 A.a.O., 543.
1132 A.a.O., 716–719.
1133 A.a.O., 707 u.ö. In Randolphs Entwurf für die »nächste Homiletik«, die nach seiner Vision auf die »neue« folgt, nimmt das Konzept der Transformation den Platz der Heiligung in der »traditionellen« Theologie ein: »[...] in Jesus Christ, God meets people in their deepest needs and highest hopes as Creator, Redeemer and Transformer.« (RANDOLPH, Twenty-first Century, 5; vgl. 23, 41f., 82, 86 u.ö.).
1134 So Mitchell, nach EDWARDS, History of Preaching, 712ff. – Im Gegensatz zu dieser weitgehenden Überschneidung liegen deutliche Unterschiede darin, dass die Sprache der afro-amerikanischen Predigt kodiert ist – eine Notwendigkeit in Zeiten der Unterdrückung, jedoch das Gegenteil einer möglichst direkten Kommunikation – und dass der Vortrag häufig zum Sprechgesang (*chanted sermon*) tendiert, siehe a.a.O., 538ff., 543.

4.5.10. Die afro-amerikanische und die »weiße« Predigttradition

Trotz solcher Nähe zueinander in einzelnen Elementen findet sich bei DeWitte T. Holland erst 1980 ein Abschnitt über »The Maturation of the Black Church«.[1135] Er stellt jedoch auch darin keinen Bezug zur neuen Homiletik her, obwohl er schreibt,

> »It would be most enlightening and inspirational for the typical white minister to take a few Sundays out of his own pulpit and sit under the preaching of the average Protestant black minister.«[1136]

Ähnliches ist bei Lischer zu beobachten, der Anfang der 90er Jahre ausführt,

> »The black tradition knows that language is half speaking and half listening – but active, responsive listening – and therefore has intuitively grasped the Word of God as a ›speech event‹ long before that phrase slipped in and out of vogue.«[1137]

Auch bei ihm kommt es zu keiner Synthese dieser Predigttradition mit der neuen Homiletik, obgleich er unter den nicht-afro-amerikanischen Homiletikern dieser Zeit derjenige ist, der sich am eingehendsten mit ihr befasst, wie sein 1995 erschienenes Buch über Martin Luther King Jr. zeigt.[1138]

Eslinger widmet 1987 in seiner Evaluierung fünf bedeutender Entwürfe der neuen Homiletik (einschließlich der von Rice, Lowry, Craddock und D. Buttrick)[1139] ein Kapitel dem Afro-Amerikaner Mitchell,[1140] der gemeinsam mit Lowry und Rice die Richtung zu einem narrativen Predigtansatz eingeschlagen hat. Mitchell, Autor des 1970 erschienenen Buches »Black Preaching«, sei einer der wenigen Theologen, die der klassischen afro-amerikanischen Predigt ernsthafte homiletische Aufmerksamkeit geschenkt hätten. Dieser berufe sich auf die historische Tradition der Predigt in der »schwarzen« Kirche als einen Weg zur Rückgewinnung effektiven Predigens.[1141] Mitchell selbst sieht mit einem kritischen Blick auf die eigene Tradition in wirkungsvoller Rhetorik auch die Versuchung, sich vor einer verantwortlichen Auslegung des Textes zu drücken. In ähnliche Richtung geht Eslingers Beobachtung, der schreibt, der Fokus auf dem narrativen Aspekt der Schrift gehe tendenziell zu Lasten anderer literarischer

---

1135 DeWitte T. Holland, The Preaching Tradition. A Brief History. Hg. v. William D. Thompson, Nashville/TN 1980. 86ff. (i. Folg.: Holland, Tradition).

1136 Holland, Tradition, 90.

1137 Lischer, Theology, 60.

1138 Richard Lischer, The Preacher King: Martin Luther King, Jr. and the Word That Moved America, New York/NY 1995 (i. Folg.: Lischer, King).

1139 Eslinger, New Hearing, 39ff.

1140 A.a.O., 53–56.

1141 Vgl. die Erwähnung Mitchells bei Lowry, verbunden mit der Feststellung, *black preaching* erreiche das transzendente Bewusstsein und das Unbewusste (Lowry, Time, 40, 88). Lowry spricht von einer »überbewussten« Narrativität der afro-amerikanischen Predigt, ihre Form sei didaktisch (ders., Dancing, 25, 60). – Mitchells Name erscheint auch im Register zu Lowry, Plot.

Formen in dieser; die Aufforderung, die *story* zu predigen, habe oft faktisch als Motto fungiert, in der Schrift das zu finden und zu predigen, was *story* sei. Buttrick findet bei geübten schwarzen Predigern recht geschickte Erzählmuster; sie erzählten eine biblische Geschichte im Präsens und bewegten sich in der Geschichte und aus ihr heraus mit Analogien, Erklärungen und Interpretation, während der Handlungsablauf in der Geschichte weitergehe.[1142]

Nach der Jahrtausendwende befassen sich zwei enzyklopädische Werke in eigenen Abschnitten mit der afro-amerikanischen Predigttradition. Lischer geht in je einem Kapitel ausführlich auf Mitchell[1143] und G. Taylor[1144] ein und nennt eine von Letzterem in den Yale-Vorlesungen hergestellte direkte Verbindung zwischen den großen Themen dieser Zeit und der Gottesbeziehung:

> »The great corporate issues of our society – poverty, pollution, the international violence of war, anarchy, race, and the national priorities – are not primarily political matters; they are rooted profoundly in our attitude toward the God whose retainer the preacher is honored to be.«[1145]

Auch in Lischers Darstellung in diesem Kompendium findet sich jedoch kein direkter Bezug der homiletischen Beiträge dieser führenden schwarzamerikanischen Prediger zur neuen Homiletik.

Edwards beschreibt in seinem umfassenden Werk »A History of Preaching« den Anfang afro-amerikanischen Predigens und seine Geschichte in den USA.[1146] Er bringt eigene Abschnitte über King und jeden der acht afro-amerikanischen Prediger, die zu den Homiletik-Vorlesungen in Yale eingeladen werden.[1147] Er erwähnt jedoch weder in diesen noch in anderen Abschnitten seines Buches, die auf das *African American Preaching* eingehen, die neue Homiletik. Letztere behandelt er in seinem abschließenden Kapitel unter der Überschrift »A Crisis in Communication«; hierfür gilt das Gleiche in umgekehrter Weise.[1148]

Trotz dieser Situation gehört das *African American Preaching* ab den 60er Jahren je länger je mehr zu dem breiten Spektrum, innerhalb dessen sich Theologen und Konfessionen gemäß der homiletischen Tradition in den USA gegenseitig wahrnehmen und austauschen.[1149] Neben der Verwandtschaft in einigen wesentlichen Anliegen ist der Grund hierfür die einsetzende gesellschaftliche

---

[1142] BUTTRICK, Moves, 335.
[1143] LISCHER, Company, 149–155.
[1144] A.a.O., 104–112.
[1145] A.a.O., 108.
[1146] EDWARDS, History of Preaching, 529–553.
[1147] A.a.O., 703–730.
[1148] A.a.O., 799–827.
[1149] Vgl. u.a. WILSON, Practice, 208. Zu solcher Wahrnehmung mag auch die Thematisierung von Intonation und Rhythmus in der Predigt bei D. Buttrick gehören, obgleich er in diesem Zusammenhang die afro-amerikanische Predigttradition nicht erwähnt (BUTTRICK, Moves, 207–209).

Sensibilisierung für die Situation der *African Americans*. Eine Kombination von Faktoren führt jedoch dazu, dass diese eigenständige Predigttradition zwar insbesondere die narrativen und »inszenierenden« Bemühungen der neuen Homiletik befruchtet, aber trotz aller Affinität nicht an deren Entwicklung insgesamt beteiligt ist.[1150]

Einer dieser Faktoren ist die persönliche Prägung vieler führender afro-amerikanischer Prediger. Abgesehen von der öffentlichen Wirkung der politischen und religiösen Reden Kings und anderer sind die Einladungen zu den Yale-Vorlesungen zwar ein deutliches Zeichen dafür, dass die Tradition der »schwarzen Predigt« ab den 60er Jahren zunehmend mit Respekt und Interesse wahrgenommen wird. Das gilt auch für die breitere Öffentlichkeit, wie die Wahl G. Taylors unter die sieben besten Prediger Amerikas durch das Time Magazine 1979 und seine Bezeichnung als »dean of black preachers« zeigt.[1151] Während alle acht Gastdozenten in Yale wichtige homiletische Beiträge liefern, findet sich zugleich bei mehreren von ihnen in diesen Vorlesungen kaum etwas, was tatsächlich distinkt afro-amerikanischer Tradition entspricht. Viele sind hochgebildet und geprägt von den führenden nordamerikanischen Homiletikern des 19. und 20. Jahrhunderts; sie wirken selbst als Prediger in »Hybrid«-Gemeinden, die nicht für diese Tradition typisch sind, und wenden sich erst im Laufe ihrer Wirkungszeit den charakteristischen Formen des »schwarzen« Predigens zu.[1152] Nach der ersten Reihe von Vorlesungen durch J. H. Robinson[1153] 1955 vergehen zudem fast zwanzig Jahre, bis 1974 mit Mitchell ein weiterer Vertreter dieser Tradition eingeladen wird; dies ist genau der Zeitraum, in dem die neue Homiletik in Bewegung kommt.[1154]

Die Tradition des afro-amerikanischen Predigens ist in Form, Inhalt und Sprache zweitens auf eine ganz bestimmte Hörerschaft und die Situation des Lebens in der gesellschaftlichen und sozialen Unterdrückung ausgerichtet[1155] und spricht Christen anderer ethnischer Herkunft nicht in jeder Hinsicht unmittelbar an.[1156] Zudem scheint diese Art des Predigens vielen Christen zu emotional. King, dessen Predigtstil am Anfang seines Wirkens wesentlich an dem

---

[1150] Hierin liegt der Grund für die geschilderte, weithin getrennte Wahrnehmung der afro-amerikanischen Tradition und der neuen Homiletik.

[1151] G. Taylor erhält im Jahr 2000 den höchsten zivilen Orden der USA, die *Presidential Medal of Freedom*.

[1152] Edwards, History of Preaching, 724.

[1153] Vgl. oben, Anm. 180.

[1154] In der Academy of Homiletics wird *black preaching* 1971 in einem Vortrag thematicsiert (Thompson, Academy, 5).

[1155] Edwards, History of Preaching, 543, 723.

[1156] A.a.O., 731. Edwards bezieht sich hier auf das Ziel vieler afro-amerikanischer Predigten dieser Zeit, die Gemeinden zu einem aktiven (»militanten«) Engagement in der Rassenfrage zu mobilisieren; dass andere Gruppen sich von dieser Art zu predigen nicht in jeder Hinsicht angesprochen fühlen, gilt m.E. jedoch auch in einem allgemeineren Sinn.

liberaler weißer Geistlicher orientiert ist, begehrt zunächst selbst gegen die Emotionalität der »Neger-Religion«, das Schreien und Füßestampfen auf und sagt, er verstehe es nicht und es sei ihm peinlich.[1157]

Ein weiterer Grund mag darin liegen, dass diese *preaching tradition*, die sich meistens in baptistischen und methodistischen Kirchen findet, ganz überwiegend thematisch ist.[1158] Wieweit hierfür kulturelle oder konfessionelle Faktoren eine Rolle spielen, ist kaum zu unterscheiden. Eine direkte Übernahme in eine andere Tradition (etwa die Auslegungspredigt oder die Predigt nach den Perikopenreihen) liegt jedoch aus diesem Grund nicht nahe. Andererseits ist die Kritik an der traditionellen Art des *mainstream*-Predigens in den USA, die die Vertreter der neuen Homiletik untereinander verbindet, kein wesentliches Identitätsmerkmal für die afro-amerikanische Predigtweise mit ihrer langen, selbständigen Tradition.

Schließlich ist nicht zu übersehen, dass *black preaching* in einer reichen, schöpferischen und breit gefächerten Tradition steht, die nicht auf eine einfache Formel reduziert und als einheitliche Größe rezipiert und integriert werden kann. Zu dieser gehört seit dem 18. Jahrhundert auch die »gebildete« Form der Predigt (*learned preaching*), in der manche schwarzen Prediger ihre weißen Kollegen überragen.[1159]

Das Bild des Verhältnisses zwischen der neuen Homiletik und der afro-amerikanischen homiletischen Tradition, das sich so ergibt, entspricht kaum der bisherigen Rezeption in der deutschsprachigen Theologie. So schreibt Vogt in seiner Darstellung, die sich im Wesentlichen auf Nicol stützt[1160]:

> »Diese ›New homiletic <sic>‹ fand ihre ersten Anregungen im ›African American Preching <sic>‹, das durch die schwarzen Bürgerrechtsbewegungen immer mehr an die Öffentlichkeit trat.«[1161]

Diese Sichtweise verfehlt nicht nur die Situation, sie übergeht auch die Wurzeln der neuen Homiletik in der in Deutschland entstehenden neuen Hermeneutik, obgleich Vogt und Nicol auf den Ereignischarakter der Predigt hinweisen[1162], für den diese den theologischen Nährboden bildet, und obgleich die »Predigt als Erlebnis« bei Vogt entgegen der Entwicklung in Nordamerika zum zentralen

[1157] A.a.O., 705, unter Bezug auf Lischer, King.

[1158] Edwards, History of Preaching, 707 u.ö.

[1159] A.a.O., 531ff. – Im ausgehenden 20. Jahrhundert halten nicht wenige Zeitgenossen G. Taylor für den größten Prediger in der englischsprachigen Welt.

[1160] Vogt nennt einige wenige Namen und Buchtitel aus der nordamerikanischen neuen Homiletik, konkrete Stellenangaben finden sich jedoch nur zu Darstellungen aus dem deutschen Raum (Vogt, Predigen, 33–37).

[1161] A.a.O., 33.

[1162] A.a.O., 36; Nicol, Things, 46–49. Stichwortartig klingt eine Verbindung zwischen der »neuen Hermeneutik« und der *new homiletic* an in ders., Positionslichter, 300f.

Aspekt der Homiletik im 21. Jahrhundert wird[1163]. Auch für die Richtung des narrativen Predigens in der neuen Homiletik – eine der ersten starken Strömungen in der Abgrenzung von der »alten« Predigtlehre – und des performativen Erzählens ist die schwarzamerikanische Predigtweise nicht der Auslöser. Sie ist allerdings ein willkommener, erfahrener Wegbegleiter, wie an der Bezeichnung Mitchells als eines »Mentors« in diesem Bereich deutlich wird.[1164] Hierin liegt der Grund für Imminks Feststellung, wer sich mit der amerikanischen Homiletik befasse, bemerke früher oder später den Einfluss der afro-amerikanischen Prediger.[1165]

4.5.11. Weitere homiletische Versuche

Aus dem Bemühen um eine stärkere Partizipation der Gottesdienstteilnehmer an der Predigt erwachsen in Nordamerika ab den späten 60er Jahren Versuche insbesondere mit der Form der Dialogpredigt.[1166] Einige Homiletiker sehen den Predigtvorgang grundsätzlich als ein dialogisches Geschehen zwischen Gott, dem Pfarrer und den Hörern, zwischen dem täglichen Leben, den Menschen und ihren Bedürfnissen und Nöten.[1167] Killinger erwähnt die Forderung, die Laien in der Gemeinde sollten mit den Geistlichen zusammen Planungssitzungen halten, die Predigttexte mit ihnen auswählen und zu einem Konsens über deren Auslegung kommen.[1168] Auch Predigtnachgespräche sollen das Verkündigungsgeschehen als ganzes zum Dialog in der Gemeinde werden lassen. Um 1970 werden Predigten in vielen Gemeinden auch formal von mehr als einem Sprecher gehalten.[1169] Dies gilt jedoch nicht als zwingend notwendig; auch eine Verkündigung, die den Hörer durch angemessene induktive Fragen dazu bewegt, in seiner Rezeption eigene Bilder zusammenzufügen, kann als dialogisch bezeichnet werden.[1170] Es gebe allerdings Hinweise darauf, schreibt D. Buttrick, dass länge-

---

[1163] Vgl. den Titel »Predigen als Erlebnis: Narrative Verkündigung. Eine Homiletik für das 21. Jahrhundert.« (VOGT, Predigen). Vogt geht nicht darauf ein, dass in der nordamerikanischen Homiletik, in der dieses Anliegen in der zweiten Hälfte des 20. Jahrhunderts eine nicht geringe Rolle spielt, eine andere Vision für das beginnende neue Jahrhundert entworfen wird (s. RANDOLPH, Twenty-first Century, durchweg [^{1}1998]).

[1164] ESLINGER, Ruminations.

[1165] IMMINK, Gesprek, 373.

[1166] Vgl. die zur gleichen Zeit in Deutschland entstehenden »Werkbücher« mit Gottesdienstformen, die die Beteiligung der Gemeinde mit den Stichworten der gemeinsamen und gemeinsam verantworteten Feier betonen (RASCHZOK, Trendsetter, 76; vgl. Anm. 899).

[1167] DEFFNER, Compassionate Preaching, 32, 72. Nach Killinger lässt eine seelsorgliche Haltung des Predigers die Predigt von selbst zu einem dialogischen Geschehen werden (KILLINGER, Centrality, 61). Siehe auch EGGOLD, Dialogue, 12.

[1168] KILLINGER, Centrality, 61. Craddock erwähnt die Einrichtung eines Kastens für Fragen oder Vorschläge, die die Gemeindeglieder gerne auf der »Tagesordnung« der Kanzel sähen (CRADDOCK, Preaching, 39).

[1169] S. Anm. 822.

[1170] DEFFNER, Compassionate Preaching, 32.

re, vom Prediger im Stil eines Dialogs gestaltete Abschnitte wirkungslos seien; dies läge wahrscheinlich an dem kontinuierlichen Perspektivwechsel, dem der Hörer damit ausgesetzt sei.[1171]

Den Ruf nach dialogischem Predigen erklärt Horne zum Teil mit einer Rebellion gegen alle Autorität und mit der Forderung nach Selbstbestimmung des Einzelnen; es müsse zu einem Austausch zwischen Kanzel und Kirchenbank kommen.[1172] Auch wenn der Prediger als »Herold« spreche, hätten die Hörer das Recht, ihn zu bitten, die gute Nachricht, die er bringt, eingehender zu erklären.[1173] Ein solcher Austausch entspricht auch der von Lischer als Grundanliegen der hermeneutischen Diskussionen seiner Zeit genannten Überwindung der Subjekt-Objekt-Dichotomie.[1174]

Versuche mit einer dialogischen Form der Predigt werden von Lischer als Reaktion auf den Verlust von Substanz, Kohärenz, Autorität und Relevanz in der Predigt gedeutet; ein Verlust, den er ursächlich darauf zurückführt, dass die Predigt die Exegese nicht mehr ernst nehme.[1175] Man meine, eine Dialogpredigt habe keine »Autorität« nötig, und versuche, dem Relevanzverlust mit verschiedenen theologischen Launen zu begegnen, die einander schneller ablösten als Trends in der Mode. Viele Hörer würden von solchen Versuchen, zu denen er u.a. *play* und *story*, aber auch Genetiv-Theologien (wie die »Theologie der Hoffnung«) und die Gott-ist-tot-Theologie rechnet, gelangweilt.[1176]

Neben den genannten Formen wird in dieser Zeit mit vielen weiteren experimentiert.[1177] Jensen nennt als Beispiel für den von ihm empfohlenen poly-

---

[1171] BUTTRICK, Moves, 89. Diese Feststellung Buttricks entspricht zum einen der Konzentration seines Ansatzes auf das Geschehen im Bewusstsein des Hörers, zum anderen zeigt sich darin auch eine Reflexion nach mehrjähriger Beschäftigung der Homiletik mit dialogischen Formen.

[1172] HORNE, Crisis, 20, 61. Horne fordert nicht einen dialogischen Predigtvortrag an sich.

[1173] A.a.O., 61.

[1174] LISCHER, Theology, 69.

[1175] A.a.O., 3.

[1176] A.a.O., 3f. Angesichts der Tatsache, dass diese unterschiedlichen Formen der Predigt in der Geschichte der Homiletik durchaus nicht neu sind, sei an Blackwoods These erinnert, wer ein Meister der Predigt werden wolle, müsse die Geschichte der Kirche studieren, mit besonderem Nachdruck auf repräsentativen Predigten. Blackwood schreibt den Niedergang der Predigt insbesondere der mangelnden Ausbildung in Homiletik und öffentlichem Reden am Seminar zu (BLACKWOOD, Preparation, 14, 18ff.).

[1177] Die Kasualpredigt wird in der Homiletik dieser Zeit kaum als besondere Form (etwa im Blick auf ihren Bezug zu Lebensstationen, ihre Länge oder besondere persönliche Ausrichtung) thematisiert. Eine der wenigen Ausnahmen bildet Wilson, der in seiner Homiletik der Hochzeits- und Beerdigungspredigt eigene Abschnitte widmet (WILSON, Practice, 285ff.). Craddock nennt 1985 Kasualpredigten als einen Anlass, zu dem die Predigt in einer gewohnten und bekannten Form gehalten werden und einen vorhersehbaren Verlauf haben müsse; der Prediger werde intellektuell und emotional nicht viel von denen erwarten, die durch die Umstände ohnehin schon desorientiert seien (CRADDOCK, Preaching, 181).

morphen Ansatz das Erlebnis einer Jugendveranstaltung, bei der in einem Stadion vor 15000 Menschen die Bibel vom hinteren Teil der Bühne aus gelesen wurde; dazu spielte Musik, und eine Person setzte das Gehörte auf der Bühne in Tanz um.[1178] Killinger erwähnt eine informelle, legere Predigtweise, die von Predigern eingesetzt werde, die nicht viel Zeit mit der Ausarbeitung verbringen wollten.[1179] Ungeachtet der homiletischen Diskussion und der öffentlichen Experimente gilt nach seiner Feststellung jedoch:

> »Most preachers adapt a single form to their purposes and use it with only slight variations for the majority of their preaching. But there are many styles and varieties of homiletical form, and a creative preacher, while hewing primarily to one form, will occasionally try other forms, if only to enhance the communication process.«[1180]

Der vielzitierte Satz McLuhans, das Medium sei die Botschaft, wird für ihn zum Argument für Abwechslung: Selbst wenn es nur zum Teil zutreffe, dass die Form eine Auswirkung auf die Botschaft habe, seien Prediger verpflichtet, diese von Zeit zu Zeit zu wechseln, um der damit verbundenen Wirkung (*impact*) nachzuspüren.[1181]

Randolph erwähnt wiederholt den Einfluss des Films auf die Predigt und ihre Vorbereitung[1182] sowie die Verwendung digital erstellter Filme und Bildpräsentationen in Gottesdiensten.[1183] Als Beleg dafür, wie die bewegten Bilder auf der Leinwand oft unbewusst dazu dienten, die Wirklichkeit zu bestätigen, berichtet er von einer Frau, die Bekannten von einer Erfahrung in einem arabischen Land erzählte: von einer Autofahrt, die von einer Beerdigungsprozession aufgehalten wurde, von schwarzgekleideten Frauen und ihrem wilden Klagen. Dann habe die Erzählerin innegehalten, als ob sie das Erlebte nicht weiter beschreiben könne, und mit der vielsagenden Bemerkung geschlossen, »It was just like a movie.«[1184] Nach Randolphs Überzeugung bestätigen visuelle Mittel

---

[1178] JENSEN, Thinking, 142f. In den 80er Jahren erzählten Mitstudenten in Fort Wayne von dem liturgischen Einsatz von Jazz-Tänzerinnen in den Gottesdiensten der Universität von Valparaiso/IN, die der Missouri-Synode nahesteht.

[1179] KILLINGER, Fundamentals, 61.

[1180] A.a.O., 55 (die Erstauflage dieses Buches erscheint 1985; zu einer Zeit, als es zu einer ersten Inventur in der neuen Homiletik kommt).

[1181] A.a.O., 56.

[1182] RANDOLPH, Twenty-first Century, 17f. u.ö.

[1183] A.a.O., 18.

[1184] A.a.O., 54, Anführungszeichen i. Orig. Eine solche Bemerkung würde in Europa von manchen wohl eher als ein Vergleich mit einer künstlich geschaffenen Situation verstanden werden und damit umgekehrt den Realitätsgehalt des Erlebnisberichts mindern. Dies ist ein weiterer Hinweis auf unterschiedliche Rezeptionskontexte, die bei der möglichen Übernahme von Formen oder Medien der Kommunikation unbedingt zu beachten sind. Vgl. im selben Zusammenhang Randolphs Satz, »The language of cinema is universal [...]« (ebd., Anführungszeichen im Original) und den Bericht von einem USdas gesprochene Wort; solche multimediale Kommunikation sei so wichtig, dass der Einsatz großer Leinwände in den Gottesdienstzentren Gemeinden aufblühen lasse[1185]:

> »[...] these screens were sacramental: the outer and visible sign of inner and spiritual passion to communicate the message.«[1186]

Er erwähnt die von Rick Warren in Südkalifornien gegründete »Saddleback Church«, die menschlicher Verschiedenheit und menschlichen Vorlieben durch mehrere, in verschiedenen Räumen gleichzeitig stattfindende Gottesdienstformen entgegenkommt; die Predigt werde dann auf Leinwänden überall zeitgleich übertragen.[1187] Für Randolph selbst ist die Homiletik im 21. Jahrhundert wesentlich durch die digitalen Medien bestimmt;[1188] die traditionelle mündliche Rede habe ihre Bedeutung praktisch nur noch für den Fall eines Versagens der Technik.[1189] Neben Filmen nennt er konkret das »Power-Point«-Softwareprogramm.[1190] R. S. Reid erwähnt Mega-Kirchen, in denen der Prediger anhand einer Grundgliederung seiner Predigt frei spricht und dabei Theater- und Präsentationstechniken einsetzt, um dramatische Augenblicke von höchster Wirkung auf die Hörerschaft zu schaffen.[1191] Gerade in einem solchen Kontext der Predigt wird deutlich, wie stark einerseits das Gespräch über die Form der Predigt mit aller

---

amerikanischen Linguistenehepaar, dem nach jahrelangen Bemühungen um die Sprache eines südamerikanischen Indianervolkes der Durchbruch gelungen sei, als sie feststellten, dass der Film »King Kong« für diese Gruppe eine ganz unmittelbare und direkte Form der Kommunikation darstelle (a.a.O., 54f.). Nach meiner persönlichen Erfahrung in einer afrikanischen Kultur, den Reaktionen von Dorfbewohnern auf die Einführung des Fernsehens und meiner eigenen, langsamen Wiedergewöhnung an die visuelle Sprache moderner Filme, der ich jahrelang nicht ausgesetzt war, scheint mir dies (abgesehen von der Frage nach den Inhalten, die sich auf solche Weise vermitteln lassen,) sehr unwahrscheinlich.

1185 A.a.O., 9.

1186 Ebd.

1187 RANDOLPH, Twenty-first Century, 77. Hier führt die Faszination des Mediums offensichtlich zur Ignorierung des alten rhetorischen Grundsatzes, dem gerade die neue Homiletik viel Gewicht beimisst: dass der Raum und die Situation der Hörer sowie ihre verbalen und nonverbalen Reaktionen die Rede als Ereignis aktiv beeinflussen. Vgl. unten, 164f.

1188 Als Begründung schreibt Randolph, es gehe um *time based media*, um das Paradigma der Zeit statt des des Raumes. Die Medien könnten jedoch niemanden retten und dürften nicht vergötzt werden (a.a.O., 8, 54).

1189 A.a.O., 104f. Vgl. im Gegensatz hierzu Caemmerers Diagnose von 1966, der Einsatz von Massenmedien (anstelle des persönlichen Kontaktes and Zeugnisses) habe die Kirche, d.h. die Gemeinschaft ihrer Glieder, träge werden lassen in ihren evangelistischen Bemühungen (CAEMMERER, Recovery, 152).

1190 RANDOLPH, Twenty-first Century, 18.

1191 A.a.O., 121. Es scheint, dass sich mit der Verbreitung dieser Kirchen auch ein neues Genre im Blick auf Liturgie und Predigt bildet, dessen eingehendere Untersuchung noch aussteht.

Arbeit an der Form des Gottesdienstes verbunden ist, und wie sorgfältig andererseits zu prüfen ist, ob nicht in der Predigt (oder beim Prediger) das einsetzt, was White als Herablassung auf das Niveau eines aktuellen Modetrends in der Kommunikation bezeichnet.[1192]

In Anbetracht der Tatsache, dass der hier aufgezeigte gesellschaftliche und konfessionelle Kontext in der bisherigen deutschsprachigen Rezeption der homiletischen Entwicklung in Nordamerika kaum thematisiert wird, lässt sich weiterhin mit Myers sagen, dass die gegenseitige Unkenntnis eine wesentliche Gemeinsamkeit beider Seiten ist.[1193] Im Blick auf manche verwandten Anliegen in Bezug auf den Gottesdienst und die Predigt westlich und östlich des Atlantiks in den letzten Jahrzehnten des 20. Jahrhunderts einschließlich der Funktion der Sprache bleibt schließlich auch eine Inbezugsetzung der nordamerikanischen liturgischen Arbeit zu der *new homiletic* und zur deutschen evangelischen Liturgiewissenschaft ein wesentliches Desiderat am Beginn des 21. Jahrhunderts.[1194]

4.5.12. Zusammenfassung

Einig in der Kritik an der überkommenen Predigtlehre und Predigtweise und gekennzeichnet vom engen persönlichen Austausch der führenden Homiletiker ist die neue Homiletik von einer Vielzahl unterschiedlicher Wege gekennzeichnet, die diese einschlagen. Der Ereignis- und Erfahrungscharakter der Geschichte als Erzählform entspricht wesentlichen Anliegen des homiletischen Neuaufbruchs. Die Verbindung der Geschichte Gottes mit der der Hörer involviert diese existentiell; sie ist Heilsgeschichte und schafft eine neue Gemeinschaft. Der typische Spannungsaufbau einer guten Erzählung wird detailliert herausgearbeitet. Das demokratische und dialogische Anliegen und das des Miterlebens wird zum Argument für eine induktive Gesamtform der Predigt. Die Frage nach

---

[1192] White, Guide, 160.

[1193] Myers, Errand, 213. – Die 1996 erschienene, umfangreiche und umfassende Homiletik Hans Martin Müllers beschränkt sich in ihrem Aufbau für die Zeit nach der Reformation auf die deutschsprachige Predigtarbeit. Im Blick auf das 20. Jahrhundert begegnet hier eine Fülle von Fragestellungen, die für die *new homiletic* prägend sind (Veränderung der Kommunikation, Entleerung der Sprache, Einseitigkeiten in der überkommenen homiletischen Rezeption der Rhetorik, Beteiligung des Hörers an der Predigt, erzählendes und dialogisches Predigen u.a). Die Homiletik erwähnt den US-amerikanischen Rhetoriker George A. Kennedy mit seiner Darstellung der klassischen Rhetorik und ihrer säkularen und christlichen Tradition, jedoch keinen amerikanischen Homiletiker des 20. Jahrhunderts (Hans Martin Müller, Homiletik, Berlin [u.a.], 1996). Auch Müllers Artikel zur »Homiletik« in der Theologischen Realenzyklopädie von 1986 nennt nur einige wenige Namen aus dem angelsächsischen Bereich und bis 1936 und stellt fest, »[d]aß die angelsächsische Homiletik in Deutschland kaum zur Kenntnis genommen wurde [...]« (Hans Martin Müller, Artikel »Homiletik«. In: Gerhard Müller, [u.a.] [Hg.], Theologische Realenzyklopädie Bd. 15, Berlin [u.a.] 1986, 526–565; hier 547).

[1194] Vgl. Raschzok, Gottesdienst und Performativität, 44.

dem Zusammenhang von Sprache und Bewusstsein führt zur Arbeit mit *plot* und *moves* und zur Thematisierung der Bedeutung sprachlicher Module. Der *mainstream* entdeckt die reichhaltige und selbständige Tradition der afro amerikanischen Predigt und erkennt in ihr einen erfahrenen Wegbegleiter, ohne dass diese die Entwicklung der neuen Homiletik als ganze beeinflusst. Gleiches gilt von der zeitweise verbreiteten Form der Dialogpredigt, dem Einsatz von Filmen und von Multimedia-Präsentationen auf Leinwänden im Rahmen der Predigt.

4.6. Erste Inventur

In einem Überblick über die verschiedenen Wege, die die neue Homiletik einschlägt, unterscheidet Lowry sechs Hauptformen der Predigt: induktiv, *story*-Form, narrativ, über-bewusst (in der afro-amerikanischen Predigt), phänomenologische Bewegung und konversationell-episodisch. Verbunden seien diese durch die gemeinsame Weigerung, den Schluss, auf den die Predigt hinausläuft, im Vorhinein bekanntzugeben; auch würden alle in irgendeiner Form einen *plot* beinhalten.[1195] Randolph nennt als Formen in der neuen Homiletik *story*, Poesie[1196], Reflexion, Drama, visuelle Kunst und »Authentifizierung durch die Existenz«.[1197] Lucy Rose bezeichnet die Predigt der neuen Homiletik insgesamt als transformationell im Gegensatz zu der »traditionellen« und der »kerygmatischen« Predigt, die dieser vorangegangen seien.[1198]

Auch im jeweiligen aktuellen Vergleich lassen sich Gemeinsamkeiten der verschiedenen Beiträge zur *new homiletic* erkennen. In einer kurzen Zwischenbilanz schreibt Wardlaw 1976, die ersten 10 Jahre seit der Gründung der »Academy of Homiletics« seien von einer defensiven Homiletik geprägt gewesen, die sich genötigt sah, die Relevanz der Kanzel zu verteidigen. Mit der zweiten Dekade beginne nun eine Phase der positiven Definition der Predigt. Für eben dieses Jahr plant die Akademie seit fünf Jahren einen internationalen homiletischen Kongress, in den insbesondere auch deutsche Wissenschaftler einbezogen werden sollen. Das Vorhaben, das möglicherweise die weitere Entwick-

---

[1195] Lowry, Dancing, 22ff.

[1196] Von poetischem Predigen schreibt Randolph unter anderem, dieses sei sich der Konnotationen der Wörter, der Nuancen der Sprache und anderer mitschwingender Assoziationen bewusst, die über das, was ausdrücklich gesagt wird, hinausgingen (Randolph, Twenty-first Century, 63). Da dies jedoch im Idealfall für alles Predigen (und jede Rede) gilt, ist letztlich D. Buttrick zuzustimmen, der alles gute Predigen grundsätzlich als »poetische« Aktivität bezeichnet (Buttrick, Moves, 113).

[1197] Randolph, Twenty-first Century, 49.

[1198] Lowry, Dancing, 30f. Randolph schreibt, Rose betrachte ihr Modell des *conversational preaching* als Alternative zum *transformational preaching*, das auch bei ihm im Mittelpunkt steht (Randolph, Twenty-first Century, 89).

lung der Homiletik auf beiden Seiten des Atlantiks verändert hätte, scheitert jedoch an mangelnden Finanzen.[1199]

Nach Craddock suchten Homiletiker in den 70er und 80er Jahren beinahe panikartig nach einem Ansatz in der Homiletik, um auf neue Weise von der Exegese zur Predigt zu gelangen. In einer Art Russischen Roulettes sei praktisch alles auf der Kanzel ausprobiert worden, was einen Ausweg aus dem allgemeinen Gefühl der Langeweile verheißen habe.[1200] Nicht alle diese Versuche hätten sich als hilfreich erwiesen; vieles sei von Fehlern behaftet gewesen und glücklicherweise in der Versenkung verschwunden. Schon um 1970 spricht Craddock von einer Reihe von Methoden, die »aufrichtig« sein möchten, aber ihre aktuelle Popularität nicht verdienten, wie Selektion, Eliminierung oder Slang. Hierzu zählt er auch eine Archaisierung der Gegenwart etwa durch die Aufforderung an die Gemeinde, an diesem Morgen für ein paar Minuten zurückzugehen ins alte Jericho: Der Prediger sei nicht Moses oder Paulus und er habe weder Israeliten noch Korinther vor sich.[1201] Doan schreibt in den 80er Jahren, es möge auch weiterhin Raum für den Einsatz von liturgischem Tanz, Filmen, Dialogpredigten, Kanzel-Dramaturgie oder »Multimedia«-Vorführungen anstelle der Predigt geben, doch liege die Zukunft des Amtes (*office*) in keiner Weise in jener Richtung.[1202] 1985 konstatiert Craddock einen homiletischen Klimawandel und stellt fest:

> »After a generation of walking alone, the object of general ridicule and preoccupied in self-flagellation, preaching is again making new friends among other disciplines and renewing old acquaintances with biblical studies, literary criticism, and communication theory.«[1203]

Craddocks Kritik der traditionellen Homiletik wird moderater; einige ihrer Formen könnten mit Gewinn gebraucht werden.[1204] Nach D. Buttricks Darstellung zur gleichen Zeit haben jedoch alle Bemühungen der neuen Homiletik nicht zu einer umfassenden Überwindung der Grundkrise geführt, die zu ihren Auslösern gehört; Luthers »erstaunliches« Vertrauen in das Wort werde in der

---

[1199] THOMPSON, Academy, 6f.

[1200] Nach Childers geht es in den 60er Jahren schwerpunktmäßig um kerygmatisches, in den 70ern um induktives und in den 80ern um narrativ-imaginatives Predigen (JANA CHILDERS, Performing the Word. Preaching as Theatre, Nashville/TN 1998, 11, 42f. [i. Folg.: CHILDERS, Performing]).

[1201] Nach Craddocks Vorrede zu LOWRY, Plot, s. dort, xvi f., sowie LOWRY, Without Authority, 97.

[1202] DOAN, Liturgical Perspective, 106. Vgl. dagegen im deutschen Kontext den von Josuttis fünf Jahre später vorgebrachten Vorschlag, anstelle der Predigt Diskussionen, Debatten oder Gespräche zu führen (JOSUTTIS, Rhetorik und Theologie, 25).

[1203] CRADDOCK, Preaching, 13.

[1204] A.a.O., 13f. Craddock selbst nennt in den 80er Jahren unter den möglichen Predigtstrukturen auch solche, die an klassische Formen erinnern wie der Aufbau in der Form eines Syllogismus u.a. (a.a.O., 177).

Gegenwart so nicht mehr verstanden.[1205] Dennoch sieht Craddock im Rückblick auf diese Zeit eine allmähliche Durchsetzung des gesunden homiletischen Verstands; schließlich würden von der Kanzel wieder ausgewogene geistliche Mahlzeiten serviert, schmackhaft und anregend auf dem Teller angerichtet.[1206] Andererseits scheint sich entgegen manchen Erwartungen auch die Art und Weise der Kommunikation der christlichen Botschaft nicht grundsätzlich geändert zu haben.[1207]

4.7. Die »Yale Lectures« und die neue Homiletik

Ein erstes Innehalten der neuen Homiletik in den 80er Jahren führt Homiletikern und Predigern vor Augen, wie kurzlebig manche Predigtexperimente der vorangegangenen zwei Jahrzehnte sind. Zur selben Zeit wächst eine neue Anerkennung für manches Hergebrachte in der Tradition der Predigt. Dennoch ist festzustellen, dass der Neuaufbruch in weit größerem Maße auf Erkenntnisse und Anliegen der gesamten, typisch nordamerikanischen Tradition zurückgreift, als sich dessen Wegbereiter und Mitläufer bewusst sind. Zugleich wird jedoch manche Warnung vor neuerlichen, einseitigen Entwicklungen nicht wahrgenommen, die ebenfalls längst vorher ausgesprochen ist. Beides lässt sich insbesondere an der nach Lyman Beecher benannten Vorlesungsreihe zeigen, in der seit 1872 die führenden Homiletiker Nordamerikas mit wenigen Unterbrechungen jährlich ihre Beiträge der Öffentlichkeit vorstellen, und von der Baxter sagt, man könne sie ohne Übertreibung als Goldgrube der Instruktion und Inspiration im Feld der Homiletik bezeichnen.[1208]

In seinem Überblick über diese Vorlesungen bis 1944 zeigt Baxter, dass der Eindruck einer Predigtkrise, wie er um die Jahrhundertmitte infolge des technologischen Fortschritts, der Massenkommunikation und der damit verbundenen gesellschaftlichen Veränderungen unüberhörbar wird, in Epochen großen Fort-

---

[1205] Buttrick, Moves, 225.

[1206] Lowry, Plot, xvii (s. Anm. 841).

[1207] M. Rogness schreibt 1994, christliche Prediger schienen die neue Welt der Kommunikation zu ignorieren, und fragt, ob es sein könne, dass die Kirche damit zum ersten Mal in ihrer Geschichte ihre Botschaft nicht ernst genug nähme, um ihren *communication style* zu variieren (Rogness, TV Generation, 80).

[1208] Baxter, Yale Lectures, ix. Die Vorlesungsreihe an der Divinity School der Yale-Universität beginnt mit einem der berühmtesten US-amerikanischen Prediger, Henry Ward Beecher, nach dessen Vater Lyman Beecher sie benannt sind. Sie wird möglich durch die Stiftung einer Summe von 1000 Dollar durch ein Gemeindeglied des jüngeren Beecher. Die Vorlesungen, die mit wenigen Unterbrechungen bis heute jährlich stattfinden, erscheinen in der Regel anschließend unter dem Namen des jeweiligen Verfassers im Druck (a.a.O., vii ff., 311ff.). Für einen chronologischen Überblick mit sämtlichen Themen und Namen bis in die Gegenwart siehe N.N., Bibliography of the Lyman Beecher Lectureship on Preaching. Yale Divinity School. New Haven/CT, http://www.library.yale.edu/div/beecher.html, zuletzt geändert 26.11.2013 [19.9.2014].

schritts (wie der Erfindung des Buchdrucks) immer wieder dazu führt, dass das Ende der Kanzel vorhergesagt wird; auch angesichts der Verbreitung des Hörfunks sei schon zu Beginn des 20. Jahrhunderts prophezeit worden, die Gottesdienstteilnahme würde in dessen Folge stark abnehmen.[1209]

Auch die Kritik an einer als typisch empfundenen, stereotypen Predigtform ist kein neuer Ton in dem homiletischen Aufbruch ab den 60er Jahren. Bereits in den ersten Jahren der Yale-Vorlesungen ist dort die Warnung zu hören:

> »Monotony is almost always fatal to interest; monotony of voice, monotony of style, monotony of intellectual activity.«[1210]

In gleicher Weise mahnt Broadus 1888/89:

> »So many sermons follow the beaten track, in wich we can soon foresee all that is coming, as to make it a weary task even for devout hearers to listen attentively.«[1211]

Dass es sich hierbei um ein durchgängiges Anliegen handelt, zeigt dessen Aufnahme durch Charles Reynolds Brown, der 1922/23 von der Notwendigkeit der Variierung der Form spricht: Der Prediger werde seine Wirkung beträchtlich verringern, wollte er all das geläuterte Silber und Gold der Bibel in eine oder zwei enge Gussformen gießen.[1212]

Das Anliegen, dass Predigen real sein müsse, betont George Arthur Buttrick 1930/31.[1213] Andere Homiletiker weisen darauf hin, dass der Prediger die Sorgen seiner Hörer mitfühlen und sich wie ein Elternteil um ihre geistlichen Bedürfnisse kümmern müsse;[1214] er müsse in die Häuser seiner Hörer gehen.[1215] Baxter spricht von der Bedeutung des *life-situation preaching*.[1216] Auch zu dieser Zeit wird ein später vielfach kritisierter autoritärer Stil auf der Kanzel als Fehler empfunden; Respekt für den Hörer sei nicht zuletzt ein wichtiges Element der *persuasion*.[1217] H. W. Beecher wendet sich gegen eine Distanz zwischen Kirchenbänken und Kanzel; der Prediger müsse eine Beziehung zu seiner Hörerschaft haben, dann gehe etwas Persönliches von ihm aus, etwas Quasi-Magnetisches.[1218] Henry Sloane Coffin sagt vom Pfarrer und Prediger:

[1209] BAXTER, Yale Lectures, 21.
[1210] Zitiert a.a.O., 137.
[1211] A.a.O., 145.
[1212] So Dale 1877/78, s. a.a.O., 145.
[1213] A.a.O., 75, s. auch 247, 275. George Buttrick ist der Vater von David Buttrick.
[1214] A.a.O., 87.
[1215] A.a.O., 113, s. auch 248.
[1216] A.a.O., 155.
[1217] A.a.O., 116ff.
[1218] A.a.O., 205. Die Bedeutung einer solchen guten Redner-Hörer-Beziehung wird in einem Drittel aller dieser Vorlesungen bis 1947 betont (a.a.O., 252, vgl. 256).

> »[...] he must be a unique kind of friend; let me describe him as a trusted, inspired, trained, and accredited friend at large.«[1219]

Auch die mangelnde Aufmerksamkeit mancher Hörer wird thematisiert, und zwar unter dem traditionellen Stichwort der generellen leiblichen Disziplin des *Pfarrers*: Wenn dieser in der Nacht zum Sonntag gut geschlafen habe, würde er so predigen, dass die Hörer bei der Predigt nicht einschliefen.[1220]

Die jährlichen Vorlesungen in Yale werden 1871 von H. W. Beecher eröffnet, der als einziger Homiletiker drei Vorlesungsreihen hält. Dieser benennt ausdrücklich den Wert der Imagination, die für die Predigt lebenswichtig sei.[1221] 17 Jahre später stellt Broadus fest, die moderne Psychologie tendiere mehr und mehr dazu, der Vorstellungskraft des Menschen eine hohe Stellung und einen breiten Raum einzuräumen.[1222] G. Buttrick kritisiert 1939/40 die Zusammensetzung von Predigten aus gedanklichen Konzepten statt Bildern:

> »Many a promising sermon is stultified because it is woven of concepts rather than of pictures ... We find that the sermons of the great preachers almost always betoken a visual imagination ...«[1223]

Mit der Metaphorik des Kinofilms sagt er, der Prediger müsse die biblischen Ereignisse auf die Leinwand im Geist des Hörers projizieren. Dale unterstreicht die Notwendigkeit des Einsatzes der Vorstellungskraft mit dem Hinweis auf das Interesse der Predigt an der Überzeugung des Hörers.[1224] Im Zusammenhang der Behandlung von Predigtillustrationen, die standardmäßig zu den homiletischen Lehrbüchern in den USA gehört, kommt bei Charles E. Jefferson in Yale 1909/10 ein organisches Predigtverständnis zum Ausdruck. Illustrationen, sagt er, seien ein Ärgernis, wenn sie nicht wie Blumen auf natürliche Weise an dem Weg wüchsen, den die Predigt nehme.[1225] In ähnlichem Duktus heißt es bei J. H. Jowett, Predigten würden nicht »gemacht«, sie würden wachsen.[1226]

Dies spricht deutlich gegen ein statisches Verständnis der Predigt im Sinne eines Lehrvortrags oder einer Argumentation abstrakter Wahrheiten. Die Dynamik als Wesensmerkmal rechten Predigens findet sich ebenfalls bereits bei H. W. Beecher, der kritisch von Predigten spricht, die »stark« seien, aber niemanden »bewegten«.[1227] Die eigene innere Erfahrung des Predigers als Voraussetzung für das Predigen kommt ebenso zur Sprache[1228] wie die Bedeutung eines

---

[1219] A.a.O., 112.
[1220] A.a.O., 88.
[1221] A.a.O., 76.
[1222] A.a.O., 77.
[1223] A.a.O., 77f. Auslassungen im Original.
[1224] A.a.O., 79, vgl. 80.
[1225] A.a.O., 157.
[1226] A.a.O., 225.
[1227] A.a.O., 111.
[1228] So bei Raymond Calkins 1925/26, nach a.a.O., 218.

einfachen Aufbaus der Predigt und einer Bewegung (*movement*) in ihren Teilen.[1229] Dass diese Bewegung in einer als »modern« empfundenen Predigt durchaus nicht immer im Sinne der späteren Kritik Craddocks deduktiv verlaufen muss, zeigt die Beschreibung von Bowie 1934/35:

> »The most characteristic modern preaching has taken its cue from the psychological approach. It is not deductive, but inductive.«[1230]

Solches Predigen beginne nicht mit großen religiösen Lehren, die es dann für die speziellen Anwendungen im Leben in handliche Stücke zerlege, sondern mit der lebendigen Person und dem, was diese antreibe.[1231]

Nimmt man den homiletischen Austausch dieser Zeit, wie er nicht zuletzt über den Hörsaal in Yale stattfindet, in seiner Vielschichtigkeit und seinem sorgfältigen Abwägen wahr, so wird insbesondere mancher Punkt der späteren Kritik Randolphs an dieser Epoche bereits im Voraus widerlegt. So wird in den 70er Jahren des 19. Jahrhunderts nicht nur die Bedeutung des Argumentierens in der Predigt behandelt, es ist zugleich auch die deutliche Warnung zu hören, »Do not prove things too much.«[1232] Bei Broadus selbst heißt es,

> »We often belabor men with arguments and appeals, when they are much more in need of practical and simple explanations, as regards what to do, and how to do it.«[1233]

Kritik an der Dominanz einer syllogistischen Gedankenführung hin zu einer unumstößlichen, logischen Schlussfolgerung als eines westlichen, dialektischen Modells im Gegensatz zur Logik des »semitischen Geistes«, die auch die Redeweise des Herrn bestimmt habe, findet sich bei William Herbert Perry Faunce 1907/08.[1234]

Zugleich zeigen mehrere Beiträge der »alten« Homiletik jedoch auch dem Paradigma der *performance* für die Predigt seine Grenzen auf, die in Randolphs homiletischer Vision für das 21. Jahrhundert eine wesentliche Rolle spielt. Baxter schreibt,

> »Several of the lecturers called attention to the practice among some preachers of simulating certain feelings and emotions – of playing the actor.«[1235]

[1229] So in den Vorlesungen von William Jewett Tucker 1897/98, nach a.a.O., 165.

[1230] A.a.O., 277. Vgl. die oben gegebenen Hinweise zur induktiven Predigt in der ersten Hälfte des 20. Jahrhunderts, 4.5.3.

[1231] A.a.O., 277. Beachte zu diesem frühen induktiven Ansatz in der Homiletik die Hinweise in Craddock, Without Authority (122) und Blackwood, Preparation (157).

[1232] So H. W. Beecher in seinen Vorlesungen Anfang der 1870er Jahre, s. Baxter, Yale Lectures, 265.

[1233] Broadus, Preparation and Delivery 1944, 156.

[1234] Baxter, Yale Lectures, 169f.

[1235] A.a.O., 44.

Zehn der Sprecher bis 1947 warnten vor der Gefahr, schreibt Baxter, zu sehr nach dem Interesse und der Aufmerksamkeit des Hörers zu streben.[1236] Ein weiterer spricht von einer Entehrung Gottes durch die ständige Suche nach dem Sensationellen in der Predigt.[1237] Bedenkenswerte kritische Hinweise aus der Vergangenheit finden sich in Baxters Überblick über die Yale-Vorlesungen bis 1944 mit dem Rückgriff auf George Campbell im 19. Jahrhundert, der daran erinnert, dass die Rhetorik nicht nur den Gegenstand der Rede berücksichtigt, sondern auch die Hörer und den Sprecher; ähnlich wird in den 30er Jahren des 20. Jahrhunderts von rhetorischer Seite betont, keine zwei Hörerschaften seien identisch.[1238] Dies spricht gegen die von Randolph geschilderte, durch die moderne Technik ermöglichte digitale Wiedergabe derselben Predigt in mehreren Räumen, in denen bewusst in unterschiedlichen Formen parallele Gottesdienste gefeiert werden.[1239] Wo die Möglichkeiten der modernen Kommunikation und die Erwartungen der Menschen unreflektiert zum Maßstab für die Methodik der Predigt werden, ist auch an die warnende Stimme von John Kelman in Yale 1918/19 zu erinnern: Der Prediger solle nicht danach streben, ein beliebter Prediger zu sein – die Kanzel dürfe ihre Unabhängigkeit nicht dadurch verlieren, dass sie der Öffentlichkeit zu gefallen suche –, er solle sich einfach bemühen, ein ehrlicher Mensch zu sein.[1240] Und bei allem Einfluss des Zeitgeistes und der modernen Medien auf den öffentlichen und persönlichen Geschmack bezieht sich John Halls Warnung von 1874/75 auch auf manches Experiment, das einhundert Jahre später auf der Kanzel durchgeführt wird:

> »Any trick obviously meant to startle; [...] is felt to be unworthy of the pulpit, and is condemned by good taste.«[1241]

Auch das Konzept der indirekten Redeweise in der Predigt, von Craddock anschaulich als *overhearing the gospel* bezeichnet, wird bereits bei H. W. Beecher thematisiert. Dieser berichtet, manche Prediger würden besondere, wichtige Themen bewusst auf diese Weise behandeln; in bestimmten Fällen würden sie die Hörer damit besser erreichen.[1242]

Das Anliegen der Prediger, die in den 60er und 70er Jahren des 20. Jahrhunderts die Kanzel verlassen, um inmitten der Hörer zu sprechen, ist der Grund, warum H. W. Beecher beim Neubau einer Kirche ein Jahrhundert zuvor die Kanzel in der Mitte angeordnet haben will, »so that I shall be in the centre of the

---

[1236] A.a.O., 138.
[1237] A.a.O., 140.
[1238] A.a.O., 299.
[1239] RANDOLPH, Twenty-first Century, 77.
[1240] BAXTER, Yale Lectures, 101.
[1241] A.a.O., 140.
[1242] A.a.O., 153. Siehe auch 272f. – In einem allgemeineren Sinne könnte man hier von »overhearing the message« sprechen.

crowd«.[1243] Und George Wharton Pepper stellt 1914/15 in Yale Überlegungen an, wie sie Jahrzehnte später zu der Einrichtung von Predigtvor- und -nachgesprächen führen:

> »It would be well if a preacher were on such terms with his men that it were possible even to talk over a sermon in the course of its preparation.«[1244]

Albert Edward Day konstatiert 1933/34, Christus habe in seinem Reden mit Menschen das praktiziert, was im modernen Kontext als *problem approach* bezeichnet werde, und bezieht sich damit auf die Art des Gedankengangs, die Lowry später in seiner Spannungs- und Problemlösungs-Spirale anschaulich darstellt.[1245]

Vor diesem Hintergrund der Yale-Vorlesungen bis zur Mitte des 20. Jahrhunderts lässt sich erkennen, dass die »neue« Homiletik in vielfacher Hinsicht die Ernte der »alten« einbringt. Die Kritik an manchen einseitigen Predigtweisen und die Wahrnehmung einer beträchtlichen Bandbreite von homiletischen Möglichkeiten stellt nicht nur eine Abgrenzung gegenüber der bisherigen Arbeit dar, sondern auch ein Stück Kontinuität. Dennoch stellt die (bewusste oder unbewusste) Aufnahme bereits vorher formulierter Erkenntnisse und Anliegen durch die *new homiletic* keine bloße Repristination dar; sie ist vielmehr eine Weiterarbeit mit deren Ertrag in einem neuen Kontext. Aus diesem Grund kommt es mit der einsetzenden Selbstreflexion in den 80er Jahren auch zu einer äußeren Wiederannäherung an die eigene homiletische Tradition. An diesem Gesamtbild wird deutlich, dass die *new homiletic* kaum als eine Schulrichtung innerhalb der allgemeinen, christlichen Homiletik anzusehen ist, sondern vielmehr als eine Phase innerhalb der im nordamerikanischen Kontext gewachsenen Predigtlehre;[1246] sie ist deshalb auch nicht ohne weiteres in einen anderen Kontext zu transferieren.[1247]

1243 A.a.O., 204.

1244 A.a.O., 224.

1245 A.a.O., 212.

1246 Myers' Darstellung der nordamerikanischen Homiletik von 1960–1985 geht auf dieses Verhältnis der neuen Homiletik zu den vorangegangenen Yale-Vorlesungen nicht ein. Aufgrund seiner zeitlichen Eingrenzung befasst er sich auch nicht mit der Wiederannäherung der neuen an die ältere Homiletik ab der Mitte der 80er Jahre. Dementsprechend wird in seiner Arbeit nicht deutlich, in welchem Maße jene in einer Reihe mit dieser steht, d.h. aus dieser hervorgeht und mit dieser weiterarbeitet (s. MYERS, Errand).

1247 Zu diesem Schluss kommt auch Myers: »Offensichtlich lassen sich die Erkenntnisse aus dem Vergleich der Homiletik von einem konkreten Kontext zu dem anderen nicht leicht übertragen. [...] Wie keine andere praktisch-theologische Disziplin gründet sich die Homiletik auf die konkrete Situation der Kirche und ihre Kultur.« (a.a.O., 224, mit einem Verweis auf Lischer). Eine direkte, internationale Übernahme sei daher kaum möglich (a.a.O., 224f.). Andererseits zeigt sich in Ahos Arbeit und ihrer internationalen Rezeption, dass die Homiletik durchaus selbst zu einem positiv-kritischen, transkulturellen Umgang mit ihrer Geschichte und ihrer Ausprägung anleiten kann (s.u. 6.3.1., 7.2. und 7.4.).

4.8. Blick zurück und Blick nach vorn

4.8.1. Die Etablierung der neuen Homiletik

Bereits um 1970 markiert Craddock eine Spannungssituation, die sich in dem homiletischen Neuaufbruch zeigt:

> »We have come, then, to the unenviable position of having asserted that the absence of serious interpretation of the biblical text endangers the Christian character of the sermon while the presence of such biblical interpretation endangers the movement of the sermon and the unity essential to that movement, both qualities being requisites for maximum effectiveness.«[1248]

Die Überwindung dieser Spannung sieht Craddock zu dieser Zeit in einem Schriftgebrauch, der der induktiven Bewegung mit der damit verbundenen kommunikatorischen und homiletischen Theorie folgt, ohne zugleich der »ehrlichen Exegese« Abbruch zu tun, die vom Text als der »Schrift der Kirche« gefordert werde.[1249] 1985 veröffentlicht Craddock mit »Preaching« ein homiletisches Handbuch, das auf frische Art von der Predigtvorbereitung bis zum Predigtvortrag führt und dabei in vielfacher Weise an die Tradition der »alten« Homiletiken anknüpft. Rund zweieinhalb Jahrzehnte nach den ersten Anfängen des homiletischen Neuaufbruchs stellt dieses Buch eine Art vorläufiger Inventur der neuen Homiletik dar. Man solle nicht unkritisch von dem Neuen und gegen das Alte in der Homiletik eingenommen sein, schreibt Craddock; dass man den alten Homiletikbüchern zum Teil mit einem unguten Gefühl begegnet sei, liege nicht daran, dass diese in der Tradition steckengeblieben seien, sondern dass man die Tradition aus Gedankenlosigkeit nicht genug angehört habe. Einige von ihnen könnten daher ganz ohne nostalgische Motive mit Gewinn neu aufgelegt werden.[1250] Craddock selbst, einer der Pioniere der neuen Homiletik, schreibt mit Respekt vor der Geschichte der Predigt:

> »[...] the history of preaching can provide a rich resource for finding and developing ways to construct sermons and styles of delivery.«[1251]

[1248] CRADDOCK, Without Authority, 94. Diese Auflage ist inhaltlich unverändert gegenüber der ersten (a.a.O., viif.).

[1249] A.a.O., 94.

[1250] CRADDOCK, Preaching, 1985. 14. Eine ähnliche Situation mit einem neu erwachten Interesse an einem Teilbereich der praktischen Theologie, der Suche nach neuen Formen und dem gleichzeitigen Rückblick auf die Tradition zur Orientierung findet sich in Deutschland in den 1920er Jahren in der Liturgiewissenschaft (explizit formuliert von Otto Dietz; nach RASCHZOK, Trendsetter, 68).

[1251] CRADDOCK, Preaching, 37. Vgl. die Betonung des homiletischen Erbes bei Randolph 2009: »Emergence of the new brings greater appreciation for the old.« (RANDOLPH, Twenty-first Century, 2).

Diese in den 80er Jahren einsetzende Inventur der neuen Homiletik ist zugleich ein Anzeichen für eine gewisse Konsolidierung. Was aber bedeutet dies für eine Aufbruchsbewegung, die sich nicht zuletzt aus der gemeinsamen Kritik an der bisherigen Tradition definiert und als revolutionär versteht? Für R. S. Reid wird die neue Homiletik damit gegen Ende des Jahrhunderts zu einer klar konturierten Größe: Bis zur Mitte der 90er Jahre schreibt er adjektivisch von einer neuen Homiletik (*new homiletic*), dann gebraucht er den Begriff als Eigennamen (*New Homiletic*).[1252] Für andere bedeutet eine solche Etablierung jedoch, dass die revolutionäre Bewegung zu Ende geht. So klassifiziert John McClure die neue Homiletik als eine Bewegung, die ab den späten 60er Jahren im Kontrast zu rational-kognitiven Predigt-Modellen entsteht und mit Dialog, Narrativ, Induktion und Imagination arbeitet; diese erreiche Mitte der 80er Jahre einen Abschluss.[1253] R. S. Reid weist jedoch darauf hin, dass die Kernelemente der neuen Homiletik etwa für Wilson um 1995 weiterhin durchaus lebendig und kräftig sind.[1254]

Mary Hinkle, *Assistant Professor* für Neues Testament am Luther-Seminar in St. Paul/MN, nimmt 2008 in einem Beitrag zum Design der Predigt wesentliche Anliegen der neuen Homileitik in den Blick, die in den Ansätzen von Long, Wilson und Caemmerer reflektiert werden. Sie definiert Caemmerers Gebrauch der Begriffe *goal*, *malady* und *means* und führt aus, dass diese nach seinem Verständnis in jeder Predigt zur Sprache kommen sollen. Dieselbe Trias findet sie auch in einer aus drei Sätzen bestehenden Anrede in der liturgischen Ordnung für die Trauung im »Lutheran Book of Worship«.[1255] Gemeinsam sei diesen drei Homiletikern, dass sie alle die Hörer ernstnähmen und die Weise, wie der Text direkt zu ihrer Erfahrung spricht. Diese müssten nicht nur in jedem Schritt der Vorbereitung präsent sein, sondern in der Struktur der Predigt, und das werde durch einen solchen empathischen Ansatz erreicht. Alle drei Theologen würden zudem mit *moves* vielmehr als mit einzelnen Punkten arbeiten (die besten Predigten seien nicht darauf ausgerichtet, eine Behauptung

[1252] Nach R. S. Reid in seinem Kommentar zu Randolph, Twenty-first Century, s. dort 113.
[1253] Nach R. S. Reids Darstellung, a.a.O., 114.
[1254] A.a.O., 119. – Da eine objektive Entscheidung darüber, ab wann dieser homiletische Aufbruch in Nordamerika zu einer etablierten Größe wird (oder ob er damit an sein Ende gekommen ist), kaum möglich ist, verwende ich die englische Bezeichnung durchgehend in Kleinschreibung.
[1255] S. Lutheran Book of Worship, Minneapolis/MN 1978, 203. Dieses Gesangbuch mit seinen agendarischen Ordnungen wird 1965 von der Missouri-Synode initiiert und gemeinsam mit der Lutheran Church in America, der American Lutheran Church und der Evangelical Lutheran Church of Canada erarbeitet. Pfatteicher stellt in seinem Kommentar zu dieser Stelle eine Verbindung her zu der dreiteiligen Anordnung von Schrifttexten in Luthers Traubüchlein nach »Gebot«, »Kreuz« und »Trost«; auch dies ist ein Hinweis darauf, dass Caemmerer seine Trias in dieser Tradition formuliert (Philip H. Pfatteicher, Commentary on the Lutheran Book of Worship. Lutheran Liturgy in Its Ecumencial Context, Minneapolis/MN 1990, 464f.).

zu verteidigen, sondern ihre Hörer zu etwas zu bewegen): Die Predigten selbst seien in Bewegung, trügen die Hörer durch Wendungen und Kurven, mit Vormarsch und Rückzug – all das, um sie dorthin zu bringen, wo sie Gott von Angesicht zu Angesicht begegnen.[1256]

4.8.2. Dem Bisherigen verbunden

Obgleich sich diese Homiletik selbst als »neu« versteht und in ihrem Namen manche revolutionären Experimente gestartet werden, lehnt sie nie alles Bisherige ab und ist als Neuaufbruch nur von ihren Wurzeln in der »alten«, d.h. der gewachsenen nordamerikanischen Homiletik hinreichend zu erfassen.[1257] Die neuen Paradigmen werden weitgehend vor einem protestantisch-konservativen Hintergrund rezipiert. Randolph schreibt, Christen seien überzeugt, dass das Wort, das in der Bibel zum Ausdruck kommt, das rettende Wort des lebendigen Gottes ist. Wo der Prediger dies auf kreative Weise begreife und mitteile, da habe er das, worum es in der Predigt geht und wonach sich die Menschen im irdischen »Exil« sehnten.[1258] Entscheidend sei nicht, eine bestimmte Wirkung zu erzielen, sondern treu Gottes Willen zu tun; das bringe einen allerdings bisweilen in direkte Opposition zu dem, was nach der Meinung Einiger gut für die Gemeinschaft sei.[1259] Randolph selbst wirbt um eine Verbindung:

> »[...] should the preaching of the decade beyond mid-century have the same form, content, and technique it had forty to fifty years ago? This is not to imply that the central truths of these sermons are dated; they are still, and will ever be, relevant. But [...] should not contemporary preaching reflect and make us aware of the new climate created by existentialism, modern theology, world revolution, and particularly the ugly issues and isms of this post-*everything* era?«[1260]

[1256] MARY HINKLE SHORE, The 4 Ds: Design. In: The Working Preacher. St. Paul/MN 1.2. 2008, http://www.workingpreacher.org/sermondevelopment.aspx?article_id=21 [19.9. 2014]. Die von Caemmerer geprägte Trias *goal-malady-means* ist in der nordamerikanischen Homiletik über den Bereich der Missouri-Synode und des Luthertums hinaus bekannt.

[1257] Eine gewisse Ausnahme bildet Jensen, der unter dem Hinweis auf die Veränderung der Kommunikation in der zweiten Hälfte des 20. Jahrhunderts das Ende des »Gutenberg'schen Zeitalters«, d.h. des der geschriebenen Sprache gekommen sieht. Bis zu dem Konzil von Trient sei die Katechese *right-brained* gewesen, dann *left-brained* bis zur Gegenwart, nun solle sie »in Stereo« geschehen (JENSEN, Thinking, 34, 41f. u.ö.). Seine Auseinandersetzung mit dem elektronischen Zeitalter der Gegenwart stützt sich u.a. auf spekulative Thesen über den Charakter vorschriftlicher Kulturen sowie des griechischen im Gegensatz zu semitischen Alphabeten; da letztere nicht »phonetisch« seien, sei die damit verbundene Kultur noch weithin eine mündliche (a.a.O., 30, 36; vgl. EDWARDS, History of Preaching, 679 zum Zusammenhang der Betonung eines solchen Unterschieds mit der formgeschichtlichen Methode).

[1258] RANDOLPH, Renewal, 27.

[1259] A.a.O., 77.

[1260] A.a.O., 11, Hervorhebg. i. Orig.

In einer Reihe mit der älteren homiletischen Tradition behandelt Craddock die Auswahl der rechten Bücher, die der Prediger für die Vorarbeit zu lesen plant.[1261] Diese nur nach Illustrationen zu durchkämmen, sei allerdings eine vulgäre Praxis. Ebenfalls wie die alten Homiletiker und manche Pastoralen gibt er Ratschläge für ein *life of study*[1262] und rät zum Anlegen von Ordnern mit Notizen zu eigenen Studien und Nachforschungen, auf die der Prediger immer wieder zurückgreifen kann[1263]. Er thematisiert die Vorausplanung für Predigt-Serien und das organische Wachstum einer Predigt über mehrere Tage.[1264]

Verantwortliche Exegese ist für Craddock von höchster Wichtigkeit. Dazu gehört die Beachtung abweichender Lesarten im Urtext,[1265] der theologische und der gesamtbiblische Kontext[1266] einschließlich innerbiblischer Spannungen sowie die Form des Textes.[1267] Es geht darum, den einzigartigen Charakter jedes Textes zu erfassen. Paradox formuliert er:

> »[...] it is in the particularity of a text that its universality lies.«[1268]

Zum Text zurückzukehren sei eine gute Medizin gegen manches Gähnen.[1269] Das, was der Text sagt, solle in einer möglichst deutlichen und positiven Formulierung zusammengefasst werden. Daran schließt sich – und das ist ein Kennzeichen der neuen Homiletik – die Frage nach dem an, was der Text *tut*, was seine Funktion ist; dies sei für den Prediger eine wichtige Richtlinie für die entstehende Predigt.[1270] Craddock spricht weiter von dem Thema, dem *statement* oder der herrschenden Idee in der Predigt; in einem einfachen Hauptsatz erfasst sei dies die Grundlage für die Wahrung der inhaltlichen Einheit.[1271] Wenn die Predigt nicht der Intention und dem ursprünglichen Ziel des Textes folgt, könne sie sich tief in diesen »eingraben«, sie wäre doch unbiblisch.[1272] Und wer ohne Ziel predige, werde auch kein Ziel treffen;[1273] Hörer einer scharf fokussierten Predigt dagegen würden sehr klar erfassen, dass der Prediger bei der Vorbereitung genau an sie gedacht hat.[1274]

1261 Craddock, Preaching, 73ff.
1262 A.a.O., 75ff.
1263 A.a.O., 82f.
1264 A.a.O., 101.
1265 A.a.O., 107f. vgl. 121.
1266 A.a.O., 116f.
1267 A.a.O., 146f., 177.
1268 A.a.O., 130.
1269 A.a.O., 187.
1270 A.a.O., 122f., 143.
1271 Dieser Satz kann nach Craddock die Form einer These (*proposition*) annehmen, wenn es das Ziel der Predigt ist, die Hörer von einer Sache zu überzeugen (a.a.O., 155).
1272 A.a.O., 28.
1273 A.a.O., 155f.
1274 A.a.O., 156.

Das Ziel der Predigtvorarbeit ist der mündliche Predigtvortrag, nur dafür werde geschrieben.[1275] Dass der Prediger routinemäßig Sprechübungen macht, ist ausdrücklich vorausgesetzt.[1276] In diesem Zusammenhang begegnet auch die alte Frage, ob mit oder ohne Manuskript gepredigt werden solle.[1277]

Die Anliegen der neuen Homiletik finden zugleich mit einer Reihe von Stichworten ihren Platz in Craddocks Buch »Preaching«: Es geht um *story*, Gemeinschaft, Erfahrung, das Bewusstsein der Identität, die Kirche als »mündliche« Gemeinschaft und die Anordnung und Erfassung von Wirklichkeit. Die Notwendigkeit, dem Hörer Bilder anzubieten, wird ebenso behandelt wie die Transzendierung der bewussten Erinnerungen derer, die an einem gegebenen Ort oder zu einer gegebenen Zeit Gottesdienst feiern.[1278] Wichtig ist die *Bewegung* der Predigt. Sie solle so geschehen, dass der Hörer während des Predigens etwas zu denken, fühlen, entscheiden und tun habe.[1279] Dabei sei es der Heilige Geist, der die Predigt zu einem Ereignis macht.[1280] Gott, der die Prediger zum Predigen berufe, lasse sie nicht allein in der Welt, mit nichts bewaffnet als mit ihrer Rhetorik:

> »All of us know, it is God who wakens the ear and loosens the tongue.«[1281]

Predigen sei die lebendige Stimme der Schrift in der Gemeinde, das Wort bahne sich selbst seinen Weg in das Herz des Menschen und trage die Verheißung des Zukünftigen in sich.[1282] Die Schrift erinnere den Menschen auf der Kanzel ebenso wie denjenigen in der Kirchenbank konstant nicht nur an das, *was* gepredigt werden soll, sondern auch daran, *wie* das geschehen solle.[1283] Craddock spricht selbstverständlich von der Autorität der heiligen Texte und der Offenbarung Gottes in ihnen[1284]:

> »The Scriptures, we believe, record the revelation of God.«[1285]

Gerade weil der Predigt eine performative Qualität eigne und sie daher gewisse Fähigkeiten erfordere, brauche sie die Theologie, damit sie das Anliegen, in dem Prediger und Hörer Leben finden, stets vor sich und in ihrer Mitte habe.[1286] Wenn das Verhältnis der Theologie zur Predigt nicht gründlich durchdacht sei,

---

1275 A.a.O., 15, 190f.
1276 A.a.O., 210.
1277 A.a.O., 214.
1278 A.a.O., 158, 167, 171, 178, 201.
1279 A.a.O., 25.
1280 A.a.O., 17, 29, 135.
1281 A.a.O., 30.
1282 A.a.O., 27, 64.
1283 A.a.O., 27.
1284 A.a.O., 51.
1285 A.a.O., 56.
1286 A.a.O., 49.

könne dies für die Kanzel schädlich sein.[1287] Aus dieser göttlichen Qualität des Wortes ergibt sich die Verantwortung des Predigtamtes. Jedwede Beziehung zwischen den eigenen Worten des Predigers und dem Wort Gottes zu leugnen, ob aus Bescheidenheit oder in Ablehnung der Autorität und Verantwortung dieses Amtes, raube der Predigt ihren Sinn und Zweck (*purpose*).[1288] Durch seine Ordination – hier schließt sich Craddock selbst mit ein – habe der Prediger eine Leitungsaufgabe:

> »[...] the abdication of leadership [...] is a contradiction of one's ordination.«[1289]

Sich nur kurz in Richtung auf den Text zu verbeugen, um möglichst schnell zu dem zu gelangen, was »aktuell« sei, sei unverantwortlich, schreibt Craddock.[1290] Er geht selbstverständlich davon aus, dass der Hörer in die Gegenwart Gottes gebracht werden wolle.[1291] Keine Gemeinde wolle vom Prediger in herablassender Weise belehrt werden; die Frage, ob irgendein Teil der Bibel wirklich das enthalte, was die ursprünglichen Verfasser geschrieben hätten, sei reine Spekulation.[1292] Auch die Methode, dem Hörer die Entscheidung darüber zu überlassen, was am göttlichen Wort zeitlos bleibender Kern und was zeitgebundene Hülle sei, erledige sich bald von selbst.[1293] Die Aushöhlung einer fundamentalen Voraussetzung der biblischen Offenbarung, nämlich dass Gott durch konkrete Ereignisse, historische Personen und menschliche Beziehungen handelt und spricht, sei völlig unakzeptabel.[1294] Gottes Wort sei verbindlich. Sein eigentliches Wesen – das wahre und wirkliche Wort zu sein – eigne ihm bedingungslos und komme nicht erst durch eine positive Reaktion im Bewusstsein des Hörers zustande.[1295] Schon um 1970 stellt Craddock die Frage:

> »Are the long-treasured notions of correct teaching and orthodox tradition to go by the board so that there can be as many ›truths‹ heard as there are listeners in the room?«[1296]

In Craddocks Buch »Preaching« (1985) ist sein früherer Einsatz für die induktive Predigtform nicht mehr prominent; der Terminus *inductive* erscheint darin

---

1287 A.a.O., 47f.

1288 A.a.O., 18f.

1289 A.a.O., 24. Vgl. dies mit der oben erwähnten anti-autoritären Vorstellung der Predigt am »runden Tisch« bei Rose, s. Anm. 341.

1290 Craddock, Preaching, 27. Eine verbreitete Reaktion gegen das sachgemäße, kritische Studium der Bibel sei die unkritische Übernahme des Dogmas, dass Intuition und Gefühl den Text erschlössen (a.a.O., 133).

1291 A.a.O., 88.

1292 A.a.O., 110.

1293 Craddock, Without Authority, 89.

1294 A.a.O., 140.

1295 A.a.O., 43f. Unter den Hörern seien auch solche, die »vorsätzlich taub« seien; rechtes Predigen rufe auch Widerstand hervor (a.a.O., 65, 181).

1296 A.a.O., 58.

nicht.[1297] Der Grund mag in der Feststellung liegen, zu der Eslinger im Blick auf die einseitige Fokussierung auf diese Form des Gedankengangs gelangt:

> »A cluster of questions surrounds that shift in methodology when preaching ceases to interpret the text and begins to select or create a form for the sermon.«[1298]

Craddocks eigener Beitrag aus der Frühzeit der neuen Homiletik[1299] spiegelt sich jedoch darin wider, dass er die Dynamik thematisiert, die sich aus der Erwartung des Hörers und der bewussten Verzögerung ihrer Erfüllung durch den Prediger ergibt, wenn dieser bis zum Schluss das zurückhalte, was von größtem Interesse sei.[1300] Die bisherige Bewegung der neuen Homiletik bewertet er selbst 1985 wie folgt:

> »The primary abiding value of the transition period is the recognition, impressed anew upon preaching, that the search for form must continue as a search for designs which will not only be congenial to the gospel but also to the ways we order, understand, and appropriate reality.«[1301]

Im Blick auf die Situation der Kommunikation bleibe ein aufmerksames Achten auf die Bedeutung der Form und das, was sie erreichen kann, prioritär für jeden, der gehört werden wolle.[1302]

4.8.3. Die Relativierung des Neuen

Am Ende des Jahrhunderts schreibt Lowry, mit seinem ersten Buch zur Homiletik 1971 habe Craddock eine Tür eingetreten, die nicht mehr geschlossen werden könne. In den 1990er Jahren hätten manche das Empfinden, durch diese Tür dringe ein angenehm frischer Luftzug ein, andere fühlten sich durch diesen Wind unnötig verunsichert.[1303] Innerhalb der neuen Homiletik gebe es deutliche Unterschiede, eine faszinierende Nichtübereinstimmung und Auseinandersetzungen untereinander;[1304] die Formen, die die neue Homiletik ins Rampenlicht holt, seien dabei nicht neu:

> »One of the things we will observe very quickly about the ›new‹ homiletic is that many of its forms have quite long histories. Their newly appropriated identity and purpose in the context of our time and place – together with their interconnections – give credibility to the adjective *new*. It has been suggested that what makes this

[1297] Vgl. WILSON, Practice, 214.
[1298] ESLINGER, New Hearing, 124.
[1299] CRADDOCK, Without Authority.
[1300] CRADDOCK, Preaching, siehe u.a. 166, 172f.
[1301] A.a.O., 171.
[1302] A.a.O., 172.
[1303] LOWRY, Dancing, 11.
[1304] A.a.O., 12, 15, 32.

paradigm shift noteworthy is in its turning to homiletical patterns and convictions that had been abandoned or marginalized by modernity.«[1305]

Edwards fasst seine Darstellung dieses letzten Kapitels der nordamerikanischen Homiletik in seiner »History of Preaching« mit den Worten zusammen, es handele sich bei den darin eingeschlagenen unterschiedlichen Wegen nicht um einander ausschließende Gegensätze, jedoch auch nicht um eine einzige, kohärente Homiletik. Die verschiedenen Ansätze seien durch die Abkehr von der traditionellen Predigt und dadurch verbunden, dass sie eine Reihe von Alternativen dazu böten. Von diesen habe sich jedoch keine als herrschendes Paradigma durchgesetzt.[1306]

Nach mehreren Jahrzehnten der »neuen« Homiletik setzt sich Wilson in der Mitte der 90er Jahre sachlich mit ihren prominenten Anliegen und Ansätzen auseinander. Er stellt fest, dass es letztlich keinen wesentlichen Unterschied zwischen Idee und *plot* gebe.[1307] Nicht da werde eine Predigt »statisch«, wo sie aus »Punkten« bestehe,[1308] sondern wo diese nicht im Text selbst inhärent seien und nicht einer aus dem anderen erwüchsen.[1309]

> »Organic unity implies that a sermon, like an organism, has a life of its own. Static unity, by contrast, is unity imposed on material by a predetermined structure or genre. Sermons often employ static unity not by the fact of their having points, but by having points that are not inherent to the biblical text, or that do not grow one from the other.«[1310]

Predigen nach Thesen und ihrer Entfaltung (*propositional preaching*) sei nicht an sich autoritär,[1311] auch dieses könne in organischer Form geschehen[1312]. Kreativität sei nicht notwendig und nicht ausschließlich an das Narrative gebunden.[1313] Die Unterscheidung zwischen »deduktiv« und »induktiv« möge auf verschiedene Predigtstile anzuwenden sein, aber nicht auf die »propositionale« im Gegensatz zur narrativen Predigt. Beide seien Kategorien formaler Logik. Auch das Predigen anhand einer These könne induktiv geschehen, eine narra-

---

[1305] A.a.O., 21. Hervorhebg. i. Orig.

[1306] EDWARDS, History of Preaching, 820f.

[1307] WILSON, Practice, 179. Anders Eslinger: »Narrative artists themselves as well as literary critics of narrative seem to be quite clear at this point. A theme or topic is not essential to the control of narrative movement and meaning.« (ESLINGER, New Hearing, 86).

[1308] Die »Punkte«-Predigt gebe es, so Wilson, seit etwa 1200 A.D. (WILSON, Practice, 205).

[1309] A.a.O., 201. – An Wilsons Darstellung des Ansatzes von D. Buttrick und der von ihm propagierten *moves* wird erkennbar, dass es auch dort zu einer Standardisierung und damit zu dem Risiko kommt, diese wiederum statisch werden zu lassen (a.a.O., 217).

[1310] A.a.O., 201.

[1311] A.a.O., 206f.

[1312] A.a.O., 209.

[1313] Ebd.

tive Predigt könne umgekehrt die Schlussfolgerung am Anfang nennen und wäre dann im Sinne dieser Definition nicht »induktiv«.[1314]

> »Let us be clear: By attaching too much weight to terms dealing primarily with form, preachers recently have been encouraged to make a simplistic choice between one or the other, when the grounds for this choice are false.«[1315]

Auf die Gesamtform der Predigt gegründete kategorische Einteilungen seien von begrenztem Wert. Diese Art der Kategorisierung sei der homiletischen Aufgabe nicht mehr angemessen.[1316] Höhere Qualität sei durch eine Kombination dessen zu erreichen, was an beiden das Beste sei. Dementsprechend berichtet Wilson, in den 90er Jahren komme es zur »Synthese« auf der Kanzel;[1317] Randolph schreibt, Lehr-, Auslegungs-, und Lebenssituations-Predigten seien nicht verschiedene Arten von Predigten, sondern von *motivations*, die in jeder Predigt vorkommen sollten.[1318]

Wilson spricht im klassischen Sinne von Einleitung, »Rumpf« (*body*) und Schluss der Predigt,[1319] besteht aber nicht auf einer Punkt-für-Punkt-Gliederung.[1320] Ein mögliches Standardformat der Predigt ist für ihn die Zweigliederung nach »1. Exegese, 2. Anwendung«.[1321]

In Bezug auf das narrative Predigen macht Wilson auf eine Problematik aufmerksam, die sich ergibt, wenn die ganze Predigt aus einer einzigen Erzählung besteht: es sei schwierig für den Hörer, daraus eine direkte Verbindung zu Gott für sich zu gewinnen.[1322] Ein Chrakteristikum von Geschichten sei ihre Ambivalenz, die Deutung dürfe jedoch nicht einer völligen Subjektivität überlassen werden.[1323] Eine narrative Predigt überzeuge mehr durch Ethos und Pathos als durch »Logos«.[1324] Wilson rät davon ab, für den Schluss eine völlig überraschende Wendung vorzusehen, der Hörer solle die Stoßrichtung der

---

[1314] A.a.O., 214. Zu bedenken ist auch, dass Hörern, die den Text (oder den Prediger) kennen, die Schlussfolgerung häufig bekannt oder implizit erkennbar sein wird.

[1315] Ebd.

[1316] A.a.O., 259.

[1317] A.a.O., 215f.

[1318] Randolph, Twenty-first Century, 38. In ähnlicher Weise schreibt D. Buttrick, ältere Homiletiken hätten Predigtkategorien wie Lehr-, Lebenssituations-, Missions-, Muttertagspredigten usw. unterschieden. Es gehe jedoch nicht um die Aufstellung von Kategorien, sondern darum festzustellen, was die jeweilige Intention in Bezug auf das Bewusstsein sei (Buttrick, Moves, 262).

[1319] Wilson, Practice, 177.

[1320] A.a.O., 226.

[1321] A.a.O., 179f.

[1322] A.a.O., 214f.

[1323] A.a.O., 248. Vgl. hierzu Heidegger nach J. M. Robinson, Hermeneutik, 46.

[1324] Wilson, Practice, 215. Diese Beobachtung bei Wilson wird durch Fickenschers Untersuchung des Verhältnisses der Predigtform zur Verkündigung von Gesetz und Evangelium bestätigt (Fickenscher, Sermon Form).

Predigt spätestens auf halbem Wege erkennen.[1325] Er diagnostiziert eine Unschärfe der gegenwärtigen Homiletik in Bezug auf die Predigtabsicht (*purpose*).[1326] Es genüge nicht, von der Einheit von Form und Inhalt zu sprechen; diese müssten mit dem dritten Element der Funktion verbunden werden.[1327]

Positiv nimmt Wilson Lischers Hoffnung auf, Prediger würden vielleicht das »Zentrum« zurückgewinnen, wenn die Homiletik wieder für sich beanspruchen würde, dass sie den rhetorischen Akt des Predigens auf Gottes eigenen Sprechakt gründe.[1328] Im Blick auf die weitere homiletische Arbeit markiert Wilson die Beschäftigung mit performativer Sprache als Desiderat.[1329]

Im Zusammenhang der Neubesinnung auf ein klares Predigtziel und auf die rhetorischen Mittel, mit denen dies zu erreichen ist, ist daran zu erinnern, dass sich vor allem das Paradigma der *persuasion*, des Überredens oder Überzeugens des Hörers, in der Schusslinie der beginnenden neuen Homiletik fand. Deren Kritik richtete sich gegen die Auffassung, es handele sich beim Inhalt der Predigt um eine konkrete und als solche vermittelbare Wahrheit.[1330] Dies widerspricht dem *patchwork*-artigen und zeitlich-punktuellen Wahrheitsverständnis der Postmoderne und der Erfahrung der Vielzahl der Werte und Wertesysteme im ausgehenden 20. Jahrhundert.[1331] Mit der Verschiebung in der Homiletik vom Thema zum Erzählen, von der Wahrheit zur Erfahrung, vom Argument zum *plot* sowie vom Gedanken zur bildlichen Vorstellung (*verbeelding*), geht, wie Immink aufweist, auch die Verschiebung von der Botschaft zu ihrer Wirkung einher;[1332] das rhetorische Ziel der Überzeugung werde kritisch gesehen, weil es oft mit übermäßig rationaler Argumentation, autoritärem Verhalten, Machtmissbrauch oder Manipulation assoziiert werde.[1333] Im amerikanischen Kontext bedeute dies jedoch nicht, dass die Rhetorik damit vor die Tür gesetzt werde. Dies sei auch schwerlich möglich, da das Fach *Speech and Communication* (oft mit einem eigenen Lehrstuhl) in der Ausbildung eine zentrale Rolle spiele.[1334] In seiner Auseinandersetzung mit der neuen Homiletik weist Immink darauf hin, dass die Kunst des überzeugenden Redens unlöslich mit der Rolle des Sprechers verbunden ist und eine wesentliche Funktion im Werden von Gemeinschaft

[1325] Wilson, Practice, 215.
[1326] A.a.O., 20.
[1327] A.a.O., 200.
[1328] A.a.O., 282.
[1329] A.a.O., 260.
[1330] Immink, Gesprek, 375.
[1331] Vgl. a.a.O., 380.
[1332] A.a.O., 371. Immink hält den Gegensatz von Wissen, Wahrheit und Argumentation (in der alten Homiletik) und Ereignis und Erfahrung (in der neuen) für einen künstlichen Kontrast, der der »vornarrativen« und vor-Barthianischen Homiletik nicht gerecht wird (a.a.O., 391).
[1333] A.a.O., 388.
[1334] A.a.O., 371.

hat.[1335] Auch innerhalb des nordamerikanischen Kontexts ist eine positive Neubewertung der Überzeugung des Hörers durch die Predigt zu vernehmen.[1336] Hinzu kommen theologische Gründe: Das Wort Gottes sei immer auch ein fremdes Wort, das nicht der individuellen biographischen Erfahrung oder einer gemeinschaftlichen Urerfahrung entspreche.[1337] Damit bleibe der Prediger auch im Vollzug der Predigt ein Gegenüber der Gemeinde[1338]:

> »Nichtsdestoweniger ist die Ansprache ein wichtiges Mittel, und man kann den Prediger und die Art der Ansprache nicht dazwischen herausfiltern.«[1339]

Dies bedeute jedoch nicht ein autoritäres oder manipulatives Auftreten, so Immink. Im Gegenteil: wenn ein Sprecher jemanden von einer wichtigen Sache überzeugen wolle, dann liege ihm an diesem Menschen und er wolle seine freiwillige Zustimmung erreichen.[1340] Wie in der aristotelischen Rhetorik und in der älteren Homiletik im Blick auf die Person des Redners verweist Immink auf das ἔθος als wesentlichen Bestandteil der Rede und betont die Verantwortung des Redners sowie die Bedeutung seiner Integrität.[1341]

1335 A.a.O., 388. Immink greift zu Recht den Begriff der Überzeugung als einen zentralen Begriff auf. Dieses Konzept ist im 20. Jahrhundert stets im Blickfeld der homiletischen Diskussion in Nordamerika. Dies gilt ebenso für den schlechten Ruf, den es in der Kritik der frühen *new homiletic* bekommt, wie für die Wiederentdeckung der inhärenten Bedeutung der Überzeugung für die menschliche Kommunikation im Allgemeinen und die christliche Predigt im Besonderen ab den 80er Jahren. Gerade an dieser Stelle wird damit die durchgängige Bedeutung der Rhetorik in der US-amerikanischen Homiletik deutlich. Dies ist ein entscheidender Grund dafür, dass der gelegentlich konstatierte zu geringe Beitrag der rhetorischen zur homiletischen Ausbildung an manchen Instituten als Mangel empfunden wird.

1336 S. neben WILSON, Practice etwa LUCY LIND HOGAN, Rethinking Persuasion: Developing an Incarnational Theology of Preaching. In: Homiletic 24 (1999), 2, 1–13. Für Lischer allerdings liege, so Immink, beim Aspekt der *persuasion* zuviel Nachdruck auf der persönlichen Erfahrung und der menschlichen Technik. Der Begriff werde dem Reichtum des theologischen Auftrags (*calling*) nicht gerecht. Der Charakter des Evangeliums habe mit Offenbarung zu tun und nicht mit rhetorischen Prinzipien. Wenn es gut gehe, werde man durch das Evangelium oder den Geist getroffen und nicht durch den Prediger überzeugt (nach IMMINK, Gesprek, 389f.).

1337 Immink setzt sich von einer subjektiven Annäherung an den Gottesdienst ab, für die er Schleiermacher benennt. Diese sehe den Kern des Glaubens letztlich in der Tiefe des subjektiven, präreflexiven Selbsts. Auf diese Weise komme nicht zur Geltung, dass die biblischen Erzählungen ihren ganz eigenen Inhalt zu vermitteln haben (a.a.O., 384).

1338 A.a.O., 389f.

1339 »Niettemin is die toespraak een belangrijk medium en je kunt de prediker en de aard van de toespraak er niet tussenuit filteren.« (a.a.O., 390; Übs. von mir).

1340 A.a.O., 398f.

1341 A.a.O., 390. Vgl. WILSON, Practice, 78.

4.8.4. Die Suche nach der weiteren Richtung

Dass bei aller Gemeinsamkeit der Paradigmen und der in die neuen Entwicklungen gesetzten Hoffnungen eine gemeinsame Richtung der nordamerikanischen Homiletik bisher kaum erkennbar ist, wird im Vergleich der hier dargelegten Vision Wilsons mit der Randolphs deutlich. Dieser knüpft Anfang des 21. Jahrhunderts an sein vielbeachtetes Buch »The Renewal of Preaching« aus der Anfangszeit der neuen Homiletik an. In einer Fortsetzung dazu entwirft er das Bild einer Kommunikationsrevolution, die nach seinem Verständnis vor allem von ihrem digitalen Charakter[1342] und von den neuen Medien als einem wichtigen Faktor für die Predigtlehre und -praxis geprägt ist[1343]. Er spricht vom hermeneutischen und vom Kommunikations-Kreislauf:

> »When these are visited by the Holy Spirit, the circles become a spiral lifting us to a new level [...].«[1344]

Auf diese Weise komme es zu einer Transformation der Hörer ebenso wie des gegenwärtigen Zeitalters.[1345]

Die »nächste Homiletik«, wie Randolph sie nennt,[1346] habe eine breitere theologische Basis als die »neue Homiletik«. Sie sei noch mehr in die *issues* des 21. Jahrhunderts involviert[1347] und werde einen noch ernsthafteren Dialog mit der Poesie, der Ästhetik und der *imagination* suchen[1348]. Sie werde sich um effektiven Aufbau und Kommunikation bemühen, ihr wesentliches Ziel sei Ereignishaftigkeit.[1349] Die Wiedergeburt der Homiletik im 21. Jahrhundert hänge von der Wiedergewinnung der distinkten Dynamik ihrer Entstehung am Anfang der Kirche ab.[1350] Einige Christen würden einen radikalen Bruch mit der Tradition zugunsten einer technologisch geregelten Spiritualität vorhersehen.[1351]

Unter dem Eindruck eines solchen umfassenden Bruchs mit der Vergangenheit und Neuaufbruchs stand die Homiletik auch in den 60er und 70er Jahren.

1342 RANDOLPH, Twenty-first Century, xi. Randolph betont die Verbindung von Homiletik und Kommunikation (a.a.O., 16).

1343 A.a.O., 7, 120.

1344 A.a.O., 82.

1345 Ebd.

1346 Der Kommentar R. S. Reids zu Randolphs Vision der »nächsten« Homiletik ist nicht ganz frei von Zweifel daran, ob es tatsächlich diese sein werde, die die »neue Homiletik« ablöst (s. a.a.O., 134).

1347 A.a.O., xiv, 104.

1348 So R. S. Reid in seinem Kommentar zu diesem Buch (a.a.O., 125).

1349 A.a.O., 13, 108. Randolphs Charakterisierung der »nächsten« Homiletik als einer, die nach Formen der Predigtkonstruktion und -kommunikation suche, die der zu vermittelnden Botschaft angemessen seien (a.a.O., 17), wirft die Frage auf, inwiefern sich beide tatsächlich unterscheiden, wenn man von dem Umfang des Einsatzes digitaler Medien absieht.

1350 A.a.O., 14.

1351 A.a.O., xiv.

In den 80er Jahren wuchs in der homiletischen Diskussion jedoch erneut das Bewusstsein dafür, wie sehr sie dennoch ihrem Erbe verbunden war und welchen Nutzen sie selbst davon hatte. So unterscheidet sich die nordamerikanische Homiletik gegen Ende des 20. Jahrhunderts in ihrer Erscheinung in mancher Hinsicht nicht sehr von der »alten« bis in die 50er Jahre.[1352] Dies mag ein Grund dafür sein, dass sie nie einen inhaltlich bestimmten Namen angenommen hat und dass die Bezeichnung als »neu« nicht zu einem bleibenden Etikett mit klarer Identität geworden ist. Es handelt sich kaum um eine neue Schulrichtung in der Homiletik, der einige anhängen und von der sich andere abgrenzen und die über mehrere Epochen weiterbesteht. Ihre Fragestellungen und Themen sind großenteils solche, die zu ihrer Zeit auch in der Gesellschaft und in anderen Geisteswissenschaften erscheinen. Ihre Anliegen prägen sich in einer Reihe von Paradigmen aus, denen ihre Vorkämpfer unterschiedliche Bedeutung beimessen. Zwar erscheinen sie diesen als Ausdruck eines Bruchs mit der unmittelbaren Vergangenheit, schon aus geringem zeitlichen Abstand aber wird deutlich, dass bisherige Strömungen auch unter neuem Blickwinkel weiterwirken und dass sich Altes und Neues in vielen Bereichen überlagert. Mit ihrem Neuansatz in dieser Epoche hat die Homiletik jedoch Einseitigkeiten und tendenzielle Missbräuche bestimmter vorherrschender Formen aufgedeckt und durch die Arbeit am Verhältnis von Form und Inhalt Mittel zu deren Überwindung und der Wiedergewinnung einer größeren Vielfalt herausgearbeitet. Sie hat damit stellenweise auch ein erneuertes Selbstbewusstsein gewonnen.

Dass das überkommene homiletische Erbe einen größeren, bleibenden Einfluss auf die nordamerikanische Predigt hat als den Predigern selbst bei aller Kritik der bisherigen Homiletik bewusst sein mag, zeigt sich in R. S. Reids Kommentar zur Randolphs Vision einer *next homiletic*. Er verbindet diesen mit seiner eigenen Forderung der Verlagerung von einem hörerzentrierten Paradigma für die Predigt auf ein *learner*-zentriertes.[1353] Dies mag eine theologische Auswirkung der US-amerikanischen konfessionellen Landschaft sein, es mag auch auf eine neue Kombination kultureller und kommunikatorischer Faktoren zurückgehen. Deutlich ist, dass sich die Predigt damit auch zu Beginn des 21. Jahrhunderts in guter Nachbarschaft zu der Homiletik des späten 19. und frühen 20. Jahrhunderts befindet, die von einem solchen Verständnis nicht unwesentlich geprägt war, auch wenn es nicht das einzige noch das dominierende

[1352] Randolph weist bereits 1969 darauf hin, dass wenige Elemente der entstehenden »neuen« Homiletik wirklich neu sind. »Most are very old, and part of our task is to show how they have been glimpsed from time to time throughout Christian history.« (Randolph, Renewal, 18). Neu sei jedoch, dass diese nun in einer Weise in ihrer Beziehung zur Aufgabe des Predigens gesehen würden, die es erlaube, das Ganze als Ereignis zu erfassen. Die traditionelle Homiletik hätte ihren Stoff stets aus Quellen wie der klassischen Rhetorik genommen, in der die Ereignishaftigkeit der Predigt tendenziell unerkannt oder ausgeschaltet gewesen sei (ebd.).

[1353] Randolph, Twenty-first Century, 121.

war.[1354] Und noch an einem weiteren Punkt wird deutlich, wie sich die Situationen gleichen: Um die Jahrhundertmitte riefen einzelne Stimmen aus einer großen Verunsicherung unter Predigern und Hörern heraus nach vermehrt dogmatischem Predigen; viele suchten in der Konzentration auf die Form – unter dem besonderen Kriterium der Entsprechung zum Inhalt – die erhoffte Wiederbelebung der Predigt. Am Anfang des 21. Jahrhunderts finden sich bei Randolph Hinweise auf eine ähnliche Lage. Nie zuvor, schreibt er, habe die Kirche mehr Medien und Methoden für die Verkündigung zur Verfügung gehabt, zugleich jedoch sei sie sich der Botschaft, die sie zu verkündigen habe, so unsicher wie selten[1355]:

> »There are some desperate preachers these days. Something is missing from their sermons. They know it. Their people know it.«[1356]

Symptomatisch zeigt sich in seiner Diagnose, dass die neue Homiletik das Anliegen, zu dessen Verwirklichung sie einst aufgebrochen ist, nicht konsequent durchgehalten hat. Wie die Aufteilung ihrer Anhänger auf verschiedene, oft fast exklusiv verfolgte Formen zeigt, hat der Anspruch des »fitting the form to the text« häufig nicht Priorität. Der Prediger, der für seine eigene Arbeit die Homiletiken seiner Zeit liest, hat ebenso wie der Hörer unter mancher Kanzel den Eindruck, dass die Form der Predigt oft genug um ihrer selbst willen gewählt wird.

4.9. Resümee und Ausblick

Das 20. Jahrhundert bringt große Veränderungen mit sich. Es ist die Zeit der Infragestellung traditioneller Werte, Strukturen und Autoritäten, von Rassenunruhen und *women's liberation*. Die überkommene, rational-lehrhafte Form der Predigt, die wenig Variation kennt, wird von Vielen als kraftlos empfunden. Unter dem Einfluss der neuen Hermeneutik wird der Ereignischarakter des Wortes und der Verkündigung unterstrichen. Es kommt zu einem Neuaufbruch, für den Randolph die Bezeichnung *new homiletic* prägt. Damit entwickelt sich die Homiletik in die Breite. Eine kleine Zahl führender Vertreter, die untereinander einen freundschaftlichen Austausch pflegen, arbeiten nebeneinander in unterschiedliche Richtungen. Was diese vor allem verbindet, ist das Gefühl

---

[1354] Unter dem Eindruck einer tiefgehenden Krise der Predigt in den 50er und 60er Jahren scheint es zu jener Zeit allerdings, als sei dieses Predigtverständnis das herrschende gewesen.

[1355] A.a.O., 11. Wie wenig Randolphs eigenes Verständnis der Predigt inhaltlich gefüllt ist, zeigt sich u.a. a.a.O., 97.

[1356] A.a.O., 105. Randolphs These, die *next homiletic* ruhe auf einer breiteren theologischen Basis als die *new homiletic* (s.o.), überzeugt angesichts dieser Diagnose wie auch seines eigenen Ansatzes nicht.

eines grundsätzlichen Umbruchs in Bezug auf das, was *preaching* bedeutet, wie es geschicht und wie es aufgenommen wird. Gegenüber der bisherigen deutschsprachigen Rezeption ist die Notwendigkeit der Erfassung dieser Bewegung in der Komplexität festzuhalten, die sie wesentlich kennzeichnet.

In dieser Umbruchszeit geht es zugleich um eine erneute Auseinandersetzung mit dem Wesen der christlichen Verkündigung und der ihr angemessenen Form. Für Gerhard Aho erfordert dies auch eine kritische Aneignung und Vermittlung der theologischen und praktischen Mittel für eine wirksame Predigt, die an der zeitgenössischen Diskussion und Entwicklung ebenso interessiert Anteil nimmt wie an vergangenen, ohne sich in eine Abhängigkeit von vorherrschenden Paradigmen zu begeben.

Teil 3

Die Predigt bei Gerhard Aho im Kontext der Missouri-Synode

5. Das Verhältnis zum homiletischen Umfeld

5.1. Die Missouri-Synode[1357]

Die Missouri-Synode ist mit 2,4 Millionen Gliedern die achtgrößte evangelische und die zweitgrößte lutherische Kirche in den USA. 1847 von deutschen Einwanderern als »Deutsche Evangelisch-Lutherische Synode von Missouri, Ohio und anderen Staaten« gegründet,[1358] tritt ihr 1911 die »English Evangelical Lutheran Synod of Missouri« bei;[1359] in der Folgezeit gehen mehrere kleinere Kirchen in sie ein, die insbesondere von norwegischen und finnischen Einwanderern entlang der nationalen und sprachlichen Linien gegründet wurden. Die ursprüngliche deutsche Prägung lockert sich in den nachfolgenden Generationen.[1360] Unter gesellschaftlichem Druck während des Zweiten Weltkriegs setzt eine weitere Hinbewegung zum Englischen in Predigt, Liturgie und Unterricht ein, die ihrerseits eine missionarische Öffnung der Gemeinden nach außen und die Entstehung einer spanischsprachigen und einer Gehörlosen-Arbeit bewirkt.

Die Missouri-Synode ist mit ihrer Verpflichtung auf das Konkordienbuch und ihrer Mitgliedschaft im Internationalen Lutherischen Rat (ILC) eine bekenntnislutherische Kirche. Sie unterhält einen eigenen Verlag in St. Louis (Concordia Publishing House) sowie zwei Concordia-Seminare zur Ausbildung

[1357] In diesem Abschnitt verwende ich Auszüge aus Daniel J. Schmidt, Gericht und Gnade, Glaube und Leben. Die Predigt in der Missourisynode. In: Hanns Kerner (Hg.), Predigt konkret. Grundlinien homiletischer Ansätze, Leipzig, 2011, 101–116 (i. Folg.: Schmidt, Gericht und Gnade).

[1358] N.N., Lutheran Church – Missouri Synod.

[1359] Aus dieser Kirche wurde der bis heute bestehende überregionale »English District« in der Missouri-Synode. S. (N.N., Our History. In: The LCMS English District. Igniting Christ's Church in Mission, Farmington/MI o.J., http://www.englishdistrict.org/about-us/our-history [19.9.2014].

[1360] An dem zunächst von Löhe unterstützten lutherischen Seminar in Columbus/OH wird schon um die Mitte des 19. Jahrhunderts neben der deutschen Sprache die englische verwendet. Dies ist jedoch Anlass zu Kontroversen, insbesondere da es bis dahin wenig lutherische Literatur in Englisch gibt (Schaaf, Löhe, 54f.). Vgl. im folgenden Abschnitt die von Löhe an eine Übereignung des Seminars in Fort Wayne an die Missouri-Synode geknüpften Bedingungen.

ihres Nachwuchses an Pfarrern und – in ausdrücklicher Nachfolge Löhes – *deaconesses.* Außerhalb der USA ist sie im lateinamerikanischen, asiatischen und afrikanischen Raum aktiv, sowohl in der Unterstützung einheimischer Schwesterkirchen – insbesondere in der theologischen Ausbildung – als auch in missionarischer Ausbreitungsarbeit.

In einer Atmosphäre der generellen Zusammenarbeit einflussreicher Homiletiker und des konfessionsübergreifenden homiletischen Austauschs gehören zu den nordamerikanischen Homiletikern des 20. Jahrhunderts als lutherische Theologen Reu, Lenski, Davis, Schneider, Jensen, Niedenthal, Steimle, Steven L. Reagles, Schmalenberger und Lischer[1361], sowie auf Seiten der Missouri-Synode Graebner, Fritz, Caemmerer[1362], Aho, Deffner, Eggold, Kenneth Rogahn, Rossow und Kapfer[1363]. Sie tragen je auf ihre Weise zur homiletischen Diskussion bei und prägen die homiletische Lehre, Ausbildung und Praxis ihrer eigenen Kirche.

5.2. Homiletik als Teil der Theologie

Die Bedeutung, die der Predigtausbildung an den Concordia-Seminaren zukommt, erweist sich in Springfield darin, dass jeder der rund 400 Seminaristen pro Jahr zwei vollständig ausgearbeitete Predigten einzureichen hat. Deren Benotung gehört zu den Aufgaben der Dozenten im homiletischen Fachbereich.[1364] Predigteinsätze in umliegenden Gemeinden sind ab dem zweiten Studienjahr ein Teil der obligatorischen *field work*, die parallel zum Unterricht am Seminar zu leisten ist.[1365]

Während die Einübung in die Predigtaufgabe damit ein konsequenter Bestandteil des Theologiestudiums ist, wird an den Beiträgen der Vertreter des homiletischen Fachbereichs in der vierteljährlich erscheinenden Zeitschrift[1366] des Seminars deutlich, dass Predigtarbeit fest und organisch eingebunden ist in

---

1361 Lischer gehört ursprünglich zur Missouri-Synode und tritt 1982 der North Carolina Synod bei (heute ein Teil der Evangelical Lutheran Church in America).

1362 Insbesondere Caemmerers Werk »Preaching for the Church« (1959) wird in der breiteren homiletischen Öffentlichkeit rezipiert.

1363 Graebner, Fritz, Caemmerer und Deffner lehren am Concordia-Seminar in St. Louis, Aho und Eggold in Springfield bzw. Fort Wayne.

1364 Nach »Touching Tomorrow. Concordia Theological Seminary Springfield, Illinois« (Springfield/IL o.J. O. Pagnrg.).

1365 N.N., Academic Catalog, 44. Solche *field work* besteht aus etwa 20 Arbeitsstunden pro Quartal in einer Gemeinde und bedingt die sonntägliche Anwesenheit dort. Voraussetzung für die Predigtdienste ist der Abschluss eines homiletischen Grundkurses und die Vorlage der Predigt beim *supervising pastor* oder einem Mitglied der Fakultät (nach N.N., Theological Education und einem persönlichen Gespräch mit Jacob Corzine, Oberursel, 1.10.2012).

1366 »The Springfielder«, nach dem Umzug des Seminars nach Fort Wayne ab 1977 »Concordia Theological Quarterly«.

die theologische Arbeit als ganze. Im »Springfielder« bzw. »Concordia Theological Quarterly« finden sich Buchbesprechungen von Aho zu homiletischen Beiträgen von Forsyth, Whitesell, Ralph G. Turnbull, Lenski, F. B. Meyer und Blackwood. Daneben rezensiert er Bücher zu Rassismus und Antisemitismus, Kirchenjahr, Liturgik, zum Gottesdienst der Presbyterianischen Kirche, zu Gebetsbüchern, von Laien verfassten Andachtshilfen und zu Büchern, die versuchen, junge Menschen in »zeitgemäßer« Sprache mit dem Evangelium zu erreichen.[1367] Von seinem Kollegen Eggold im homiletischen Department finden sich neben homiletischen Beiträgen auch solche zum Lesen im Gottesdienst und zu Kirche und Armut.[1368] Umgekehrt befasst sich Ahos systematisch-theologischer Kollege Scaer, langjähriger Herausgeber des »Concordia Theological Quarterly«, in seinen Beiträgen zu Gesetz und Evangelium mehrfach mit dem Wesen und der Materie der Predigt.[1369] Scaer und Aho sind über Jahrzehnte hinweg freundschaftlich miteinander verbunden; sie treffen sich oft freitagnachmittags zum gegenseitigen Austausch.[1370] Aho verfasst jahrelang zahlreiche Predigtmeditationen für die Seminarzeitschrift[1371]; von September 1974 bis zu seinem Tod gehört er als *homiletical editor* zu den Herausgebern. Diese Predigtmeditationen werden von vielen Gemeindepfarrern in der Missouri-Synode ebenso wie von Kollegen und Studenten am Seminar genutzt, wenn diese im Umkreis des Seminars Gottesdienste und Predigtdienste übernehmen.

1367 S. Literaturverzeichnis. Vgl. den in seine Zeit als Gemeindepfarrer in Australien fallenden Vortrag Ahos zum systematisch-theologischen Locus der Ehe (The Scriptural Doctrine of Marriage: A Doctrinal Essay. [Nobby/Queensland, Australien; 1955]). – Aus dem homiletischen Fachbereich in Fort Wayne finden sich darüber hinaus Beiträge etwa von Ahos Kollegen Eggold zum Lesen im Gottesdienst und zu Kirche und Armut (Henry J. Eggold, The Church and Poverty. From Concern to Action. In: The Springfielder 29 [1965/66], 2, 30–35 [i. Folg.: Eggold, Church and Poverty]).

1368 Z.B. ebd.

1369 Siehe u.a. David P. Scaer, Sanctification in Lutheran Theology. In: CTQ 49 (1985), 2–3, 181–197; ders., The Third Use of the Law. Resolving the Tension. In: CTQ 69 (2005), 3–4, 237–257; ders., The Relationship Between Liturgics And Dogmatics. In: The Springfielder 35 (1971/72), 3, 197–200. Auch zu den Predigtmeditationen in CTQ trägt Scaer bei (ders., Mt 18,15–20. In: CTQ 42 [1978], 2, 172f.).

1370 Persönliche Korrespondenz von Scaer mit mir per E-mail, 20.7.2010.

1371 »The Springfielder« bzw. »Concordia Theological Quarterly«, s. I.1.5.

5.3. Teilhabe am gemeinsamen nordamerikanischen Erbe

> »Current accents related to preaching seem to imperil the whole enterprise of preaching at first sight, yet the serious preacher will find himself challenged by them to fulfill his calling in a better way.«[1372]

Mit diesem Satz reflektiert Caemmerer 1965 eine lutherische Sicht des hermeneutischen und homiletischen Aufbruchs, die gekennzeichnet ist von kritischer Wahrnehmung, Annahme der Herausforderung zur besseren Erfüllung des Predigtauftrags und Dankbarkeit für alle Hilfestellung, die aus der aktuellen Diskussion dieser Zeit erwächst.[1373] Dazu gehört das Bewusstsein, dass Predigen nicht nur ein Aussprechen von Wahrheit ist und auf die Zustimmung des Hörers dazu abzielt, sondern dass es darum geht, im Hörer Glauben zu schaffen und *commitment* zu wirken. Es geht um die Frage, wie menschliche Sprache dies erreichen kann. Es geht dabei existentiell stets um den Hörer, und das heißt im Kern um die Notwendigkeit seiner Rettung durch Gott.[1374] Auch Caemmerers kritische Erwähnung der Unterscheidung von *kerygma* und *didache* bei Dodd – diese bezeichne nicht so sehr den ethischen Gehalt der Lehre als die Aktitivät des Lehrens – ist ein Ausdruck des gemeinsamen, erneuerten Bemühens dieser Zeit um den Auftrag und das Wesen der Verkündigung.[1375] Im Blick auf die Bedeutung, die der λόγος in dieser Diskussion gewinnt, stellt er fest: das Wort Gottes ist Gott selbst. Dies ist aktiv und soteriologisch zu verstehen:

> »The Word of God is the action of God. It climaxes in Jesus Christ.«[1376]

Dieses Wort wird durch menschliche Sprache mitgeteilt. Für Aho ist dies der Grund für sein Bemühen um die Rhetorik in seiner fortgesetzten akademischen Arbeit. In seiner Untersuchung der früh- und hochmittelalterlichen englischen Homilien befasst er sich damit ebenso wie in seiner Dissertation zu den Predigten Hedbergs in Finnland im 19. Jahrhundert. In beiden Arbeiten setzt er sich eingehend mit der Sprache auseinander, sowohl wie sie von den Hörern gesprochen wird als auch im Blick auf ihre Veränderung und Entwicklung und die Widerspiegelung der Lebenswirklichkeit des Hörers in der Sprache der Predigt. Im Unterricht zeigt sich Ahos Interesse an der Rhetorik und seine Kenntnis aus erster Hand in der Aufnahme der Linie, die sich in der nordamerikanischen Homiletik in Anknüpfung an das 19. Jahrhundert bis in die

[1372] Richard R. Caemmerer, Current Contributions to Christian Preaching. In: CTM 37 (1966), 1, 38–47; hier 38 (i. Folg.: Caemmerer, Contributions). Es handelt sich um den Abdruck eines von drei im Vorjahr gehaltenen Vorträgen.
[1373] Ebd.
[1374] A.a.O., 40ff.
[1375] A.a.O., 47f.
[1376] A.a.O., 45.

Gegenwart durchzieht: Die in den Beiträgen Ottos zur deutschen homiletischen Diskussion zur Sprache kommende Überzeugung, dass die Predigt als öffentliche Rede immer rhetorisch gestaltet ist,[1377] gehört zum Grundkonsens der nordamerikanischen homiletischen Arbeit im 20. Jahrhundert; sie übernimmt diesen aus dem vorangegangenen Jahrhundert und arbeitet mit ihm kreativ weiter.[1378] Insbesondere in der lutherischen Homiletik geschieht dies in dem spannungsreichen Bewusstsein der Bedeutung der Theologie des fleischgewordenen λόγος und des Wissens um den möglichen Missbrauch menschlicher Wörter.[1379]

Während sich die neue Homiletik bewusst der Form der Predigt zuwendet – vor allem der Gesamtform –, ist das klassische rhetorische Ziel der Überzeugung des Hörers in ihr über längere Zeit deutlicher Kritik ausgesetzt. In den 90er Jahren – mit einem Blick zurück auf die suchenden und experimentellen Jahre der neuen Homiletik und eine erste Konsolidierungsphase – stellt Wilson jedoch erneut die zentrale Bedeutung der *persuasion* als Ziel der geistlichen Rede heraus und begründet dies mit eben den leitenden Paradigmen der neuen Homiletik.[1380] Schon deren Ansatz in der neuen Hermeneutik habe mit der Absicht des Überzeugens zu tun:

> »[...] the modern search to understand how meanings happen und what texts mean (a discipline we call hermeneutics) originates from rhetoric's concern with the purpose of discourse, the form it takes, a consideration of what is persuasive, and understandings of how persuasion happens.«[1381]

Wilson definiert Rhetorik als mündliche Kunst der Überzeugung[1382] und verweist dazu ausdrücklich auf die neuen homiletischen Paradigmen der Predigt als Ereignis und der Beziehung.[1383] In seinen Ausführungen wird ein Zusammentreffen des rhetorischen und des theologischen Ziels der Predigt erkennbar.[1384]

1377 Otto, Predigt als rhetorische Aufgabe, s. 28 und durchgehend; vgl. ders., Rhetorische Predigtlehre.

1378 Das bedeutet nicht grundsätzlich eine Dominanz der Rhetorik »[f]ür die Reflexion homiletischer Fragestellungen«, wie sie Otto in einer Gegenreaktion auf die antirhetorische Tendenz der deutschsprachigen Homiletik des 19. und 20. Jahrhunderts 1999 formuliert; eine Position, die er nicht theologisch, sondern nur empirisch mit dem Verweis auf das »durchschnittliche Niveau der allsonntäglichen Predigten« und die Krise der Kirchen begründet, die dringend ihre Sprachfähigkeit verbessern müssten (a.a.O., 7).

1379 Vgl. Ottos Darstellung der Problemkonstellation in Augustins »De doctrina christiana«, Otto, Kunst, 79f.

1380 Zu Wilsons ausführlicher Auseinandersetzung mit dem Verhältnis der Homiletik zur Rhetorik siehe Wilson, Practice, 63ff. – Ein kleiner Überblick über die Rolle der Überzeugung des Hörers durch die Predigt von Augustin bis in die Gegenwart sowie eine Gegenüberstellung dieser Predigtabsicht mit anderen findet sich in Childers, Performing, 27–35.

1381 Wilson, Practice, 65.

1382 A.a.O., 15, 38 u.ö.

1383 A.a.O., 63.

1384 A.a.O., 65.

Auch das Anliegen, dass die Predigt sich wie durch Stadien hindurch bewegen müsse, definiert er theologisch:

»Find movement within theology to provide direction for the sermon.«[1385]

Der Fokus der Predigt müsse klar theologisch sein.[1386] Jedoch gelte:

»For preachers, neither theology nor rhetoric can stand on its own, and each is ignored only at great peril.
[...]
Reception is not just a matter between God and the individual, in the manner that we have commonly assumed in theology for many decades. Reception also concerns the preacher's experience, language, theology, rhetorical skills, in fact entire life, in service. In other words, as preachers we come to see our theology and our rhetoric as inseparable. We have not done good theology until it has been communicated to our people.«[1387]

Der Bogen, der mit der Kritik an der Einordnung der Homiletik in die Rhetorik begonnen hat – bezogen insbesondere auf die Tradition und Rezeption der Homiletik von Broadus – schließt sich damit am Ende des Jahrhunderts bei Wilson.[1388] Dieser kann von der anderen Seite her die Homiletik nun als Rhetorik bezeichnen, weil es um die Kunst der Überzeugung gehe, nämlich darum, den Leuten Gründe zu geben, das zu glauben, was der Prediger sagt.[1389] Es ist dieses Anliegen der Überzeugung, das die Homiletik auf ihrem Weg im 20. Jahrhundert nie aus dem Blick verliert; es wird zum Grund sowohl für die Beschäftigung mit der Rhetorik wie für die Klage über die geschwächte Rolle der Rhetorik in der Ausbildung.[1390] Beides ist damit ein Ausweis für die enge und kontinuierliche Verbindung der Homiletik mit der Rhetorik durch das 20. Jahrhundert hindurch.

Einen bewussten Sprachgebrauch prägt Aho den Seminaristen von den ersten Predigtentwürfen an ebenso ein wie die zielstrebige Hinführung zum Predigtthema in der Einleitung. Die klare Gedankenlinie ist von ebenso großer Bedeutung wie die klare Definition des Predigtziels. Unnötige Wortfülle und unklare Ausformulierungen werden von ihm am Rande der eingereichten Glie-

---

[1385] A.a.O., 92.
[1386] A.a.O., 61.
[1387] A.a.O., 62.
[1388] Interessant ist der Hinweis Wilsons, dass ungeachtet dieser Kritik auch am Ende des 20. Jahrhunderts die Predigt an manchen Seminaren als eine Form der öffentlichen Rede und damit im Wesentlichen unter dem Aspekt einer bestimmten »Technik« behandelt werde (a.a.O., 70).
[1389] A.a.O., 75.
[1390] Vgl. hierzu auch BUTTRICK, Moves, 40.

derungs- und Predigtentwürfe besonders angemerkt.[1391] Wie schon bei Augustin liegt bei Aho großer Nachdruck auf der größtmöglichen Klarheit der Kanzelrede bis in den einzelnen Satz hinein.[1392]

Zu der Liste der Sekundärliteratur gehören neben theologischen und homiletischen Werken auch solche aus der Kommunikationswissenschaft und der Rhetorik. In seiner eigenen Bibliothek findet sich etwa George A. Kennedys Werk »Classical Rhetoric and Its Christian and Secular Tradition from Ancient to Modern Times«.[1393] Dementsprechend betrifft eine seiner wenigen kritischen Beobachtungen zu den Predigten Hedbergs die Sprache: Zwar bescheinigt er ihm einen unterhaltungsmäßigen (*conversational*) und seelsorglichen Redestil,[1394] doch geschehe seine Predigt nicht in der Sprache, die die Hörer untereinander sprächen, sondern sei von einer Art Kirchensprache geprägt, die den pietistischen Einfluss erkennen lasse:

> »The vocabulary of the sermons is often so far removed from the vocabulary of everyday conversation as to be almost unintelligible, save to an initiated minority. [...] the basis was adequate only because most of the hearers had had some previous acquaintance with the terms.«[1395]

Die so erkennbare Rolle der Rhetorik in der Homiletik entspricht der Tradition der lutherischen Kirche seit der Reformation und folgt der Linie der homiletischen Lehrbücher in Europa und Nordamerika im 19. und frühen 20. Jahrhundert. So zitiert Deffner aus einem Brief Luthers an Eoban Hess zum Wert der Kenntnis von Literatur und Rhetorik:

> »Ego persuasus sum, sine literarum peritia prorsus stare non posse sinceram theologiam, sicut hactenus ruentibus et iacentibus literis miserrrime et cecidit et iacuit. Quin video, nunquam fuisse insignem factam verbi Dei revelationem, nisi primo, velut praecursoribus Baptistis, viam parari surgentibus et florentibus linguis et literis. [...] Mea certe vota sunt, ut quam plurimi sint et poëtae et rhetores, quod his studiis videam, sicut nec aliis modis fieri potest, mire aptos fieri homines ad sacra tum capessenda, tum dextre et feliciter tractanda. [...] Quare et te oro, ut et

[1391] Kommentare zu den eingereichten Predigtmanuskripten enthalten Sätze wie »Intro could be shortened without losing essential content. Move more quickly to theme.« oder »At this point you begin to ramble and to lose the focus of [part] I.« (Beurteilung vom 23.5.1985 zu einem Predigtmanuskript). Positiv vermerkt er andererseits ein Fehlen von kirchlichem Jargon und Platitüden oder eine frische, lebendige Anwendung des Textes auf den Hörer. Vgl. Buttricks Feststellung, Adjektive würden die Sprache in besonderem Maße überfrachten; die Wirkung sei größer ohne sie (BUTTRICK, Moves, 218).

[1392] AUGUSTINUS, Doctrina, 131f. Wilson schreibt 1995, diese kleineren formalen Einheiten in der Predigt gewönnen in der Homiletik zunehmend an Bedeutung und Aufmerksamkeit (WILSON, Practice, 218).

[1393] S.o., Anm. 332.

[1394] AHO, Preaching of Hedberg, 71f. Anm. 20.

[1395] A.a.O., 175.

meo (si quid valet) precatu agas apud vestram iuventutem, ut strenue et poëtentur et rhetoricentur.«[1396]

Im 19. Jahrhundert rechnet Broadus in der nordamerikanischen Homiletik die sprachliche Fähigkeit zu den wichtigsten Voraussetzungen auf Seiten des Predigers. Er zeigt eine profunde persönliche Kenntnis der antiken Rhetorik und betont die Bedeutung der Klarheit in der Rede:

»The most important property of style is clearness or perspicuity. Style is excellent when, like the atmosphere, it shows the thought, but itself is not seen.«[1397]

Nach Perry bezeichnen neun der Dozenten, die zu den für die US-amerikanische Homiletik so prägenden Yale-Vorlesungen eingeladen werden, solche Klarheit als wichtigste Voraussetzung des Predigt-Stils.[1398] Für ihn gilt:

»Perspicuity, or clarity, begins in the mind of the preacher. It involves his identity with the people as well as the structure of the language.«[1399]

Auch für Phelps liegt Kraft in der rhetorischen und theologischen Klarheit der Predigt:

»Divide, discriminate, define, sharpen, clarify, doctrine by doctrine, duty by duty, fact by fact, till the whole map of Christian faith is outlined and clear. You thus gain the power of pointed preaching.«[1400]

Der Kommunikationswissenschaftlicher Mohrmann, dessen Werk »Composition and Style in the Writing of Speeches« Aho in die Literaturliste zum homiletischen Grundkurs aufnimmt, fasst zusammen, was Ahos eigenes handwerklich-rhetorisches Anliegen ist:

»Clarity should be the goal when you decide upon your purpose, when you structure your ideas, when you give attention to the development of those ideas, and when you phrase the precise wording of the communication. [...] All of us like variety and

---

[1396] D. Martin Luthers Briefwechsel. 1523–1525. In: D. Martin Luthers Werke. Kritische Gesamtausgabe. Briefwechsel, 3. Bd., Weimar 1933, 49f.; hier 50. Zitat ohne Verweise des Herausgebers auf abweichende Lesarten; Auslassungen entsprechend der Wiedergabe bei Deffner, der eine englische Übersetzung verwendet (DEFFNER, Real Word, 18). – Dieses Zitat wird von Rossow in St. Louis aufgenommen (ROSSOW, Preaching, 11).

[1397] BROADUS, Preparation and Delivery 1944, 240. Vgl. Reu, der diesen Punkt ausdrücklich von Broadus aufnimmt (REU, Homiletics, 174).

[1398] PERRY, Sermonic Style, 89.

[1399] A.a.O., 90.

[1400] PHELPS, Theory, 58. – Den Nachdruck auf der Klarheit der Predigt führt Stanfield auf Augustin zurück (VERNON L. STANFIELD, The History of Homiletics. In: DERS. [u.a.], Homiletics, Grand Rapids/MI 1974, 7–23; hier 11).

> change, but we also have a keen desire for coherence and unity, and a speech should have a specific purpose.«[1401]

Klarheit und Einfachheit des Ausdrucks bewirkten eine leichte und direkte Aufnahme durch die Hörerschaft und tragen so zur Effektivität der Kommunikation bei.[1402] Von dieser Überzeugung ist Ahos eigener Stil wie sein Unterricht geprägt. Auch damit steht er in der Tradition der Predigten Luthers.[1403]

Das homiletische Werkzeug, das Aho den zukünftigen Predigern an die Hand gibt, dient von Anfang an dem Streben nach solcher Klarheit; von der gründlichen, am Urtext verantworteten Exegese über die Hörerbesinnung und das klare Erkennen der geistlichen Situation im Text und in der Gemeinde[1404] bis hin zur gründlichen Erarbeitung einer inhaltlich und sprachlich stimmigen Struktur.[1405] Dazu gehören die Charakteristika der von der klassischen Rhetorik bestimmten Predigt, wie sie Jensen 1993 auflistet: klare Argumente, logischer Aufbau, dichte Übergänge, Entwicklung eines Haupt-Punktes, überzeugende Argumentation, angemessene Illustrationen sowie die theologische Stimmigkeit (*defensibility*) der Botschaft.[1406] Doch ist für Aho Sprache nicht nur ein äußeres Mittel zum Zweck. Die Beschäftigung seiner Zeit mit dem Verhältnis von Sprache und Bewusstsein und der Rezeptionsästhetik schlägt sich in seiner Dissertation von 1972 nieder, wenn er schreibt,

> »For Hedberg, language was a means of registering his reaction to an object or an idea, an occasion or an audience. But it was also a means of projecting that reaction to the hearers so that it might become their reaction. Thus one could say that Hedberg's use of verbal symbols comprises the essence of his sermonic discourse.«[1407]

5.4. Besondere Kennzeichen lutherischer Homiletik

5.4.1. Die Theologie der Predigt

Zur Theologie der Predigt gehört zunächst das Verständnis dessen, was ihr Wesen bestimmt. Nach lutherischer Überzeugung ist diese nicht zuerst Information oder lehrhafter Vortrag (wie auch die Heilige Schrift nicht ein Sammelwerk von Weisheiten oder Lebensregeln ist); sie sucht nicht vorrangig die intellek-

---

1401 Mohrmann, Composition, 68.
1402 A.a.O., 71.
1403 Otto bescheinigt Luther, seine Predigten seien frei von »Zierrat« und »Künstlichkeit«; die schmucklose Rede der Evangelien sei sein Vorbild (Otto, Rhetorische Predigtlehre, 70).
1404 Siehe hierzu die Ausführungen zum Dreischritt von *goal, malady* und *means*, den Aho von Caemmerer übernimmt, unter 5.5.1.
1405 Vgl. hierzu Perry, s.o.
1406 Jensen, Thinking, 38 (unter Bezug auf Troeger).
1407 Aho, Preaching of Hedberg, 144.

tuelle oder emotionale Zustimmung des Hörers zu zeitlosen Wahrheiten. Nicht Gottes Wort *und* die »moderne« Kultur sind die Quelle der Autorität für die Verkündigung, wie es Surburg im Blick auf die neue Hermeneutik im »Springfielder« 1974 beschreibt[1408] und wie es bei einigen amerikanischen Homiletikern dieser Zeit der Fall ist. Es ist die Schrift allein, deren Subjekt Gott ist. Diese ist ihr eigener Ausleger:

> »[...] since there is no higher authority than God's Word itself, and since there is no additional revelation to which we may appeal, the basic hermeneutical principal <sic> must be ›let Scripture interpret Scripture‹, *scriptura scripturam interpretatur.*«[1409]

Nicht der Hörer des Wortes – einschließlich des Predigers, der es als erster hört, – entscheidet in einer Art homiletischer oder rhetorischer »Sachkritik« über die Relevanz des Wortes Gottes. Der Mensch als gefallener, sündiger Mensch ist für Gott vielmehr so relevant, dass dieser ihn in dieser Zeit und Welt retten will. Dazu setzt er sein Wort als Heils-Mittel ein. Als Botschaft von dem, was Christus für den Hörer ist und getan hat, richtet sich dieses Wort an ihn – individuell und in der Gemeinschaft – in einer konkreten Zeit und Situation. In diesem Sinne kommt auch von lutherischer Seite Zustimmung für die Kritik an einem »statischen« Verständnis des Wortes Gottes und seiner Verkündigung:

> »If this objection were motivated from the concern that doctrine sometimes has been simply taught for doctrine's sake; if this criticism would be prompted because often doctrine has been intellectualized and not related to life, then we would be in hearty agreement with the criticism of the old theology as being static!«[1410]

Diese Kritik an einer »traditionellen« Weise der Verkündigung in der amerikanischen Homiletik entspricht in ihrer Form der Kritik der europäischen »neuen Hermeneutik« an der alten. Sie führt jedoch in den USA und im Bereich der praktischen Theologie nicht zu einer theologischen Revolution,[1411] sondern begegnet häufig in der hier von Surburg beschriebenen Gestalt einer formalen Kritik. In dieser Form wird sie im konfessionellen Umfeld Nordamerikas weithin zustimmend aufgenommen. Nicol weist darauf hin, dass die grundsätzliche Verbindung von Exegese, Systematischer Theologie und Homiletik, wie sie im existentialen Ansatz Bultmanns oder Ebelings gegeben ist, in den USA nicht wie in Deutschland auseinandergebrochen sei; auf diesem Grund sei eine »neue, ebenso bibel- wie erfahrungsorientierte Homiletik« gewachsen.[1412] Caemmerer setzt sich 1966 von einer lutherischen Position aus mit der neuen Hermeneutik

---

[1408] Surburg, New Hermeneutic, 16f.
[1409] Ebd.
[1410] A.a.O., 17.
[1411] A.a.O., 15f.
[1412] Nicol, Positionslichter, 298.

auseinander. Er beschreibt im Vorfeld die Anfechtung vieler Prediger in der Folge der Leben-Jesu-Forschung und der historisch-kritischen Methode sowie die Rückkehr zur Lehre der Inspiration bei Barth. Daran schließt sich eine Darstellung der Entwicklung der neuen Hermeneutik an, in der er positive Aspekte dieses Ansatzes für die Predigt des Alten Testaments herrausstreicht sowie Schwächen der deutschen neuen Hermeneutik solchen ihrer amerikanischen Rezeption gegenüberstellt.[1413] Er fasst zusammen:

> »It is my surmise that the German approach, for all of its acuteness, fails in some of the broader appreciation of the Biblical documents which British and American Biblical studies have developed, [...]. But this the German thinkers have kept central: the preaching of today's minister of the Gospel. The reason is that it views the Word of God as central in the process of its message und that it views the preacher as responsible for translating that Wort into action toward his people.«[1414]

Caemmerer stellt fest, das Versöhnungswerk Christi werde in dieser Hermeneutik zu einem bloßen Paradigma für die christliche Erfahrung von Tod und Leben, Dienst und Aufopferung. Dennoch schließt er mit dem Hinweis, dass deren Vertreter sich bemühen würden, zuerst zu hören, damit sie reden könnten; dem Prediger, der sich um die Schrift bemüht, könne man kein besseres Programm vorsetzen.[1415]

5.4.2. Der Inhalt der Predigt

Zur Theologie der Predigt gehört zweitens die Frage nach der *materia*; eine Frage, die trotz der Betonung der Entsprechung von Form und Inhalt in Teilen der neuen Homiletik kaum gestellt wird.[1416] Dass diese dennoch von den Anliegen der neuen Homiletik nicht getrennt werden kann, arbeitet insbesondere der

---

1413 RICHARD R. CAEMMERER, The New Hermeneutic and Preaching. In: CTM 37 (1966), 2, 99–110; hier 108, 110 (i. Folg.: CAEMMERER, New Hermeneutic). Caemmerer verweist in diesem Artikel mehrfach auf J. M. Robinson für hilfreiche Zusammenfassungen der neuen Hermeneutik auf amerikanischer Seite. Er sieht andererseits bei vielen christlichen Predigern eine Furcht vor der historisch-kritischen Methode und der Literarkritik; doch würden deren Vertreter die Bibel bisweilen mehr und produktiver lesen als jemand, der diese als ganze akzeptiere, ohne sie zu lesen (CAEMMERER, Recovery, 154).

1414 CAEMMERER, New Hermeneutic, 106. Caemmerer bezieht sich in einer Anm. zu diesem Absatz ausdrücklich auf DODD, Apostolic Preaching.

1415 CAEMMERER, New Hermeneutic, 110.

1416 Edwards sieht hier mit Brevard S. Childs eine gewisse Ernüchterung unter den Pfarrern, die an den wesentlichen Anliegen der *biblical theology* festhalten wollten; diese hätten sich erfolglos bemüht, die Theologie auf konkrete Fälle anzuwenden; die wachsende Unsicherheit über den Platz, den die Bibel einnehmen soll, habe sich erneut in der Form der Predigt gezeigt, und sie hätten eingestehen müssen, dass die Predigt der älteren *liberals* zumindest interessant und relevant gewesen sei (EDWARDS, History of Preaching, 684f., mit einem Zitat von, BREVARD S. CHILDS, Biblical Theology in Crisis, Philadelphia/PA 1970).

niederländische Homiletiker Immink heraus. Dieser merkt kritisch an, dass der im Predigtgeschehen gegenwärtige Christus nur dann erkannt werden könne, wenn er auch als der verkündigt werde, der in der Vergangenheit gelebt und sein Heilswerk vollbracht hat. Wenn Predigt Ereignis und Erfahrung bedeutet, wenn sie ein Zur-Sprache-Bringen ist, dann müsse auch bestimmt werden können, *was* zur Sprache gebracht wird.[1417] Oder, mit dem lutherischen Homiletiker Rossow in St. Louis gesprochen: Das Ereignis, um das es im Evangelium geht, ist keine Metapher.[1418] An diesem Punkt findet sich Zustimmung auch in anderen Denominationen. Der kanadische Homiletiker Wilson, der in den 90er Jahren wesentliche Anliegen der neuen Homiletik weiter verfolgt, betont den Zusammenhang der Homiletik mit der systematischen Theologie, den altkirchlichen Bekenntnissen und der Tradition der Kirche.[1419] Die Leute würden annehmen, dass sie die Bibel für wahr halten sollten.[1420] Die Prediger würden ihrerseits »mutig« davon ausgehen, dass Gott ihre Stimmen durch das rechte Lesen und Auslegen der Schrift zur Verkündigung seines Wortes im Leben der Menschen heute gebrauche.[1421] Wilson spricht von einer klaren, überindividuellen Gewissheit des Glaubens:

> »In faith and through revelation we have a confidence in our central theological claims that surpasses the confidence of empirical scientists.«[1422]

Die zentralen Lehren sind für Wilson durch die Glaubenstradition definiert;[1423] zu dieser gehört auch das Predigen von Verdammnis und von Buße.[1424] Diese Überzeugung ist nicht untypisch in diesem konfessionellen Kontext und begegnet in ähnlicher Weise bei anderen Homiletikern.[1425]

[1417] Immink, Gesprek, 386. Auch Wilson kritisiert, es gebe überraschend wenig Diskussion über das theologische Zentrum des Predigens (Wilson, Practice, 104).

[1418] Rossow, Preaching, 32: »The Gospel-Event Itself Not a Metaphor« (Zwischenüberschrift).

[1419] Für Wilson steht das, was in der Heiligen Schrift offenbart ist und was in den Credos der Kirche steht, fest. Er betont, dass das Evangelium nicht in einer von der Theologie rekonstruierten Fassung nach der Quelle Q zu predigen und dass denjenigen Worten Jesu, die durch mehrheitliche Abstimmung für wahrscheinlich echt erklärt würden, kein höherer Wert als anderen beizumessen sei. Zugleich gesteht er den Evangelisten selbst große Freiheiten (u.a.) im Umgang mit den Worten Jesu zu (Wilson, Practice, 64, 144, 265f.).

[1420] A.a.O., 71.

[1421] A.a.O., 17.

[1422] A.a.O., 66.

[1423] A.a.O., 86.

[1424] A.a.O., 99f.

[1425] Vgl. etwa Craddock, Preaching, 49. – Innerhalb der Bewegung der *biblical theology* definiert der presbyterianische Theologe Miller *expository preaching* als eine Konfrontation mit Gott in Christus in Gericht und Gnade, die durch den Heiligen Geist geschieht (nach Edwards, History of Preaching, 683).

Hier wird erkennbar, dass die Erwartung einer christozentrischen Predigt, der Verkündigung von Kreuz und Auferstehung als Heilstatsachen und der Rede von Gericht und Gnade im konfessionellen Spektrum Nordamerikas zwar nicht überall vorhanden, aber nicht ungewöhnlich ist.[1426] Für Wilson hat die Predigt nichts zu verkündigen, wenn sie nicht Christus als den Gekreuzigten und Auferstandenen verkündigt.[1427] Die Frage, wie weit das inhaltlich geschieht, wäre auch kritisch an ein »preaching from within« zu richten – eine Wendung, die in der Selbstdarstellung der *new homiletic* keine wesentliche Rolle spielt, jedoch in der deutschen Rezeption bei Nicol begegnet, der dazu ausführt,

> »Eine solche Predigt versucht – sie versucht es zumindest – nicht *über* das Trösten zu reden, sondern zu trösten.«[1428]

Seit den 60er Jahren hätten sich dagegen, so Wilson, Exegese und Theologie große Mühe gegeben, das Finden eines Zentrums oder einer Kerntheologie in der Bibel zu vermeiden.[1429] Diese Debatte habe jedoch nichts daran geändert, dass die einfache Tatsache des Kreuzes und der Auferstehung im Kern des biblischen Zeugnisses stehe.[1430] Hier ist auch auf die von Immink und anderen thematisierte Ausblendung der Eschatologie in der neuen Homiletik hinzuweisen;[1431] ein weiterer Grund dafür, dass die theologischen Implikationen dieses homiletischen Aufbruchs auf lutherischer Seite nicht unverändert übernommen werden. Es mag in der Tat verwundern, dass trotz aller Feststellungen einer vielseitigen Krise der Predigt, die zum Auslöser des homiletischen Auf-

---

[1426] S. WILSON, Practice, 106f. Diese Grundüberzeugung verbindet sich bei Wilson mit dem theologischen Nachdruck auf der Erfahrung des Hörers, so dass der forensische Aspekt der Verkündigung von Gericht und Gnade bei ihm zurücktritt gegenüber dem Vorgang, der mit diesem Teil der Verkündigung im Geist des Hörers verbunden ist (a.a.O., 115f, 148, vgl. 26, 233).

[1427] A.a.O., 71, 73ff., 86, 94, 113. Wilson schreibt, »If we lose sight of this as our message, that it is at the heart of whatever we say, our sermons easily become literary, historical, theological, exegetical, cultural, or thematic exercises.« (a.a.O., 71). Zugleich finden sich jedoch auch klar synergistische Aussagen bei Wilson (a.a.O., 21, 37 u.ö.).

[1428] NICOL, Positionslichter, 302. Hervorhebg. i. Orig. Nach Nicol stammt die genannte Wendung von Wardlaw, geprägt im persönlichen Gespräch als Antwort auf die Frage, wie man »im Horizont einer Ereignis-Homiletik zutreffender vom Umgang mit dem Bibeltext reden könne« (a.a.O., 301).

[1429] Vgl. Nicols Anmerkung zu der Wendung »To Make Things Happen«, unter der er seine Praxisimpulse aus den USA zusammenfasst: Eine solche Predigtdefinition in der neuen Homiletik könne man gewiss pragmatistisch missverstehen »und ein prinzipielles Theologiedefizit einklagen« (NICOL, Things, 47). Aus welchem Grund jemand ein Anrecht auf ein solches Defizit geltend machen sollte, wird dabei nicht klar. Vogt übernimmt diese Wendung entsprechend verändert und schreibt, der »New Homiletic« werde »bisweilen ein prinzipielles Theologiedefizit *zugesprochen*« (VOGT, Predigen, 36, mit Verweis auf NICOL, Bild, 146, wo es jedoch um ein didaktisches [nicht theologisches] Defizit nicht in den USA, sondern in Deutschland geht. Hervorhebg. von mir).

[1430] WILSON, Practice, 104.

[1431] Siehe etwa IMMINK, Gesprek, 382.

bruchs werden, keine zentrale theologische Auseinandersetzung mit dem Inhalt der Predigt stattfindet. Jedoch verhält sich auch in Bezug auf die Rolle der *materia* die neue Homiletik nicht einheitlich; Immink nennt Lischer und Long als Homiletiker, die deutlich den theologischen Gehalt der Predigt im Auge hätten.[1432] Der propositionale Gehalt - das, was gesagt wird - sei genau das, was man von einer Ansprache behalte.[1433]

Zu einem bestimmten Inhalt gehörten deshalb auch *propositions*, thesenartige Sätze. Immink bezeichnet diese als Teil jeder menschlichen Kommunikation, die immer versuche, andere zu überzeugen; nicht, um sie zu manipulieren oder autoritär mit ihnen umzugehen, sondern weil dem Sprecher an ihnen liege.[1434] Es gehe nicht nur um Ethos und Pathos, sondern auch um den Logos. Darin liege zugleich eine besondere Verantwortung des Predigers und Redners.[1435] In diesem Sinne findet sich bei Aho und seinen Kollegen die Arbeit mit solchen thesenartigen Sätzen in der Erstellung und Gliederung der Predigt auch in der Mitte der 80er Jahre. Es handelt sich dabei nicht um die Fortschreibung einer rhetorischen Tradition in der Homiletik aus einer formal-konservativen Haltung heraus. Diese Weise der Kommunikation gründet vielmehr in der lutherischen theologischen Einsicht, dass die besondere Gattung der Kanzel-Rede tatsächlich im geistlichen Sinne »überzeugen« will. Sie will den Sünder von seiner Schuld vor Gott überführen und ihn von Gottes Gnade in Christus überzeugen - sie wirbt also darum, dass er glaubt, und das heißt auch: sich mit seinem Willen in Gottes Willen einfügt.[1436] Lutherische Theologie geht dabei immer auch und gerade von der Fremdheit des Textes aus. Das Wort Gottes sagt nicht nur das, wozu der Mensch in seiner Erfahrung eine Beziehung herstellen kann, es begegnet ihm zugleich als kritisches Gegenüber.[1437]

Das Ziel der konkreten und persönlichen Ausrichtung der Verkündigung erfordert ein doppeltes, sehr sorgfältiges Hören auf den Text und auf den Hörer.[1438] Dabei kommt die Bedeutung des Wortes jedoch nicht erst im Geschehen der individuellen oder gemeinschaftlichen Rezeption und Interpretation zustande. Sie ist zunächst Aufgabe einer sorgfältigen Exegese, wenn

---

[1432] Immink berichtet, dass Longs Buch »The Witness of Preaching« (THOMAS G. LONG, Louisville/KY 1989 [i. Folg.: LONG, Witness] an der theologischen Fakultät in Utrecht als Lehrbuch gebraucht wird (IMMINK, Gesprek, 372); Long betont die Verbindung einer gründlichen Exegese mit einer klar definierten Intention und Wirkung auf den Hörer (LONG, Witness, 77, vgl. 12, 127, 134).

[1433] IMMINK, Gesprek, 392.

[1434] Vgl. unten unter 6.2.3.

[1435] IMMINK, Gesprek, 385ff.

[1436] Vgl. OTTO, Kunst, 82.

[1437] Auf reformierter Seite macht Immink zu Recht auf diese Einseitigkeit des Ansatzes bei der Erfahrung des Menschen aufmerksam (IMMINK, Gesprek, 387f.). Als kritisches Gegenüber begegnet das Wort Gottes auch bei Wilson (WILSON, Practice, 160).

[1438] Vgl. hierzu Craddocks Satz, »Life is not experienced or known in general.« (CRADDOCK, Preaching, 163).

möglich des Urtextes. Dabei ist die ursprüngliche historische und geistliche Situation genau zu beachten.[1439]

Ebenso sorgfältig arbeitet der Prediger die Situation seiner Hörer heraus.[1440] Hier fließt seine Erfahrung aus Hausbesuchen, Seelsorge und Unterricht ein. Er schöpft den Predigt-Inhalt nicht aus den Tagesereignissen oder Massenmedien. Er übernimmt auch nicht einfach die Infragestellung biblischer Inhalte aus der Umwelt, wo die Hörer selbst das nicht tun, etwa in Bezug auf die göttliche Natur Christi oder seine leibliche Auferstehung. Die Verkündigung folgt nicht den religiösen Vorstellungen der Gesellschaft, sie ist immer zugleich Bekenntnis:

> »Our confession of Christ becomes crucially important in a world where many people think that those of different faiths are in different boats but all heading for the same shore; that it doesn't make any difference what people believe as long as they are sincere; that what makes a person a Christian is believing in the Golden Rule and the Ten Commandments.«[1441]

5.4.3. Gottes Urteil über den Hörer

Zu dem Zeugnis der Predigt gegenüber der Welt und dem Hörer gehört auch das Gesetz. Auch im Kontext der entstehenden neuen Homiletik wird diese lutherische Überzeugung grundsätzlich von verschiedenen Homiletikern geteilt, auch wenn sie theologisch unterschiedlich motiviert ist. Sangster geht davon aus, dass die Hörer zwar jede Erwähnung von Sünde im Zusammenhang mit sich selbst ablehnen mögen, zugleich jedoch gerade den Prediger nicht ernstlich respektieren, der mit der Predigt nicht in ihr Gewissen schneidet. Die Hörer wollten wissen, dass sie unter der Kanzel Gott begegnen und nicht nur einem anderen Sterblichen zuhören, der seine unwichtigen Gedanken ausschütte.[1442] Wedel bezeichnet eben dies zur selben Zeit ausdrücklich als ein Bedürfnis der Hörer:

> »Our parishioners [...] feel a need, fully acknowledged or not, for being brought into judgment, for the healing that alone can come from facing their own guilt-burdened lives, and for the divine truth which can set them free.«[1443]

[1439] Zur rechten historischen Exegese, die zugleich im Glauben geschieht, vergleiche Craddock: »It is faith's witness that one seeks to hear and to speak, but faith witnesses to specific persons, in specific places, under specific conditions.« (a.a.O., 113).

[1440] Im Folgenden übernehme ich Teile aus SCHMIDT, Gericht und Gnade, 105.

[1441] GERHARD AHO/DONALD L. DEFFNER/RICHARD G. KAPFER, Lent. A Time for Renewal. Sermon Book. Lenten Studies, Sermons, and Worship Resources for Ash Wednesday to Easter, St. Louis/MO 1989, 29 (i. Folg.: AHO/DEFFNER/KAPFER, Time).

[1442] SANGSTER, Power, 18.

[1443] WEDEL, Pulpit, 7. Beachte, dass Wedel von Gemeindegliedern, also wohl von regelmäßigen Predigthörern spricht. Man mag fragen, in welchem Rahmen und Ausmaß diese Voraussetzung zu dieser Zeit gegeben ist. Aho erwähnt sie nicht; sie mag zu seiner Zeit stark abgenommen haben.

Auch bei Ayer findet sich vor dem Hintergrund eines baptistischen Verständnisses der Predigt die Feststellung, Gott fordere vom Menschen Gerechtigkeit und Heiligkeit. Er hält die Rede von Gottes Gericht und Gottes Gnade für wichtig, sie ist bei ihm jedoch nicht bestimmend für die Grundsituation des Menschen vor Gott.[1444] C. Reid stellt die Frage, ob sich nicht viele Hörer unbewusst die Ohren zuhielten: Sie kämen mit einem emotionalen, subjektiven Verlangen, von ihrem Vater zurechtgewiesen zu werden, ohne sich wirklich um den Inhalt der Botschaft zu kümmern. Die Folge sei, dass sie die Irrelevanz der Botschaft in Bezug auf ihr eigenes Leben nicht bemerkten.[1445] Für C. Reid selbst ist das *end product* des christlichen Glaubens nicht die Rechtfertigung des Sünders, sondern die Veränderung seines Lebens.[1446]

Dass die Predigt auch in der Erwartung manchen Predigers immer zugleich Zurechtweisung sein soll, spiegelt sich in dem Satz Farmers wider, jeder Trost müsse stets auch eine Forderung Gottes enthalten.[1447] Zu Beginn der 80er Jahre beobachtet H. W. Robinson an diesem Punkt eine Veränderung: Während der Prediger früher oft mit einem gewissen Schuldgefühl rechnen konnte, das am Rande des Denkens einer Gemeinde vorhanden war, könne er in der Gegenwart nur davon ausgehen, dass die Hörer das Gehörte anzweifeln und infragestellen.[1448] Angesichts solcher Auswirkungen der geistesgeschichtlichen und gesellschaftlichen Entwicklung sind Hinweise des Kommunikationswissenschaftlers Scheidel von Bedeutung, die die psychologischen Reaktionen auf eine Konfliktsituation beschreiben. Dazu gehören Leugnen des Konflikts, Rationalisierung, Kompensierung und Rückzug.[1449] Im geistlichen Sinne kommt diese Beschreibung eng an den Widerstand des sündigen Menschen gegen die Botschaft des Gesetzes heran und erinnert an Luthers Verständnis der Predigt als eines geistlichen Schlachtfelds, eines Teils des andauernden Kampfes zwischen Gott und seinem Widersacher.[1450]

[1444] AYER, Method, 17. Vgl. 21 und die Implikation der progressiven Heiligung, 24.

[1445] REID, Empty Pulpit, 98f.

[1446] A.a.O., 72.

[1447] FARMER, Servant, siehe etwa 68–71. Vgl. die gesetzliche Prägung der Ausführungen Bowies und der homiletischen Beispiele bei Sangster und Blackwood sowie die synergistischen Tendenzen bei Lee (LEE, Years, 82) und Barnhouse (DONALD GREY BARNHOUSE, Living from the Word of God. In: CLARENCE STONELYNN RODDY [Hg.], We Prepare and Preach. The Practice of Sermon Construction and Delivery, Chicago/IL 1959, 37–44). – Harnish schlägt vor, den Schuldkomplex der Amerikaner auszunutzen, um sie zu vermehrtem Bibellesen zu bewegen (HARNISH, Mechanics, 69).

[1448] H. W. ROBINSON, Preaching, 85. – Im Sinne der lutherischen Systematik ist darauf hinzuweisen, dass ein solches mangelndes »Vorverständnis« des Schuldigseins vor Gott auf Seiten der Hörer Gesetzlichkeit in der Predigt nicht ausschließt, auch wenn sich der Prediger dieser Situation bewusst ist.

[1449] SCHEIDEL, Speech Communication, 286.

[1450] Hinweis nach JENSEN, Thinking, 27.

Über ein Gefühl der Schuld hinausgehend weist Randolph in seiner Darstellung der sogenannten neuen Homiletik der Buße eine Schlüsselrolle in der christlichen Verkündigung zu und spricht von neuer Freude, Hoffnung und Kraft, die der Sünder in der Person Christi findet. Das Entscheidende an solcher Buße ist für ihn jedoch nicht die Umkehr und Rechtfertigung des Sünders vor Gott, sondern ihr existentialer Ereignischarakter in der Welt: Sie sei es, die den Lauf der Geschichte ändere.[1451]

Lutherische Homiletiker wie Fritz und Caemmerer wenden sich gegen Synergismus in der Predigt, den sie dort sehen, wo die fordernde und richtende Verkündigung des Gesetzes dazu dient, das Ziel der Predigt zu erreichen, wo dies also nicht durch die Predigt der reinen Gnade Gottes geschieht, d.h. nicht als Glaubensziel aus der frohen Botschaft erwächst oder als Liebesziel aus dem »dritten Brauch« des Gesetzes, das dem gerechtfertigten Sünder Wegweisung gibt.[1452] Jensen kommentiert eine Weise zu predigen, in der der Hörer durch das Gesetz nur auf sich selbst zurückgeworfen wird; das Evangelium werde so zu einer Art Trostpflaster; der Hörer werde überzeugt, dass Christus ihm helfen werde, wenn er selbst sein Bestes gebe.[1453] Deffner macht auf die Gefahr der moralistischen Predigt, des Appells an den Eigennutz des Hörers und der »How-To«-Predigt aufmerksam. Christliche Predigt sei in ihrem tiefsten Wesen Predigt der Buße und der Vergebung der Sünden;[1454] Vergebung sei nicht ein Dogma neben anderen, sondern mache die biblische Botschaft schlechthin aus.[1455] In ähnlicher Weise bezeichnet auch Wedel als Theologe der Episcopal Church die gesetzliche Predigt, in der Christus als moralisches Vorbild und das Christentum als eine Religion der Moral verkündet werde, als Häresie. Die Predigt eines *faith in action* sei der Irrtum der liberalen Theologie gewesen, dadurch werde niemand gerettet.[1456] Auch der baptistische Homiletiker White macht an dieser Stelle auf einen zweifelhaften Gebrauch des Gesetzes aufmerksam. Vorsätzlich ein Schuldbewusstsein zu schaffen, um dann dem Hörer mit der Botschaft vom

---

1451 RANDOLPH, Renewal, 80. Vgl. die Bedeutung des Konzepts der »Transformation« in DERS., Twenty-first Century, 5.

1452 Fritz betont im Zusammenhang von Phil 2,12, »Schaffet, dass ihr selig werdet mit Furcht und Zittern«, solche Worte dürften nicht aus ihrem Kontext gelöst werden (FRITZ, Preacher's Manual, 14); er wendet sich damit offensichtlich gegen Phelps (s. PHELPS, Theory, 14–16). – Deutsche Schriftzitate in dieser Arbeit nach der Lutherübersetzung, rev. Fassung v. 1984, Stuttgart 1987.

1453 JENSEN, Thinking, 69. Jensen zeigt mit einem Lutherzitat, wie rechtes Hören des Evangeliums eine Anwendung der darin erschienenen Hilfe und Gnade Christi durch den Hörer auf sich selbst ist. Eine Beispielpredigt von ihm zeigt jedoch, dass da, wo das Gesetz seiner anklagenden und verdammenden (und damit das Evangelium seiner schenkenden und seligmachenden) Funktion entleert wird, die Predigt letztlich nur noch Aufforderung zum Tun sein kann (a.a.O., 72, 116–121).

1454 DEFFNER, Real Word, 34-36, vgl. 27f. (»The ›New‹ Humanism«).

1455 DEFFNER, Compassionate Preaching, 14.

1456 WEDEL, Pulpit, 39ff., 115, vgl. 31 und 66.

Kreuz Erleichterung zu bringen, scheine psychologisch gefährlich und sei eine dubiose Methode, um Menschen zu Heiligen zu machen.[1457]

Mit einer veränderten Sicht des Menschen in der Moderne setzt sich Fritz auseinander:

> »Modernism tells us that in the course of years the world has undergone so many wonderful changes that the old Bible religion needs to be reconstructed. We readily admit that many changes have taken place in the world since the days of Christ and the apostles. But when we analyze the situation, we shall find that all the changes have taken place in the world surrounding man but not in man himself, in the physical world and not in the spiritual nature of man. Man in his nature is essentially the same today that he has ever been.«[1458]

Der Mensch lebe heute unter modernen Bedingungen, aber es gebe, geistlich-anthropologisch gesprochen, keinen »modernen« Menschen.[1459] Dem entspricht der pointierte Satz Reus in seiner Homiletik, auch ein sehr aufgeklärter Sünder bleibe ein Sünder.[1460] Ebenfalls aus theologischen Gründen erklärt Dodd den Versuch für gescheitert, den heutigen Menschen zum kritischen Maßstab zu machen und alle Elemente aus dem Neuen Testament zu entfernen, die diesem fantastisch erscheinen mögen, um auf diese Weise zu einem ursprünglichen, wesentlichen Gehalt des Christentums zurückzufinden.[1461] Zugleich betont er, dass die Tatsache des kommenden Gerichts zur Grundlehre der apostolischen Botschaft des Paulus gehört.[1462]

Für den Menschen, der Gottes vernichtendes Urteil über sich hört, ist das Evangelium der wirksame Zuspruch der Gerechtigkeit, die Gott beim Menschen sucht. Fritz schließt seine Auseinandersetzung mit dem Inhalt der Predigt, indem er schreibt, das alte Evangelium Jesu Christi, das die Reformation der Welt von neuem geschenkt habe, werde in der lutherischen Kirche immer noch gelehrt und gepredigt. Daran solle die Kirche festhalten und fortfahren, es auch anderen zu predigen, denn diese Botschaft könne durch nichts ersetzt werden.[1463] Gott mache den Prediger nicht für die Zahl der Bekehrungen, die er vorweisen könne, verantwortlich – kein Prediger könne eine einzige Seele bekehren –, sondern dafür, dass er Gottes Wort predigt, und das heiße: Gesetz und

---

[1457] White, Guide, 138.
[1458] Fritz, Preacher's Manual, 222.
[1459] A.a.O., 233. Vgl. F. B. Meyers Aussage zu Beginn des 20. Jahrhunderts, dass sich das, was menschliches Leben ausmacht, nicht von einem Zeitalter zum anderen ändere; es sei gekennzeichnet durch äußerste Entfremdung (Meyer, Expository Preaching, 5, 119).
[1460] Reu, Homiletics, 55, vgl. 105. Vgl. Howard W. Ferrin, The True Teachers. In: Clarence Stonelynn Roddy (Hg.), We Prepare and Preach. The Practice of Sermon Construction and Delivery, Chicago/IL 1959, 53–62; hier 56f.
[1461] Dodd, Apostolic Preaching, 67, vgl. 77.
[1462] A.a.O., 12.
[1463] Fritz, Preacher's Manual, 226.

Evangelium.[1464] Dass die rechte Unterscheidung und das rechte Verhältnis zwischen diesen von grundlegender Bedeutung für die christliche Verkündigung ist, wird an den beiden Concordia-Seminaren der Missouri-Synode wiederholt betont.[1465] Für Caemmerer ist die Aufgabe des Predigers nicht damit getan, dass er dem Hörer erklärt, was Gott von ihm will und ihn drängt, sich entsprechend zu verhalten. Er ist vielmehr das Werkzeug, das Gott gebraucht, um den Hörer zur Umkehr zu bewegen und ihm das Wort zuzusprechen, das neues Leben in ihm wirkt.[1466]

Eine gewisse formale Entsprechung zu der Korrelation des geistlichen Krankheitszustandes des Menschen und des Mittels zu seiner Überwindung, wie sie auf lutherischer Seite thematisiert wird,[1467] findet sich bei Lowry eben an der Übergangsstelle vom Text zur Predigt:

> »The proclamation of the gospel must be consistent with the diagnosis that precedes it.«[1468]

Voraussetzung für solches Predigen sei, dass der Prediger den Text sorgfältig exegesiere, um eine solche Diagnose recht stellen zu können und den entscheidenden *clue* des Evangeliums zu finden.[1469] Dann falle dieses wie von einem Magnet angezogen an die richtige Stelle in der Predigt.[1470] Ein solcher Umgang mit dem Wort Gottes unterscheide sich von den zwei großen theologischen Traditionen des 20. Jahrhunderts:

> »Once again we should note the theological view regarding ›point of contact‹ implicit in this image of the sermon as narrative. It is a view different both from the inductive process of the liberal tradition (which views the gospel as continuous with human experience) and from the deductive process of the neo-orthodox tradition (which views the gospel as discontinuous with human experience).«[1471]

5.4.4. Die Bedeutung der historischen Exegese

Der Stellenwert, den die genaue Wahrnehmung des historischen Kontexts der Schrift in der »neuen Homiletik« erhält, zeigt sich in der kritischen Haltung, die diese gegenüber der nicht seltenen Praxis einnimmt, von der Zeit Christi in die

---

1464 A.a.O., 82.
1465 S. etwa Krieger, Angels, 27.
1466 Nach Hoyer, Preaching for the Church, 118.
1467 Siehe Walther, Pastoraltheologie, 105f. S. auch unten, 5.5.1.
1468 Lowry, Plot, 77. Aho spricht davon, dass das geistliche Krankheitssymptom (*malady*) und das Mittel zu seiner Überwindung (*means*) einander entgegengesetzt (*apposites*) sein müssen (Gerhard Aho, Sermon Theory I Notes, Fort Wayne/IN [zw. 1980 und 1987], 13 [i. Folg.: Aho, Sermon Theory I]).
1469 Lowry wendet sich wiederholt dagegen, das Evangelium so zu predigen, als gebe dies auf jedes menschliche Problem eine Antwort (Lowry, Plot, 25, 74, 127).
1470 A.a.O., 78.
1471 A.a.O., 78f.

Gegenwart zu springen, als hätte die historische Überlieferung der biblischen Texte keine Bedeutung.[1472] Für Aho bildet eine sorgfältige Exegese den Anfang jeder Predigtvorarbeit; der Wirkungsgeschichte der Schrift in der Kirche geht er in seinen wissenschaftlichen Arbeiten wiederholt nach. Ein unhistorisches Vorgehen in der Predigtarbeit ist ein Aspekt, den er in seiner Untersuchung der Predigten Hedbergs kritisch markiert.[1473]

In der neuen Homiletik wird dieser Zusammenhang in einem gesellschaftlichen Klima, das sich in allen Bereichen mit der Kommunikation befasst, neu gefordert. Dabei spielt auch das Bemühen um eine Wiedergewinnung der Bedeutsamkeit der christlichen Verkündigung eine Rolle. Exegese und historische und dogmatische Studien müssten im Dialog miteinander getrieben werden.[1474] Randolph schreibt,

> »The preacher's conversation with the systematic theologians should enrich his understanding of the text in relation to the faith of the contemporary church and the modern mind.«[1475]

Um einen solchen Zusammenhang geht es auch Aho. Er erwächst für ihn aus seinem lutherischen Verständnis der Theologie und Praxis der Kirche. Dass er selbst einen solchen Dialog mit der systematischen Theologie praktiziert, zeigt sich in seinen Beiträgen zur Vierteljahreszeitschrift des Seminars[1476] ebenso wie in dem regelmäßigen Austausch, den er mit seinem systematisch-theologischen Kollegen Scaer pflegt.[1477]

Es geht ihm jedoch nicht nur um ein besseres Verstehen des Glaubens der »kontemporären« Kirche und des modernen Geistes, sondern nach lutherischem Verständnis um den Glauben der einen heiligen christlichen Kirche zu aller Zeit und an allen Orten.[1478] Die systematisch-theologische Besinnung (*doctrinal study*) unter Einbeziehung der Bekenntnisse der Kirche bildet deshalb bei ihm einen wesentlichen Teil der Predigtvorarbeit.[1479]

[1472] Nach RANDOLPH, Renewal, 41.

[1473] AHO, Preaching of Hedberg, 130.

[1474] Siehe RANDOLPH, Renewal, 42.

[1475] A.a.O., 44.

[1476] Vgl. GERHARD AHO, Law and Gospel in Preaching. In: CTQ 45 (1981), 1–2, 1–4 (i. Folg: AHO, Law and Gospel); JAMES DAANE, The Anatomy of Anti-Semitism And Other Essays on Religion and Race, Grand Rapids/MI 1965. In The Springfielder 30 (1966/67), 4, 54f.

[1477] Scaer berichtet von regelmäßigen, ausführlichen Gesprächen mit Aho, »generally late Friday afternoons« (persönliche Korrespondenz mit mir per E-mail, 20.7.2010).

[1478] Vgl. die Vorrede zur F.C. (Die Bekenntnisschriften der evangelisch-lutherischen Kirche. Herausgegeben im Gedenkjahr der Augsburgischen Konfession 1930, Göttingen [5]1963, 742).

[1479] AHO, Sermon Theory I, 9, 43.

5.4.5. Gericht und Gnade[1480]

Für die NELC ebenso wie für die Missouri-Synode, in die jene 1964 eingeht, ist die Verpflichtung auf das Konkordienbuch von grundlegender Bedeutung. Die Spannung zwischen Gesetz und Evangelium, vom konfessionellen Luthertum im 19. Jahrhundert neu entdeckt, prägt die Lehre und den *worship service*. Sie durchzieht ebenso den »Gottesdienst« im Alltag, das Leben und Handeln des Christen in der Liebe zum Nächsten. Damit ist sie auch das Vorzeichen vor der Diakonie, wie es bei Löhe, dem Gründervater des Seminars in Fort Wayne, zum Ausdruck kommt:

> »Alles menschliche Elend stammt aus der Sünde, die selbst das größte Elend ist. Um seiner Sünde willen ist der Mensch ein Gegenstand der göttlichen Gerechtigkeit geworden, welche den Schuldigen strafen muss. An ein und demselben gefallenen Wesen arbeiten die Gerechtigkeit und die Barmherzigkeit als zwei Hände Gottes. Eine verwundet, die andere verbindet die Wunden.«[1481]

Diese grundlegende Zweiseitigkeit des Wortes Gottes ist nach lutherischem Verständnis der systematisch-theologische Ausdruck der Art und Weise, wie Gott den Menschen in seinem Wort begegnet. Sie ist daher nicht zeitgebunden und weder ein Relikt des 19. (oder eines früheren) Jahrhunderts noch eine Erfindung der Reformation. Dabei erscheint die Sünde als Trennung von Gott, die von diesem schon überwunden ist:

> »Durch Gottes Vergebung wird der Riss der Sünde zu einem heilsamen Riss, der bleibend auf Gottes Gnade angewiesen macht.«[1482]

Mit der empfangenen Gnade aber wird bei Löhe die Barmherzigkeit zur »Grundtugend des christlichen Verhaltens gegenüber anderen«.[1483]

Neben dem Einfluss Löhes auf die entstehende nordamerikanisch-lutherische Liturgik und Homiletik[1484] ist besonders Walthers Arbeit zu Gesetz und

---

1480 Vgl. zum Folgenden die Ausführungen zu Gesetz und Evangelium in Schmidt, Gericht und Gnade, 107f.

1481 Klaus Raschzok, Im anderen nicht allein die Sünde, sondern den ›Gegenstand der erlösenden Liebe Gottes‹ sehen (Wilhelm Löhe). Aszetische Impulse für eine hamartiologisch perspektivierte Diakoniewissenschaft. In: Johannes Block (u.a.) (Hg.), Peccatum magnificare. Zur Wiederentdeckung des evangelischen Sündenverständnisses für die Handlungsfelder der Praktischen Theologie. Festschrift für Christian Möller zu seinem 70. Geburtstag. (Lutz Friedrichs [u.a.] [Hg.], Arbeiten zur Pastoraltheologie, Liturgik und Hymnologie Bd. 60), Göttingen 2010, 176–193; hier 181 (i. Folg.: Raschzok, Erlösende Liebe).

1482 A.a.O., 184.

1483 Ebd.; ganz ähnlich 188 u.ö.

1484 Reu bezieht sich in seiner Homiletik 1924 an fünf Stellen auf Löhe (der Sonntag als Vor-Sabbath der Ewigkeit, der Unterschied zwischen Löhes frühen Predigten in seiner Landgemeinde und späteren gedruckten Predigten, Löhes Ausführungen zu Predigt-Serien usw.; Reu, Homiletics, 94, 135, 162, 239, 336).

Evangelium und ihrem Verhältnis zueinander zu nennen. Caemmerer rechnet diese 1959 ausdrücklich zu den theologischen Beiträgen, die für das Pfarramt und die Predigtaufgabe nach wie vor von Bedeutung seien.[1485] Mit Walther geht dieser davon aus, dass der Mensch als Sünder von Natur unter Gottes Zorn ist. Gott hat sich von ihm zurückgezogen, und der Mensch kann nichts tun, um seinen Zorn aufzuheben. Gottes Wort richtet ihn; er aber entwirft mentale Strategien, um sich der vernichtenden Wirkung dieses Wortes zu entziehen.[1486] Das Ziel der Predigt sei jedoch nicht da erreicht, wo sich der Hörer schlecht fühlt. Sie wolle ihn vielmehr dazu bringen, dass er das Wort von der Rettung hört.[1487] So gehört der forensische Aspekt für Caemmerer zentral zur christlichen Botschaft: dass der Sünder am letzten Tag frei von Schuld vor Gott stehen kann. Der Inhalt dieser Botschaft ist deshalb der inkarnierte Christus, seine zwei Naturen, Tod und Auferstehung, das Angebot der Vergebung in seinem Namen und seine Wiederkunft in Herrlichkeit.[1488] So erhält der Sünder im Evangelium Leben für den Tod, Sühne für seine Sünde und ein Gnadenurteil: Er wird für gerecht erklärt.[1489] In der Predigt ist jedoch mit Caemmerer darauf zu achten, dass die so dargelegte Kontrastierung der beiden Seiten des Wortes Gottes nicht zu einer stereotypen Rede von Gesetz und Evangelium führt.[1490]

Ähnlich der bei Aho[1491] und Eggold von Caemmerer übernommenen Gegenüberstellung kontrastiert Lischer die Wirkung von Gesetz und Evangelium: Chaos, Auflehnung, Anklage und Verzweiflung auf der einen Seite stehen so Ordnung, Gehorsam, Freispruch und Hoffnung auf der anderen gegenüber.[1492] Einen wichtigen Hinweis für den Prediger in seiner eigenen Rede von Gesetz und Evangelium wie auch im Blick auf die Rezeption durch den Hörer gibt er mit dem Satz, auch im Stande der Erlösung seien alle Menschen *born legalists*.[1493] Das Gesetz müsse persönlich verkündigt werden, so dass der

[1485] Caemmerer, Preaching 1959, 297.
[1486] A.a.O., 23.
[1487] A.a.O., 25f.
[1488] A.a.O., 5f.
[1489] A.a.O., 30–32. – Lenski spricht von der »Aneignung« der Heilstaten Gottes in der proklamatorischen Predigt (Lenski, Sermon, 225f.). Vgl. Walther, Pastoraltheologie, 89: Gerade wo viel Schwachheit in der Gemeinde sei, solle der Prediger viel evangelischen Trost geben.
[1490] Caemmerer, Preaching 1959, 28f. Aho konstatiert eine stellenweise mechanische Handhabung von Gesetz und Evangelium in den Predigten Hedbergs, s. Schmidt, Gericht und Gnade, 108f. Eine klare *first-law-then-gospel*-Struktur findet sich bei Wilson (Paul Scott Wilson, The Four Pages of the Sermon, Nashville/TN 1999, durchweg; vgl. ders., Practice, 108).
[1491] S. Aho, Sermon Theory I, 1.
[1492] Lischer, Theology, 33. Vgl. 7ff. Siehe Caemmerer, Preaching 1959, 50 und Eggold, Dialogue, 34f.
[1493] Lischer, Theology, 37.

Mensch erkenne: *Ich* bin ein Feind Christi.[1494] Zur rechten Unterscheidung von Gesetz und Evangelium schreibt Lischer:

> »We do not *balance* law and gospel for religiously pleasing effects. By the Spirit's help, we rightly *divide* them so that in our sermons, and in the lives of those who hear them, God's grace may overshadow and defeat his judgment, just as it did long ago in the faithful ministry of his Son.«[1495]

Der Prediger predige Leben und Tod – mit klarem Nachdruck auf dem Leben.[1496] Schneider bezeichnet solche Verkündigung als Begegnung mit dem lebendigen Gott, Konfrontation mit Christus durch den Heiligen Geist in Gericht und Erlösung.[1497]

Ausführlich behandelt Eggold die Unterscheidung und das Verhältnis von Gesetz und Evangelium in der Verkündigung sowie die Vielfältigkeit, in der die Heilige Schrift von beiden spricht. Wo diese nicht recht unterschieden würden, lasse die Predigt den Menschen nicht den Sünder sein, der er vor Gott ist, und Gott nicht den Retter und Erlöser, der er ist; die Bedeutung des Todes Christi werde verdunkelt.[1498] Damit aber verliere die Verkündigung den lebensentscheidenden Charakter, den sie in der lutherischen Homiletik habe.[1499]

Aho betont, dass sich der Ruf zum neuen Gehorsam an den gerechtgesprochenen, erneuerten Menschen richtet – ein Punkt, den er nicht ohne Grund im lutherischen Kontext einerseits wie im generell evangelikal geprägten Umfeld andererseits hervorhebt.[1500] Das Evangelium, das dem Prediger gegeben ist, ist kein *social gospel*. Der Christ setzt sich allerdings für die Überwindung von Not und Unrecht in der Gesellschaft ein. Christlicher Dienst am Nächsten, Gehorsam, christliches Zeugnis, die rechten geistlichen Prioritäten im Leben – das sind wesentliche Themen der Predigt, weil sie wesentliche Themen der Heiligen Schrift sind. Wichtig ist hier der Hinweis Eggolds, dass die Bibel die grund-

---

[1494] A.a.O., 39, mit Bezug auf Phil 3,18.

[1495] A.a.O., 47. Hervorhebg. i. Orig. Die Unterscheidung zwischen Gesetz und Evangelium gilt an lutherischen Seminaren in den USA im homiletischen Unterricht allgemein als grundlegend.

[1496] Ebd.

[1497] Schneider, As One Who Speaks, 54. Dem entspricht Schneiders Feststellung, die Predigt habe nie eine lange Blüte erlebt, wo sie aus der Quelle der eigenen Erfahrung schöpfen wollte (a.a.O., 55). – Zur Predigt der Apostel schreibt Schneider, sie sei mit der Erwartung verbunden gewesen, dass die Hörer Buße tun (a.a.O., 18).

[1498] Eggold, Dialogue, 31ff.

[1499] Eine einseitige Sicht des Gesetzes zeigt sich auf lutherischer Seite bei Niedenthal, der schreibt, das Verwerfliche am Gesetz sei, dass es uns stets an der Vergangenheit »festniete«: entweder an unseren Sünden oder an unseren Erfolgen und Misserfolgen. Entsprechend rechnet er den dritten Gebrauch des Gesetzes (der sich auf die Zukunft richtet) zum Evangelium (Niedenthal, Irony, 147f.).

[1500] In diesem Absatz übernehme ich Auszüge aus Schmidt, Gericht und Gnade (108).

sätzlichen Nöte des Menschen anspricht, ihm aber auch selbst Fragen stellt.[1501] Die christliche Verkündigung ist nicht auf die Erfüllung menschlicher Bedürfnisse zu reduzieren.

Dennoch muss der Prediger gerade die besonderen geistlichen Nöte und Bedürfnisse und damit die Situation der Hörer und die Welt um sie herum genau kennen, da Gesetz und Evangelium nur so richtig angewandt werden können.[1502] In diesem Sinne schreibt Deffner:

> »The pastor's objective [...] should be sensitivity to the needs of people balanced by what they need to hear (Law and Gospel).«[1503]

Der Nachdruck liegt auch hier auf der rettenden Wirkung des Evangeliums.[1504] Damit steht Deffner in der Nachfolge Walthers, der hervorhebt, dass sich die Berücksichtigung des »Bedürfnisses« der Gemeinde vor allem auch auf den Trost bezieht, d.h. den Trost in der Anfechtung und im Gericht.[1505]

Mit der lutherischen Systematik betont Reu, der Mensch sei zugleich als Sünder und als Gerechter zu sehen. Dadurch, dass die mittelalterliche Predigt beides voneinander getrennt habe, sei sie den ethischen Sermonen heidnischer Moralphilosophen gefährlich nahe gekommen.[1506] Luther hingegen habe die Predigt nicht unter dem eingeordnet, was Menschen Gott bringen, sondern was er an ihnen tut – sie gehöre für ihn zum Sakramentsteil des Gottesdienstes.[1507] Mit dieser Grundunterscheidung geht die biblische Lehre vom Menschen als Sünder und Gerechtfertigtem einher, die mit ihren Implikationen sowohl für den Prediger als auch für die Ausrichtung der Predigt auf den Hörer von grundlegender Bedeutung ist.[1508]

[1501] EGGOLD, Dialogue, 56f.

[1502] So etwa bei Fritz (FRITZ, Preacher's Manual, 37). Vgl. a.a.O., 96f. zum Verhältnis zwischen der rechten Anwendung von Gesetz und Evangelium und der Bestimmung und dem Erreichen des Predigtziels.

[1503] DEFFNER, Compassionate Preaching, 44. Hervorhebg. i. Orig.

[1504] A.a.O., viii.

[1505] WALTHER, Pastoraltheologie, 103f.

[1506] REU, Homiletics, 115. Reu verweist in diesem Zusammenhang auch auf Walthers »Pastorale« und seine Ausführungen zur Unterscheidung von Gesetz und Evangelium (a.a.O., 141f.).

[1507] A.a.O., 60. – Von einem anderen Ansatz her betont D. Buttrick in den 80er Jahren mehrfach die Verbindung zwischen der Predigt und dem Altarsakrament. Während jene wesentlich im Bewusstsein des Hörers wirke, ist dieses für ihn als dezidiert reformierten Theologen insbesondere das Mahl der Gemeinschaft (BUTTRICK, Moves, xii, 230ff.).

[1508] Auch Wilson kommt stellenweise dicht an die Bedeutung dieser beiden Seiten des Wortes Gottes heran. Er wehrt Gesetzlichkeit in der Predigt ausdrücklich ab und benennt einen Missbrauch mancher Prediger, die »Gesetz« und »Evangelium« als bequemes Funktionselement ohne Bezug zum vorher Gesagten hinten an ihre Predigt anheften würden. Bei ihm findet sich jedoch keine klare Unterscheidung zwischen beiden Seiten des Wortes Gottes (s. WILSON, Practice, 101, 107f.).

In der Auseinandersetzung um die rechte Unterscheidung und Gewichtung von Gesetz und Evangelium wird deutlich, dass lutherische Predigt sich nach ihrem eigenen Verständnis klar von der Form unterscheidet, gegen die sich Lowrys Kritik an der »deduktiven« Predigt wendet. Diese bezieht sich auf eine Art des Predigens, die das, worum es geht (*issue*), und die Lösung dazu (*solution*) stets am Anfang nennt und deren Klimax regelmäßig der Aufruf zur Hingabe ist. Ganz im Sinne einer lutherischen Homiletik schreibt der Methodist Lowry, dieses Zusammenfallen des Predigthöhepunkts mit der Forderung einer menschlichen Reaktion sei eine klare Form von Werkgerechtigkeit. Selbst unsere Antwort auf Gottes Wort sei von ihm gewirkt und geschenkt. Der Mensch *finde* nicht, er *werde* gefunden.[1509] An die Unterscheidung von Gesetz und Evangelium klingt seine folgende inhaltliche Bestimmung der Predigt an:

> »Our task is to bring judgment on the evil and still love the sinner.«[1510]

Auch das Sünder- und Gerechtsein zugleich findet sich im Ansatz bei Lowry.[1511] Mit dem bezeichnenden Nachdruck auf der Erfahrung durch den Hörer unterstreicht er auch das Übergewicht des »Evangeliums«:

> »[...] the climax of any sermon must be [...] the experiencing of the gospel.«[1512]

Lowry identifiziert die von ihm beschriebene Spannungsspirale, den »Lowry Loop«, als ein Grundelement des Wortes in der Heiligen Schrift. Setzt man diese in Beziehung zu der lutherischen Lehre vom Wort Gottes in seiner Spannung von Gesetz und Evangelium, dann zeigt sich zwischen beiden eine formale Affinität. Wo lutherische Predigt Gottes Wort recht gewichtet, zeigt sie von jeher diese dramatische Spannung und ihre Überwindung im Zuspruch des Evangeliums. So bezeichnet etwa Steimle die Form des Dramas als eine Form, die der Verkündigung des Wortes sehr angemessen sei.[1513] Es geht dabei nicht um eine Einengung auf das Spannungs- und Erlebnisprinzip, sondern um die geistliche Dramatik, die in der Heiligen Schrift zum Ausdruck kommt.[1514]

Lowrys Analyse der rhetorischen Mittel, die diese Spannung vermitteln, hilft dem Prediger, die Stoßrichtung und Dynamik des jeweiligen Schriftabschnitts weiterzugeben, und bewahrt ihn zugleich vor einem schematischen Predigen, bei dem Gesetz und Evangelium als vermeintlich entscheidende

[1509] Lowry, Plot, 83.
[1510] A.a.O., 77.
[1511] A.a.O., 78.
[1512] A.a.O., 83.
[1513] Steimle, Fabric, 164 (unter Bezug auf Wilder).
[1514] Vgl. im deutschen Kontext Raschzoks kritische Hinweise zu einer Verengung dieses Spannungsgeschehens auf die handwerklich-dramaturgische Seite unter Absehung von der Wirklichkeit, die das Wort und die Sakramente schaffen und an der die Anwesenden teilhaben (Raschzok, Gottesdienst und Performativität, 127f. und durchgehend).

»Zutaten« in eine vorher erstellte Aneinanderreihung von Gedanken und Illustrationen eingeschoben werden.[1515]

Der grundsätzliche Blick auf die Situation des Menschen *coram Deo* in der lutherischen Homiletik verbindet diese mit dem Ansatz des Existentialismus. Zugleich berührt sie sich hier mit dem, was Randolph als *subject matter* der Homiletik bezeichnet. Dies sei nichts anderes als die Realität, wie sie vom biblischen Text aufgedeckt wird.[1516] Dabei sei die Aufgabe des Predigers jedoch nicht von den Erwartungen der Hörergemeinschaft vorgegeben:

> »Is not our business to do God's will – which at times may place us in utter opposition to what some think is ›good‹ for the community – and to be first of all not ›effective‹ but faithful?«[1517]

Der Prediger ist nach lutherischem Verständnis selbst Sünder, der auf das Wort der Gnade angewiesen ist. Er ist deshalb nicht Richter der Gemeinde. Er teilt seine Hörer nicht in wahre und falsche Christen ein. Er predigt nicht Bekehrung, als ob die, die unter der Kanzel sitzen, unbekehrte Heiden seien, noch ist seine Predigt rührende oder süßliche Erbauungsrede, als ob sie nicht der täglichen Buße und Umkehr bedürften. Sie ist von dem ganzen Ernst der forensischen Dimension dieses Geschehens und noch mehr von der ganzen Liebe Gottes gekennzeichnet, der seinen einzigen Sohn nicht verschont hat, um diese Hörer zu erretten. Deshalb ist die Predigt (ebenso wie der Gottesdienst als ganzer) nach lutherischem Verständnis, wie es etwa in den liturgischen und agendarischen Überlegungen Löhes im 19. Jahrhundert zum Ausdruck kommt, unter dem Gerichtsurteil und dem Gnadenzuspruch Gottes ein

> »[...] dramatisch-poetisches Geschehen voller innerer Schönheit, an welchem die feiernde Gemeinde aktiv partizipiert und in dem sie Predigt und Abendmahlsfeier als Höhepunkt der Begegnung mit dem auferstandenen Christus erlebt. Der Gottes-

---

[1515] Gegen einen solchen methodisch-homiletischen Missbrauch des Komplexes von Gesetz und Evangelium wendet sich insbesondere Schmitt, der als Homiletiker am Concordia-Seminar in St. Louis den Ansatz von Caemmerer und Aho weiterverfolgt (s. etwa DAVID R. SCHMITT, Law and Gospel in Sermon and Service. In: Liturgical Preaching. PAUL J. GRIME/DEAN NADASDY [Hg.], St. Louis/MO 2001, 25–49). Dies ist ein wichtiger Aspekt auch der Dissertation von Fickenscher, Dozent für Homiletik am Concordia-Seminar in Fort Wayne (FICKENSCHER, Sermon Form).

[1516] Randolph schreibt, zu dem wesentlichen Interesse der Predigtlehre an biblischen Studien komme aufgrund der ontologischen Frage auch ein Interesse an der Realität als historischem Ereignis. Dabei geht es ihm um die Bewahrung der Ereignishaftigkeit der Predigt aufgrund eben dieses Interesses (RANDOLPH, Renewal, 20). – Dass auch die Predigt des Gesetzes für den Menschen ein Ausdruck der real vorhandenen Beziehung zu Gott sein kann, zeigt M. Rogness' Illustration eines adoptierten Jungen, der dadurch die Gewissheit fand, nicht wieder fortzumüssen, dass ihn sein neuer Vater für ein Fehlverhalten strafte und dann auf den Arm nahm (MICHAEL ROGNESS, The Hand That Holds Me, Minneapolis/MN 1984, 108–110).

[1517] RANDOLPH, Renewal, 77.

dienst stellt sich als ein dramaturgisch inszeniertes Geschehen dar, das einen Raum des Erlebens für die Gottesbegegnung der Feiernden eröffnet.«[1518]

5.4.6. Die Intention

Es geht in der Predigt darum, den Hörer in das Reich Gottes hineinzuführen. Dies kennzeichnet die missionarische Aufgabe der Verkündigung, die an diesem Punkt mit der missionarischen Verantwortung der Ortsgemeinde in ihrem Umkreis zusammenfällt.[1519] Das gepredigte Wort soll den Hörer in diesem Reich festigen. Es braucht ein klares Ziel, wie es etwa Wilson mit einem kritischen Blick auf die neue Homiletik am Ende des Jahrhunderts von neuem betont.[1520] Aho unterscheidet dazu zwei grundsätzliche Kategorien von Zielen der Predigt: das Glaubensziel und das Lebens- oder Liebesziel.[1521] Gegenüber den sechs Kategorien in Caemmerers Homiletik von 1959 erscheint dies zunächst wie eine Reduktion.[1522] Doch es handelt sich bei dieser Einteilung in seinem homiletischen Grund- und Aufbaukurs nicht um eine Simplifizierung für Anfänger im homiletischen Handwerk im Sinne einer Beschränkung auf einige wenige Grundformen der Predigt, an denen die homiletischen Grundfertigkeiten einzuüben wären. Es handelt sich vielmehr um dieselbe grundsätzliche Zweiteilung, die Luther 1526 in seiner Vorrede zur Deutschen Messe entfaltet: Man solle den Christen die Zehn Gebote, den Glauben und das Vaterunser einprägen, schreibt er,

> »[...] bis das man die gantze summa des christlichen verstands ynn zwey stucke als ynn zwey secklin fasse ym hertzen, wilchs sind glaube und liebe. Des glauben secklin habe zwey beutlin; ynn dem eynem beutlin stecke das stuck, das wyr gleuben, wie wyr durch Adams sunde alzumal verderbt, sunder und verdampt sind, Ro. v., Psal. l. Im andern stecke das stucklin, das wyr alle durch Jesum Christ von solchem verderbten, sundlichem, verdampten wesen erlöset sind, Ro. v. Joh. xiii. Der liebe

---

[1518] Raschzok, Gottesdienst und Performativität, 123, vgl. 124.

[1519] Die Aufgabe des Zeugens von Christus ist ein wesentliches Anliegen, das Aho auf die Gemeinde ebenso wie auf sich selbst bezieht. So arbeitet er während seiner Zeit in Australien 1953–1958 mit der finnischen Seemannsmission und sucht den Kontakt zu den einfachen Menschen (Scaer, Gerhard Aho, 243f.; Kommunikation per E-mail von Tuula Contarino mit mir, 8.10.2010). Zu diesem Anliegen Ahos siehe seinen Aufsatz »Divine Madness: A Facet of the Theology of Evangelism« (The Springfielder 31 [1967/68], 2, 22–28).

[1520] Wilson, Practice, 173.

[1521] Aho, Sermon Theory I, 11. Vgl. die untrennbare Verbindung von gottesdienstlicher Erfahrung, Verstand und Willen in Imminks Besprechung der neuen Homiletik (Immink, Gesprek, 392). Im Gegensatz zu dieser klaren Bestimmung der Predigtabsicht ist in den Yale-Vorlesungen in der Zeit bis nach dem Zweiten Weltkrieg nur weniges zu spezifischen Absichten in der Predigt zu hören (nach Baxter, Yale Lectures, 298).

[1522] Caemmerer teilt Predigtziele ein nach Glauben, Leben, Kirche, Familie, Hoffnung und Gebet (Caemmerer, Preaching 1959, 177ff.). Er geht jedoch selbst auch von einer grundlegenden Zweiteilung nach *faith goals* und *life goals* aus (a.a.O., 36).

> secklin habe auch zwey beutlin. Inn dem eynen stecke dis stucke, das wyr ydermann sollen dienen und wolthun, wie uns Christus than hat. Ro. xiii. Im andern stecke das stucklin, das wyr allerley böses gerne leyden und dulden sollen.«[1523]

In eines dieser beiden »Säcklein« soll nach Ahos Überzeugung jedes Predigtziel fallen. Nur so gewinnt die Predigt einen einheitlichen Duktus. Eine weitere Unterteilung im Sinne Caemmerers ist dabei unbenommen, wäre jedoch für Aho nur eine Differenzierung innerhalb dieser grundsätzlichen Unterscheidung.[1524] Auf der anderen Seite bedeutet das Ausgehen von diesen zwei Kategorien eine entscheidende Erweiterung gegenüber einer weit verbreiteten homiletischen Praxis, wie sie sich in einer Vielzahl der homiletischen Beiträge in Nordamerika widerspiegelt: Aristoteles' *movere* bedeutet dort ganz wörtlich, den Hörer zu vermehrtem Einsatz für die Gemeinde oder die Gesellschaft zu motivieren, sei er finanzieller oder praktischer Art.[1525] Homiletische Beispiele neigen dementsprechend dazu, einseitig belehrend oder informativ zu sein und – nach lutherischem Verständnis – einer Dominanz des Gesetzes zu erliegen, wo der Imperativ zum rechten Handeln nicht mehr aus dem Indikativ, dem Heilshandeln Gottes erwächst. Mangel an Vertrauen, Unglaube und Zweifel und mangelnde Liebe zu Gott sind aus lutherischer Perspektive jedoch Folgen des Sündenfalls ebenso wie die Tatsünden des Menschen. Gott zu vertrauen und zu lieben, an ihn zu glauben und aus Zweifel zur Gewissheit zu gelangen gehört deshalb zu den entscheidenden Zielen in der Verkündigung des Wortes Gottes; ja, es bildet die *Voraussetzung* für die Abkehr von offenbarer Sünde. Die Predigt des Wortes Gottes ist daher eine Saat, die nicht an einer möglichst zahlreichen Reaktion auf einen *altar call* zu messen ist, in dem die Predigt in manchen Kirchen gipfelt, sondern die aufgeht im stets praktisch verstandenen Glauben und im Leben der Gemeindeglieder sowohl innerhalb der Gemeinde wie in ihrem Alltag.[1526]

[1523] D. Martin Luthers Werke. Kritische Gesammtausgabe. 19. Bd. Mit Nachbildungen von 66 Holzschnitten und zweier Seiten einer Lutherhandschrift, Weimar 1897, 77. Vgl. Luthers Worte in der 7. Invokavitpredigt 1522, in direkter Anrede an die Gemeinde: »Das ist euch vast lang gepredigt, es sindt auch alle meine bücher dahin gericht und vol, den glauben und liebe zutreyben.« D. Martin Luthers Werke. Kritische Gesamtausgabe. 10. Bd., dritte Abteilung. Weimar 1905, 57.

[1524] Vgl. hierzu die Auflistung von Predigtzielen zu 11 biblischen Perikopen in AHO, Skeleton, 42–44.

[1525] Eine solche Reduzierung auf die zweite dieser beiden Kategorien ist u.a. bei Wilson zu erkennen (WILSON, Practice, 186). Eine Ausnahme ist etwa Craddock (s. etwa CRADDOCK, Preaching, 166, 222). – Mit einer derartigen Instrumentalisierung der Redekunst in der Nachfolge der Rezeption der klassischen Rhetorik durch Augustin rückt diese näher an das Rhetorikverständnis Platos heran als an das des Aristoteles, vgl. OTTO, Kunst, 74, 80.

[1526] Vgl. die Ausführungen Eggolds zum Verständnis von Glauben und Heiligung in der lutherischen Orthodoxie in HENRY J. EGGOLD, Theology as *Habitus Practicus Theosdotos*: A Lutheran Emphasis. In: CTM 33 (1962), 10, 595–600 (Hervorhebg. i. Orig. I. Folg.: EGGOLD, Habitus); hier 596.

Einer der wenigen Homiletiker, die sich ausdrücklich mit dem Predigtziel einer Veränderung im »Bewusstsein« des Hörers befassen, ist D. Buttrick. Wie die neue Homiletik allgemein fragt auch dieser nach dem, was die Predigt *tut* (und nicht, *worüber* sie gehalten wird). Dieses »Tun« ist bei ihm klar als ein Geschehen im Bewusstsein definiert.[1527] Mit seiner Erinnerung daran, dass viele Texte der heiligen Schrift der Form nach eine theologische Reflexion darstellen, spricht er von Veränderungen der persönlichen Einstellungen, tieferer Erkenntnis oder einer Entscheidung für die Zukunft, die die Predigt erreichen will.[1528] Ein solches Ziel bleibt zwar deutlich unbestimmter als das Glaubensziel bei Caemmerer und Aho, zeigt jedoch Berührungen damit. Die Predigt zielt für Buttrick immer auf gemeinschaftlich-soziales Handeln, doch kann er zugleich sagen:

> »The response to preaching is a response to Christ, and is, properly, faith and repentance.«[1529]

Aus der Kommunikationsforschung kommen bei Scheidel Hinweise, die auch für das Erreichen des Ziels der Predigt hilfreich sind, das Caemmerer nach klassischer rhetorischer Tradition mit dem Begriff der *persuasion* überschreibt.[1530] Es geht um Erweiterung, Neuordnung oder Veränderung von Überzeugungen (*belief* oder *value structures*) und das Treffen von Entscheidungen. Hierzu ist ein scharfer »Fokus« nötig; eine Feststellung, die sich mit Ahos Nachdruck auf einer klaren Zielrichtung der Predigt trifft.[1531] Überzeugen bedeutet, den Hörer zu der Reaktion zu motivieren, die der Redner anstrebt.[1532] Diese Wirkung der Predigt hängt jedoch nicht an der besonderen Begabung eines Predigers oder der rhetorischen Form.[1533] Sie ist das Werk des Heiligen Geistes. Die Predigt-Vorarbeit beginnt deshalb mit Gebet, und es gibt keine besondere Predigtform, keinen einzelnen Stil eines Predigers, von dem Aho als Homiletiker alles erwartet. Gerade um der geistlichen Wirkung willen hängt hier viel von dem Predigttext und der jeweiligen Predigtsituation ab, denn Form und Stil werden von Inhalt und Ziel der Predigt in den Dienst genommen.[1534] Den Hörer zu überzeugen

---

[1527] Buttrick, Moves, 351.

[1528] A.a.O., 329.

[1529] A.a.O., 453. Hervorhebg. i. Orig.

[1530] Caemmerer, Preaching 1959, 35. Unter dieser Überschrift entfaltet Caemmerer seine Trias von *goal, malady* und *means*.

[1531] Scheidel, Speech Communication, 176f., 191, 197, 253. Vgl. folgende Sätze bei Scheidel: »*Narrow* your subject« (a.a.O., 197, Hervorhebg. i. Orig.); »[...] every speech you make must also have a sharply defined *specific* purpose.« (A.a.O., 304, Hervorhebg. i. Orig.). Scheidel stellt ausdrücklich fest, dass die Hörer einer Rede nur schwer folgen können, wenn sie keinen klaren Fokus hat (a.a.O., 303).

[1532] A.a.O., 319.

[1533] Im Folgenden übernehme ich Auszüge aus Schmidt, Gericht und Gnade (110ff.).

[1534] Wie ein dramatischer Inhalt in höchst dramatischer Form auf der Kanzel den Hörer involvieren und dabei zugleich kritisch mit jeweils populären Formen wie der narrativen,

heißt dabei nicht, ihn rhetorisch oder geistlich zu manipulieren. Die Predigt nimmt ihm nicht ab, was er nach Gottes Wort glauben und tun soll. Sie zeigt ihm aber klar, was Gottes Heilswerk für ihn bedeutet. In Bezug auf ein ergebnisoffenes Predigen gilt für Aho auch in der Zeit, in der die *new homiletic* zur dominierenden Strömung wird, was der lutherische Homiletiker Reu mehr als vier Jahrzehnte vorher formuliert:

> »We should even leave something to be supplied, by a hearer as well as a reader; but it is by no means allowed to us to require him to do a work which properly belongs to us.«[1535]

Nach lutherischem Verständnis bedeutet das zugleich, dass solche Überzeugungsarbeit eminent seelsorgliche Arbeit ist.[1536] Sie führt den Hörer mit der Aufdeckung seiner Situation als Sünder vor Gott in die Buße, d.h. dahin, dass er seine Schuld bekennt und von ihr erlöst wird. Dies ist das Zentrum der christlichen Verkündigung. Nach Löhe, dessen Amtsverständnis von besonderem Einfluss in der Missouri-Synode ist, meint die Erinnerung an diese Aufgabe des Pfarramts – die ihr Zentrum in der christlichen Verkündigung hat – kein autoritäres Verhältnis des Predigers zu den Hörern; ein Aspekt, den Raschzok auch für die deutsche kirchliche Situation der Gegenwart herausstellt:

> »Eine sich an Wilhelm Löhe orientierende Wertschätzung des nötigen Dienstes des geistlichen Amtes bedeutet gerade nicht – wie von vielen befürchtet – eine Pfarrerzentrierung, [...] da die Grundaufgabe des geistlichen Amtes nach reformatorischem Verständnis die Sorge um das Priestertum der Getauften und nicht der Selbsterhalt eines geistlichen Standes ist.«[1537]

Der Pfarrer, der ein Verständnis des Amtes hat, in das ihn Gott eingesetzt hat, gewinnt daraus auch eine Grundlage und Zuversicht für sein eigenes Auftreten. Er ist nicht abhängig von zeitgenössischen Trends (einschließlich solcher der Homiletik), wird diese aber aufgrund seiner Verantwortung für seine Gemeinde in dieser Zeit sorgfältig prüfen und das Gute daraus behalten.[1538]

---

induktiven, dialogischen oder dramatischen Form umgehen kann, zeigen zwei Monolog-Predigten Kapfers und Ahos aus der Perspektive des einen Verbrechers neben Jesus am Kreuz zu Lk 23,39–43 und unter der Überschrift »I am Judas« (!) zu Mt 26,47–56 in GERHARD AHO/KENNETH ROGAHN/RICHARD KAPFER, Glory in the Cross. Fruit of the Spirit from the Passion of Christ. Lenten Studies, Sermons, and Worship Resources for Ash Wednesday to Easter, St. Louis/MO 1985, 27 (i. Folg.: AHO/ROGAHN/KAPFER, Glory).

[1535] REU, Homiletics, 177.

[1536] So auch bei Löhe (nach PLESS, Loehe, 124).

[1537] RASCHZOK, Geistliches Amt, 108. Vgl. hierzu auch das keineswegs autoritäre Verhältnis des Beichtigers zum Beichtenden bei Löhe in der von ihm hochgeschätzten Einzelbeichte (PLESS, Loehe, 121f.).

[1538] Vgl. Löhes Bemerkungen zu dem zaghaften Auftreten der meisten Pfarrer aufgrund ihres Mangels an einem Verständnis ihres Amtes; da sie nicht an den göttlichen Charak-

5.4.7. Zusammenfassung

Lutherische Homiletik begreift die *viva vox evangelii* auf der Kanzel als Heilsmittel. Material ist dieses christozentrisch bestimmt in der Verkündigung von Kreuz und Auferstehung Christi. Die rechte Unterscheidung von Gesetz und Evangelium gehört zu den Grundvoraussetzungen der Predigt. Ihr Ziel ist die Rettung des gefallenen Menschen. Sie richtet sich daher nicht vorrangig an seinen Intellekt oder Willen. Vom Prediger erfordert dies ein doppeltes Hören auf den Text in seinem historischen Zusammenhang und auf den gegenwärtigen Hörer in der Verbindung von exegetischer und pastoraler Arbeit. Dessen Bedürfnisse und Nöte sind zugleich zu begreifen als Symptome der Ursünde, an der er leidet.

In der effektiven Verkündigung von Gericht und Gnade in ihrer forensischen Dimension ist die Predigt wie der Gottesdienst als ganzer wesentlich ein dramatisches Geschehen. Die Wirksamkeit der Kanzelrede hängt nicht an der Persönlichkeit des Predigers, sie ist Sache des Heiligen Geistes. Die Predigt zielt auf Glauben und auf ein Leben aus Glauben. Im konkreten Fall bestimmen das je eigene Ziel der Predigt und ihr Inhalt die Wahl von Form und Stil. Um der Klarheit des Gedankengangs und der damit verbundenen Überzeugung des Hörers willen halten lutherische Homiletiker weithin an der Formulierung eines Themas und der Gliederung nach Haupt- und Unterteilen fest.

5.5. Scharnier zwischen Text und Hörer

5.5.1. Von der Exegese zum Hörer: Eine Schnittstelle

Auf dem Hintergrund der Unterscheidung von Gesetz und Evangelium und der Situation des Hörers als *simul iustus ac peccator* verläuft der geistliche »Graben« nicht zwischen der biblischen Szene »damals« und der aktuellen Situation der Predigt heute.[1539] Er verläuft – hermeneutisch und homiletisch – zwischen dem sündigen Menschen und dem heiligen Gott.[1540] Rettung durch das Evangelium bedeutet, dass Gott selbst diesen Graben überbrückt. Wer das Evangelium im Glauben empfängt, ist gerechtfertigt. Aufgrund dieses forensischen Vorgangs ist die Predigt ihrem Wesen nach ein Geschehen. Wie aber wird das Gesetz und das

---

ter ihres Berufes glaubten, hätten sie keine Amtsehre, Amtswürde oder Amtszuversicht (s. Raschzok, Geistliches Amt, 84f., 92).

[1539] Vgl. Craddocks Kritik an manchen Versuchen, die als solche empfundene Distanz zwischen der Schrift und dem modernen Hörer zu überbrücken (Craddock, Without Authority, 33).

[1540] Vgl. dagegen in der deutschsprachigen homiletischen Diskussion Josuttis, der von einem Übersetzungsvorgang zwischen Vergangenheit und Gegenwart und Lehre und Verkündigung spricht und mit eben diesem doppelten Auftrag die Notwendigkeit begründet, dass der Prediger die Gesetze der Sprache im Akt öffentlicher Rede kennen müsse (Josuttis, Rhetorik und Theologie, 20f.).

Evangelium in der Predigt genau so hörbar, wie es die zugrundeliegende Schriftstelle in ihrer Einzigartigkeit sagt und wie es der Hörer in seiner Situation hören soll? An dieser Stelle tut sich oft ein weiterer Graben auf, den Otto aufgrund seiner Erfahrung mit Examenspredigten in der deutschen homiletischen Ausbildung wie folgt beschreibt:

> »Die Ratlosigkeit der Kandidaten, was denn [...] zwischen der Beschäftigung mit dem Text und der Ausarbeitung der Predigt überhaupt zu tun sei, ist offenkundig. Was ›*homiletisch*‹ heißt, ist offenbar im Studium allzuoft dunkel geblieben, jedenfalls sehr viel dunkler als die arbeitsmäßige Beziehung zu dem, was ›*exegetisch*‹ heißt.«[1541]

Diesen Übergang von der Schriftstelle zum Hörer, von der Exegese zum konkreten Anspruch und Zuspruch bringt Caemmerer, Dozent am Concordia-Seminar in St. Louis, 1959 in »Preaching for the Church« methodisch in dem Bemühen auf den Punkt, die Kluft zwischen Sprechen und Tun, zwischen Wörtern über Gott und dem Wirken Gottes zu überbrücken[1542]: Er spricht von einer Trias von *goal*, *malady* und *means*. Dabei bezeichnet *malady* die geistliche Krankheit des Menschen, die konkrete Ausprägung der ursündlichen Verderbtheit seiner Natur, *goal* das Ziel Gottes der geistlichen Überwindung dieser Krankheit und *means* das göttliche Mittel dazu.[1543] Dies entspricht der Schlussfolgerung Pfitzners in seiner Auseinandersetzung mit der neuen Hermeneutik, der von lutherischer Seite die hermeneutische Aufgabe wie folgt bestimmt:

> »What must be ›exegized‹ is not only the written text of God's Word but also the ›text‹ of the human situation into which the Word is to be re-addressed. Here is where anthropology does play in the preaching of the Word and its understanding. A precise analysis of the human situation is necessary lest the sermon be preached in a vacuum.«[1544]

[1541] OTTO, Predigt als rhetorische Aufgabe, 28. Hervorhebg. i. Orig. Otto schließt hieraus: »Zu entdecken ist: Die homiletische Frage als eigenständiger Arbeitsgang zwischen Rhetorik und Theologie.« (ebd.).

[1542] Nach SCHMITT, Caemmerer's Goal, Malady, Means, 28–32.

[1543] »Krank« meint hier »todkrank» und entspricht damit der Analyse Josuttis' von 1966 (trotz des unterschiedlichen Wortgebrauchs, in dem bei diesem »krank« mit »tot« kontrastiert): »[...] unsere Predigt begnügt sich mit der Analyse und der Kritik der Phänomene. Wahrscheinlich wissen die Prediger in ihrer theologischen Theorie es besser. Aber ihre Sündenaussagen in der Praxis sind im Grunde semipelagianisch: der Mensch ist nicht tot, sondern krank, und Christus ist nicht der Retter, sondern der Helfer, dessen Gebot und Vorbild uns zum wahren, gesunden Menschsein führen kann.« (MANFRED JOSUTTIS, Gesetzlichkeit in der Predigt der Gegenwart, München 1966, 44, Hervorhebg. i. Orig.). Indirekt weist Josuttis mit dieser Analyse auf das Fehlen des dritten Elements hin, d.h. des Evangeliums von Christus als des Mittels zur Überwindung dieses »Totseins«.

[1544] PFITZNER, Hermeneutical Problem, 360.

Ein abstraktes, unangewandtes Evangelium ist für Pfitzner kein Evangelium. Das Wort und der natürliche Zustand des Menschen seien sicherlich stets gleich. In der Verkündigung müssten beide jedoch konkret werden, die Auslegung müsse den Hörer den Weg durch spezifische Probleme hindurch führen, ihn in spezifischer Not trösten, ihn vor spezifischer Gefahr warnen und spezifische Sünden ins Visier nehmen.[1545] So wird das Problem einer bedeutsamen Kommunikation für Pfitzner letztlich durch eine Analyse der menschlichen Situation überwunden, die die Verkündigung für den Hörer relevant macht. Jedoch wird dieser dabei nicht selbst zum Maßstab solcher Relevanz; vielmehr erwächst das neue tiefere Verstehen seiner Situation aus dem Selbst-Verständnis, das der Christ bereits aus dem Wort Gottes gewonnen hat. Christus selbst ist das fleischgewordene Wort, das den Prediger wie den Hörer »auslegt« und ihm eine neue Existenz vermittelt:

> »Christ is The Hermeneutes, The Interpreter, who has given us not only a new understanding of God but also a new understanding of ourselves after we have been placed into a new relationship with God.«[1546]

Geistlich-theologisch treffen diese Überlegungen Pfitzners das Anliegen in der Predigtvorarbeit, das zu dem von Caemmerer formulierten Dreischritt führt. Mit diesem kommt es, wie David R. Schmitt rückblickend schreibt, zu einer dynamischen Interaktion von Gottes Wort mit Gottes Volk; die Lehre wird lebendig, indem Gott Leben schenkt, ewiges Leben in Jesus Christus, und sein Volk durch Buße und Vergebung zu einem Leben im Glauben und in seinem Reich formt. Caemmerer geht es an diesem Punkt um die Bewahrung dessen, was das Herz der lutherischen Predigt ausmacht, und die gleichzeitige Abwehr jeder Reduktion der Predigt auf eine Art Gemeindeunterricht mit dem Wort Gottes; beide Anliegen gründen für ihn in einem erneuerten Verständnis der performativen Kraft des Wortes Gottes.[1547]

Der Gebrauch von Metaphern aus dem Bereich von Krankheit und Heilung ist naheliegend. Sie begegnet in der kirchlichen Kunst in der Darstellung Christi als Apotheker und Arzt. Seit der Bezeichnung des Altarsakraments als φάρμακον ἀθανασίας bei Ignatius von Antiochien sowie im Liedgut der Kirche[1548] ist

---

[1545] Ebd.

[1546] A.a.O., 359.

[1547] Nach Schmitt, Caemmerer's Goal, Malady, Means, 32f. Nach Hoyers Rezension zu Caemmerers »Preaching for the Church« arbeiteten zu dieser Zeit bereits Tausende von Pfarrern in der Missouri-Synode und im Ausland in ihrer Predigttätigkeit mit diesem Dreischritt (Hoyer, Preaching for the Church, 117).

[1548] Im 1941 erschienenen Gesangbuch der Evangelisch-Lutherischen Synodalkonferenz von Nordamerika, der die Missouri-Synode damals angehört, heißt es im Choral »And Wilt Thou Pardon, Lord«: »O Thou Physician blest, Make clean my guilty soul / And me, by many a sin opprest, / Restore and keep me whole.« (The Lutheran Hymnal. Authorized

diese Redeweise auch im liturgischen Zusammenhang und damit im Kontext der Predigt präsent. Sie findet sich ebenfalls in Walthers Pastoraltheologie im 19. Jahrhundert:

> »Jede Zeit hat [...] ihre besonderen Bedürfnisse. Und eben deßwegen hat Gott nicht nur sein geschriebenes Wort, als Quelle, Kanon und Stern aller Lehre, gegeben, sondern auch ein persönliches Predigtamt gestiftet, damit jenes sein Wort, welches die Arznei für die Seelenkrankheiten aller Zeiten enthält, auf alle jedesmaligen Zustände und Verhältnisse der Menschen angewendet werde.«[1549]

Bei Löhe in Neuendettelsau geht die Verwendung von Begriffen aus dem medizinischen Bereich in der Verbindung der Wesensbestimmung des Gottesdienstes und der Diakonie deutlich über das Metaphorische hinaus. Der Amtsträger ist für ihn ein Seelenarzt, die Heilige Schrift das Medikament, das er gebraucht.[1550] Für Seelsorge wie Predigt gilt gleichermaßen,

> »Das geistliche Amt geht mit der göttlichen Wahrheit um. Es muss diese jedoch verantwortlich und der jeweiligen Situation gemäß angemessen dosieren, ähnlich wie der Arzt mit einer Arznei sorgfältig umgehen und die Dosierung für den jeweiligen Patienten sachgerecht und angemessen zu bestimmen hat.«[1551]

Auch in der englischsprachigen homiletischen Literatur der USA begegnen ähnliche Begriffe vor Caemmerer. Brooks wird von mehreren Homiletikern des 20. Jahrhunderts mit seinem Ausspruch zitiert, viele Predigten seien wie Vorlesungen über Medizin für Patienten: Die Vorlesung sei zutreffend und interessant, sie bringe eine wichtige Wahrheit, und der Prediger nehme an, wenn der Patient diese nur erkennen würde, wäre er ein besserer Patient; er würde seine Medizin mit mehr Verantwortung einnehmen und genauer darauf achten, was er esse. Und trotzdem, so Brooks, bleibe die Tatsache bestehen, dass es die Aufgabe des Predigers sei, Medizin auszuteilen und nicht, einen Vortrag über diese zu halten.[1552]

H. W. Beecher vergleicht einen Prediger, der keine klare Absicht für seine Predigt definiert, mit einem Arzt, der zu einer Familie mit einem kranken

---

by the Synods Constituting The Evangelical Lutheran Synodical Conference of North America. Saint Louis/MO 1941, Nr. 322,3).

[1549] Walther, Pastoraltheologie, 105.

[1550] Raschzok, Geistliches Amt, 89. Vgl. die bereits im Alten Testament vorhandene Redeweise von Gott als dem Arzt seines Volkes, Ex 15,26.

[1551] A.a.O., 95.

[1552] Zitiert u.a. bei Wilson, Practice, 22f. (aus Phillips Brooks, Lectures On Preaching: Delivered Before The Divinity School Of Yale College In January And February, 1877, Charleston/SC 2012 [[1]1877] [photomechanischer Nachdr.], 126). Dies schließt bei Brooks keineswegs aus, dass die Hörer auch ihren Verstand einsetzen sollen. Luccock berichtet, Brooks habe einmal eine Gemeinde angewiesen, wenn sie zum Gotteshaus komme, um mit ihrem ganzen Vermögen Gott zu preisen, solle sie den Verstand nicht zuhause lassen, damit er sich dort mit dem Mittagessen befasse (Luccock, Workshop, 212).

Familienmitglied gerufen wird und eine beliebige Medizin ohne Gebrauchsanweisung dalässt. Ein rechter Arzt dagegen sehe sich den Patienten genau an, achte auf seine Symptome, sein Alter usw. und stelle sich auf das ein, was speziell in diesem individuellen Fall nötig sei.[1553] William M. Taylor sagt 1875/76, der Prediger müsse das menschliche Herz gut kennen:

> »The physician must understand, not merely the nature of the remedies which he is to employ, but also the symptoms and workings of the diseases which he desires to cure. He must ›walk the hospitals‹ as well as study the pharmacopeia. Now, the gospel is a remedial measure, and therefore it is essential that its preachers should be acquainted with the nature of man, as well as with the means which, as the instruments in the hands of God's spirit, he is to use for its transformation and renewal.«[1554]

Um solche Kenntnis der menschlichen Natur zu erlangen, empfiehlt W. M. Taylor, viele »Charaktere« der Bibel zu studieren,[1555] und geht damit ebenso wie Caemmerer davon aus, dass die menschliche Natur in ihrer Situation vor Gott zu allen Zeiten dieselbe ist. In E. G. Robinsons Vorlesung heißt es 1881/82 in Yale:

> »The Bible is a mirror for all men through all time. Human nature being the same in every age, the preacher, who paints the real portrait of Scripture personages, presents what all recognize as genuine; and if he disssects a Scripture character, showing the difficulties, the trials and triumphs or defeats, through which it was formed, he cannot fail to throw a most useful light on existing conflicts in the hearts of his hearers. This kind of casuistry in the pulpit is always useful.«[1556]

5.5.2. Theologische Aspekte

Während sich die Paradigmen von *malady* und *cure* auch außerhalb der lutherischen Homiletik finden, wirken sich, wie Lowry 1980 deutlich macht, gerade an dieser Stelle konfessionelle Differenzen in der Lehre von der Sünde auf der Kanzel aus, die entscheidend sind für das geistliche Geschehen in der Predigt[1557]:

[1553] BAXTER, Yale Lectures, 232.

[1554] A.a.O., 241; ganz ähnlich David H. Greer 1894/95 (a.a.O., 245) sowie Charles E. Jefferson 1909/10 (»A physician always looks at his patient before he goes to the medicine chest. A wise preacher begins, not with his books, but with his church.« [nach a.a.O., 278]).

[1555] A.a.O., 241f.

[1556] A.a.O., 273.

[1557] Da die medizinischen Metaphern grundsätzlich naheliegend sind und auch sonst in der homiletischen Literatur begegnen, ist ein Einfluss der Terminologie Caemmerers hier nicht notwendig anzunehmen, obwohl sein homiletisches Konzept über den lutherischen Bereich hinaus rezipiert wird.

»Once a person has revealed his or her position regarding the fall, sin, estrangement, etc., one is able to project with reasonable accuracy the corresponding doctrine of salvation. Those who are fairly optimistic about the human condition, believing for example that sin is some form of ignorance, will (if consistent) emphasize Christ as teacher. Wisdom is the means of salvation. Those who see humankind as hopelessly crippled or entrapped likely will have a ›high‹ Christology to match. [...] As a practical matter of ›doing theology‹ for most preachers, the *cure* of the gospel will fit the *malady* to be solved.«[1558]

Das Fehlen solcher gründlicher Diagnose stelle die größte Schwäche der durchschnittlichen Predigt dar, schreibt Lowry. An ihre Stelle trete häufig der Gebrauch von Illustrationen – vergleichbar mit einem Patienten mit Magenschmerzen, dem der Arzt attestiert, er hätte Verdauungsprobleme. Die typische Antwort, die zu hören sei, sei nicht der Hinweis auf Jesus, sondern der gesetzliche Versuch, die problematische Situation auf der Ebene des menschlichen Verhaltens zu verändern.[1559] Von rechter Diagnose gelte dagegen:

»Further, whatever the issue, the precision of analysis will determine the correlation of gospel and human condition.«[1560]

In der Terminologie von Caemmerer, die von mehreren Homiletikern an beiden Concordia-Seminaren übernommen wird, entspricht dies der Korrelation von *malady* und *means*. Mit seinem Blick auf die Vorgänge im Bewusstsein fordert Lowry dazu auf, den Hörer auf dem Weg zu dieser Diagnose mitzunehmen, statt ihn direkt mit deren Ergebnis zu konfrontieren. Dadurch werde es für ihn schwerer, seine Verteidigungsmechanismen einzusetzen und an der Überzeugung festzuhalten, dass der Prediger eigentlich »den anderen dort« meine, er selbst sei ja im Grunde ganz in Ordnung.

In Lenskis Werk »The Sermon« wird deutlich, dass für lutherische Homiletiker auch vor der Veröffentlichung von Caemmerers Homiletik die Stelle von besonderer Bedeutung ist, an der dessen Trias von *goal*, *malady* und *means* ansetzt. Deren Scharnier-Funktion erwächst organisch aus der lutherischen Lehre von Gesetz und Evangelium, dem Verständnis der Predigt und der menschlichen Natur.[1561] Es geht darum, die Absicht des Textes auf den Hörer und seine

[1558] Lowry, Plot, 39f. Hervorhebg. v. mir.

[1559] A.a.O., 41–45.

[1560] A.a.O., 49.

[1561] In dem lutherischen »Handbuch« der Predigt bei Fritz findet sich ein Beispiel einer Predigtstudie zu Num 6,22–27, in dem der Autor das äußerliche Problem oder Symptom im Leben des Menschen bestimmt, das vom Text angesprochen wird (»unrest and misery«), die darunterliegende Ursache feststellt (»lack of peace«, und zwar als Folge der Sünde) und zu diesem das Mittel (»God's grace«) und das Ziel für den Hörer (»peace«) stellt (Fritz, Preacher's Manual, 161f.). Wie andere Predigtstudien und Beispielgliederungen bei Fritz zeigen, ist dies jedoch noch nicht wie bei Caemmerer ein metho-

Nöte zur Anwendung zu bringen.[1562] An diesem Punkt gebraucht auch Lenski medizinische Metaphern:

> »Properly adapting the text and its contents to those who are to hear the sermon, really expects a great deal of the preacher. Like an able physician he must know all about the medicine he administers, as well as all about the patient whom he is to treat.«[1563]

Anhand eines Beispiels zur Erarbeitung eines Predigtaufrisses zu Jeremia 31,31–34 fragt Lenski, »Was ist nicht in Ordnung?«; er spricht von den Eingeweiden der Menschen, die vor Sünde faulig sind, und dem Heilmittel. Zwar legt gerade dieser Abschnitt eine solche Redeweise nahe, doch wird deutlich, dass Lenski hier grundsätzlich-theologisch spricht und dass die Terminologie von Caemmerer bei ihm bereits implizit vorhanden ist. In ähnlicher Weise spricht er von dem, was der Mensch nötig hat (*need*, vgl. Caemmerers *malady*), und dessen Verschmelzung mit dem Evangelium, das der Schriftabschnitt enthält (»the gold in the text«, vgl. Caemmerers *means*).[1564] Den gleichen grundsätzlichen Doppelaspekt der Predigt beschreibt auch der methodistische Theologe Luccock:

> »One of the most HELPFUL of all the large, sweeping divisions which can be applied to sermons, as well as other kinds of discourse, is the twofold division of predicament and cure. [...] Those two grand divisons of ›Mess‹ and ›Cure‹ are immensely valuable in dealing with almost any vital sermon subject.«[1565]

Diese Polarität ist für Luccock auch aus kommunikationstheoretischer Sicht so wesentlich, dass er formuliert:

> »If the cure proposed is not as strong as the disease, then the sermon is not ready.«[1566]

Im Gegensatz zu Lenski und Caemmerer verbindet sich dieser Ansatz bei Luccock jedoch nicht mit der zweifachen Wirkung des Wortes Gottes in Gesetz und Evangelium; er hat weniger mit der Ursünde und der Rechtfertigung des Menschen als mit dem allgemeinen Phänomen menschlicher Bedürfnisse und ihrer Erfüllung zu tun. Zwar gebraucht Luccock die Metapher der »Heilung« (*cure*), und der Begriff *predicament* kommt terminologisch der (u.a. von Aho) alternativ zu *goal-malady-means* verwendeten Formel *point-problem-power*

---

discher Schritt, der die Vorbereitung am Übergang von der Exegese und Hörerbesinnung zur Gliederung kennzeichnet.

1562 Vgl. Lenski: »Adaptation is the effort to get out of a text the very things needed for a congregation at the time.« (LENSKI, Sermon, 41) und »Adaptation takes into account the specific purpose the text is to serve.« (Ebd.).

1563 A.a.O., 42.

1564 A.a.O., 102f., 109.

1565 LUCCOCK, Workshop, 123f.

1566 A.a.O., 69.

nahe.[1567] Die Metaphorik aus dem Bereich der Medizin bezieht sich bei Luccock jedoch im Wesentlichen auf die methodische Ebene.[1568] Sie weist damit eher in die Richtung von Blackwood, der 1948 für die Predigt die Grundstruktur definiert, die durch Lowry drei Jahrzehnte später Prominenz erlangt:

> »In this kind of sermon you begin with a person or a group of persons. Then you bring out the actions, so that the friend in the pew can see someone to admire, someone to dread, someone to be like. The action leads to struggle, the struggle causes conflict, and the conflict involves suspense. After a while comes the dénouement.«[1569]

Ebenfalls auf der formalen Ebene begegnen bei Lowry die Begriffe *means* und *goal*. In der »traditionellen« Predigtform, die eine Zusammenstellung von Ideen sei, seien Klarheit und Logik das Mittel (*means*) der Anordnung. An deren Stelle träten in der *plot*-Form, in der Erfahrungen in eine Abfolge gebracht würden, Ambivalenz[1570] und Spannung. Das Ziel (*goal*), das der Sprecher damit verfolge, sei im ersten Fall das Verstehen des Hörers, im zweiten das Hineinnehmen in ein Geschehen (*happening*); dies gelte unabhängig von der konfessionell-theologischen Position des Predigers.[1571] Im Zusammenhang der zweiten Form spricht Lowry auch von Sünde. Der Konflikt, der dem Spannungsaufbau zugrunde liegt, besteht für ihn in der Diskrepanz zwischen dem Leben des Menschen, wie es sein soll, und wie es tatsächlich ist. In der Analyse dieser Diskrepanz versucht der Prediger, die Motive hinter solchem Verhalten des Menschen zu erfassen. Nur wenn die Sünde auf diese Weise zutreffend diagnostiziert ist, kann das Heilmittel der Gnade recht auf sie angewendet werden.[1572] Bei aller Affinität zu Caemmerers methodischem Ansatz ist jedoch zu beachten, dass dieser von einem forensischen Geschehen ausgeht, während Lowry die beschriebene Spannung im Bewusstsein des Menschen lokalisiert.[1573]

[1567] S. AHO, Sermon Theory, 14f.; AHO/ROGAHN/KAPFER, Glory, 30. Hierzu siehe auch die folgenden Ausführungen.

[1568] Vgl. Ferris, der im Blick auf die menschliche Situation ebenfalls von Krankheit (*malady*) und Heilmittel (*remedy*) spricht, jedoch in recht allgemeinem Sinne (FERRIS, Go Tell, 69), vgl. Anm. 1572.

[1569] BLACKWOOD, Preparation, 162; vgl. 168.

[1570] »Ambivalenz« (*ambiguity*) bezieht sich bei Lowry auf eine Situation, deren Ausgang nicht vorhersehbar ist.

[1571] LOWRY, Time, 22ff.

[1572] Nach Edwards' Darstellung der Homiletik Lowrys, s. EDWARDS, History of Preaching, 813f. – Die Anwendung des Heilmittels ist für Lowry die überraschende Wendung, die von Gott kommt und die Spannung auflöst. Daraus folgt im Duktus des *plot* die Antizipation der Konsequenzen auf das zukünftige Leben der Hörer (ebd.).

[1573] Im Blick auf den Konflikt und die Konfliktlösung schreibt Lowry, es gehe nicht um eine quantitative Aufteilung – wie sie sich etwa bei Wilson in Hinsicht auf Gesetz und Evangelium findet –, sondern um die Plötzlichkeit, den *impact* und die Wirkkraft der entscheidenden Wahrnehmung (LOWRY, Dancing, 78). – Ganz im Sinne Caemmerers formuliert dagegen auf deutscher Seite Bohren: »›Deine Sünden sind dir vergeben!‹ [...]

Ein Anklang an die Intention, die Caemmerer mit diesem Punkt der Predigtvorbereitung verbindet, findet sich bei dem lutherischen Homiletiker Jensen, von dem Edwards schreibt:

> »This sort of preaching announces and offers the help that people need, God's grace for healing sinners.«[1574]

Der Entsprechung von *malady* und *means* korrespondiert Wilsons Anleitung, etwa in Bezug auf die Inkarnation darauf zu achten, welche Not Gott bei uns Menschen wahrgenommen hat, auf die er mit der Menschwerdung seines Sohnes geantwortet hat. Es geht Wilson jedoch nicht um den absoluten Gegensatz von Gericht und Gnade, sondern darum, ein Handeln Gottes im biblischen Text zu entdecken, und dann nach diesem Handeln in »unserer Welt« zu suchen; so würde Gott als der identifiziert werden, der gute Werke tut.[1575] An dieser Stelle, an der es darum geht, den Text und die Hörer der Gegenwart zusammenzubringen, konstatiert Wilson eine Unsicherheit vieler Exegeten:

> »Most biblical scholars (many of whom also preach) remain fixed in the rhetorical world of their commentaries, uncertain about what to suggest as a way of moving the text into our world.«[1576]

Wilsons Vorgehen unterscheidet sich jedoch ebenfalls deutlich von dem Caemmerers: Er fragt, welcher mentale Prozess bei den Hörern ablaufen solle, damit sie das Bedeutungsfeld des biblischen Textes entdecken, und arbeitet mit dem Konzept von Anliegen (*concerns*) des Textes; diese seien die Keimideen für die Verkündigung.[1577]

So lässt gerade der Gebrauch ähnlicher Termini in der konkreten Anwendung theologische Unterschiede erkennen. Dass es im Bereich dieser Begrifflichkeit auf lutherischer Seite um mehr geht als um die Repristination einer Metaphorik, die theologiegeschichtlich von Einfluss gewesen ist, und um mehr als die Hoffnung auf die erneute Wirkung eines einst bewährten formalen Elements, zeigt Maria Marten in ihrer Untersuchung lutherischer Pflanzenpredigten der nachreformatorischen Zeit: Nach der darin zum Ausdruck kommenden Überzeugung ist der Mensch sterbenskrank, und die Predigt des Evangeliums ist das Mittel, das ihn heilt. Diese Sicht- und Predigtweise richtet sich nicht nur an den Verstand, sondern schließt eine innerliche Veränderung im Menschen mit ein, wie es an der Stellung und Funktion des methodischen Drei-

---

Mit diesem Satz setzt der Prediger sein Leben aufs Spiel, sein und seiner Hörer Heil.« (Bohren, Predigtlehre, 302).

1574 Edwards, History of Preaching, 814.

1575 Wilson, Practice, 92, 112.

1576 A.a.O., 146.

1577 A.a.O., 146f.

schritts von *goal-malady-means* in der Erstellung der Predigt bei Caemmerer deutlich wird. Marten führt aus:

> »Der Heilungsprozess, der durch Christus in Gang gebracht und vollendet wird, ist die Rechtfertigung des Menschen aus dem Glauben. Diese ›praktische‹ Grundhaltung gegenüber der Lehre von Christus kann man als konfessionell spezifisches Merkmal werten: Christus erkennen bedeutet für einen evangelisch-lutherischen Christen [...] vor allem seine Wirkung auf den Menschen erkennen – in diesem Sinne vergleichbar mit der Wirkung von Heilpflanzen.«[1578]

5.5.3. Geistliche Dramatik

Nach lutherischem Verständnis geht es daher in der Verkündigung des Wortes Gottes nach Gesetz und Evangelium um das dramatischste Geschehen überhaupt: Die hoffnungslose Situation des Sünders in seiner Schuld wird durch Christi Versöhnungswerk überwunden. Nicht das Paradigma des Theaters oder der Kunst gibt der Rede der existentialen Theologie von dem »Sprachereignis« festen Boden unter die Füße;[1579] die Predigt ist genau deshalb ein wirkliches Ereignis, weil ihre Grundlage das in Christus vollbrachte Heilsgeschehen ist. Dessen Zuspruch ist die Wendung, die deshalb so überraschend ist, weil kein Mensch dies mit Recht erwarten und sich ein solches Evangelium ausdenken kann; es ist von Gott offenbart. Dies ist ein wesentlicher Grund, warum verschiedene Homiletiker den von Lowry beschriebenen Spannungsverlauf, der für menschliches Erleben und Erzählen typisch ist, in ganz ähnlicher Weise auch in nicht-narrativen Texten der Heiligen Schrift finden.[1580] Es verwundert deshalb nicht, dass sich Caemmerers Methodik von *goal-malady-means* der Sache nach in der Geschichte der christlichen Predigt abzeichnet, wo Prediger ihren Verkündigungsauftrag im Bewusstsein dieser Dramatik wahrnehmen. Dies ist eine natürliche Folge einer Theologie des Wortes Gottes, die dieses als Inhalt und Funktion, Information und Aktion zugleich wahrnimmt, wie Caemmerer es in den einleitenden Sätzen seiner Homiletik tut:

[1578] MARIA MARTEN, Christus als Pflanze. Allegorische Naturdeutung in lutherischen Predigten der nachreformatorischen Zeit. Festvortrag zur Verleihung des Hermann-Sasse-Preises für lutherische theologische Literatur. In: Lutherische Theologie und Kirche 36 (2012), 119–142; hier 142.

[1579] Gegen NICOL, Performing Art, 445.

[1580] Exemplarisch sind zu nennen etwa LISCHER, Theology, 29; MEYER, Expository Preaching, 104f.; WEDEL, Pulpit, 74. Reu verweist auf Predigten von Chrysostomos und Augustin und schreibt, die Darstellung einer dramatischen Auseinandersetzung in der Predigt etwa mit der sündigen Natur im Menschen selbst verleihe der Predigt einen besonders energiegeladenen Charakter (REU, Homiletics, 211). Steimle bezeichnet die Form des Dramas als eine Form, die der geistlichen Dramatik sehr angemessen sei, welche in der Heiligen Schrift zum Ausdruck kommt (STEIMLE, Fabric, 164, mit einem Zitat von Amos Wilder).

»Preaching does more than tell of this gift of life. It gives it. Through preaching God tells of His life to the world, but more: through preaching God gives Himself to the world.
Hence the preacher is God's tool to restore God's life in people. Preaching utters words. Yet when it is truly preaching, it is the Word of God to man and the power of God at work in man.«[1581]

Wo solches Predigen geschieht, ist es die situations- und hörergemäße Anwendung dessen, was die Exegese eines Wortes der heiligen Schrift erarbeitet, wie es Walther in seiner Pastoraltheologie unter dem Stichwort der »Zeitgemäßheit« der Predigt ausführt:

»Keine Zeit bringt bessere Menschen hervor, als die andere. In jeder Zeit liegen die Menschen in jenem angebornen unaussprechlichen sündlichen Verderben, aus dem ihnen durch nichts, als durch das reine und ganze Wort Gottes, geholfen werden kann. Aber in jeder Zeit prägt sich das allgemeine Verderben in besonderer Weise aus. Jede Zeit hat ihre besonders hervortretenden und, so zu sagen, zur Mode gewordenen Vorurtheile, Irrthümer, Sünden, Laster und Gefahren. Jede Zeit hat daher auch ihre besonderen Bedürfnisse. [...] Zeitgemäß predigt daher derjenige, welcher sich nicht damit begnügt, daß seine Predigten nur das reine Wort Gottes enthalten, sondern darin fort und fort auf die Vorurtheile, Irrthümer, Sünden, Laster und Gefahren eine besondere Rücksicht nimmt, die in seiner Zeit herrschen, und von denen er voraussetzen kann, daß davon auch seine Zuhörer, als Kinder seiner Zeit, berührt, gefährdet oder angesteckt sind. [...] Je zeitgemäßer ein Prediger der Vorzeit Gottes Wort vorgetragen hat, um so weniger können seine Predigten jetzt zeitgemäß sein; denn wenn gleich noch heute die Menschen dieselben verlornen und verdammten Sünder sind, die sie vor Jahrhunderten, die sie immer waren, so leidet doch unsere Zeit an gewissen eigenthümlichen geistlichen Krankheiten, die einer entsprechenden Behandlung bedürfen.«[1582]

Die methodische Prägnanz der drei Elemente *goal*, *malady* und *means* in ihrer wechselseitigen Beziehung als wesentlicher Teil der Predigtvorarbeit ist jedoch trotz allen Parallelen ein eigenständiger Beitrag Caemmerers, der damit an der Gelenkstelle zwischen »Text« und »Hörer« ein Scharnier einsetzt, das beide verbindet.[1583] Diese Verbindung kommt dadurch zustande, dass die geistliche Ausrichtung und Bewegung der Perikope auf den Hörer zur Anwendung

[1581] CAEMMERER, Preaching 1959, 1. Vgl. SCHMITT, Caemmerer's Homiletics, 27f.
[1582] WALTHER, Pastoraltheologie, 105f. Walther fügt hinzu: »Einen zeitgemäßeren Prediger hat es wohl nicht gegeben, als unsern Luther.« (a.a.O., 106, Hervorhebg. i. Orig.). – Fritz spielt auf dieses Konzept der Zeitgemäßheit in der deutschen homiletischen Sprache an, indem er das Adjektiv in seiner englischsprachigen Homiletik unübersetzt als Terminus Technicus verwendet (FRITZ, Preacher's Manual, 37).
[1583] So auch Schmitt (persönliches Gespräch, Lutherische Theologische Hochschule Oberursel, 13.11.2010).

gebracht wird, ohne in unhistorischer Weise den Unterschied in der Situation beider zu nivellieren noch in emotionaler oder banalisierender Weise eine exegetisch fragwürdige Assoziation zu suggerieren. Es ist nicht nur die allgemein menschliche Natur, die den heutigen Hörer mit dem Text des Alten oder Neuen Testaments verbindet,[1584] noch ein im Hörer ablaufender (unbewusster oder bewusster) mentaler Prozess. Es ist die geistliche Natur des zum Glauben gerufenen Menschen als eines Sünders und Gerechten zugleich, die die ursprünglichen Adressaten und Akteure der biblischen Schriften mit den heutigen Lesern und Hörern verbindet. Durch solche zugleich historische und geistliche Auslegung schlägt die Predigt nach Eggold eine Brücke zwischen der Welt der Bibel – die oft unerreichbar weit weg zu sein scheint – und der des Hörers. Es entsteht nicht so sehr ein geistesgeschichtlicher Dialog als ein geistlicher Dialog Gottes mit dem Hörer. Wo nur von der Gegenwart her gepredigt werde, gebe sich der Prediger dagegen häufig mit Symptomen ab, ohne sich mit deren letzten Ursache, der Entfremdung des Menschen von Gott zu befassen; die Predigt werde so zum Mono-log.[1585]

In der Anwendung seiner Methodik fragt Caemmerer zunächst nach der Ausprägung der geistlichen Krankheit des Menschen, an die sich das Wort Gottes in seinem ursprünglichen Zusammenhang richtet, genauer nach der geistlichen Ursache der Symptome des sündigen Verhaltens der ursprünglichen Adressaten. Er fragt in einem nächsten Schritt nach den Symptomen, in denen sich dieselben geistlichen Ursachen heute und im Leben der gegenwärtigen Predigthörer äußern. Er sucht dann nach dem geistlichen Ziel, das Gott mit diesem Wort verfolgt und das dieser Krankheitserscheinung entgegengesetzt ist. Und er forscht schließlich nach dem Mittel, das Gott zu solcher Behandlung einsetzt. Damit wehrt er auch einem verschiedentlich in der Homiletik thematisierten tendenziellen Ungleichgewicht zwischen der Darstellung der Sünde (oder des »Problems«) in der Predigt und ihrer Überwindung.[1586] Sein Hinweis auf die Absicht und Verheißung des göttlichen Wortes an dieser wichtigen Schnittstelle ist zugleich von Bedeutung für das Bemühen um eine Überwindung der Krise der Autorität und der Kommunikation, die im Wesentlichen mit der fehlenden Relevanz für den Hörer verbunden ist.

Caemmerer schreibt vor dem Hintergrund einer Perikopenordnung für Lesungen und Predigten, sieht jedoch auch die Möglichkeit einer freien Textwahl. Weder in dem einen noch in dem anderen Fall geht er davon aus, dass grund-

---

[1584] Vgl. hierzu Gadamer, nach J. M. ROBINSON, Hermeneutik, 103.

[1585] EGGOLD, Dialogue, 23, 51ff.

[1586] Eslinger etwa ist der Meinung, in der Predigt werde zuviel Zeit auf die Sünde und die Analyse menschlicher Probleme verwendet statt auf Gnade, Freiheit und das Evangelium (ESLINGER, New Hearing, 88).

sätzlich jeder Abschnitt alle drei Elemente enthält; gelegentlich sei eines davon aus dem Kontext oder dem Schriftganzen zu ergänzen.[1587]

Die Tatsache, dass weder Caemmerer noch Aho oder andere lutherische Homiletiker, die diesen methodischen Dreischritt von ihm übernehmen, von *remedy* oder Heilmittel reden, zeigt, dass die Funktion nicht der Faszination einer Metapher untergeordnet wird. Während sich dieser Begriff in anderen homiletischen Entwürfen durchaus findet,[1588] ist bei Aho und den Beiträgen anderer Mitarbeiter zu den gemeinsam herausgegebenen Predigtmeditationen im Gegenteil ein freier Umgang mit der Terminologie zu beobachten: *malady* wird teilweise durch *problem* ersetzt,[1589] *means* durch *means to the goal*[1590] oder auch *the power of the gospel,*[1591] und es begegnet die alternative Trias *point-problem-power.*[1592] Die ausdrückliche Bestimmung dieser drei Elemente findet sich in 23 von 125 Predigtmeditationen Gerhard Ahos im »Springfielder« bzw. dem »Concordia Theological Quarterly«.[1593] In anderen wird der Zentralgedanke und das Ziel explizit genannt, teilweise sind diese Elemente implizit vorhanden. So führt dieser Schritt in der Predigtvorbereitung nicht zu einem solchen Methodismus, wie ihn manche Prediger in der Gemeindearbeit heute mit dem homiletischen Ansatz Caemmerers und Ahos verbinden. Eben dies ist der Grund dafür, dass dieses Scharnier von *goal-malady-means* für zahlreiche Absolventen beider Seminare bis heute ein typisches Element ihrer homiletischen Ausbildung ist. Viele verwenden es weiterhin regelmäßig, andere diskutieren es kontrovers bis in Internet-Blogs hinein.[1594] Dale A. Meyer, seit 2005 Präsident des Concordia-Seminars in St. Louis, sagt in einer Predigt vor Studenten und Dozenten, es gebe verschiedene Vorgehensweisen und Muster, die für die Predigtvorbereitung vorgeschlagen worden seien; »goal, malady, and means« sei unter den Amtsträgern der Missouri-Synode am verbreitetsten.[1595]

[1587] Caemmerer, Preaching 1959, 90–92. – In einem allgemeineren Sinne empfiehlt auch Wilson den Rekurs auf andere Schriftstellen, wo nötig, da die Schrift sich selbst auslege, und betont die Beachtung der Schrift als ganzer (Wilson, Practice, 93, 96).

[1588] Ferris etwa redet im Blick auf die menschliche Situation zwar von Krankheit und *remedy,* jedoch im allgemeinen Sinne und nicht in Bezug auf die Ursünde oder die Aktualsünde (s. etwa Ferris, Go Tell, 69). S. auch Blackwood, Preaching From the Bible, 210f.

[1589] Aho/Deffner/Kapfer, Time, 62f.

[1590] CTQ 45 (1981), 1–2, 90, 95 u.ö.

[1591] A.a.O., 99.

[1592] Aho, Sermon Theory I, 14f.

[1593] Diese konzentrieren sich auf fünf Ausgaben der Zeitschrift von 1981–1983, während Ahos Beiträge zu den Predigtmeditationen die Gesamtzeit von Dezember 1975 bis Juli 1987 umfassen: CTQ 45 (1981), 1–2 ; 46 (1982) 1 und 4; 47 (1983), 1 und 4 (s. Literaturverzeichnis, I.1.5).

[1594] Z.B. Richard Lindeman, Re: 10 Commandments For Preaching Revised. In: Friends of LCMC. The Mail Archive, o.O. 3.2.2009, http://www.mail-archive.com/friends-of-lcmc@googlegroups.com/msg00721.html [19.9.2014].

[1595] Gottesdienst in der Seminarkapelle am 15.2.2002, nach Schmitt (persönliche Korres-

Zu beachten ist dabei jedoch, dass die Verwendung dieser Trias für einen stereotypen, dreiteiligen Predigtaufbau – für manchen Prediger eine genehme Abkürzung einer exegetisch und homiletisch verantworteten, zeitintensiveren Vorarbeit – einen Missbrauch darstellt, der weder in Caemmerers noch in Ahos Absicht liegt[1596] und gegen den sich heute insbesondere der Homiletiker Schmitt in St. Louis wendet. Es wird betont, dass die wenigsten Perikopen diese Elemente selbst so in organischer Form enthalten, dass diese sich auf natürliche Weise auch in drei entsprechende Teile entfalten. Aho macht auf die Gefahr aufmerksam, die Rechtfertigung durch den Glauben in Texte hineinzulesen, obwohl diese selbst andere Schwerpunkte setzen, und sie so zu verformen.[1597]

5.5.4. Zusammenfassung

Am Übergang vom Text zum Hörer bringt die Entwicklung des Dreischritts von *goal-malady-means* in der Missouri-Synode die Rede von der Sünde als Krankheit und dem Wort Gottes als Heilmittel in der Geschichte der Predigt und des Gottesdienstes auf den Punkt. Sie ermöglicht es dem Prediger, an dieser Schnittstelle in der doppelten praktisch-theologischen Verantwortung zu einer Entfaltung der entscheidenden Dramatik des Wortes Gottes für den Hörer zu gelangen. Dieser methodische Schritt in der Predigtvorarbeit prägt bis heute Generationen von Predigern.

5.6. Der Hörer als Partizipant am Rede-Geschehen

5.6.1. Die Situation des Hörers[1598]

Predigen ist eine pastorale Aufgabe. Nur wo es im Zusammenhang der gesamten Pfarrarbeit geschieht, kann der Prediger in der Vorarbeit mit einer Vorstellung von der tatsächlichen Situation seiner Hörer arbeiten. So schreibt Whitesell in seinem Buch »Power in Expository Preaching«, das Aho in die Liste der Literatur zu seinem homiletischen Grundkurs aufnimmt:

> »By ministering to others and sympathetically entering into their problems and needs, the imagination becomes active in seeking to meet their needs.«[1599]

---

pondenz mit mir per E-mail, 19.9.2012).

[1596] Caemmerer schreibt in der Mitte der 60er Jahre: »Years of teaching helped to develop the triad of ›goal, malady, means‹ which seminarians distort into sermon outlines and alumni mention with a grin.« (Richard R. Caemmerer, Stance and Distance. In: Robert W. Bertram, [Hg.], The Lively Function of the Gospel. Essays in honor of Richard R. Caemmerer on completion of 25 years as professor of practical theology at Concordia Seminary, Saint Louis, St. Louis/MO 1966, 3–6; hier 4).

[1597] Vgl. hierzu Schmidt, Gericht und Gnade, 108f.

[1598] Im Folgenden verwende ich Auszüge aus a.a.O., 105ff.

[1599] Whitesell, Power, 116.

Die Gemeinde ist für Aho immer im Hörsaal präsent. Der Prediger hat die einzigartige und unausweichliche Verantwortung, ihr das mitzuteilen, was der jeweilige Text ihr zu sagen hat.[1600] So ist der Hörer vom Anfang der Predigt an fortwährend einzubeziehen, indem der Prediger die Botschaft auf sein Leben anwendet und indem er seine Sprache spricht.[1601] Dies führt zu einer Redeweise in der Predigt, die die biblische Wirklichkeit in ihrer historischen und geistlichen Dimension transparent werden lässt für die Lebenswirklichkeit des Hörers in ihrer gegenwärtigen und geistlichen Dimension, wie es Lenski schon 1924 explizit reflektiert:

> »Often in descriptive Interpretation the hearer will think of himself throughout, without any further effort (Appropriation, Application) on the part of the preacher. This is the thing for which to strive.«[1602]

Diese Anwendung stellt den Hörer vor eine Entscheidung:

> »The very high ethical demands of the Kingdom press for a decision which goes to the depths of the soul, to one's deepest self. They set up a goal of radical change of mind beyond the capacity of man's will. Thus the demand to love God above all things and neighbor as oneself by its very nature puts a person in a position where he feels his imperfection. The demands for sacrifice up to the limit, the complete sacrifice of self, of family, is and remains a judgment upon man, for who can really do it? Divine judgment moves man to repentance, to a change of heart and mind according to which he no longer trusts in himself that he is righteous (Luke 18:9). This kind of humility puts man in a position to receive the Kingdom.«[1603]

Solche Demut wird den Prediger gleichermaßen kennzeichnen, der sich des Privilegs und der Verantwortung bewusst ist, ein Botschafter Christi zu sein.[1604] Damit befindet er sich auch in einer Linie mit dem Diktum H. W. Beechers zur Beginn der Yale-Vorlesungen, wenn der Prediger von der Freude an dem Heil in Christus ergriffen sei, zeige sich dies auch in seiner ganzen Haltung.[1605] Damit ist er sich zugleich bewusst, dass er selbst ganz auf Gottes Hilfe angewiesen ist.

[1600] Vgl. Randolph, Renewal, 44.

[1601] Weatherspoon weist darauf hin, dass die Apostel sehr sorgfältig auf die Situation ihrer Adressaten eingehen und sehr konkreten Rat für ihre Probleme geben (Weatherspoon, Sent Forth, 146). Otto stellt fest, dass der Hörerbezug bei der Auslegung die Predigt Augustins und Luthers in besonderer Weise bestimmt (Otto, Rhetorische Predigtlehre, 69f.).

[1602] Lenski, Sermon, 240.

[1603] Gerhard Aho, Sermon Theory II Notes. Fort Wayne/IN [zw. 1980 und 1985]. O. durchg. Pagnrg. (i. Folg.: Aho, Sermon Theory II).

[1604] In den Yale-Vorlesungen ist 1928 und 1934 vom Prediger als vom Botschafter die Rede; dies kommt in der homiletischen Diskussion sonst kaum vor (Baxter, Yale Lectures, 4).

[1605] A.a.O., 99f.

Das Ich des Predigers ist daher von der Predigt nicht zu trennen, wird aber nicht die Aufmerksamkeit auf sich ziehen.

Mit Interesse und Respekt verfolgt Aho in der aktuellen Literatur gelungene Analysen der Situation des Menschen in der Gegenwart. Wo jedoch kein Bezug zum Kreuz hergestellt wird, von dem allein Hoffnung für den Menschen in seiner Lage ausgeht, bleibt solche Analyse für ihn deprimierend.[1606] Die Nöte und Bedürfnisse des Menschen deutet er mit dem Wort Gottes als Symptom für die Situation nach dem Fall, für die verlorene Gottesbeziehung und Gerechtigkeit. Die Predigt handelt von konkreter Sünde, die die Hörer begehen oder versucht sind zu begehen. Damit nimmt Aho Walthers Kriterium der »Zeitgemäßheit« der Predigt auf[1607] und befindet sich in inhaltlicher Nähe zu Sockman, der in seiner Yale-Vorlesung 1940/41 sagt, Fernschüsse auf abwesende Sünder seien eine Versuchung für diejenigen Prediger, die zu ängstlich seien, um einen echten Nahkampf zu führen.[1608] Aho sucht jedoch nicht die Konfrontation mit den Menschen, sondern ein gutes, freundliches Auskommen mit ihnen; er ist sich aber zugleich bewusst, dass Predigen ein geistlicher Kampf ist und dass das Wort genau treffen soll. Einen solchen Kampf hat der Prediger wie auch der Hörer deshalb zu führen, weil dem Akt der Sünde, die der Mensch *tut*, immer der Fakt zugrundeliegt, dass er Sünder *ist*. Das ist die Ursache seines Ungehorsams gegen Gott, von Zweifel und Unglauben und dem Unrecht in der Welt, einschließlich Krieg, Rassismus, Antisemitismus und Kriminalität.

Dabei ist mit Fritz zwar zuerst das zu bedenken, was der Hörer braucht. Das meint jedoch nicht vorrangig allgemein menschliche Bedürfnisse und Erwartungen, sondern das, was für ihn geistlich nötig und notwendig ist:

> »The purpose of having and hearing a living preacher in the pulpit is that the hearers may be given that spiritual food which their needs, at the time being, demand. [...]
>
> A preacher, therefore, must know the world in which he and his people live; he must know what is agitating the minds of his parishioners, what their religious and their cultural background is [...] All this will put the preacher in a position not only to make a proper diagnosis but will be his directive in applying the Law and the Gospel as the particular needs of his hearers demand.«[1609]

Aus solchem lutherischen Verständnis heraus drängt auch Aho darauf, dass rechte geistliche Analyse immer die – auch im Weltganzen unspektakulär erscheinende – tatsächliche Not des Hörers in den Blick nimmt, und diese eben

---

[1606] GERHARD AHO, Free to Live, Free to Die. By Malcom Boyd, New York/NY (u.a.) 1967. (Buchrezension) In: The Springfielder 31 (1967/68), 1, 84f; hier 85.

[1607] Vgl. oben unter 5.5.3.

[1608] BAXTER, Yale Lectures, 72.

[1609] FRITZ, Preacher's Manual, 37, vgl. 16ff.

wie die »kranke« Welt, die sich von Gott entfernt hat, als Ausdruck des Gefallenseins versteht.[1610]

Ganz im Sinne Ahos formuliert Blackwood, der Prediger solle die Hörer dazu als Freunde anreden, die in dem Eifer zur Kirche kommen, Gottes Willen zu entdecken. Er solle zu überzeugen und zu gewinnen suchen viel mehr als zu beweisen und zu attackieren. Er solle reden und sich geben wie ein christlicher Gentleman und ein Freund[1611] - genauso erlebten Gemeindeglieder, Kollegen und Studenten Aho nach den Worten von Scaer.[1612]

Die christliche Kirche spielt in der amerikanischen Gesellschaft eine größere Rolle als in der deutschen. So vergleicht eine Sängerin das Gefühl, das sie beim Singen auf der Bühne hat, mit dem Erlebnis einer guten Predigt in der Kirche.[1613] Nicht zuletzt aufgrund der alltäglichen Sprache empfinden viele Hörer einen direkten Bezug der Predigt zu ihrem Leben. Insbesondere lutherische Homiletiker erinnern jedoch daran, dass auch Widerstand seitens der Hörer eine Reaktion auf die christliche Predigt ist[1614]; das natürliche Ich des Menschen rebelliere dagegen, Gottes Wahrheit zu hören - auch dann, wenn er sie brauche und suche[1615]. So müssten, schreibt Deffner, Hörer auch bei allem Bemühen des Predigers in diesem Bereich ihres Lebens (neben all den anderen) emotional und intellektuell kräftig »umschalten«, um das Wort zu hören, und noch mehr, um es zu tun.[1616] Hilfreich sind hier Wilsons Ausführungen zur Hörerrezeption. Im Geist des Hörers seien Meinungen, Vorverständnisse und Überzeugungen vorhanden, die mit dem gehörten Wort der Predigt konkurrieren.[1617] Zugleich habe der Prediger keine völlige Kontrolle über das Predigtgeschehen und keinen absoluten logischen Beweis für das, was er sage. Er habe aber eine Mitverantwortung für den Rezeptionsprozess und bemühe sich gerade aus diesen Gründen, überzeugend zu reden:

1610 Ähnlich auch Craddock, der schreibt, viele Hörer hätten Nöte, die im Gegensatz zu dem, was das Fernsehen oft zeige, sehr real seien; sie hätten aber das Gefühl, dass sie in einer Welt, die so »krank« sei wie die unsere, kein Recht hätten, um Hilfe zu schreien. Sie würden in der Hoffnung zur Predigt kommen, nur den »Saum des Gewandes« Jesu zu berühren (Craddock, Without Authority, 68f.).

1611 Blackwood, Expository Preaching, 150f. In dieser Forderung Blackwoods klingen Kriterien für die Sprache der Predigt nach, die sich am Anfang des Jahrhunderts bei Jefferson finden, s. Baxter, Yale Lectures, 161f.

1612 Scaer, Gerhard Aho, 243f.

1613 Deffner, Compassionate Preaching, 54f. - S. 4.3.6., vgl. Anm. 154.

1614 S. etwa a.a.O., 40.

1615 A.a.O., 64.

1616 A.a.O., 46.

1617 Wilson, Practice, 67. Vgl. hierzu Schmalenbergers Beobachtungen zur Hörerrezeption: Sie würden das Gehörte auf der Grundlage ihrer eigenen, früheren Erfahrungen interpretieren, sie würden eine neue Predigt inhaltlich dem Gewohnten anpassen, sie würden die gehörte Botschaft umso mehr verkürzen, je länger die Predigt sei usw. (Schmalenberger, Edge, 43).

»The preacher has responsibility then, for making Christ's presence in preaching as fully audible and intelligible as possible. Thus some responsibility for reception of the Word lies with the preacher and the preacher's skill with rhetoric.«[1618]

5.6.2. Die Kommunikation mit dem Hörer

Die Beschäftigung mit der Kommunikation entspringt bei lutherischen Theologen im 20. Jahrhundert nicht nur dem aktuellen Interesse an einem benachbarten Fachgebiet. Sie knüpft an Luthers eigenen Umgang mit der Rhetorik an[1619] und steht in der Tradition der lutherischen Orthodoxie. Salomon Glassius bezeichnet Gott in seiner erbauungstheologischen Schrift »Arbor vitae« als *bonum communicativum*,[1620] da Gott sich in der Verkündigung selbst »kommuniziert«; d.h. er ist selbst das Gut, das darin mitgeteilt wird. Das gilt rhetorisch, aber noch viel mehr theologisch. Dabei dienen die Regeln der Philologie ebenso zur Erhebung des Schriftsinns wie dazu, beim Hörer etwas affektiv-emotiv in Bewegung zu setzen. Glassius sieht das Wirken des Schriftauslegers in Analogie zur Kunst eines Handwerkers, Apothekers oder Arztes.[1621] Auch eine Verbindung zum Paradigma der »Inszenierung« wird implizit erkennbar, wenn er auf das biblische Vorbild und die komödien- bzw. theaterhaften Züge verschiedener biblischer Bücher und Abschnitte hinweist.[1622] Wie in der Theaterwelt setze auch die Schrift Gesten und Affekte als Stilmittel ein, um Sachverhalte deutlich zu machen.[1623]

In dieser Tradition entsteht auch Ahos Homiletik nicht vor dem Hintergrund eines rein technischen Verständnisses von Kommunikation im Sinne eines Sender-Nachricht-Empfänger-Modells. Für ihn ist die öffentliche Rede auch nicht ein Monolog dessen, der spricht. Ahos eigene Kenntnis der klassischen Rhetorik verbindet sich mit seiner eingehenden Beobachtung der ursprünglichen Sprechsituation in der biblischen Exegese. Hinzu kommt der von ihm immer wieder sorgfältig herausgearbeitete Zusammenhang zwischen der Art der Predigt und den gesellschaftlichen, wirtschaftlichen, politischen und sprachlichen Umständen ihrer Umwelt.[1624] In diesem Gesamtzusammenhang ist die Predigt für ihn ein Geschehen, an dem der Hörer aktiv beteiligt ist.

1618 Wilson, Practice, 103.

1619 Vgl. Birgit Stolt, Martin Luthers Rhetorik des Herzens. Tübingen, 2000, 47 u.ö.

1620 Salomon Glassius, Arbor vitae. Der Baum des Lebens / JEsus Christus / Aus göttlicher Schrifft durch die Gnade des heiligen Geistes vorgestellet / Vnd zu tröstlicher Betrachtung / vnnd nöthiger Lebenserbawung in fünff Büchlein verfasset, Jena 1629, 136.

1621 Für diese Hinweise danke ich Armin Wenz (Vortrag zu: Biblische Hermeneutik im Spiegel der Vorreden der Weimarer Kurfürstenbibel aus drei Jahrhunderten [unveröffentlicht, mit Genehmigung des Verf.; i. Folg.: Wenz, Kurfürstenbibel]).

1622 Persönliche Korrespondenz von Wenz mit mir per E-mail, 18.6.2012.

1623 Wenz, Kurfürstenbibel.

1624 So durchweg in Aho, Preaching of Hedberg und ders., Homilies sowie in seinen Predigtmeditationen (Aho/Rogahn/Kapfer, Glory und Aho/Deffner/Kapfer, Time).

Dies gilt in besonderem Sinne deshalb, weil Gott das eigentliche Subjekt ist, das hier redet oder – im Sinne von Glassius – kommuniziert. Der Prediger ist der erste Hörer dieser Botschaft. Er wendet sie zunächst auf sich selbst und dann auch auf die Hörer an, denen er es weitersagen soll. So wird er, um mit Wilson zu reden,[1625] selbst zuerst von dem Wort überzeugt, das er predigen soll. Das gilt im Blick auf die Überführung des Sünders durch das Gerichtswort Gottes, aber noch mehr im Blick auf das Vertrauen weckende Evangelium. In diesem theologischen Verständnis hält die lutherische Homiletik an dem Anliegen der *persuasion* in der Kanzelrede fest, das in der neuen Homiletik zeitweise grundsätzlicher Kritik ausgesetzt ist. Es geht jedoch nicht um die Vorstellung des Predigers als eines Redners, der (wie ein erfahrener Politiker) alle verfügbaren Mittel der Überzeugung aufbietet, um die Hörer auf seine Ziele einzuschwören. Das Wort selbst ist seinem Wesen nach *persuasive*, weil es kein reines Menschenwort und keine bloße Information ist. Die Arbeit des Predigers ist nicht damit getan, dass er dem Hörer das Ziel erklärt, das Gott mit ihm erreichen will, und ihn drängt, sich entsprechend zu verhalten.[1626] Er hat das wirkmächtige Wort Gottes weiterzusagen, das den Hörer mit dem Gesetz vor Gottes Gericht stellt und ihn durch das Evangelium daraus errettet;[1627] das Wort, das der Heilige Geist gebraucht, um die Herzen der Menschen zu erneuern:

> »The preacher, then, is a servant of that word, standing before people, speaking the life-giving breath of God. This proclamation is more than a lecture, more than a teaching, it is an event that gives life to God's people.«[1628]

Damit wird die Predigt zu einem existentiellen Geschehen; nicht, weil sie an die tiefsten Wünsche und Bedürfnisse des Menschen anknüpft, weil sie ihm ganz neue Erfahrungen eröffnet, ihm die Verwirklichung eines Lebens im vollen Menschsein ermöglicht oder ihn über entscheidende Aspekte des Lebens informiert; sie ist existentiell, weil sie ihn in seiner Situation vor Gott anredet und ihm Gericht und Gnade persönlich und wirksam zuspricht: Die Sünde, von der die Heilige Schrift spricht, ist seine eigene Sünde, der Ruf zur Umkehr meint ihn. Dass Gott einen solchen Menschen um Christi willen annimmt und gerecht spricht, ist etwas, was er sich selbst nicht sagen, was er von Natur nicht erkennen und fassen kann. Diese Rechtfertigung ist wirkmächtig *hic et nunc* und im letzten Gericht.

Eine offene Kommunikation ist die Predigt damit insofern, als sie immer auf eine geistliche Reaktion des Hörers zielt und diese Reaktion nicht mit den

---

[1625] Wilson, Practice, 79, vgl. 95.

[1626] Dieser Aspekt kommt insbesondere in Caemmerers Homiletik klar zum Ausdruck (s. Hoyer, Preaching for the Church, 118).

[1627] Zu diesen und den folgenden Ausführungen s. Aho, Sermon Theory I, 2–6, sowie ders., Law and Gospel.

[1628] So Schmitt im Blick auf die Homiletik Caemmerers, Schmitt, Caemmerer's Homiletics, 6.

Mitteln der Rhetorik vorwegnimmt oder manipuliert, sei es die Annahme der Botschaft und Buße mit einem Leben im Glauben und in der Heiligung oder die Ablehnung und Verstockung. Beides ist Wirkung der lebendigen Stimme Gottes. Damit ist die Predigt zugleich ein gemeinschaftliches Geschehen, nicht als ob die Bedeutung des gehörten Wortes erst in der gemeinsamen Interpretation zustandekommt, sondern indem es den, der es im Glauben annimmt, in die Gemeinschaft der Gläubigen einschließt und darin festigt.[1629] Nach lutherischem Verständnis ist die *Funktion* daher grundsätzlich ein wesentlicher Aspekt des verkündeten Wortes. Dies entspricht der Erweiterung der Formel von »Form und Inhalt« um dieses dritte Element, wie sie Wilson vornimmt.[1630]

Weil diese Kommunikation jedoch ein Mittel der Gnade ist, ergibt sich gerade aus der geistlichen Seite dieser besonderen Kommunikation von neuem die unabdingbare Bedeutung ihrer rhetorischen Seite. Was die gesprochene Predigt in der ihr zur Verfügung stehenden Zeit und in ihrer Situation beim Hörer bewirkt, ist heilsentscheidend. Deshalb muss sie alles tun, um seine Aufmerksamkeit zu gewinnen und zu halten, muss ihn so auf dem Weg mitnehmen, dass er folgen kann, und muss sich um größtmögliche *clarity* und *perspicuity* mühen. Sie muss illustrativ so reden, dass er es fassen kann, und muss ihm in jedem Abschnitt die Anwendung auf sein Leben vor Augen malen.[1631] Sie wird deshalb nicht in affektierter Rhetorik über die Köpfe der Hörer hinweg schießen noch unter ihre Füße in betont umgangssprachlichem Stil, sondern ins Herz der Hörer in ganz naher und lebendiger Anschauung – was F. B. Meyer mit dieser Unterscheidung in seinem Buch »Expository Preaching« betont,[1632] ist stets Ahos Anliegen in seiner Anleitung zum Predigen.[1633]

[1629] Von der Kirche als Gemeinschaft der Gläubigen gilt das, was Aho in paradoxen Sätzen über das Reich Gottes sagt: »It is invasion from without as well as power working from within; it is judgment and forgiveness, a destroying and a building up; a call to repentance and assurance of mercy; it is a childlike attitude which no man can confer on himself and also a demand for full commitment to God in mature faith; it is a present redemption and a future salvation; [...] it is God ruling not only over men's conduct but also over their hearts and wills.« (AHO, Sermon Theory II, Anhang zu dem Konzept des Reiches Gottes in den vier Evangelien).

[1630] WILSON, Practice, 200. Vgl. Randolphs Ausführungen zum Verständnis der Bibel als eines »document of preaching« (nach Ebeling), RANDOLPH, Renewal, 30.

[1631] Dies sind Ahos stets wiederkehrende Grundsätze im homiletischen Unterricht und seine Anforderungen an die Vielzahl der einzureichenden Vorarbeiten, Gliederungen und Predigten.

[1632] MEYER, Expository Preaching, 35.

[1633] Die hier herangezogenen Werke aus der Homiletik finden sich in Ahos umfangreicher Literaturliste zum homiletischen Grundkurs und bilden den Kontext seines Unterrichts. – Vgl. Walther: »Eben darum hat ja Gott ein persönliches öffentliches Predigtamt eingesetzt, damit das Wort Gottes je nach der verschiedenen Beschaffenheit der Menschen angewendet werde. Die Vergegenwärtigung des besonderen Zustandes und der daraus hervorgehenden besonderen Bedürfnisse der Gemeinde, welcher das Wort Gottes vorgetragen werden soll, ist daher ein Hauptstück der Vorbereitung eines Pastors auf seine

Lenski formuliert, der Prediger solle seine Gemeinde durch den Text hindurch ansehen,[1634] und Farmer meint, auch eine schwache Rede könne auf diese Weise zu einem starken Wort Gottes werden[1635].

Die Wertschätzung der Rhetorik führt bei Aho jedoch nicht zur Übernahme des postmodernen Dogmas, dass Wahrheit nur je individuell und subjektiv im Hörer zustandekomme. Auf Seiten der lutherischen Theologie markiert Reagles hier einen entscheidenden Kontrast:

> »While there are, indeed, many useful insights from modern communication theory, which may be applied to our preaching, [...] we see a major shortcoming in the epistemology (theory of knowledge) behind much modern writing on communication. Governed by a predisposition that there is no absolute truth, communication theorists carry on a never-ending dialogue about incomprehensibles and uncertainties.«[1636]

Gegen ein solches Verständnis ist Aho wie Reagles überzeugt, dass die Predigt, wo sie sich an die Schrift hält, nichts weniger ist als die Verkündigung des Wortes Gottes.

5.6.3. Zusammenfassung

Die Predigt setzt die biblische Wahrheit in ihrer historischen und geistlichen Dimension in Beziehung zur Lebenswirklichkeit des gegenwärtigen Hörers in ihrer geistlichen Dimension. Das Wort Gottes diagnostiziert die Nöte und Bedürfnisse des Hörers als Symptome seiner verlorenen Gottesbeziehung und Gerechtigkeit. Der Mensch tut Sünde, weil er Sünder ist. Gott selbst ist das Subjekt der geistlichen Rede, er kommuniziert sich damit selbst. Die Predigt ist eine

---

Predigten. Die Vergleichung des Textes mit dem, was der eigenen Gemeinde noth thut, mit den Mängeln und Gebrechen, an denen sie leidet, mit den Gefahren, in denen sie schwebt, muß nicht nur die Auswahl des Themas, sondern auch die ganze Art der Behandlung desselben bestimmen. Dasselbe Wort Gottes enthält der Brief St. Pauli an die Römer und der an die Ebräer, aber wie verschieden ist die Auswahl der Gegenstände und die Form der Darstellung in diesen zwei Episteln je nach dem Bedürfnisse derer, an welche die eine und die andere gerichtet ist! Allenthalben verkündigt der große Heidenapostel Paulus denselben Rath Gottes zur Seligkeit, aber wie ganz anders tritt er z. B. in der Philosophen-Stadt Athen (Apostelg. 17,15–34), als in Jerusalem, und hier vor dem Volke, als vor dem hohen Rathe (Apostelg. Cap. 21–23), auf!« (Walther, Pastoraltheologie, 96). Schon die »Sächsischen Generalartikel« forderten von den Pfarrern, auf die »Gelegenheit ihrer Pfarrkinder wohl Acht« zu nehmen (a.a.O., 101).

[1634] Lenski, Sermon, 36, vgl. 70 u.a.

[1635] »An intrinsically poor address can become a strong word of God when it is part of, and expresses, a strong and deep fellowship of God's people, who come wakeful, expectant, teachable, prayerful, humble, into God's presence.« (Farmer, Servant, 98).

[1636] Steven L. Reagles, Classical Rhetoric and Our Preaching. Formalization, Anathematization, Utilization, in: The General Conference of the Pastors of the Evangelical Lutheran Synod, o.O. 24.9.1986, http://www.wlsessays.net/files/ReaglesRhetoric.pdf. O. durchg. Pagnrg. [19.9.2014].

offene Form der Kommunikation, die zur persönlichen Reaktion des Hörers führt. Sie ist ihrem Wesen nach ein gemeinschaftliches und existentielles Geschehen, die Funktion des gesprochenen Wortes gehört zu ihren entscheidenden Aspekten.

5.7. Weggemeinschaft mit der neuen Homiletik

5.7.1. Die klare Fortbewegung des Gedankens

1952 erscheint ein Beitrag Caemmerers zur Homiletik unter dem Titel »Preaching to the Church«, mimeographisch vervielfältigt im Eigenverlag des Concordia-Seminars in St. Louis. 1959 folgt sein Buch »Preaching for the Church«, das vom Concordia Publishing House verlegt wird.[1637] Während er in dem ersten Werk generell von dem Problem und dem Ziel sowie dem Mittel des Evangeliums spricht,[1638] nimmt sein Konzept in den folgenden sieben Jahren Gestalt an; im zweiten Beitrag begegnet es ausdrücklich in der Form von *goal, malady* und *means*[1639]. Eine treibende Kraft hinter dieser Entwicklung ist eine Gefahr, die Caemmerer in der verbreiteten Form des *propositional preaching* sieht, das im Wesentlichen in der Abhandlung einer These besteht: Es ist langweilig, todlangweilig. So schreibt er Anfang der 50er Jahre,

> »many outlines of sermons seem uninteresting and drab«,[1640]

und warnt sieben Jahre später, der Prediger, der den Text studiert und sich sein Verständnis gründlich erarbeitet hat, riskiere, aus seinem gesammelten Material einen biblischen Lehrvortrag zu machen; dieses dürfe jedoch nicht einfach dazu dienen, Menschen über etwas zu informieren.[1641] Der Prediger sei vielmehr berufen, die Hörer zu überzeugen; sie in die Richtung zu verändern, die Gott für

---

[1637] Zu den folgenden Ausführungen vgl. Schmitt, Caemmerer's Goal, Malady, Means.

[1638] Richard R. Caemmerer, Preaching to the Church, St. Louis/MO 1952, 16 (i. Folg.: Caemmerer, Preaching 1952).

[1639] Caemmerer, Preaching 1959, 87–90.

[1640] Caemmerer, Preaching 1952, 35. An anderer Stelle konstatiert Caemmerer einen Zusammenhang zwischen einem einseitig lehrmäßigen Verständnis der Predigtaufgabe und einer Verzerrung der Ekklesiologie der C.A. (Caemmerer, Recovery, 147).

[1641] Vgl. Schmitt: »In light of [...] the way in which teaching had obscured the gospel in preaching, Caemmerer offered goal, malady, means as a necessary step in the sermon writing process.« (David R. Schmitt, Sermon Structures [St. Louis/MO] o.J. [Kursmaterial CTS St. Louis], 304 [i. Folg.: Schmitt, Structures]. In einer anderen, ebenfalls undatierten Ausgabe dieses mehrfach überarbeiteten Kursbuches, die den Untertitel trägt »Ordering the Ideas and Experiences of the sermon«, fehlt der Abschnitt »Definining a Lutheran Theology of Preaching«, in dem Schmitt diese Beobachtung zum Ausdruck bringt.) Schmitt führt aus, dass Caemmerer damit den fünf Kanons der klassischen Rhetorik folgt, jedoch mit dieser Trias zwischen *invention* und *arrangement* einen zusätzlichen Schritt einfügt (ebd.).

sie beabsichtige.[1642] Obwohl er in seiner Diagnose über den Zustand der Predigt in ihrer vorherrschenden Form mit den meisten Homiletikern seiner Zeit übereinstimmt, folgt für Caemmerer wie für die lutherische Homiletik im Allgemeinen daraus nicht die Verwerfung jeglicher Verkündigung anhand einer These und ihrer Entfaltung. Die Predigt ist für ihn jedoch immer ein aktives Geschehen, das lebendige Wort Gottes, das unter den Menschen gepredigt wird und seiner ureigensten Natur nach *persuasive* ist, d.h. vom Geist dazu gebraucht wird, um die Herzen der Menschen zu verändern und ihnen Leben zu geben. Um den Hörer zu überzeugen, braucht die Predigt jedoch ein klares Ziel und einen klaren Weg dorthin. Dies gilt umso mehr angesichts der abnehmenden Predigtlänge. Innerhalb der Lebenszeit Ahos, dessen Berufung an das Concordia-Seminar in Springfield unmittelbar nach dem Erscheinen von Caemmerers »Preaching for the Church« erfolgt, reduziert sich diese im Durchschnitt auf weniger als die Hälfte. Bereits 1969 folgert Randolph aus dieser Entwicklung:

> »The preacher must do the work to which he has been called in a shockingly short time, and no opportunity to make communication more clear and more persuasive should be passed by.«[1643]

Dies ist eine Bestätigung für den Nachdruck, den Aho im Unterricht und in der Bewertung der eingereichten Arbeiten zur Predigtvorbereitung auf Präzision, einen klaren Gedankengang, eingängige Formulierung und die Eliminierung aller überflüssigen Wortfülle legt. Wesentliche Bedeutung kommt dabei einer klaren Gliederung der Predigt zu. Eine gute Rede bildet immer eine geschlossene und strukturierte Einheit. Damit folgt er der Rezeption der aristotelischen Rhetorik in der US-amerikanischen Homiletik.[1644] Eine gute Anordnung ist eine wesentliche Gedächtnishilfe für den Prediger beim Vortrag und erleichtert den Hörern, ihm zu folgen.[1645] In dieser Tradition lernen Ahos Studenten, den Predigtvortrag nicht anhand des Manuskripts, sondern der ausführlichen oder der groben Gliederung zu halten. Befürworter einer wohlentwickelten Struktur betonen jedoch, dass damit nicht ein mechanischer oder stereotyper Aufbau gemeint ist, der eher einem toten Skelett gleicht, wie es Blackwood 1948 formuliert:

[1642] Caemmerer, Preaching 1959, 15ff. – Zum Verhältnis von Stoff und Form bei Aristoteles vgl. auch Otto, Kunst, 76.

[1643] Randolph, Renewal, 98. Auch D. Buttrick fordert von der Predigt Konkretion und Klarheit (Buttrick, Moves, 107, 217).

[1644] Perry differenziert in diesem Zusammenhang zwischen der Rhetorik des Aristoteles und der der Sophisten, Platos und Quintillians (Perry, Biblical Preaching, 43).

[1645] Broadus, Preparation and Delivery 1944, 94f. Ganz ähnlich Jones, Principles, 90f. und Whitesell, Power, 129.

»The wise preacher thinks of the sermon as full of life and warmth, and not as the skeleton of a dead man. The word ›structure‹ here means the bony framework of a sermon that lives and moves so as to reach a certain goal.«[1646]

Ganz in diesem Sinne wählt Aho für seinen Beitrag zur Erarbeitung der Predigtstruktur in der Reihe »The Preacher's Workshop Series« den Titel »The *Lively* Skeleton«.[1647]

Erst wenn der Prediger sich hinreichend mit dem Gegenstand seiner Predigt befasst hat, ist er in der Lage, diesen in geordneter Anordnung zu entfalten.[1648] Die Struktur der Predigt gibt dem Hörer immer wieder Wegmarkierungen, an denen er sich orientieren und den Gedankenfortschritt erkennen kann.[1649] Dagegen ist eine Predigt ohne Struktur wie Gelatine, wie Luccock schreibt:

»Julian Huxley, in an address given in the United States a few years ago, gave a striking picture of a sermon without bony structure. He said that a sea animal essaying motion on land without a skeleton would collapse gelatinously. A good word that, ›gelatinously‹ – hard to pronounce yet a fine addition to a preacher's familiar vocabulary. [...] The fear of the Lord is the beginning of wisdom in preaching, but the fear of gelatin also helps«.[1650]

Diese Überzeugung teilt auch Aho. Der Satz »Die Angst vor Gelatine hilft auch« wird zur Überschrift des ersten Kapitels in »The Lively Skeleton«.[1651]

Bei Broadus,[1652] Reu, Aho und anderen Homiletikern findet sich der Hinweis, dass alle Hauptteile auf derselben Ebene liegen müssen. Mit Reu lehrt Aho, dass

---

[1646] Blackwood, Preparation, 137. – Der Begriff *skeleton* für das Gerüst der Predigt findet sich auch etwa bei Phelps, Theory, 79 u.ö. – Vgl. hierzu Whitesell: »We should not try to build up the body of the sermon without the skeleton.« (Whitesell, Power, 48).

[1647] Aho, Skeleton, Hervorhebg. von mir. Zum Begriff des »Knochengerüsts« vgl. Broadus' Bemerkung, es gebe viele Bücher mit Predigtentwürfen und *skeletons*, die jedoch von Predigern nicht immer »aufrichtig« und mit der nötigen Umsicht gebraucht würden; er beklagt den Umstand der weiten Verbreitung dieser Werke (Broadus, Preparation and Delivery 1944, 89). Fritz nimmt dessen Ausführungen mit ausdrücklicher Zustimmung in einem längeren Zitat aus einer früheren Ausgabe von Broadus auf, nach dem die Veröffentlichungen solcher Gliederungen in Deutschland noch verbreiteter gewesen seien als in Nordamerika (Fritz, Preacher's Manual, 53f).

[1648] So ausdrücklich bei Phelps (Phelps, Theory, 62). Vgl. Fritz, Preacher's Manual, 75.

[1649] So bei H. W. Robinson (H. W. Robinson, Preaching, 128). Perry betont, ein leicht zu folgender Aufbau sei noch wichtiger in der missionarischen Predigt (Perry, Biblical Preaching, 159).

[1650] Luccock, Workshop, 121.

[1651] Aho, Skeleton, 6 (ohne Quellenangabe). Killinger übernimmt diesen Satz ebenfalls (Killinger, Fundamentals, 70). Es ist denkbar, dass diese plastische Metapher eine frühere von E. G. Robinson überschreibt, die dieser 1881/82 ebenfalls im Zusammenhang des Knochengerüsts der Predigt verwendet: »A sermon without a framework is but an intellectual mollusk, and mollusks can never do the work of vertebrates.« (Baxter, Yale Lectures, 167).

[1652] Broadus, Preparation and Delivery 1944, 114f.

diese einander nicht widersprechen, ausschließen oder wiederholen sollen. Sie bräuchten nicht alle von derselben Länge zu sein, keiner von ihnen solle jedoch zu einem bloßen Anhängsel werden.[1653]

5.7.2. Klarheit im Bewusstsein des Hörers

Das Anliegen, dass die Predigt konkret in die geistliche und die Lebenssituation des Hörers hineinsprechen soll, hat seinen Platz in der klassischen Behandlung der Rhetorik und kennzeichnet gutes Predigen zu allen Zeiten. Es berührt sich mit der von Randolph im Namen der neuen Homiletik erhobenen Forderung, die Predigt solle der Gemeinde gleich zu Anfang zeigen, warum der Text für sie von Bedeutung sei.[1654] Die klare Zielsetzung, die auf lutherischer Seite bei Caemmerer, Aho und anderen im methodischen Dreischritt von *goal-malady-means* als dem Scharnier zwischen der exegetischen und der homiletischen Vorarbeit verankert ist, ist die Voraussetzung, unter der diese dazu anleiten, den Hörer in der Einleitung auf direktem Wege dahin zu bringen, worum es in der Predigt und für ihn geht. Damit steuert die Predigt von Anfang an einen klaren Kurs.[1655] Aus phänomenologischer Sicht wird hier D. Buttricks Forderung an die Einleitung – d.i. dem Bewusstsein einen Fokus zu geben und eine gewisse hermeneutische Orientierung zu bieten – erfüllt.[1656] Man kann mit diesem auch von der Herstellung eines gemeinsamen Bewusstseins zwischen Prediger und Gemeinde sprechen, in dem ein Bild oder eine Idee in den Brennpunkt rückt.[1657] Nach Buttricks Ansatz wird der Hörer auf diese Weise bereit für den ersten *move*.[1658] Seine Ausführungen dazu klingen wie eine kommunikationstheoretische Analyse der methodischen Forderung Ahos:

[1653] Reu, Homiletics, 463; Aho, Sermon Theory I, 20. Ganz ähnlich Lenski, Sermon, 125ff. sowie Caemmerer, Preaching 1959, 95–98. Vgl. hierzu Phelps Hinweis, eine unterschiedliche Benennung einzelner Teile werde oft irrtümlich für eine damit schon gegebene inhaltliche Unterscheidung gehalten (Phelps, Theory, 82).

[1654] Randolph, Renewal, 126.

[1655] Wilson schreibt in ähnlicher Weise, obwohl der Prediger nicht mit der Tür ins Haus falle, müsse er in die Richtung zeigen, die die Predigt mit den Hörern einschlagen wolle; dies müsse in der Regel explizit geschehen (Wilson, Practice, 184).

[1656] Buttrick, Moves, 83, 91.

[1657] A.a.O., 92. Vgl. Leroux' rhetorische Untersuchung der Invokavit-Predigten Luthers und den von ihm herausgestellten Aspekt einer rhetorischen (und geistlichen) *communion* zwischen Redner und Hörern (Leroux, Luther's Rhetoric, 57 u.ö).

[1658] Buttrick, Moves, 85, 94f., s. auch 106 in Bezug auf den Predigtschluss. – Buttrick stellt fest, es sei ein wachsender Trend, dass Prediger in der Einleitung von sich selbst redeten. Dies führe unausweichlich zu einer Aufspaltung des zu etablierenden Fokus'. Predigten seien nicht in erster Linie dazu da, Beziehungen zu schaffen oder zu unterhalten, sondern um das Evangelium zu sagen (a.a.O., 94f.).

»[...] in sermons, focus involves a double purpose: Locating a whole field of meaning, and isolating some particular feature within the field of meaning (usually connected with a first move).«[1659]

Ebenso wie alle Umwege in der Gedankenführung zu vermeiden sind, ist auch alle überflüssige Wortfülle hinderlich. Dieser Grundsatz begegnet in der zeitgenössischen Rhetorik wie auch in manchem homiletischen Handbuch.[1660] In solcher Gesellschaft schätzt auch Aho einen einfachen und zugleich interessanten Stil, wie er ihn in seiner Dissertation an den Predigten Hedbergs hervorhebt.[1661]

Dass Aho Reus Grundsatz teilt, die fortschreitende Entwicklung des Predigtgedankens müsse ohne Polemik und in klarer Darstellung positiver Wahrheit geschehen,[1662] ist exemplarisch in seiner Besprechung von homiletischen Beiträgen, Andachts- und Gebetsbüchern von Forsyth, Hermann W. Gockel, Turnbull, Thielicke u.a. zu erkennen. Er findet auch bei grundlegenden theologischen Differenzen positive Aspekte und hebt in seinen Buchbesprechungen klare, eindeutige Sprache stets hervor, wo er sie findet.[1663]

Zu einem überzeugenden Aufbau gehört weiter Randolphs Anliegen der Konkretion und der Gliederung der Predigt in klare, deutlich erkennbare Einheiten wie Bilder, Aussagen o.ä., diese sollten an ihrer Stelle in der Predigtstruktur mit Zeichen markiert werden, die es leichter machten, ihnen beim Vortrag der Predigt zu folgen.

»The sermon should be broken down into its units, whether images or statements or some other units, and when placed in the structure they should be marked by signs which make them as easy to observe and follow as possible.«[1664]

Noch konkreter leitet Aho an diesem Punkt dazu an, solche einzelnen Absätze im Predigtmanuskript jeweils am Rande nach ihrer Funktion als Illustration, Erklärung, Entfaltung, Anwendung usw. zu markieren.[1665]

1659 A.a.O., 84.

1660 Blankenship schreibt, »Avoid using more words than are necessary for adequate expression of your thought [...]« (BLANKENSHIP, Sense of Style, 98). Auf Seiten der Homiletik s. etwa CRADDOCK, Preaching, 164.

1661 AHO, Preaching of Hedberg, 16. – Die Bedeutung der klaren Rede gehört zu den Grundsätzen, die in der homiletischen Literatur immer wieder begegnen (siehe etwa CRADDOCK, Preaching, 192, 194).

1662 REU, Homiletics, 393f.

1663 Siehe etwa The Springfielder, 30 (1966/67), 1, 61 (»refreshingly clear«), 67, 83 (»smooth flow of thought, and clarity of expression«), 84 («a language which is clear and direct«) und The Springfielder 30 (1966/67), 4, 55, 60. Vgl. Lenski, der betont, dass Klarheit (*lucidity*) und Einfachheit besonders wichtig sind in der Missionssituation (LENSKI, Sermon, 261), und Caemmerer, der den gleichen Gedanken ausführt und schreibt, von solcher »feinen Kunst« und der Klarheit solcher Predigt werde wiederum die eigene Gemeinde des Predigers profitieren (CAEMMERER, Preaching 1959, 65).

1664 RANDOLPH, Renewal, 125.

5.7.3. Konstruktion und Kommunikation

Auch das Anliegen der Suche nach Formen der Konstruktion der Predigt und der Kommunikation, die der Botschaft entsprechen, kennzeichnet ein Stück Weggemeinschaft zwischen der »neuen« und der lutherischen Homiletik.[1666] Für Aho ist dies jedoch nicht etwas Neues, sondern ein Merkmal effektiven Predigens überhaupt, dem er auch in seinen Untersuchungen im historisch-homiletischen Bereich nachgeht.[1667]

Zu einer kritischen Differenzierung von Form und Funktion leistet Aho einen wesentlichen Beitrag. Gerade an der als »traditionell« geltenden deduktiven Entfaltung des Predigtstoffes wird bei ihm deutlich, dass die Gemeinde auch dabei in der Auswahl und der Art der Erläuterungen sowie der Anwendung von Anfang an eine Rolle spielt, und dass auch eine »deduktive« Predigt den Hörer existentiell treffen und involvieren kann.[1668] Damit führt er konstruktiv über Craddocks Plädoyer für die induktive Predigtweise hinaus, in dem dieser Aspekt ebenso wenig in den Blick kommt wie die Überlegung, dass eine rein induktive Form die *application* folgerichtig in die Hörerreaktion nach der gehaltenen Predigt verlagern würde. Aus Ahos Perspektive ist an einen solchen Predigtaufbau auch die Frage nach dem Anspruch des Gesetzes und dem Zuspruch des Evangeliums zu stellen.[1669] Auch Wilson äußert sich nach mehreren Jahrzehnten der neuen Homiletik kritisch zu Kategorien, die jeweils auf eine Grundform der Predigt gegründet sind; diese seien von begrenztem Wert, ein solches Kategorisieren sei der homiletischen Aufgabe nicht mehr angemessen. Höhere Qualität sei durch eine Kombination dessen zu erreichen, was an der thesenartig-deduktiven und der narrativ-induktiven Form das Beste sei.[1670]

Übereinstimmung mit Craddock findet sich andererseits auf lutherischer Seite in Bezug auf das Hauptanliegen, das hinter dessen methodischer Forderung steht: Die Schlussfolgerung (oder das Ziel) der Predigt soll dem Hörer zu seiner eigenen werden.[1671] Nach Ahos Überzeugung sind eine Reihe der bereits

---

1665 Aho, Sermon Theory I, 27–32.

1666 Als Charakteristikum der neuen Homiletik formuliert von Randolph (Randolph, Renewal, 23).

1667 Aho, Homilies; ders., Preaching of Hedberg, 113ff. (s. bes. Kapitel VI: Persuasive Strategies: The Form of the Sermon).

1668 Man denke etwa an die Predigt des Jona in Ninive (s. Jon 3,4) oder die Pfingstpredigt des Petrus (Act 2, bes. 23f.).

1669 Craddocks Interesse richtet sich vorrangig gegen ein einseitiges Selbstverständnis der Predigt, das auf eine intellektuelle Zustimmung des Hörers zu theoretischen Wahrheiten zielt. Er erwähnt die Möglichkeit der Kombination von induktivem und deduktivem Gedankengang, die sich graphisch in der Form einer Sanduhr darstellen lässt (Craddock, Without Authority, 47, unter Verweis auf Locke Bowman Jr.).

1670 Wilson, Practice, 259, 215. – Sofern das Streben nach Qualität einen möglichen Ausweg aus einer Krise darstellt, markiert Wilson hier eine Antwort auf die Infragestellung der Predigt, die am Anfang der neuen Homiletik steht.

1671 Siehe etwa Craddock, Without Authority, 49.

genannten Faktoren entscheidend, um dies zu erreichen: das Ansprechen von realer Sünde und Schwachheit, die Suche nach Anwendungen aus der Lebenssituation des Hörers, das Erhalten der Aufmerksamkeit durch eine klare gedankliche Linie und das Innehalten für zusammenfassende und überleitende Sätze.[1672] Lutherische Homiletik befindet sich hier im Akkord mit Wilson: Der Prediger bemüht sich, logisch und theologisch überzeugend zu reden. Er tut dies ohne die Genugtuung, dadurch absolute Kontrolle über den Hörer zu erreichen, denn er weiß, dass das, was er sagt, mit dem eigenen Verständnis des Hörers und dem, was er glaubt, konkurriert.[1673] Er predigt jedoch in dem Bewusstsein, dass ein Teil der Verantwortung für die Rezeption des Wortes Gottes bei ihm und seiner Ausübung des rhetorischen Handwerks liegt.[1674]

5.7.4. Geistliche Dynamik

Während sich die Homiletik in den 90er Jahren bemüht, verschiedene Richtungen innerhalb dieser neuen Bewegung zu identifizieren, reagieren lutherische Homiletiker mit einer zunehmenden Fokussierung ihrer Untersuchungen auf die Verkündigung von Gesetz und Evangelium. Die theoretische Homiletik entwickelt sich in die Breite und richtet den Blick auf die Vielfalt von Inhalt, Form und Funktion in der gesprochenen Verkündigung;[1675] die lutherische Reaktion darauf ist eine immer feinere, genauere Scharfstellung dieses Kernbereichs der Predigt.[1676] Damit arbeiten lutherische Autoren, so Schmitt in einer Zusammenfassung 2001, das heraus, was einen bleibenden Mangel in der neuen Homiletik darstellt. Er führt aus, dass diese Unterscheidung des Gerichts- und des Gnadenwortes Gottes zentral für das lutherische Verständnis der Predigt ist und dass es historisch durch Walthers »Law and Gospel« und den Gebrauch von Predigtparadigmen wie *goal-malady-means* oder *problem-point-power* in die homiletische Ausbildung integriert worden ist. Diese Tradition

---

[1672] AHO, Sermon Theory I, 3, 10, 19–21, 27ff. sowie mündlich im Unterricht.

[1673] Vgl. die Feststellung Wilsons in den 90er Jahren, Predigen nach Thesen und deren Entfaltung (*propositional preaching*) sei nicht an sich autoritär und schließe eine organische Form nicht aus (WILSON, Practice, 206f., 209).

[1674] A.a.O., 67, 103.

[1675] In Anbetracht der Beobachtung Schmitts, dass die Unterscheidung zwischen Gesetz und Evangelium in der lutherischen Predigt viel zu häufig zu einer standardisierten Zweiteilung führt und damit ihre Struktur bestimmt, leistet sie damit gerade der lutherischen Homiletik einen wichtigen Dienst (s. DAVID R. SCHMITT, Freedom of Form: Law/Gospel and Sermon Structure in Contemporary Lutheran Proclamation. In: ConJ 25 [1999], 1, 42–55; hier 42 [i. Folg.: SCHMITT, Freedom]).

[1676] DAVID R. SCHMITT, The Tapestry of Preaching. A Fourfold Method of Sermon Preparation. [St. Louis/MO] 2006, 93. In diesem Kursbuch zum homiletischen Unterricht nennt Schmitt eine Vielzahl entsprechender Artikel aus den Jahren 1990–1999 in den »Concordia Pulpit Resources« (ebd.). Vgl. auch HORACE HUMMEL, Are Law and Gospel a Valid Hermeneutical Principle? In: CTQ, 46 (1982), 2–3, 181–207.

werde in der Gegenwart intensiv fortgesetzt, wie eine Vielzahl homiletischer Fachartikel zeige.[1677]

Vor dem Hintergrund dieser Polarität leisten lutherische Theologie und Homiletik auch einen Beitrag zur Frage nach der Dramatik des Predigtgeschehens. Zwar finden sich gegen Ende der 60er Jahre auch in der Missouri-Synode Versuche, die Predigt durch die Aufführung einer biblischen Geschichte (etwa durch Kinder aus der Gemeinde) im Altarraum zu ersetzen[1678] oder sie in dramatischer Form durch zwei Sprecher als Dialog zu gestalten[1679]. Doch besteht das eigentliche Wesen des Predigtereignisses nach lutherischem Verständnis nicht in der formalen und rhetorischen Erzeugung von Spannung. Unter dem Gericht Gottes ändert sich für lutherische Homiletiker im Gegensatz zu Lowry nicht nur die Wahrnehmung des Hörers,[1680] sondern seine objektive Situation vor Gott und damit sein Ergehen. Die Richtungsänderung, die Lowry beschreibt und die wesentlich zur Spannung beiträgt, liegt, theologisch gesprochen, in der Offenbarung des Gerichtsurteils Gottes – für den Sünder immer neu eine Barrikade, mit der er nicht rechnet, weil er mit ihr nicht rechnen will, – und der Rechtfertigung, die ihn auf einen neuen Weg stellt, den er allein nicht finden und gehen kann.[1681] Gesprochene Sprache hat hier viele Möglichkeiten der dramatischen Rhetorik.[1682] Es geht daher nicht zuerst um eine dramaturgische Form, wie sie die Hörer der Gegenwart aus Theater oder Film kennen; die Predigt ist insofern »dramatisch«, als sie Teil der gottesdienstlichen Liturgie ist, von der Aho schreibt:

[1677] David R. Schmitt, Law and Gospel in Sermon and Service. In: Paul Grime (u.a.) (Hg.), Liturgical Preaching. St. Louis/MO 2001, 25–49; hier 34 (i. Folg.: Schmitt, Law and Gospel).

[1678] S. etwa Peter Mealwitz, An Epiphany Chancel Drama. Matt. 2:1–12. In: CTM 38 (1967), 11, 732–734.

[1679] S. etwa John R. Sternberg, A Dialog on Doubt. In: CTM 38 (1967), 10, 649–654.

[1680] Die Einseitigkeit eines solchen Ansatzes wird deutlich an einem Predigtbeispiel bei Lowry, s. Lowry, Plot, 63.

[1681] Von seiner Konfliktlösungsspirale her nähert sich Lowry selbst punktuell einem lutherischen Verständnis von Gesetz und Evangelium in deren Polarität, vgl. unten, 6.2.2.

[1682] Vgl. die Funktion der präsentischen Formen λέγει und ἰδού in den Evangelien und die rhetorische Möglichkeit der dramatisierenden Vergegenwärtigung durch solchen Tempus-Gebrauch. Solche Vergegenwärtigung – und damit die Einbeziehung des Hörers in der Jetztzeit – ist ein wesentliches Kennzeichen des Erzählens. Außerhalb des europäischen Sprach- und Kulturraums wird dies etwa in Südbantusprachen daran deutlich, dass es eigene Narrativfomen gibt, die außerhalb der grammatischen Tempora stehen, so dass sie zwar Handlungsabläufe zum Ausdruck bringen, aber ohne Festlegung auf Vergangenheit, Gegenwart oder Zukunft; eine zeitliche Einordnung geschieht nur durch die Anbindung an eine reguläre Verbform in der Rahmenhandlung.

»[...] it must be seen as a divine-human drama in which we who are kings and priests before God actively participate.«[1683]

5.7.5. Zusammenfassung

Im Blick auf das Anliegen der Klarheit der Rede und der Klarheit im Bewusstsein des Hörers finden lutherische Homiletiker in der neuen Homiletik einen wichtigen Beitrag. Dabei kommt es auf ihrer Seite nicht zu einer grundsätzlichen Verwerfung der Verkündigung anhand einer These und ihrer Entfaltung. Will die Predigt den Hörer bewegen und überzeugen, dann muss sie ihn auf einem klaren Weg zu einem klaren Ziel bringen. Dies kann in einer deduktiven ebenso wie in einer induktiven Struktur geschehen. Dazu gehören erkennbare sprachliche Einheiten ebenso wie eine klare und direkte Sprache, Illustrationen aus dem Vorstellungsbereich des Hörers und Anwendung auf seine Lebenssituation. Zu letzterer zählt wesentlich der konkrete Anspruch des Gesetzes und der konkrete Zuspruchs des Evangeliums.

5.8. Resümee und Ausblick

In der Predigtlehre der Missouri-Synode verbindet sich in der zweiten Hälfte des 20. Jahrhunderts ihre Verwurzelung in der lutherischen Lehre vom Menschen, vom Wort Gottes, von den Gnadenmitteln und der Christologie mit ihrer aktiven Rezeption der klassischen europäischen Rhetorik einerseits und der zeitgenössischen hermeneutischen und homiletischen Weiterarbeit in ihrem konfessionellen Umfeld andererseits. Darin erweist sich ihre Teilhabe am gemeinsamen nordamerikanischen Erbe ebenso wie die gemeinsame Betroffenheit von den gesellschaftlichen Entwicklungen. Zugleich leistet sie so in einer Krisen- und Umbruchszeit der Predigt einen eigenen Beitrag zur Neubestimmung alter und neuer Parameter in der Verbindung von systematischer Theologie, Rhetorik und Predigtpraxis. Mit besonderem Nachdruck wird an beiden Concordia-Seminaren an der Scharnierstelle des Übergangs von der biblischen Exegese zur »Exegese« des Hörers gearbeitet.

[1683] GERHARD AHO, The Joy of Worship. In: The Springfielder, 30 (1966/67), 4, 27–34; hier 31 (i. Folg.: AHO, Joy of Worship).

6. Gerhard Ahos Homiletik in Ausbildung und Gemeindearbeit

6.1. Lehrbücher zum homiletischen Grund- und Aufbaukurs

Die im homiletischen Grundkurs (»Sermon Theory I«) angestrebten Ziele werden von Aho in seiner Kursbeschreibung unterschieden nach solchen im kognitiven Bereich, im Bereich der methodischen und theologischen Fähigkeiten zur Erarbeitung der Predigt sowie dem Bereich persönlicher Überzeugungen und Einstellungen. Das von ihm erstellte gleichnamige Unterrichtsheft mit einem Umfang von 46 Seiten bildet die Grundlage dafür und leitet dazu an, sich diese in der Vorarbeit zum Unterricht und gemeinsam im Hörsaal zu erarbeiten.[1684]

Im kognitiven Bereich (*knowledge and understanding*) sollen sich die Teilnehmer des Stellenwertes und der Funktion von Gesetz und Evangelium in der Predigt bewusst werden und ein klares Verständnis der methodisch-analytischen Grundschritte zur Gestaltung einer Predigt gewinnen. Sie sollen mit dem Einsatz rhetorischer Elemente in ihr vertraut werden und die Bedeutung der Struktur der Predigt sowie verschiedener Teile davon erfassen.

Im Bereich der homiletischen *skills* geht es um die Vermittlung der Fähigkeit, die Bedeutung eines gegebenen Textes zu erfassen, Elemente im Text zu finden, die für die Predigt verwendet werden können, aus dem Text eine logische und adäquate Gliederung zu entwickeln, Christus im Zentrum der Predigt zu halten und homiletische Hilfsmittel auf angemessene Weise zu gebrauchen.

Im Hinblick auf persönliche Einstellungen (*attitudes*) schließlich soll mit der Arbeit an dem zusammengestellten Material eine tiefere Achtung vor dem Wort Gottes als Quelle und Norm der Lehre und damit der Predigt gefördert werden, verbunden mit einem wachsenden Bemühen um die Menschen und ihre Nöte. Damit soll gerade angesichts mancher Krise der Homiletik wie der eigenen Predigtarbeit das Vertrauen auf die seligmachende Kraft des Wortes Gottes als die eigentliche Kraft der Verkündigung gestärkt und im angehenden Prediger

[1684] Dieses Heft ist im Anhang unter IV vollständig dokumentiert.

das Verlangen geweckt werden, die besonderen Gaben zu entwickeln, die Gott ihm gegeben hat, statt jemand anderen nachzuahmen.[1685]

Methodisch bietet das Material neben überblicksartigen, erläuternden Zusammenstellungen von Grundsätzen und wesentlichen Elementen der Predigtarbeit Hinweise und Fragen zur gemeinsamen und individuellen Arbeit im Kurs, exemplarische Darstellungen einzelner Schritte und Ergebnisse und eine Anleitung zu einem kritisch-konstruktiven Umgang mit der eigenen kreativen Erarbeitung der Predigt. Das Heft gliedert sich in folgende Abschnitte[1686]:

<u>Gesetz und Evangelium</u> (S.1ff.)
Gegenüberstellung: der natürliche Mensch und der Christ; das Problem des Menschen (Gesetz) und Gottes Antwort darauf (Evangelium)
Gesetz und Evangelium als Inhalt lutherischer Predigt

<u>Exegetische Vorarbeit</u> (S. 7ff.)
Zehn Grundsätze zur exegetischen Arbeit an einem Text der Schrift
Die Bedeutung des Textes finden

<u>*Goal - Malady - Means*</u> (S. 11ff.)
Hinweise und Kontrollfragen zum Verständnis dieser Trias; *Point - Problem - Power* als Alternative.
Schriftstellen zur jeweiligen gemeinsamen Formulierung dieser drei Elemente im Unterricht

<u>Die Struktur der Predigt</u> (S. 18ff.)
Grundsätze zur Gliederung
Das Thema und die Entwicklung der Struktur
Die zielgerichtete Bewegung der Predigt (*line of direction*)
Inkorrekte Gliederungen
Adäquate Abfolge der Predigtteile
Ausführliche Predigtgliederung – zwei Beispiele zu Lk 10,17–21

<u>Beispiel einer vollständigen Predigt</u> (S. 33ff.)

<u>Anfang und Ende</u> (S. 38ff.)
Zweck, Eigenschaften, Elemente, Typen und Quellen für Einleitung und Schluss der Predigt

<u>Der erste Entwurf</u> (S. 42ff.)
Selbstkritik
Sieben Schritte zur Vorbereitung einer Schriftauslegungspredigt

---

[1685] Darstellung der Intention des Arbeitsheftes in drei Bereichen nach der von Aho schriftlich ausgeteilten »Course Description« zum gleichnamigen homiletischen Grundkurs, der auf diesem Heft aufbaut.

[1686] Die hier eingefügten <u>Überschriften</u> sind ein Versuch, die einzelnen Teile entsprechend zu benennen; z.T. sind diese Einteilungen im Heft nur implizit erkennbar.

Kontrollfragen zur Überprüfung des Entwurfs

Die Endfassung (S. 45ff.)
Kriterien zur Beurteilung der Endfassung der Predigt
Richtlinien für einzureichende Predigten (einschließlich Literaturverzeichnis etc.)

Das Anliegen des zweiten Bandes (»Sermon Theory II«) ist es, aufbauend auf die erworbenen grundlegenden Fähigkeiten in die Fülle unterschiedlicher Formen der Predigt und der biblischen Texte einzuführen. Auch in diesem Heft, das 60 Seiten umfasst,[1687] dienen grundsätzliche Hinweise, exemplarische Darstellungen (einschließlich mehrerer ausführlicher Gliederungen zu konkreten Texten) und Aufgaben zur gemeinsamen und individuellen Arbeit zur Einübung in diese Fülle der homiletischen Möglichkeiten und einen verantworteten Umgang mit ihr. Die Behandlung von Aspekten wirkungsvollen Predigens – in Bezug auf Lehre, Anwendbarkeit, Verständlichkeit und Emotionalität der Predigt – bietet einen Ansatzpunkt zum Umgang mit der Frage nach der (fehlenden oder vorhandenen) Wirkung der Predigt, die von rhetorischer und theologischer Seite gerade in dieser Zeit gestellt wird und die sich dem regelmäßigen Prediger je länger je mehr aufdrängt. Eine Abhandlung Ahos über das Konzept des Reiches Gottes bietet die biblisch- und systematisch-theologische Grundlage für das Predigen der Gleichnisse Jesu und der Evangelien generell mit dem besonderen Gewicht, der in den Perikopenreihen der Kirche darauf liegt. Das Heft enthält folgende Abschnitte:

Kategorien der Predigtgliederung
Exemplarische Predigtgliederungen zu alttestamentlichen Texten
Die Wunder Jesu (Grundsätzliches, verschiedene Arten von Wundern)
Die Gleichnisse Jesu (Grundsätzliches, verschiedene inhaltliche Schwerpunkte, mit exemplarischen Gliederungen)
Vier Aspekte wirkungsvollen Predigens
Weitere exemplarische Gliederungen zu Gleichnistexten
Vergleichspunkt und *central truth* zu 40 Gleichnissen Jesu, Auflistung von Gleichnissen im Alten Testament
Das Konzept des Reiches Gottes in den vier Evangelien (20 Seiten; einschließlich des Verständnisses in der jüdischen apokalyptischen Literatur, im hellenistischen und im rabbinischen Judentum und des präsentischen und futurischen Verständnisses in den Evangelien).

[1687] Ohne durchg. Pagnrg.

6.2. DER UMGANG MIT DEM WORT DER SCHRIFT

6.2.1 Grundlagen

Mit Augustin in »De Doctrina Christiana« stellt Aho fest, dass der Prediger sich im Gegensatz zum heidnischen Redner das, was er sagen will, nicht ausdenken muss. Seine Quelle ist die Heilige Schrift.[1688] Nach lutherischer Überzeugung ist die Verkündigung des Wortes Gottes ein integraler Bestandteil der Liturgie und des Gottesdienstes[1689] und gehört zur Verantwortung des ordinierten Amtsträgers. Mit ihr untrennbar verbunden ist die Unterweisung und Seelsorge in der Gemeinde.[1690] Der Prediger ist jedoch nicht stärker »religiös« als andere Glieder der Gemeinde, er macht sich auch nicht selbst zum Prediger. Er ist Beauftragter des Wortes Gottes, durch die Ordination zum Amt der Kirche bevollmächtigt und durch die Berufung an seine Gemeinde gebunden. Er soll nicht seine eigenen Erkenntnisse verkündigen, er soll das Wort Gottes erkennen und weitersagen.[1691] Dazu gehört auch die Grunderkenntnis der Situation des Menschen vor Gott: Als natürlicher Mensch ist er der Macht des Todes unterworfen in einer Welt, die auf das Endgericht zugeht und die vergeht. Als glaubender Christ, der aus der Buße lebt, hat er zugleich schon Anteil an Gottes neuer Welt. Theologisch widerspricht diese Anthropologie dem modernen Glauben, der Mensch sei eigentlich in seinem Wesen gut und brauche keine Hilfe von Gott, zumindest nicht von einem Gott, der das Leben seines Sohnes für ihn opfert.[1692] Doch ist dies die Wahrheit des Wortes Gottes, die der Prediger zu verkündigen hat. Der natürliche Mensch aller geistesgeschichtlichen Epochen kennt diese nicht und will sie nicht hören. Er misst zudem die Relevanz der Predigt an dem Maßstab

---

[1688] GERHARD AHO, Toward Proficiency in the Preaching Task. In: ConJ 4 (1978), 5, 202–208; hier 204f. (i. Folg.: AHO, Toward Proficiency).

[1689] Diese Verbindung führt in Ahos Artikel »The Joy of Worship« auf der formalen Ebene dazu, dass die Abhandlung über die Freude in verschiedenen Teilen der Liturgie nach wenigen Absätzen unmerklich (und im besten Sinne) zu einer *Predigt* wird, einem fröhlichen Zuspruch dieser Freude an den Leser (AHO, Joy of Worship, 28ff.). Vgl. Wilson, der diesen Zusammenhang zwischen Predigt und Gottesdienst, Wort und Sakrament im Rahmen seiner Rezeption der neuen Homiletik ebenfalls betont (WILSON, Practice, 70).

[1690] S. CAEMMERER, Preaching 1959, 51, 100, 143, 230, 278f.

[1691] Vgl. hierzu Wilson, der als ordinierter Geistlicher der »United Church« in Kanada mit ihren methodistischen, presbyterianischen und kongregationalistischen Wurzeln in der Mitte der 90er Jahre seine Rezeption der neuen Homiletik mit einem ähnlichen Verständnis des Amtes und der Predigt verbindet. Dieser erwähnt, dass Hörer nicht immer von einer solchen, dem Prediger gegebenen Autorität ausgingen, spricht jedoch nicht davon, dass dies generell bezweifelt oder abgelehnt würde (WILSON, Practice, 12, 25, 29, 46, 102).

[1692] So charakterisiert bei HOWARD W. FERRIN, A Distinctive Style. In: CLARENCE STONELYNN RODDY (Hg.), We Prepare and Preach. The Practice of Sermon Construction and Delivery, Chicago/IL 1959, 45–52; hier 51. Vgl. dazu den Hinweis Ferrins, mit der zunehmenden Globalisierung würde sich das Denken der Menschen überall mehr angleichen als je zuvor (a.a.O., 52).

seiner Nöte und Bedürfnisse. Angesichts der Bedeutung, die letztere in der homiletischen Diskussion seiner Zeit erlangen, hält Aho fest, dass alle menschliche und irdische Not ein Symptom des Grundproblems der Sündhaftigkeit des Menschen ist. Doch ist dieser in allem seinem Widerspruch gegen Gott für Gott so relevant, dass er ihn retten will. Beides wird rechte Predigt dem Hörer vor Augen führen.

Die Ausrichtung dieser Botschaft erfordert eine klare, auch systematisch-theologische Arbeit. Es geht nicht um eine Alternative zwischen der Konzentration auf die »Wahrheit« in der Predigt und der Konzentration auf den Hörer: Die Wahrheit ist das, was Gott zum Heil des Hörers getan hat und was ihn rettet.[1693] Die Tatsache, dass dies zu lehren ist, führt auch zur rechten Einordnung einer Abkehr von lehrmäßigem Predigen wie des erneuten Rufs nach der Lehre auf der Kanzel. Wo die Predigt dies weitersagt, ist sie Gottes Wort in lebendiger, gesprochener Form.[1694] Daran hält lutherische Theologie gegen einen fundamentalistischen Anspruch fest, nach dem der Gebrauch von Bibelworten oder die Selbstbezeichnung als »Text-« oder »Auslegungspredigt« der Predigt eine solche außermenschliche Autorität verleiht.[1695] Die Verkündigung des Wortes Gottes ist sie vielmehr deshalb, weil (und soweit) sie die Botschaft Gottes vermittelt, wie sie in der heiligen Schrift aufgezeichnet ist.

An den Anforderungen, die die gesellschaftliche und geistliche Situation der zweiten Hälfte des 20. Jahrhunderts an den Prediger stellen, entwickelt Aho den homiletischen Werkzeugsatz in seiner Werkstatt.[1696] Sein Herz schlägt für den Mitchristen; für den Hörer unter der Kanzel und deshalb auch für die Prediger in den Gemeinden. Seine Homiletik ist vor allem eine Einweisung in den Gebrauch des Handwerkszeugs der Predigt, das er selbst in der Beschäftigung mit ihrer Geschichte und ihrem Umfeld kontinuierlich nachstellt. Sein Mitarbeiter und Freund Kapfer schreibt:

> »Gerhard Aho, a man of precision [...], was a precise preacher of the Word. He conveyed that precision to his students during his years as a professor of practical theology at Concordia.«[1697]

1693 So u.a. gegen Tucker, der in den Yale-Vorlesungen mit einem selbstkritischen Blick auf sein eigenes Predigen eine solche Alternative aufstellt (s. BAXTER, Yale Lectures, 278).

1694 Der Grund dafür, dass es hier nicht zu einer Diastase zwischen Gottes Wort und Menschenwort kommt, wie sie neuzeitliches Denken und Theologie und die Diskussion um das Wort Gottes im 20. Jahrhundert kennzeichnet, liegt nach diesem Verständnis in der Theologie und nicht in der Repristination einer konfessionellen Tradition.

1695 Der reformierte Homiletiker D. Buttrick wendet sich generell gegen den Anspruch der Predigt, Gottes Wort zu sein, und begründet dies mit dem hier genannten Missverständnis, ohne sich mit der lutherischen Position auseinanderzusetzen (BUTTRICK, Moves, 457).

1696 Im Folgenden übernehme ich Auszüge aus SCHMIDT, Gericht und Gnade, 103f.

1697 KAPFER, Gerhard Aho, 2.

Während die lutherische Tradition für Aho zentral ist, nimmt er zugleich sehr genau die Entwicklungen im nordamerikanischen Raum wahr. An einflussreichen Beiträgen aus der jüngeren Homiletikgeschichte sind exemplarisch zu nennen »On the Preparation and Delivery of Sermons« von John A. Broadus,[1698] die 1871 begründeten »Yale Lectures on Preaching« und Phelps' Werk »The Theory of Preaching« von 1881.[1699] Hierzu gehört auch das Buch »Preaching for the Church« von Richard Caemmerer, der als Homiletiker am Concordia-Seminar in St. Louis von 1940–1974 unterrichtet. Darüber hinaus listet Aho mehr als drei Dutzend Beiträge zur Homiletik und Kommunikationswissenschaft in der Literatur zu seinem homiletischen Grundkurs auf.[1700] Er verschreibt sich nicht der existentialistischen Theologie, der »neuen Hermeneutik« oder einer bestimmten Richtung der entstehenden »neuen Homiletik«, nimmt jedoch die Anliegen und Fragestellungen der gesellschaftlichen Entwicklungen und der homiletischen Diskussion wahr und justiert daran seinen homiletischen Ansatz, den er aus seiner Kenntnis der Kirche und der Geschichte der Homiletik gewinnt.

Die Lebensumstände des gegenwärtigen Hörers und seine äußere Situation unterscheiden sich in den meisten Fällen deutlich von der historischen Situation der ersten Adressaten des Textes. Sein gesellschaftlicher Kontext hat sich auch gegenüber dem 19. und frühen 20. Jahrhundert verändert. Geistlich ist die Situation des Menschen jedoch keine andere. Es geht daher nicht um Nivellierung des historischen Abstands durch die These, biblische Texte seien deshalb von unveränderter Bedeutung, weil sie zur bleibenden menschlichen Natur oder zu bleibenden Aspekten des menschlichen Lebens sprächen. Einer solchen Annahme, für die die Konstante nicht eine vorgegebene Wahrheit, sondern eine allgemein-menschliche Natur ist, widerspricht lutherische Theologie ebenso wie D. Buttrick dies in seiner Homiletik tut: Dieser demonstriert am Beispiel der Sturmstillung Jesu, wie mancher Prediger Parallelen in der Erfahrung seiner Hörer sucht. Die Folge davon sei, dass die daraus entstehende Predigt auf ein generelles Problem des menschlichen Ichs oder der Menschheit ziele, und dass dieser Einzelaspekt, zum hermeneutischen Schlüssel mutiert, von dem Text als ganzem und als »Symbol der Offenbarung« wegführe.[1701]

Nach lutherischem Verständnis findet das eigentliche Geschehen jedoch nicht im menschlichen Bewusstsein statt, von dem Buttrick zu Recht sagt, es sei

---

[1698] Hier sind insbesondere auch die unterschiedlichen Auflagen mit ihren wiederholten Bearbeitungen dieser Homiletik im 20. Jahrhundert zu beachten.

[1699] Die ersten lutherischen Homiletiken auf amerikanischem Boden stammen von Graebner (1919) und Reu (1924). Unter den lutherischen Homiletikern sind weiter vor allem Davis (DAVIS, Design), Lenski (LENSKI, Sermon) und Fritz (FRITZ, Preacher's Manual) zu nennen.

[1700] S. Literaturverzeichnis I.3.1.2.

[1701] BUTTRICK, Moves, 266f. Vgl. hierzu Caemmerer zur Frage nach dem geistlichen Problem, s.o. unter 5.5.3.

keine fixierte Größe.[1702] Als forensisches Geschehen vor dem Richterstuhl Gottes und unter der gnädigen Fürsprache Christi ist christliche Predigt auch eine Auslegung oder Hermeneutik nicht nur von Texten, sondern auch der menschlichen Situation.[1703] Eine solche Hermeneutik kommt bei Caemmerer und Aho zum Ansatz. Dabei sind die Kriterien der Situationsanalyse nicht vom Bewusstsein des Predigers oder der Zeit vorgegeben, sondern von dem Wort Gottes, das nicht als etwas Vergangenes auf die Gegenwart zu übertragen ist, sondern als die lebendige Stimme Gottes den Hörer in seiner Situation anredet. So wird die kontemporäre geistliche Interpretation des Menschen in seiner Situation klar in Bezug gesetzt zur ursprünglichen Bedeutung des Textes und zur Frage nach seiner Intention[1704] - nicht nur nach dem, was er allgemein bezwecken will, sondern dem wunden Punkt, den er beim Menschen sucht und heilen will. Das Verkündigungsgeschehen auf der Kanzel ist damit, wie von der neuen Hermeneutik herausgearbeitet, ein wesentlicher Teil des hermeneutischen Vorgangs als ganzen.

Im Sakrament und in der gottesdienstlichen Gemeinschaft verbinden sich Wort und Tat, Empfangen und Geben.[1705] Die Glieder der Gemeinde und ihre Gäste sind unter der Kanzel nicht nur Zuhörer, sondern betroffene Hörer. Wo solches Hören zum Glauben führt, führt es auch zum Tun. Dieses erwächst aus jenem und wird damit gerade im Kontext des *social gospel* nicht zu einem absoluten Ziel. Glauben und Handeln aber geschieht im konkreten Lebens-Kontext der Hörer. Der Prediger muss sich diesen deshalb ebenso geistlich erarbeiten wie den Text der Schrift, den er predigt. Dazu gehört für Aho auch die Wahrnehmung der Kritik, die in der homiletischen Diskussion an der Predigt geübt wird und die (mit Craddock gesprochen) ein Zeichen dafür ist, dass Menschen noch Erwartungen an sie haben.[1706] Ebenso gehört dazu das Interesse an den Ver-

---

1702 A.a.O., 269.

1703 Vgl. D. Buttricks Satz, »True Christian preaching is not only a hermeneutic of texts, but a hermeneutic of human situations.« (a.a.O., 405).

1704 Auf dem Hintergrund seines Bewusstseinskonzeptes schreibt D. Buttrick, »[...] we must seek a model that will relate contemporary interpretation to both original meaning and, somehow, original intending.« (a.a.O., 274).

1705 Aho schreibt, je mehr die Menschen sich im wunderbaren Gottesdienst geistlich gehenlassen und sich in Wort und Tat in diesen hineinfallen lassen würden, je mehr ihre eigene Gottesbeziehung so zum Ausdruck kommen würde, desto mehr würden sie in der Freude am Gottesdienst zunehmen (Aho, Joy of Worship, 31). Vgl. dazu Klaus Raschzok, Gottesdienst und Dramaturgie. Eine Einführung. In: Irene Mildenberger (u.a.), Gottesdienst und Dramaturgie. Liturgiewissenschaft und Theaterwissenschaft im Gespräch. Beiträge zu Liturgie und Spiritualität Bd. 23, Leipzig 2010, 15–45; hier 26f.

1706 Craddock, Without Authority, 21. Die Kritik komme, so Craddock, nicht selten von Hörern, die nicht nur intelligent seien, sondern denen persönlich viel am christlichen Auftrag liege. Die Erwartung der Hörer werde aber häufig auf die Hoffnung reduziert, dass vielleicht »heute« ein Wort Gottes dabei sein möge. Alarmierend sei die zunehmende Zahl von »Deserteuren«, deren Platz unter der Kanzel leer bleibe (a.a.O., 3f.).

suchen der kontemporären Homiletik, den Hörer durch Form und Inhalt auf neue Weise zu erreichen.

Die bisweilen anzutreffende Erfahrung, dass sich gerade in Aufbruchszeiten der praktischen Theologie eine Distanz zwischen der akademischen Theologie und den Versuchen von Neuerungen in der Praxis entwickelt, trifft insbesondere auf Ahos Arbeit nicht zu. Die Wahrnehmung der Diskussionen in der neuen Homiletik geschieht bei ihm und seinen Kollegen an den Seminaren in Fort Wayne und St. Louis in dem Bewusstsein des unlöslichen Zusammenhangs der Predigtlehre und -praxis mit der exegetischen, historischen und systematischen Theologie. In den Beiträgen der Zeitschrift des Seminars und im Austausch Ahos und seiner Kollegen in der Homiletik mit den anderen Fachbereichen in Fort Wayne kommt es zu der realen Verbindung, die Randolph für den Homiletiker allgemein fordert.[1707]

Die Verbindung mit der systematischen Theologie ist für die praktische immer wieder die Erinnerung daran, dass das göttliche Wort selbst das Kriterium für ihre Arbeit ist, und dass sie damit auch die Theologie der Praxis zu sein hat. Das gilt etwa für die zeitgenössische Forderung nach mehr »Demokratie«, die auch das Gottesdienstgeschehen erreicht.[1708] Dabei macht sich die Infragestellung von Autorität und Institution im Raum der Kirche insbesondere an der Predigt als dem Punkt fest, an dem ihre Botschaft am deutlichsten an die Öffentlichkeit tritt. Eine im Wort gegründete praktische Theologie erkennt hierin nicht einfach einen Ausdruck menschlicher Bedürfnisse, denen zu entsprechen ist; sie weiß, dass es dabei stets auch um theologische Entscheidungen geht. Entsprechendes gilt für die zeitgleich zu hörenden, scheinbar konträren Forderungen nach mehr bzw. weniger Theologie auf der Kanzel[1709] sowie nach Thema- statt Textpredigten, da jene größere Relevanz brächten[1710].

Zugleich ist auch der Predigtvortrag nicht von der geistlichen Seite der Predigt zu trennen wie die »Praxis« von der »Theorie«. An den Seminaren belegen die Studenten außer den Lehrveranstaltungen in *Sermon Theory* obligatorisch solche in *Sermon Delivery*. Hier finden sich lutherische Homiletiker in Übereinstimmung mit Craddocks Kritik an der Trennung von Form und Inhalt, die bei diesem nicht nur die Erstellung des Predigtmanuskripts, sondern das Halten der Predigt auf der Kanzel meint:

[1707] S.o. unter 5.4.2.

[1708] CRADDOCK, Without Authority, 14. Für Craddock selbst steht ein »autoritärer« Predigtstil im Widerspruch zum »Priestertum aller Gläubigen« (a.a.O., 18).

[1709] Vgl. hierzu die Bewegung der *biblical theology* nach dem Zweiten Weltkrieg, die sich selbst als Ansatzpunkt für die anderen theologischen Disziplinen sieht. Diese will als Theologie weder abgehoben noch akademisch sein, vielmehr geht es ihr wesentlich um das Leben der Kirche in der Welt; ihren wichtigsten Ausdruck findet sie in der Predigt (nach EDWARDS, History of Preaching, 679ff.).

[1710] CRADDOCK, Without Authority, 16f.

»[...] the separation of form and content [...] fails to recognize the theology implicit in the method of communication. When a person preaches, the method of communication, the movement of the sermon, reflects the hermeneutical principles, the view of the authority of scripture, church, and clergy, and especially one's doctrine of humanity. This is revealed verbally and nonverbally in the point of contact made with the listeners [...].«[1711]

Dies macht die Beschäftigung mit der Rhetorik, die seit dem Beginn der Gemeindearbeit Ahos ein neues öffentliche Interesse findet und der sein persönliches und wissenschaftliches Interesse von Anfang an gilt, unumgänglich; die Kenntnis des Wesens und des Ortes rhetorischer Elemente in der Predigt gehört zu den ausdrücklichen Zielen des homiletischen Grundkurses.[1712] Die in der Wahrnehmung der homiletischen Krise thematisierte Situation der Entfremdung und des Vertrauensverlusts von Sprache, des Bombardements mit Worten und des Verlusts der Stille macht den sorgfältigen Umgang der Kirche mit dem Wort umso dringender.[1713] Dabei gilt nach dem ersten Glaubensartikel, dass jeder Prediger unterschiedliche Gaben hat und keiner dem andern die seinen neiden soll.[1714] Das bedeutet mit Sangsters Worten:

»*Let us be ourselves. Our best selves.*«[1715]

In diesem Sinne will Aho bei jedem angehenden Prediger das Verlangen wecken, die besonderen Gaben zu entwickeln, die Gott ihm verliehen hat, statt einen anderen Prediger zu imitieren.[1716] Den zweiten Satz Sangsters braucht er dabei nicht ausdrücklich hinzuzusetzen – dass er das zuerst von sich selbst und ebenso auch von seinen Studenten erwartet, ist für alle offensichtlich und schlägt sich auch in seiner Notengebung nieder.

Wie grundsätzlich und zugleich praxisbezogen dieses Verständnis des Wesens der Predigt im Raum der Missouri-Synode ist, zeigt sich an der vom Concordia Publishing House in St. Louis 1977 herausgegebenen Reihe »The

---

1711 A.a.O., 5.

1712 Aufgeführt als eines von sechs Kurszielen im kognitiven Bereich (Wissen und Verstehen) neben einem Verständnis der Grundbedürfnisse des Menschen und deren Verhältnis zur Predigt, einem Verständnis der Strukturelemente der Predigt und ihrer Funktion usw. (ausgeteilt in Photokopie, Frühjahrsquartal 1985).

1713 Vgl. Craddocks plastische, kaum zu übersetzende Metaphorik: »Certainly no one can preach who has no respect for words, who allows them to creep over the tongue and sneak out the corners of the mouth, self-conscious and sheepish, as though hoping to fall to the ground and steal away unheard.« (CRADDOCK, Without Authority, 7).

1714 Mehrere Homiletiker betonen in den Yale-Vorlesungen, der Stil des Predigers müsse sein eigener sein (so etwa Kelman, Brooks, Broadus, Dale, s. BAXTER, Yale Lectures, 143).

1715 SANGSTER, Craft, 196. Hervorhebg. i. Orig.

1716 Dies ist für Aho eines der Kursziele im Bereich der persönlichen Einstellungen (*attitudes*) (ausgeteilt in Photokopie, Frühjahrsquartal 1985). – Zu den unterschiedlichen individuellen Gaben in Bezug auf die Predigt vgl. CRADDOCK, Preaching, 33f.

Preacher's Workshop Series«. Jeder der Autoren hat nach den Worten des Herausgebers Kapfer den Auftrag bekommen, die Tür zu seiner persönlichen Predigtwerkstatt zu öffnen, so dass ihm der Leser über die Schulter schauen, von neuem den Wert guten Predigens entdecken und die Werkzeuge wieder neu schleifen kann, die er in seiner eigenen Werkstatt gebraucht. Angesichts der in dieser Zeit vielfach empfundenen Kraftlosigkeit der Predigt ist jeder der neun Teilbände durchdrungen von dem Bewusstsein der Bedeutung der Kanzel als des Ortes, an dem Gott durch das Medium der menschlichen Sprache Menschen begegnet; der Verfasser ist der Kraft des Evangeliums verpflichtet, einer Kraft, die das neue Leben gibt und erhält, das Jesus Christus mit seinem Sterben erkauft hat und das der Heilige Geist schenkt.[1717]

6.2.2. Gesetz und Evangelium

Gesetz und Evangelium sind für Aho keine zusätzlichen Elemente, die neben der Erklärung, Illustration und Anwendung des Wortes Gottes und außer den Fragen, Anliegen und Nöten der Hörer ihren Platz in der Predigt finden sollten. Die Unterscheidung zwischen dem Wort des Gerichts und dem Wort der Gnade Gottes ist keine von der systematischen Theologie übernommene Regel zum Umgang des Predigers mit dem Wort Gottes. Sie bezeichnet den Umgang des Wortes Gottes mit ihm selbst als erstem Hörer und mit allen anderen und ist so von existentieller Bedeutung. Damit ist das rechte Verhältnis beider zueinander grundlegend für die Beziehung des Predigers zu dem Wort, das er der Gemeinde persönlich auszurichten hat.

> »Oral proclamation is the primary means by which God addresses people with both His Word of judgment and His Word of grace.«[1718]

So listet Aho am Anfang des Arbeitshefts zu seinem homiletischen Grundkurs 19 Grundsätze zu Gesetz und Evangelium auf, die sein Kollege im Fachbereich der Homiletik am Concordia-Seminar, Eggold, zusammengestellt hat. Darin aufgenommen sind ein großer Teil der Thesen Walthers zu diesem *locus* der systematischen und praktischen Theologie.[1719] Auch in einem Beitrag zum

---

[1717] AHO, Skeleton, 4 und DEFFNER, Real Word, 4 (wortgleiches Vorwort in beiden Bänden dieser Reihe).

[1718] AHO, Law and Gospel, 1 (mit Verweis auf Luther).

[1719] AHO, Sermon Theory I, 2–6. Vgl. AHO, Law and Gospel. Diese Thesen sind den Abendvorträgen entnommen, die Walther 1878 vor seinen Studenten hält (C. F. W. WALTHER, Die rechte Unterscheidung von Gesetz und Evangelium. 39 Abendvorträge. Aus seinem Nachlaß, St. Louis/MO 1901, 238 [i. Folg.: WALTHER, Unterscheidung]). Vgl. die zunehmend gebrauchte englische Übersetzung: C. F. W. WALTHER, The Proper Distinction Between Law and Gospel. Thirty-Nine Evening Lectures. Erstellt nach der deutschen Aufl. v. 1897 durch W. H. T. Dau, St. Louis/MO o.J. 248). Dieses Werk ist weit über die Missouri-Synode hinaus von Einfluss und wird 1972 in einer gekürzten Fassung neu gedruckt (C. F. W. WALTHER, God's No and God's Yes. The Proper Distinction Between Law and Gospel. Gekürzt v. Walter C. Pieper, St. Louis/MO 1972). – Im Gegensatz zu

»Concordia Theological Quarterly« befasst sich Aho 1981 mit dieser Thematik.[1720] Er schließt sich dem Verständnis Walthers, Caemmerers und anderer lutherischer Theologen an, nach dem dies das Herzstück der christlichen Predigt ist. Hier kommen letztlich alle Lehren zusammen, hier wird der Mensch mit Gottes Gerechtigkeit und Gottes Erbarmen konfrontiert.[1721] Die Kirche muss beide eindrücklich miteinander lehren. Jede Vermischung bringt das eine wie das andere zu Fall, wie Walther in seinem klassischen Werk dazu zeigt.[1722] Wenn das Gesetz nicht gepredigt wird, um den absoluten Bankrott des Menschen vor Gott zu offenbaren, dann ist seine Lage nicht verzweifelt und Gnade ist unnötig.[1723] Dies treibt ihn in fleischliche Sicherheit. Und: Menschen, die beruflich »religiös« sind – Aho bezieht dies auch auf sich selbst – müssten möglicherweise mehr Gesetz hören als andere. Ihre Religiosität könne ein Ersatz viel mehr als ein Zeichen für ein Leben aus Gnade sein; auch sie bräuchten es, dass das Gesetz sie verurteile und korrigiere.[1724] Wenn das Evangelium auf der anderen Seite in irgendeiner Weise als Forderung an den Menschen präsentiert werde, dann sei dessen Situation in der Tat hoffnungslos; dies führe entweder zu Heuchelei oder zu Verzweiflung. Es dürfe auch nicht einfach irgendwie hinten an die Predigt angehängt und zu einem Gestottere über »Gnade« werden; dann dringe nicht laut und deutlich durch, dass dem bußfertigen Sünder von Gott die Amnestie erteilt wird.[1725] Die Existenz des Menschen stehe in jedem Fall auf dem Spiel.[1726] Mit dem deutschen Theologen Thielicke sagt Aho:

> »[...] we ›really exist in the house of the dogmas‹ we proclaim.«[1727]

Eine Trennung von Gesetz und Evangelium, schreibt Eggold mit Luther, führt dazu, dass der Mensch entweder Werke ohne Glauben oder Glauben ohne

---

dieser Vorlesungsreihe Walthers in St. Louis spielt der Locus von Gesetz und Evangelium in den Yale-Vorlesungen keine wesentliche Rolle; es heißt nur etwa, »More men have been brought to Christ by the preaching of his love than by the denunciation of their sin.« (Baxter, Yale Lectures, 118).

[1720] Aho, Law and Gospel.

[1721] S. Aho, Sermon Theory I, 1.

[1722] Walther, Unterscheidung, 73ff. und durchweg. In Bezug auf die Mischung des Evangeliums in das Gesetz schreibt Walther: »Alles Süße, was man in das Gesetz hineinbringt, ist Gift, neutralisirt diese himmlische Arzenei, daß sie nicht mehr wirken kann.« (a.a.O., 74).

[1723] Vgl. die unter 3.2.7. erwähnte, 1949 in Großbritannien durchgeführte Untersuchung, nach der gerade die Suche nach neuer Hoffnung zu einem Verlangen nach christlicher Lehre führt.

[1724] Aho, Toward Proficiency, 204 (mit einem Zitat von Lowell O. Erdahl).

[1725] Ebd.

[1726] Aho, Sermon Theory I, 2–6.

[1727] Aho, Law and Gospel, 1.

Werke hat.[1728] Beides gehört jedoch zusammen: Es gibt kein rechtes und gutes Tun ohne Glauben, und es ist die Natur des Glaubens, dass er solche Frucht bringt. Daher ist auch die von Aho gelehrte homiletische Entscheidung für ein Glaubens- bzw. Liebesziel keine Teilung, sondern eine Schwerpunktsetzung um der klaren, einheitlichen Ausrichtung der einzelnen Predigt willen. Ein Liebesziel setzt Glauben voraus, und ein Glaubensziel bringt Liebe hervor[1729]; das Tun des Guten ist niemals ein Selbstzweck.

Gesetz und Evangelium sind nicht stereotyp zu predigen,[1730] sind jedoch als einander absolut entgegengesetzte Lehren zu erkennen. Die Unterscheidung zwischen beiden zu lernen ist die schwerste Kunst. Wo die Predigt diese nicht leistet, lässt sie Menschen nicht Sünder sein vor Gott, noch lässt sie Gott den richtenden und rettenden Gott sein.

Das Gesetz ist der Wille Gottes, der nicht nur äußerliche Gerechtigkeit fordert, sondern auch Furcht, Liebe und Vertrauen auf Gott. Als Riegel, den Gott dem Sünder mit seinem »Du sollst nicht« vorschiebt, dient es sowohl dem Ungläubigen wie dem Christen. Als Spiegel dient es dem Zweck der Diagnose: Darin erkennt der Sünder die Symptome des Todes in seinem eigenen Leben.[1731] Zu diesen rechnet Aho Entfremdung, das Gefühl der Leere und Bedeutungslosigkeit, Furcht und Verzweiflung. Das Gesetz bringt Selbsterkenntnis hervor. Weil es dem Menschen seinen verzweifelten Zustand offenbart, ist das Gesetz vor dem Evangelium zu predigen. Eggold ermahnt den Prediger:

> »Be sure to mirror sins which your congregation members are committing or are likely to commit.«[1732]

Er soll jedoch zugleich darauf achten, dass er nicht nur Symptome behandelt. Sünde ist Gesetzlosigkeit, Rebellion gegen Gott, Verrat im Reich Gottes, Vergötzung des Ichs.[1733] Sünde ist deshalb personbezogen und persönlich zu predigen: Um ein Laster zu treffen, muss der Prediger einen Menschen treffen. Er soll sich jedoch vor einem schneidenden, zensierenden Ton hüten.[1734] Im Unterricht erwähnt Aho Thielicke als einen Prediger, dem es gelingt, das Gesetz in besonders plastischer und beinahe humorvoller Weise auf den Hörer zu

---

1728 AHO, Sermon Theory I, 2, unter Verweis auf Luthers Auslegung zu Joh. 14 und 15: »[...] Predigt man nicht vom glauben, so werden eitel heuchel werck draus, Treibt man aber den glauben allein, so wollen keine werck hernach, Summa: Es wollen entweder eitel Glaublose werckeler oder gar Wercklose gleublinge werden, Darumb ist es nur eine predigt für die, so es beides annemen und fassen [...]«. (D. Martin Luthers Werke. Kritische Gesamtausgabe. 45. Bd., Weimar 1911, 688f.).

1729 S. AHO, Sermon Theory I, 11.

1730 A.a.O., 2, mit einem Verweis auf hilfreiche praktische Hinweise in CAEMMERER, Preaching 1959.

1731 AHO, Sermon Theory I, 3, mit einem Verweis auf die Schmalkaldischen Artikel.

1732 Aufgenommen ebd., ohne Quellenangabe.

1733 Ebd., mit einem Verweis auf einen Beitrag von Alvin Rogness.

1734 Ebd.

beziehen.[1735] In dieser Funktion des Gesetzes als Spiegel offenbart es dem Menschen seine Situation, wie sie ist, aber es schafft keine neue Situation. Es vermag nicht, in ihm gute Werke hervorzubringen. Recht gebraucht ist seine Wirkung Tod und Verdammnis.[1736] Aufgrund dieser Natur des Gesetzes und der Natur des Hörers gehört zur Wirkung der Gesetzespredigt auch, dass sie Widerstand hervorruft und es damit in gewissem Sinne zu einer geistlichen Krise kommt. Eggold hält es deshalb für wichtig, dass sich der Prediger mögliche Verteidigungsstrategien des Hörers bewusst macht: Dieser mag Vererbung und Umwelt für seinen Zustand verantwortlich machen. Er mag meinen, genug auf der Habenseite zu haben, um es gegen sein Soll aufrechnen zu können; er mag auf zukünftige gute Werke vertrauen, um die gegenwärtige Bilanz auszugleichen, oder er mag von dem Stolz des Sünders auf seine Buße erfüllt sein.[1737]

Der Mensch ist Sünder nicht nur durch die Tat der Sünde, sondern vielmehr durch die Tatsache seines Sünderseins. In »Sermon Theory I« stellt Aho dem natürlichen Menschen den erneuerten Menschen, den Christen gegenüber. Jener ist geistlich blind und tot und von Gott getrennt, er ist ein Feind Gottes und unter der Verdammnis seines Zorns. Dieser ist von Gottes Wort erleuchtet, lebendig in der Gemeinschaft mit Gott, ein Kind Gottes, von ihm begnadigt und freigesprochen. Der Mensch ohne Gott tut Gutes, aber aus verkehrten Gründen; er ist regiert vom alten Adam. Der Christ tut Gutes aus der Liebe Christi heraus; zugleich steckt aber der alte Adam, seine versuchbare Natur, weiterhin in ihm. Dem natürlichen Menschen zeigt das Gesetz die Aussichtslosigkeit seiner Situation, dem Kind Gottes die Symptome seines Todes; das Evangelium lädt beide zur Gnade ein.[1738]

Dieser wesensmäßigen Gegenüberstellung entspricht die Kontrastierung der Situation, wie sie Aho bei Caemmerer vorfindet, der damit zentrale Schriftstellen verbindet[1739]: Dem Tod (Röm 6,23; Gen 2,17) steht das Leben (Röm 6,23; Jh 3,1–16) gegenüber; der Sünde als Rebellion und Ungehorsam (Tit 3,3), als Schuldigsein unter dem Gericht (Ps 130) und als zu zahlende Schuld (Mt 6,12) entspricht konträr das Reich und der Geist Gottes (Mt 4,17), der Gehorsam des Einen (II Kor 3,17), die Vergebung (Röm 3,19ff) und die Erlösung. Die Trennung des Sünders von Gott (Jes 59,2; 53,6) kontrastiert mit der Genugtuung für die Sünde (Röm 5,11), der Zustand der Feindschaft mit der Versöhnung (II Kor 5,18ff), der Zorn Gottes (Eph 5,6) mit dem Frieden und der Gnade (Joh 16,33; Jes 53,5). Aus der Traurigkeit über die Sünde (II Kor 7,10) wird im Menschen unter

---

[1735] Sermon-Theory-I-Kurs, 8.3.1985. Aho fügte hinzu: »... He is not that good in preaching the Gospel.« (Vgl. Scaers Feststellung eines deutlich calvinistischen Einflusses bei Thielicke [David P. Scaer, Should Children Go to the Communion Rail for a Blessing? A Follow-Up by Helmut Thielicke. In: CTQ 46 [1982], 2–3, 242f.]).

[1736] Aho, Sermon Theory I, 3f.

[1737] A.a.O., 4.

[1738] A.a.O., 1.

[1739] A.a.O. und Caemmerer, Preaching 1959, 330.

dem Evangelium Freude (Joh 16,20), aus der Unruhe des Unglaubens Hoffnung und Glaube; aus Finsternis wird Licht, aus Ungerechtigkeit Gerechtigkeit und aus Selbstgerechtigkeit die Gottesgerechtigkeit. Der Schmutz der menschlichen Natur wird abgewaschen (Röm 1,21ff.; Joh 1,29; Ps 51). So ist der getaufte Christ nicht nur Sünder, sondern im Glauben zugleich Heiliger und Gerechter. Er nimmt, wie es die Diskussion in der neuen Homiletik bewusstmacht, am Gottesdienst und am Predigtgeschehen aktiv teil. Er tut dies als König und Priester, zu dem ihn seine Taufe gemacht hat.[1740] Das ist die neue Identität, die der von Gott begnadigte und erneuerte Sünder in ihm findet.[1741]

So gibt das Evangelium dem Menschen nicht einfach und vorrangig ein »gutes Gefühl«, es macht ihn umfassend heil. Es ist damit tatsächlich Gottes Antwort auf die vielen Probleme, die die Sünde schafft; nicht im Sinne eines allgemeinen Versprechens, wie es häufig im amerikanischen Schilderwald zu lesen ist (»Jesus is the Answer«), sondern so, dass es die konkreten Wunden des Menschen verbindet und die Ursache für sein Kranksein an der Wurzel bekämpft. Die sorgfältigste Predigt des Evangeliums, schreibt Aho, findet dort statt, wo es am engsten auf die Sündenkrankheit und auf ihre Überwindung bezogen wird, wie es das konkrete Gotteswort offenbart.[1742] Inmitten aller Zweifel, Ängste und Verunsicherung, die das Leben prägen und die der Mensch in den Krisen und Umwälzungen des 20. Jahrhunderts in besonderer Weise erfährt, bietet ihm das Evangelium Hoffnung, Heilung und Gewissheit. Mit dieser Zusicherung können Christen zuversichtlich vorangehen inmitten ihrer scheinbaren Niederlage.[1743]

Gerade deshalb gehört die Predigt der Buße zum Gesetz, nicht zum Evangelium. Zu dem Sünder aber, der Gnade sucht, kommt das Evangelium als Antwort Gottes. Es ist Angebot, Einladung und Geschenk. Es bringt dem Sünder die Botschaft von Gottes Rettungseinsatz für ihn. Zu den Facetten der Verkündigung des Evangeliums gehört, dass der dreieinige Gott sein Urheber ist und dass der Vater nicht in einer einseitigen Christologie erst nach dem Opfertod Christi auf den Plan tritt. Gott hat die Rettung des Sünders durch das stellvertretende Werk Christi vollbracht. Der *Christus pro nobis* ist der Sieg über alle Feinde: Sünde, Tod, Gesetz und Teufel. Die Auferstehung des Sohnes Gottes ist die Rechtfertigung der ganzen Welt. Das Evangelium schenkt die neue Existenz in Christus.[1744] Das in seiner ganzen Tiefe zu predigen ist eine besondere homiletische Herausforderung, zumal angesichts der wiederholt thematisierten, als solcher empfundenen Bedeutungslosigkeit der christlichen Botschaft:

[1740] Siehe Aho, Joy of Worship, 31.
[1741] Aho, Toward Proficiency, 204.
[1742] Aho, Sermon Theory I, 11f.
[1743] Aho, Law and Gospel, 3.
[1744] Aho, Sermon Theory I, 4f.

»The challenge in preaching the Gospel as forgiveness lies in finding images besides atonement, redemption, propitiation, and justification. It is not enough to say, ›Jesus died for your sins,‹ ›God has justified you,‹ or ›Christ has explated your wrongdoing.‹ Unless we flesh out such statements, sharpening the meaning of the Scriptural terms associated with forgiveness, our hearers may not find meaning. We will lapse into jargon and resort to cliches. Parables like that of the Prodigal Son and the Laborers in the Vineyard not only announce grace but unfold the dynamics of the forgiveness experience. Forgiveness becomes meaningful to the hearers also as we focus on Christ, on His person and work.«[1745]

Das Evangelium muss ein freies Geschenk bleiben. In einer Rezension zu dem von Turnbull herausgegebenen Buch »If I Had Only One Sermon to Preach« stellt Aho neben manchem Positivem wie dem Nachdruck auf der Person Christi und angemessenen Illustrationen als Mangel fest, das Evangelium werde nicht immer klar entfaltet noch so dargestellt, dass es den Hörer involviere. Stattdessen würden die Prediger dessen Beteiligung häufig durch Mahnungen zu erzwingen versuchen, die starke synergistische Untertöne hätten.[1746]

Eggold warnt ausdrücklich vor Konditional- und Imperativformulierungen an diesem Punkt.[1747] Die Menschen nur zu drängen, sie sollten glauben, sei noch keine Predigt des Evangeliums. Das Evangelium sei vielmehr selbst die Kraft, die Glauben schafft. Es wirkt so den Trost der Sünder und es motiviert und treibt zu christlichem Verhalten. Ganz homiletisch (und das heißt, praktisch-theologisch im zweifachen Sinne) unterscheidet Eggold hier zwischen biblischen Motiven zum Tun des Guten (die Liebe Gottes und die Liebe Christi zu uns, die Hoffnung, die Christus gibt) und ambivalenten Motiven, die fragwürdig sein können: die Liebe des Menschen zu Gott, seine Dankbarkeit, die Angst vor Gottes Zorn, die Hoffnung auf Belohnung, die Erwartung der Güte Gottes im Gegenzug für das eigene Gutsein.[1748] Der Christ, der Gottes Wohlgefallen im Evangelium empfangen hat, bemüht sich nicht deshalb um Gehorsam gegen seinen Willen, weil er es (im Nachhinein oder erneut) verdienen will; er hat ein Verlangen danach, dass Gottes Wille wirksam wird. In der Absicht, Werkgerechtigkeit zu vermeiden, schreibt Aho unter Einschluss seiner selbst, würden Prediger aber manchmal den Gehorsam gegenüber Gottes Willen umgehen. Dabei sei es ihre Aufgabe in der Predigt, die Natur und den Inhalt des göttlichen

---

[1745] AHO, Law and Gospel, 2. Aho sagt, es sei schwerer, das Evangelium zu verkünden als das Gesetz, vielleicht weil uns Bilder für die Sünde und die Gebrochenheit der menschlichen Existenz näher lägen als Bilder von Gnade (a.a.O., 4). – Die hier genannte Dynamik und Erfahrung berühren sich mit dem Paradigma des Wortgeschehens in der neuen Hermeneutik.

[1746] GERHARD AHO, Ralph G. Turnbull (Hg.), If I Had Only One Sermon to Preach, Grand Rapids/MI 1966 (Buchbesprechung). In: The Springfielder 30 (1966/67), 1, 83f.

[1747] Nach AHO, Sermon Theory I, 5, mit einem Verweis auf DAVIS, Design, 202–221.

[1748] AHO, Sermon Theory I, 5f.

»Du sollst« konkret und realistisch hörbar zu machen. In diesem Sinne müssten sie das Gesetz sagen, damit Christen genauer wüssten, wie sie ihre Liebe zu Gott und dem Nächsten zum Ausdruck bringen können. Solche Ermahnungen zu einem heiligen Leben müssten in einen Evangeliums-Rahmen gestellt sein, in dem Hörer und Prediger an das erinnert würden, was sie durch Gottes Gnade bereits sind.[1749]

Wie grundsätzlich und lebensbedeutend eine solche Predigt von Gesetz und Evangelium nach Ahos Verständnis ist, wird daran deutlich, dass er in einem Mangel an dieser Stelle eine potentielle Ursache für die fehlende geistliche Wirkung der Predigt und letztlich für die von der homiletischen Diskussion seiner Zeit konstatierte Krise der Predigt sieht. Er deutet an, durch eine zu lässige Rede von Gott, die sein Dasein für selbstverständlich nehme, hätten Prediger möglicherweise eine Mitverantwortung für einen Lebensstil vieler Menschen, der von Gott wegführt.[1750] Und er stellt einen Zusammenhang zwischen fehlender Gottesfurcht und einem Missverständnis von »Gesetz und Evangelium« als einer standardisierten Predigtmethode her:

> »Or maybe fear of God is missing because we preachers do more cheap moralizing in our sermons than we care to admit – dishing out heavy doses of shoulds and shouldn'ts with a quick recitation of Gospel and an even quicker Amen.«[1751]

6.2.3. Die Absicht der Predigt

Der stete Bezug auf die systematische Theologie in der homiletischen Arbeit bedeutet ebensowenig wie der Blick auf den Hörer von Anfang der Predigtarbeit an, dass die Breite des Wortes Gottes bei Aho aus dem Blick gerät. In Aufnahme der Thematik, die die englischsprachige Homiletik ab der Mitte des 20. Jahrhunderts mit der Rezeption des Beitrags von Dodd zur »apostolischen Predigt« prägt, unterscheidet Aho die Absicht der Predigt in mehrfacher Hinsicht: Sie ist Kerygma als Verkündigung des Evangeliums und Didache als Lehre des Evangeliums in seiner Bedeutung für das Leben.[1752] Ihre Aufgabe ist nicht, die Hörer zu überzeugen, dass sie sich für Christus entscheiden sollen; sie soll ihnen vielmehr Christus groß machen, damit sie zu ihm gezogen werden.[1753] In diesem Sinne ist sie auch Paraklese in der Ermahnung und Überzeugung zu dem neuen Leben. Sie informiert nicht nur oder vermittelt Wissen, sie richtet sich an den ganzen Menschen und transformiert ihn. Dies geschieht durch die Rechtfertigung, die die Aufnahme des Sünders in das Reich Gottes bedeutet.[1754]

1749 AHO, Law and Gospel, 3f.
1750 AHO/DEFFNER/KAPFER, Time, 56f.
1751 A.a.O., 57. Die »Furcht Gottes« ist hier umfassend als Anklang an Luthers Auslegung der Gebote im Kleinen Katechismus zu verstehen: »We should fear and love God ...«.
1752 Vgl. DODD, Apostolic Preaching, 7f.
1753 AHO, Toward Proficiency, 204.
1754 AHO, Sermon Theory I, 11, 14.

Diesem Reich als der neuen Wirklichkeit, in der der gerechtfertigte Christ lebt, widmet sich Aho in einem ausführlichen Anhang zu dem Kursmaterial für seinen homiletischen Aufbaukurs.[1755] Seine eingehende exegetische Arbeit zum »Concept of the Kingdom of God in the Four Gospels« verbindet sich darin durchgehend mit dem praktisch-theologischen Bezug auf die Predigt. Er befasst sich mit der Reich-Gottes-Vorstellung im Alten Testament, in der jüdischen Apokalyptik, dem hellenistischen und dem rabbinischen Judentum und seinem Verhältnis zu der neutestamentlichen Vorstellung. Er geht auf die jüdische Messiaserwartung ein und auf den Anstoß, den die Vorstellung eines leidenden Messias' bereitet. Gottes Reich ist gegenwärtig und zukünftig. Es ist Gottes Tun und hat doch, auf den Menschen bezogen, eine klare ethische Seite. So ist das Reich Gottes von einer existentiellen, dynamischen Spannung gekennzeichnet, welche sich in paradoxen Gegensätzen äußert, die erst eschatologisch aufgelöst werden: Es ist eine Invasion von außen und eine Kraft von innen, Gericht und Vergebung, es zerstört und baut auf, es ist Ruf zur Buße und Zusage der Gnade, eine kindliche Haltung Gott gegenüber, die niemand sich selbst geben kann, und zugleich eine reife, völlige Hingabe an Gott im Glauben; gegenwärtige Erlösung und zukünftige Rettung; geheimnisvoll und nicht wahrnehmbar, und doch sichtbar für die Augen, die Christus selig preist; es ist Gottes Herrschaft nicht nur über das Verhalten von Menschen, sondern auch über ihre Herzen und ihren Willen. In eschatologischer Spannung ist es schon da in der Welt und soll doch erst noch kommen. Sein zukünftiges Erscheinen ist Gottes Tun, und darauf sollen die Seinen warten. In der Zwischenzeit ist es ihre Aufgabe, das Evangelium vom Reich Gottes in der ganzen Welt zu verkünden; was daran kompliziert und komplex erscheint, wird für den Einzelnen eine klare Botschaft in der paradoxen Spannung von Gesetz und Evangelium, die den Unbußfertigen warnt, dem Bußfertigen aber das Heil zuspricht. In ihrer Gesamtheit umschreiben diese exegetischen Erkenntnisse den Lebensraum, in dem der Christ in dieser Welt lebt:

> »The person who refuses to forgive, to show compassion, to serve, indicates that He knows or cares nothing about God's forgiveness. He is not in the Kingdom. The Kingdom implies a community of people who have been forgiven and who live here and now under the gracious rule of God as good people, and yet not primarily as the good but as the forgiven.«[1756]

[1755] AHO, Sermon Theory II. Dieser Teil macht deutlich mehr als ein Drittel des Gesamtumfangs aus. Im Gegensatz zu der verbreiteten Praxis, sich auf die Ergebnisse anderer Theologen zu beziehen, ohne diese explizit mit Stellenangaben zu belegen, enthält er neben eingehenden Wortstudien zu griechischen Schlüsselwörtern ausführliche Endnoten und Literaturangaben. – Alle folgenden Ausführungen in diesem Abschnitt, soweit nicht anders angegeben, nach ebd.

[1756] Ebd.

Nur in Christus ist das Reich Gottes in dieser Zeit schon in seiner Fülle verwirklicht.

6.2.4. Zusammenfassung

Grundlegend für die Auslegung und Verkündigung des Wortes Gottes ist bei Aho die Vermittlung des Stellenwertes von Gesetz und Evangelium in der Predigt, ein klares Verständnis der grundsätzlichen methodischen Schritte auf dem Weg zur Gestaltung der Predigt sowie ein Bewusstsein für die Bedeutung rhetorischer Elemente und Strukturen. Er leitet zur Wahrnehmung der Formenvielfalt biblischer Texte und möglicher Strukturen der Predigt an. In der Gegenwart macht der Verlust des Vertrauens in den Sinn und die Wirkung von Sprache den verantwortlichen Umgang der Kirche mit dem Wort umso dringender.

Die Verkündigung richtet sich an den Menschen als Sünder und Gerechten zugleich. Sie ist ein hermeneutisches Geschehen, an dem der Hörer existentiellen Anteil hat. In seiner richtenden Funktion warnt das Wort Gottes den Unbußfertigen vor der Verdammnis, in seiner rettenden Funktion spricht es dem Bußfertigen das Heil zu. In seinem dritten Gebrauch zeigt es dem Hörer, wie er in Liebe zu Gott und dem Nächsten leben kann. Es will ihn nicht überzeugen, sich für Christus zu entscheiden, es macht ihm Christus groß, der sich für ihn und seine Rettung entschieden hat.

6.3. DIE VORARBEIT

6.3.1. Der Text

Die Kenntnis der biblischen Ursprachen – des Griechischen und möglichst auch des Hebräischen – ist ein wesentlicher Bestandteil des Lehrplans an beiden Concordia-Seminaren der Missouri-Synode seit deren Gründung. Dies ist kein konservatives Festhalten an überlieferten, humanistischen Werten, die vielleicht im Wesentlichen den deutschsprachigen Anfängen im 19. Jahrhundert geschuldigt wären. Es entspringt der Überzeugung, dass das Wort Gottes zu allen Zeiten der Kultur und Sprache der jeweiligen Zeit kritisch gegenübersteht, und dass ein genaues Hinhören auf den ursprünglichen Wortlaut aufmerksam werden lässt für dieses Gegenüber in seiner Andersartigkeit, das genau so seine Kritik und Korrektur und seinen Trost entfaltet.[1757] Sich in biblischer Exegese zu üben, befreit von den subjektiven Vorstellungen, mit denen der Prediger an den Text herangeht.[1758] Dabei geht Aho von der *perspicuitas scripturae* aus, die der Grund für sein immer wieder geäußertes Anliegen der klaren, durchsichtigen geistlichen Rede ist.[1759] Zu diesen grundsätzlichen theologischen Erwägungen

[1757] AHO, Sermon Theory I, 7. So auch IMMINK, Gesprek, 391.
[1758] AHO, Toward Proficiency, 203.
[1759] S. ebd.

kommt die Erkenntnis der Rhetorik und die Erfahrung des Predigers hinzu, dass es harter Arbeit bedarf, die Aufmerksamkeit der Hörer zu erhalten und sich ihren Respekt als Sprecher zu verdienen. Wie die Diskussion in der neuen Homiletik zeigt, kann weder das eine noch das andere vorausgesetzt werden. Solche ehrliche Predigtarbeit ist schwer, andauernd, extensiv und intensiv, wie Aho schreibt. Nichts, nicht einmal das Gebet, kann sie ersetzen. Nach der apostolischen Weisung in 2 Tim 2,15, soll sich der Prediger vor Gott als ein rechtschaffener und untadeliger Arbeiter erweisen, der das Wort der Wahrheit recht austeilt. Solche Arbeit muss jedoch zielgerichtet sein, sonst ist sie vergeblich.[1760]

> »[...] through my own sermon struggles and my sharing with students in theirs, I've become convinced that we can learn techniques which increase our competence.«[1761]

Dazu gehören für Aho drei Dinge: die Frage, wie mit der Quelle (dem Wort der Schrift) umgegangen wird, wie die Form der Predigt bestimmt wird und wie der Predigt-Stil entwickelt wird.[1762] Im Einzelnen schlägt Aho, beginnend mit dem Gebet, folgende Schritte zum Studium des Predigttextes vor und begründet diese hermeneutisch und theologisch[1763]:

1. Vergleich verschiedener Lesarten im griechischen Urtext, dazu Heranziehung einer englischen Übersetzung.[1764]
2. Durchlesen des griechischen Textes.
3. Bestimmung jedes Wortes nach Form und Bedeutung.
4. Erfassung der syntaktischen Anordnung (Parataxe, Hypotaxe, Tempora, Modi etc.)
5. Beachtung des engeren Kontexts, der Stellung im Ganzen der Heiligen Schrift und paralleler Stellen.
6. Untersuchung einiger weniger Schlüsselwörter.[1765] Die Auswahl hängt von dem sich entwickelnden Predigtthema und seinen Teilen ab, das wesentlich von den Bedürfnissen der Gemeindeglieder bestimmt wird.
7. Erstellen einer Rohübersetzung, Vergleich mit mehreren englischen Übersetzungen.
8. Heranziehung einiger guter Kommentare. Dies soll mit einer guten Portion Vertrauen in die eigenen, gottgegebenen Fähigkeiten und dem Wissen um den Wert eigener Erkenntnis geschehen[1766]:

[1760] A.a.O., 202.
[1761] Ebd.
[1762] Ebd.
[1763] A.a.O., 203.
[1764] Weitere hilfreiche Einzelheiten zu diesem und anderen Punkten bietet die von Aho genannte Literatur. So finden sich etwa zu diesem ersten Schritt sinnvolle Einzelfragen in WHITESELL, Power, 32f.
[1765] Vgl. die Rolle von Wortstudien in der *biblical theology* nach EDWARDS, History of Preaching, 681, mit Verweis auf GERHARD KITTEL (/GERHARD FRIEDRICH [Hg.]), Theologisches Wörterbuch zum Neuen Testament, Stuttgart (u.a.) 1933–1979.

»For only then will you discover the thrill of hearing God speak directly to you through His Word and through you to His people! Moreover, it is far easier to recall and impart to others in a convincing manner what you yourself have been able to think through rather than struggling to depend only on what you have been able to glean and retain from the thinking of others.«[1767]

9. Auswahl der geeignetsten englischen Übersetzung für die Verlesung auf der Kanzel. (Aho rechnet damit, dass der Prediger in seltenen Fällen aufgrund seiner eigenen Übersetzungsarbeit auch die beste englische Übersetzung korrigiert.)
10. Auflistung der eigenen exegetischen Ergebnisse in vollständigen Sätzen. Dies soll im Rahmen der Grunderkenntnis geschehen, dass Gott den Menschen in Jesus Christus aufgrund seiner Gnade rettet, weil der Mensch sich nicht selbst retten kann.[1768]

Anschließend an die Exegese stellt sich der Prediger nach dieser Anleitung folgende Fragen: Was bedeutet dieser Text für uns heute? Was soll nach meiner Hoffnung durch die Predigt dieses Textes mit dem Hörer geschehen? Welches menschliche Problem wird in und durch diesen Text behandelt? Und inwiefern befähigt mich dieser Text, dem Hörer Gottes die rettende Kraft in Jesus Christus zuzusprechen?[1769]

Diese Schritte könnten in angemessener Weise z.B. an einem Montagmorgen durchgeführt werden, u.U. gemeinsam mit einem Amtsbruder in der Nähe. Es sei generell ratsam, einen Text im Blick auf die wirksamste Anwendung »hier und jetzt«, die der Zentralgedanke der Predigt der konkreten Gemeinde vermitteln soll, ein paar Tage lang »wiederzukäuen«.[1770]

[1766] Vgl. zu dieser Einschränkung die generelle Praxis der Heranziehung nicht nur von Kommentaren, sondern auch von gedruckten Predigten (vgl. AHO, Sermon Theory I, 43), Predigtmeditationen und -gliederungen (s. etwa GRAEBNER, Inductive Homiletics II, 9, vgl. die in DERS., Inductive Homiletics I, 83ff. aufgenommenen Predigten).

[1767] AHO, Sermon Theory I, 7f.

[1768] Hierzu verweist Aho auf C.A. IV. – Schritte zur Predigtvorbereitung nach AHO, Sermon Theory I, 7f. Fast identisch sind die Schritte der Predigtvorbereitung, die der australische Theologe Pfitzner mit einer lutherischen Hermeneutik begründet (PFITZNER, Hermeneutical Problem, 361f.).

[1769] AHO, Sermon Theory I, 10. Hermeneutisch ist für Aho Christus das Zentrum der Schrift (DERS., Toward Proficiency, 204).

[1770] AHO, Sermon Theory I, 8. – Bei Caemmerer findet sich die folgende Auflistung von Schritten für die exegetische Arbeit: 1. Die Bedeutung des Textes herausarbeiten (Kontext, Intention des ursprünglichen Verfassers, Information über seine Hörer usw.) 2. Der Text in der modernen Sprache (d. h. Englisch): Aufbau der Sätze, wichtige Begriffe usw. 3. Der Text in der Ursprache (Arbeit mit Wörterbüchern und Kommentaren). 4. Ausziehung der Grundlinien: Querverweise in der Konkordanz, Parallelstellen usw.; systematisch-theologische Bezüge. 5. Der Zentralgedanke, in einem Satz zusammengefasst; positiv und praktisch genug formuliert, um das Ziel erkennen zu lassen, das der Prediger im Blick auf den Hörer hat (CAEMMERER, Preaching 1959, 82ff.). – Vgl. dazu die Vorbereitungsschritte bei Fritz: Gebet, Textauswahl, Lesen des Textes in der Sprache des

Die Ergebnisse dieser Arbeitsschritte sind nach Aho schriftlich festzuhalten, der zentrale Gedanke des Textes, ist, wie von der älteren Homiletik gelehrt, in einem prägnanten Satz zu formulieren.[1771] Dieser Satz weist mit seiner Zusammenfassung der Intention der Perikope schon voraus auf den Adressaten, auch den in der Kirchenbank. Vor allem aber soll er das Einzigartige gerade dieses Abschnitts nach Möglichkeit so genau zum Ausdruck bringen, dass auch das jeweils Eigentümliche etwa einer Stelle in den Evangelien gegenüber ihren synoptischen Parallelen erfasst ist:

> »While pointing ahead to the homiletical task, the central thought nevertheless retains a strong exegetical flavor.«[1772]

Mit diesem Nachdruck auf einer sorgfältigen exegetischen Arbeit, die der Entscheidung für Thema und Inhalte der Predigt nicht nur zeitlich vorausgeht, sondern diese bestimmt, befindet sich Aho in Übereinstimmung mit anderen Kollegen in der Missouri-Synode. So schreibt Caemmerer,

> »Genuine meaning gets packed into preaching when, word for word and idea for idea, the preacher himself has been the target of the Word that he preaches and speaks it because of its discovered meaning.«[1773]

Gerade dies aber öffne nicht die Tür zu einem Subjektivismus, sondern sei im Gegenteil ein Ruf zu professioneller theologischer Arbeit. Indem der Prediger sich der Disziplin aussetze, als professioneller Theologe regelmäßig die Bibel zu erforschen und studieren, mache er auch Entdeckungen in ihr.[1774] Diese Über-

---

Predigers/der Gemeinde, Kontext, Besinnung, Urtext, Parallelen in der Schrift und im Katechismus, gründliche Meditation des Textes aufgrund der Vorarbeit bis zu diesem Punkt, Ordnung und Anordnung der Gedanken des Textes, Finden des Zentralgedankens, Entscheidung zu analytischer oder synthetischer Predigt des Textes, Themaformulierung, Hauptteile, Unterteile, Kommentararbeit, Überarbeitung der provisorischen Struktur, Einprägen der Struktur, schriftliche Ausformulierung der Predigt, Durchgang durch das Manuskript, Wiedergabe aus dem Gedächtnis, mündlicher Vortrag zur Übung (bei Anfängern), Predigtvortrag auf der Kanzel (FRITZ, Preacher's Manual, 12f.). – Dies entspricht grundsätzlich dem, was Whitesell für die Vorarbeit zum *expository sermon* voraussetzt, nach seiner Definition eine Predigt, die Thema und Inhalt in gründlicher exegetischer Arbeit aus einem Schriftabschnitt (unterschiedlicher Länge) gewinnt; d.h. er bezeichnet damit das, was nach den lutherischen Homiletikern jede biblische Predigt (auch die thematische) kennzeichnet. Whitesell weicht allerdings in seinen praktischen Beispielen wiederholt von dieser Definition ab (s. WHITESELL, Power, xii, xv u.ö.).

[1771] AHO, Sermon Theory I, 8. Ganz entsprechend in den 90er Jahren bei Wilson, der das Hauptanliegen des Textes als den Zentralgedanken bezeichnet (WILSON, Practice, 150f.). – Nach Wardlaw löst die Konzentration auf einen zentralen Gedanken in der Predigt im 19. Jahrhundert die scholastische Methode der Aufstellung einer komplizierten Folge von Punkten und Unterpunkten ab (WARDLAW, Homiletics, 245).

[1772] AHO, Skeleton, 11. Vgl. DERS., Sermon Theory I, 9f.

[1773] CAEMMERER, Preaching 1959, 50.

[1774] A.a.O., 265.

zeugung prägt Ahos Unterricht und seine homiletische Arbeit. Rechte historische Exegese und die Wirkmächtigkeit des Wortes in seiner ursprünglichen Situation und in der lebendigen Verkündigung sind nicht voneinander zu trennen.[1775] Der Glaube ist weder auf eine isolierte Erfahrung im Gottesdienst noch auf den Verstand begrenzt; Glauben und ein Leben im Glauben gehören zusammen.[1776]

An diesem Punkt einer echten exegetischen Arbeit verfehlten breite Strömungen im Protestantismus das Ziel, schreibt Caemmerer. Konfessionelle und fundamentalistische Gruppen hätten stets die Formel von der Bibel als der einzigen Quelle und Norm ihrer Lehre auf den Lippen. Jedoch hätten sie oft zugelassen, dass sich ihre Gesamttheologie in einzelnen besonderen theologischen Vorlieben verlaufe, oder sie hätten energisch Belegstellen zitiert, statt auf diese zu hören und in ihnen zu forschen.[1777] Tatsächlich fehlt bei Blackwood, der aus der baptistischen Tradition heraus schreibt, in einer Liste von 15 Punkten der Predigtvorbereitung die Exegese.[1778] Er erwähnt die Bedeutung der Ursprachen, seine eigene Auslegung ist aber gekennzeichnet von einem Verständnis der Schrift als einer Sammlung von Fällen oder Regeln.[1779] Unterstützung für die homiletische Tradition der Concordia-Seminare findet sich dagegen etwa in der Predigtlehre Bowies, der betont, dass sowohl der historische Kontext einer Schriftstelle als auch das Schriftganze bei der Auslegung in den Blick genommen werden muss.[1780] Alttestamentliche Stellen dürften aber nicht mit dem neutestamentlichen Evangelium überschrieben werden nach Art eines Palim-

---

[1775] Dies kommt besonders an dem Scharnier von *goal-malady-means* zum Ausdruck. Vgl. Immink, der darauf hinweist, dass die historische Gegebenheit des Christusgeschehens und ihre propositionale Darstellung Voraussetzung für die Erfahrung des Hörers ist. Das Predigtereignis ist für Immink grundsätzlich christologisch und christozentrisch bestimmt (Immink, Gesprek, 382).

[1776] Aho, Sermon Theory I, 11 (Abschnitt III.C).

[1777] Caemmerer, Preaching 1959, 264. Vgl. dagegen Blackwood, der zwei Grundkategorien der Predigt unterscheidet: die »inspirierende Predigt« und die »informative Botschaft«, d.h. die Lehrpredigt (Blackwood, Doctrinal Preaching, 36, 111).

[1778] Blackwood erwähnt die Exegese zwar an anderer Stelle, ihre Rolle beschränkt sich aber darauf, den »Gedankengehalt« (*thought content*) und die emotionale Atmosphäre (*emotional spirit*) des Textes zu erfassen (Blackwood, Preparation, 46, 56f.). – Vgl. ders., Doctrinal Preaching, wo die exegetische Arbeit kaum eine erkennbare Rolle spielt.

[1779] Siehe Blackwoods Predigtaufriss zu Act 7,60b (Blackwood, Expository Preaching, 151f.) sowie ein Beispiel für exegetische Verdrehung (a.a.O., 154).

[1780] Bowie, Preaching, 88f., 95.Vgl. Perry, Biblical Preaching. 86. – In gleicher Weise schreibt H. W. Robinson, »[...] the exegete must understand what the revelation of God meant for the men and women to whom it was originally given.« (H. W. Robinson, Preaching, 77) Vgl. auch Immink, der in seiner Reflexion der neuen Homiletik betont, die gottesdienstliche Erfahrung bilde keine *geïsoleerde provincie* im Gemüt des Menschen, sondern sei eng verbunden mit den Akten des Verstandes und des Willens (Immink, Gesprek, 392).

psests.[1781] In ähnlicher Weise benennt White sehr genau die sorgfältige Exegese des Textes in seiner ursprünglichen Situation (literarisch und historisch), und die Reflexion darüber im Blick auf die Gegenwart.[1782] In der Art, wie Exegese häufig getrieben wird, sieht White auch einen Grund für die Zersplitterung der protestantischen Kirchen. Sie nähmen an, alle hätten gleichermaßen das Recht auf ihre eigenen privaten Interpretationen, welche subjektiven oder originären Mittel sie auch dazu wählen würden, und bräuchten sich nicht der Disziplin der Grammatik und der Beachtung des ursprünglichen Ziels des Textes und der historischen Offenbarung zu unterwerfen.[1783] Randolph weist darauf hin, dass es gerade im Namen der historischen Kritik im 20. Jahrhundert an dieser Stelle zu gewaltigen, unhistorischen Sprüngen in der Predigt kommt.

> »This studying of the text may have its dry moments, but on the whole it is one of the most exciting and fruitful parts of sermon preparation. [...]
> It is ludicrous but not uncommon to see preachers leaping – in the name of historical criticism – from the time of Christ to our own day as if historical tradition had no significance.«[1784]

Mit dem Blick auf die von Aho zusammengestellte Literatur wird seine Auseinandersetzung mit den einflussreicheren homiletischen Werken des 20. Jahrhunderts erkennbar. Das gilt auch für seinen homiletischen Unterricht und seine *workshops* mit Gemeindepfarrern. In seinen eigenen Forschungsarbeiten zur Geschichte der christlichen Predigt demonstriert Aho die Bedeutung einer sorgfältigen Herausarbeitung des jeweiligen geistesgeschichtlichen, gesellschaftlichen und sprachlichen Kontexts, ohne den historische Predigten weder in ihrem Inhalt noch in ihrer Form zu verstehen sind.[1785] Das gilt in noch größerem Maße für die Texte der heiligen Schrift.[1786]

1781 Allerdings ist bei Bowie nicht Christus, sondern die menschliche Erfahrung der hermeneutische Schlüssel (BOWIE, Preaching, 111).

1782 WHITE, Guide, 26ff., 35 u.ö. White betont, dem Ausleger obliege nicht die Entscheidung über die Bedeutung eines Textes, sondern die Entdeckung seiner Bedeutung (a.a.O., 33). »What that correct, historical, interpretation of the ancient word now has to say to modern people in modern situations is a second, and vital question: but it cannot determine our interpretation of the text. The *meaning* of a passage is not what it says to us today, but what it said to those to whom God first sent it.« (a.a.O., 36, Hervorhebg. i. Orig.).

1783 A.a.O., 38.

1784 RANDOLPH, Renewal, 41.

1785 AHO, Homilies, durchweg und DERS., Preaching of Hedberg, durchweg). – Genau im Bereich dieser »historischen Exegese« stellt Aho in den Predigten Hedbergs kritisch einen gewissen Mangel fest (a.a.O., 130).

1786 Ahos Insistenz auf einer gründlichen und insbesondere auch historischen Exegese spiegelt das Anliegen von Wilder wider (WILDER, Rhetoric), von dem Wilson schreibt: »He wanted the New Testament to be considered within its own oral und written setting in ways that acknowledge ›various gestures, voices and images,‹ as the text comes to speech in our setting.« (WILSON, Practice, 66).

Nach dem lutherischen Homiletiker Lenski soll der Hauptgedanke des Textes auch zum Hauptgedanken der Predigt werden.[1787] Dies ist nach Ahos Verständnis der Normalfall. Der Begriff des Zentralgedankens – von Skopos redet Aho nicht – umfasst dabei das, was der Text sagt, ebenso wie das, was er »tut« oder beabsichtigt;[1788] auch hier begegnet bei ihm ein dynamisches Verständnis des Wortes. Zugleich sieht Aho auch die Möglichkeit, sich auf einen Teilaspekt des Textes zu begrenzen.[1789] Auch damit bleibt der Prediger jedoch bei einem wesentlichen Teil dessen, was der Text bewirken will. Nach diesem Ansatz nimmt die Formulierung des Ziels, das die Predigt beim Hörer verfolgt, das alte rhetorische Anliegen der klar definierten Wirkung auf den Hörer auf. Im Rahmen der neuen Homiletik findet sich ein solches Vorgehen in ausdrücklicher Übereinstimmung etwa mit D. Buttrick, in dessen phänomenologischem Ansatz diese Wirkung zentral ist.[1790] Es kontrastiert dagegen mit dem im baptistischen oder evangelikalen Bereich verbreiteten, bei dem der Prediger nach der Vorarbeit an der Textstelle entscheidet, über welches darin angeschnittene »Thema« er predigen will.[1791]

Von dieser exegetischen Arbeit am Text unterscheidet Aho die homiletische, die er definiert als

> »preaching this text in a meaningful and persuasive way to your hearer«.[1792]

Die exegetische und die homiletische Vorarbeit, im Unterricht konsekutiv behandelt und eingeübt, würden in der Praxis synchron vor sich gehen.[1793] Die Anliegen, Anfechtungen und Nöte des Hörers bestimmen nicht das Verständnis des Schrifttextes, wohl aber die Auswahl und Ausführlichkeit in der Vorarbeit

---

[1787] Lenski, Sermon, 38.

[1788] Aho, Sermon Theory I, 8, 43. Die Erarbeitung des Zentralgedankens einer Perikope steht in der Tradition Luthers, der von der Sinnmitte, dem Herzpunkt oder Kern spricht (nach Edwards, History of Preaching, 295). – Vgl. J. M. Robinsons Darstellung des Ansatzes von Ernst Franz im Rahmen der neuen Hermeneutik, nach dem nicht nach dem Skopos im Text zu fragen ist, sondern danach, was in ihm zum Vorschein kommt (s. J. M. Robinson, Hermeneutik, 70). Vom Zentralgedanken redet im Übrigen auch Mitchell im Kontext der afro-amerikanischen Predigt (nach Eslinger, New Hearing, 56).

[1789] Aho schreibt: »In addition to being specific and relevant, the theme ought to be textual, unified, brief, clear, interesting, aptly worded, and divisible. It is not always possible to formulate a theme that fully satisfies all these criteria. Interest may take precedence over textuality, clarity may be given more attention than relevance [...].« (Aho, Skeleton, 11).

[1790] Buttrick, Moves, 297.

[1791] Bei Rees wird die Überzeugung deutlich, ein Text berühre unterschiedliche Themen, von denen der Prediger dann nach erfolgter Exegese eines aussucht, und zwar auch in Abhängigkeit von der von ihm angelegten, persönlichen Sammlung von Material für seine Predigten (Rees, Sermon, 146f.). – Nach Blocker entscheidet der Prediger auch darüber, *was* eine bestimmte Schriftstelle lehrt (Blocker, Secret, 32).

[1792] Aho, Sermon Theory I, S10.

[1793] Ebd.

an bestimmten Aspekten des jeweiligen Textes;[1794] Gottes Wort offenbart Predigern und Hörern auch Nöte, derer sie sich bis dahin nicht bewusst sind.[1795] Die Formulierung des Zentralgedankens bewahrt dabei davor, das Gotteswort gegen seine ursprüngliche Intention auszulegen. Zu den exegetischen Schritten kommt so hinzu:

- das systematisch-theologische Studium des Textes,
- die Beachtung der Proprien des Gottesdienstes,
- das Notieren von Stichworten zu Hörerschaft und Anlass der Predigt,
- sowie die Formulierung von Ziel, Symptom und Mittel in jeweils einem Satz.[1796]

Daraus erwachsen das Thema und die Hauptteile der Predigt, die Unterteile, die Einleitung und der Schluss. Die Intention, die Aho mit diesen Schritten verfolgt, findet sich in prägnanter Zusammenfassung bei Pfitzner:

> »The writing of the sermon then seeks the best, most pointed, direct, and applicable expression of the ›matter‹ which the text once expressed and still seeks to express. Here we are free to choose material which will best serve the central statement contained in or implied by the text.«[1797]

Im Unterricht gibt Aho eine Empfehlung für eine Aufteilung dieser Schritte auf die Tage der Woche. Von Montag an solle sich der Prediger jeden Morgen zwei Stunden Zeit zur Vorbereitung nehmen (und zwar bevor er sich der Morgenzeitung zuwende). Dann könne er am Donnerstag den Entwurf seiner Predigt schreiben. Geistige Arbeit brauche *deadlines*, dies müsse aber nicht der Sonntagmorgen, es könne ebenso gut der Freitagmittag sein. Wenn die Predigt rechtzeitig fertig sei, gebe dies dem Prediger Zeit, ihren Vortrag mehrmals im Geiste durchzuproben und Einzelnes hinzuzufügen. Dadurch verändert sich die Predigt weiter, da Aho deutlich empfiehlt, nicht das Manuskript, sondern allenfalls die Gliederung mit auf die Kanzel zu nehmen.[1798]

> »Sermon preparation is the hardest single work in your ministry, because it has to be done every week. Let your congregation and elders know that you need this time (every morning, for instance), and they will acknowledge it.«[1799]

Nach alter homiletischer Tradition, der etwa auch Homiletiker wie Fosdick oder Walter A. Maier, der erste Sprecher des Radiosenders »The Lutheran Hour«, folgen,[1800] empfiehlt Aho »eine Stunde Vorbereitung für jede Minute auf der

---

[1794] A.a.O., 7.
[1795] AHO, Toward Proficiency, 203.
[1796] AHO, Sermon Theory I, 43.
[1797] PFITZNER, Hermeneutical Problem, 361f.
[1798] Unterrichtsstunden am 10.4. und 3.5.1985.
[1799] Aho mündlich im Unterricht, 3.5.1985.
[1800] Siehe WHITESELL, Power, 121.

Kanzel«, d.h. mehr als siebzehn Stunden.[1801] Während sich dies auf die reguläre Vorbereitung für die Sonntagspredigt bezieht, empfiehlt er insbesondere für zusätzliche Wochengottesdienste, die Arbeit anderer Männer recht zu gebrauchen (d.h. Vorschläge für Gliederungen, hilfreiche Gedanken usw.). Ganz im Sinne der praktischen Anleitung in einer offenen Werkstatt gehören zu Ahos homiletischem Grundkurs schließlich auch konkrete Hinweise für die selbstkritische Revision dieses Entwurfs.[1802]

6.3.2. Der Hörer im Text

Der Übergang vom Text zum Hörer nimmt in der Predigtvorarbeit eine entscheidende Stellung ein. Während manche Predigttheorie und -praxis diesen (bewusst oder unbewusst) unreflektiert umgeht, werden andererseits häufig emotionale, psychologische, empirische oder andere »Brücken« gesucht. D. Buttrick spricht unbestimmt von einem *field of understanding* zwischen der Exegese und der Predigt, das er als ein kontemporäres Verstehen mit dem Text irgendwo im Hintergrund beschreibt.[1803] Aho nimmt an dieser Schnittstelle ausdrücklich die dreifache Frage Caemmerers nach *goal, malady* und *means* oder *point, problem* und *power* auf.[1804] Dass es sich hierbei nicht um eine pragmatische Anleitung zum Sofort- oder Selbstbau einer solchen Brücke handelt, wird an der kritisch-theologischen Intensität deutlich, mit der im Unterricht an dieser Scharnierstelle gearbeitet wird. Im Kursmaterial zu Sermon Theory I finden sich Beispiele zur Formulierung des »Ziels« zu 10 Schriftstellen, der *malady* zu acht Perikopen und Formulierungen für alle drei Elemente zu vier weiteren Texten. Diese werden im Unterricht gemeinsam geprüft und ggf. revidiert. Zu einer Reihe von weiteren Stellen sollen die Studenten selbst entspre-

---

[1801] Vgl. oben unter 3.3.5. – Im Unterricht sagt Aho, gute Prediger bräuchten etwa eine Stunde Vorbereitung für jede Minute, die sie predigen, doch auch acht Stunden Vorbereitung seien nicht allzu schlecht (mündlich, 25.3.1985). Nach Cleland stellt diese Formel ein ebenso bekanntes wie gefürchtetes Ideal dar (Cleland, Preaching, 111). – Der lutherische Homiletiker Paul Scherer spricht in seiner Yale-Vorlesung 1942/43 persönlich von 18, 20 und bis zu 30 Stunden Vorbereitung, bevor er auf die Kanzel gehen könne (Baxter, Yale Lectures, 57). Implizit nimmt auch Wilson am Ende des 20. Jahrhunderts diese Maxime auf, meint jedoch ebenso wie Aho, acht Stunden könnten ggf. als Minimum ausreichen (Wilson, Practice, 128).

[1802] A.a.O., 42.

[1803] Buttrick, Moves, 308. Vgl. Buttricks Empfehlung, für den Predigtaufriss zunächst die *moves* in einzelnen Sätzen festzuhalten und diese dann durch eine Verbindung von theologischem Verstehen und gelebter Erfahrung zu erweitern.

[1804] Aho, Sermon Theory I, 11–17. Die zweite, alternative Formulierung geht auf George Hoyer, Caemmerers Kollegen im homiletischen Department des Concordia-Seminars in St. Louis, zurück (Schmitt, Freedom, 45); vgl. Hoyers Predigtmeditation zu Eph 5,15–21 in CTM 41 (1970), 7, 433. Bei Paul V. Marshall, Dozent für Homiletik in Yale und heutigem Bischof in der Episcopal Church, der bei Hoyer studiert hat, wird *point, problem, power* zu einem Grundansatz für die Erarbeitung der Predigt (s. Paul Marshall, Preaching for the Church Today, New York/NY 1990, durchweg).

chende Formulierungen suchen. Methodische Hilfestellung geben dazu folgende Fragen[1805]:

- Bezieht sich das Ziel auf die ganze Person des Hörers und nicht nur auf seinen Verstand?
- Ist es konkret im Blick auf einen spezifischen Aspekt des Glaubens und Lebens?
- Befasse ich mich nur mit dem Symptom und nicht mit dem tieferliegenden Problem der Sünde?
- Habe ich die Gefahr vermieden, das Problem nur zu diagnostizieren, ohne es zu behandeln?
- Ist das Evangelium der Schlüssel zur ganzen Predigt? Mache ich klar, dass unser Glaube an Gott und unsere Liebe zueinander allein durch Gottes Liebe in Christus möglich sind?
- Und schließlich mit dem festen Blick auf Christus als das lebendige Brot, das der Prediger zu geben hat:

> »Have I merely talked about food without feeding, and proclaimed past events without conveying the living presence of the resurrected Christ?«[1806]

Solch gemeinsames, kritisches Arbeiten ist eine Einübung in die Verantwortung, die der Prediger dafür hat, dass er das Wort Gottes von seinem Gericht und seiner Gnade auf die Kanzel bringt und dem Hörer persönlich sagt. Caemmerer führt die Elemente dieser Trias in seiner Homiletik als Grundelemente überzeugender Rede ein. Auch hierin wird deutlich, dass rhetorische Arbeit in der geistlichen Rede nicht eine Trennung von Form und Inhalt bedeuten kann. Denn den Hörer zu überzeugen heißt hier, ihn von seiner Sünde zu überführen, zur Buße zu leiten und ihn gerechtzusprechen durch das lebendige Wort Gottes in der Predigt.

Recht angewandt bewahrt der von Caemmerer auf den Punkt gebrachte methodische Dreischritt zum einen den Prediger vor der Gefahr, die D. Buttrick in seiner Kritik der Textpredigt markiert: Während eine solche Predigt sich oft bemühe, die ursprüngliche situative Bedeutung herauszuarbeiten, habe sie häufig Probleme, wenn es zur Anwendung komme. Der Prediger suche an diesem Punkt oft nach einer situativen Parallele; wenn sich keine finde, werde der Text in vielen Fällen allegorisiert, psychologisiert oder in ein Bonmot für das Leben verwandelt. Solche Predigten seien daher voll von biblischem Inhalt, würden sich aber mit der Relevanz für den Hörer schwertun. Das sogenannte biblische Predigen habe andererseits Gott als einen Gott der Vergangenheit angesehen und gemeint, vergangene Ereignisse seien auf die gegenwärtige Welt zu übertragen, während Gott selbst in einem mit Goldschnitt versehenen Buch

---

[1805] Nach AHO, Sermon Theory I, 13f., Wiedergabe in Auswahl.
[1806] AHO, Sermon Theory I, 14.

eingeschlossen bleibe.[1807] Zum anderen wehrt die sorgfältige Arbeit an diesem Scharnier auch einer Predigtweise, in der sich der Prediger der Stimmung und den Erwartungen der Hörer völlig anpasst und seine Rolle die des Virtuosen wird, der diesen auf besondere Weise Ausdruck zu verleihen weiß.[1808]

Mit der homiletischen Diskussion seiner Zeit teilt Aho die Überzeugung von der Bedeutung der Lebenssituation der Hörer. Diese wird für ihn jedoch weder hermeneutisch noch homiletisch zum Kriterium der Relevanz. Aber es ist diese Situation, in die das Wort Gottes jeweils richtend, korrigierend, ermahnend, vergebend, bestätigend, stärkend und tröstend gesprochen wird.[1809] Ahos Kollege und Mitarbeiter Deffner befasst sich in zwei Beiträgen zur Homiletik ausführlich mit der Lebenswirklichkeit des Hörers im 20. Jahrhundert.[1810] Ganz in Ahos Sinne nennt er die folgenden Elemente für ein solches Eingehen auf die Hörer: Erstellung eines »Profils« der Gemeinde (altersmäßige Zusammensetzung, konkrete Probleme und Herausforderungen), Evaluierung konkreter Nöte sowie ethischer und theologischer Fragen, Auseinandersetzung des Predigers mit seinen eigenen Bedürfnissen und die Einrichtung von Predigtnachgesprächen.

> »In sum, to be an effective *preacher*, the preacher must be an effective *listener*. Don't *speculate* about what your people's needs are, *ask* them!«[1811]

Dazu müsse der Prediger lernen zuzuhören. Angesichts der kürzer werdenden Aufmerksamkeitsspanne infolge der gesellschaftlichen Entwicklungen und angesichts der Versuchung, selbst zu reden, sei dies auch für ihn nicht leicht. Dadurch gewinne die Predigt jedoch eine Gestalt, die den Hörer involviere. So würden sich Liebe zum Wort Gottes und Liebe zum Hörer verbinden, und das bedeute auch: regelmäßiges Studieren und Meditieren des Wortes und regelmäßige Fürbitte für die Gemeindeglieder.[1812]

Im selben Sinne erinnert auch Deffner den Prediger daran, dass er sich nicht an die Kirche im Allgemeinen, sondern an seine Gemeinde wendet, dass es um individuelle Nöte und Bedürfnisse geht und das, was in der Gemeinde

---

[1807] BUTTRICK, Moves, 18. Der letzte Satz bezieht sich insbesondere auf die von D. Buttrick erwähnte Tendenz zur Mitte des 20. Jahrhunderts, die Offenbarung Gottes einseitig in historischen Ereignissen zu suchen (a.a.O., 114).

[1808] Eine solche Predigtweise begegnet nach Bohren in Deutschland bis ins 20. Jahrhundert (BOHREN, Predigtlehre, 444), ist aber gewiss nicht darauf beschränkt.

[1809] S. AHO, Skeleton, 17.

[1810] DEFFNER, Compassionate Preaching; DERS., Real Word.

[1811] A.a.O., 10. Hervorhebg. i. Orig. – Vgl. GERHARD AHO, Communicating the Word to Middle Aged Persons; the Emotional, Physical, and Spiritual Problems of Middle Life of which the Pastor Should Be Aware, und DERS., Communicating the Word to Older Persons; beide in: GERHARD AHO/OTTO F. STAHLKE (Hg.), Preaching Aids, Springfield/IL [zw. 1970 und 1976.] O. durchg. Paginierg.

[1812] AHO, Toward Proficiency, 205. So auch DEFFNER, Real Word, 9–11.

aktuell geschieht.[1813] So ist die christliche Predigt zuerst und zentral die regelmäßige Predigt eines Pfarrers von der Kanzel der Gemeinde, in die er berufen ist. Die Beziehung zum Hörer in der Situation der »geistlichen Rede« ist ein Teil der pastoralen Beziehung als ganzer, die durch Besuche, Unterricht, Seelsorge und vielfältige Begegnungen in der Gemeindearbeit wächst.[1814] Dazu gehört auch, dass ein Pfarrer und Prediger grundsätzlich für Menschen offen und dem Gespräch zugänglich ist, so wie Ahos Gemeindeglieder ihn selbst erleben während seiner Zeit im Gemeindedienst.[1815] Diese intensive Beziehung zu seinen Hörern spüren seine Studenten und Kollegen auch unter der Kanzel in der Kapelle des Seminars. Kapfer schreibt:

> »For some reason, perhaps because of his compact size or his pulpit presence, Gerhard seemed able to establish almost immediate rapport with his audience. On the one hand, there was the feeling that this man meant business! His voice, which was a fine tenor with just a slight coating of huskiness to it, and his gestures, which were never wasted but were nevertheless free and natural, announced that what he had to say was of vital importance. On the other hand, he conveyed a sense of vulnerability, of being just like his audience except that he happened to be vested and was standing in the pulpit. The hearers wanted to listen because he was one of them!«[1816]

Dieser Eindruck von Ahos Predigtpraxis entspricht seiner homiletischen Theorie, wie sie in seiner Anfang der 70er Jahre geschriebenen Dissertation zum Ausdruck kommt. In einer Zeit der Diskussion um einen nicht-autoritären Predigtstil in der neuen Homiletik und der beginnenden Auseinandersetzung mit Dialogpredigten unterstreicht er die Bedeutung der Interaktion und der dialogischen Form in den Predigten Hedbergs:

> »The matter of moment is the choosing and putting together of words so as to produce interaction between the preacher and his hearers in response to an idea or a perception. The effects of Hedberg's sermons suggest that interaction went on, and that this interaction was elicited by a language pattern which may properly be called dialogical.«[1817]

Die Intensität, mit der er sich in die Lebenssituation der Adressaten hineinbegibt, äußert sich in dem genau recherchierten und sprachlich sehr plastischen

[1813] Ebd.
[1814] S. u.a. Aho, Skeleton, 17.
[1815] Persönliche Kommunikation von Tuula Contarino mit mir per E-mail, 8.10.2010.
[1816] Kapfer, Gerhard Aho, 3. Vgl. dazu Bohren: »Ein wesentliches Moment bei der Wirksamkeit Luthers, Spurgeons oder des älteren Blumhardt bestand darin, daß sie Männer waren von Fleisch und Blut, und daß wir in ihren Predigten auch heute noch Menschen begegnen. Wenn wir auf unseren Kanzeln nicht Menschen sind von Fleisch und Blut, dann kann unsere Predigt kein Zeugnis sein.« (Bohren, Gestalt, 360).
[1817] Aho, Preaching of Hedberg, 166.

Bild, das er in seiner Arbeit zu den finnischen Predigten Hedbergs im 19. Jahrhundert ebenso wie zu den englischen Homilien im Früh- und Hochmittelalter von der jeweiligen politischen, ökonomischen, sozialen und religiösen Situation zeichnet. Darin werden nicht nur die Lebensumstände und Arbeitsverhältnisse ihrer Zeit, sondern auch die sprachlichen Veränderungen deutlich erkennbar.

Aho rezensiert in »The Springfielder« Bücher zur Frage des Hörers im 20. Jahrhundert nach Gott und zur Rassenfrage.[1818] Was in der Gesellschaft seiner Zeit als besondere Anliegen und Nöte verhandelt wird, kommt darüber hinaus in der von ihm genannten Literatur an zahlreichen Stellen zum Ausdruck. In seinem homiletischen Kursmaterial richtet sich der Blick auf den theologischen Aspekt der Not des Menschen. Diese wurzelt nicht zuerst in der Entfremdung des Menschen von sich selbst, wie sie in der zeitgenössischen Diskussion benannt wird, sondern in seiner Entfremdung von Gott. Oberflächensymptome, die der Prediger (wie das Gemeindeglied selbst) wahrnehmen kann, sind für die Predigt im Blick auf die zugrundeliegende Krankheit, die Sündhaftigkeit des Menschen zu analysieren. Das Gesetz diagnostiziert die Situation des Menschen, darin erkennt er, wie es um ihn steht. Ohne dies ist das Evangelium ohne Bedeutung. Die Sünde um ihrer selbst willen zu diagnostizieren ist allerdings destruktiv; Gottes Wort deckt sie mit dem Ziel auf, sie zu überwinden. Das konkrete Ziel, das der Prediger beim Hörer erreichen will, ist deshalb der konkreten Krankheitssituation, die das Wort benennt, (oder dem konkreten geistlichen Problem) entgegengesetzt.[1819]

Die sorgfältige Beobachtung der geistlichen und menschlichen Situation des Hörers, die aus der geistlichen Sorge um ihn erwächst, verbindet sich in Ahos Person und in seinem Unterricht mit seiner eigenen rhetorischen Präzision und mit der etablierten amerikanischen Praxis der Rede im *conversational style*. Zu der direkten Anwendung auf die Hörer gehört auch die Benennung von konkreten Gefahren, die das geistliche Leben der betreffenden Gruppe von Hörern betreffen.[1820] Wie Eggold fordert Aho die angehenden Prediger im Unterricht auf, real (oder potentiell) existierende Sünde anzusprechen (und ohne Rücksicht darauf, ob es sich um reiche und einflussreiche Personen handelt).[1821] Die Glieder der Gemeinde sollten erkennen, dass der Prediger aus aufrichtiger Sorge um ihre geistliche Gesundheit und aus Liebe spricht und nicht deshalb, weil er es genießt, solche Sünde aufzudecken. Er solle den Hörern außerdem zeigen, dass Sünde eine ernsthafte Angelegenheit ist, ein persönlicher Angriff

[1818] Siehe Ahos Buchrezensionen zu Religion und Rasse (The Springfielder, 30 [1966/67], 4, 54f.) und der Frage nach Gott in der Gegenwart (The Springfielder, 31 [1967/68], 3, 81f. und The Springfielder, 31 [1967/68], 1, 82f.), s. Literaturverzeichnis, I.1.4.

[1819] AHO, Sermon Theory I, 3, 11–14.

[1820] So etwa FRITZ, Preacher's Manual, 116; ganz ähnlich BOWIE, Preaching, 54.

[1821] Vgl. WALTHER, Pastoraltheologie, 101. Walther verweist hierzu auf Luthers Vorrede zum Kleinen Katechismus.

gegen Gott, ein Symptom der Verderbtheit der geistlichen Natur des Menschen. Aho warnt jedoch zugleich:

> »Frustration about the low level of sanctification in your congregation is no reason for estranging or embittering your hearers by dumping off the burden from your own shoulders.«[1822]

Es sei jedoch nicht genug, Sünde und Versagen aufzuzeigen und Menschen zu drängen, gottgefällig zu leben. Aus dem lutherischen Verständnis der Polarität von Gesetz und Evangelium folgt, dass das Evangelium die einzige Möglichkeit ist, die Hörer zu ermutigen; sie müssten auf Christus und auf das verwiesen werden, was er für sie getan hat. Dabei gehe es nicht um die Einfügung einzelner *Gospel statements* noch um eine *power of positive thinking*. Das Evangelium müsse in der Predigt dominieren, und es müsse dem Hörer konkret zugesprochen werden.

Wie hier von Sünde und Vergebung verlangt Aho konkretes Reden in allen Teilen der Predigt, einschließlich der Illustrationen und Anwendungen:

> »You can't hold hands with a general area, and you can't feel anything particular for a general.«[1823]

Der Prediger, der in die Häuser seiner Gemeindeglieder geht, der sich in Seelsorge und Unterweisung um sie bemüht, kennt die Versuchungen, denen sie ausgesetzt sind, ihre Schuld und Not und ihre Freuden. Er lernt ihre Sprache. Und sie hören, dass Gottes Wort in dieser Sprache konkret zu ihnen spricht.

6.3.3. Zusammenfassung

In der Vorarbeit zur Predigt wird durch die Exegese des biblischen Textes nach der Ursprache das Vorverständnis des Predigers wie auch das seiner Gemeinde und seiner Zeit korrigiert und erweitert. Thema und Inhalt der Predigt werden nicht an den Text herangetragen, sondern von ihm bestimmt. Sein Hauptgedanke wird zum zentralen Gedanken der Predigt. Zugleich sind die konkreten Anliegen und Nöte der Hörer von Einfluss darauf, welche Aspekte des Textes in der exegetischen Arbeit und auf der Kanzel vertieft werden. Seine Lebenssituation wird jedoch nicht zum Kriterium der Relevanz der Predigt, in der ihm Gottes Wort immer auch als zurechtweisendes, mahnendes und tröstendes Gegenüber begegnet. Mit der methodischen Trias von *goal*, *malady* und *means* gibt der Prediger sich selbst Rechenschaft über seine Entscheidungen am Übergang von der Exegese zum Hörer. Aus dem Thema der Predigt erwachsen Haupt- und Unterteile, Einleitung und Schluss.

[1822] Aho mündlich im Unterricht, 1.5.1985. Ebenso der folgende Absatz.

[1823] AHO, Sermon Theory I, 18.

6.4. DIE ORGANISCHE ENTFALTUNG

6.4.1. Die Richtung der Predigt

Wenn die Predigt kein bloßer Lehrvortrag und keine reine Information ist, wenn sie das Wort des lebendigen Gottes zuspricht und die Situation des Hörers verändert, dann ist sie nicht ein statisches Wort, sondern ein organisches.[1824] Dann entfaltet sich auch ihr Kerngedanke organisch, wie es Davis 1958 in der Metapher des Baumes zum Ausdruck bringt. Dazu ist jedoch eine klare inhaltliche Definition auf dem Weg von der exegetischen zur homiletischen Vorarbeit und zur Predigt auf der Kanzel nötig. Wer den Prediger hört, schreibt Aho, stellt sich drei Fragen: Worüber wird er reden? Was wird er darüber sagen? Und was will er damit erreichen?[1825] Diese Fragen zu beantworten ist Aufgabe des Themas, das der Prediger in seiner Vorarbeit formuliert. Ohne dieses hat er keine Kriterien, um die Reihenfolge und Bedeutung der Gedanken in der Predigt zu beurteilen; keine Zielrichtung für die Predigt und damit auch keinen Höhepunkt. Das Thema ist die Keimzelle aller übrigen Gedanken, die in die Predigt eingehen. Es besteht aus dem *subject*, dem »Gegenstand« der Rede (etwa »The Kingdom of God«), und dem *predicate*, das dieses eingrenzt (etwa »... is for sinners«).[1826] Letzteres bestimmt damit die gedankliche Richtung, in der das Thema entfaltet wird, die *line of direction* der Predigt.

Das Thema soll textgemäß, konzentriert, ausgedehnt, einheitlich und menschlich sein. Es soll tief genug sein, um eine ganze Predigt hervorbringen zu können, und konkret genug, um für den Hörer relevant zu sein. Fragen, die der Prediger an das Thema richtet (etwa »Was?«, »Wie?«, »Warum?«, »Wann?« oder »Wo?«),[1827] helfen ihm, die Hauptteile zu finden, die sich daraus ergeben; dabei achtet er darauf, dass dies nach Möglichkeit innerhalb der Grenzen des Textes und nicht gegen dessen eigene Intention geschieht. Mit der Bestimmung des Themas und der Hauptteile in ihrer organischen Abfolge wird die gedankliche Entwicklung der Predigt erkennbar, die sie von ihrem Anfang bis zum Schluss nimmt.[1828]

[1824] Im Unterricht sagt Aho, »People are most moved when doctrine is presented in such a way that they see the application to their lives, and not when it is preached and explained as intellectual information that has to be believed. Faith is not a matter of intellect or reason, but goes contrary to it. We don't appeal just to the intellect of people, but to their emotions, conscience etc.« (1.5.1985).

[1825] AHO, Sermon Theory I, 19. Die ersten beiden Fragen finden sich (neben weiteren) auch bei Davis (DAVIS, Design, 24) und Eggold (EGGOLD, Dialogue, 70ff.).

[1826] AHO, Sermon Theory I, 21f. Vgl. DERS., Skeleton, 14–16. – Da *subject* und *predicate* hier nicht im grammatischen Sinne zu verstehen und auch nicht auf eine nominale bzw. verbale Form beschränkt sind, verwende ich beide Begriffe unübersetzt.

[1827] A.a.O., 14f.

[1828] AHO, Sermon Theory I, 19f. – Eine ganz ähnliche Rolle spielt das Thema auch bei anderen Homiletikern. Als Beispiel innerhalb der Bewegung der *biblical theology* ist etwa Donald G. Miller zu nennen, der erwartet, dass das Thema aus der Perikope erwächst

6.4.2. Die Wirkung der Predigt

Ahos »Lively Skeleton« ist ein ausführliches Plädoyer für eine klar strukturierte Predigt – nicht aus Gründen der Tradition in einem seit jeher stark von der Rhetorik geprägten homiletischen Kontext, sondern weil es im Predigtgeschehen um das Heil des Menschen geht und der Prediger alles daran setzt, die Wirkung zu erreichen, die Gottes Wort intendiert; durch seine Gedanken, seine Worte und ihre Form. Die Notwendigkeit einer konzentrierten und konsequenten Entfaltung der Predigt gewinnt mit der abnehmenden Länge zusätzlich an Bedeutung; Aho nennt 1985 einen Zeitrahmen von »seventeen and a half minutes«.[1829] Hier den Prediger in der Gemeinde zu unterstützen, ist das Ziel, das sich die Herausgeber der »Preacher's Workshop Series« gesetzt haben. Sie sehen den Druck, der auf den Pfarrern lastet. Sie stellen fest, dass Laien, die selbst immer besser informiert sind, zunehmend exzellente Predigten erwarten. Es sei daher kein Wunder, dass sich immer mehr Prediger ihrer Aufgabe nicht gewachsen fühlten und panikten, wenn die »Quelle versiege«; und sie scheine mit den Jahren schneller und häufiger zu versiegen.[1830]

Zur Wirksamkeit der Predigt gehört dabei zunächst, dass der Prediger Klarheit über das Ziel der Predigt gewinnt. Theologisch gesprochen ist dies der Mensch als Mensch des Glaubens und der Liebe; als Christ, der sich auf Gott verlässt und in solchem Vertrauen lebt. Dies erweist sich in vielen äußerlichen Dingen des christlichen Lebens wie Halten des Tischgebets, Teilnahme am Gottesdienst, Leiden für die Wahrheit, freudiger Selbstdisziplin, einem fröhlichen Herzen auch in persönlicher Not oder Zuversicht im Angesicht des Todes. Die Liebe Gottes, die die Heilstatsachen geschaffen hat, verwandelt (*transforms*) zugleich schwache, sündige Menschen in solche, die lieben können. Solche Liebe wird darin tätig, dass sie verbindet, was getrennt ist; in der beispielhaften Nennung der Sorge für Menschen anderer Rassen klingt hier die Sensibilisierung des christlichen Gewissens in den 60er und 70er Jahren an.[1831]

Obwohl die Predigt Glaube und Liebe immer in ihrem Zusammenhang im Blick hat, gilt homiletisch um der gedanklichen Einheit und der Wirkung der Predigt willen:

> »However, meaningful and persuasive preaching demands that in a given sermon the goal be discussed in terms of one or more of its concrete everyday manifestations in the life of the hearer.«[1832]

---

und in einem Satz zusammengefasst werden kann. Auch die Struktur der entstehenden Predigt ergibt sich für ihn aus dem Schriftabschnitt. Er geht davon aus, dass jede Predigt ihren eigenen, spezifischen Zweck hat. (Nach EDWARDS, History of Preaching, 684).

[1829] Mündliche Angabe im Unterricht (Frühjahrsquartal 1985).

[1830] AHO, Skeleton, 4.

[1831] AHO, Sermon Theory I, 11; DERS., Joy of Worship, 28.

[1832] AHO, Sermon Theory I, 11.

Das Ziel ist vorzugsweise direkt aus dem Text zu gewinnen, d.h. es soll dessen originaler Intention entsprechen.[1833] Es geht dabei immer um die Überwindung einer konkreten Auswirkung der Gottlosigkeit des Sünders.[1834] Der Prediger gibt sich nicht damit zufrieden, nur ungefähr auf einen Problembereich hinzuweisen. Er fragt ganz direkt, warum die Dinge, die die Predigt als Sünden aufzählt, verdammungswürdig sind: Musste Gott sterben, weil wir Menschen diese Symptom-Sünden begehen? Einen blauen Fleck behandelt man nicht mit Tabletten. Es ist die Aufgabe des Predigers, die zugrundeliegende Krankheit, die Sündhaftigkeit, als Wurzel allen Sündigens herauszustellen, und zwar so, dass die Menschwerdung, das Sterben und Auferstehen des Sohnes Gottes in ihrer Notwendigkeit deutlich werden[1835]:

> »You are to plan how you will exert the power of the Gospel by words so that it will move people from the mistakes of the problem to the action of the goal. God made His most effective move by making the Word become flesh. You are to take that same Word and clothe it in your words and something of yourself and place it before the men on whom God would work today.«[1836]

Eine sorgfältig strukturierte Predigt ist nötig, weil ein Gedanke ohne Form nur ein vager Eindruck bleibt, und eine Form ohne Inhalt eine leere Hülle; beides macht die Rede bedeutungslos. Umgekehrt gilt für Aho:

> »An idea communicated in a particular form conveys definite meaning.«[1837]

So entspringt die Arbeit an der Form nicht nur dem Anliegen, neues Interesse für das Geschehen auf der Kanzel zu wecken, sondern erwächst grundsätzlich aus dieser Überzeugung.

6.4.3. Ein organischer Aufbau

Ganz im Sinne von Davis ist eine rechte Predigt für Aho ein Organismus, in dem eine Reihe von Gedanken organisch in einem Thema verbunden sind. Sie ist nicht ein Haufen von Ästen, sondern ein Baum; sie besteht nicht aus zerstreuten Knochen oder Gliedern, sondern ist ein lebendiger Körper, dem das Knochengerüst seine Gestalt gibt. Ist die Struktur schwach, dann bleibt die Predigt ohne Bedeutung; sie nimmt den Hörer auf eine Reise mit, ohne ihm eine Karte zu geben; er wird mit Gedanken wie mit Schrot beschossen; das, worum es geht,

---

[1833] »The goal can be dictated by the text either directly or indirectly. The direct method is to define the goal the writer originally intended and preach on this for your hearer. The indirect method is to define a Scripture goal which is only implied in the text. Preference is to be given to the direct method.« (ebd.).

[1834] Vgl. die Ausführungen unter 5.5.1. zur konträren Entsprechung von *means* und *malady* bei Caemmerer.

[1835] Aho, Sermon Theory I, 14.

[1836] Ebd.

[1837] A.a.O., 19.

wird zu einem unverständlichen Blubbern.[1838] Ist das Gerüst der Predigt dagegen stark, dann wird die Gesamtidee klar, zusammenhängend und überzeugend präsentiert. Im ersten Kapitel von »The Lively Skeleton« entfaltet Aho die positive Wirkung der Angst vor »Gelatine« und die Notwendigkeit eines solchen Knochengerüsts.[1839] Das Paradigma der Kunst werde manchmal als Argument gegen eine klare Struktur herangezogen, schreibt er; es gehe nur darum, im Hörer ein bestimmtes Bewusstsein zu wecken. Andere würden auf McLuhan verweisen, der von dem Bombardement auf unsere Sinne durch das Fernsehen spreche. Sie eigneten sich einen Alles-auf-einmal-Kanzelstil an, der einen linearen Aufbau vermeide und die gewöhnliche Logik und Sprache hinter sich lasse. Dagegen schreibt Aho, manche Kunst möge zwar nicht beabsichtigen, etwas Bestimmtes zu bedeuten. Die Predigt könne aber nicht so vage sein. Sie habe eine spezifische Funktion und müsse sorgfältig so gestaltet sein, dass sie diese Funktion erfülle; das erfordere die Beachtung theologischer und kommunikatorischer Grundsätze.[1840] Eine klare Struktur halte den Sprecher in der Spur, damit wisse er, wo er hingehe und wie er dahin komme. Sie lasse ihn zugleich Schwächen in der gedanklichen Einheit erkennen und diene damit der Geschlossenheit der Rede, indem das Thema nicht in vielen, sondern in einigen wenigen, wichtigen Gedanken entwickelt würde. Sie spare ihm Zeit, weil sie ihn vor unnötigen Umwegen in der Vorbereitung bewahre; sie helfe ihm zugleich, sich beim Vortrag schneller vom Manuskript zu lösen, weil er sich ohne Schwierigkeiten die Reihenfolge seiner Gedanken ins Gedächtnis rufen könne. Die Erstellung einer solchen Struktur sei dabei eine entscheidende Investition, auch wenn es keine kleine sei und mehr als die Hälfte der Vorbereitungszeit beanspruchen könne.[1841]

Dass die entstehende Predigt »wohl geordnet« sein soll, entspricht der klassischen rhetorischen Tradition und ihrer Aufnahme in der Homiletik. Walther betont im 19. Jahrhundert in seiner Pastoraltheologie:

[1838] Ebd.

[1839] Aho, Skeleton, 6; vgl. oben unter 5.7.1. Aho übernimmt die Metapher der Gelatine mit einem entsprechenden Zitat von Luccock (a.a.O., 9, nach Luccock, Workshop, 121). Aho führt im selben Zusammenhang die metaphorische Rede eines anderen Homiletikers zu einem guten Verhältnis von »Fleisch« und »Knochen« in der Predigt an (Aho, Skeleton, 9).

[1840] A.a.O., 6. Dies wird unterstrichen durch die Aufnahme mehrerer Titel zur Rhetorik und sprachlichen Kommunikation in die Liste der Sekundärliteratur zum homiletischen Grundkurs (s. I.3.1.2.).

[1841] Aho, Skeleton, 7f. Im Unterricht erwähnt Aho als positiven Nebeneffekt solcher Arbeitsweise, dass der Pfarrer die entstehende Predigt (eine frühzeitige Vorbereitung vorausgesetzt) schon unter der Woche in wesentlich kürzerer Form als Andacht etwa an einem Krankenbett halten kann; durch die Orientierung an den Hauptpunkten bleibt die geistliche Wirkung dabei im Wesentlichen dieselbe.

»[...] ist [die] Predigt nichts, als eine ungeordnete zusammenhangslose Sammlung und Zusammenstoppelung göttlicher Wahrheiten, so mag zwar wohl der werthe Heilige Geist diese oder jene Wahrheit doch in das Herz dieses und jenes Zuhörers bringen und darin zur Frucht kommen lassen, der Prediger aber selbst hindert seine Zuhörer, so viel an ihm ist, daß die Predigt ihr seliges Ziel an denselben erreiche. Während eine lichtvolle Ordnung das klare Verständniß der göttlichen Wahrheit fördert, die Aufmerksamkeit erweckt und dazu beiträgt, daß der Zuhörer das ihm Vorgetragene leichter behält, so richtet Unordnung in der Predigt nothwendig Verwirrung in dem Zuhörer an, wirkt Unaufmerksamkeit, Zerstreuung, ja, Verdruß, und hindert denselben, sich das Gehörte wieder zu vergegenwärtigen. Eine Predigt soll nicht ein Allerlei gottseliger Gedanken sein, sondern, wie sie ein bestimmtes Ziel zu verfolgen hat, sei es nun vor allem rechte Erkenntniß, oder Auferweckung aus dem Sündenschlafe, oder Trost, Friede und Freude, oder ein heiliger Entschluß, so soll sie auch Eine Hauptwahrheit insonderheit behandeln, auf die sich alles, was die Predigt enthält, beziehen und deren Auseinandersetzung und Einprägung alles dienen muß. Dieses ist aber ohne eine gute natürliche Anordnung des ganzen Stoffes, im Ganzen wie im Einzelnen, nicht möglich. Es ist daher auch eine Sache der Erfahrung, daß Predigten, welche Vielerlei und dieses ungeordnet enthalten, selbst wenn sie viel Herrliches in sich fassen, in der Regel weniger Eindruck machen und wirken, als wohl geordnete, eine strenge Einheit bildende Predigten, die jener Fülle entbehren.«[1842]

Der Grund für diese Überzeugung ist bei Walther nicht nur rhetorischer, sondern vor allem theologischer Art. Er fährt fort:

»Gott ist ein Gott der Ordnung, der nicht nur alles selbst in weisheitsvoller Ordnung thut, sondern auch den menschlichen Geist so gebildet hat, daß er in einer bestimmten Ordnung zu erkennen und darum auch so gelehrt zu werden das unabweisliche Bedürfniß hat.«[1843]

Die formale Beschäftigung mit der Struktur der Predigt bildet im homiletischen Umfeld Ahos einen allgemeinen Standard der Predigtlehre. Lowry berichtet, er habe in seinem Studium gelernt, mit einem Grundgerüst für die Predigt zu beginnen und dieses dann auszufüllen. Dazu habe auch die Zusammenfassung der Predigt in einem Satz gehört, der oben auf die Seite geschrieben wurde.[1844] Diese Grundstruktur wird in der amerikanischen Homiletik traditionell als »Knochengerüst« bezeichnet.[1845] Eine alte Mahnung an den Prediger lautet, er

[1842] Walther, Pastoraltheologie, 108. Hervorhebg. (Sperrdruck) i. Orig.

[1843] Ebd.

[1844] Lowry, Time, 98ff. Vgl. zu diesem Grundgedanken die Rede von der Keimidee (*generative idea*) in ders., Plot, 18.

[1845] Vgl. Broadus' Kritik an der Verwendung der Sammlungen von *skeletons* durch viele Prediger (Broadus, Preparation and Delivery 1944, 89). Fritz nimmt diese Ausführungen von Broadus mit ausdrücklicher Zustimmung auf und schreibt, solche Sammlungen von

solle mit diesem nicht »klappern«[1846]; es solle nicht offen sichtbar bleiben, sondern mit »Fleisch« versehen werden[1847].

Ein klarer Aufbau hilft nach Ahos Überzeugung auch dem Hörer. Wenn er die Beziehung eines Teils zum Ganzen nicht erfasse, könne er die Predigt völlig missverstehen. Wo diese klar sei, bleibe sein Interesse an der Sache und damit seine Aufmerksamkeit gewahrt und er könne das Gehörte besser behalten.[1848] Eine Predigt, die sich nur irgendwie im Kreis um ihren Gegenstand herumbewegt, werde dagegen schnell langweilig. Schon manche Gemeinde sei einer »Jericho-Predigt« ausgesetzt worden: Der Prediger marschiere mit lautem Getöse mehrmals außen um das Predigtthema herum, überzeugt, dass die Mauern, die es umgeben, schließlich einfallen würden; für den Hörer würde sich diese Hoffnung selten erfüllen.[1849] Eine gute Gliederung schaffe dagegen gedankliche Einheiten, die so überschaubar seien, dass sie dem Hörer durch den erkennbaren inhaltlichen Wechsel die mentale und emotionale Entspannung ermöglichen, die er beim Hören brauche; etwa durch den Übergang von einer Erklärung zu einer Anwendung, von der Zusammenfassung eines Punktes zum nächsten Punkt oder von der Feststellung einer Wahrheit zu ihrer Illustration. Als Maßstab für eine gedankliche Einheit nennt Aho eine normale Aufmerksamkeitsspanne von drei bis fünf Minuten;[1850] dies entspricht der Zeit, die D. Buttrick für jeden *move* in der Predigt annimmt.[1851]

6.4.4. Weitere Elemente wirkungsvollen Predigens

Neben der Bedeutung der Struktur nennt Aho vier weitere Aspekte, die für die Wirkung der Predigt wesentlich sind.[1852] Dazu gehört erstens der Aspekt der

---

Gliederungen seien in Deutschland noch mehr verbreitet als in Nordamerika; die Praxis, eigene Predigtvorarbeit dadurch zu ersetzen, habe es zudem bereits im 16. Jahrhundert gegeben (FRITZ, Preacher's Manual, 53f.). Brown kommentiert in seiner Yale-Vorlesung 1905/06 die Praxis der Übernahme von Gliederungen anderer Prediger aus Büchern mit deutlicher Kritik, indem er sie als leblose Skelette und »Erste Hilfe für die Faulen« bezeichnet (BAXTER, Yale Lectures, 170).

1846 »Don't dangle the skeleton.« Zitiert in JONES, Principles, 101, ohne Quellenangabe.

1847 Jones unter Bezug auf Brooks (a.a.O., 101, ohne nähere Stellenangabe). So auch BLACKWOOD, Preaching From the Bible, 105, der die Predigt mit einem Arbeitspferd vergleicht, an dem man die Knochenstruktur erkennen kann, das ein Beobachter jedoch als Pferd und nicht als Knochengerüst wahrnehmen sollte. Eine klare Struktur mache die Rede überzeugender, sagt Broadus (BAXTER, Yale Lectures, 169). Brooks spricht sich klar dafür aus, die Rahmenstruktur der Predigt zu zeigen. Scherer stimmt ihm zu; der Prediger solle nicht wie ein *Englishman* sein, der direkt in sein Bad springe, um dann ein bisschen darin herumzuplantschen (a.a.O., 168).

1848 AHO, Skeleton, 8f.

1849 Ebd. Aho übernimmt dieses Bild von Luccock.

1850 A.a.O., 9.

1851 BUTTRICK, Moves, 25.

1852 Dieser Abschnitt nach AHO, Sermon Theory II.

Lehre. Gemeinden wollten Predigten, die die biblische Wahrheit erhellen und erklären:

»It is a mistake to base the sermon on current events or on recent books, for biblical doctrine is the only real content Christian preachers have to give.«[1853]

In der lehrmäßigen Predigt sei das Grundelement die Botschaft. Der Prediger müsse die Menschwerdung, Kreuzigung und Auferstehung Jesu Christi ernst nehmen. Christus und die Apostel hätten die Notwendigkeit betont, dieses Kerygma zu predigen. Mit Barth sagt Aho, der Mensch schreie nicht nach Lösungen, sondern nach Erlösung. Die unterweisende Seite des Predigens, die Didache, schließe Erklärung und Wegweisung ein; sie helfe Menschen, die Implikationen des Evangeliums für ihr Leben zu sehen. Das bedeutet für Aho auch: Wenn die Hörer den Prediger verstehen, dann steht er damit in der eigentlichen »apostolischen Sukzession«.[1854] Hinzu kommt für ihn die Funktion der Predigt als *exhortation* oder Paraklese.

Ein zweiter Aspekt wirkungsvollen Predigens betrifft die konkrete *application* für den Hörer. Zu oft, schreibt Aho, würde einfach drauflos gepredigt ohne klare Vorstellung davon, was die Predigt mit den Leuten tun wolle. Existentielles Predigen – ein wesentliches Anliegen der nordamerikanischen Homiletik in der Folge der Rezeption der neuen Hermeneutik – sei angewandtes Predigen. Dieses entfalte die Wirkung der Lehre in einer bestehenden Situation, es richte sich an konkrete Menschen in einer konkreten Zeit. Aho bezieht sich selbst als Prediger mit ein, wenn er schreibt, es sei »uns« aus unterschiedlichen Gründen manchmal nicht gelungen, eine Verbindung zum Leben der Menschen herzustellen. Dies werde nur da geschehen, wo die Prediger die Menschen und ihre Nöte kennten. Dabei sei es die Schrift, die ihnen helfe, die wahre Not der Menschen aufzudecken und ein Heilmittel für die menschliche Not anzubieten. Ihre Aufgabe sei es, Gottes Wort mit dem Blick darauf zu entfalten, dass es den Nöten der Menschen und ihrem »wirklichen Leben« begegnet; wo dies nicht geschehe, würden sie nur gelangweilt reagieren[1855]:

»Real doctrinal preaching moves from its biblical source into contemporary life. [...] The Gospel is eternally contemporary.«[1856]

Der dritte Aspekt ist der der Verständlichkeit der Predigt. Als Predigthörer, der nicht zuletzt selbst predigt, und als Predigtlehrer hält Aho diese Erkenntnis nicht für selbstverständlich:

»Preachers need to talk with a desire to be understood.«[1857]

[1853] Ebd.
[1854] S. Aho, Toward Proficiency, 207, vgl. 203.
[1855] A.a.O., 206.
[1856] Aho, Sermon Theory II.

Aho warnt vor Wendungen, die den Hörern vertraut sind, aber von ihnen nur zum Teil verstanden werden. Hierzu zählt er Standardformulierungen wie »alle Menschen sind Sünder«, »Jesus, unser Herr und Heiland«, »trau' auf den Herrn« oder »liebe deinen Nächsten«. Wenn diese nicht aufgearbeitet und mit Bedeutung gefüllt würden, wirkten sie narkotisierend; die Gemeinde reagiere darauf nur noch wie auf einen Vorrat von heiligen Geräuschen[1858]:

> »Skill of expression without a message one is eager to express produces only stylized triviality.«[1859]

Zu einem wirkungsvollen Sprachstil gehören daher Einfachheit (*simplicity*), ein Erklären theologischer Ausdrücke und kurze Sätze und Wörter. Ein frischer Gebrauch von Wörtern und Redewendungen trage dazu bei, dass die Bedeutung ankomme. Konkrete Wörter, nicht abstrakte, ließen Gedanken klar werden. Die Wirkung der visuellen Medien kommen ebenso wie Überlegungen zum menschlichen Bewusstsein in Ahos Feststellung zum Ausdruck, Leute dächten mit Bildern in ihren Köpfen. Um verstanden zu werden, müsse sich der Sprecher auf die Anordnung und Formulierung seiner Gedanken konzentrieren. Dies helfe auch, langweiliges Predigen zu eliminieren.

Schließlich trägt auch der emotionale Aspekt zur (guten oder schlechten) Wirkung der Predigt bei. Der Prediger müsse vermeiden, sich nur entweder auf Logik oder auf Emotion zu konzentrieren. Die Bibel zeige deutlich, dass den Christen Gefühle nicht fremd sind; zu häufig hätten Prediger sich nicht klargemacht, dass diese auch kommuniziert werden müssten. Wo dieses Verhältnis nicht ausgeglichen ist, sei die Kommunikation gestört:

> »If the message of words is not supported by the message of the feelings, we have not communicated.«[1860]

Auch deshalb müsse ein Prediger aus Überzeugung reden und müsse selbst ganz bei und in der Sache sein. Aho selbst ist solche emotionale Beteiligung anzumerken, wenn er in »The Lively Skeleton« nach seinem ausführlichen Plädoyer für eine kräftige Predigstruktur den Prediger, der mit diesem Band arbeitet, fragt: Hat dich die Arbeit am Aufbau deiner Predigt dazu angespornt, mit Begeisterung auf eine Veränderung im Denken und Verhalten der Hörer hinzuwirken?[1861]

[1857] Ebd. – Ein solcher alltäglicher Sprachgebrauch (*conversational style*) entspricht der Praxis Luthers sowohl als Calvins (nach Edwards, History of Preaching, 296, 319).

[1858] Aho, Toward Proficiency, 206f.

[1859] A.a.O., 207.

[1860] Aho, Sermon Theory II.

[1861] Aho, Skeleton, 36.

6.4.5. Sprache als Mittel

Aufgrund seiner Beschäftigung mit der Geschichte der Homiletik, seiner Erfahrung mit Menschen und seiner eigenen Kanzelpraxis ist Aho überzeugt, dass Dialektik und Rhetorik untrennbar mit jedem Sprachgeschehen verbunden sind. Nicht eine theoretische Auseinandersetzung mit ihnen ist sein Ziel im Unterricht, sondern eine praktische, handwerkliche Einübung in ihren Gebrauch. So erscheinen zwar Werke zur Rhetorik auf der umfangreichen Literaturliste zum homiletischen Grundkurs, bilden aber keine selbständige Einheit im Unterrichtsplan. Was der Prediger wie der Homiletiker von der Rhetorik lernen kann, dient vielmehr dazu, die Predigt vor Gott (und damit auch vor dem Hörer, der dem Prediger anvertraut ist,) zu verantworten; nicht nur nach Inhalt und Form als zwei getrennten Bereichen, sondern in ihrer Wirkung auf den Hörer als *peccator* und *iustus* zugleich. In der Tradition der Predigtpraxis Luthers[1862] kommt es so zur Vermählung von Materie und Methode im Rahmen der Lehre von der Rechtfertigung als des Vorzeichens vor aller christlichen Verkündigung.

So bietet Aho als Prediger und Lehrer des Predigthandwerks den Seminaristen einen Satz von Handwerkszeugen, die er selbst in der Auseinandersetzung mit der Predigt in ihrer Geschichte und der sorgfältigen Würdigung der Rhetorik feingeschliffen hat: Er wehrt allem, womit der Prediger die klare und konzentrierte gedankliche Linie der Predigt verlässt. *Perspicuity* und *clarity* sind für ihn Grundwerte der geschriebenen und gesprochenen Sprache.[1863] Den mnemotechnischen Wert paralleler Formulierungen etwa der Hauptteile für den freien Vortrag des Predigers ebenso wie für den Hörer erkennt der Student an den homiletischen Beispielen in Ahos Kursmaterial. In der eigenen Anwendung dieses Handwerkszeugs und unter dem Beispiel der von Aho selbst in den Seminargottesdiensten gehaltenen Predigten wächst in ihm unausweichlich die Erkenntnis, dass jede Effekthascherei und jeder Selbstzweck der Rhetorik der christlichen Verkündigung widerspricht; dies kontrastiert mit einem homiletischen Umfeld, in dem manches Experiment mit »neuen« Formen weitgehend um ihrer selbst willen vorgenommen wird. Aho ist ein Mann der Präzision, und es ist diese handwerkliche Präzision, die er seinen Schülern vermittelt und die noch Jahrzehnte später ihren Eindruck macht bei den Hörern unter den Kanzeln derer, die in seiner Werkstatt gelernt haben.

[1862] S. Edwards, History of Preaching, 298.

[1863] Neun der Yale-Vorlesungen zur Homiletik bis 1944 listen *clarity* oder *perspicuity* als wichtigstes Element des Stils, darunter die von Broadus. Wie bei Aho begegnet der Begriff der *lucidity*; die gedankliche Geschlossenheit der Predigt wird ebenso genannt wie sprachliche Präzision (Baxter, Yale Lectures, 131f., 134, 146, 162f.). Es heißt, der Prediger solle seine Hörer so anreden wie ein *gentleman*, der mit seinen Freunden wichtige Dinge bespricht (a.a.O., 182). Howard Crosby betont 1879/80, wie wichtig es ist, konkret zu reden (a.a.O., 135).

6.4.6. Die Teile der Predigt

Die Erarbeitung der eigentlichen Predigt beginnt damit, dass sich der Prediger vom Text sagen lässt, worum es in der Predigt geht. Er gibt dem Wort Gottes kein Thema vor, das er gewählt hat. Das gilt sowohl methodisch-chronologisch wie exegetisch. Für Aho wie für die lutherischen Homiletiker Reu, Lenski, Fritz und Caemmerer erwächst das Thema der Predigt (auch der Text- oder Auslegungspredigt) vielmehr aus der *subject matter* des Textes; es entspricht verbreiteter homiletischer Praxis, dieses in der Vorbereitung in einem kurzen, präzisen und leicht verständlichen Satz thesenartig zu formulieren.[1864] Blackwood schreibt, keine Predigt sei fertig zum Predigen oder auch nur zur schriftlichen Ausformulierung, bevor ihr Thema in einem prägnanten und »kristallklaren« Satz ausgedrückt werden könne.[1865] Andere Homiletiker sprechen davon, die ursprüngliche Absicht des Textes zu wahren, aber in Ausrichtung auf die Hörer zu formulieren, die sich im Zentrum des Predigtereignisses befinden.[1866] In kürzerer Weise – und ganz im Sinne Ahos – fasst Reu die Kriterien für die Definition des Themas zusammen: Es soll so genau gefasst, kurz, klar und einprägsam sein wie möglich; formal könne es eine Aussage, einen Ausruf oder eine Frage darstellen.[1867] Schneider betont, das Thema gebe der Predigt ihre theologische Einheitlichkeit; ohne solche sei ernsthaft zu fragen, ob es sich überhaupt um eine Predigt handele.[1868]

Die Praxis, nach der eine Predigt klar auf die Schrift gegründet wird und einen klaren Predigtgegenstand haben soll, knüpft nach Blackwood an eine Tradition an, die sich im 19. Jahrhundert etwa bei dem einflussreichen Homiletiker Brooks, einem Pfarrer der Episcopal Church in den USA findet.[1869] Auch die Yale-Vorlesungen betonen, die Predigt müsse eine klare Absicht verfolgen, und zwar für die konkrete Gemeinde in einem bestimmten Gottesdienst.[1870]

Diese Definition dessen, was der Prediger sagen will, ist der Hauptfaktor in der Gestaltung (*design*) der Predigt.[1871] Der dazu dienenden Bestimmung des »Themas« (auch der Auslegungs- oder Textpredigt),[1872] das das Rückgrat der

---

1864 Vgl. Fritz, Preacher's Manual, 33.

1865 Blackwood, Preparation, 133.

1866 Siehe etwa Killinger, Fundamentals, 54f. Jones rät, die »Wahrheit« des Textes zum Thema der Predigt zu machen (Jones, Principles, 77). Schneider definiert das Predigtthema als einen Satz (ausdrücklich formuliert oder eindeutig impliziert), der das am Text Erarbeitete in einem einheitlichen Gedanken zusammenfasst (Schneider, As One Who Speaks, 65).

1867 Reu, Homiletics, 439. Vgl. Fritz, Preacher's Manual, 33.

1868 Schneider, As One Who Speaks, 77.

1869 Blackwood, Preaching from the Bible, 23f.

1870 Baxter, Yale Lectures, 236.

1871 Aho, Skeleton, 10.

1872 Aho bekennt sich ausdrücklich zu seiner Voreingenommenheit für Auslegungspredigten, die er mit Textpredigten identifiziert (Aho, Skeleton, 18). Diese Klassifizie-

Predigt bildet, widmet Aho das zweite Kapitel in »The Lively Skeleton«. Das Thema besteht aus *subject* und (implizit oder explizit) *object*. Das *predicate* grenzt das Thema ein und gibt damit die Zielrichtung der Predigt vor.[1873] Auch hier bewegt sich Aho im breiten Strom der homiletischen Tradition. So bezeichnet Broadus den Gegenstand der Predigt als *subject*, den Aspekt, unter dem dieser entfaltet wird und der dieses eingrenzt, als *predicate*.[1874] Den Begriff der *proposition* verwendet er – wie etwa Phelps[1875] – für die am Anfang der Predigt vorgetragene thesenartige Zusammenfassung dessen, was der Prediger in der Predigt sagt.[1876]

Aho gibt methodische Hinweise zu verschiedenen Möglichkeiten, zu einem Thema zu kommen.[1877] Sein Anliegen ist es dabei, stets sogleich die Implikation für das Leben des Menschen hörbar zu machen:

> »The hearers should sense the life issue in the theme and be able to grasp some of the theme's practical implications even before these have been fully developed in the sermon.«[1878]

Zugleich nimmt Aho auch das Anliegen der neuen Homiletik in der Diskussion um die induktive Gedankenführung auf, die die Spannung in der Predigt erhalten und den Hörer mitnehmen soll: Der Prediger solle darauf achten, dass er nicht schon am Anfang zu viel preisgibt, indem er das Thema zu ausführlich nennt. Die konkrete Formulierung des Themas hängt dabei sowohl von der Sprache und der rhetorischen Form des Textes wie von den Interessen und Nöten der Hörer ab.[1879]

Auch an dieser Stelle der Vorarbeit kommt es zu einer engen Verbindung von Form, Funktion und Inhalt, wie sie sich bei Wilson u.a. findet.[1880] Das Thema soll es dem Prediger ermöglichen, das Evangelium zu predigen.[1881] Und es soll nicht versuchen, menschliche Fragen zu beantworten, die keiner stellt, denn

---

rung unterscheidet sich von einem weit verbreiteten Sprachgebrauch, viele Homiletiker und Prediger folgen ihr jedoch in der Praxis.

[1873] A.a.O., 14. – Einige hilfreiche Hinweise zur Formulierung des Themas finden sich bei Blocker, auf den Aho die Studenten im Rahmen der angegebenen Literatur verweist (Blocker, Secret, 35ff.).

[1874] Vgl. oben unter 6.4.1. Auch Whitesell spricht im selben Sinne von dem *predicate*, das aus dem Thema eine These (Feststellung, Frage, Ermahnung) mache (Whitesell, Power, 59). Davis spricht von *subject matter* und *predication* (Davis, Sermon Structure, 79). Vgl. Lenski, Sermon, 131, 205.

[1875] Phelps, Theory, 56.

[1876] Broadus, Preparation and Delivery 1944, 54f.

[1877] Aho, Skeleton, 12.

[1878] A.a.O., 11.

[1879] A.a.O., 14f.

[1880] Vgl. Anm. 888.

[1881] Aho befasst sich auch mit der Frage, wie dies geschehen kann, wenn das Thema etwa als Ermahnung oder als Aufforderung formuliert ist (a.a.O., 20f.).

nichts sei irrelevanter als das. Warum sollte man eine ganze Predigt darauf verwenden, die Gottheit Christi zu verteidigen, wenn die Hörer sie gar nicht in Frage stellen? Warum würde der Prediger die leibliche Auferstehung Jesu aus dem Grab »beweisen« wollen, wenn keiner sie in Zweifel ziehe? Möglicherweise würden die Hörer viel eher fragen, was die Wahrheit seiner Auferstehung mit ihrer Ehe, ihrem Job, ihren Freuden und Enttäuschungen zu tun habe. Der Prediger müsse wissen, wo sich seine Hörer befinden, wenn er in der Predigt Hilfreiches sagen wolle.[1882] Im Sinne der zunehmenden Sensibilisierung der nordamerikanischen Homiletik für die Nöte und Interessen der Hörer sollen sich diese in der Formulierung des Predigtthemas mit dem Textverständnis des Predigers verbinden.[1883] Mit seiner Insistenz auf einem einzigen, einheitlichen Ziel der Predigt schließt sich Aho jedoch dem Grundsatz Reus an, dass eine Predigt ihr Thema jeweils nur in eine Richtung entfalten kann.[1884] Dieses bringe die gedankliche Einheit der Predigt zum Ausdruck;[1885] aus ihm erwüchsen die Teile nicht durch mechanische Teilung, sondern durch organische Entfaltung, jedes von ihnen wird vom Thema regiert.[1886] Aho schreibt,

> »The creativity required to formulate themes that are both textual and applicable grows as one immerses himself in Scripture and saturates himself with the questions people are asking, the needs they are expressing, the problems they are wrestling with, the challenges they are facing, and the feelings they are experiencing.«[1887]

Das Streben nach Relevanz solle jedoch für den Prediger nicht zum Fetisch werden.[1888] Auch über abgelegene Themen gebe es gute Predigten, wenn es ihnen gelinge, in den Anwendungsteilen durchweg den Bezug auf das Leben der Hörer deutlich zu machen.[1889] Ein Thema zu Lk 10,17–21 wie »Eure Namen sind im Himmel geschrieben« sei wahrscheinlich weniger interessant als »Ein Christ ist unverwundbar«. Zu dem Abschnitt Mt 6,19–21 würde das Thema »Wie man ein ›weltlicher Christ‹ sein kann« mehr Interesse wecken als »Lasst uns Schätze

[1882] Aho erwähnt die Feststellung Niebuhrs, nichts sei so irrelevant wie die Antwort auf eine Frage, die niemand stellen würde (a.a.O., 17).
[1883] Ebd.
[1884] REU, Homiletics, 438.
[1885] Broadus diskutiert ebenfalls die gedankliche Einheit der Predigt (*unity*), bleibt jedoch an diesem Punkt schwach (BROADUS, Preparation and Delivery 1944, 52).
[1886] REU, Homiletics, 442, 461. – Caemmerer rät ausdrücklich von einer Zweiteilung nach dem Schema »1. Text, 2. Anwendung« ab (CAEMMERER, Preaching 1959, 95–98), einem Gliederungsmuster, das wiederholt etwa bei Graebner begegnet (s. GRAEBNER, Inductive Homiletics I, 83ff. u.ö.).
[1887] AHO, Skeleton, 18f.
[1888] A.a.O., 18.
[1889] A.a.O., 18f. Aho schreibt, wer viel lese und das Leben aufmerksam verfolge, könne oft auf die wirklichen Probleme der Menschen eingehen und das Licht der Schrift auf sie scheinen lassen.

im Himmel für uns sammeln«. Zu Mt 27,19–26 sei das Thema »Wie die Feinde Jesu auf sein Todesurteil reagierten« sicher nicht so hörerorientiert wie »Warum das Leben lebenswert ist«, obwohl die Herleitung des letzteren aus dem Text einiger Mühe bedürfe.[1890] Die Grenzen solcher Ableitung seien jedoch zu beachten:

> »[...] homiletical adaptation must never result in exegetical falsification. Often that is what happens when the preacher is moved more by a desire to be original and dazzling than by a desire to set forth the truth of God honestly and to apply it realistically.«[1891]

Lenski betont, dass der Gedankengang der Predigt einer klaren Linie, der *line of direction* folgen muss.[1892] Derselbe Terminus findet sich bei Schneider[1893], Eggold[1894] und Aho[1895]. Brown schreibt, der Titel der Predigt solle ein Schlüsselwort oder eine Schlüsselwendung enthalten, die auf diese Zielrichtung in der Predigt hinweist.[1896] Nach Aho kann dies jedoch auch implizit statt explizit geschehen. Unterstützt wird dieses Vorgehen in der jüngeren homiletischen Diskussion von Wilson, der klagt, zu häufig sei eine Predigt eine generelle Diskussion von Punkten, die auch in anderen Texten der Heiligen Schrift vorkämen, ohne klare Richtung und in ziemlich beliebiger Reihenfolge.[1897] In ähnlicher Weise betont auch Schneider die Bedeutung des stetigen Fortschritts der Predigt zu ihrem Ziel hin:

> »Every step in the direction of the goal is progress. Any step in any other direction may be movement, but it is not progress.«[1898]

Reu hält es nicht für zwingend notwendig, aber für ratsam, in der Predigt das Thema ausdrücklich zu nennen, und zwar am Ende der Einleitung und in einer Weise, die nicht nur für das Auge auf dem Papier, sondern auch für das Ohr

---

[1890] A.a.O., 17.
[1891] A.a.O., 19.
[1892] Lenski, Sermon, 121. – Bowie spricht sich ebenfalls für eine solche klare Linie aus; seine eigenen Gliederungen, die er exemplarisch anführt, sind allerdings in dieser Hinsicht nicht überzeugend (Bowie, Preaching, siehe etwa 178, 191, 191). Die Betonung der Bewegung der Predigt entlang einer *line of direction* oder *line of thought* findet sich auch bei Wilson (Wilson, Practice, 220, 230).
[1893] Schneider, As One Who Speaks, s. 56, 66ff., 77.
[1894] Eggold, Dialogue, 70.
[1895] Siehe u.a. Aho, Skeleton, 14. Perry spricht von *subject* (entsprechend dem *theme* bei Lenski und Aho) und *theme* (statt *predicate*; Perry, Biblical Preaching, 46). Zur Rolle der *line of direction* bei Aho vergleiche Scheidels Begriff der *line of thought* (Scheidel, Speech Communication, 328).
[1896] Brown, Sermon Preparation, 125. Brown nennt als Beispiel die Predigtüberschrift »Warum Menschen Gott anbeten« mit dem Schlüsselwort »Warum«.
[1897] Wilson, Practice, 201.
[1898] Schneider, As One Who Speaks, 80.

beim Hören klar ist.[1899] Damit spricht er für viele Homiletiker. Nach Blackwood war dies einst gängige Praxis, verschwindet aber um die Mitte des 20. Jahrhunderts weitgehend aus homiletischen Lehrbüchern und Predigten. Es helfe jedoch sowohl dem Prediger bei der Vorbereitung als auch dem Hörer beim Behalten der Predigt.[1900]
In einem nächsten Schritt erwachsen aus dem Thema die Hauptteile. Hier nimmt Aho die Metapher des Knochengerüsts auf. Bevor die entstehende Predigt mit einer Gedankensammlung gefüllt wird, müsse die Struktur feststehen; Knochen und Fleisch müssten vorhanden sein, bevor es zum Kontakt mit dem Hörer kommt.[1901]

»Bones thrust into an already amassed protoplasm will not articulate very well.«[1902]

Jeder der Hauptteile sollte innerhalb des Rahmens der Perikope selbst liegen.[1903] Mehrere Ausführungen Mohrmanns zum Aufbau einer Rede aus kommunikationstheoretischer Sicht begegnen auch bei Aho. Dazu gehört der Hinweis, die Grobgliederung müsse die Entfaltung der Rede als eines zusammenhängenden Ganzen aufzeigen,[1904] und die Empfehlung, diese Entfaltung auf einige wenige, wesentliche Punkte zu konzentrieren[1905]. Wie Scheidel erwartet Aho, dass die Hauptteile in ihrer Gesamtheit das Thema abdecken und untereinander auf derselben Ebene liegen, sich aber nicht überschneiden.[1906] Sie müssen zusammenhängen und klar sein, angemessene Überleitungen sind einzufügen.[1907] Von Scheidel kommt der Rat, sich in den Prozess der mentalen Durchstrukturierung einer Rede einzuüben. Hilfreich seien parallele Formulierungen für parallele Teile.[1908]

Eingehender als andere Homiletiken leitet das von Aho angeführte Handbuch von Fritz die Studenten methodisch dazu an, wie aus dem Thema die Hauptteile der Predigt gefunden werden können.[1909] Eine ausführliche Gliede-

1899 Reu, Homiletics, 437ff. Reu nimmt hiermit das schon 1824 von Henry Ware an der Harvard-Universität unterstrichene Anliegen auf, dass sich der Predigtvortrag an das Ohr, nicht an das Auge richten solle (nach Wardlaw, Homiletics, 245).
1900 Blackwood, Preparation, 133, 135.
1901 Ebd.
1902 Aho, Sermon Theory I, 18.
1903 Aho, Skeleton, 22.
1904 Mohrmann, Composition, 48.
1905 A.a.O., 69 und Aho, Skeleton, 23. Scheidel empfiehlt die Beschränkung auf drei bis vier Hauptteile in einer öffentlichen Rede (Scheidel, Speech Communication, 305).
1906 Siehe Aho, Skeleton, 24 und Scheidel, Speech Communication, 132, 333. Der Grundsatz der Nicht-Überschneidung kommt auch in den Yale-Vorlesungen zur Sprache (Baxter, Yale Lectures, 172).
1907 So auch bei Mohrmann, Composition, 50. – Reu beschreibt verschiedene mögliche Beziehungen der Unterteile zueinander wie »Vergangenheit und Gegenwart«, »Auslegung und Anwendung« usw. (Reu, Homiletics, 465ff.).
1908 Scheidel, Speech Communication, 305f., 327, 333.
1909 Fritz, Preacher's Manual, s. etwa 20f.

rung beinhaltet bei ihm wie bei Aho Parallelstellen, die der Prediger zu zitieren vorhat, Illustrationen, Anwendungen auf den Hörer und einen guten Einleitungsgedanken.[1910] Aho übernimmt von Caemmerer die Forderung, dass jeder Hauptteil mindestens eine Anwendung (*application*) enthalten soll.[1911] Diese stellt einen konkreten Bezug zu Fragen, Anfechtungen oder einem möglichen Tun der Hörer her[1912], das »Wir« und die menschliche Situation sollen in jedem Hauptteil vorkommen. Indem er den Leser einen Blick in seine eigene offene Predigtwerkstatt tun lässt, spricht Aho von seiner eigenen Erfahrung: Sein Gedanke schreite besser voran (und er spare letztlich Zeit), wenn er zu diesen Hauptteilen wiederum Unterteile ausarbeite. Je weiter sich die klare Struktur auch in die Ausgestaltung der Einzelheiten erstrecke, desto besser könne er die Hörer in das einbeziehen, was er sage. Dies sei ein gutes Mittel, um die menschliche Situation und sie selbst in die Gliederung hineinzubringen.[1913]

Vor dieser Gliederungsaufgabe steht der Prediger jedes Mal von neuem, denn jeden Schriftabschnitt für die Verkündigung in die gleiche Form zu zwingen, werde weder dem Text noch der Gerüststruktur der Predigt gerecht:

> »When the structure of the sermon is rigidly the same Sunday after Sunday, the hearers are sometimes able to finish the sermon before the preacher does.«[1914]

Die gründliche exegetische Vorarbeit ist jedoch der oft schon entscheidende Anlauf, den der Prediger braucht:

> »The shape of the text as expressed in the central thought is often the best indicator of a natural way to outline the sermon.«[1915]

Wie in seinem Unterrichtsmaterial am Seminar[1916] legt Aho auch in »The Lively Skeleton« dem Hörer Werkstücke vor, die nicht auf die bestmögliche Weise bearbeitet worden sind[1917]. Er lässt ihn seine Bemühungen um eine angemes-

---

[1910] A.a.O., 68f. Aho bezeichnet diese ausführliche Gliederung als *full outline* (AHO, Sermon Theory I, 30–32). – Einer der wenigen Homiletiker, der (bei allen theologischen Unterschieden) einen Predigtaufriss anführt, der formal weitgehend dem *full outline* bei Aho entspricht, ist Crum (s. CRUM, Manual, 58ff.). – Schneider unterscheidet eine analytische Einteilung der Predigt, die der Bewegung des Textes folgt, eine synthetische, die seine Hauptgedanken neu ordnet, und eine nach Art der Homilie (SCHNEIDER, As One Who Speaks, 86ff.).

[1911] AHO, Sermon Theory I, 18; CAEMMERER, Preaching 1959, 97. So auch vor beiden im Wesentlichen FRITZ, Preacher's Manual, s. 20.

[1912] Dieses Verständnis von »Anwendung« unterscheidet sich von dem bei Wilson, der darunter die Suche nach Erfahrungen im heutigen Kontext versteht, die das Gesagte überzeugend machen würden (WILSON, Practice, 160).

[1913] AHO, Skeleton, 26f.

[1914] A.a.O., 32.

[1915] A.a.O., 34.

[1916] S. etwa AHO, Sermon Theory I, 23 (»Incorrect Outlines«).

[1917] AHO, Skeleton, 21f.

sene Gliederung zu Joh 21,1-14 miterleben: Er verwirft mehrere Entwürfe für ein Thema, weil sie nicht hinreichend im Text gegründet sind, banal klingen oder nichts sagen, was für den Hörer relevant oder signifikant ist.[1918] Er demonstriert, wie eine inkorrekte Gliederung gegen die Zielrichtung (*line of direction*) des Themas geht. Positive Beispiele sind dagegen folgende Gliederungen[1919]:

DURCH DIE GESCHICHTE VON SIMEON WIRD DAS CHRISTKIND MEIN:
I. Mein, um das Heil in ihm zu preisen,
II. Mein, um das Heil in ihm zu besitzen,
III. Mein, um das Heil in ihm auszubreiten.

DIE GNADENGABEN GOTTES SIND VOR UNS AUSGEBREITET
I. Glaube an sie und empfange sie,
II. Genieße und bewahre sie,
III. Komm herzu und schaue sie.

Wenn das Gerüst steht, wendet sich der Prediger der Einleitung und dem Schluss der Predigt zu.[1920] Es geht bei ersterer nicht nur darum, einen interessanten Einstieg zu finden, von dem sich in irgendeiner Weise ein assoziativer Übergang zur eigentlichen Predigt finden lässt:

> »The introduction is not merely an interesting walk but a determined walk to bring us into the orchard and under a special tree where hangs the apple.«[1921]

Die im Predigtvortrag zum Predigtthema - auch dem nicht ausdrücklich genannten - hinführende Einleitung sei darauf hin zu prüfen, ob sie den Hörer auf direktem Wege nicht nur in die allgemeine Richtung der Predigt bringt, sondern direkt zum Thema. Sie zeige den Hörern, was diese mit der Herausforderung, dem Appell oder etwa der Danksagung zu tun haben, die in diesem Thema enthalten sind. Eine solche Hinführung könne darin bestehen, dass eine menschliche Erfahrung kontrastierend oder vergleichend zum Predigtwort in Beziehung

---

[1918] A.a.O., 27f.

[1919] AHO, Sermon Theory I, 26, deutsche Übertragung von mir, Hervorhebg. (Versalien) wie i. Orig. (Vgl. die beiden unterschiedlichen, vollständigen Gliederungen zu Lk 10,17-21 a.a.O., 27ff. bzw. 30ff.; eine davon findet sich auch in AHO, Skeleton, 34-36).

[1920] Zum Folgenden vgl. a.a.O., 37ff.

[1921] AHO, Sermon Theory I, 18. F. B. Meyer erwähnt Luthers Simile des Obstgartens mit vielen verschiedenen Bäumen im Blick auf die Heilige Schrift und ihre Verkündigung (MEYER, Expository Preaching, 50). Deffner führt den Vergleich der Exegese bei Luther mit dem Ernten von Äpfeln an: Erst schüttele man den Baum, dann die Äste, dann jeden Zweig und schließlich schaue man unter jedes Blatt, um keine einzige Frucht zu übersehen (DEFFNER, Compassionate Preaching, 102). Bei Löhe wird dieselbe Frucht zur Metapher für das Evangelium: dieses sei für den Prediger wie der Apfel, der den Weihnachtsbaum schmückt; es sei keine Frucht, die er selber hervorgebracht habe oder die seiner Person eigne (nach RASCHZOK, Geistliches Amt, 92f.).

gesetzt werde. Wenn der Prediger von einem gewissen Interesse der Hörer an dem Hintergrund des Textes ausgehen könne, könne er auch davon geschickten Gebrauch machen.[1922] Interessen und Anliegen der Hörer seien die beste Quelle für die Einleitung. Literatur könne gleichfalls dazu dienen, ebenso eine Geschichte, solange sie nicht so dramatisch und ergreifend sei, dass der Rest der Predigt dagegen verblasse. Durch die Verwendung persönlicher Fürwörter involviere die Einleitung den Hörer, durch die Anknüpfung an seine Erfahrung werde sie konkret.[1923]

Rhetorisches und geistliches Ziel der Einleitung ist es für Aho, Redner und Hörer gleichsam auf dieselbe »Wellenlänge« zu bringen, einen gemeinsamen Grund zu legen in Bezug auf ihre Überzeugungen, Einstellungen, Interessen oder Anliegen. Auf die Notwendigkeit dazu hat die Kommunikationsforschung der Gegenwart wie auch die Diskussion um eine Krise der Kommunikation erneut aufmerksam gemacht. In einer komplexer und zunehmend mobiler werdenden Gesellschaft könne eine solche Basis andererseits immer weniger vorausgesetzt werden. Dies gelte es von vornherein zu bedenken:

> »We do not necessarily communicate what we think we will be communicating.«[1924]

Für ein Gelingen der Kommunikation ist schließlich das Ende der Predigt von entscheidender Bedeutung.[1925] Weil der Schluss die letzte Gelegenheit ist, den Zweck der Predigt zu erreichen, ist er nach Ahos Überzeugung rhetorisch, psychologisch und geistlich der wichtigste Moment in der gesamten Predigt. Der Prediger soll ihn sorgfältig vorbereiten und ausschreiben, damit die Predigt nicht verplätschert wie die letzten Tropfen aus einem umgedrehten Krug. In kompakter Form soll hier die Wahrheit der Predigt zur Anwendung kommen. Der Schluss solle den Hörer zum Tun bewegen, schreibt Aho, meint damit aber nicht wie die Mehrzahl der homiletischen Entwürfe in den USA nur einen aktiven (oder noch aktiveren) Einsatz für die Kirchengemeinde, die Nachbarschaft oder die Gesellschaft:

> »The action to which we seek to persuade people in the conclusion is not necessarily always the performance of specific tasks. If people are moved to think in a new way about their relationship to God and to other people, or to ponder the meaning of a particular experience, if they receive insight into the meaning of a Word of God, or become a bit more confident, joyful, and thankful, then action of a significant sort is occurring. The conclusion ought to be the clearest possible channel through which the Holy Spirit can move to bring about commitment.«[1926]

[1922] Aho, Skeleton, 40.
[1923] Aho, Sermon Theory I, 38f.
[1924] A.a.O., 38.
[1925] Die folgenden Ausführungen nach a.a.O., 40f.
[1926] A.a.O., 40.

Der Predigtschluss soll keinen neuen Gedanken bringen. Der letzte Satz könne die Frage, um die es geht, noch einmal scharf umreißen und als solche im Bewusstsein stehen lassen. Niemals jedoch solle die Predigt auf einem Ton der Angst, Drohung oder Zurechtweisung, d.h. dem Gesetz enden. Der Prediger könne den Hörer herausfordern, aber er dürfe ihm nicht den Mut nehmen.

Alternativ könne der Schluss die einzelnen Teile der Predigt noch einmal in Erinnerung rufen, könne zusammenfassen oder eine umfassende Anwendung des Gesagten bringen, er könne den Bibeltext wiederholen oder - in seltenen Fällen - aus einem Gedicht oder Liedvers bestehen. Er könne die Form einer Ermahnung, Bekräftigung, Einladung, Anweisung oder Verheißung annehmen, er möge aus einem Appell, einer Frage, Herausforderung oder eindringlichen Bitte oder aus einer Doxologie bestehen. Alle diese Formen würden ihn in einer geistlichen Entscheidung involvieren, die zu treffen ist. Es geht daher nicht um sprachliche Manipulation, sondern um Interaktion. Insbesondere der letzte Satz soll kraftvoll formuliert sein. Für ihn gilt bei Aho in besonderer Weise die allgemeine rhetorische Erkenntnis:

> »People derive meaning from and are influenced by language that deals with relationships, feelings, and attitudes.«[1927]

Ähnlich den Überlegungen Buttricks zur Wirkung der Predigt und einzelner Teile im Bewusstsein des Hörers stellt Aho fest, dass wichtige Ideen zwar eher am Anfang der Predigt aufgenommen werden sollten, wenn der Hörer noch besonders aufnahmefähig ist, das zuletzt Gesagte aber eher im Bewusstsein hängenbleibe. Was er damit seinen Lesern mitgibt, praktiziert er selbst in »The Lively Skeleton« mit seinem »Final Word«:

> »Knowing how to begin and how to end will liven the structure of the sermon. The outline will not be merely an explanation of a text or an elucidation of a doctrine. Nor will it be primarily an exercise in logic or a demonstration of symmetry. Rather, it will be a living form, grounded in divine truth, and partaking of the realities of human existence.
>
> To outline well is to think well. Sermons need the simple lucidity of ordered thought expressed in language to which the hearers can relate spiritually, intellectually, and emotionally. The making of good, lively skeletons is well worth the effort.«[1928]

Die Predigt soll nicht nur im Sinne der neuen Homiletik eine lebendige Form und ein lebendiger Vorgang sein, sie ist es gemäß ihrem geistlichen Wesen. Mit

---

[1927] Ebd.

[1928] Aho, Skeleton, 44. Man beachte insbesondere den kurzen, programmatischen, positiv formulierten Schlusssatz. - Die Studenten erzählten sich, aufgrund der Erfahrung Ahos in der Verbindung von exegetischer und homiletischer Arbeit und durch die klare Strukturierung seiner Rede könne er innerhalb von fünf Minuten eine gute, vollständige Predigt über eine Perikope halten, die man ihm nennen würde.

Caemmerer versteht Aho sie als Heilsgeschehen. Er erwartet das Heil – auch in einer Zeit der Krise der Kommunikation, der Autorität, der Predigt und der Identität von Prediger und Hörer – jedoch nicht von der Form der Predigt. Die Heilswirksamkeit des verkündigten Wortes liegt in seinem göttlichen Subjekt; dies bestimmt den Inhalt der Botschaft und formt den Botschafter ebenso wie seine Botschaft und durch diese den Hörer. Die Wahrnehmung der Form einer Schriftstelle gehört deshalb wesentlich zur exegetischen Vorarbeit, die Wahrnehmung der formalen Möglichkeiten der Predigt folgt aus der Bedeutung dieses Geschehens. Dessen »Gelingen« hängt dennoch nicht von einer bestimmten Form ab, weder einer als traditionell empfundenen, didaktisch-analytischen Mehrpunktepredigt noch einer ins Licht der aktuellen homiletischen Diskussion gerückten, mehr oder weniger »neuen« Form. Aho arbeitet deshalb mit seinen Studenten an einer Fülle möglicher Predigtstrukturen, ohne sich auf eine einzige Form festzulegen.[1929] Dies entspricht der Warnung von Fritz, der in einem kurzen Überblick über die Geschichte der Predigt in der Zeit nach der Reformation eine zunehmende Diskussion – und Verwirrung – über Predigt-»Methoden« beobachtet und feststellt,

> »As a result more attention was given to form than to contents, and instruction in the truths of Scripture was much neglected. Even sensational preaching as we find it today was then already the vogue.«[1930]

6.4.7. Zusammenfassung

Das Wort der Heiligen Schrift ist kein statisches, sondern ein organisches Wort. Es gibt der entstehenden Predigt ihr Thema, aus dem wie aus einer Keimzelle alle übrigen Gedanken erwachsen. Zugleich folgt aus ihm der organische Zusammenhang und die natürliche Abfolge dieser Gedanken. Es entsteht eine klare Form, die einer einheitlichen Linie folgt und Prediger und Hörer auf Kurs hält zu dem Ziel, das sich aus diesem Wort im Blick auf die konkrete Hörerschaft ergibt. Überschaubare gedankliche Einheiten erhalten die Aufmerksamkeit des Hörers und ermöglichen ihm, die Bedeutung jedes Abschnitts für sich und im Verhältnis zum Ganzen erfassen. Weitere Aspekte wirkungsvoller Predigt sind konkrete und verständliche Sprache, klare Lehre im Sinne einer Entfaltung biblischer Wahrheit und die konkrete Applikation auf die Situation des Hörers. *Forma* und *materia* der Predigt sind im Hinblick auf ihre Wirkung

---

[1929] Vgl. den Abschnitt »Variety in Sermon Structure« (a.a.O., 31ff.) mit der einleitenden Bemerkung, auch was die Gliederung von Predigten angehe, seien Prediger Gewohnheitstiere (»[...] we are creatures of habit«). S. auch Schmidt, Gericht und Gnade, 110f.

[1930] Fritz, Preacher's Manual, 144. – Vgl. hierzu Whitesell, der entgegen seiner eigenen Definition des *expository sermon* als einer rechten Auslegungspredigt in seinen konkreten Beispielen weitgehend der gängigen Kategorisierung folgt, die darunter Predigten über ganze Bücher der Heiligen Schrift oder Teile davon versteht; dieser Form schreibt er heilsame Kraft zu (Whitesell, Power, vgl. ix und 7, u.ö.).

nicht voneinander zu trennen. Als lebendige Rede, deren Subjekt Gott ist und die Prediger und Hörer gemäß seinem Willen formt, ist die Predigt nach lutherischem Verständnis wesentlich das, wonach die neue Homiletik strebt: eine lebendige Form und ein lebendiger Inhalt.

6.5. FORM UND FUNKTION

6.5.1. Mögliche Strukturen

Mit einer Einleitung, Haupt- und Unterteilen und einem Schluss unterscheidet sich der Aufbau der Predigt nach Aho nicht grundsätzlich von dem der öffentlichen Rede im Allgemeinen. Die Thematisierung dieser Teile gehört zu den typischen Abschnitten in nordamerikanischen Homiletiken vom ausgehenden 19. Jahrhundert bis in den Kontext der neuen Homiletik in den 90er Jahren des 20. Jahrhunderts.[1931] Aho bietet dem angehenden Prediger eine Fülle methodischer Hilfestellungen auf dem Weg zu einer solchen Struktur und für ihre Entwicklung. Eine Reihe von Gliederungskategorien, die er dabei nennt, bilden einen gemeinsamen Fundus zahlreicher Homiletiker.[1932] Dazu gehören die fünf Muster für einen Predigtaufbau, die Scheidel für die wohl meistgebrauchten hält, wie die chronologische[1933], räumliche, kausale, Problemlösungs- und thematische Gliederung.[1934]

Die Vielfalt der möglichen Gliederungsformen demonstriert Aho in »The Lively Skeleton« ebenso wie in seinem Material zum homiletischen Aufbaukurs »Sermon Theory II«.[1935] Die Hauptteile können in einem partitiven Verhältnis zueinander stehen wie in dem folgenden Beispiel:

TABITA, DIE SCHNEIDERIN: EIN BEISPIEL ECHTEN CHRISTENTUMS
I. Ihr Herz war voller Glauben,
II. Ihre Augen waren offen für die Not in ihrer Umgebung,
III. Ihre Hände waren beschäftigt mit Werken der Liebe.

Die Hauptabschnitte können chronologisch aufeinander folgen wie eine Osterpredigt, die mit den Frauen feststellt, dass der Stein vom Grab weggerollt ist, dann in das Grab hineinsieht und schließlich die Botschaft des Engels hört. Die Teile können Kategorien folgen wie »Vergangenheit, Gegenwart, Zukunft« oder

---

1931 Siehe WILSON, Practice, 178ff.

1932 Eine Auflistung dieser Gliederungsformen, auf die ich mich im Folgenden beziehe, findet sich in AHO, Sermon Theory II.

1933 Die chronologische Gliederung baut bei Aho auf einer zeitlichen Abfolge auf, wie sie die narrative Predigt in der neuen Homiletik kennzeichnet (*temporal sequencing*), LOWRY, Dancing, 24, vgl. 56.

1934 SCHEIDEL, Speech Communication, 307.

1935 Die folgenden Ausführungen nach AHO, Skeleton, 24–26.

»ich, andere Menschen, Gott«.[1936] Das Gliederungsprinzip kann geographisch oder räumlich sein oder dem Paradigma von einem »Mittel zum Zweck« folgen. Auch »Ursache und Wirkung« können zu einer strukturellen Kategorie werden wie in dem folgenden Beispiel:

DIE LEBENDIGE SAAT DES WORTES GOTTES
I. Sie kommt aus der Hand unseres gnädigen Gottes (Ursache)
II. Sie bringt eine Ernte hervor, die seiner Macht zur Ehre gereicht (Wirkung)

Weiter nennt Aho die Möglichkeit der Entfaltung einer Wahrheit in aufeinander aufbauenden Schritten (die sogenannte Leiter-Gliederung)[1937] und die Infragestellung und Bestätigung einer These (die »Hegel'sche Gliederung«, bestehend aus These-Antithese-Synthese)[1938]. Für solche Strukturen ist eine induktive Gedankenführung konstitutiv.[1939]

Die Predigt kann eine paradoxe Spannung durchhalten, sie kann ein *subject* in mehr als einer Hinsicht entfalten wie ein Feuerwerkskörper, der mehrere Leuchtfeuer freisetzt.[1940] Die von Reu erwähnte Möglichkeit, mit den Hauptteilen der Predigt den gesamten Text jeweils von einem weiteren Gesichtspunkt aus zu behandeln,[1941] wird von Luccock mit dem Bild eines Diamanten aufgenommen, dessen Facetten das Licht je unterschiedlich reflektieren[1942]; diese Form begegnet bei Aho als »Juwelen-Gliederung«[1943]. Sangster erklärt, eine so aufgebaute

---

[1936] Mehrere Predigtaufrisse bei Aho zeigen Ähnlichkeit mit solchen von Reu (s. Reu, Homiletics, 428f., 605).

[1937] Vgl. die »Glaubensleiter« bei Bowie (Bowie, Preaching, 179). Die Leiterstruktur wird u.a. auch von Roddy erwähnt (Clarence S. Roddy, The Classification of Sermons. In: Vernon L. Stanfield [u.a.], Homiletics, Grand Rapids/MI 1974, 31–43; hier 39).

[1938] Die Bezeichnung als »Hegel'sche Gliederung« findet sich vor Aho auch etwa in Blackwood, Preparation, 163 und Jones, Principles, 103ff. Vgl. die »Debatten«-Form bei Bowie (Bowie, Preaching, 179).

[1939] Auch für eine induktive Gedankenführung in einzelnen Abschnitten der Predigt spricht bei Ahos Ansatz vieles (für Beispiele entsprechender Gliederungen s. Aho, Sermon Theory I, 21, 25f.). Dies entspricht dem Anliegen der Einbeziehung des Hörers und begegnet auch in einzelnen Texten der heiligen Schrift.

[1940] Konkret ist hier die Rede von einem als *Roman Candle* bezeichneten Feuerwerkskörper, aus dem abwechselnd farbige Sterne und Kugeln hervorschießen. Diese Gliederungsform ist Aho und Luccock gemeinsam (Luccock, Workshop, 141; Aho, Sermon Theory II und ders., Skeleton, 33).

[1941] Reu, Homiletics, 462.

[1942] Luccock, Workshop, 129.

[1943] Zur Edelstein-Gliederung (*jewel outline*) bei Aho s. Aho, Sermon Theory II und ders., Skeleton, 33 (dort definiert als ein Gegenstand mit mehr als einem Gesichtspunkt). Denselben Terminus verwenden u.a. Jones (Jones, Principles, 103ff.) und Luccock (Luccock, Workshop, 137); s. auch Perry, Biblical Preaching, 88. Eine annähernde Entsprechung findet sich in der »auspackenden« Struktur bei White (White, Guide, 94ff.), Killinger spricht von einem *faceting sermon* und führt den Terminus auf Sangster zurück (Killinger, Fundamentals, 65).

Predigt sei wie ein Edelstein der Wahrheit, in den der Prediger nach einem bestimmten Muster Flächen geschliffen hat, die er nun als verschiedene Seiten der Wahrheit in dem klaren Licht Gottes präsentiert.[1944] Auch die Gliederung anhand eines Vergleichs, einer Analogie[1945] oder eines Kontrasts ist möglich.

Die Leiter-Gliederung begegnet auch bei Jones,[1946] White (als »teleskopische« Gliederung),[1947] Luccock[1948] und Perry[1949]. Jones nennt eine Klassifizierungs-Gliederung, die bei Aho als Kategorien-Predigt begegnet.[1950] Der von Luccock als »Verfolgungsjagd« bezeichnete Aufbau scheint der Frage-Antwort-Form bei Aho zu entsprechen, bei der mehrere naheliegende, aber sukzessive als falsch entlarvte Antworten gegeben werden, bevor die Predigt zur richtigen hinführt[1951] – ein Aufbau, der mit der klassischen deduktiven Gedankenführung kaum vereinbar ist.

Ein durchgängiges Anliegen der Homiletik im 20. Jahrhundert klingt in der Kategorie an, die Aho überschreibt mit »A Problem Analyzed: ›Life Situation‹ Preaching.«

Lenski nennt eine Reihe von Predigtstrukturen, die in ähnlicher Form bei Aho begegnen. Ein Beispiel ist folgender Aufriss zu Ez 33,10–16 bei ersterem:

»Gottes Gegenmittel gegen den Tod.«
Es gibt ein sicheres Gegenmittel gegen den Tod.
I. Es ist Gottes Gnade.
II. Es wird durch wahre Buße empfangen.
III. Es wirkt sofortige Vergebung.
IV. Es ist unmittelbar gefolgt von Wiedergutmachung.
V. Es tötet unfehlbar den Tod und schafft Leben.[1952]

Der Einsatz solcher unterschiedlicher Predigtstrukturen unterstreicht zum einen Ahos Überzeugung, dass der Inhalt der Predigt recht angeordnet und

---

[1944] SANGSTER, Craft, 80.
[1945] Sowohl Aho wie Luccock nennen die »Analogie« als mögliches Gliederungsschema (AHO, Skeleton, 34; DERS., Sermon Theory II; LUCCOCK, Workshop, 142).
[1946] JONES, Principles, 104.
[1947] WHITE, Guide, 96.
[1948] LUCCOCK, Workshop, 134ff.
[1949] PERRY, Biblical Preaching, 88.
[1950] Siehe JONES, Principles, 103ff. und AHO, Sermon Theory II. Vgl. KILLINGER, Fundamentals, 64.
[1951] S. AHO, Sermon Theory II; DERS., Skeleton, 33; LUCCOCK, Workshop, 143. Aho bezeichnet diese Struktur auch als »Guessing Game Outline« (AHO, Sermon Theory II). Im afrikanischen Kontext habe ich selbst diese Gliederung nicht eingesetzt; in einer Kultur, die von einem Redner erwartet, dass er mit einer gewissen Autorität sagt, wie die Situation ist oder sein sollte, würde es die Hörer verwirren, wenn er sie (auch nur vorübergehend) in eine entgegengesetzte Richtung führen würde. Vgl. die Tatsache, dass das Stilmittel der Ironie in vielen afrikanischen Sprachen unbekannt ist.
[1952] LENSKI, Sermon, 182. Deutsche Übertragung von mir, Hervorhebg. (Kursivdruck) entsprechend dem Original.

fokussiert sein muss, wenn der Prediger seinem Verkündigungsauftrag kompetent und wirksam nachkommen will. Er ist sich jedoch bewusst, dass die homiletische Ausbildung während des Studiums oft nur erreicht, dass der Prediger einen bestimmten Satz von homiletischen »Ausstechformen« gebraucht, um jeden Text in die gleiche Form zu bringen wie Plätzchen auf einem Blech. Methoden sollten die Predigtarbeit jedoch nicht beherrschen, sondern ihr dienen. Deshalb gelte: Nicht die Form bringt den Inhalt oder die Substanz hervor, sondern die Substanz nimmt die Form an, die ihr auf natürlichste Weise entspricht; Struktur, Stil und Inhalt sind organisch miteinander verbunden.[1953] Anders als bei einigen zeitgenössischen Vertretern der neuen Homiletik kommt es so bei Aho nicht zur Dominanz einer einzelnen Form.

Bei allem Gewicht, das die erzählenden Formen der biblischen Texte mit ihren narrativen Elementen, *plot* und Spannungsaufbau in der homiletischen Diskussion der 70er und 80er Jahre gewinnen, erhält sich in Ahos homiletischen Kursen das Bewusstsein, dass viele Schriftabschnitte schlicht eine Besinnung über geistliche Inhalte darstellen. Dies entspricht der Feststellung D. Buttricks 1987, die paulinische Rhetorik etwa möge am Besten in reflektierender Form gehandhabt werden.[1954] Daraus ergebe sich häufig ein Predigt-Design im Modus eines Nach-Denkens, dessen Bewegung nicht mehr der ursprünglichen gedanklichen Sequenz einer Schriftstelle folgt.[1955] Trotz seiner Konzentration auf *plot* und *moves* führt D. Buttrick damit aus einer Engführung der Form hinaus, die sich aus einigen anderen Ansätzen dieser Zeit ergibt. Für eine solche reflektierende Predigtstruktur finden sich bei Aho nicht zuletzt aufgrund der Praxis des Predigens nach den Perikopenreihen zahlreiche Beispiele.

6.5.2. Deduktiv oder induktiv – eine Relativierung

Andererseits kann auch Ahos Ansatz, den Kapfer und Deffner in den gemeinsam mit ihm im Concordia-Verlag der Missouri-Synode herausgegebenen Büchern mit Predigthilfen aufnehmen, auf natürliche Weise ebenso zu einer Gliederung nach Punkten und Unterpunkten wie zu einer narrativen Predigt mit *plots* führen. Der Untertitel ihrer Predigtmeditationen zur Passionszeit (»A Time for Renewal«) weist zudem nicht nur auf einen Teil des Kirchenjahres hin, sondern nimmt auch das Paradigma der »Zeit« auf, das in der neuen Homiletik weithin dasjenige des Raumes ablöst; eine Tendenz, die sich unter anderem im Ansatz von Steimle/Niedenthal/Rice zeigt, wenn sie den Komplex der *story* in die Mitte der homiletischen Aufmerksamkeit rücken.

Zwar kontrastiert Craddock die »Punkte« einer traditionellen, deduktiven Predigt mit der »Bewegung« einer induktiv strukturierten Predigt. Letztere hätte ebensowenig »Punkte« wie eine Erzählung, eine Geschichte, ein Gleichnis oder

---

[1953] Aho, Toward Proficiency, 205f.
[1954] Buttrick, Moves, 329.
[1955] A.a.O., 387f.

gar ein Witz,[1956] der Prediger solle in der Vorbereitung gar nicht versuchen, solche aufzustellen:

> »No preacher has the right to look for points until he has the point. And even then, if unity and movement hold deserved priority, he will not think in terms of points at all, but of transitions, turns in the road, or of signs offering direction toward the destination.«[1957]

Doch bleibt der von Craddock unterstrichene Kontrast, so verständlich er im Kontext der Zeit ist, letztlich relativ. Jeder Gedanken- oder Erzählgang passiert in seiner Entwicklung Wegmarken,[1958] und gerade die Predigt, die eine klar definierte, einheitliche Intention hat, ist hörbar zielgerichtet und damit effektiv. Die Kritik an der deduktiven Predigtweise, für Craddock Grundlage seines Plädoyers für die induktive Methode, trifft daher nicht so sehr die rhetorische *Form* als vielmehr einen zu Recht kritisierten *Umgang* mit derselben, der zu einer willkürlichen Aneinanderreihung oder einer unklaren Bewegung führt; dazu kann es letztlich in einer induktiven Gedankenbewegung ebenso kommen wie in einer deduktiven.[1959] Ahos methodische Anleitung wirkt an verschiedenen Stellen gerade einem solchen Missbrauch entgegen.[1960] Angesichts dieses differenzierten Umgangs Ahos mit manchen Formen, die in der neuen Homiletik zur Prominenz gelangen, ist mit Immink auf die nötige, noch ausstehende homiletisch-theologische Analyse gerade dieser Formen hinzuweisen.[1961]

Zugleich ist jedoch festzustellen, dass in den Predigtmeditationen von Aho, Kapfer und Deffner auch narrative Schriftabschnitte – nach einer gründlichen, oft selbst in ansprechender, narrativer Form gehaltenen Exegese – zu Gliederungen führen, die einer klassischen Anordnung nach Haupt- und Unterpunkten folgen. Zur Einfügung in diese Punkte schlagen die Verfasser häufig kürzere narrative Stücke vor, die oft aus dem Lebenskontext der Hörer stammen. Dadurch werden diese Stücke innerhalb der traditionellen Struktur überwiegend illustrativ zur Ausführung einzelner gedanklicher Punkte eingesetzt. Mit dieser Methodik bleiben jene hinter ihrem Potential für die Predigt und hinter den von der neuen Homiletik eröffneten Möglichkeiten narrativer

---

1956 Craddock, Without Authority, 80f.

1957 A.a.O., 85.

1958 Die Linguistik spricht von *discourse markers*, die sich in jeder Sprache feststellen lassen und sich mit typischen Längen einzelner gedanklicher Abschnitte verbinden. Solche wichtigen Markierungen werden durch bestimmte Wörter vorgenommen (»nun aber«, »dann«, »schließlich« usw.), durch Veränderungen von Tempo, Stimmlage oder Lautstärke, aber auch durch grammatische Mittel wie eigene Narrativ-Formen (vgl. Anm. 1682). Ihr Einsatz durch einen geübten Sprecher hängt auch von Hörerreaktionen ab.

1959 S. Craddock, Without Authority, 118.

1960 S. Aho, Skeleton, 21ff. u.ö.

1961 Immink bezieht sich insbesondere auf die narrative Annäherung an die Predigt; an deren Einseitigkeit habe u.a. Long mittlerweile Kritik geübt (Immink, Gesprek, 383).

Rede deutlich zurück. Dies ist umso erstaunlicher, als ein wesentlicher Teil dieser narrativen Elemente von Deffner selbst stammt und gerade diese für sich genommen außerordentlich treffend und packend sind. Nichtsdestoweniger zeigen auch diese Predigtmeditationen wie die Erfahrung vieler Gemeindepfarrer mit den methodischen Schritten Ahos, dass die Predigt zu einem Geschehen werden kann, das in seiner Bewegung den Prediger ebenso wie den Hörer auf eine Weise mitnimmt, wie es eine gute *story line* in einem Buch oder Film tut. Voraussetzung dafür ist die bereits entfaltete Verbindung des geistlichen Problems, um das es geht, mit einem Glaubens- oder Liebesziel, das diesem entgegengesetzt ist, einer klaren gedanklichen Bewegung sowie konkreten Anwendungen (*applications*) in der Predigt.

Nach Ahos Kriterien würde mancher Predigtaufbau anderer lutherischer Theologen unter »inkorrekte Gliederungen« fallen, wie etwa der folgende von Graebner:

»Der Friede Gottes in Christus Jesus«
1. Was für ein Friede es ist und
2. wie man ihn bekommt.[1962]

Das gleiche gilt für eine von Graebner angeführte Predigt Walthers:

»Das Hohe und das Niedrige an der Geburt Christi«
1. das Hohe;
2. das Niedrige.[1963]

Im ersten Fall deckt sich der erste Hauptteil mit dem Thema, im zweiten handelt es sich um dessen mechanische Zweiteilung.[1964] Lenski demonstriert dagegen in seiner Kritik an einer fehlerhaften Gliederung die gleichen Kriterien, die Aho verwendet.[1965] Die enge Beziehung zwischen beiden an dieser Stelle wird auch daran deutlich, dass eine Reihe von Gliederungskategorien bei Lenski ihre Entsprechung bei Aho haben.[1966] Ein Vergleich mit der Form, in der diese bei letzterem begegnen, belegt jedoch, dass es sich nicht um eine bloße Übernahme handelt; oftmals ist die Einteilung bei Aho von größerer Klarheit.[1967]

[1962] GRAEBNER, Inductive Homiletics I, 30. Übs. von mir.

[1963] A.a.O., 83f. Übs. von mir.

[1964] Vgl. »Incorrect Outlines«, AHO, Sermon Theory I, 23.

[1965] S. etwa Lenskis Kommentar zu dem folgenden Predigtaufriss: »Das Reich Gottes – ein Reich für Sünder.« 1. Was bedeutet das ›Reich Gottes‹? 2. Alle Sünder brauchen das Reich. 3. Wie Sünder in das Reich hineinkommen. (LENSKI, Sermon, 146. Übs. von mir.).

[1966] Dies gilt etwa für die Frage-Antwort-Gliederung, die Kontraststruktur, die kategorisierende Predigt und den Aufbau nach These-Antithese-Synthese (a.a.O., 149ff., 165ff.).

[1967] Vgl. LENSKI, Sermon, 164ff. und AHO, Skeleton, 24ff. – Ahos exemplarische Kategorisierung möglicher Predigtstrukturen umfasst beide von Wilson so genannten »Mikroformen«, die dieser nach der Art des Gedankengangs unterscheidet. Dieser sei linear (progressiv) in der nach Ursache und Wirkung, Raum, Zeit oder der Leiterform strukturierten Predigt, polar (digressiv) in der »Hegel'schen« und der Edelstein-Gliederung

Die Auflistungen von Gliederungskategorien in der Homiletik sind der Versuch, das Verhältnis der Predigtteile untereinander deutlich zu machen, das es Sprecher und Hörer erleichtert, dem Duktus der Predigt zu folgen. Dabei kann derselbe Text auf mehr als eine Weise gegliedert werden und wird es häufig auch, wenn der Prediger zu derselben Predigtreihe zurückkehrt oder sich die Predigtsituation ändert. Es handelt sich jedoch in jedem Fall um einen inneren Zusammenhang der Teile, der der Botschaft des Textes entsprechen soll. Deshalb ist eine Einheitsgliederung für die Mehrzahl der eigenen Predigten ebenso unangemessen wie eine willkürliche Kategorisierung der Teile etwa um des rhetorischen Effekts willen:

> »The shape of the text and the central thought often indicate a natural way to outline the sermon.«[1968]

6.5.3. Gedankliche Entfaltung der Botschaft

Mit der genauen Beobachtung der Gedankenbewegung der Perikope und der organischen und stringenten Entfaltung des Predigtgedankens folgt Aho nicht einem von Davis und Lowry so genannten »Hundehüttenmodell«, bei dem während der Vorarbeit angefallene Stücke wie Holzreste »zusammengenagelt« werden,[1969] sondern einem organischen Paradigma, wie Davis es im Gedicht vom Predigt-Baum beschreibt. So führt Aho in seinem homiletischen Aufbaukurs auch exemplarisch eine Fülle verschiedener Kategorien auf, die auf den ersten Blick wie unterschiedliche Modelle einer analytischen Mehrpunktrede erscheinen. Bei genauerem Hinsehen entsprechen manche dieser Strukturen jedoch einem induktiven, dramatischen oder narrativen Aufbau, in dem es im Sinne der *new homiletic* letztlich nicht um die Anordnung einzelner Punkte auf einem Papier geht – Punkte, die der Prediger im Manuskript sichtbar vor Augen hat und denen er deshalb besser folgen kann als der Hörer –, sondern (mit D. Buttrick gesprochen) um *moves*. Das Aus-dem-Gleichgewicht-bringen, das die Konfliktsituation am Anfang des »Lowry-Loops« eröffnet, zeigt sich bei Aho deutlich in der Frage-Antwort-Form der Predigt und im »Hegel'schen« Aufbau. Lowrys Hinweis, dass die Diskrepanz (oder der Konfliktpunkt) variiert werden und mit einer Warum-, Wie-, Wann- oder Wo-Frage aufgedeckt werden kann,[1970] erinnert jedoch daran, dass die Verkündigung des Wortes Gottes nicht einen Konflikt kreiert (wie dies in einer fiktiven Erzählung geschieht), sondern in die Auseinandersetzung mit einem vorhandenen geistlichen Konflikt führt, wie dies exemplarisch in den Wundern Jesu oder in der Kreuzestheologie des Paulus

---

sowie der Struktur des Paradoxons. Wilson betont, dass sich diese Mikroformen nicht je entweder der propositionalen oder der narrativen Predigtform fest zuordnen lassen (WILSON, Practice, 222, 260).

[1968] AHO, Sermon Theory II.

[1969] LOWRY, Plot, 5, mit Verweis auf Davis.

[1970] A.a.O., 93f.

zum Ausdruck kommt. Wo der Prediger in seiner Vorarbeit und seiner Themenformulierung diesen Kampf aufnimmt, da ist solche Spannung nicht auf diese wenigen Predigt-Formen begrenzt.

In der Arbeit mit solcher Spannung wie mit der *plot*-Struktur weiß sich die lutherische Kirche nicht nur in einer Weggemeinschaft mit der zeitgenössischen Homiletik, sondern zugleich in der Tradition des Wittenberger Reformators.[1971] Trotz dessen Diktums, die Leute würden schlafen und husten, wenn man keine Geschichten erzähle, dienen die narrativen Elemente in Luthers Predigten keineswegs der bloßen Unterhaltung des Hörers, wie Lischer nachweist: Eine Geschichte oder Erzählung hat bei Luther zwei Funktionen. Sie ist

> »(1) story as the elaboration of and dialogue with a biblical story in contemporary terms, and (2) story as a plotted sermon structure, an unfolding over time, which results in concrete, vivid, and novel expressions of God's relationship with human beings.«[1972]

Eine bei Lischer aufgeführte Doppel-Szene zur Geburt Christi tut dabei erzählerisch genau das, was Aho mit allen Mitteln der Rhetorik, der Homiletik und der menschlichen Fähigkeiten des Predigers anstrebt: sie rückt, modern formuliert, Christus in das Scheinwerferlicht![1973] Es ist daher nicht zufällig, dass das neukonfessionelle Erwachen in der lutherischen Kirche Finnlands, mit dem sich Aho in seiner Dissertation befasst, mit der Übersetzung von Evangeliumspredigten Luthers ins Finnische verbunden ist, und es ist nicht zuletzt solches Predigen, das zur Ausbreitung dieser Erweckung führt.[1974]

So geht es in der Anwendung möglicher Predigtformen nie um homiletische Etüden für den Kanzelanfänger noch um bloße Variationen zur gemeinsamen Erbauung oder die Steigerung des Erfahrungswertes der Predigt. Es geht darum, die Form zu gebrauchen, die der Schriftstelle und der Predigtsituation mit der konkreten Hörerschaft in einem bestimmten Gottesdienst am besten entspricht, ausgehend von der Überzeugung, dass eine Standardform dem Verkündigungsauftrag nicht gerecht wird. Damit ist einem ursprünglichen Anliegen der *new homiletic* Rechnung getragen, ohne dass es zu einer ausschließlichen Bindung an diese Strömung in der homiletischen Theorie und Praxis kommt.

[1971] Vgl. Luthers meisterhaften Umgang mit Konfliktaufbau und -lösung in seinen Invokavitpredigten von 1522 (s. Leroux, Luther's Rhetoric, 61ff. u.ö.).

[1972] Richard Lischer, Luther and Contemporary Preaching: Narrative and Anthropology. In: Scottish Journal of Theology, 36 (1983), 487–504; hier 489.

[1973] S. a.a.O., 495.

[1974] Aho schreibt, mit dieser Übersetzung hätten finnische Prediger eine bessere Gelegenheit als je zuvor bekommen, sich mit Luthers sorgfältiger Exegese, einer Predigtstruktur, die vom Text vielmehr als dem Thema bestimmt ist, und mit alltäglichen, aussagekräftigen Anwendungen des Textes auf das Leben der Menschen vertraut zu machen (Aho, Preaching of Hedberg, 125f.).

Das Bemühen um eine dem Text und dem Hörer angemessene, organische Struktur der Predigt ist so letztlich immer von dem Gebet getragen, das Krieger am Ende seines Vortrags 1957 am Concordia-Seminar in St. Louis formuliert:

> »God make us and keep us preachers who present Jesus so appealingly that hearers will say [...]: ›You gave Christ to me!‹«[1975]

6.5.4. Unterschiedliche Formen in der Schrift

Der homiletische Aufbaukurs Sermon Theory II von Aho ist zum einen eine Einübung in den Umgang mit unterschiedlichen Formen der Predigt. Zum anderen befasst sich Aho darin im Gegensatz zu manchem Pionier der neuen Homiletik mit unterschiedlichen Gattungen biblischer Texte. Er führt Beispielgliederungen zu einigen alttestamentlichen Texten an[1976] und übt im Unterricht exemplarisch das Predigen von Wunder- und Gleichnistexten. Es entspricht seinem sonstigen Vorgehen und den von ihm erwarteten Schritten der Predigtvorarbeit, dass dieser Übung in dem Kursmaterial eine grundsätzliche, systematische Besinnung vorausgeht. Er fragt, was Wunder sind und ob sie wirklich so geschehen seien. Die Antwort darauf kommt für ihn nicht aus der menschlichen Erfahrung oder einem allgemeinen menschlichen Bewusstsein. Es ist eine Glaubensantwort:

> »For the Biblical writers, the question is settled by their knowledge of God as the living God, the Lord of nature and of history.«[1977]

Aho fragt weiter nach dem Zweck der Wunderberichte.[1978] Er gibt einen Überblick über die Wundertaten Jesu und unterscheidet sie nach ihrer Art: Einige würden Jesus als Herrn über die Natur zeigen, andere als den großen Heiler, als Licht der Welt, Bezwinger der Dämonen oder Geber des Lebens. Beispielhaft fügt Aho Gliederungen zu Predigten über die Heilung der Schwiegermutter des Petrus (Mt 8,14–17) und die Verfluchung des Feigenbaums an, der keine Früchte trägt (Mt 21,18–22). Einen direkten Bezug der Wunder auf das Leben findet er darin, dass ihr Ziel Abhilfe in Notsituationen ist; sie seien Teil der Verkündigung des Reiches Gottes und sollten das Verständnis des Menschen vertiefen und den Glauben stärken.

> »Augustine calls them ›letters which must seek to cause us to read and to understand.‹«[1979]

1975 Krieger, Angels, 44.
1976 Diese und die folgenden Ausführungen, soweit nicht anders angegeben, nach Aho, Sermon Theory II.
1977 Ebd.
1978 In diesem Zusammenhang findet sich ein Verweis auf Dibelius und auf von Bultmann genannte außerbiblische Parallelen.
1979 Aho, Sermon Theory II.

Das Thema der Gleichnisse ist für Aho die Offenbarung des Reiches Gottes. Unter dieser Überschrift befasst er sich mit dem Verständnis und der christlichen Predigt zu dieser Gattung. Das Gleichnis vom Sämann und dem vierfachen Acker stehe dafür, wie alle Gleichnisse Jesu von den Menschen aufgenommen worden seien. Die selbstwachsende Saat nach Mk 4,26–29 mache deutlich, dass das Reich Gottes seine Angelegenheit ist und dass er dafür sorgt, dass es kommt; unabhängig von dem, was Menschen tun oder wo sie in ihrem Tun versagen. Den zweiten Teil einer Predigtgliederung hierzu überschreibt Aho, »Der eine Fixpunkt in diesem verwirrenden Zustand unserer Welt ist die Verlässlichkeit Gottes.«[1980]

Die Gleichnisse Jesu werden von Aho in fünf Gruppen eingeteilt, die alle mit dem Heil und der Rettung des Sünders zu tun haben. So geht es um die unverdiente Gnade Gottes im Gleichnis von den Arbeitern im Weinberg oder dem Verlorenen Sohn. Diejenigen, die nicht zum Reich Gottes gehören, kommen u.a. in den Gleichnissen vom reichen Kornbauern und von den 10 Jungfrauen in den Blick. Von den Bürgern des Reiches Gottes handeln die Gleichnisse vom Schatz im Acker oder dem Unkraut unter dem Weizen. Hierzu gehört auch das Gleichnis vom Hochzeitsfest in Lk 14,16–24, zu dem Aho folgende Gliederung vorschlägt:

ES IST NOCH RAUM IN GOTTES HAUS
Diese Worte sind
I. Ein großartiger Tribut der Gnade Gottes,
II. Eine bittere Klage gegen die Menschheit,
III. Ein gewaltiger Trost für einen sündigen Menschen.

Zu 40 Gleichnissen Jesu listet Aho den Vergleichspunkt und die zentrale Wahrheit auf; seine Grob- und Feingliederungen zeigen jedoch, dass er jedes Gleichnis (wie andere biblische Texte auch) exegetisch und homiletisch in seiner Fülle zu erfassen sucht und weder seine Bedeutung noch seine Funktion auf ein *tertium comparationis* reduziert. Mit der Aufnahme von 10 alttestamentlichen Gleichnissen unterstreicht er zudem die Bedeutung dieses Genres in der Gesamtheit der heiligen Schrift.

6.5.5. Der Predigtvortrag

Jeder Teil und jeder Absatz bewegt die Predigt entlang der *line of direction* weiter. Die Anordnung im Ganzen wie im Einzelnen muss deshalb dieser Zielrichtung entsprechen; der Prediger ist angehalten zu prüfen, ob er nirgends gedankliche Neben- und Umwege einschlägt. Broadus schreibt, die Teile ausdrücklich in der Predigt anzusagen sei einst fast generelle Praxis gewesen, der viele Prediger (zu seiner Zeit) weiterhin folgten.[1981] Nach Fritz sollten in der Regel

[1980] Ebd. Deutsche Wiedergabe hier und i. Folg. von mir.
[1981] BROADUS, Preparation and Delivery 1944, 118.

auch die Hauptteile ausdrücklich am Anfang genannt werden; der Hörer sei dankbar, wenn er wisse, was er zu erwarten habe.[1982] Reu hält diese ausführliche Praxis für weniger wichtig, sie sei aber hilfreich für den Hörer.[1983] Deffner betont, es komme in jedem Fall darauf an, dass der Hörer die Hauptteile ohne Schwierigkeiten erfassen könne.[1984]

Jeder Hauptteil soll nach Aho in eine Überleitung und eine kurze Zusammenfassung münden, die im Normalfall nicht länger sind als jeweils ein Satz. Caemmerer betont die Bedeutung überschaubarer Gedankeneinheiten und solcher regelmäßiger Zusammenfassungen durch den Prediger:

> »Next he must carefully whittle away at this body of fact so that he doesn't offer the hearer too much at a time and yet enough that he doesn't sound plodding or repetitious. Third, he must summarize periodically, help the hearer see where he is, keep the over-all and central purpose of his discourse before him.«[1985]

Zu dem ausführlichen Aufriss der Predigt gehört für eine Reihe von Homiletikern auch der Kernsatz (*topical sentence)*, den es in jedem natürlichen Absatz gebe;[1986] ein Konzept, das Jones auf den Englischprofessor und Autor John Erskine (1879–1951) zurückführt. Dieser habe von einem seiner Lehrer gelernt, in der Gliederung für jeden Absatz einen zentralen Satz aufzunehmen.[1987] Der Gedanke eines solchen Kernsatzes als Angelpunkt jeder dieser gedanklichen Grundeinheiten findet sich im frühen 20. Jahrhundert bei Graebner[1988] sowie bei Meyer:

> »There is in each paragraph one sentence on which it resolves <sic [revolves]>, or a point on which it impinges [...].«[1989]

Aho übernimmt diesen linguistischen Grundsatz und führt im Unterricht aus, dass dieser thematische Satz in jedem Absatz alle anderen Sätze reguliere. Deshalb sei es wichtig, diesen Satz zu identifizieren und in den ausführlichen Predigtaufriss mit aufzunehmen. Häufig erscheine er am Beginn einer solchen Gedankeneinheit. Es sei von Vorteil, dessen Formulierung in der Gliederung

---

1982 Fritz, Preacher's Manual, 36. Um der Spannung willen könne diese Benennung u.U. auch erst im Laufe der weiteren Predigt oder am Ende des betreffendes Teils vorgenommen werden.

1983 Reu, Homiletics, 463.

1984 Deffner, Compassionate Preaching, 80.

1985 Caemmerer, Preaching 1959, 48.

1986 Fritz, Preacher's Manual, 74. Dieses Konzept begegnet auch bei Wilson, der den Kernsatz als »Subjekt« des Absatzes bezeichnet (Wilson, Practice, 52, 231).

1987 Jones, Principles, 89.

1988 Graebner, Inductive Homiletics II, 39 u.ö.; ders., Inductive Homiletics III & IV, 19, 45 u.ö. Vgl. die Betonung der gedanklichen Einheit des Absatzes bei White (White, Guide, 211).

1989 Meyer, Expository Preaching, 32. Ähnlich nach ihm Blackwood, Doctrinal Preaching, 191.

etwas allgemeiner zu halten, dann könne er im mündlichen Vortrag weiter ausgeführt werden.[1990]

Um der Ausgewogenheit der Predigt willen leitet Aho dazu an, die Absätze der Predigt je nach ihrer Art am Rande als »Auslegung«, »Erklärung«, »Ausführung«, »Illustration« usw. zu kennzeichnen.[1991] Insbesondere in der ausführlichen Gliederung (*full outline*) erleichtere dies dem Auge die schnelle Orientierung beim Vortrag und fördere das freie Sprechen anhand des Aufrisses statt des Manuskripts.[1992]

Fritz erwartet einen völlig freien Predigtvortrag, rät jedoch nicht zu einem Auswendiglernen des Manuskripts noch zum Stegreif-Vortrag, sondern zu einem inhaltlichen, an den Punkten der Gliederung orientierten Einprägen, das parallel zu den Schritten der Vorbereitung stattfindet.[1993] Der Grundsatz des *composing for memory*, wie Wilson es nennt,[1994] wird bei Aho an dem Streben nach möglichst treffenden und damit zugleich auch einprägsamen Formulierungen in seinen Predigtmeditationen und seinem Unterrichtsmaterial erkennbar. Die Studenten fordert er auf, einen »mündlichen« Schreibstil zu entwickeln. Es geht nicht darum, einen gelehrten Vortrag zu halten, sondern – in der Tradition Luthers –, in der Sprache zu reden, die die Leute untereinander gebrauchen, damit sie es verstehen.

6.5.6. Zusammenfassung

In der Rede sind Form, Funktion und Inhalt eng miteinander verbunden. Eine Standardform der Kanzelrede wird dem Verkündigungsauftrag nicht gerecht. Die Substanz der Predigt wird jedoch nicht von Formen und Methoden bestimmt, sondern nimmt diese in ihren Dienst. Dies zeigt sich in der Heiligen Schrift an unterschiedlichen Textgattungen. Die Predigt ist als persönliche und direkte Ansprache im Sprechstil zu konzipieren und zu halten.

[1990] Aho mündlich im Unterricht, 13.5.1985.

[1991] Ausführlicher als Aho tut dies Schneider, der darüber hinaus die An- oder Zueignung (*appropriation*), Interpretation und Beschreibung aufnimmt (SCHNEIDER, As One Who Speaks, 94ff.).

[1992] Der freie Vortrag der Predigt anhand einer Gliederung (wie auch das häufige Abweichen davon) entspricht der Praxis Luthers, nach EDWARDS, History of Preaching, 294.

[1993] Den Punkten, die Fritz nennt, entspricht das *full outline* oder *working brief*, das bei Aho die Grundlage des Predigtvortrags bildet (AHO, Sermon Theory I, 30ff.). Vgl. Whitesell: »The biggest requirement for preaching without notes is to have a logical, coherent outline that can easily be memorized.« (WHITESELL, Power, 129).

[1994] WILSON, Practice, 56f. Wilson schreibt, manche Prediger würden sich auf diese Weise ganz vom Manuskript unabhängig machen, das müsse aber nicht das Ziel sein.

6.6. Einsatz für den Predigtdienst in der Gemeinde

6.6.1. Predigtmeditationen

In regionalen Predigtworkshops arbeitet Aho immer wieder mit denen, die in den Gemeinden Sonntag für Sonntag auf der Kanzel stehen. In ähnlicher Weise lädt er zusammen mit seinen Kollegen Deffner, Kapfer und Rogahn auch mit dem gedruckten Medium in seine Predigtwerkstatt ein: Gemeinsam veröffentlichen sie zwei Bände mit jeweils 9 Predigtmeditationen, vollständigen Predigten und ausgearbeiteten liturgischen Formularen für Wochenandachten von Aschermittwoch bis zur Woche nach dem Sonntag Judika sowie die Gottesdienste zu Gründonnerstag, Karfreitag und Ostern.[1995] Nicht nur den Pfarrern, die ihre Ausbildung am Concordia-Seminar in Fort Wayne gemacht haben, sondern auch vielen ihrer Kollegen von St. Louis und vielen Gemeinden wird Aho durch diese Einsätze für die Kirche vertraut; in einer Predigt nennt Deffner ohne weitere Erläuterung seinen Namen im Zusammenhang einer geistlichen Erkenntnis, die er ihm verdankt.[1996]

Der 1985 erschienene Band »Glory in the Cross« enthält Vorschläge zu einer Andachts- und Predigtreihe unter dem Oberthema »Herrlichkeit im Kreuz«.[1997] Im Licht einer Perikope aus der Passions- und Auferstehungsgeschichte geht es jeweils um eine konkrete Frucht des Geistes: Sanftmut, Geduld, Treue, Güte, Selbstzucht, Friede, Freundlichkeit und Freude.[1998] Da dieses Unterthema jeweils im engen Umfang einer einzigen Perikope und im heilsgeschichtlichen Rahmen des Leidens, Sterbens und Auferstehens Christi entfaltet wird, handelt es sich um eine Art »thematischer Textpredigten«.[1999]

Eine solche Form thematisiert Aho in »The Lively Skeleton«. Trotz des Eingeständnisses seiner eigenen Voreingenommenheit für Textpredigten, die einer allgemeinen Tendenz dazu in der Missouri-Synode entspreche,[2000] könne

---

[1995] Die USA kennen keinen gesetzlichen zweiten Feiertag an den christlichen Hauptfesten.

[1996] Aho/Deffner/Kapfer, Time, 94.

[1997] Aho/Rogahn/Kapfer, Glory, 11ff. Eine Buchbesprechung zu diesem Band erscheint 1986 in CTQ (Martin A. Haeger, Glory in the Cross. Fruit of the Spirit from the Passion of Christ. In: CTQ 50 [1986], 2, 158f.).

[1998] Die Reihenfolge der Aufzählung entspricht der der Gottesdienste.

[1999] Eine solche Form wird in der homiletischen Literatur kaum behandelt; eine Ausnahme bildet der Abschnitt »Textual Preaching Approached Topically« in Caemmerer, Preaching 1959, 76–78. Vgl. jedoch die Predigt in Blocker, Secret, 178ff. unter der Überschrift »A Thematic Textual Sermon«, die die »Krise« der Welt mit Joh 12,31 verbindet.

[2000] Am CTS in Springfield/IL geht es z.B. 1965/66 in der Lehrveranstaltung »Sermon Theory I« um die Erarbeitung der Grundlagen der Predigtkonstruktion; der Nachdruck liegt dabei auf *expository preaching*. Sermon Theory II bringt fortgeschrittene Übungen in der Predigtgliederung und Predigtkonstruktion, ein Schwerpunkt liegt auf verschiedenen Methoden und Techniken des Predigens, Predigen nach den Perikopenreihen, Predigtserien, Predigten zum Alten Testament, Gleichnissen und Wunderberichten, sowie Pre-

jemand, der das Leben aufmerksam beobachtet, thematische Predigten halten, die die wirklichen Probleme der Menschen in den Blick nehmen und das Licht der Heiligen Schrift auf sie richten. Diese Predigtweise verlange vor allem die Fähigkeit des Predigers, seine eigenen Erfahrungen und die seiner Hörer theologisch zu betrachten und Predigtmaterial in dem zu finden, was er liest, beobachtet und hört. Eine Gefahr bestehe darin, dass er sich von einem speziellen Thema vereinnahmen lässt, das ihn fasziniert, aber für seine Hörer nicht wirklich relevant ist, oder dass er Einsichten aus der Heiligen Schrift beiseitelässt zugunsten dessen, was in der Psychologie gerade »in« ist. Deshalb sei es gut, das Thema wiederum an eine Schriftstelle zu binden, die sich darauf bezieht und damit dem zentralen Gedanken der Predigt eine Schriftgrundlage gibt. Eine solche Anbindung bedeute nicht, dass sich auch die Entfaltung des Themas auf diese Schriftstelle beschränken müsse. Eine derartige Predigtweise könne, so Aho, als »Text-Thema«-Predigt bezeichnet werden.[2001]

Ahos Predigtmeditationen spiegeln wie die mancher seiner Kollegen wiederholt die Methodik von *goal-malady-means* wieder. Dies geschieht jedoch nicht stereotyp oder aufdringlich. Gelegentlich ist das eine oder andere dieser Elemente implizit vorhanden, manchmal begegnen sie in anderer Terminologie. Dies wird etwa in homiletischen Beiträgen deutlich, die in vielen Jahrgängen ein fester Bestandteil des »Springfielder« bzw. »Concordia Theological Quarterly« sind. So finden sich in der Ausgabe von Januar bis April 1981 Predigtbesinnungen von sieben Verfassern.[2002] Davon folgen Aho und zwei weitere diesem Ansatz. Die Terminologie, die sie hier gemeinsam verwenden, ist die von »Ziel«, »Problem« und »Mittel zum Ziel«. In einem dieser Entwürfe nennt Aho explizit weder Problem noch Mittel; letzteres ist jedoch im Thema impliziert und durch die konträre Entsprechung von Mittel und Problem kommen beide in jedem Hauptteil zur Sprache.[2003]

Der nach Ahos Tod 1989 veröffentlichte Band »Lent. A Time for Renewal« folgt demselben Aufbau wie der erste. Unter dem Oberthema der Fastenzeit als Zeit der Erneuerung[2004] geht es in dieser Fastenreihe um Erneuerung jeweils in Bezug auf einen Aspekt: Dienen, Gehorsam, christliches Zeugnis, wahre Frömmigkeit, Prioritäten, Gottesfurcht, Glauben und Hoffnung.[2005] Auch hier ist

---

digten für besondere Anlässe. Beide Lehrveranstaltungen werden von Steege, Eggold und Aho gemeinsam gehalten (N.N.: Concordia Theological Seminary. Founded 1846. Springfield, Illinois. One Hundred Twentieth Year 1965-1966, http://www.ctsfw.net/media/-pdfs/onehundredtwentiethyear.pdf [19.9.2014]). Die Beschreibung der Lehrveranstaltungen zu »Homiletic I« und »Homiletic II« im akademischen Jahr 2013/14 am CTS in Fort Wayne entspricht der von 1965/66 (N.N., Academic Catalog, 134 bzw. 136).

2001 AHO, Skeleton, 19f.

2002 S. CTQ 45 (1981), 1–2, 89–115.

2003 S. CTQ 45 (1981), 1–2, 113.

2004 AHO/DEFFNER/KAPFER, Time, 11ff.

2005 Die Reihenfolge der Aufzählung entspricht der Reihenfolge der Gottesdienste.

dieses Schlüsselwort jeweils einem Schrifttext aus der Passions- und Auferstehungsgeschichte zugeordnet, so dass es im Resultat ebenfalls zu einem thematisch-auslegenden Predigen kommt.

In den Predigtmeditationen, zu denen Kapfer vier, Aho fünf beiträgt, stellt der jeweilige Verfasser unterschiedliche Fragen an den Text. Zum Teil werden mögliche Illustrationen gesammelt.[2006] Eine besondere Verbindung der exegetischen mit der systematisch-theologischen Besinnung stellen Ahos Fragen zu Mk 14,32–32 für die Woche nach Invokavit dar[2007]:

- Welche theologische Funktion erfüllt der Text?
- Wie vermittelt die Sprache des Textes Gesetz und Evangelium?
- Inwiefern weisen Polaritäten im Text auf Gesetz und Evangelium hin?
- Was ist die Evangeliumsperspektive des Textes?

Mehrfach geschieht in Ahos Arbeit am Text etwas, das angesichts eines lutherischen Predigtverständnisses naheliegend scheint und der »Stereovision« entspricht, die die Diagnose des »Krankheitssymptoms« und seine Überwindung zugleich im Wort der Schrift und im Hörer in den Blick nimmt: Statt in der Perspektive wiederholt zwischen Text und Hörer zu wechseln, spricht die Predigt jeweils so von der einen Seite, dass sie für die andere transparent wird. Auf diese Weise verbindet sich bei Aho eine reflektiv-narrative Aufnahme des Bibeltextes wiederholt in geschickter Weise mit einem Kommentar, der die Worte und Situation der Gegenwart durchscheinen lässt.[2008] In der Meditation zu Lk 23,39–42 führt das homiletische Nachsprechen fast unmerklich in die Situation und Sicht des zweiten Verbrechers am Kreuz, der Jesus um Erbarmen bittet; die rhetorische Form rückt eng an die des inneren Monologs heran.[2009] In einer Predigtmeditation zu Mt 26,36–46 stellt Aho zwei unterschiedliche Gliederungen vor, von denen eine an der Trias von *goal-malady-means*, die andere thematisch ansetzt. Ein dritter Aufriss bietet einen narrativen Zugang zu derselben Perikope, den Aho mit dem Satz einleitet:

> »The story of the text is told in such a way as to focus on the Gospel story and to incorporate the hearers' stories.«[2010]

In beiden Bänden folgen den Predigtmeditationen neun ausgearbeitete Predigten und ebensoviele vollständige liturgische Entwürfe für die Wochengottesdienste der Fastenzeit und der Karwoche bis Ostern. Diese folgen im Wesentlichen der Form der Vesper und enthalten jeweils ein ausführliches dialogisches Element, das das Thema des Tages aufnimmt. Im ersten Band geschieht dies in

---

2006 A.a.O., 69ff. u.ö.
2007 A.a.O., 17ff.
2008 A.a.O., 56, 80 u.ö.
2009 A.a.O., 56.
2010 AHO/ROGAHN/KAPFER, Glory, 21. Dies scheint ein direkter Anklang an »Preaching the Story« (STEIMLE/ NIEDENTHAL/RICE) zu sein.

Form einer eigens für diesen Anlass formulierten »Litanei«,[2011] im zweiten erscheint es in Gestalt eines sehr ausführlichen »Responsoriums« nach der Schriftlesung.[2012]

In der Zusammenarbeit der Verfasser wird deutlich, dass sie die homiletische Methodik, die sie gemeinsam und individuell anwenden, deskriptiv-hilfreich, nicht präskriptiv verstehen. So übernehmen vier der neun Predigten Deffners die von den Meditationen vorgeschlagenen Gliederungen, drei verwenden Teile davon, die übrigen zeigen keinen direkten Anklang.[2013] Rogahn übernimmt die Schlüsselworte der Meditationen, jedoch nicht die Gliederungen. In seinen Predigten finden sich Elemente narrativer und dramatischer Rede, durch die sich der Hörer wiederholt Auge in Auge mit dem biblischen Geschehen findet, die rhetorische Form der Sätze folgt eng der dramatischen Bewegung der Predigt.[2014] In einer Predigt zu Mt 26,57–68 wendet er sich nacheinander einzelnen Personen der Passionsgeschichte zu, die er dem Hörer wie eine Serie von »Standbildern« vor Augen stellt.[2015] Eine Osterpredigt zu Jh 20,11–18 enthält narrative Passagen aus der Sicht Maria Magdalenas am Grab und eine Zusammenfassung in Form eines Flashbacks, wie er im visuellen Medium des Films begegnet. Rogahn setzt kurze, dramatische Sätze als Stilmittel ein und versetzt den Hörer in eine (moderne) Beerdigungsszene, die ihn direkt mit dem Tod konfrontiert. Die Erfahrung der Maria, in der ersten Person Singular wiedergegeben, geht fast unmerklich in die des Hörers über, das Ich in der Erzählung wird sein eigenes Ich. So führt ihn die Predigt zum Ziel: das Erleben der Auferstehung durch Maria Magdalena wird sein persönliches.[2016]

Als Werkstücke sind die Beiträge in beiden Bänden jedoch nicht nur durch ihre Demonstration der rhetorisch- und homiletisch-handwerklichen Möglichkeiten solchen Predigens zu erkennen, sondern auch daran, dass nicht alle Unebenheiten zwischen ihnen beseitigt worden sind. So verwendet Deffner in seinen Predigten vieles von dem, was seine Kollegen in den Meditationen vorlegen, tut dies jedoch in einem stenographischen Stil, der manches Ergebnis einer gründlichen Exegese, metaphorisch oder narrativ eingekleidet, nur wie im Vorbeifahren kurz aufblitzen lässt.[2017] Unabhängig von den kulturellen Unterschieden scheint es auch für amerikanische Hörer so kaum zu einer Scharfstellung auf diese Elemente im Bewusstsein zu kommen. Viele von ihnen sind durchaus interessant, geben jedoch durch diese Präsentation den Eindruck, als

---

2011 Aho/Rogahn/Kapfer, Glory, 107ff.

2012 Aho/Kapfer/Deffner, Time, 125ff. – Aus liturgischer Sicht sind diese Andachts-Entwürfe deutlich als »Werkstücke« zu erkennen, die nicht den Charakter einer gesamtkirchlich erprobten und eingeführten agendarischen Ordnung tragen.

2013 Aho/Kapfer/Deffner, Time, 85ff.

2014 Aho/Rogahn/Kapfer, Glory, 71ff.

2015 A.a.O., 83.

2016 A.a.O., 103–106.

2017 S. Aho/Deffner/Kapfer, Time, 93–96 u.ö.

könnten sie wie Versatzstücke auch an anderer Stelle eingefügt werden. Hinzu kommt eine Tendenz zu einem belehrenden, stellenweise auch moralisierenden Stil.[2018] Dessenungeachtet erweist gerade Deffner dem Pfarrer und Prediger in der Gemeinde einen wertvollen Dienst: Viele der von Aho und Kapfer im ersten Teil des Buches »A Time for Renewal« aufgenommenen (teils narrativen) Illustrationen stammen von ihm und spiegeln in besonders plastischer und direkter Weise die Lebenswirklichkeit der Hörer wider.[2019]

Der stellenweise ungeschliffene Charakter dieser Werkstücke macht deutlich, dass beide Bände von Aho und seinen Kollegen keine homiletischen Instant-Beiträge sein wollen, die nur noch für die nächste Wochenandacht aufgewärmt zu werden brauchen, um recht gleichförmig von unterschiedlichsten Kanzeln präsentiert zu werden. Sie wollen die Freude am homiletischen Handwerk neu wecken. Und sie tun das in fröhlicher, lutherischer Tradition, indem sie »das Evangelium im Allgemeinen vorherrschen« lassen[2020] – für den Prediger, der mit ihnen arbeitet und für die Hörer im nächsten Gottesdienst unter seiner Kanzel.[2021]

6.6.2. Hilfe zur Selbstkritik

Die Studenten des Concordia-Seminars sind vom ersten Studienjahr an einer örtlichen Kirchengemeinde für *field work* zugeteilt.[2022] Dazu gehören Besuche, Unterricht, liturgische Aufgaben und, aufbauend auf die homiletischen Kurse am Seminar, Predigteinsätze. Im Blick darauf ebenso wie auf die regelmäßige Gemeindepraxis gibt Aho im Unterricht auch Hilfestellung für eine Revision des eigenen Predigtmanuskripts. Was die Selbstkritik hindere, sei das Gefühl der Genugtuung mit dem fertigen Produkt und die Unfähigkeit, sich in den Hörer hineinzuversetzen. Aho empfiehlt, kritisch erst die Hauptabschnitte des Manu-

---

2018 Das Anliegen etwa, dem Gemeindeglied das Altarsakrament als ein lebendiges, lebensrettendes Geschehen liebzumachen, fasst Deffner in den Satz: »Holy Communion is not a dead doctrine but a dynamic drama.« (Aho/Deffner/Kapfer, Time, 109). Es ist zu fragen, ob sich ein Hörer von einem solchen Lehrsatz überzeugen lässt, wenn er das Heilige Abendmahl bisher für eine »tote Lehre« gehalten hat. Vgl. auch die Aussage, »We need to repent of our lack of trust in God [...]« (a.a.O., 91). – Deffner übergeht mehrere Elemente aus den Vorarbeiten, die in feiner Weise von dem Werk Christi für das Heil des Menschen sprechen oder den Hörer behutsam auf dem Weg der Heiligung mitnehmen (s. etwa die von Aho vorgeschlagene Gliederung, a.a.O., 31). Andererseits schließt er einen Gedankengang zur geistlichen Selbstdisziplin klar christologisch und christozentrisch (a.a.O., 115).

2019 S. a.a.O., 33 u.ö.

2020 Nach Walther, Thesis XXV (Walther, Unterscheidung, 4).

2021 Die thematischen Schlüsselwörter, denen diese Fastenpredigten folgen, sind ein Hinweis auf die Bedeutung der Heiligung in der Besinnung auf die Passion Christi; in diesen Beiträgen überwiegt auch im Bereich des *tertius usus legis* klar das Evangelium.

2022 In den 80er Jahren gibt es im Gebiet von Fort Wayne, einer Stadt mit rund 170.000 Einwohnern, etwa zwei Dutzend Gemeinden der Missouri-Synode, im Umkreis kommen weitere hinzu.

skripts durchzugehen, dann jeden Absatz und schließlich jede Zeile. Diese Revision müsse nicht als ganze auf einmal durchgeführt werden. Auch hier setzt er auf einen Prozess der Reifung bis zur fertigen, mündlichen Predigt auf der Kanzel.

In einer Auflistung Ahos zu solcher kritischen Überprüfung finden sich u.a. folgende Kriterien: Der Hörer wird vom Anfang bis zum Ende auf seinem eigenen Niveau involviert, die wesentlichen Gedanken werden durch einen guten Gebrauch von Anwendungen auf die Lebenssituation, Illustrationen usw. konkretisiert, die Art der Darbietung ist natürlich, seelsorglich (*pastoral*), evangelisch, konfessionell, und von angemessener Zurückhaltung.[2023]

6.6.3. Der Inhalt der Predigt

Jesus hat Menschen in sein Reich aufgenommen und ihnen die Vergebung ihrer Sünden angeboten – diese Feststellung, schreibt Aho, belegt auch für einen historisch-kritischen Ausleger der Bibel, dass er sich selber als den Messias gesehen hat.[2024] Die Predigt ist der Ruf in dieses Reich an die, die noch draußen sind, und die Anrede an die, die durch die Taufe bereits das Bürgerrecht darin haben. Dabei geht es um die ganze Existenz des Menschen, um eine angewandte Verkündigung, die die Lehre auf eine bestehende Situation und auf konkrete Menschen zu einer konkreten Zeit ausrichtet. Die Schrift hilft dem Prediger, die wirklichen Nöte der Menschen zu entdecken, durch sie kann er ihnen ein Heilmittel dafür anbieten. Rechte Lehr-Predigt bewegt sich daher von ihrer biblischen Quelle in die Gegenwart: Das Evangelium ist ewig kontemporär.[2025] Das bedeutet:

> »The theme should be applicable to the hearers. The hearers should sense the life issue in the theme and be able to grasp some of the theme's practical implications even before these have been fully developed in the sermon.«[2026]

Die Formulierung des Themas soll das Verständnis des Textes mit einer Sensibilität für die Interessen und Nöte der Hörer verbinden.[2027] Dazu behält der Prediger das tatsächliche Problem im Leben der Hörer im Auge, das er mit dem Gesetz aufdecken muss, wenn das Evangelium in irgendeiner Weise realistisch klingen soll.[2028] In der Praxis nimmt die exegetische Arbeit am Text die homiletische mit der Besinnung auf den Hörer vorweg, beide werden synchron gehandhabt.[2029] Der im nordamerikanischen Bereich bereits vor der Entstehung der *new homiletic* geforderte Bezug auf die Lebenssituation des Hörers gilt dabei

[2023] AHO, Sermon Theory I, 44f.
[2024] AHO, Sermon Theory II, unter Verweis auf E. F. Scott.
[2025] Ebd.
[2026] AHO, Skeleton, 11.
[2027] A.a.O., 17.
[2028] A.a.O., 18.
[2029] AHO, Sermon Theory I, 7.

im Allgemeinen wie in der konkreten Predigtsituation. Er setzt die Predigt des Gemeindepfarrers, der sein Handwerk ernstnimmt, von der oberflächlichen Adaptation vorgefertigter Predigtstücke aus *How-To*-Paperbacks ab.

Zu den praktischen Implikationen dieser Verkündigung gehört auch die Erkenntnis, dass der Einzelne sich vor Gott für sein Tun verantworten muss, in der Gegenwart und am Ende der Zeit. Selbst wenn man zugestehen wollte, schreibt Aho, dass die Hoffnung der Kirche auf die Parousie Christi nachträglich die neutestamentlichen Dokumente beeinflusst habe, seien die Bezüge auf den plötzlichen Anbruch des Gottesreiches und das zukünftige Gericht so zahlreich und ein solch integraler Bestandteil der Botschaft, dass sie nicht eliminiert werden könnten.[2030] Dieses Gottesreich ist jedoch nach Ahos Darstellung nicht nur als eine zukünftige Wirklichkeit zu verstehen, es ist die, in der der Hörer lebt. Sie umfasst seinen Alltag wie seinen Gottesdienst. Sie entlarvt die Vorstellung, Menschen könnten Gott in einem Teilbereich ihres Lebens haben und halten und mit dem übrigen machen, was sie wollen; sie könnten sich andächtig an der Liturgie beteiligen – für Aho ein natürlicher Teil des Lebens der Hörer – und zugleich Gottes Gebot durch den herzlosen Umgang mit ihrem Nächsten sabotieren.[2031] Wer Gottes Erbarmen und Liebe erfahren habe, werde vielmehr auch seinen Mitmenschen in gleicher Weise begegnen; nicht weil er hoffe, auf diese Weise in das Reich Gottes hineinzukommen, sondern weil er schon darin sei. Er werde nach Jesu Ermahnung die Gerechtigkeit suchen, die besser ist als die der Pharisäer. Dazu ist es nicht genug, stellt Aho fest, dass ein Mensch ein paar gute Vorsätze für ein besseres Leben fasst. Nach Gottes Willen soll er vollkommen sein. Gegen Albert Schweitzer hält Aho fest, dass die Motivation zu einem solchen Leben nicht in erster Linie der unmittelbar bevorstehende Anbruch der Ewigkeit ist, sondern das schon angebrochene Reich Gottes, dessen Ethik darin besteht, dass die Bürger dieses Reiches seinen Willen tun. Dazu aber ist in dieser Welt und in diesem Leben Zeit.

> »What Jesus called for was not so much obedience to certain principles or even to a quality of love, but rather a new will in which all impulses work together in conformity to God's will. [...] Action must come from within. The right will is what counts. Insofar as a man had in him the new will issuing the kind of life Jesus required, he possessed the kingdom.«[2032]

Dieser höchste ethische Anspruch des Reiches Gottes drängt den Menschen zu einer Entscheidung im Innersten seiner Seele, in seinem tiefsten Ich. Er richtet das Ziel einer radikalen Willensänderung auf, zu der der Mensch nicht fähig ist. Es ist daher nicht damit getan, mit allen (auch rhetorischen) Mitteln an seinen

2030 Aho, Sermon Theory II. Die folgenden Ausführungen in diesem Abschnitt, soweit nicht anders angegeben, nach ebd.
2031 Aho, Skeleton, 30f.
2032 Aho, Sermon Theory II.

Willen zu appellieren. Die Forderung, Gott über alles zu lieben und den Nächsten wie sich selbst, lässt ihn vielmehr seine eigene Unzulänglichkeit erfahren:

> »The demands for sacrifice up to the limit, the complete sacrifice of self, of family, is and remains a judgment upon man, for who can really do it? Divine judgment moves man to repentance, to a change of heart and mind according to which he no longer trusts in himself that he is righteous (Luke 18:9). This kind of humility puts man in a position to receive the Kingdom.«[2033]

Diesen völligen Sinneswandel, diese Opferung des Ichs meint Jesus nach Ahos Auslegung von Mt 11,12 und Lk 16,16 mit seinem Wort vom gewaltsamen Hineindrängen in das Reich Gottes. Die neue Geburt bedeutet einen gewaltigen Umsturz der alten Weise des Denkens und Handelns. Es kommt zu einer neuen Einstellung gegenüber dem Bösen, einer neuen Dankbarkeit für Gottes Vergebung, einem wirklichen Verlangen nach Gerechtigkeit. Ohne eine solche gewaltsame Erschütterung seines geistlichen Gleichgewichts, ja seines ganzen Lebens kann ein Mensch nicht in das Reich hineinkommen. Die von Lowry in den Mittelpunkt gerückte Spannungsspirale beruht damit nicht nur auf allgemein menschlicher Erfahrung, sondern beschreibt auch die existentielle Situation des Menschen vor Gott, wie sie dem Hörer in der Predigt vor Augen geführt wird.

> »On the other hand, the taking of the Kingdom by force refers also to the divine δύναμις which is at work. Only because God's force or power is operating in men can they take the Kingdom, i.e., become its citizens, enjoy the privileges and carry out its responsibilities.«[2034]

Gott gibt das Reich, der Mensch kann es nur empfangen, und zwar durch Glauben. Dieser Glaube ist der Glaube an Gottes Gnade. Das Reich Gottes kommt zum Sünder vor allem als rettende δύναμις, als die erlösende Macht Gottes, in der die Mühseligen Ruhe finden und die geistlich Hungrigen Gerechtigkeit. Das Reich Gottes verlangt eine Entscheidung vom Menschen, aber das ist nicht das neue Element darin. Er kann diese Entscheidung nur treffen, weil er von Christus angenommen und dadurch ein neuer, geistlicher Mensch geworden ist.[2035]

Hier zeigt sich Ahos aszetische Perspektive: Ebenso wie in der homiletischen Methode und Praxis geht es in der Frage eines christlichen Lebens im Alltag weder um ein bloßes Transponieren früherer Wertvorstellungen in die Gegenwart noch um eine Rezeption, die das Überlieferte nach modernen

---

[2033] Ebd.

[2034] Ebd.

[2035] Vgl. Ahos Feststellung, es sei entscheidend, die Elemente im Text, im Kontext oder in verwandten Stellen der heiligen Schrift zu beachten, die auf Christus hinweisen. Ebenso sei gerade bei imperativisch formulierten Predigtthemen über Texte, in denen das Evangelium nicht deutlich oder voll ausbuchstabiert sei, auf Wörter und Wendungen zu achten, die Gelegenheit zu dessen Entfaltung geben (Aho, Skeleton, 16f.).

Erwartungen und Maßstäben beurteilt, selektiert und interpretiert. Gottes Wort ist der bleibende Maßstab für das tägliche Leben des Christen, mehr noch: Es ist seine Quelle. Alles Lehren, Ermahnen, Warnen, Trösten, Aufbauen und Begleiten des Menschen auf diesem Weg geschieht damit auf der Grundlage der Unterscheidung und rechten Gewichtung von Gesetz und Evangelium. Es richtet sich an den Christen, der nicht nur Glaubender und Heiliger ist, sondern immer auch Zweifelnder, Angefochtener und Sünder. »Gesetz und Evangelium« wird jedoch nicht mechanisch in den Predigttext oder die Predigt eingetragen, es wird vom Prediger in gründlicher Arbeit an Gottes Wort in der konkreten Ausprägung herausgearbeitet, die die jeweilige Perikope einzigartig macht:

> »No preacher dare presume to know how to preach effectively on any text of Scripture without first sitting down to study that text. He dare never decide beforehand how to preach Law and Gospel on a given Sunday until he has studied the text!«[2036]

Der Prediger, der diesen Auftrag ernstnimmt, erfährt nach Ahos Überzeugung, dass in ihm eine Gewissheit wächst, deren Verlust seit der Wahrnehmung der homiletischen Krise in Nordamerika und bis in die Phase der Konsolidierung der *new homiletic* hinein weitgehend schmerzlich beklagt wird:

> »God will use us to speak His Word to men. Our sermons are our sacrifices to Him. Through our sermons God produces abiding fruit. Our task is to go on preaching with selflessness and faithfulness.«[2037]

6.6.4. Zusammenfassung

Homiletische Lehre und Reflexion dient unmittelbar der kontinuierlichen homiletischen Praxis in der Gemeinde. In diesem Bewusstsein hält Aho Predigtworkshops für Gemeindepfarrer und wirkt mit an der Herausgabe von Predigtmeditationen. Das Evangelium ist stets kontemporär und als solches zu predigen. Gottes Wort erschüttert den Sünder in seinem Gleichgewicht und öffnet ihm zugleich den Eingang in das Reich Gottes.

An dem von Aho hinterlassenen schriftlichen Material wird deutlich, dass die von ihm gelehrte Methodik nicht präskriptiv, sondern deskriptiv zu verstehen ist. Zugleich erfordert nach seiner Überzeugung die Bedeutung des Auftrags, die dem Prediger gegeben ist, handwerkliche Präzision. So gibt er auch im Unterricht Hilfen zur Revision des eigenen Predigtmanuskripts und zur Selbstkritik und leitet zur Wahrnehmung von Unterschieden und Gemeinsamkeiten der Predigt vor Christen und solchen, die es noch nicht sind, an.

[2036] Aho, Sermon Theory II.

[2037] Ebd.

6.7. Resümee und Ausblick

Aho setzt die bedingungslose Bindung an die altkirchlichen Bekenntnisse und das Konkordienbuch voraus, auf die die Pfarrer der Missouri-Synode in ihrer Ordination verpflichtet werden. Indem er den Schwerpunkt auf die Lehre vom Reich Gottes legt, grenzt er den Inhalt der Verkündigung nicht ein, sondern macht in ihrem Zentrum deutlich, worum es geht: Dass konkrete Menschen in einer konkreten Situation durch die *viva vox evangelii* aus dem Mund eines Predigers in Gottes Reich hineingerufen und darin befestigt werden. Dass dies geschieht - und dass es *konkret* geschieht - ist die stets neue Verantwortung des Predigers, der er nicht durch bloße Wiederholung des Überlieferten noch durch den Griff nach austauschbarem Instant-Predigtmaterial auf seinem Bücherregal gerecht werden kann; er muss es sich zu jeder Zeit, in jeder Gemeinde und in jeder Woche neu erarbeiten.

Aho hat selbst nur in begrenztem Maße Schriftliches veröffentlicht. Dies hat zum einen mit seiner Persönlichkeit zu tun, die hinter die Sache zurücktritt, zum anderen mit der Priorität, die er der Ausbildung von Seminaristen und der homiletischen Begleitung von Pfarren im Gemeindedienst beimisst.

Dennoch lässt sich sein homiletischer Ansatz rekonstruieren, wenn man die im Rahmen seines Lehrangebots angegebene Literatur im Zusammenhang seiner wissenschaftlichen Arbeiten und seiner Beiträge für die Hand der Prediger in den Gemeinden liest. Darüber hinaus wird die Wirkungsgeschichte seines Ansatzes daran deutlich, dass an beiden Seminaren der Missouri-Synode heute intensiv vor diesem Hintergrund weitergearbeitet wird, und dass dieser geographisch und sprachlich über den anglophonen Raum Nordamerikas hinaus wirksam ist.

Teil 4

Die weitere Wirkung des Predigtkonzepts Gerhard Ahos

7. Rezeption

7.1. Die Prägung durch die Arbeit Gerhard Ahos

Für Aho ist praktische Theologie immer zugleich wissenschaftliche Theologie. Zugleich drängt alle Theologie immer in die Praxis. Darin folgt er Löhe und dem spätorthodoxen lutherischen Theologen David Hollaz, die die Theologie als ganze als eine eminent praktische Wissenschaft fassen, welche

> »[...] aus dem geoffenbarten Wort heraus alles lehrt, was zum wahren Glauben an Christus zu wissen und zur Heiligkeit des Lebens zu tun notwendig ist für den Menschen als Sünder, der das ewige Heil erlangen soll.«[2038]

In dieser Tradition finden sich wiederholt interdisziplinäre Beiträge an beiden Seminaren der Missouri-Synode. Während sich Scaer als systematischer Theologie auch mit dem Wesen und der Materie der Predigt auseinandersetzt[2039], befasst sich Caemmerer als Homiletiker in St. Louis systematisch-theologisch mit ekklesiologischen Fragen[2040] und exegetisch mit der Auslegung neutestamentlicher Schriftstellen[2041]; Eggold entfaltet in einem Beitrag zu »Concordia Theological Monthly« eingehend das Verständnis der Theologie als eines *habitus practicus theosdotos* in der lutherischen Orthodoxie, insbesondere bei Johann Andreas Quenstedt, Johann Gerhard, Hollaz u.a.[2042]. Gemäß dieser von Aho geteilten Überzeugung ist die akademische theologische Arbeit kein Selbstzweck. Die Früchte seiner Forschungen gehen unmittelbar (und vorrangig) in seine Tätigkeit als Prediger, seinen Unterricht am Seminar und seine Fortbildungen für Gemeindepfarrer ein. Sie dienen der Anleitung angehender Pfarrer und finden damit eine lebendige Verbreitung, wie sie so weder ein homiletisches

---

2038 Zitiert nach der deutschen Übersetzung bei Raschzok (Raschzok, Löhe als Publizist, 17).

2039 Vgl. Anm. 1369. Auch zu den Predigtmeditationen in CTQ trägt Scaer bei (s. Scaer, Mt 18,15-20. In: CTQ 42 [1978], 2, 172f.).

2040 S. etwa Richard R. Caemmerer, The Body of Christ. In: CTM 35 (1964), 5, 261-270; ders., Preserve the Unity of the Spirit. In: CTM 41 (1971), 7, 387-409; sowie Caemmerers Rezension zu »Der Auftrag der Kirche in der modernen Welt: Festgabe für Emil Brunner.« Hg. v. Peter Vogelsänger, Stuttgart 1959. In: CTM 33 (1962), 2, 115. Vgl. zur Lehre vom Wort Gottes ders., How the Gospel Works. In: CTM 44 (1972), 2, 83-88.

2041 S. etwa Richard R. Caemmerer, Investment for Eternity. A Study of Luke 16:1-13. In: CTM 34 (1963), 2, 69-76.

2042 Eggold, Habitus.

Lehrbuch noch eine gedruckte praktische Predigtanleitung erreichen würde. Aho gibt seinen Studenten das, was er in seiner eigenen Praxis und umfassenden Lektüre als wesentlich erkannt hat, und ist immer bereit, dies nach Bedarf intensiv zu vertiefen.[2043] Dies entspricht einem Vorgehen, das sich in schriftlicher Form auch in vielen nordamerikanischen Homiletiken des 20. Jahrhunderts niederschlägt: Der Autor bietet dem (angehenden oder im Dienst stehenden) Prediger in gut lesbarer Form die Frucht seiner eigenen Arbeit, die sich mit der Theorie und Praxis der Predigt befasst, sei es im Blick auf die Geschichte der Kirche oder auf das kontemporäre Umfeld. In vielen Fällen finden sich nur wenige direkte Verweise auf Quellen oder auf andere Homiletiker. Dass eine solche Anleitung dennoch oft in intensiver Auseinandersetzung damit entstanden ist, merkt der Leser, indem er diese parallel dazu studiert; in manchen Büchern weisen ausführliche Stichwort- und Namensregister darauf hin.[2044]

Ahos kirchliche Gelehrsamkeit und seine geistliche Haltung, mit der er das verkörpert, wofür er in seiner Arbeit steht, machen auf Studenten, Kollegen und Gemeinden den Eindruck eines Lehrers und eines Werkes, von dem man viel lernen kann. Eine genaue Kenntnis der Rhetorik und der Geschichte der Homiletik verbinden sich in seinem konfessionell-lutherisch geprägten homiletischen und in seinem pastoralen Ansatz mit der persönlichen Gottesbeziehung des Predigers wie des Hörers. Das zentrale Anliegen der Predigt ist sein eigenes persönliches Anliegen: Menschen in Gottes Reich einzuladen und im Glauben und Leben darin zu festigen. Mit Respekt und Offenheit nimmt Aho die Entwicklung der US-amerikanischen Homiletik vor allem im breitgefächerten evangelischen Spektrum wahr. Er ist stets willens, Gutes und Hilfreiches hervorzuheben, wo er es findet. Ohne Polemik merkt er an, wo der Bezug auf Christus und das Kreuz als Zentrum der Verkündigung fehlt. Mit gleicher Aufmerksamkeit und Sorgfalt wendet er sich auch der aufkommenden Kommunikationsforschung zu. Sein homiletischer Grundkurs dient nicht der theoretischen akademischen Auseinandersetzung mit den entsprechenden Werken, leitet jedoch zum wissenschaftlichen Arbeiten in der theologischen Praxis gerade dadurch an, dass Aho den Seminaristen einen Werkzeugsatz an die Hand gibt, der an dieser Geschichte, diesem Umfeld und der geistlichen Bestimmung der Predigt feingeschliffen und justiert ist und im Gebrauch eben daran immer wieder zu messen und nach-

[2043] So Fickenscher, Dozent für Homiletik, CTS Fort Wayne/IN, im Rückblick auf seine eigene homiletische Ausbildung unter Aho (persönliches Gespräch mit mir ebendort, 3.6.2010).

[2044] D. Buttricks Buch basiert, wie er schreibt, auf jahrelanger Arbeit. Um eines freieren, leichteren Stils willen verzichtet er jedoch ausdrücklich auf einen wissenschaftlichen Apparat, fügt aber auf 23 eng bedruckten Seiten eine Fülle von Hinweisen zu weiterführender Literatur an (Buttrick, Moves, ix, 463ff.). – Daneben gibt es andererseits auch Veröffentlichungen, die im Wesentlichen auf einen möglichst schnellen praktischen Nutzen zielen.

zustellen ist – die Liste der Literatur für den homiletischen Grundkurs enthält mehr als 40 Titel.

Zugleich verbindet sich in Gerhard Ahos Werk die Linie der europäischen Homiletik bis zum Ende des 19. Jahrhunderts mit ihrer weiteren Entwicklung in den USA im 20. Jahrhundert. Verwurzelt in der für die Concordia-Seminare typischen engen Verbindung der theologischen Fachbereiche und in einer lebendigen Bekenntnistradition ist Ahos Homiletik an ihrer Zeit und ihrem gesellschaftlichen und religiösen Kontext ausgerichtet, ist jedoch nicht zeitgebunden wie manche radikalen kontemporären Entwürfe, die entsprechend kurzlebig sind. Ahos homiletisches Werkzeug lehrt auch, genauer zu differenzieren als dies bisweilen zeitgenössische Homiletiken tun: Die Krise der Homiletik ist nicht durch eine bestimmte Form der Predigt bedingt und ist nicht durch eine bestimmte Form zu überwinden. Ihre Ursachen sind geistlicher Natur und können nur mit Gottes Wort überwunden werden. Die Arbeit mit diesem Wort aber und die pastorale Arbeit mit dem Hörer, in die die Predigt eingebettet ist, öffnet dem Prediger zugleich die Augen dafür, wo und inwiefern eine bestimmte Form dem Erreichen des geistlichen Ziels der Verkündigung dient; sie lehrt ihn, handwerkliche Fehler zu vermeiden und stellt ihn in eine Reihe mit denen, die in der Geschichte der Kirche dieses Handwerk praktiziert haben. Dabei hinterlässt die eigene Predigtpraxis des Lehrers Gerhard Aho bei denen, die ihn hören, einen bleibenden Eindruck. Kapfer schreibt im Rückblick,

> »In the pulpit Dr. Aho was one of the most popular of the seminary professors. Everyone knew that each sermon would be thoroughly researched by this student of the Word. Then it would be developed clearly, always moving toward the point being made. It would speak to the mind, and without any cheap emotionalism, it would also speak to the heart.«[2045]

Bei einem Besuch seines Kollegen Kapfer im April 1987 erwähnt Aho voll Vorfreude sein Sabbathjahr, das im Herbst desselben Jahres beginnen soll und in dem er sein eigenes Buch zur Homiletik schreiben will. Gegen Mittag begeben sich beide mit schnellem Schritt über den Campus zur Mensa, als Aho das Tempo verlangsamt und erwähnt, dass er seit einiger Zeit Schmerzen im Rücken verspürt. Er hat bereits einen Termin für eine ärztliche Untersuchung. Zwar führt Aho seit über zwei Jahren einen Kampf gegen den Krebs, doch ist dieser in Remission. So vermutet keiner von beiden eine solche Ursache.

Einen Monat später ruft Aho Kapfer an und teilt ihm mit, dass der Krebs zurückgekehrt ist und schlimmer als zuvor. Er erinnert daran, dass alle diese Dinge in Gottes Hand liegen, und fragt zugleich, ob Kapfer die Beerdigungspredigt übernehmen würde, wenn die Krankheit seinem Leben ein Ende bereiten sollte. Kapfer antwortet, er hoffe, dass dies noch lange nicht eintreten werde, und sagt zu; es wäre eine große Ehre für ihn. Im Nachhinein erkennt er

---

[2045] KAPFER, Gerhard Aho, 2f. Die folgenden beiden Absätze nach ebd.

auch in diesem Gespräch die Präzision, mit der Aho alle Dinge angeht, einschließlich der wichtigen Einzelheiten seines Sterbens. Die Studenten des Abschlussjahrgangs 1987 bitten ihn, im Graduations-Gottesdienst zum Ende des Frühjahrsquartals die Predigt zu halten. Diese Ehre ist vor ihm noch keinem Dozenten des Seminars zuteilgeworden. Wenige Monate später erliegt er seinem Leiden.

Gerhard Ahos geplante Homiletik wird nicht mehr geschrieben.[2046] Aber sie hat sich einer Generation lutherischer Prediger und Predigthörer eingeprägt, wie es Richard Kapfer in seiner Beerdigungspredigt zu 2. Kor. 3,1–3 formuliert:

> »›His text has been written and *is* being read and used week after week, in hundreds of pulpits and in the hearts of thousands and thousands of hearers. It is a book that will outlast in usefulness and import any book that could have been written.‹ How? ›Through His living Word, delivered and spoken and lived through living letters such as we.‹
> About *that*, Gerhard Aho was precise!«[2047]

7.2. EINFLUSS ÜBER GRENZEN HINWEG

Zu Ahos schriftlichen Beiträgen zur Homiletik gehören neben seinen wissenschaftlichen Arbeiten die Arbeitsbücher für den homiletischen Grund- und Aufbaukurs und zum Vortrag der Predigt (*sermon delivery*),[2048] die bis heute im Verlag des Seminars aufgelegt werden, seine Schrift zur Struktur der Predigt in der »Preacher's-Workshop«-Reihe, seine Predigtmeditationen in der Vierteljahreszeitschrift des Concordia-Seminars und die von ihm mitherausgegebenen Predigt- und Gottesdienstentwürfe für die Fastenzeit. Da Aho nicht mehr dazu kommt, seine eigene Homiletik zu verfassen und keine Aufzeichnungen dazu hinterlässt, kann die Wirkung seiner homiletischen Lehre und Praxis nur anhand dieser Veröffentlichungen und im Zusammenhang seines Unterrichts und seines Einsatzes in der Kirche erschlossen werden, wie es die vorliegende Arbeit unternimmt.

Die Grenzen des Ansatzes von Aho liegen weniger in der konfessionellen Grundlage, auf der er arbeitet; in einem Umfeld, das keine Staatskirche kennt, unterscheidet er sich darin nicht grundsätzlich von anderen Homiletiken, die

---

[2046] Auch im Nachlass fand sich kein Entwurf dazu (persönliche Korrespondenz von Monica Andreasen mit mir per E-mail, 9.2.2011).

[2047] KAPFER, Gerhard Aho, 4, Hervorhebg. i. Orig. (Nachruf, mit Zitaten aus der Predigt). Vgl. V. 3 der Schriftlesung: »Ist doch offenbar geworden, daß ihr ein Brief Christi seid, durch unsern Dienst zubereitet, geschrieben nicht mit Tinte, sondern mit dem Geist des lebendigen Gottes, nicht auf steinerne Tafeln, sondern auf fleischerne Tafeln, nämlich eure Herzen.«

[2048] GERHARD AHO, Notes on Sermon Delivery, Fort Wayne/IN ca. 1979 (Typoskript, in Photokopie); DERS:. Preaching Workshop Notes, Fort Wayne/IN [zw. 1980 und 1987].

von Theologie und Praxis etwa einer baptistischen oder methodistischen Kirche geprägt sind.[2049] Eine praktische Begrenzung liegt in der Konzentration auf traditionellere Formen der Predigt, die jedoch nicht theologisch-grundsätzlicher Art ist, sondern ihren Grund in der Ausbildungssituation am Seminar und der Predigtsituation in vielen traditionell geprägten Gemeinden hat. Der Normalfall ist damit die Predigt durch einen einzelnen Sprecher, die aus einer Fülle möglicher Strukturen schöpft, ohne sich von visuellen, dramaturgischen oder digitalen Mitteln dominieren zu lassen. Gleicher Art ist auch die Beschränkung auf die Auseinandersetzung mit der anglophonen Homiletik und dem nordamerikanischen kirchlichen und gesellschaftlichen Umfeld. Dies verhindert eine direkte Übernahme mancher Aspekte in die europäische (und innerhalb dieser die deutschsprachige) Homiletik, die sich von der nordamerikanischen in ihrer Entwicklung seit dem 19. Jahrhundert, dem Verhältnis zur Rhetorik, der regionalen und konfessionellen Situation und in den Ausbildungsstrukturen unterscheidet. Dies gilt jedoch in gleicher Weise auch im Blick auf die *new homiletic*, deren Entstehungs- und Blütezeit mit dem Wirken Ahos zusammenfällt.

Trotz diesen Einschränkungen reicht der Einfluss Ahos als Lehrer und Praktiker über sprachliche und kirchliche Grenzen hinaus. 1983 erscheint am Concordia-Seminar in Fort Wayne ein spanischsprachiger homiletischer Grundkurs von Alberto L. García unter dem Titel »El arte y funcion de la predicacion evangélica«. Dessen Grundlage bildet, schreibt García, die umfassende Erfahrung der Professoren für Homiletik an den Concordia-Seminaren, insbesondere zweier seiner Lehrer, Eggold und Aho; letzterer arbeite weiterhin mit großem Einsatz an der Ausbildung neuer Prediger für die Kirche.[2050] Ohne Gebrauch der medizinischen Metapher begegnen *goal-malady-means* dort als Ziel, Problematik und Mittel der Lösung.[2051] Auch bei García wird deutlich, dass es sich bei dieser Trias nicht um eine formale Methodik handelt, sondern um die Fokussierung auf die grundsätzliche geistliche und menschliche Situation, auf die sich Gottes Wort richtet und in der es wirkt:

> »Das Evangelium ist das einzige Mittel, das dem Prediger zur Verfügung steht, um die ausweglose Situation des Menschen zu überwinden und zugleich das etablierte Ziel zu erreichen.«[2052]

[2049] Vgl. Anm. 169.

[2050] ALBERTO L. GARCÍA, El arte y funcion de la predicacion evangélica, Fort Wayne/IN 1983, 2 (i. Folg.: GARCÍA, predicacion).

[2051] »La meta, la problemática y el medio de solucion«, a.a.O. , 22.

[2052] »El Evangelio es el único medio a la disposición del predicador para vencer la problemática humana y a la vez para realizar la meta establecia« (a.a.O. , 24, Übs. von mir). – Für ein Beispiel des Einflusses von Ahos »Lively Skeleton« in der spanischsprachigen Homiletik siehe N.N., Predicad el Evangelio. O.O. o.J, http://members.htlc-wa.org/-HTLC/LATTE/Shared%20Documents/Homiletics/Predicad%20el%20evang%20todo.doc [11.7.2012].

Erní Walter Seibert gebraucht während seiner Zeit als Dozent für Homiletik am Seminar der Igreja Evangélica Luterana do Brasil in São Paulo Teile aus Ahos Unterrichtsmaterial und »The Lively Skeleton«, die er ins Portugiesische übersetzt.[2053] Angehende Theologen aus Lateinamerika, Japan, Haiti, Südafrika, Deutschland und Skandinavien studieren im Rahmen eines regen Austauschprogramms an den Concordia-Seminaren der Missouri-Synode. Viele von ihnen sind bis heute in ihrer Predigtarbeit von Ahos Homiletik geprägt und prägen ihrerseits von der Kanzel und aus dem Hörsaal heraus die Kirchen, aus denen sie kommen oder die aus einer missionarischen Arbeit neu entstehen. David W. Kuck verwendet 2007 den methodischen Ansatz von *goal-malady-means* in »Preaching in the Carribean. Building Up a People for Mission.«[2054] Elemente der Homiletik Ahos gehen in ein Arbeitsbuch für die Prediger-Ausbildung ein, das für die Lutheran Church in the Philippines verfasst und in der Mekane-Yesus-Kirche in Äthiopien nachgedruckt und verwendet wird.[2055] Ahos Schwiegersohn Phill Andreasen verwendet »The Lively Skeleton« für einen Homiletikkurs, den er an einem lutherischen Seminar in Kenya unterrichtet.[2056] Ich selbst habe Ahos Arbeitsheft zum homiletischen Grundkurs 2007 am Lutheran Theological Seminary in Tshwane (Pretoria, Südafrika) eingesetzt sowie (in deutscher Fassung) 2011 an der Lutherischen Theologischen Hochschule in Oberursel; in beiden Fällen erwies sich der Versuch der Anwendung auf die unterschiedliche sprachliche und kirchliche Herkunftssituation der Teilnehmer, die aus einer Vielzahl von Nationen stammten, als besonders bereichernd.

7.3. Weiterarbeit heute

Dozenten beider Concordia-Seminare der Missouri-Synode arbeiten heute in der homiletischen Linie von Caemmerer über Aho weiter. Ahos »Sermon Theory« I und II werden weiterhin im Seminarverlag nachgedruckt und im homiletischen Grund- und Aufbaukurs des Seminars verwendet. Carl C. Fickenscher II, Dozent für Homiletik in Fort Wayne, befasst sich 1996 in seiner Dissertation anhand der deduktiven Form, der Form des *Homiletical Plot* und der reinen *Story*-Form exemplarisch mit dem Zusammenhang zwischen der Verkündigung von Gesetz und Evangelium und der Form der Predigt. Gemäß den Ausführungen von

[2053] Persönliche Korrespondenz mit mir per E-mail, 6.11.2012.

[2054] David W. Kuck, Preaching in the Carribean. Building Up a People for Mission, [Kingston, Jamaica] 2007.

[2055] Norbert Becker, Sermon Preparation I. Theological Education by Extension. Lutheran Church in the Philippines. (Nachdr. 1997 durch das TEE-Department des Mekane-Yesus-Seminars der Ethiopian Evangelical Church in Addis Abeba), Manila 1974. Ich danke Hartwig Harms, der mir als ehemaliger Äthiopien-Missionar der Hermannsburger Mission ein Exemplar dieses Werkes zukommen lassen hat.

[2056] Persönliche Korrespondenz mit mir per E-mail, 21.4.2010.

Caemmerer und Aho zu der Korrespondenz von *malady* und *means* setzt auch Fickenscher in seiner Predigtarbeit bei einer konkreten geistlichen Not an, die das Gesetz in einem bestimmten Schriftabschnitt beim Hörer aufdeckt.[2057]

David Schmitt, Homiletiker am Seminar in St. Louis, übernimmt ebenfalls die Trias von *goal-malady-means*. In schriftlichen und mündlichen Beiträgen befasst er sich wiederholt mit dem Missverständnis, es handele sich dabei um eine homiletische Sofortmaßnahme in der Predigtvorbereitung, die für jeden Text eine entsprechende Dreipunktestruktur biete.[2058] Ebenso setzt er sich mit der Praxis auseinander, eine Predigt durch die Aneinanderreihung weiser Gedanken und ansprechender Illustrationen zu erstellen und dann nachträglich je eine Portion Gesetz und Evangelium einzufügen. Beides entspringe letztlich dem untheologischen Kurzschluss, dass auf diese Weise eine beliebige Predigt »lutherisch« werde; Gesetz und Evangelium würden so zu einem Mittel, um die Predigt zu »rechtfertigen« und nicht den Sünder:

> »New homiletical forms and strange homiletical content are offered to the people in the name of a sermon and, lest anyone should doubt that this is Lutheran, at some point the preacher will declare that the people are saved by grace through faith on account of Christ. Here, law and gospel content are relied upon to save the sermon not the people.«[2059]

Im Gegensatz dazu gebraucht Schmitt das Bild eines Wandteppichs, in den die vier Stränge der Textauslegung, des theologischen Bekenntnisses, der Proklamation des Evangeliums und der Hörerinterpretation in je unterschiedlichem Umfang eingewoben werden.[2060] Unterstützung dafür komme auch aus der neuen Homiletik:

> »In some cases, theoretical discussions in the New Homiletic have supported Lutheran concerns in the proper distinction between law and gospel. For example, the New Homiletic's interest in metaphor has renewed interest among Lutheran in the metaphorical depictions of God's grace in Scripture. [...] Such research into the biblical language of the gospel encourages preachers to remain faithful to the variety of ways in which God has chosen to communicate his gracious work in Scripture.«[2061]

Statt Sonntag für Sonntag in stets gleicher Form von Gottes Gnade zu reden, formuliere der Prediger die Proklamation des Evangeliums so in Reaktion auf die

---

2057 FICKENSCHER, Sermon Form, 38ff. Fickenscher zitiert Davis mit dem Satz, »Pity the people whose preacher does not know the difference between law and gospel.« (A.a.O., 36, aus DAVIS, Design, 85).

2058 S. u.a. SCHMITT, Law and Gospel; DERS., Caemmerer's Homiletics; CTQ 74 (2010), 1–2, 28–38.

2059 DAVID R. SCHMITT, The Tapestry of Preaching. A Fourfold Method of Sermon Preparation, [St. Louis/MO] 2006 (Kursmaterial, unveröffentlicht), 91.

2060 A.a.O., 64ff.

2061 A.a.O., 93.

mannigfaltigen Formen der Verkündigung, die in den biblischen Texten vorhanden seien.

Diese Beschäftigung mit der Form des Predigttextes und der Predigt in den homiletischen *departments* beider Seminare der Missouri-Synode macht deutlich, dass die Entwicklung der neuen Homiletik auf konfessionell-lutherischer Seite als ein wichtiger und notwendiger Beitrag zur Arbeit mit der Predigt und zur christlichen Verkündigung wahrgenommen und aufgenommen wird, an der sie sich kritisch und kreativ beteiligen.

7.4. Die Bedeutung für die interkulturelle Predigt

Gerhard Aho ist sich stets der nationalen und geistlichen Wurzeln seiner Familie und seiner Herkunftskirche in Europa bewusst. Er wirkt in Finnisch ebenso wie in Englisch. Mit seinen akademischen Arbeiten trägt er zum Verständnis der angelsächsischen Homiletik[2062] und der nordeuropäischen lutherischen Tradition[2063] bei. Im konfessionellen Luthertum verbinden sich für Aho die humanistischen Züge der Reformation und die Anknüpfung an die altkirchliche Rezeption der klassischen Rhetorik und Dialektik mit der genauen Kenntnis der Geschichte der Kirche und einer sensiblen Prüfung von Art und Inhalt der christlichen Verkündigung in der veränderten Situation und Umwelt in Nordamerika, zu der eine genaue Wahrnehmung des konfessionellen ebenso wie des kulturellen und sprachlichen Umfelds gehört. Aus einer solchen Haltung heraus sucht er die menschliche und pastorale Beziehung zu seinen Gemeindegliedern in seiner Zeit als Gemeindepfarrer in den USA und in Australien. Seine Annahme einer Berufung durch die dortige finnische Seemannsmission ist ein Ausdruck dafür, dass ihm dabei immer an denen liegt, die »anders« sind. Das wird auch in einer Buchbesprechung deutlich, in der es um eine jugendgemäße Verkündigungssprache geht[2064]: Man möge das für eine einfache Neuerung halten oder amüsant finden, aber das Buch leiste viel mehr. Es sei eine Ressource für die Kommunikation mit jungen Menschen, die die Kirche oft nicht erreiche. Die Paraphrase des biblischen Wortes, die der Autor versuche, könne nicht erzwungen werden, sie müsse immer aus einer natürlichen Situation heraus erwachsen. Er habe eben das getan, was Missionare immer täten, wenn sie auf Sprachbarrieren stießen:

[2062] Aho, Homilies.

[2063] Aho, Lutheran Church of Finland; ders., Preaching of Hedberg.

[2064] Gerhard Aho, Carl F. Burke, God is for Real, Man, New York/NY, 1966 (Buchrezension). The Springfielder 31 (1967/68), 1, 82f.

»Keeping the basic meaning of the Bible's message, he has permitted these ›souls for whom Christ died‹ to express in their own ways their desire to know God and to find help.«[2065]

Das geistlich-missionarische Anliegen prägt Ahos Person und Werk. Sich nach außen zu öffnen und andere in Gottes Reich hineinzurufen hält er für eine selbstverständliche Verpflichtung der christlichen Gemeinde und eine wesentliche Aufgabe der Predigt. Grundlegend ist dabei zum einen sein Verständnis der Predigt, nach der der Prediger nicht ein autoritärer Interpret ist, der den Hörer auslegt, sondern das Werkzeug des Wortes Gottes, das in dessen Vollmacht sowohl ihn wie den Hörer interpretiert[2066] – ein entscheidender Unterschied gerade in der Beziehung zu nicht kirchlich-geprägten Hörern und in jeder interkulturellen Begegnung.[2067]

Zum anderen ist hierzu eine Voraussetzung entscheidend, die häufig nur in der interkulturellen Arbeit thematisiert wird, für Caemmerer aber im Kontext der Predigt grundsätzlich gilt und die Ahos Hörer unter der Kanzel spürten:

»One person cannot help another unless he can communicate with him. But the communication needs to be more than audible; it has to be acceptable. If the preacher should help the hearer, *he* has to be accepted before his help is accepted. This set for acceptance is called rapport, the magic word in human relations. Where shall the preacher go for it? The answer is pastoral care.«[2068]

Nach meiner eigenen Erfahrung in der Predigtarbeit mit Ahos Ansatz in mehreren Ländern auf drei Kontinenten und in fünf Sprachen erschien das von ihm erworbene Handwerkszeug auch nach Jahren und in verschiedensten kulturellen Situationen als brauchbar und hilfreich. Gerade weil er keinen Methodismus lehrt und sein Ansatz zu keiner Schul-Bildung führt und weil er den Umgang mit unterschiedlichen Predigtsituationen und ungewohnten Redeformen nicht vorschreibt, sondern Werkzeuge dafür an die Hand gibt, ist dieser offensichtlich nicht an einen bestimmten Kontext gebunden. Das sorgfältige Hinhören auf den Text nicht nur in der eigenen Muttersprache (und damit aus dem eigenen, kulturell geprägten Verständnis heraus), sondern in der Urspra-

---

2065 A.a.O., 83.

2066 Die Ausführungen zum »natürlichen Menschen« und zu den Defensivmechanismen des Hörers in AHO, Sermon Theory I, 1 und 4 kann der Prediger nur zuerst auf sich selbst beziehen. Damit steht er in seinem Tun, Reden und Urteilen stets unter Gottes Urteil.

2067 Dass die »unbestrittene Autorität des biblischen *Textes* [...] zu den Bedingungen der Predigt« gehört, wie Müller auch in der deutschen Homiletik schreibt, gilt nicht zuletzt für solche Verkündigung über kulturelle Grenzen hinweg, wenn man bedenkt, dass die Alternative letztlich nur ein besonderes kulturelles oder individuelles Sendungsbewusstsein sein kann (HANS MARTIN MÜLLER, Artikel »Homiletik«. In: GERHARD MÜLLER [u.a.] [Hg.], Theologische Realenzyklopädie XV, Berlin [u.a.] 1986, 526–565; hier 556; Hervorhebg. i. Orig.).

2068 CAEMMERER, Preaching 1959, 279.

che, die pastoraltheologische Einordnung der Predigt, das sorgfältige Hinhören auf den Hörer in seiner Sprache und Situation und nicht zuletzt das Dreh- und Angelmoment, das im Angesicht des Gerichts und der Gnade Gottes beide im aktuellen Predigtereignis zusammenhält – dies alles bietet ein fein justiertes und immer wieder nachjustierbares Werkzeug; ein Werkzeug, das mir bei einem immer tieferen Eindringen in die verschiedenen Sprachen und die geistliche Situation meiner Hörer (die einen anderen Hintergrund hatten als ich selbst) und dem gleichzeitigen Bemühen, dieses doppelte Wort Gottes diesen Menschen in ganzer Klarheit und größtmöglicher Präzision auszurichten, je länger desto wertvoller wurde.[2069] Die Tatsache, dass seine Einweisung in die homiletische Handwerkskunst von verschiedener Seite in die theologische Ausbildung unter anderem auf den Philippinen, in Südamerika und in Ostafrika übernommen wurde, bestätigt diese Erfahrung.

[2069] In dieser Hinsicht stellt das von Bohren beklagte fast völlige Fehlen linguistischer Arbeiten an Predigten m.E. ein wesentliches Defizit dar (s. BOHREN, Predigtlehre, 143).

8. Zusammenfassung und Ertrag

Europäische Einwanderer in die USA bringen ihre nationalen und konfessionellen Predigttraditionen mit. Diese beeinflussen sich in der neuen Heimat gegenseitig. Die Pioniersituation, in der sich viele von ihnen befinden, führt zu einer starken Gemeinschaftserfahrung, zur Betonung der aktiven Beteiligung des Einzelnen und zum Phänomen des reisenden Predigers. Hinzukommen *Revival*-Veranstaltungen mit ihrer eigenen Art des Predigens. So entsteht im 19. Jahrhundert zunehmend eine US-amerikanische, protestantische Predigtpraxis, die bei aller konfessionellen Vielfalt in der neuen Heimat, in der es keine Staatskirche gibt, zugleich eine Reihe verbindender Charakteristika aufweist. Hierzu gehören ein evangelikaler Grundzug, das christliche Handeln als Ziel der Verkündigung und die fortwährende Rolle der klassischen europäischen Rhetorik auf der Kanzel. Mit der Reflexion dieser Entwicklung bildet sich gegen Ende des Jahrhunderts allmählich eine nordamerikanische Homiletik heraus, die auf ihren eigenen Kontext bezogen ist und zunehmend eigenständig wird.

Das 20. Jahrhundert bringt große Veränderungen. Massenproduktion, Massenmedien, Massenkommunikation und die Erfahrung zweier Weltkriege werfen von neuem die Frage nach der Art und dem Inhalt der christlichen Verkündigung auf. Die weit verbreitete, rational-lehrhafte Form der Predigt, die wenig Variation kennt, wird von vielen als kraftlos empfunden. Eine Neubesinnung auf die tatsächlichen Nöte der Hörer setzt ein. Unter dem Einfluss der neuen Hermeneutik wird der Ereignischarakter des Wortes und der Verkündigung unterstrichen. Ende der 50er Jahre richtet Davis die Aufmerksamkeit der Homiletik auf die Fülle der möglichen Formen der Predigt. Es kommt zu einem Neuaufbruch, für den Randolph ein Jahrzehnt später die Bezeichnung *new homiletic* prägt. Es ist die Zeit der Infragestellung traditioneller Werte, Strukturen und Autorität, von Rassenunruhen und *women's liberation*. Aus der Frage nach dem Verhältnis von Inhalt und Form, die am Anfang dieser homiletischen Epoche steht, wird zunehmend die Frage nach der Wirkung der Form. Dialogpredigten wollen den Hörer beteiligen, die induktive Struktur will die Aufmerksamkeit für die Predigt zurückgewinnen, *story* und narratives Predigen die Gemeinde in das Geschehen einbeziehen. Die Entdeckung der afro-amerikanischen Predigt durch den homiletischen *mainstream* wird zu einer kulturellen Erfahrung im eigenen Land. Die Homiletik entwickelt sich in die Breite. Eine Handvoll führender Vertreter, die untereinander einen freundschaftlichen Austausch pflegen, arbeiten nebeneinander in unterschiedliche Richtungen. Was sie verbindet, ist die Abgrenzung von der »alten« Homiletik und das Gefühl eines grundsätzlichen Umbruchs in Bezug auf das, was *preaching* bedeutet, wie es geschieht und wie es aufgenommen wird.

In dieser Entwicklung der Homiletik ab dem 19. Jahrhundert, in der baptistische, methodistische und presbyterianische Einflüsse oder solche der Episcopal Church häufig offensichtlich scheinen, sind immer wieder auch Stimmen zu hören, die in der aktuellen homiletischen Diskussion ein lutherisches Verständnis der Predigt zur Sprache bringen oder in ihren Beiträgen zur aktuellen homiletischen Diskussion voraussetzen. Dazu gehört die Betonung der objektiven Wirkung der Gnadenmittel einschließlich der *viva vox* des Evangeliums auf der Kanzel, wie sie das neukonfessionelle Luthertum im 19. Jahrhundert in der Auseinandersetzung mit Rationalismus und Pietismus neu entdeckt. Finnische Einwanderer in Amerika haben diese in der Erweckung um Hedberg kennengelernt, fränkische Einwanderer haben sie von Löhe mitbekommen. Dazu gehört weiter die rechte Unterscheidung und Anwendung von Gesetz und Evangelium, wie sie Walther in der Anfangszeit der »Lutheran Church-Missouri Synod« herausgearbeitet hat. Es ist diese Identität, die die konfessionell-lutherische Homiletik in den USA von Anfang an zu einem wohlwollend-kritischen und zugleich aufgeschlossenen Begleiter dieser homiletischen Entwicklung macht.

In persönlicher Form wird dieses Gesamtbild in der Person und im Werk Gerhard Ahos erkennbar, eines Gemeindepfarrers und Predigtlehrers, der in vielfacher Hinsicht typisch ist für die US-amerikanische Situation: ein Enkel von Einwanderern; ganz Amerikaner und zugleich verwurzelt in einer kontinentaleuropäischen Sprache und geprägt von der Frömmigkeit seiner Vorfahren; einer Frömmigkeit, die im nordamerikanischen Umfeld bereits bei seinem Großvater und seinem Vater zu einer zunehmenden persönlichen Verantwortung für die eigene Gemeinde und Kirche, für die Verkündigung in ihr und für diejenigen, die dieses Wort noch nicht gehört haben, führt. Nicht untypisch ist auch, dass Aho als Gemeindepfarrer, dessen Predigten Eindruck gemacht haben, zur Predigerausbildung an das Seminar seiner Kirche berufen wird, und dass dies wiederum nach seinem eigenen Verständnis und der Struktur der Ausbildung mit einer Konzentration auf die Praxis verbunden ist. Das Besondere an seiner Person und seinem Werk ist dabei die Intensität und Präzision, mit der er akademisch weiterarbeitet, eben um der Praxis und der verantwortlichen Ausbildung zukünftiger Prediger willen. So sind Theologie und Praxis für ihn als praktischen Theologen nicht zwei Bereiche der theologischen Ausbildung, sondern zwei Aspekte des Verkündigungsauftrags der Kirche: der Verantwortung gegenüber Gott und den Menschen. Zu dieser Verantwortung gehört auch, dass er das theologische Erbe seiner Vorfahren und seiner Kirche nicht als starre Größe übernimmt, sondern es sich selbst immer wieder erarbeitet, wie sie es getan haben.

Im Bewusstsein dieser Verantwortung begleitet Aho interessiert die homiletische Entwicklung seiner Zeit. Dankbar würdigt er viel Hilfreiches, das er in der »neuen Homiletik« und der heranwachsenden Kommunikationswissenschaft findet, deren Anfänge beide mit dem Beginn seiner Lehrtätigkeit zusammenfallen. Zugleich bleibt für ihn das Versöhnungswerk Christi am Kreuz das Zentrum, das ihn davor bewahrt, die grundsätzliche Wirkung des Wortes Gottes an bestimmten (oft gar nicht so neuen) Formen der Predigt festzumachen oder die Erwartungen seiner Zeit zum alleinigen Maßstab der Predigt werden zu lassen.

In derselben, doppelten Verantwortung hat er jedoch stets den Hörer im Blick mit seiner geistlichen (und infolge davon aller menschlichen) Not und mit dem geistlichen Kampf, in dem er im Glauben steht. Um seinetwillen geht es ihm am Seminar und in der Kirche nicht darum, Anhänger für eine bestimmte (auch konfessionelle) Richtung der Homiletik zu gewinnen, sondern darum, dass Gottes Wort in der Predigtvorarbeit und auf der Kanzel die von ihm intendierte Wirkung entfaltet. Damit steht Aho in einer langen, europäischen und nordamerikanischen lutherischen Tradition und zugleich in einem fruchtbaren Austausch mit der gesellschaftlichen, kirchlichen und homiletischen Entwicklung seines Umfeldes. Er macht den praktischen Wert einer genauen theologischen und begrifflichen Arbeit sichtbar, deren Fehlen bisweilen als Defizit in der amerikanischen Diskussion angemerkt wird. Man mag Ahos Ansatz, in dem sich eindeutige biblische Inhalte in seiner konfessionell-lutherischen Haltung mit einer klaren Gewichtung verbinden, theologisch als »enger« bezeichnen als manchen anderen. Doch liegt in dieser praktisch-theologischen Arbeitsweise zugleich eine große Offenheit, da sie den Blick für die Faktoren schärft, die auf die Vorbereitung und das Halten der Predigt einwirken. Damit ist sie nicht auf bestimmte (zeit- und kulturgebundene) Rahmenbedingungen festgelegt, sondern lädt ein zur Weiterarbeit etwa mit einem filmischen oder szenischen Paradigma der Predigt, der rasanten Weiterentwicklung der Medienwelt oder typischen Predigtsituationen in Afrika wie der Mehrsprachigkeit oder den Erwartungen, die konkrete Hörergruppen mit dem Gebrauch narrativer Formen verbinden.[2070] Diese Aufgeschlossenheit für aktuelle Entwicklungen zeigt sich ebenso darin, dass dieser Ansatz heute an beiden Seminaren der Missouri-Synode weiter entfaltet wird, wie in der interkulturellen Weiterarbeit mit Ahos Kursmaterial innerhalb und außerhalb der USA.

[2070] In einer stark hierarchisch und sozial gegliederten Gesellschaft gehört hierher nach der Erfahrung auf dem afrikanischen Kontinent auch die Frage der Auswahl von Beispielen aus dem persönlichen Erleben der Hörer oder die Entscheidung für angemessene grammatische Formen in der direkten Anrede, die u.U. davon abhängen, ob es Gott ist, der zum Hörer spricht, oder ein junger Prediger, der noch keine eigene Familie hat.

Was wir von Aho lernen können, ist diese Offenheit, die zu einer unvoreingenommenen und lernwilligen Beschäftigung mit der Vergangenheit wie mit dem gesamtchristlichen Kontext führt, gerade weil ihr die Feinheiten der theologischen (und damit immer auch praktischen kirchlichen) Arbeit nicht gleichgültig sind, sondern weil sie überzeugt ist, dass Gottes Wort zeitlos gültig ist und eben deshalb allen Menschen zu jeder Zeit stets neu so gesagt werden muss, dass sie es hören und es bei ihnen seine Wirkung entfaltet. Diese heilsame Wirkung des Wortes liegt nicht in einem geschichtlichen Fortschritt, einer bestimmten Kirche oder einflussreichen Pfarrern, Predigern oder Predigtlehrern in ihr, sondern in Christus als seinem Subjekt. Er ist es, der predigt und der zu predigen ist.

Aus diesem Grund liegt Aho nicht daran, einen möglichst originellen homiletischen Ansatz zu entwickeln noch in der Vorderfront von Auseinandersetzungen innerhalb seiner Kirche oder mit anderen Kirchen zu stehen. Dies ist in seinem Wesen ebenso begründet wie in seinem Verständnis des Auftrags, der ihm gegeben ist. Dieser bezieht sich auf die geistliche Auseinandersetzung mit der Kirche und der Welt, der alten und der erneuerten Natur des Christen, die in der Predigt geschieht – seiner eigenen wie der seiner Schüler. Nicht sich selbst will er ihnen groß machen, sondern Christus.

Weder die homiletische Anleitung im Vorlesungssaal oder auf den gedruckten Seiten eines Buches noch die Predigt auf der Kanzel ist eine zufällige Aneinanderreihung von Worten und Gedanken, vielleicht gerechtfertigt durch ein Paradigma der Predigt als Kunstwerk, in dem das subjektive Bewusstsein des Predigers ausschlaggebend wird für Form und Inhalt und auf die individuelle Rezeption durch den Hörer mehr oder weniger zufällig einwirkt. Predigen ist ein Handwerk, das gelehrt und gelernt werden kann; nicht in mechanischer Anwendung von Regeln, sondern in der immer wieder neuen Entdeckung der Intention des Wortes Gottes, das dem Prediger in einer bestimmten menschlichen und geistlichen Situation aufgegeben ist, und der fortwährenden Einübung in den Umgang mit der Sprache. Predigt ist damit mehr als ein mechanisches Handwerk und mehr als eine aller lernbaren Methodik enthobene Kunst. Es ist eine Handwerks-Kunst, erlernt in der Schule des Heiligen Geistes und in einer geistlichen *company of preachers*.

Epilog

Bei der Arbeit an Gerhard Ahos Beitrag zur nordamerikanischen Homiletik stieß ich auf unerwartete Spuren. Ich wusste, dass seine Familie finnische Wurzeln hatte. Mir war jedoch nicht bewusst, dass er als Amerikaner der dritten Generation die Sprache seiner Vorfahren fließend beherrschte und mehrere Reisen nach Finnland unternahm. In seiner akademischen Arbeit suchte er wiederholt die Verbindung zur Geschichte der Homiletik in Europa. Seine Dissertation schlug eine Brücke nicht nur zum Pietismus und der neukonfessionell-lutherischen Erweckung in Finnland im 19. Jahrhundert, die beide seine Familie prägten. Sie verknüpfte diese über die Beziehungen Fredrik Gabriel Hedbergs zum konfessionellen Luthertum in Deutschland auch mit den deutsch-lutherischen Wurzeln der Missouri-Synode und dem Werk Wilhelm Löhes, des Gründers des Concordia-Seminars in Fort Wayne.

Ahos Vertrautheit mit der klassischen europäischen Rhetorik wurde zu einer weiteren Spur, die mein Theologiestudium mit dem klassischen Latein- und Griechischunterricht meiner Schulzeit verband. Ihre Rezeption in der christlichen Kirche führte zu dem großen Kirchenvater Augustin, der als Nordafrikaner auch ein Beispiel war für einen frühen und einflussreichen afrikanischen Beitrag zur Tradition des Christentums. Die Beschäftigung mit dem methodischen Dreischritt von *goal-malady-means* führte ins Internet, wo dieser in Blogs diskutiert wird, und brachte Rückmeldungen von seinem Einsatz in der missionarischen kirchlichen Arbeit außerhalb der »westlichen« Welt.

Im Zeitalter globaler Nachbarschaft kommen seit 2009 jährlich Jugendliche, Jugendleiter und Pfarrer aus der Missouri-Synode in den USA und aus lutherischen Kirchen in Mittel- und Nordeuropa zu einer Jugendkonferenz in Skandinavien zusammen. Darunter sind verschiedene in Fort Wayne ausgebildete Theologen, Studenten der Hochschule in Oberursel und Vertreter aus Finnland, die mit dem Evangeliumsverein verbunden sind; viele von ihnen in dem Alter, in dem Gerhard Ahos Großvater Finnland verließ und in Amerika nicht nur Arbeit und ein eigenes Stück Land suchte, sondern auch eine lutherische Kirche, in der er geistlich beheimatet wäre.[2071]

Als wissenschaftlicher Assistent an der Lutherischen Theologischen Hochschule Oberursel folgte ich im Juni 2010 meiner eigenen Spur zurück an das

[2071] N.N., Corpus Christi, o.O., http://corpuschristi.se/index.php?lang=en [18.10.2012].

Concordia-Seminar in Fort Wayne, wo ich an einer Konferenz der kirchlichen Ausbildungsstätten innerhalb des Internationalen Lutherischen Rates (»International Lutheran Council«, ILC) teilnahm. Mit Carl Fickenscher, der Ahos homiletischen Ansatz heute in Fort Wayne weiterverfolgt, kam es am späten Abend zu einem langen Austausch, der erst endete, als seine Frau telefonisch nach ihm fragte. Im November desselben Jahres machte David Schmitt, der als Homiletiker am Concordia Theological Seminary in Saint Louis auf der gleichen Grundlage arbeitet, auf einer Reise nach Wittenberg in Oberursel Station. Trotz *jetlag* kam es an diesem Wochenende mit ihm zu intensiven, andauernden Gesprächen zu zweit und in einer Runde von internationalen Studenten. Es wurde auch dort wieder deutlich, dass Predigen da, wo unterschiedliche Menschen zusammenkommen und wo die Kirche ihnen Gottes Wort neu oder wieder neu sagen will, immer grenzüberschreitend ist. Und da es um das Heil der Menschen geht, ist gerade in solchen Situationen die Präzision eine wichtige Voraussetzung, mit der Aho zum genauen Hinhören auf das Wort Gottes und auf die Situation des Hörers in seinem Umfeld und seiner gesamten Lebenssituation anleitete und bis heute anleitet: Als ich im Sommer desselben Jahres wie zweieinhalb Jahrzehnte zuvor wieder im Campus-Bookstore stand, stellte ich fest, dass Ahos »Sermon Theory«, die mich während dieser Zeit auf dem Weg mit dem Evangelium durch mehrere Kulturen begleitet hat, weiterhin gedruckt wird und für jeden neuen Jahrgang von Seminaristen dort zum Kauf bereitliegt.

I. Literatur

I.1. Bibliographie

I.1.1. Monographien und Herausgeberschaften[2072]

Aho, Gerhard: The 4th ›R‹. Ft. Wayne/IN 1979. (Predigt in der lutherischen Gloria-Dei-Kirche in Virginia/MN am 28.10.1979; Gottesdienst zum 450. Jubiläum des Kleinen Katechismus Luthers.)

– Communicating the Word: Materials on Preaching, Oral Reading of Scripture, and Discussion. Zusammengestellt von Gerhard Aho, Ft. Wayne/IN [ca. 1984].

– The Concept of the Kingdom of God in the Four Gospels, [Springfield/Il oder Ft. Wayne/IN zw. 1970 und 1979].

– Four Aspects of Effective Preaching. In: Communicating the Gospel Today: Materials on Preaching, Oral Reading of Scripture, and Discussion. Zusammengestellt von Gerhard Aho, Ft. Wayne/IN zw. 1980 und 1987. O. durchg. Pagnrg. (Länge dieses Beitrags: 2 Seiten)

– Gospel Lessons, Series B. In: Aho, Gerhard (u.a.): Sermon Illustrations for the Gospel Lessons, St. Louis/MO 1982.

– Gospel Lessons, Series B, St. Louis/MO [ca. 1981].

– The Lively Skeleton. Thematic Approaches and Outlines. (The Preacher's Workshop Series. Bd. 4), St. Louis/MO 1977. (= Aho, Skeleton)

– Notes on Sermon Delivery, Ft. Wayne/IN ca. 1979 (Erstellt für Lehrveranstaltung zum Halten der Predigt. Typoskript, in Photokopie).

[2072] Die Übergänge zwischen photokopierten Unterrichtsvorlagen, die in der Bibliothek des Concordia-Seminars in Fort Wayne zu finden sind, und ebenso vervielfältigten, im »Concordia Print Shop« gebundenen Materialien, die im Buchladen des Seminars und in der Folge auch gebraucht auf dem Buchmarkt zu kaufen sind, ist fließend. Eine Unterscheidung zwischen »veröffentlichten« und »unveröffentlichten« Materialien ist daher in diesem und dem folgenden Unterabschnitt nicht möglich.

– Nurturing Relationship in the Family of God: Above All These Put On Love, Ft. Wayne/IN 1979. (Vortrag auf der »Church Leaders' Conference« des Distrikts von Missouri der Missouri-Synode, 4.11.1979)

– The Old and Middle English Homilies. A Literary and Theological Study. A Research Paper Presented to the Faculty of the Practical Department, CTS. Thesis (Bachelor of Divinity), [Springfield/IL] 1968. (= Aho, Homilies)

– The Preaching of F. G. Hedberg. Submitted in partial fulfillment of the requirements for the degree of Doctor of Philosophy in Speech in the Graduate College of the University of Illinois. Thesis (Ph.D.), Urbana/IL 1972. (= Aho, Preaching of Hedberg)

- Preaching Workshop Notes. Ft. Wayne/IN [zw. 1980 und 1987].

- The Scriptural Doctrine of Marriage: A Doctrinal Essay, Nobby/Queensland, Australien 1955. (Vortrag auf einem Konvent des Queensland-Distrikts der Evangelical Lutheran Church of Australia.)

- Sermon Illustrations for Gospel Lessons: Series B, St. Louis/MO 1981.

- Sermon Outlines, Springfield/IL [zw. 1970 und 1976].

- Sermon Theory I Notes, Fort Wayne/IN [zw. 1980 und 1987]. (= Aho, Sermon Theory I)

- Sermon Theory II Notes. Fort Wayne/IN [zw. 1980 und 1985]. O. durchg. Pagnrg. (= Aho, Sermon Theory II)

- The Theology of Evangelism. O.J. (veröffentlicht vom »Department of Evangelism« der Missouri-Synode.)

I.1.2. Mitherausgeberschaften[2073]

Aho, Gerhard/Deffner, Donald L./Kapfer, Richard G.: Lent. A Time for Renewal. Sermon Book. Lenten Studies, Sermons, and Worship Resources for Ash Wednesday to Easter, St. Louis/MO 1989. (= Aho/Deffner/Kapfer, Time)

Communicating the Word to Middle Aged Persons; the Emotional, Physical, and Spiritual Problems of Middle Life of which the Pastor Should Be Aware. In: Gerhard Aho/Otto F. Stahlke (Hg.): Preaching Aids, Springfield/IL [zw. 1970 und 1976.] O. durchg. Paginierg. (Länge dieses Beitrags: 4 Seiten. Unterrichtsvorlage.)

- Communicating the Word to Older Persons. In: Gerhard Aho/Otto F. Stahlke: Preaching Aids, Springfield/IL [zw. 1970 und 1976]. O. durchg. Paginierg. (Länge dieses Beitrags: 3 Seiten. Unterrichtsvorlage.)

[2073] In alphabetischer Reihenfolge nach Titeln.

– /Kapfer, Richard: Don't Be Afraid: Six Lenten Sermonic Studies. In: Don't Be Afraid: Six Lenten Sermonic Studies by Gerhard Aho And Six Lenten Liturgies by Richard Kapfer, Ft. Wayne/IN [ca. 1981].

– /Rogahn, Kenneth/Kapfer, Richard: Glory in the Cross. Fruit of the Spirit from the Passion of Christ. Lenten Studies, Sermons, and Worship Resources for Ash Wednesday to Easter, St. Louis/MO 1985. (= Aho/Rogahn/Kapfer, Glory)

– Law and Gospel in Preaching. In: Preaching for Pastors. (Professional Development.) Hg. v. Stephen J. Carter, St. Louis/MO 1986, 20–24. (Gedrucktes Begleitmaterial zu einer gleichnamigen Videokassette.)

– /Rossow, Francis (Hg.): Lectionary Preaching Resources, St. Louis/MO [ca. 1986–1988]. (Predigtmeditationen für die Evangeliums- und Epistellesungen der Dreijahres-Perikopenreihen, hauptsächlich aus ConJ und CTQ.)

– (u.a.): Sermons for Special Occasions, St. Louis/MO 1981.

– (u.a.): We Too Can Make a Good Confession. Introductory Sermon. (Sechs Predigten von verschiedenen Verfassern zum vierhundertjährigen Jubiläum des Konkordienbuches), St. Louis/MO [ca. 1980].

– The Wedding Sermon and Preparation for Marriage. In: Aho, Gerhard /Stahlke, Otto F. Preaching Aids, Springfield/IL [zw. 1970–1976]. O. durchg. Paginierg. (Länge dieses Beitrags: 5 Seiten. Unterrichtsvorlage.)

I.1.3. Artikel[2074]

The Springfielder[2075]

Aho, Gerhard: 28 (1964/65), 2, 7–17. The Evangelical Lutheran Church of Finland. A Brief Survey of Its History, Organization and Doctrinal Complexion. (= Aho, Lutheran Church of Finland)

– 30 (1966/67), 4, 27–34. The Joy of Worship. (Aho, Joy of Worship)

2074 Chronologisch geordnet. – In dieser Übersicht nicht erfasst sind mögliche Beiträge Gerhard Ahos in den folgenden, regelmäßigen Publikationen (vgl. SCAER, Gerhard Aho, 243f.), die mir im Rahmen dieser Arbeit nicht zugänglich sind:
1. »Yearbook« der National Evangelical Lutheran Church.
2. The Lutheran Voice (Monatszeitschrift der National Evangelical Lutheran Church, 1950–1963).
3. Auttaja (= »Helfer«) (Monatszeitschrift der National Evangelical Lutheran Church, 1907–1967, zeitweise hg. von Gustaf Aho).
4. Concordia Pulpit Resources (vierteljährlich).
5. Portals of Prayer (tägliche Andachten, vierteljährlich).

2075 »The Springfielder« erscheint vierteljährlich, der neue Jahrgang beginnt jeweils im Frühjahr.

- 31 (1967/68), 2, 22–28. Divine Madness: A Facet of the Theology of Evangelism.
- 33 (1969/70), 1, 45f. Preaching from Paul.

Concordia Theological Quarterly[2076]:

- 45 (1981), 1–2, 1–4. Law and Gospel in Preaching. (= Aho, Law and Gospel)

Concordia Journal:

- 4 (1978), 5, 202–208. Toward Proficiency in the Preaching Task. (= Aho, Toward Proficiency).

I.1.4. Rezensionen: The Springfielder[2077]

Aho, Gerhard: 26 (1962/63), 2, 57. Peter H. Eldersveld: Sharing His Suffering, Grand Rapids/MI 1961.

- 26 (1962/63), 2, 57f. David H. C. Read: I Am Persuaded, New York/NY 1961.
- 26 (1962/63), 2, 58. Theodore J. Kleinhans: Alone With God – Devotions From Martin Luther, St. Louis/MO 1962.
- 27 (1963/64), 3, 65f. George W. Hoyer/Iustus P. Kretzmann: In Time ... For Eternity, St. Louis/MO 1963.
- 28 (1964/65), 1, 48f. James E. Wagner: Incarnation to Ascension. A Pastoral Interpretation, Philadelphia/PA 1962.
- 28 (1964/65), 1, 49f. (versch. Verf.:) Sermonic Studies. Bd. 2, St. Louis/MO 1963.
- 30 (1966/67), 1, 59f. Helmut Thielicke: The Trouble with the Church. A Call for Renewal, New York/NY 1965.
- 30 (1966/67), 1, 61f. Roland Q. Leavell: Prophetic Preaching Then And Now. Grand Rapids/MI 1963.
- 30 (1966/67), 1, 67–69. P. T. Forsyth: Positive Preaching And The Modern Mind, Grand Rapids/MI 1964.
- 30 (1966/67), 1, 69. Great Expository Sermons. Compiled by Faris D. Whitesell, Westwood/NJ 1964.

[2076] »The Springfielder« erscheint ab Januar 1977 bei fortgesetzter Jahrgangszählung unter dem Namen »Concordia Theological Quarterly«. Die Jahrgänge folgen seitdem dem Kalenderjahr.

[2077] Chronologisch geordnet.

- 30 (1966/67), 1, 82f. Carl F. Burke: God is For Real, Man, New York/NY 1966.
- 30 (1966/67), 1, 83. Herman W. Gockel: My Father's World, St. Louis/MO 1966.
- 30 (1966/67), 1, 83f. Ralph G. Turnbull (Hg.): If I Had Only One Sermon to Preach, Grand Rapids/MI 1966.
- 30 (1966/67), 4, 62. O. Thomas Miles: Dialogues With God. Prayers for Day-to-Day Living, Grand Rapids/MI 1966.
- 31 (1967/68), 1, 84f. Free to Live, Free to Die. By Malcom Boyd, New York/NY (u.a.) 1967.
- 31 (1967/68), 2, 53f. Theodore J. Kleinhans: The Year of The Lord. The Church Year: Its Customs. Growth and Ceremonies, St. Louis/MO 1967.
- 31 (1967/68), 2, 56. Lucy J. Pelger: Living For a Living God. Devotions for Women's Groups, St. Louis/MO 1967.
- 31 (1967/1968), 3, 80f. Franklin M. Segler: Christian Worship. Its Theology and Practice, Nashville/TN 1967.
- 31 (1967/68), 3, 81f. Leslie F. Brandt: Good Lord, Where Are You? Prayers for the Twentieth Century, Based on the Psalms, St. Louis/MO 1967.
- 31 (1967/68), 4, 54f. James Daane: The Anatomy of Anti-Semitism And Other Essays on Religion and Race, Grand Rapids/MI 1965.
- 32 (1968/69), 3, 64f. Ralph G. Turnbull: The Preacher's Heritage, Task, And Resources, Grand Rapids, MI, 1968.
- 32 (1968/69), 3, 66f. Charles E. Blair: The Silent Thousands Speak, Grand Rapids/MI 1968.
- 32 (1968/69), 4, 57f. Julius Melton: Presbyterian Worship in America, Richmond/VA 1967.
- 32 (1968/69), 4, 60–62. B. F. Jackson, Jr. (Hg.): Communication-Learning for Churchmen. Bd. 1, Nashville/TN 1968.
- 33[2078] (1969/70), 1, 45f. R. C. H. Lenski: Preaching From Paul, Grand Rapids/MI 1968.
- 33 (1969/70), 1, 67. Herbert Lockyer: All the Holy Days And Holidays, Grand Rapids/MI 1968.

[2078] Auf dem Titelblatt irrtümlich als Jahrgang 32 angegeben.

- 39 (1976), 4, 262. Helmut Thielicke: Encounter With Spurgeon, Grand Rapids/MI 1975.
- 39 (1976), 4, 262f. Eldon Weisheit: To the Kid in the Pew, Grand Rapids/MI 1975.
- 39 (1976), 4, 263. Lloyd John Ogilvie: Let God Love You, Waco/TX 1974.
- 39 (1976), 4, 263. Harold Rogers: Learning to Listen, Lord, Waco/TX 1974.
- 39 (1976), 4, 263. Gordon A. Lewis: Judge For Yourself, Downers Grove/IL 1974.
- 39 (1976), 4, 263. Andrew W. Blackwood: Doctrinal Preaching for Today, Grand Rapids/MI 1975.
- 39 (1976), 4, 264. Andrew W. Blackwood: Planning A Year's Pulpit Work, Grand Rapids/MI 1975.
- 39 (1976), 4, 264. F. B. Meyer: Expository Preaching. Plans And Methods, Grand Rapids/MI 1974.
- 39 (1976), 4, 264. Andrew W. Blackwood: Preaching from the Bible, Grand Rapids/MI 1974.

I.1.5. Predigtmeditationen[2079]

The Springfielder[2080]:

Aho, Gerhard: 39 (1975/76), 3, 137ff. Mk 13,33-37.
- 39 (1975/76), 3, 138-140. Mk 1,1-8.
- 39 (1975/76), 3, 140-142. Joh 1,6-8+19-28.
- 39 (1975/76), 3, 142f. Lk 1,26-38.
- 39 (1975/76), 3, 144f. Lk 2,1-20.
- 39 (/1975/76), 4, 231-233. Joh 17,11b-19.
- 39 (/1975/76), 4, 233f. Joh 7,37-39a.
- 40 (1976), 1, 60-62. Joh 6,1-15.
- 40 (1976), 1, 62f. Joh 6,24-35.
- 40 (1976), 1, 63-65. Joh 6,41-51.
- 40 (1976), 2, 139f. Joh 6,51-58.
- 40 (1976), 2, 140f. Joh 6,60-69.
- 40 (1976), 2, 141-143. Mk 7,1-8+21-23.
- 40 (1976), 2, 143f. Mk 7,31-37.

[2079] Chronologisch geordnet.
[2080] Predigtmeditationen erscheinen in »The Springfielder« ab Jahrgang 39 (1975/76), 3.

Concordia Theological Quarterly:

- 41 (1977), 1, 58f. Joh 1,1–18.
- 41 (1977), 1, 78–80. Lk 13,1–9.
- 41 (1977), 1, 80f. Lk 15,1–3+11–32.
- 41 (1977), 1, 81–83. Lk 20,9–19.
- 41 (1977), 2, 78f. Lk 23,39–43.
- 41 (1977), 2, 79f., Lk 22,7–20.
- 41 (1977), 2, 80f. Lk 19,30.
- 41 (1977), 2, 81f. Lk 24,1–11.
- 41 (1977), 2, 85f. Joh 13,31–35.
- 41 (1977), 2, 87f. Joh 14,23–29.
- 41 (1977), 3, 60f. Lk 10,1–9+16.
- 41 (1977), 3, 61–63. Lk 10,25–37.
- 41 (1977), 3, 63f. Lk 10,38–43.
- 41 (1977), 3, 74f. Lk 17,1–10.
- 41 (1977), 3, 75f. Lk 17,11–19.
- 41 (1977), 3, 77f. Lk 18,1–81.
- 41 (1977), 4, 79f., Mt 24,37–44.
- 41 (1977), 4, 80f. Mt 3,1–12.
- 41 (1977), 4, 81–83. Mt 11,2–11.
- 41 (1977), 4, 83f. Mt 1,18–25.
- 41 (1977), 4, 84–86. Lk 2,8–20.
- 42 (1978), 1, 45f. Mt 6,1–6+16–18.
- 42 (1978), 1, 47f. Mt 4,1–11.
- 42 (1978), 1, 48f. Joh 4,5–26.
- 42 (1978), 1, 49–51. Joh 9,26–41.
- 42 (1978), 1, 51f. Mt 20,17–28.
- 42 (1978), 1, 52–54. Joh 11,21–45.
- 42 (1978), 1, 54f. Mt 26,6–13.
- 42 (1978), 1, 55f. Joh 13,1–17.
- 42 (1978), 1, 57. Joh 19,30b.
- 42 (1978), 4, 426f. Mk 16,1–8.
- 42 (1978), 4, 427f. Joh 20,19–31.
- 42 (1978), 4, 428–430. Joh 10,11–16.
- 42 (1978), 4, 430f. Joh 16,16–23.
- 42 (1978), 4, 431f. Joh 16,5–15.
- 42 (1978), 4, 432–434. Joh 16,23–30.
- 42 (1978), 4, 434–436. Joh 15,26 – 16,4.
- 42 (1978), 4, 436f. Joh 14,23–31.
- 43 (1979) 4, 368f. Act 1,1–11.
- 44 (1980), 1, 71f. I Kor 10,6–13.
- 44 (1980), 1, 73f. I Kor 12,1–11.

- 44 (1980), 1, 74f. I Kor 15,1-10.
- 44 (1980), 1, 75-77. II Kor 3,4-11.
- 44 (1980), 1, 77f. Gal 3,15-22.
- 44 (1980), 2-3, 182f. Gal 5,16-24.
- 44 (1980), 2-3, 188f. Eph 4,22-28.
- 44 (1980), 2-3, 190-192. Eph 6,10-17.
- 44 (1980), 4, 270-272. I Kor 11,23-26.
- 44 (1980), 4, 272f. Hebr 4,14 - 5,10.
- 44 (1980), 4, 273-275. Kol 3,1-4.
- 45 (1981), 1-2, 89f. Röm 8,14-17.
- 45 (1981), 1-2, 90f. Röm 3,21-25a+27-28.
- 45 (1981), 1-2, 94f. Röm 5,12-15.
- 45 (1981), 1-2, 96f. Röm 6,2b-11.
- 45 (1981), 1-2, 102-104. Röm 11,3-15+29-32.
- 45 (1981), 1-2, 104f. Röm 11,33-36.
- 45 (1981), 1-2, 105f. Röm 12,1-8.
- 45 (1981), 1-2, 106f. Röm 13,1-10.
- 45 (1981), 1-2, 113f. I Thess 1,1-5a.
- 45 (1981), 1-2, 114f. I Thess 1,5b-10.
- 45 (1981), 4, 299f. I Kor 6,12-20.
- 45 (1981), 4, 300f. I Kor 7,29-31.
- 45 (1981), 4, 303f. I Kor 10,31 - 11,1.
- 45 (1981), 4, 304f. II Kor 3,12 - 4,2.
- 45 (1981), 4, 305-307. Röm 8,31-39.
- 45 (1981), 4, 307f. Röm 5,1-11.
- 45 (1981), 4, 308f. Röm 10,5-13.
- 45 (1981), 4, 309-311. Eph 2,4-10.
- 45 (1981), 4, 312f. Phil 2,5-11.
- 45 (1981), 4, 314f. I Kor 15,19-28.
- 46 (1982), 1, 43f. I Joh 5-6.
- 46 (1982), 1, 46f. I Joh 3,1-2.
- 46 (1982), 1, 55f. II Kor 4,13 - 5,1.
- 46 (1982), 1, 58-60. II Kor 8,1-9+13f.
- 46 (1982), 1, 73f. Jak 2,14-18.
- 46 (1982), 1, 80-82. Hebr 7,23-28.
- 46 (1982), 4, 301f. Jer 33,14-16.
- 46 (1982), 4, 302f. Mal 3,1-4.
- 46 (1982), 4, 322f. Jes 12,1-6.
- 46 (1982), 4, 323f. Jes 43,16-21.
- 47 (1983), 1, 37f. Gen 11,1-9.
- 47 (1983), 1, 48f. Dtn 30,9-14.
- 47 (1983), 4, 355f. Mt 18,21-35.

- 47 (1983), 4, 356f. Mt 20,1-16.
- 47 (1983), 4, 357-359. Mt 21,28-32.
- 47 (1983), 4, 359f. Mt 21,33-43.
- 47 (1983), 4, 361f. Mt 22,1-14.
- 47 (1983), 4, 362-364. Mt 23,1-12.
- 47 (1983), 4, 364-366. Mt 24,1-14.
- 47 (1983), 4, 366f. Mt 25,1-13.
- 48 (1984), 4, 303f. Mk 11,1-19.
- 48 (1984), 4, 304f. Mk 1,1-8.
- 48 (1984), 4, 311. Mt 12,1-12.
- 48 (1984), 4, 312. Mk 1,4-11.
- 48 (1984), 4, 334. Joh 15,9-17.
- 48 (1984), 4, 335. Lk 24,44-53.
- 48 (1984), 4, 336. Joh 17,11b-19.
- 48 (1984), 4, 337. Joh 7,37-39a.
- 49 (1985), 1, 33f. Mk 3,20-35.
- 49 (1985), 1, 35f. Mk 4,26-34.
- 49 (1985), 1, 33f. Mk 3,20-35.
- 49 (1985), 1, 35f. Mk 4,26-34.
- 49 (1985), 4, 295f. Apk 1,4-18.
- 49 (1985), 4, 296f. Apk 5,11-14.
- 50 (1986), 1, 41f. Kol 1,1-14.
- 50 (1986), 1, 48f. Hebr 12,1-13.
- 50 (1986), 1, 53-55. I Tim 1,12-17.
- 50 (1986), 1, 57-59. II Tim 1,3-14.
- 50 (1986), 3-4, 218f. I Petr 1,3-9.
- 50 (1986), 3-4, 219-221. I Petr 1,17-21.
- 50 (1986), 3-4, 221f. I Petr 2,19-25.
- 50 (1986), 3-4, 222-224. I Petr 2,4-10.
- 50 (1986), 3-4, 230-232. Röm 3,21-25a+27f.
- 50 (1986), 3-4, 232f. Röm 4,18-25.
- 51 (1987), 2-3, 121-123. Dtn 18,15-20.
- 51 (1987), 2-3, 146-148. Ez 37,1-14.

Concordia Theological Monthly:
- 38 (1967), 3, 193-195. Joh 14,12-17.

Concordia Pulpit[2081]*:*
- 1977, 130-133. Jh 21,1-14.
- 1978, 215-220. Mt 21,33-43.

[2081] »Concordia Pulpit« erscheint jährlich und ist zusammengestellt aus Beiträgen der vierteljährlich erscheinenden »Concordia Pulpit Resources«.

- 1980, 29-34. Eph 3,2-12.
- 1980, 34ff. [Text ?].
- 1982, 3-7. Jes 63,16b-17.
- 1982, 7-12. Jes 40,1-11.
- 1985, 223-227. Jh 18,33-37.

I.1.6. Audiodokumente

Aho, Gerhard: Effective Preaching. Audiokassette, [St. Louis/MO] 1978. (Bibl. CTS St. Louis/MO)

- Luther the Preacher. (Luther Lecture Series. 8 Audiokassetten. Nr. 7), Ft. Wayne/IN o.J. (Bibl. C.T.S. Ft. Wayne/IN)

- Preaching the Gospel Without Making it Sound Like Law, Ft. Wayne/IN o. J. (Bibl. CTS Ft. Wayne/IN)

- Sermon Outlining: Theme, Major Divisions, Line of Direction, Ft. Wayne/IN o.J. (Bibl. CTS Ft. Wayne/IN)

I.1.7. Videodokumente

Aho, Gerhard/Preus, Robert. The Third Use of the Law. (Videoaufnahme einer Podiumsdiskussion am Concordia-Seminar), Ft. Wayne/IN, 24.1.1985. (Bibl. CTS Ft. Wayne/IN)

I.2. ZUR PERSON

Arkkila, Reijo: Ylennä ristinlippu. Muistikuvia matkan varrelta, Vaasa 2012, 71-73.[2082]

- Gerhard Aho. In: Kotimatkalla (Jahrbuch des finnischen Evangeliumsvereins [LEAF]) Helsinki 1988, 202-207. (Nachruf)

Kapfer, Richard: Gerhard Aho: A Precise Preacher. In: Concordia Pulpit Resources, 7 (1977), 3, 2-4. (= Kapfer, Gerhard Aho)

Klug, Eugene F. H. (Hg.): Memorial Service for Dr. Gerhard Aho, Ft. Wayne/IN 1987. (Audiokassette, Bibliothek des Concordia-Seminars in Ft. Wayne/IN)

Scaer, David P.: Professor Gerhard Aho, Ph.D. In: CTQ 51 (1987), 4, 241-244. (= Scaer, Gerhard Aho)

[2082] Abschnitt zur Entwicklung homiletischer Fertigkeiten, mit Verbindungen nach Finnland.

I.3. LITERATUR ALLGEMEIN

I.3.1. Literatur zum Homiletischen Grundkurs[2083]

I.3.1.1. Primärliteratur zum homiletischen Grundkurs

Reu, M. Homiletics: A Manual of the Theory and Practice of Preaching, Chicago/IL ²1924[2084] (¹1922). (= Reu, Homiletics)

I.3.1.2. Sekundärliteratur zum homiletischen Grundkurs

Ayer, William Ward: The Holy Spirit and Daily Living. In: Clarence Stonelynn Roddy (Hg.): We Prepare and Preach. The Practice of Sermon Construction and Delivery, Chicago/IL 1959, 18-28. (= Ayer, Holy Spirit)

- My Method of Preparation. In: Clarence Stonelynn Roddy (Hg.): We Prepare and Preach. The Practice of Sermon Construction and Delivery, Chicago/IL 1959, 9–17. (= Ayer, Method)

Barnhouse, Donald Grey: Living from the Word of God. In: Clarence Stonelynn Roddy (Hg.): We Prepare and Preach. The Practice of Sermon Construction and Delivery, Chicago/IL 1959, 37–44.

Blackwood, Andrew W.: Doctrinal Preaching for Today. Case Studies of Bible Teachings, Grand Rapids/MI 1975 (Tb.-Nachdr. der Aufl. v. 1956). (= Blackwood, Doctrinal Preaching)

- Expository Preaching for Today, Grand Rapids/MI 1975 (Tb.-Nachdr. der Aufl. v. 1953) (¹1943). (= Blackwood, Expository Preaching)

- Preaching from the Bible, Grand Rapids/MI ¹1941.[2085] (= Blackwood, Preaching from the Bible)

- The Preparation of Sermons, London 1955. (In Großbritannien erschienener Nachdr. der amerikanischen Ausg. v. 1948.) (= Blackwood, Preparation)

Blankenship, Jane: A Sense of Style. An Introduction to Style for the Public Speaker, Belmont/CA 1968. (= Blankenship, Sense of Style)

Blocker, Simon: The Secret of Pulpit Power Through Thematic Christian Preaching, Grand Rapids/MI 1951. (= Blocker, Secret)

Bowie, Walter Russell: Preaching, New York/NY (u.a.) 1954. (= Bowie, Preaching)

[2083] Gemäß der von Aho zusammengestellten Liste, Frühjahrsquartal 1985. (Soweit möglich verwende ich die dort angegebenen Ausgaben; Abweichungen davon sind entsprechend vermerkt.).

[2084] Aho gibt eine Aufl. v. 1944 an.

[2085] Aho gibt einen Nachdr. dieser Ausg. v. 1974 an.

Broadus, John A.: On the Preparation and Delivery of Sermons. Bearb. v. Jesse Burton Weatherspoon, New York/NY (u.a.) 1944 (¹1870).[2086] (= Broadus, Preparation and Delivery 1944)

Brown, H[enry] C. Jr.: Sermon Preparation in Contemporary Terms. In: Vernon L. Stanfield (u.a.): Homiletics, Grand Rapids/MI 1974, 103–130. (= Brown, Sermon Preparation)

Caemmerer, Richard R.: Preaching for the Church, St. Louis/MO 1959. (= Caemmerer, Preaching 1959)

Cleland, James T.: Preaching To Be Understood, New York/NY (u.a.) 1965. (= Cleland, Preaching)

Colquhoun, F.: Christ's Ambassadors. The Priority of Preaching, Grand Rapids/MI 1979. (Nachdr. der Ausg. von 1965 [Philadelphia/PA].) (= Colquhoun, Ambassadors)

Davis, H. Grady: Sermon Structure and Design. In: Vernon L. Stanfield (u.a.): Homiletics, Grand Rapids/MI 1974, 69–81. (= Davis, Sermon Structure)

Demaray, Donald E. An Introduction To Homiletics, Grand Rapids/MI 1974. (= Demaray, Introduction)

Dodd, C[harles] H.: The Apostolic Preaching and Its Developments, London ²1944[2087] (¹1936). (= Dodd, Apostolic Preaching)

Farmer, Herbert H.: The Servant of the Word, London 1942[2088] (¹1941). (= Farmer, Servant)

Ferrin, Howard W.: A Distinctive Style. In: Clarence Stonelynn Roddy (Hg.): We Prepare and Preach. The Practice of Sermon Construction and Delivery, Chicago/IL 1959, 45–52.

– The True Teachers. In: Clarence Stonelynn Roddy (Hg.): We Prepare and Preach. The Practice of Sermon Construction and Delivery, Chicago/IL 1959, 53–62.

Ferris, Theodore Parker: Go Tell the People, New York/NY 1951. (= Ferris, Go)

Fritz, John H.: The Preacher's Manual. A Study in Homiletics. With the Addition of a Brief History of Preaching, Sermon Material, Texts for Various Occa-

[2086] Zu zwei früheren Auflagen dieses Werks siehe I.3.2.

[2087] Aho gibt eine amerikanische Ausg. von 1960 (New York/NY) an (Nachdr. der hier genannten Aufl.).

[2088] Aho gibt eine amerikanische Ausg. von 1964 (Philadelphia/PA) an (Nachdr. der hier genannten Aufl.).

sions, and Pericopic Systems, St. Louis/MO 1941. (= Fritz, Preacher's Manual)

Graham, William H.: The Theory of Communication. In: John Burke (Hg.): The Sunday Homily. Scriptural and Liturgical Renewal, Washington D.C. 1966, 3-16. (= Graham, Theory)

Harnish, Lester J.: The Mechanics Employed. In: Clarence Stonelynn Roddy (Hg.): We Prepare and Preach. The Practice of Sermon Construction and Delivery, Chicago/IL 1959, 63-70. (= Harnish, Mechanics)

Jones, Ilion T.: The Literature of Homiletics. In: Vernon L. Stanfield (u.a.): Homiletics, Grand Rapids/MI 1974, 141-156.

- Principles and Practice of Preaching, New York/NY (u.a.) 1956. (= Jones, Principles)

Killinger, John: The Centrality of Preaching in the Total Task of the Ministry, Waco/TX (u.a.) 1969. (= Killinger, Centrality)

Krieger, W. Harry: Angels Having the Gospel to Preach, St. Louis/MO 1957. (= Krieger, Angels)

Lee, Robert G.: Forty-Seven Years. In: Clarence Stonelynn Roddy (Hg.): We Prepare and Preach. The Practice of Sermon Construction and Delivery, Chicago/IL 1959, 80-85. (= Lee, Years)

Lenski, R[ichard] C. H.: The Sermon. Its Homiletical Construction, Grand Rapids/MI 1968. (Nachdr. der Ausg. v. 1927). (= Lenski, Sermon)

Luccock, Halford E.: In the Minister's Workshop, New York/NY (u.a.) 1944.[2089] (= Luccock, Workshop)

Macleod, Donald: The Sermon in Worship. In: Vernon L. Stanfield (u.a.): Homiletics, Grand Rapids/MI 1974, 57-68. (= Macleod, Sermon)

McGee, J. Vernon: The Pulpit and the Well of Life. In: Clarence Stonelynn Roddy (Hg.): We Prepare and Preach. The Practice of Sermon Construction and Delivery, Chicago/IL 1959, 98-103. (= McGee, Pulpit)

Meyer, F[rederick] B.: Expository Preaching Plans and Methods, Grand Rapids/ MI 1974 (photomechanischer Nachdr. einer früheren, undatierten Ausg.; Toronto [1912?]). (= Meyer, Expository Preaching)

Mohrmann, G[erald] P.: Composition and Style in the Writing of Speeches. (Speech Communication Series), Dubuque/IA 1970. (= Mohrmann, Composition)

[2089] Aho gibt eine Aufl. von 1954 an.

Nichols, Sue: Words On Target. For Better Christian Communication. Art by Doyle Robinson, London 1964.[2090] (= Nichols, Words)

Ockenga, Harold John: A Hard Lesson to Learn. In: Clarence Stonelynn Roddy (Hg.): We Prepare and Preach. The Practice of Sermon Construction and Delivery, Chicago/IL 1959, 113–121.

Perry, Lloyd M.: Biblical Preaching for Today's World, Chicago/IL 1973. (= Perry, Biblical Preaching)

- Sermonic Style in Contemporary Terms. In: Vernon L. Stanfield (u.a.): Homiletics, Grand Rapids/MI 1974, 82–102. (= Perry, Sermonic Style)

Phelps, Austin: The Theory of Preaching. Gekürzt und überarb. v. Foris Daniel Whitesell, Grand Rapids/MI 1947 (^{1}1881). (= Phelps, Theory)

Randolph, David James: The Renewal of Preaching. A new homiletic based on the new hermeneutic, Philadelphia/PA 1969. (= Randolph, Renewal)

Rees, Paul Stromberg: A Sermon Is Born. In: Clarence Stonelynn Roddy (Hg.): We Prepare and Preach. The Practice of Sermon Construction and Delivery, Chicago/IL 1959, 145–148. (= Rees, Sermon)

Reid, Clyde: The Empty Pulpit. A Study in Preaching as Communication, New York/NY (u.a.) 1967. (= Reid, Empty Pulpit)

Robinson, Haddon W.: Biblical Preaching. The Development and Delivery of Expository Preaching, Grand Rapids/MI 1980. (= H. W. Robinson, Preaching)[2091]

Roddy, Clarence S[tonelynn] (Hg.): The Classification of Sermons. In: Vernon L. Stanfield (u.a.): Homiletics, Grand Rapids/MI 1974, 31–43.

- (Hg.): We Prepare and Preach, Chicago/IL 1959.[2092]

Sangster, W[illiam] E: The Craft of the Sermon, London 1972 (Nachdr. der Aufl. v. 1954).[2093]

- Power in Preaching, London 1963 (Nachdr. der Aufl. v. 1958).[2094] (= Sangster, Power)

[2090] Aho gibt eine 1970 in Richmond/VA gedruckte Ausg. an.

[2091] Dieses Buch befindet sich nicht in der Literaturliste, weite Teile daraus gehören jedoch zur obligatorischen Lektüre für den Unterricht.

[2092] Aho gibt diesen Aufsatzband als ganzen an; um der Auffindbarkeit willen sind Einzelbeiträge daraus, soweit verwendet, zusätzlich unter dem Namen des jeweiligen Verfassers angeführt.

[2093] Dieses Buch vereint zwei von Aho angegebene Werke: W[ILLIAM] E. SANGSTER, The Craft of Sermon Construction (Philadelphia/PA 1951) sowie DERS., The Craft of Sermon Illustration (Philadelphia/PA 1950).

[2094] Aho gibt eine in New York 1958 erschienene Ausg. an.

– Pulpit Speech and Rhetoric. In: Vernon L. Stanfield (u.a.): Homiletics, Grand Rapids/MI 1974, 24–30.

Scheidel, Thomas M.: Speech Communication and Human Interaction, Glenview/IL [u.a], ²1976 (¹1972).[2095] (= Scheidel, Speech Communication)

Schneider, Stanley D.: As One Who Speaks for God. The Why and How of Preaching, Minneapolis/MN 1965. (= Schneider, As One Who Speaks)

Stanfield, Vernon L.: The History of Homiletics. In: Ders. (u.a.): Homiletics, Grand Rapids/MI 1974, 7–23.

– (u.a.)[2096]: Homiletics, Grand Rapids/MI 1974.[2097]

Unger, Merrill F.: Principles of Expository Preaching, Grand Rapids/MI 1955. (= Unger, Principles)

Walther, C. F. W.: The Proper Distinction Between Law and Gospel. Thirty-Nine Evening Lectures. Erstellt nach der deutschen Aufl. v. 1897 durch W. H. T. Dau, St. Louis/MO O.J.[2098]

– God's No and God's Yes. The Proper Distinction Between Law and Gospel. Gekürzt v. Walter C. Pieper, St. Louis/MO 1972.[2099]

Weatherspoon, Jesse Burton: Sent Forth to Preach. Studies in Apostolic Preaching, New York/NY 1954. (= Weatherspoon, Sent Forth)

Wedel, Theodore O.: The Pulpit Rediscovers Theology, Greenwich/CT 1956. (= Wedel, Pulpit)

White, R. E. O.: A Guide to Preaching. A Practical Primer of Homiletics, Grand Rapids/MI 1973. (= White, Guide)

Whitesell, Faris D.: Power in Expository Preaching, o.O. 1963. (= Whitesell, Power)

I.3.2. Weitere Literatur

Aho, Gustaf A.: The Measure of My Days, o.O. O.J. (Persönliche Aufzeichnungen im Besitz von Monica Andreasen, geb. Aho) (= Gustaf Aho, Measure)

[2095] Aho gibt die erste Aufl. an.

[2096] Ohne Angabe eines Hgs.

[2097] Aho gibt diesen Aufsatzbd. als ganzen an (in einer Aufl. von 1967); um der Auffindbarkeit willen sind Einzelbeiträge daraus, soweit verwendet, zusätzlich unter dem Namen des jeweiligen Verfassers angeführt.

[2098] Aho gibt eine Ausg. von 1929 an.

[2099] Aho gibt diese gekürzte Fassung als Alternative zu der von Dau erstellten vollständigen englischen Ausg. an.

– In Memory of My Father. (Handschriftliche Aufzeichnungen im Besitz von Monica Andreasen, geb. Aho. Nach einem ebensolchen Hinweis abgedruckt im Jahrbuch der »Finnish Synod« 1938.) (= Gustaf Aho. Memory)

Adams, John Quincy: Lectures on Rhetoric and Oratory Delivered to the Classes of Senior and Junior Sophisters in Harvard University. By John Quincy Adams, LL.D., Late Boylsten Professor of Rhetoric and Oratory. Erster von zwei Bden., Cambridge/MA 1810. (= Adams, Lectures on Rhetoric)

Augustinus, Aurelius. De doctrina christiana libri IV. Ausg. besorgt v. Ioseph Martin. In: Sancti Aurelii Augustini de doctrina christiana. De vera religione, Aurelii Augustini Opera. (CChr.SL 32, Teil IV/), Turnhout 1962. 1–167. (= Augustinus, Doctrina)

Bartow, Charles L.: The Preaching Moment. A Guide to Sermon Delivery. Hg. v. William D. Thompson, Nashville/TN 1980. (= Bartow, Moment)

Baxter, Batsell Barrett: The Heart of the Yale Lectures, New York/NY 1947. (= Baxter, Yale Lectures)

Becker, Norbert: Sermon Preparation I. Theological Education by Extension. Lutheran Church in the Philippines (Nachdr. 1997 durch das TEE-Department des Mekane-Yesus-Seminars der Ethiopian Evangelical Church in Addis Abeba), Manila 1974.

Die Bekenntnisschriften der evangelisch-lutherischen Kirche. Herausgegeben im Gedenkjahr der Augsburgischen Konfession 1930, Göttingen [5]1963.

Bohren, Rudolf: Predigtlehre, München 1974. (= Bohren, Predigtlehre)

– Die Gestalt der Predigt. In: Evangelische Theologie 14 (1954), 358–377. (= Bohren, Gestalt)

Broadus, John A.: A Treatise On The Preparation And Delivery Of Sermons, New York/NY (u.a.) [5]1873. (= Broadus, Preparation and Delivery 1873)

– A Treatise on the Preparation and Delivery of Sermons. Neue (23.) Aufl., hg. v. Edwin Charles Dargan, New York/NY 189. (= Broadus, Preparation and Delivery 1898)

Brooks, Phillips: Lectures On Preaching: Delivered Before The Divinity School Of Yale College In January And February, 1877, Charleston/SC 2012 [[1]1877]. (Photomechanischer Nachdr.)

Buttrick, David: Homiletic. Moves and Structures, Minneapolis/MN 1987. (= Buttrick, Moves)

Caemmerer, Richard R.: »Der Auftrag der Kirche in der modernen Welt: Festgabe für Emil Brunner.« Hg. v. Peter Vogelsänger, Stuttgart 1959. (Rezension.) In: CTM 33 [1962], 2, 115.

- The Body of Christ. In: CTM 35 [1964]), 5, 261–270.
- Current Contributions to Christian Preaching. In: CTM 37 (1966), 1, 38–47. (= Caemmerer, Contributions)
- Homiletics. By Michael Reu, Grand Rapids/MI 1967 (Rezension.) In: CTM 38 (1967), 9, 620.
- How the Gospel Works. In: CTM 44 [1972], 2, 83–88.
- Investment for Eternity. A Study of Luke 16:1–13. In: CTM 34 (1963), 2, 69–76.
- Kerygma and Didache in Christian Education. In: CTM 32 (1961), 4, 197–208.
- Lectures on Preaching. By Phillips Brooks. Grand Rapids/MI 1969 (Rezension anlässlich eines Nachdrucks). In: CTM 41 (1970), 5, 318.
- The New Hermeneutic and Preaching. In: CTM 37 (1966), 2, 99–110. (= Caemmerer, New Hermeneutic)
- Preaching to the Church, St. Louis/MO 1952. (= Caemmerer, Preaching 1952)
- Preaching and the Recovery of the Church. In: CTM 37 (1966), 3, 146–157. (= Caemmerer, Recovery)
- Pregando em nome da Igreja, [Porto Alegre/Rio Grande do Sul, Brasilien] 2002.
- Preserve the Unity of the Spirit. CTM 41 [1971], 7, 387–409.
- Stance and Distance. In: Bertram, Robert W. (Hg.): The Lively Function of the Gospel. Essays in honor of Richard R. Caemmerer on completion of 25 years as professor of practical theology at Concordia Seminary, Saint Louis, St. Louis/MO 1966, 3–6.

Childers, Jana: Performing the Word. Preaching as Theatre, Nashville/TN 1998. (= Childers, Performing)

Childs, Brevard S.: Biblical Theology in Crisis, Philadelphia/PA 1970.

Craddock, Fred B.: As One Without Authority. Revidiert und mit neuen Predigten, St. Louis/MO 2001. (= Craddock, Without Authority)

- Overhearing the Gospel, Nashville/TN 1978.

- Preaching, Nashville/TN 1985. (= Craddock, Preaching)

Crum, Milton Jr.: Manual on Preaching. A New Process of Sermon Development, Valley Forge/PA 1977. (= Crum, Manual)

Davis, Henry Grady: Design for Preaching, Philadelphia/PA 1958. (= Davis, Design)

Deffner, Donald L.: Compassionate Preaching. A Prīmer/Primer in Homiletics, o.O. [Ft. Wayne/IN ?] Rev. Ausg. 1990. (= Deffner, Compassionate Preaching)

- The Real Word for the Real World. (The Preacher's Workshop Series Bd. 3), St. Louis/MO 1977. (= Deffner, Real Word)

Doan, Gilbert E. Jr.: Preaching from a Liturgical Perspective. In: Edmund A. Steimle (u.a.) (Hg.): Preaching the Story, Philadelphia/PA 1980, 95–106. (= Doan, Liturgical Perspective)

Edwards, O. C. Jr.: A History of Preaching, Nashville/TN 2004. (= Edwards, History of Preaching)

Eggold, Henry J.: The Church and Poverty. From Concern to Action. In: The Springfielder, 29 (1965/66), 2, 30–35. (= Eggold, Church and Poverty)

- Preaching is Dialogue. A Concise Introduction to Homiletics, Grand Rapids/MI 1980. (= Eggold, Dialogue)

- Theology as *Habitus Practicus Theosdotos*: A Lutheran Emphasis. In: CTM 33 (1962), 10, 595–600. (= Eggold, Habitus)

Eslinger, Richard L.: A New Hearing. Living Options in Homiletic Method, Nashville/TN 1987. (= Eslinger, New Hearing)

Ferrin, Howard W.: A Distinctive Style. In: Clarence Stonelynn Roddy (Hg.): We Prepare and Preach. The Practice of Sermon Construction and Delivery, Chicago/IL 1959, 45–52 (= Ferrin, Style)

- The True Teachers. In: Clarence Stonelynn Roddy (Hg.): We Prepare and Preach. The Practice of Sermon Construction and Delivery, Chicago/IL 1959. 53–62.

Fickenscher, Carl C. II: The Relationship of Sermon Form to the Communication of the Proper Distinction between Law and Gospel in Lutheran Preaching. Thesis (Ph.D.), Ft. Wayne/IN 1996. (= Fickenscher, Sermon Form)

Freytag, Gustav: Die Technik des Dramas, Leipzig 1863.

- Technique of the Drama, Chicago 1984.

Fritz, John H.: The Preacher's Manual. A Study in Homiletics. With the Addition of a Brief History of Preaching, Sermon Material, Texts for Various Occasions, and Pericopic Systems, St. Louis/MO 1941.

Fuchs, Ernst: Hermeneutik, Bad Cannstatt 1954.

García, Alberto L.: El arte y funcion de la predicacion evangélica, Ft. Wayne/IN 1983. (= García, predicacion)

Glassius, Salomon. Arbor vitae. Der Baum des Lebens / JEsus Christus / Aus göttlicher Schrifft durch die Gnade des heiligen Geistes vorgestellet / Vnd zu tröstlicher Betrachtung / vnnd nöthiger Lebenserbawung in fünff Büchlein verfasset, Jena 1629.

Graebner, Th[eodore]: Inductive Homiletics. A Manual for Classroom and Preacher's Desk.[2100] Teil I: The Sermon in Its Relation to the Text, St. Louis/MO 1918. (= Graebner, Inductive Homiletics I)

– Inductive Homiletics. A Manual for Classroom and Preacher's Desk. Teil II: Sermons Classified according to Contents, St. Louis/MO 1919. (= Graebner, Inductive Homiletics II)

– Inductive Homiletics. A Manual for Classroom and Preacher's Desk. Teil III und IV: Literary Elements of the Sermon. Sermon Construction. Qualities of Sermonic Style. Diction, St. Louis/MO 1919. (= Graebner, Inductive Homiletics III & IV)

– Pastor and People. Letters to a Young Preacher, St. Louis/MO 1932.

Haeger, Martin A.: Glory in the Cross. Fruit of the Spirit from the Passion of Christ. In: CTQ 50 (1986), 2, 158f.

Heiningen, Simo/Heikkilä, Markku: Kirchengeschichte Finnlands, Göttingen 2002.

Hogan, Lucy Lind: Rethinking Persuasion: Developing an Incarnational Theology of Preaching. In: Homiletic 24 (1999), 2, 1–13.

Holland, DeWitte T.: The Preaching Tradition. A Brief History. Hg. v. William D. Thompson, Nashville/TN 1980. (= Holland, Tradition)

Horne, Chevis F.: Crisis in the pulpit. The pulpit faces future shock, Grand Rapids/MI 1975. (= Horne, Crisis)

[2100] Es scheint, dass dieses Werk aus ökonomischen Gründen in drei Teilen erscheint; die Teilbände sind kleinformatig und in Papier gebunden.

Hoyer, George W.: [O. Titel.] In: CTM 39 (1968), 10, 727f. (Grundsätzliche Überlegungen im homiletischen Abschnitt der Zeitschrift, den Predigtmeditationen dieser Ausgabe vorangestellt).

- Eph 5,15–21 (Predigtmeditation). In: (CTM 41 (1970), 7, 433.

- Preaching for the Church. An Appreciation. CTM 31 (1960), 2, 117f. (Buchbesprechung zu dem Werk von Caemmerer). (= Hoyer, Preaching for the Church)

Hummel, Horace: Are Law and Gospel a Valid Hermeneutical Principle? In: CTQ 46 (1982), 2–3, 181–207.

Immink, Gerrit: In gesprek met de ›New Homiletic‹. Literatuurbericht homiletiek. In: Praktische theologie: Nederlands tijdschrift voor pastorale wetenschappen 28 (2001), 371–393. (= Immink, Gesprek)

Jensen, Richard A.: Telling the Story. Variety and Imagination in Preaching, Minneapolis/MN 1980.

- Thinking in Story. Preaching In A Post-Literate Age, Lima/OH 1993. (= Jensen, Thinking)

Josuttis, Manfred: Gesetzlichkeit in der Predigt der Gegenwart, München 1966.

- Rhetorik und Theologie in der Predigtarbeit. Homiletische Studien, München 1985. (= Josuttis, Rhetorik und Theologie)

Kennedy, George A.: Classical Rhetoric and Its Christian and Secular Tradition from Ancient to Modern Times, Chapel Hill/NC 1980. (= Kennedy, Classical Rhetoric)

Kerner, Hanns: Der Ruf nach dem Neuen oder die Sehnsucht nach Vertrautem. In: Ders. (Hg.): Aufbrüche. Gottesdienst im Wandel, Leipzig 2010, 7–15. (= Kerner, Ruf)

Killinger, John: Fundamentals of Preaching, Minneapolis/MN [2]1996. (= Killinger, Fundamentals)

Kittel, Gerhard (/Friedrich, Gerhard [Hg.]): Theologisches Wörterbuch zum Neuen Testament, Stuttgart (u.a.) 1933–1979.

Kivipelto, Toivo: Alajärven seurakunnan vaiheita: Satavuotisjuhlajulkaisu, [Ort?] 1977.

Kuck, David W.: Preaching in the Carribean. Building Up a People for Mission, [Kingston, Jamaica] 2007.

Lange, Ernst (u.a.): Die verbesserliche Welt: Möglichkeiten christlicher Rede erprobt an der Geschichte vom Propheten Jona, Stuttgart (u.a.) 1968.

Leroux, Neil R.: Luther's Rhetoric. Strategies and Style from the Invocavit Sermons, St. Louis/MO 2002. (= Leroux, Luther's Rhetoric)

Levering, William Henry: The Development of the Field of Homiletics in America from 1960 - 1983. Thesis (Ph.D.), [Philadelphia/PA] 1986. (= Levering, Development)

Lewis, Ralph L./Lewis, Gregg: Inductive Preaching. Helping People Listen, Westchester/IL 1983.

Lischer, Richard (Hg.): The Company of Preachers. Wisdom on Preaching. Augustine to the Present, Grand Rapids/MI (u.a.) 2002. (= Lischer, Company)

- Luther and Contemporary Preaching: Narrative and Anthropology. In: Scottish Journal of Theology, 36 (1983), 487-504.
- A Theology of Preaching. The Dynamics of the Gospel. Rev. Ausg., Durham/NC 1991 (= Lischer, Theology)
- The Preacher King: Martin Luther King, Jr. and the Word That Moved America, New York/NY 1995. (= Lischer, King)

Long, Thomas G.: Preaching and the Literary Forms of the Bible, Philadelphia/PA 1989.

- The Witness of Preaching, Louisville/KY 1989. (= Long, Witness)

Lowry, Eugene L.: Doing Time in the Pulpit. The Relationship Between Narrative and Preaching, Nashville/TN 1984. (= Lowry, Time)

- The Sermon. Dancing the Edge of Mystery, Nashville/TN 1997. (= Lowry, Dancing)
- The Homiletical Plot. The Sermon as Narrative Art Form, Louisville/KY 2001 [^{1}1980]. (= Lowry, Plot)

Luther, Martin: D. Martin Luthers Werke. Kritische Gesammtausgabe. 19. Bd. Mit Nachbildungen von 66 Holzschnitten und zweier Seiten einer Lutherhandschrift, Weimar 1897.

- D. Martin Luthers Werke. Kritische Gesamtausgabe. 10. Bd. Dritte Abteilung. Weimar 1905.
- D. Martin Luthers Werke. Kritische Gesamtausgabe. 45. Bd., Weimar 1911.
- D. Martin Luthers Werke. Kritische Gesamtausgabe. Briefwechsel, 3. Bd., Weimar 1933.

Lutheran Book of Worship, Minneapolis/MN 1978.

Lutheran Church Missouri Synod. 1984 Statistical Yearbook. Compiled by Dept. Of Personnel and Statistics, St. Louis/MO 1985.

The Lutheran Hymnal. Authorized by the Synods Constituting The Evangelical Lutheran Synodical Conference of North America, St. Louis/MO 1941.

Lutherbibel erklärt. Die Heilige Schrift in der Übersetzung Martin Luthers mit Erläuterungen für die bibellesende Gemeinde. Bibeltext in der revidierten Fassung von 1984 (Altes Testament in der Fassung von 1964), Stuttgart 1987.

Marshall, Paul: Preaching for the Church Today, New York/NY 1990.

Marten, Maria: Buchstabe, Geist und Natur. Die evangelisch-lutherischen Pflanzenpredigten in der nachreformatorischen Zeit. (Bruno Reudenbach [Hg.]: Vestigia Bibliae. Jahrbuch des Deutschen Bibel-Archivs Hamburg, Bd. 29/30.) Bern (u.a.) 2010.

- Christus als Pflanze. Allegorische Naturdeutung in lutherischen Predigten der nachreformatorischen Zeit. Festvortrag zur Verleihung des Hermann-Sasse-Preises für lutherische theologische Literatur. In: Lutherische Theologie und Kirche 36 (2012), 119–142.

Mealwitz, Peter: An Epiphany Chancel Drama. Matt. 2:1–12. In: CTM 38 (1967), 11, 732–734.

Meyer-Blanck, Michael/Weyel, Birgit: Studien- und Arbeitsbuch Praktische Theologie, Göttingen 2008. (= Meyer-Blanck/Weyel, Arbeitsbuch)

Müller, Hans Martin: Artikel »Homiletik«. In: Gerhard Müller (u.a.) (Hg.): Theologische Realenzyklopädie, Bd. 15, Berlin (u.a.) 1986, 526–565.

Myers, Jeffrey T.: Unfinished »Errand into the wilderness«: Tendenzen und Schwerpunkte der Homiletik in den USA 1960–1985. Dissertation, Frankfurt a.M. (u.a.) 1996. (= Myers, Errand)

N.N.: Concordia Theological Seminary. Founded 1846 Springfield, Illinois. One Hundred Nineteenth Year 1964–1965 (Katalog).

- Members of the Faculty of Concordia Theological Seminary 1846–1971. In: The Springfielder 35 (1971/72), 3, 3f.

- Raymond F. Surburg (1909–2001). In: CTQ, 54 (2001), 4, 291f.

- Touching Tomorrow, Springfield/IL o.J. O. Pagnrg.

Neaves, Norman: Preaching in Pastoral Perspective. In: Edmund A. Steimle (u.a.) (Hg.): Preaching the Story, Philadelphia/PA 1980, 107–120.

Nicol, Martin: Einander ins Bild setzen, Göttingen 2002. (= Nicol, Bild)

– To Make Things Happen. Homiletische Praxisimpulse aus den USA. In: Uta Pohl-Patalong (u.a.): Predigen im Plural. Homiletische Perspektiven, Hamburg 2001, 46–51. (= Nicol, Things)

– Preaching as Performing Art. Ästhetische Homiletik in den USA. In: Peter Cornehl (u.a.): Pastoraltheologie. Wissenschaft und Praxis in Kirche und Gesellschaft 89 (2000), 435–453. (= Nicol, Performing Art)

– Preaching from Within. Homiletische Positionslichter aus Nordamerika. In: Pastoraltheologie. Wissenschaft und Praxis in Kirche und Gesellschaft 86 (1997), 295–309. (= Nicol, Positionslichter)

Niebuhr, Reinhold: Discerning the Signs of the Times. Sermons for today and tomorrow, New York/NY 1946.

– Die Zeichen der Zeit. Predigten für heute und morgen, München 1948.

Niedenthal, Morris J.: The Irony and Grammar of the Gospel. In: Edmund A. Steimle (u.a.) (Hg.): Preaching the Story, Philadelphia/PA 1980, 141–150. (= Niedenthal, Irony)

– /Rice, Charles L.: Preaching as Shared Story. In: Edmund A. Steimle (u.a.) (Hg.): Preaching the Story, Philadelphia/PA 1980, 1–16. (= Niedenthal/Rice, Shared Story)

Otto, Gert: Die Kunst, verantwortlich zu reden. Gütersloh 1994. (= Otto, Kunst)

– Predigt als rhetorische Aufgabe. Homiletische Perspektiven, Neukirchen-Vluyn 1987. (= Otto, Predigt als rhetorische Aufgabe)

– Rhetorische Predigtlehre. Ein Grundriss, Mainz (u.a.) 1999. (= Otto, Rhetorische Predigtlehre)

Pfatteicher, Philip H.: Commentary on the Lutheran Book of Worship. Lutheran Liturgy in Its Ecumencial Context, Minneapolis/MN 1990.

Pfitzner, V. C.: The Hermeneutical Problem and Preaching. In: CTM 38 (1967), 6, 347–362. (= Pfitzner, Hermeneutical Problem)

Pless, John T.: The Lively Use of Loehe. Kenneth Korby's Contribution to a Renewed Reception of His Pastoral Theology in The Lutheran Church-Missouri Synod. In: Dietrich Blaufuß (Hg.). Wilhelm Löhe. Erbe und Vision. (Die Lutherische Kirche. Geschichte und Gestalten, Bd. 26), Gütersloh 2009, 110–126. (= Pless, Loehe)

Rahner, Karl (Hg.): The Renewal of Preaching. Theory and Practice. (Concilium: Theology in the Age of Renewal, Bd. 33), New York/NY (u.a.) 1968.

Randolph, David James: The Renewal of Preaching in the Twenty-first Century. The Next Homiletics. Mit einem Kommentar v. Robert Stephen Reid, Eugene/ OR [2]2009. (= Randolph, Twenty-first Century)

Raschzok, Klaus: Das geistliche Amt bei Wilhelm Löhe. Impuls in eine amtsvergessene Kirche. In: Blaufuß, Dietrich (Hg.): Wilhelm Löhe. Erbe und Vision. (Die Lutherische Kirche. Geschichte und Gestalten. Bd. 26), Gütersloh 2009, 80–109. (= Raschzok, Geistliches Amt)

– Gottesdienst und Dramaturgie. Eine Einführung. In: Irene Mildenberger (u.a.): Gottesdienst und Dramaturgie. Liturgiewissenschaft und Theaterwissenschaft im Gespräch. (Beiträge zu Liturgie und Spiritualität Bd. 23), Leipzig 2010, 15–45.

– Gottesdienst und Performativität. In: Klaus Raschzok/Konrad Müller (Hg.): Grundfragen des evangelischen Gottesdienstes, Leipzig 2010, 115–142. (= Raschzok, Gottesdienst und Performativität)

– Im anderen nicht allein die Sünde, sondern den ›Gegenstand der erlösenden Liebe Gottes‹ sehen (Wilhelm Löhe). Aszetische Impulse für eine hamartiologisch perspektivierte Diakoniewissenschaft. In: Johannes Block (u.a.) (Hg.): Peccatum magnificare. Zur Wiederentdeckung des evangelischen Sündenverständnisses für die Handlungsfelder der Praktischen Theologie. Festschrift für Christian Möller zu seinem 70. Geburtstag. (Lutz Friedrichs [u.a.] [Hg.]: Arbeiten zur Pastoraltheologie, Liturgik und Hymnologie Bd. 60), Göttingen 2010, 176–193. (= Raschzok, Erlösende Liebe)

– Trendsetter des Aufbruchs: Die ›Frontkämpfer des Gottesdienstes.‹ In: Hanns Kerner: Aufbrüche. Gottesdienst im Wandel, Leipzig 2010, 63–84. (= Raschzok, Trendsetter)

– Wilhelm Löhe als praktisch-theologischer Publizist. In: Achim Behrens/ Werner Klän (Hg.): Wilhelm Löhe und Ludwig Harms, *1808. Vergleichende Studien zum lutherisch-konfessionellen Aufbruch im 19. Jahrhundert. Beiträge des Dies Academicus an der Lutherischen Theologischen Hochschule am 10. November 2008. (Oberurseler Hefte, Nr. 49.) 13–37. (= Raschzok, Löhe als Publizist)

Rast, Lawrence R. Jr.: The Third Use of the Law: Keeping Up to Date with an Old Issue. In: CTQ 69 (2005), 187–190.

Repp, Arthur C.: Preaching for the Church. A Review. In: CTM 31 (1960), 2, 116. (= Repp, Preaching for the Church)

Rice, Charles L.: The Story of Our Times. In: Edmund A. Steimle (u.a.) (Hg.): Preaching the Story, Philadelphia/PA 1980, 55–73.

Robinson, James M.: Die Hermeneutik seit Karl Barth. In: Ders./John B. Cobb Jr. (Hg.): Die neue Hermeneutik. (Neuland in der Theologie. Ein Gespräch zwischen amerikanischen und europäischen Theologen. Bd. 2), Zürich (u.a.) 1965, 13-108. (= J. M. Robinson, Hermeneutik)

Rogness, Michael: Amerikanische Kirchenstruktur. In: Lutherische Monatshefte 8 (1969), 10, 502-505.

- The Hand That Holds Me, Minneapolis/MN 1984.

- Preaching to a TV Generation. The Sermon In The Electronic Age, Lima/OH 1994. (= Rogness, TV Generation)

Rose, Lucy A.: Sharing the Word: Preaching in the Roundtable Church. Louisville/KY 1997.

Rossow, Francis C.: Preaching the Creative Gospel Creatively,. St. Louis/MO 1983. (= Rossow, Preaching)

Sasse, Hermann: Jesus Christ the Lord. In: G. K. A. Bell (Hg.): Mysterium Christi, London 1930.

Scaer, David P.: Mt 18,15-20 (Predigtmeditation). In: CTQ 42 (1978), 2, 172f.

- The Relationship Between Liturgics And Dogmatics. In: The Springfielder 35 (1971/72), 3, 197-200.

- Sanctification in Lutheran Theology. In: CTQ 49 (1985), 2-3, 181-197.

- Should Children Go to the Communion Rail for a Blessing? A Follow-Up by Helmut Thielicke. In: CTQ 46 (1982), 2-3, 242f.

- The Third Use of the Law. Resolving the Tension. In: CTQ 69 (2005), 3-4, 237-257.

Schaaf, James L.: Father from Afar: Wilhelm Loehe and Concordia Theological Seminary in Fort Wayne. In: CTQ 60 (1996), 1-2, 47-73. (= Schaaf, Loehe)

Schmalenberger, Jerry L.: The Preacher's Edge. Lima/OH 1996. (= Schmalenberger, Edge)

Schmidt, Daniel J.: Gericht und Gnade, Glaube und Leben. Die Predigt in der Missourisynode. In: Kerner, Hanns (Hg.): Predigt konkret. Grundlinien homiletischer Ansätze, Leipzig 2011, 101-116. (= Schmidt, Gericht und Gnade)

Schmitt, David R.: Freedom of Form: Law/Gospel and Sermon Structure in Contemporary Lutheran Proclamation. In: ConcJ 25 (1999), 1, 42-55. (= Schmitt, Freedom)

- Law and Gospel in Sermon and Service. In: Liturgical Preaching. Paul J. Grime (u.a.) (Hg.): St. Louis/MO 2001, 25-49. (= Schmitt, Law and Gospel)

- Richard Caemmerer's Goal, Malady, Means: A Retrospective Glance. In: CTQ 74 (2010), 1–2, 28–38. (= Schmitt, Caemmerer's Goal, Malady, Means)
- Sermon Structures. Ordering the Ideas and Experiences of the Sermon. (Kursmaterial), [St. Louis/MO] O.J. (= Schmitt, Structures)
- The Tapestry of Preaching. A Fourfold Method of Sermon Preparation. (Kursmaterial.) [St. Louis/MO] 2006.

Schniewind, Julius: Die geistliche Erneuerung des Pfarrerstandes, Berlin 1947.

Statius, M. Martin (Hg.): Geistliche Schatzkammer der Gläubigen, in welcher die Lehre vom wahren Glauben, Gerechtigkeit, Seligkeit, Majestät, Herrlichkeit, christlichem Leben, und heilsamen Kreuz der Kinder Gottes etc. abgehandelt wird: Anfänglich von M. Stephan Prätorio, weyland Pastorn zu Salzwedel, Stückweise herausgegeben, und im Jahr 1622 von Herrn Johann Arndt zusammen getragen und zum Druck befördert: Nunmehro mit besonderm Fleiß in richtige Ordnung gebracht von M. Martin Statio, Predigern zu St. Johannis in Danzig, Frankfurt (u.a.) 1758.

Steimle, Edmund A.: The Fabric of the Sermon. In: Edmund A. Steimle (u.a.) (Hg.): Preaching the Story, Philadelphia/PA 1980, 163–175. (= Steimle, Fabric)
- The Story of Good and Evil. In: Edmund A. Steimle (u.a.) (Hg.): Preaching the Story, Philadelphia/PA 1980, 129–140. (= Steimle, Story)
- (u.a.) (Hg.): Preaching the Story, Philadelphia/PA 1980.

Sternberg, John R.: A Dialog on Doubt. In: CTM 38 (1967), 10, 649–654.

Stolt, Birgit: Martin Luthers Rhetorik des Herzens, Tübingen 2000.

Stuempfle, Hermann G. Jr.: Preaching Law and Gospel, Philadelphia 1978.

Surburg, Raymond F.: The New Hermeneutic Versus the Old Hermeneutics in New Testament Interpretation. In: The Springfielder 38 (1974/75), 1, 13–21. (= Surburg, New Hermeneutic)

Thompson, William D.: The Academy of Homiletics: The Formative Years, o.O. 1990. (= Thompson, Academy)

Tittle, Ernest Fremont: The Foolishness of Preaching, New York/NY 1930.

Turnbull, Ralph G. (Hg.): If I Had Only One Sermon to Preach, Grand Rapids/MI 1966.

Uecker, Konrad (Hg.): Kirche auf festem Glaubensgrund. Fast alles über die Selbständige Evangelisch-Lutherische Kirche, Groß Oesingen 2010.

Vogt, Fabian: Predigen als Erlebnis. Narrative Verkündigung. Eine Homiletik für das 21. Jahrhundert. (Michael Herbst [u.a.] [Hg.]: Beiträge zu Evangelisation und Gemeindeentwicklung. Bd. 9), Neukirchen-Vluyn 2009. (= Vogt, Predigen)

Walther, Carl Ferdinand Wilhelm: Americanisch-Lutherische Pastoraltheologie, St. Louis/MO ²1875. (= Walther, Pastoraltheologie)

- Die rechte Unterscheidung von Gesetz und Evangelium. 39 Abendvorträge. Aus seinem Nachlaß, St. Louis/MO 1901. (= Walther, Unterscheidung)

Wardlaw, Don M.: Homiletics and Preaching in North America. In: William H. Willimon/Richard Lischer (Hg.): Concise Encyclopedia of Preaching, Louisville/KY 2000, 243–252. (= Wardlaw, Homiletics)

Wedel, Theodore. Is Preaching Outmoded? In: Religion in Life 24 (1965), 4, 534–547.

Weis, James: Life in Two Worlds: A Biography of William Sihler, St. Louis/MO 1968. In: The Springfielder 32 (1968/69), 60f.

Wenz, Armin: Biblische Hermeneutik im Spiegel der Vorreden der Weimarer Kurfürstenbibel aus drei Jahrhunderten. (Unveröffentlicht) (= Wenz, Kurfürstenbibel)

Wilder, Amos N.: Early Christian Rhetoric. The Language of the Gospel, New York/NY 1964. (= Wilder, Rhetoric)

Willimon, William H./Lischer, Richard (Hg.): Concise Encyclopedia of Preaching, Louisville/KY 2000.

Wilson, Paul Scott: The Four Pages of the Sermon, Nashville/TN 1999.

- The Practice of Preaching, Nashville/TN 1995. (= Wilson, Practice)

I.4. Elektronische Quellen

Battle, John A.: Outline of On the Preparation and Delivery of Sermons by John A. Broadus. 4., v. Vernon L. Stanfield überarb. Aufl. (Tacoma/WA) 2003, http://wrs.edu/Materials_for_Web_Site/Courses/Homiletics-general/Broadus%20Outline%20Syllabus.pdf. [Stand: 19.9.2014]

Eslinger, Richard L.: Some Ruminations on »The New Homiletic«. In: Homiletix E-Forum. An Electronic Journal of the Academy of Homiletics. O.O. O.J., http://www.homiletics.org/pdfvisitors/homiletixfall2006/homiletix_fall-2006_eslinger.htm. [17.9.2012]. (= Eslinger, Ruminations)

Haslach, Reed: Eero Saarinen: Shaping Community. (National Building Museum. Telling the stories of architecture, engineering, and design. Blueprints 26 [2007/2008], 1. Washington D.C. [ca. 2007], http://www.nbm.org/about-us/-publications/blueprints/shaping-community.html. [19.9.2014]

Howe, Charles A.: John Quincy Adams. In: Dictionary of Unitarian und Universalist Biography. O.O. [nach 1998], http://uudb.org/articles/john-quincyadams.html. [19.9.2014]

Kolehmainen, John Ilmari: Origin of the Finns in the Western Reserve. Evanston/IL O.J. http://www.genealogia.fi/emi/art/article160e.htm. [19.9.2014]

Lepenies, Wolf: Politik braucht die Pose. Über die planmäßige Verfertigung der Gedanken vor dem Reden. In: Feuilleton. Süddeutsche Zeitung. München 3.1.2001, http://www.arila-siegert.de/knz/urson.htm. [19.9.2014]

Lindeman, Richard: Re: 10 Commandments For Preaching Revised. In: Friends of LCMC. The Mail Archive. O.O. 3.2.2009, http://www.mail-archive.com/-friends-of-lcmc@googlegroups.com/msg00721.html. [19.9. 2014]

Lueker, Erwin L. (u.a.) (Hg.): The Lutheran Church Missouri Synod. Christian Cyclopedia. Aho, Gustav Axel. St. Louis/MO 2000, http://cyclopedia.lcms.-org/display.asp?t1=A&word=AHO.GUSTAVAXEL [19.9.2014] (= Lueker, Gustav Aho)

– (u.a.) (Hg.): The Lutheran Church Missouri Synod. Christian Cyclopedia. Finnish Lutherans in America. St. Louis/MO 2000, http://cyclopedia.lcms.-org/display.asp?t1=f&word=FINNISHLUTHERANSINAMERICA. [19.9.2014]

N.N.: About CPH. History of CPH. St. Louis/MO O.J., http://www.cph.org/t-about-history.aspx. [19.9.2014]

– Academic Catalog 2013/2014. Ft. Wayne /IN [2013], http://www.ctsfw.edu/-document.doc?id=1059. [19.9.2014] (= N.N., Academic Catalog)

– Academy of Homiletics, http://www.homiletics.org/. [19.9.2014]

– Aho, Edward (Autobiographie in Englisch). In: Finnish-American Family History Project (Selections). (Autobiographien in Englisch und Finnisch einschließlich schriftlicher Familiengeschichten und Audio-Aufnahmen von Interviews). (Vecoli, Rudolph [Hg.]: A guide to the Microfilm Edition of Research Collections in American Immigration. American Immigration Autobiographies. St. Paul/MN 1988 S. 38), http://cisupa.proquest.com/ksc_-assets/catalog/1724.pdf. [19.9.2014] (= N.N., Edward Aho)

– Aho family in MN. In: Message Boards – Surnames – Aho, http://boards.-ancestry.com/surnames.aho/25/mb.ashx, o.O. 5.12.2004. [19.9.2014]. (= N.N., Aho family)

- Bibliography of the Lyman Beecher Lectureship on Preaching. Yale Divinity School. New Haven/CT. Zuletzt geändert 26.11.2013, http://www.library.-yale.edu/div/beecher.html. [19.9.2014]
- Campus Guide. Concordia Theological Seminary. Ft. Wayne/IN O.J., http://issuu.com/ctsfwedu/docs/campus_guide?mode=window&pageNumber=1 [19.9.2014]
- Concordia Theological Seminary. Founded 1846. Springfield, Illinois. One Hundred Twentieth Year 1965–1966, http://www.ctsfw.net/media/pdfs/onehundredtwentiethyear.pdf [19.9.2014]
- Corpus Christi, http://corpuschristi.se/index.php?lang=en. O.O. [19.9.2014]
- Finnland. Demographische Entwicklung. O.O. Zuletzt geändert 18.9.2014, http://de.wikipedia.org/wiki/Finnland#Demographische_Entwicklung. [18.9.2014]
- Fredrik Gabriel Hedberg. O.O. Zuletzt geändert 9.5.2014, http://en.wikipedia.org/wiki/Fredrik_Gabriel_Hedberg. [19.9.2014]
- A History of the Campus. Fifty years of Saarinen's Scandinavian Village. [Ft. Wayne/IN ca. 2007], http://www.ctsfw.edu/Page.aspx?pid=283. [19.9.2014] (= N.N., History of the Campus-1)
- A History of the Campus. Fifty years of Saarinen's Scandinavian Village. [Ft. Wayne/IN ca. 2007], http://www.ctsfw.edu/Page.aspx?pid=313 – About → Campus Info → History. [19.9.2014]
- Lutheran Church – Missouri Synod. O.O. Zuletzt geändert 31.5.2014, http://de.wikipedia.org/wiki/Missouri-Synode. [19.9.2019] (= N.N., Lutheran Church – Missouri Synod)
- Martin Luther King. O.O. Zuletzt geändert 15. 9.2014, http://de.wikipedia.-org/wiki/Martin_Luther_King. [19.9.2014]. (= N.N., Martin Luther King)
- Monroe's motivated sequence. O.O. Zuletzt geändert 6.8.2014, http://en.wikipedia.org/wiki/Monroe's_motivated_sequence. [19.9.2014]
- National Evangelical Lutheran Church. O.O. Zuletzt geändert 7.11.2013, http://en.wikipedia.org/wiki/National_Evangelical_Lutheran_Church. [19.9.2014]
- National Evangelical Lutheran Church (Finnish). In: The Arda (Association of Religious Data Archives). O.O. O.J., http://www.thearda.com/Denoms/D_-1486.asp. [19.9.2014]

- National Evangelical Lutheran Church. In: Religion Wiki. O.O. O.J., http://-religion.wikia.com/wiki/National_Evangelical_Lutheran_Church. [19.9.2014]
- News for Christians. Library of Classic Sermons. O.O., http://www.newsfor-christians.com/classics.html. 2011. [19.9.2014]
- Our History. In: The LCMS English District. Igniting Christ's Church in Mission. Farmington/MI O.J. http://www.englishdistrict.org/about-us/our-history. [19.9.2014]
- Predicad el Evangelio. O.O. O.J., http://members.htlc-wa.org/HTLC/LATTE/-Shared%20Documents/Homiletics/Predicad%20el%20evang%20todo.doc. [11.7.2012]
- Religion in the United States. O.O. Zuletzt geändert 10.9.2014. http://en.wi-kipedia.org/wiki/Religion_in_the_United_States [19.9.2014] (= N.N., Religion in the United States)
- SLEY. Suomen Luterilainen Evankeliumiyhdistys (in Englisch). O.O. O.J., http://sley.fi/inenglish. [19.9.2014]
- Suomen Luterilainen Evankeliumiyhdistys. Zuletzt geändert 17.6.2014, http://fi.wikipedia.org/wiki/Suomen_Luterilainen_Evankeliumiyhdistys. [19.9.2014]
- Walter A. Maier. O.O. Zuletzt geändert 27.7.2014, http://en.wikipedia.org/-wiki/Walter_A._Maier. [19.9.2014]
- Welcome to the journey of theological education! [Ft. Wayne/IN 2012], http:-//www.ctsfw.edu/page.aspx?pid=183 – About → Academics. [19.9.2014]

Niemi, Mari: Emigration from Ostrobothnia, O.O. O.J., http://sydaby.eget.net/-swe/emi_ostr.htm. (Auszug aus dies.: Exploring Ostrobothnia. In: Journal of Finnish Studies). [19.9.2014] (= Niemi, Emigration)

Reagles, Steven L.: Classical Rhetoric and Our Preaching. Formalization, Anathematization, Utilization. In: The General Conference of the Pastors of the Evangelical Lutheran Synod. O.O. 24.9.1986. O. durchg. Pagnrg., http://www.wlsessays.net/files/ReaglesRhetoric.pdf [19.9.2014]

Shore, Mary Hinkle: The 4 Ds: Design. In: The Working Preacher. St. Paul/MN 1.2.2008, http://www.workingpreacher.org/sermondevelopment.aspx?ar-ticle_id=21. [19.9.2014]

I.5. ZUR WISSENSCHAFTLICHEN ARBEIT

Eco, Umberto. Wie man eine wissenschaftliche Abschlußarbeit schreibt, Wien [13]2010.

Standop, Ewald/Meyer, Matthias: Die Form der wissenschaftlichen Arbeit. Grundlagen, Technik und Praxis für Schule, Studium und Beruf, Wiebelsheim [18]2008. (= Standop/Meyer, Form)

Schwertner, Siegfried: IATG². Internationales Abkürzungsverzeichnis für Theologie und Grenzgebiete. Zeitschriften, Serien, Lexika, Quellenwerke mit bibliographischen Angaben. 2., überarb. und erweiterte Aufl., Berlin 1992.

I.6. KORRESPONDENZEN

Andreasen, Monica (geb. Aho); Spirit Lake/IA.

Arkkila, Reijo; Helsinki (Finnland).

Auranen, Ari; Alajärvi (Finnland).

Contarino, Tuula; Ingham/Queensland (Australien).

Fickenscher, Carl C. II; Fort Wayne/IN.

Powery, Luke; Princeton/PA.

Scaer, David P.; Fort Wayne/IN.

Schmitt, David R.; St. Louis/MO.

II. Abkürzungen

a.a.O.	am angegebenen Ort
A.D.	Anno Domini
Anm.	Anmerkung(en)
Aufl.	Auflage
Ausg.	Ausgabe
Bd.	Band
Bde.	Bände
bearb.	bearbeitet
bes.	besonders
Bibl.	Bibliothek
bzw.	beziehungsweise
C.A.	Confessio Augustana
CA	California
ca.	circa
CO	Colorado
CT	Connecticut
CTS	Concordia Theological Seminary
D.C.	District of Columbia
d.h.	das heißt
d.i.	das ist
ders.	derselbe
dies.	dieselbe
durchg.	durchgehend
ebd.	ebenda
ebs.	ebenso
f.	folgende (Seite)
F.C.	Formula Concordiae
ff.	fortfolgende (Seiten)
frdl.	freundlich
GA	Georgia
geb.	geboren
Hervorhebg.	Hervorhebung
Pagnrg.	Paginierung
Hg.	Herausgeber
hg.	herausgegeben
i. Folg.	im Folgenden
i. Orig.	im Original
IA	Iowa
IL	Illinois
ILC	International Lutheran Council
IN	Indiana
Jh.	Jahrhundert
Jr.	Junior
KY	Kentucky
LCMS	Lutheran Church-Missouri Synod
m.E.	meines Erachtens
MA	Massachusetts
MI	Michigan
MN	Minnesota
MO	Missouri
Nachdr.	Nachdruck
NC	North Carolina
NELC	National Evangelical Lutheran Church
NJ	New Jersey
Nr.	Nummer
NY	New York
o.	ohne
o.J.	ohne Jahresangabe
o.O.	ohne Ortsangabe
OH	Ohio
OK	Oklahoma
OR	Oregon
PA	Pennsylvania
u.ö.	und öfter

rev.	revidiert	überarb.	überarbeitet
S.	Seite(n)	Übs.	Übersetzung
s.	siehe	usf.	und so fort
S.D.	Solida Declaratio	usw.	und so weiter
s.o.	siehe oben	u.U.	unter Umständen
s.u.	siehe unten	v.	von
SC	South Carolina	VA	Virginia
sog.	sogenannt	Verf.	Verfasser
Tb.	Taschenbuch	versch.	verschiedene
TN	Tennessee	vgl.	vergleiche
TX	Texas	WA	Washington
u.a.	unter anderem; und andere (Autoren oder Verlagsorte)	WY	Wyoming
		z.B.	zum Beispiel
		zw.	zwischen

ANHANG

III. Nordamerikanische Homiletiker im 19. und 20. Jahrhundert

III.1. Übersicht nach Konfessionen[2101]

Anglikanisch/Episcopal Church: [J. Q. Adams,] W. R. Bowie*, P. Brooks*, F. Colquhoun, M. Crum, C. H. Dodd*, O. C. Edwards, T. P. Ferris, C. L. Rice, [W. D. Thompson,] T. O. Wedel*.

Baptistisch: W. W. Ayer, J. A. Broadus*, H. C. Brown, H. W. Ferrin, D. T. Holland, C. F. Horne, [J. Killinger,] M. L. King, R. G. Lee, F. B. Meyer*, H. Mitchell, J. M. Perry, H. W. Robinson, C. Roddy, K. M. Smith, V. L. Stanfield, G. Taylor, [W. D. Thompson,] J. B. Weatherspoon*, R. E. O. White.

Kongregationalistisch: P. T. Forsyth, [J. Killinger,] H. J. Ockenga, [A. Phelps*].

Lutherisch [außer Missouri-Synode]: H. G. Davis*, R. A. Jensen, R. C. H. Lenski*, [R. Lischer*[2102],] M. J. Niedenthal, S. L. Reagles, J. M. Reu*, M. Rogness, J. L. Schmalenberger, S. D. Schneider, E. A. Steimle*.

Lutherisch [Missouri-Synode]: G. Aho, N. Becker, R. R. Caemmerer*, D. Deffner, H. J. Eggold, C. C. Fickenscher, J. H. Fritz*, A. L. García, T. Graebner*, R. Kapfer, W. H. Krieger, [R. Lischer*,] K. Rogahn, F. C. Rossow, D. R. Schmitt.

Methodistisch: D. E. Demaray, R. L. Eslinger, G. Lewis, R. L. Lewis, E. L. Lowry*, H. E. Luccock, D. Macleod, N. Neaves, D. J. Randolph*, C. L. Rice, W. E. Sangster*, M. F. Unger.

Presbyterianisch: [J. Q. Adams,] D. G. Barnhouse, C. L. Bartow, A. W. Blackwood*, J. Childers, T. Cleland, F. B. Craddock*[2103], H. H. Farmer*, I. T. Jones, [J. Killinger,] T. G. Long*, J. V. McGee, S. Nichols, [A. Phelps*,] D. M. Wardlaw, F. D. Whitesell.

[2101] Wo verfügbare Informationen keine Zugehörigkeit zu einer Denomination erkennen lassen, erfolgt die Zuordnung entsprechend den akademischen Wirkungsstätten. Namen in Klammern [ ] weisen auf Zuordnung zu mehr als einer Konfession bzw. Kirche hin. Asteriske verweisen auf die folgenden Biogramme.

[2102] S. Anm. 1361.

[2103] Craddock gehört der »Christian Church (Disciples of Christ)« an, die ihren Ursprung in der presbyterianischen Kirche hat.

Reformiert: S. Blocker.
Andere: [J. Q. Adams (Unitarier),] B. B. Baxter (Churches of Christ), D. G. Buttrick* (United Church of Christ[2104]), R. Niebuhr (ebs.), L. M. Perry (Evangelical Free Church), P. S. Rees (Evangelical Covenant Church of America[2105]), C. Reid (United Church of Christ), P. W. Wilson (United Church of Canada[2106]).

III.2. BIOGRAMME[2107]

Blackwood, Andrew Watterson (1882–1966). Presbyterianischer Pfarrer, Dozent und Autor. 17 Jahre Gemeindepfarramt, »Professor of English Bible« am Louisville Presbyterian Seminary (Louisville/KY, 1926–1930), Professor für Praktische Theologie am Princeton Theological Seminary (Princeton/NJ, 1930–1950), Professor für Homiletik an der Temple University (Philadelphia/PA, 1950–1958). Bekanntester Homiletiker des 20. Jahrhunderts in den USA mit der größten Verbreitung von Publikationen. Werke (u.a.): »The Preparation of Sermons« (1948), »Expository Preaching for Today« (1953), »Doctrinal Preaching for Today« (1956).

Bowie, Walter Russel (1882–1969). Priester der Episcopal Church, Autor, Liederdichter, Dozent. Gemeindepfarramt (1909–1939). Dozent am Union Theological Seminary (New York/NY, 1939–1950) und am Virginia Theological Seminary (Alexandria/VA, 1950–1955), Yale-Vorlesung (1934/35). Werk (u.a.): »Preaching« (1954).

Broadus, John A. (1827–1895). Prediger, Dozent und Autor in der Southern Baptist Convention. 1852 Gemeindepfarrer und »Assistant Professor« an der Universität von Virginia (ab 1852). Ab 1859 Professor für Neues Testament und Homiletik am neugegründeten Southern Baptist Theological Seminary (Greenville/SC, ab 1859).[2108] Yale-Vorlesung (1888/89). Werke (u.a.): »On the

[2104] Die »United Church of Christ« ist entstanden aus der »Evangelical and Reformed Church« und den »Congregational Christian Churches«.
[2105] Die »Evangelical Covenant Church of America« hat skandinavisch-lutherische Wurzeln und ist pietistisch-evangelikal geprägt.
[2106] Die »United Church of Canada« ist ein Zusammenschluss von Kirchen mit presbyterianischem, methodistischem und kongregationalistischem Hintergrund.
[2107] Die Auswahl der folgenden Biogramme hängt sowohl von dem Beitrag der betreffenden Homiletiker zu der Thematik der vorliegenden Arbeit als auch von der Verfügbarkeit entsprechender Informationen ab. Sie beansprucht nicht, repräsentativ zu sein für die Bedeutung dieser Theologen innerhalb der nordamerikanischen Homiletik als ganzer. Kürzere Informationen zu einigen weiteren Vertretern findet sich in den Anmerkungen. Von den im Folgenden genannten Werken sind nur diejenigen in das Literaturverzeichnis aufgenommen, auf die in dieser Arbeit Bezug genommen wird.
[2108] Das Seminar wird 1877 nach Louisville/KY verlegt.

Preparation and Delivery of Sermons« (1870), »Lectures on the History of Preaching« (1876), Matthäuskommentar (1886). Von Charles Spurgeon als »größter lebender Prediger« bezeichnet.

Brooks, Phillips (1835–1893). Pfarrer und Bischof der Episcopal Church. Studium in Harvard und am Virginia Theological Seminary (Alexandria/VA). Gemeindepfarramt (1859–1891), Yale-Vorlesung (1876/77). Bischof von Massachusetts (ab 1891). Predigte sprachgewandt in einem kraftvollen und schnellen Stil dreimal sonntäglich vor jeweils bis zu 1500 Hörern. Werke (u.a.): »Lectures On Preaching« (1877).

Buttrick, David (geb. 1927). Pfarrer der United Church of Christ und Dozent. Unterrichtete an theologischen Fakultäten unterschiedlichster konfessioneller Prägung (baptistisch, methodistisch, presbyterianisch, römisch-katholisch u.a.), darunter Iliff School of Theology (Denver/CO), Southern Baptist Seminary (Louisville/KY), St. Meinrad School of Theology (St. Meinrad/IN), Pittsburg Theological Seminary (Pittsburgh/PA) und Vanderbilt University (Nashville/TN, ab 1982). Mitglied des römisch-katholischen Bischofskommittees zur Homilie. Autor von 14 Büchern. Werke (u.a.): »Presbyterians' Worshipbook« (Hg., 1970), »Homiletic. Moves and Structures.« (1987).

Caemmerer, Richard R. (1904–1984). Lutherischer Pfarrer, Autor, Dozent und Musiker. Theologiestudium am Concordia-Seminar in St. Louis, »Master of Arts« in Alter Geschichte und »Doctor of Philosophy« in moderner europäischer Geschichte. Gemeindepfarramt, 1940–1974 Professor für Homiletik und Praktische Theologie am Concordia-Seminar in St. Louis/MO, Vorsitzender des Fachbereichs der Praktischen Theologie und »Dean of the Chapel«. Vortrag auf der dritten jährlichen Konferenz der Academy of Homiletics (1967). Werk (u.a.): »Preaching for the Church« (1959).

Craddock, Fred B. (geb. 1928). Pfarrer der Christian Church (Disciples of Christ), Dozent und Autor. Einer der einflussreichsten Homiletiker in Nordamerika im letzten Drittel des 20. Jahrhunderts. Professor für Homiletik und Neues Testament am Graduate Seminary der Phillips University (Enid/OK, bis 1979) und an der Candler School of Theology der Emery University (Atlanta/GA, bis 1993). Vorlesungen an einer Vielzahl von theologischen Instituten. Yale-Vorlesung (1977/78). Verfasser zahlreicher Veröffentlichungen von homiletischen Texten, biblischen Kommentaren u.a. Werke (u.a.): »As One Without Authority« (1969), »Preaching« (1985).

Davis, Henry Grady (1890–1975). Lutherischer Pfarrer und Dozent. Theologiestudium u.a. am Lutherischen Seminar in Philadelphia/PA und am Wittenberg College in Springfield/OH, Gemeindepfarramt (1913–1927), 1938 Promotion. »Professor of Functional Theology« am Chicago Lutheran Theological Seminary. Professor für Praktische Theologie ebd. (1937–1967). Vorlesungen an zwei Southern Baptist-Seminaren. Konferenzen zur Homiletik in den gesamten Vereinigten Staaten. Sein Buch »Design for Preaching« (1958) war 1969 das meistgebrauchte homiletische Textbuch an protestantischen Seminaren in den USA.

Dodd, Charles H. (1884–1973). Kongregationalistischer Gemeindepfarrer und Neutestamentler in Großbritannien. Studium in Oxford und Berlin, Prägung durch Adolf Harnack. Drei Jahre Gemeindepfarramt. Dozent für Neues Testament in Oxford (ab 1915), Professor an der Universität von Manchester (ab 1930), »Professor of Divinity« an der Universität von Cambridge (1939–1949). Ab 1950 Leiter der Übersetzungsarbeit der »New English Bible«.

Farmer, Herbert Henry (1892–1981). Presbyterianischer Pfarrer und Dozent in Großbritannien. Gemeindepfarramt (1919–1931), Professor für Systematische Theologie und Apologetik in Cambridge, Ehrendoktorwürde der Universität Glasgow (1936), Professor für »Philosophy of Religion« in Cambridge (1937–1960). Yale-Vorlesung (1945/46). Zwei Vorlesungsreihen in Glasgow (1950–1951). Werke (u.a.): »The Healing Cross« (1938), »The Servant of the Word« (1941).

Fritz, John Henry Charles (1874–1953). Pfarrer und Dozent. Theologiestudium am Concordia-Seminar in St. Louis, Gemeindepfarramt, Distriktpräses der Missouri-Synode (1919–1920), Professor für Kirchengeschichte und Pastoraltheologie am Concordia-Seminar in St. Louis (1920–1953), Mitbegründer der Radio- und Fernseh-Mission der Missouri-Synode. Werke (u.a.): »The Practical Missionary« (1919), »Pastoral Theology« (1932), »The Preacher's Manual« (1941).

Graebner, Theodore C. (1876–1950). Theologiestudium am Concordia-Seminar in St. Louis. Ordiniert in der Norwegian Evangelical Lutheran Church in America (1902), Dozent am Walther College in St. Louis/MO (1897–1900), Gemeindepfarramt, missionarische Arbeit in Chicago/IL, Professor am Concordia-Seminar in St. Louis (1913–1950). Aktiv in vielen religiösen, gesellschaftlichen und kulturellen Organisationen. Werke (u.a.): »The Story of the Augsburg Confession« (1929), Mitherausgeber von »Popular Symbolics« (1910), Herausgeber von »The Annotated Pocket New Testament« (1942ff.), »Lutheran Herald«, »Der Lutheraner«, »The Lutheran Witness«.

Lenski, Richard C. H. (1864–1936). Lutherischer Gemeindepfarrer und Neutestamentler. Geboren in Deutschland, in die USA eingewandert. Gemeindepfarramt, Professor an der Capital University (Columbus/OH, ab 1911). 20 Jahre lang Herausgeber der »Lutherischen Kirchenzeitung«. Werke (u.a.): 20-bändige Kommentarreihe zum Neuen Testament (posthum erschienen).

Lischer, Richard (geb. 1943). Lutherischer Gemeindepfarrer und Dozent. Theologiestudium am Concordia-Seminar in St. Louis/MO, Promotion an der Universität von London (1971), Gemeindepfarramt (1972–1979), Professor für Homiletik an der Duke Divinity School (Durham/NC, ab 1979). Mitglied der Academy of Homiletics. Yale-Vorlesung (1999). Werke (u.a.): »A Theology of Preaching« (1981), »The Preacher King: Martin Luther King, Jr. and the Word that Moved America« (1995); Herausgeber von »The Company of Preachers. Wisdom on Preaching« (2002).

Long, Thomas G. (geb. 1946[2109]). Presbyterianischer Pfarrer und Dozent. Gemeindepfarramt, Promotion am Princeton Theological Seminary (1980); Professor für Homiletik und Liturgik ebenda, Professor für Homiletik an der Candler School of Theology der Emory-Universität (Atlanta/GA, seit 2000). Yale-Vorlesung (2006). Gilt als einer der *most effective preachers* in der anglophonen Welt. Werke (u.a.): »Preaching and the Literary Forms of the Bible« (1989), »The Witness of Preaching« (1990), Kommentare zum Neuen Testament.

Lowry, Eugene L. (geb. 1933). Methodistischer Gemeindepfarrer, Dozent und Jazzmusiker. Gemeindepfarramt (1955–1968). »Master of Arts« in »Teaching of Speech« (1958), »Doctor of Education« an der University of Kansas (1972). Professor für Homiletik an der St. Paul School of Theology (Kansas City/MO, 1968–1998), Professor an der Drew University (Madison/NJ, 2003–2004). Lehrtätigkeit an zahlreichen weiteren Seminaren einschließlich des Concordia-Seminars in St. Louis. Zeitweise Präsident der Academy of Homiletics. Yale-Vorlesung (2009). Werke (u.a.): »The Homiletical Plot. The Sermon as Narrative Art Form« (1980), »Doing Time In The Pulpit: The Relationship Between Narrative and Preaching« (1985), »The Sermon: Dancing the Edge of Mystery« (1997).

Meyer, Frederick Brotherton (1847–1929). Baptistischer Pfarrer in Großbritannien. Gemeindepfarramt (1874–1921), engagiert in Innenstadtarbeit, Einsatz für die Schließung zahlreicher Bordelle und Kneipen. Evangelistische Reisen nach Südafrika, Asien, USA und Kanada. Autor zahlreicher Bücher und Artikel, von denen viele weiterhin im Druck sind. Galt als ein Mann von internationalem Ruf, dessen Dienste von vielen Gemeinden weltweit gesucht wurden. In einem Nachruf bezeichnet als »Erzbischof der Freikirchen«.

Phelps, Austin (1820–1890). Kongregationalistischer und presbyterianischer Gemeindepfarrer und Theologe. Theologiestudium am Union Theological Seminary (New York/NY), der Yale Divinity School (New Haven/CT) und am Andover Theological Seminary (Newton/MA). Gemeindepfarramt, »Professor of Sacred Rhetoric and Homiletics« (ab 1848) und Präsident (1869–1879) des

[2109] Ich danke T. G. Long für diese persönliche Information (Korrespondenz per E-mail, 29.8.2012).

Andover Theological Seminary[2110] (1848–1879). Werke (u.a.): »Theory of Preaching« (1881), »English Style in Public Discourse« (1883).

Randolph, David James (geb. 1934). Methodistischer Pfarrer und Dozent. Gemeindepfarramt, Professor für Homiletik an der Drew University (Madison/NJ), »Professor of Communications« an der Graduate Theological Union (Berkeley/CA). Professor für Theologie und Präsident der Olivet University (San Francisco/CA). Bekannt durch Radio, Fernsehen und Zeitung sowie international durch seine Beiträge zu Kirche und Gesellschaft. Werke (u.a.): »The Renewal of Preaching. A new homiletic based on the new hermeneutic.« (1969), »The Renewal of Preaching in the Twenty-first Century. The Next Homiletics« (1998).

Reu, Johann Michael (1869–1943). Lutherischer Pfarrer und Dozent. Geboren in Bayern, Studium am Missionsseminar in Neuendettelsau, Ordination und Auswanderung in die USA (1889). Gemeindepfarramt, Dozent am Wartburg Theological Seminary in Dubuque/IA in sämtlichen Fachgebieten (1899–1943). Lehrer vieler nachfolgender amerikanischer Theologen, Ehrendoktorwürde der Universität Erlangen. Verfasser von 66 Büchern und über 3000 Buchrezensionen. Werke (u.a.): »Quellen zur Geschichte des kirchlichen Unterrichts« (1904–1932), »Homiletics: A Manual of the Theory and Practice of Preaching« (1924).

Sangster, William Edwin (1900–1960). Methodistischer Pfarrer und Präses in Großbritannien. U.a. Hauptpfarrer an der »Kathedrale« des Methodismus, der Westminster Central Hall (ab 1939). Predigte dort 16 Jahre lang in einer vollen Kirche mit 3000 Plätzen, organisierte während des Zweiten Weltkrieges mit seiner Frau die Unterbringung und Versorgung von Tausenden von Menschen in den Kellergewölben der Kathedrale, die als Luftschutzräume dienten. »General Secretary« der Inlandsmission seiner Kirche, Promotion an der Universität von London (1943), Präses der Methodist Conference of Great Britain (ab 1949), Schwerpunkte: Evangelisation und geistliches Wachstum). Werke (u.a.): »God Does Guide Us« (1934), »Methodism Can Be Born Again« (1938).

Steimle, Edmund A. (1907–1988). Lutherischer Pfarrer, Autor, Homiletiker und Radioprediger (»The Protestant Hour«). Studium am Lutheran Theological Seminary in Philadelphia/PA und der Universität von Pennsylvania. Pfarramt (1935–1952), Professor für Praktische Theologie am Seminar in Philadelphia/PA (1952–1961), Professor für Homiletik am Union Theological Seminary (New York/NY, ab 1961). Theologisch beeinflusst von Amos Wilder. Sein Stil nahm den Trend zu narrativem und dialogartigem Predigen vorweg. Werke (u.a.): »Preaching the Story« (1980) zusammen mit Rice und Niedenthal.

[2110] Das Seminar ist affiliiert mit der Baptistischen Kirche und der »Union Church of Christ«.

Weatherspoon, Jesse Burton (1886–1964). Pfarrer, Dozent für Homiletik, Ethik und christliche Soziologie am Southern Baptist Theological Seminary (1929–1959), Vorsitzender der »Christian Life Commission« der Southern Baptist Church (ab 1940). Überarbeiter und Neuherausgeber von »On the Preparation and Delivery of Sermons« von John A. Broadus (1944), einem seiner Vorgänger auf demselben Lehrstuhl.

Wedel, Theodore O. (1892–1970). Pfarrer und Präses der Episcopal Church. Theologiestudium u.a. in Marburg, Dozent am College of Preachers in Washington D.C. Urheber des Gleichnisses von der Lebensrettungsstation, deren Besatzung sich nach und nach so bequem darin einrichtet, dass sie nicht mehr hinausgeht, um Schiffbrüchige zu retten (1953). Werke (u.a.): »The Pulpit Rediscovers Theology« (1956).

Wilson, Paul Scott (geb. 1949[2111]). Pfarrer und Dozent in Kanada. Theologiestudium an der Universität von Toronto und von Victoria, Gemeindepfarramt, »Doctor of Philosophy« an der Universität London (1978). Professor für Homiletik am Emmanuel College der Toronto School of Theology. Zeitweise Präsident der Academy of Homiletics. Werke (u.a.): »A Concise History of Preaching« (1992), »The Practice of Preaching« (1995), »Preaching and Homiletical Theory« (2004).

[2111] Ich danke P. S. Wilson für diese persönliche Information (Korrespondenz per E-mail, 3.9.2012).

IV. Personenregister

V. Sermon Theory I (Arbeitsheft)[2112]

GERHARD AHO

SERMON THEORY I NOTES

Concordia Theological Seminary Press
Fort Wayne, Indiana

[2112] Exemplar v. 2012 (digital verkleinert). Mit frdl. Genehmigung des Concordia Theological Seminary Bookstore Fort Wayne/IN (E-mail-Nachricht von Kim Hosier, Mailroom/Printshop Supervisor, 12.11.2012).

NATURAL MAN AND THE CHRISTIAN

Natural Man	The Christian
Blind spiritually	Enlightened
Dead (separated)	Alive: in fellowship with God
Enemy of God	Child of God
Under the wrath of God	Under grace
Condemned	Acquitted
Does good, but for the wrong reason	Does good prompted by the love of Christ
Is controlled by the Old Adam	Still has the Old Adam who tempts
Law shows him his plight	Law shows symptoms of death
Gospel invites him to grace	Gospel invites him to grace

Caemmerer's Law and Gospel Complexes
(Caemmerer, *Preaching for the Church*, p. 330)

Man's Problem (Law)	God's Answer (Gospel)
1. Separated from God, Is. 59:2; 53:6	Atonement, KJV, Rom. 5:11
2. State of hostility toward God	Reconciliation, 2 Cor. 5:18ff.
3. Wrath of God, Eph. 5:6	Peace, John 16:33; Healing; Is. 53:5 (grace)
4. Death, Rom. 6:23; Gen. 2:17	Life, Rom. 6:23; John 3:1-16
5. Sin: rebellion, disobedience, Titus 3:3	Kingdom, Spirit, Matt. 4:17; Obedience of one 2 Cor. 3:17
6. Sin: guilt under judgment, Psalm 130	Forgiveness (like 3); Rom. 3:19ff.
7. Sin: debt, Matt. 6:12	Redemption
8. Sorrow: (due to sin), 2 Cor. 7:10	Joy, John 16:20
9. Disquiet (due to unfaith), Psalm 42:5	Hope, faith, Heb. 12:1ff.
10. Darkness (life away from God)	Light, Luke 1:79; John 3:19; 12:35
11. Unrighteousness, Rom. 1:18	Righteousness of God: Jer. 23:6, Rom. 3:19
12. Self-righteousness, Luke 18:9ff.	Righteousness of God; Jer. 23:6, Rom. 3:19
13. Filth of sinful nature: Rom. 1:21ff.	Cleansing, John 1:29; Psalm 51

1

Law and Gospel: The Content of Lutheran Preaching

Note: The theses of Walther's *Law and Gospel* are inserted where they seem to speak most relevantly to our points of discussion.

1. Law and Gospel are the heart of Christian preaching.

    A. Here all doctrines finally converge.

    B. God confronts man in terms of his justice and mercy.

2. The Church is to urge both doctrines side by side.

    A. Preaching only the Law leads man either to hypocrisy or despair.

    B. Preaching the Gospel alone leads man to carnal security.

    C. Luther, WA 45, 688f., states that if Law and Gospel are kept apart there is a danger either that people will have works without faith or faith without works.

3. Avoid stereotyped ways of preaching Law and Gospel. R.R. Caemmerer *Preaching for the Church* (St. Louis: Concordia Publishing House, 1959), p. 330, indicates Law and Gospel complexes which are serviceable.

4. Law and Gospel must be properly distinguished.

    THESIS II: "No one is an orthodox teacher simply because he presents all the articles of faith according to Scriptures. An orthodox teacher must also properly distinguish the Law from the Gospel."

    A. Law and Gospel are absolutely contrary doctrines.

    THESIS I: "The doctrinal content of the entire Holy Scripture, both Old and New Testaments, consists of two radically different teachings, the Law and the Gospel."

    THESIS IV: "The true knowledge of the distinction between the Law and the Gospel is not only a glorious light, affording the correct understanding of the entire Holy Scriptures, but without this knowledge Scripture is and remains a sealed book."

    B. A failure to distinguish the two does not let man be a sinner before God nor does it let God be the judging and saving God.

    C. Learning to distinguish Law and Gospel is a most difficult art.

    THESIS III: "Properly distinguishing the Law and the Gospel is the highest and most difficult art of Christians in general and of theologians in particular. It is taught only by the Holy Spirit in the school of experience."

The Nature of Law

A. The Law is the will of God which demands not only external righteousness but also fear, love, and trust in God.

THESIS XIX: "The Word of God is not properly divided: 15) when the preacher speaks of certain sins as if they were not of a damnable, but of a venial nature.

B. It pronounces the sentence of doom upon the trangressor.

The Law as curb: serves both the unbeliever and the Christian.

The Law as mirror: is used for diagnostic purposes. It alerts to symptoms of death. Luther, *Smalcald Articles*, III, II, 4, says that the Law is a "thunderbolt by which God with one blow destroys both open sinners and false saints."

A. Hence Law ought to be preached before Gospel.

THESIS VII: "The Word of God is not properly divided: 3) when the Gospel is preached before the Law; when sanctification is preached before justification; when faith is preached before repentance; when good works are preached before grace."

B. Be sure to mirror sins which your congregation members are committing or are likely to commit.

THESIS XVII: "The Word of God is not properly divided: 13) when faith is so described - in its strength, in its conscious presence, and in its fruitfulness - that it does not apply to all believers at all times."

THESIS XVIII: The Word of God is not properly divided: 14) when the description of the universal corruption of mankind creates the impression that even true believers are still under the control of ruling sins and are sinning purposely."

C. Don't treat merely symptoms. Sin is lawlessness, rebellion against God, treason in the kingdom, the deification of self. Alvin Rogness, "Preaching the Law," *Lutheran Quarterly*, VII (November, 1955) 321f.

D. Personalize sin. To slay a vice we must slay a man.

E. Guard against a carping, censorius tone.

The Law as a rule FC SD, VI, 12. Guards man against self-appointed works.

The Law does not empower: The Law reveals the existing situation but does not create a new situation.

THESIS XXIII: "The Word of God is not properly divided: 19) when one attempts to use the demands, threats or promises of the Law to motivate the unregenerate to turn from their sins to good works and thereby become godly; or when one attempts to compel the regenerate to do good works by making legalistic demands rather than by exhorting them in an evangelical manner.

THESIS XVI: "The Word of God is not properly divided: 12)when the preacher tries to make people believe they are truly converted as soon as they have ridded themselves of certain vices and engage in certain virtuous practices."

THESIS V: "The first method of confusing law and gospel is the most easily recognized and the grossest. It is the method of Papists, the Socinians, and the Rationalists. Christ is made over into a new Moses or Lawgiver and the Gospel becomes a teaching about good works. At the same time those who proclaim the Gospel of the free grace of God in Jesus Christ are condemned and anathematized, as the Papists, for example, do."

10. When properly used, the effect of the Law is to kill and damn.

11. The preacher should be aware of the defenses which the hearer may raise to the preaching of Law:

    A. Heredity and environment

    B. Having enough assets to cover liabilities

    C. Pride: the pride of the repentant sinner

    D. The man who trusts that good works he will yet do will compensate for the evil he has done.

12. Preaching of repentance in rapport with Law.

    A. Guard against preaching cheap grace.

THESIS VI: "The Word of God is not properly divided: 2) when the Law is not preached in its full sternness and the Gospel is not preached in its full comfort but, on the contrary, Gospel elements are mixed with the Law and Law elements are mixed with the Gospel.

13. To the sinner seeking grace, God always comes with his answer in the Gospel.

THESIS IX: "The Word of God is not properly divided: 5) when sinners who have been struck down and terrified by the Law are directed, not to the Word and the Sacraments, but to their own prayers and wrestlings with God in order that they may win their way into a state of grace; in other words, when they are told to keep on praying and struggling until they feel that God has received them into grace."

THESIS VIII: "The Word of God is not properly divided: 4) when the Law is preached to those who are already in terror on account of their sins or the Gospel to those who live securely in their sins."

14. The Gospel comes as offer, invitation, gift. It tells the sinner of God's rescue.

THESIS XV: "The Word of God is not properly divided: 11) when the Gospel is turned into a preaching of repentance."

THESIS XXIV: "The Word of God is not properly divided: 20) when the unforgivable sin against the Holy Ghost is described in a manner as if it could not be forgiven because it is so great a sin."

THESIS XI: "The Word of God is not properly divided: 7) then we offer the comfort of the Gospel only to those who are contrite out of love for God and not to those who are contrite out of fear of God's wrath and punishment."

15. Facets of the Gospel proclamation.

  A. God is the originator: Guard against the distortion which introduces the Father's role only after Christ's death as our substitute.

  B. God effected His rescue through the substitutionary work of Christ. Christ pro nobis is the victor over our enemies: sin, death, the Law, the devil. A word of caution: merely urging people to believe is not preaching the Gospel.

  C. The resurrection is the justification of the whole world.

  D. The new existence in Christ.

THESIS XX: "The Word of God is not properly divided: 16) when fellowship with the visible orthodox church is required as a condition of salvation. and salvation is denied to every person who errs in any article of faith."

16. In preaching, the Gospel must be kept as something free. Beware of using the conditional or imperative moods here. Cf. H. Grady Davis, *Design for Preaching* (Philadelphia: Muhlenberg Press, 1958, pp. 202-221).

THESIS XIII: "The Word of God is not properly divided: 9) when the preacher appeals for faith as though a person could make himself believe or at least cooperate in coming to faith instead of preaching faith into a person's heart by proclaiming the promise of the Gospel."

THESIS XII: "The Word of God is not properly divide: 8) when contrition is placed on a level with faith as the cause of the forgiveness of sins."

THESIS XIV: "The Word of God is not properly divided: 10) when faith is required as a condition of justification and salvation, as if a person were righteous in the sight of God and saved, not only through faith, but also on account of his faith, for the sake of his faith, and in view of his faith."

17. The Gospel creates faith.

THESIS X: "The Word of God is not properly divided: 6) when the preacher describes faith as though the mere acceptance of certain truths, even while a person is living in mortal sins, makes a man righteous before God and saves him; nor is the Word of God properly divided when the preacher describes faith as justifying and saving because it produces love and renewal of life."

18. The Gospel functions to comfort sinners.

THESIS XXV: "The Word of God is not properly divided: 21) if the Gospel does not generally predominate in one's teaching.

19. The Gospel motivates to Christian conduct.

A. Biblical motives: the love of God, the love of Christ, the Christian hope which Christ gives.

B. Motivations open to some question: my love to God, my gratitude, fear of God's wrath, reward, God's goodness in return for my goodness.

(Compiled by H. Eggold)

SOME SUGGESTED PRINCIPLES FOR STUDY OF A SERMON TEXT

Just as it is usually advisable to pay careful attention to a printed recipe in preparing a new and tasty dish for one's friends, so the preacher who sincerely desires to "serve up" a sermon that is truly a spiritual feast rather than some little snack which does not begin to satisfy his people's deepest spiritual needs will seriously consider the following steps in the order indicated. No preacher dare presume to know how to preach effectively on any text of Scripture without first sitting down to study that text. He dare never decide beforehand how to preach Law and Gospel on a given Sunday until he has studied the text! To that end the pastor always begins his exegetical-homiletical task by praying for the Spirit's guidance in understanding properly and correctly both his text and the people whom he is privileged to serve.

1. With an English translation close at hand, seek to establish the Greek text by examining the variant readings in an effort to determine as nearly as possible what the inspired writer originally wrote.

2. "Read through" the text *in Greek.* Lay people often take a back-seat to no one as skilled interpreters of the English Bible. A Lutheran pastor, however, is expected to be able to go beyond the level of familiar translations by providing insights normally inaccessible to even the most concerned layman.

3. Know each Greek word. Use basic tools to determine the meaning (s) and grammatical possibilities for each word in the text. One never really knows in advance what is going to be significant.

4. Carefully note the syntactical arrangement of words, phrases, and clauses within the passage under consideration. For example, are all of the ideas in the text coordinate? Are some subordinate? If the latter is true, determine the precise syntactical uses of tenses, moods, clauses, participial constructions, cases, antecedents, particles, prepositions, word order, etc.

5. Note the context (immediate and more remote). Just as having a good text to read from the pulpit does not in itself assure one's being a good homiletician, so also does being a competent grammarian not necessarily make a good exegete.

6. Select a few individual terms for in-depth study. Your unfolding sermon theme and parts (determined in large measure by your peoples' immediate needs) will dictate which words and concepts are worthy of further consideration in concordances, lexicons, word study books, a study of parallel passages, etc.

7. If you have prepared your own rough translation, be sure to compare it with several other translations. Whatever the case, a comparative study of English versions is always very important!

8. After you have worked through steps one to seven, take some time to consult a few good commentaries. Remember, however, that a perfect set of commentaries will never exist. It is good to have a proper degree of confidence in your own God-given abilities as you search the Scriptures. For only then will you discover the thrill of hearing God speak directly to you through His Word and through you to His people! Moreover, it is far easier to recall and impart to others in a convincing manner what you yourself have been able to

think through rather than struggling to depend only on what you have been able to glean and retain from the thinking of others.

9. Use as your pulpit Bible on a given Sunday that translation which most closely agrees with the findings resulting from your own careful study of the text. In rare instances, you may find it necessary to modify or amend even the "best" printed translation.

10. Enumerate your tentative exegetical conclusions in the form of complete sentences always within the framework of the unifying theme of Scripture that God saves man in Jesus Christ because of His grace and love and because man cannot save himself (cf. Article IV of the Augsburg Confession).

A final word: Depending on the text, the foregoing steps could be covered quite adequately, say, on a Monday morning (perhaps with another pastor in your area). The actual writing of the sermon could be done later in the week once the basic spade work of textual study has been completed. It is usually advisable to "ruminate" over the text for a few days concerning the most effectively relevant "here and now" application that you will want your central thought to convey to your particular congregation. Theme and parts and a clear and logical sermon outline will emerge sooner for some texts than for others.

FINDING THE MEANING OF THE TEXT

I. The Text in Its Context

How does the text relate to the life of the author and the situation of those he addresses?

How does the text fit the general purpose and outline of the book?

What light does the material immediately preceding and following the text throw on the text itself?

How does the text relate to the person and work of Jesus Christ, to the milieu of the early church, to the Old Testament background?

II. The Textual Study

A. In the original

Is there any significant variation of the text? (apparatus)

Do I know the basic meaning of each word? (lexicon)

Do I know each grammatical form, and can I relate the phrases and sentences to each other? (grammar and syntax)

B. In the vernacular

How do the translations help me understand possible idiomatic expressions in the text?

What is the best translation as far as I can determine?

What is the thought progression of the text?

III. Amplifying Basic Concepts

What other portion of Scripture deals with this subject and what thoughts do these add?

What is the variation in meaning of this or that basic word in the rest of Scripture? (Concordance and Word Books)

In what way and for what purpose has the church utilized this passage in history?

How is the theological content of this text related to the whole of biblical and confessional theology?

IV. The Central Thought

What is the key thought of this text?

9

Have I stated it clearly in one complete sentence?

Does this thought unify the thoughts of the text?

Is this central thought stated in terms of the uniqueness of the text?

In the interest of preserving the integrity of the text, an exegetical study should first be made. The purpose of this study is simply to determine as clearly as possible what the text originally meant to the author and addressee in their historical situation.

In the interest of preaching this text in a meaningful and persuasive way to your hearer, the text must be considered homiletically as well. In actual practice the exegetical study anticipates the homiletical and they tend to be handled concurrently.

What does this text mean for us today?

What do I hope will happen to the hearer as I preach on this text?

What human problem is dealt within and through this text?

How will this text enable me to speak God's saving power in Jesus Christ to my hearer?

GOAL, MALADY, MEANS

I. The Purpose of the Sermon

A. Proclamation of the Gospel (Kerygma)
B. Teaching the Gospel's meaning for life (Didache)
C. Exhortation and persuasion to newness of life (Paraklesis)

II. Fundamental Elements of Persuasive Speech

A. A Goal: What do I hope to accomplish in speaking to you?
B. A Need: Why is it necessary for me to say this to you?
C. A Means: What way am I suggesting that will enable you to overcome the need and arrive at the goal?
D. The goal, need and means in a sermon are those derived from the Word of God

III. The Goal: The New Man as a Man of Faith and of Love

A. The purpose of a sermon is to proclaim God's Word and thus give God glory. However, we speak of the goal of the sermon as that which is to happen in the life of the hearer as the outcome of hearing the Gospel.

B. The goal is the creation and nurturing of the new man in his faith towards God and love for his fellow man. We speak therefore of faith (love to God) and life (love to neighbor) goals.

C. Faith is fundamentally trust, or the reliance of our whole being upon God. Faith manifests itself in many ways of the surface events in the Christian life, e.g. suffering for truth, table prayers, confidence in death, attendance at worship.

D. Love is fundamentally the power which unites what is separated. Christ's love (agape) possesses unique elements, e.g. unconditional, universal, total self-giving, holy suffering, forgiving. The Christian is called to live out his life in terms of this love, which is expressed in many ways in daily life-concern for people of other races, listening to old ladies' troubles, etc.

E. The goal should be viewed in terms of the depth of faith and love. However, meaningful and persuasive preaching demands that in a given sermon the goal be discussed in terms of one or more of its concrete everyday manifestations in the life of the hearer.

F. The goal in a given sermon would normally concentrate on either faith or love (life) in order to maintain a stricter unity of thought in the whole sermon.

G. The goal can be dictated by the text either directly or indirectly. The direct method is to define the goal the writer originally intended and preach on this for your hearer. The indirect method is to define a Scriptural goal which is only implied in the text. Preference is to be given to the direct method.

IV. Malady, Need, Human Problems

A. The need or malady of man is rooted in his estrangement from God, which is manifest in a life of unbelief, of slavery to the flesh, and to the power of evil and death. We call this general condition of life sin.

B. Sin must be distinguished as both a fact and an act. Fundamentally sin is a universal condition of man in which he finds himself missing the mark in every situation of life. The sins we commit are the outgrowth of the sin we are in.

C. All human problems between men, and man and God are symptomatic of the fact of sin. One task in preaching is to analyze the surface symptoms in terms of the more basic malady, sin.

D. The Law is that Word of God which we employ to diagnose the human situation. The Law is the mirror in which we see ourselves as God sees us.

E. Repentance is first a "coming to one's self," that is, an honest awareness of the gulf between what we ought to be and what we are. Without this self-understanding in the light of God's Word, the Gospel is meaningless to us.

F. Diagnosing human sin for its own sake is destructive. The result of sin is greater sin. The knowledge of sin that increases guilt also increases unbelief in that moment. To know a problem is not to possess the power to solve a problem.

G. In a specific sermon the malady will be the "apposite" of the goal. If the goal is faith, the malady will be in the area of lack of faith. If the specific problem is that we give up too soon in praying to God for help, then the goal is "persistent prayer," which is the apposite.

V. The Gospel as Means: God's Love in Christ Making Men Whole

A. The Gospel is the only means at the preacher's disposal for overcoming the malady and realizing the goal. All preaching that is devoid of Gospel is not uniquely Christian preaching.

B. The Gospel is the proclamation that God in His love acted in Jesus Christ and in His life, death, and resurrection atoned for our sins and overcame every evil power that is set against us.

C. The goal of faith and love can neither be understood nor realized apart from the proclamation of the Gospel. God's love in Christ gives birth to our faith and our love.

D. There are many modes of depicting the meaning of Christ's death and resurrection, so that the Gospel is God's answer to the many human problems sin creates. (See Caemmerer, pp. 330-331)

E. The most meaningful preaching of the Gospel takes place when the Gospel is closely correlated in expression to the goal and malady in a given sermon.

Conclusion: Not all biblical texts contain clear indications of all three elements of goal, malady, and means. When one of these elements is missing, it can be supplied by the preacher from other biblical sources.

CHECK LIST FOR GOAL, MALADY, MEANS

I. Goal:

_____ Is this goal closely related to the central thought of the text?

_____ Have I utilized the unique material of the text in stating the goal?

_____ Is this a faith (love to God) or life (love to neighbor) goal?

_____ Is it a goal that pertains to the hearer's whole being and not just his intellect?

_____ Is the goal concrete in terms of a specific aspect of faith and love in our living?

_____ Is the goal as simple and unified as possible?

II. Malady:

_____ Is the malady "apposite" to the goal?

_____ Am I dealing here only with the symptom and not the deeper problem of sin?

_____ Have I related the act of sin with the fact of sin as a condition of separation from God?

_____ Have I utilized the unique elements of the text in stating the malady?

_____ What strategy do I intend to use to lay bare the nature of this malady?

_____ Have I avoided the danger of merely diagnosing the problem?

III. Means:

_____ Is the Gospel clearly proclaimed in the text? How? If not, how will I supplement the text?

_____ What mode of depicting the meaning of Christ's death and resurrection is suggested in the text?

_____ Have I tried to correlate this with goal and malady?

13

_____ Is the Gospel going to be the key to the whole sermon?

_____ Have I merely talked about food without feeding, and proclaimed past events without conveying the living presence of the resurrected Christ?

_____ Have I made it clear that our faith in God and our love to each other are possible through God's love in Christ alone?

COMMENT ON POINT, PROBLEM, POWER

1. The point (goal) of your sermon must apply to your hearers.

2. State your point (goal) specifically as an outcome for the hearers.

3. You cannot do justice to a double point in the time at your disposal. Choose one or the other. Holding up the cross to draw men is surely a sufficient goal without adding second thought arrows on the cross arms to point out directions for cross carriers.

4. How does your statement of the problem reflect the accent of the text, or take its expression from a cue in the text? You do not plan to discuss <u>any</u> problem, but the one in <u>this</u> text.

5. Don't be content merely to point out the general area. Be specific and concrete. "We've got trouble, right here in River City. . .it rhymes with "P" and that stands for Pool."

6. Why are these things you itemize damnable? Must God die because we engage in these symptom sins? Develop the underlying malady--sin, the root cause of all sinning, in such a way that the coming, dying, and coming to life again of the incarnate Son of God can be seen to have relevance. There's no point in swallowing something for a stubbed toe.

   "You've got to know the territory." You have not gone beyond the symptoms. How will you state your diagnosis of the underlying malady so that we are forced to admit that it is exactly the disease from which we suffer?

7. Try to develop the point, problem, and power in terms of illustrations, modes, that are apposite. The point must be on target, the bowstring taut in the arrow's notch. Use parallel forms, related images.

8. You are not speaking the Gospel (God's power to save and sustain) when you tell us <u>what do do</u> or how to be. The Gospel is the spelling out of what God has done...<u>of the love of God</u>.

9. How will you talk the Gospel in this sermon so that it touches the basic malady? You are to plan how you will exert the power of the Gospel by words so that it will move people from the mistakes of the problem to the action of the goal. God made His most effective move by making the Word become flesh. You are to take that same Word and clothe it in your words and something of yourself and place it before the men on whom God would work today.

10. The Gospel facts of the life, death, and resurrection of Jesus Christ are more than a demonstration of love. They <u>are</u> that! And they effect a change in men. The love of God transforms us into men

who can love. Dwell on the Gospel long enough to give the Holy Spirit leverage on the heart of the hearer.

DISCUSSION SESSION ON GOALS

Criticize pro and con the following goal statements.

1. John 3:16
Goal: To proclaim God's saving love in Jesus to my hearer.

2. I Cor. 15:17 "If Christ has not been raised, your faith is futile and you are still in your sins."
Goal: To show that without the resurrection of Christ our faith would be futile.

3. Matt. 7:1 "Judge not, that you be not judged."
Goal: Judging your brother puts you under the judgment of God

4. Matt. 14:28-32 Peter sinking into the sea.
Goal: To increase our trust in God in the midst of the storms of life.

5. John 13:1-20 Jesus Washing the disciples feet.
Goal: Humble acceptance of Christ's cleansing sacrifice for us and acting as servants for others.

6. Luke 10:25-37 The Good Samaritan
Goal: To love our neighbor as ourselves.

7. Luke 15:11-24 The Prodigal Son
Goal: The firm conviction that God accepts us as sons in spite of our unworthiness.

8. Luke 10:25-37 The Good Samaritan
Goal: That we may know that <u>every</u> man is our neighbor.

9. Matt. 5:13 "You are the salt of the earth"
Goal: To be powerful witnesses of God's justice and mercy in the world.

10. Matt. 27-46 "My God, my God, why hast thou forsaken me?"
Goal: To declare the depths of Christ's suffering on our behalf.

Formulate goal statements for the following:

1. John 13:34 "As I have loved you, so love one another."

2. John 3:30 "He must increase, but I must decrease." (John the Baptist of Christ).

3. Romans 8:31 "If God is for us, who is against us?"

4. Matt. 6:12 "Forgive us our debts, as we forgive our debtors."

5. Phil. 1:21 "For me to live is Christ, and to die is gain."

6. I Peter 4:8 "...love covers a multitude of sins."

DISCUSSION SESSION ON MALADIES

Formulate your malady statement for each of the following passages. Your malady statement should reflect your choice of a central thought for the passage involved.

1. I Cor. 15:17 and context

2. Matt. 14:28-32

3. John 13:1-20

4. Luke 10:25-37

5. John 13:34

6. John 3:30

7. Matt. 6:12

8. Luke 15:11-24

DISCUSSION SESSION ON MEANS

CORRELATING THE GOSPEL WITH THE MALADY AND THE GOAL

Study the following passages and determine:

A. The human problem (malady) you think the text is addressing.

B. The mode of depicting the Gospel in each.

C. The change in the life of the hearer you will point to as you speak this particular insight of the Gospel to him.

1. Rom 3:22-26 A)

B)

C)

2. I Cor 15:54-57A)

B)

C)

3. I John 4:7-12 A)

B)

C)

4. John 1:1-14 A)

B)

C)

17

COMMENT ON OUTLINE

1. Keep the goal of your sermon in mind as you formulate the theme.

2. An introduction is to lead the hearer to the theme. The introduction is not merely an interesting walk but a determined walk to bring us into the orchard and under a special tree where hangs the apple.

3. The major divisions (I, II, etc.) develop the theme. The subdivisions (A, B, etc.) divide a major division. Make clear the direction the sermon will take by the way you formulate the major divisions.

4. Work for an adequate point of division in your outline by carrying out the line of direction of the theme. Major divisions should be mutually exclusive, should add up to the total theme. Remember--there is more than one way to cut an apple. Have you considered an alternate pattern?

5. Don't ask--tell us what the section is about. In delivery, questions may raise the issue, but in outlines the conclusion has already been reached.

6. Predict something--an outline reveals the conclusions you want your hearer to draw as he follows your development. Make sense with sentences. You can't hold hands with a general area. Bones and flesh before contact.

7. You need 8 to 12 particulars if you are going to give the adequate treatment that 20 to 25 minutes allows you. Work on them now--get the bones right before you begin to pile on fleshly verbiage. Bones thrust into an already amassed protoplasm will not articulate very well.

8. Strive for interest, involvement of the hearer. Get us and the human situation into each division. Stress urgency, relevance, or blessing of the subject. You can't hold hands with a general area, and you can't feel anything particular for a general.

9. Try for a more interesting phrasing, a more memorable statement of divisions. Parallelism may help and provide a check on logical development and complete coverage as well. Use cues of text.

10. Do not base a major division on material derived from outside the text--not if you are planning a textual sermon. If you do, either you have a non-biblical major section, or a biblical section that develops a different text.

11. Whenever you cut an apple, there will be at least two parts. If you have a I, you must have a II; if you have an A. you must have a B; if you have a 1, you must have a 2.

12. Is the malady's place allotted?

13. Have you made a definite drilling into which you plan to pack in the dunamis of Gospel?

DEVELOPING THE STRUCTURAL DESIGN OF THE SERMON: THE THEME

I. The Importance of Structural Design

A. There is an integral relation between substance and form. An idea without a shape is a vague impression. A form without content is a hollow shell. An idea communicated in a particular form conveys definite meaning.

B. A sermon is an organism in which a number of thoughts are organically bound to a theme. A sermon is not a pile of branches but a tree. It is not scattered bones or limbs but a whole body requiring a skeletal structure.

C. The structural design is the skeletal form that enables you to plan a sequence of thoughts in proper order so that the whole idea of the sermon is presented clearly, coherently, and persuasively.

D. Many sermons fail to convey meaning because of poor structural design. The hearer is given an itinerary without a map--ideas are sprayed at him like buck shot. The subject is rendered an unintelligible blob for lack of a backbone.

II. The Key to Structural Design: The Theme

A. The theme is the embodiment of the whole sermon. "Like any sound piece of work, a good sermon is the embodiment of an idea. It is an organic structure of thought, which unfolds from within, according to the anatomy of the idea that produces it."

"The true subject, how one defines for himself the exact thing he is going to talk about, is the primary factor in sermon design." H.G. Davis

B. The theme is the single idea out of which all the other thoughts of the sermon germinate. All other thoughts in a sermon are important in relation to the contribution they make to the unfolding of the theme.

C. The failure to define your theme well results in the following:

1. The loss of a unifying factor in the sermon.
2. The loss of a criteria for judging the sequence and importance of the other thoughts in the sermon.
3. The loss of a sense of direction vital for maintaining continuity and achieving a climax in the sermon.

III. Formulating the Theme

A. The theme must answer at least three questions for the hearer:

1. "What is the man going to talk about?"
2. "What is he going to say about it?"
3. "What is he trying to achieve?"

B. The theme consists of a subject and a predicate, the predicate being either expressed or implied.

C. The theme should be textual, concentrated, expansive, unified, human. It should be profound enough to give birth to a whole sermon, and concrete enough to be relevant to the hearer.

IV. Expanding the Theme

A. The theme is the seed that contains in a germinal state the other thoughts of the sermon. The theme must be planed in the "soil of life's struggles and the subsoil of the eternal word."

B. The unfolding parts of the sermon are derived by questioning the theme. What does it mean? Why is it true? Why should I believe it? What difference does it make? What are the ingredients that make this the power idea that it is?

C. The parts of the sermon take their cue not only from the theme but from the text, exhausting the theme within the limits of the text. The parts are subordinate to the theme and coordinate with each other.

LINE OF DIRECTION

The limitation or qualification of the subject in the theme will give direction to the parts or major divisions.

Examples:

Theme: WHY SHOULD THE UNIVERSAL OPPOSITION TO CHRIST AND HIS GOSPEL NOT DISTURB OUR PEACE?

Subject: Universal Opposition to Christ and His Gospel
Line of Direction: Why it (the universal opposition) should not disturb our peace. The subject is now limited by the interrogative "why." The sermon will not focus on the nature of the opposition to Christ, nor even on why it occurs, but rather on why the opposition should not disturb us.

The parts or major divisions would then be stated as follows:

I. Because it has been foretold in God's Word.

II. Because it is untenable.

III. Because it fails to hinder the propagation of the Gospel.

Theme: THE SUPREME DEMANDS OF GOD'S LAW REGARDING LOVE TO OUR NEIGHBOR.

Subject: Supreme Demands of God's Law
Line of direction: Regarding love to our neighbor

Theme: WHY DO CHRISTIANS SOMETIMES DOUBT THEIR SALVATION IN CHRIST?

Subject: Christians' Salvation in Christ
Line of Direction: Why they doubt their salvation
The line of direction limits the subject by making clear that not salvation generally but the reasons for doubting one's salvation will be discussed.

The parts might then be stated as follows:

I. Because they follow their reason in spiritual matters.

II. Because they fail to accept God's Word in childlike faith.

III. Because they fail to note that spiritual truths are not contrary to reason.

21

Theme: THE KINGDOM OF GOD IS FOR SINNERS

Subject: Kingdom of God
Line of Direction: for sinners
The subject is limited or qualified so that the sermon will focus on the "for sinners" aspect of the Kingdom.

The parts would not be:

I. What is meant by the Kingdom
II. How sinners get into the Kingdom

But:

I. The Savior does not call the righteous to the Kingdom
II. The Savior calls sinners to the Kingdom

INCORRECT OUTLINES

Luke 15, 11-32 IT IS A VALUABLE THING TO BE AT HOME IN THE HOUSE OF THE FATHER.

I. Which is the Father's house and who is in it

II. The privileges the child enjoys in the same

Luke 11, 9-13 WHY PRAY?

I. How to pray in the right manner

II. What induces one to pray thus

III. What does one receive by his prayers

John 4, 47-54 IN WHAT RESPECT SHOULD THE NOBLEMAN SERVE US AS AN EXAMPLE?

I. Wherein the nobleman is an example for us

II. What should move us to follow the same

Same Text WHICH BLESSINGS DID THE NOBLEMAN DERIVE FROM HIS CROSS

I. The cross

II. The blessings

Col. 3, 15-17 A TRUE CHRISTIAN HOME

I. Which is a true Christian home

II. By which means is such a home founded

1 Cor. 1:18-29 HOW FOOLS BECOME WISE

I. The folly of men by nature

II. How they became wise

PROPER SEQUENCE IN OUTLINING

CONCERNING THE POWER TO FORGIVE SINS
___ Who has it?
___ To what should it move us?
___ For whom is it beneficial?

HOW CAN WE STAND BEFORE GOD?
___ In a cloak of our own making we cannot stand;
___ We need a cloak to stand before God;
___ Only in a cloak given by God can we stand before Him.

CONCERNING TRUE FAITH
___ Faith holds to the Word;
___ Faith comes from the Word.

TRUE THANKS FOR A BOUNTIFUL HARVEST
Let us
___ Speak of it as a gift of God;
___ Recognize it as a gift of God;
___ Use it as a gift of God.

THE RELATION OF BEING A GOOD CITIZEN TO BEING A TRUE CHRISTIAN
___ A Christian is always the best citizen;
___ One can be a good citizen without being a Christian.

LET US EXAMINE OURSELVES WITH REGARD TO BROTHERLY ADMONITION
___ Do we recognize it as necessary?
___ Do we profit by it?
___ Do we practice it?

HOW BLESSED ARE THOSE WHO FIND REFUGE IN CHRIST!
___ In Him they have power;
___ In Him they have righteousness which avails before God.

THE COMING OF OUR KING OF GLORY
___ The glory of His person;
___ The glory of His reign;
___ The glory of His power.

THE SHIELD OF FAITH
___ Why it is needed;
___ How is it employed.

WE ARE THE CHILDREN OF GOD
___ What are the blessings we enjoy as the children of God?
___ How have we become the children of God?
___ What are our obligations as the children of God?

THE BLESSEDNESS OF THE GODLY LIFE
___ Blessed are they that overcome evil with good;
___ Blessed are they that eschew evil and do good.

THE SPIRIT OF PENTECOST
___ Who He is;
___ How He may be obtained;
___ The need of Him today.

THE ASCENDED CHRIST RESTORES THE KINGDOM OF ISRAEL
___ For this purpose He ascended n high;
___ For this purpose He will come again at the last day;
___ For this purpose He sends His witnesses into the world.

OUR FAITH IN THE RISEN CHRIST
___ It is a glorious faith;
___ It is a victorious faith.

WHY SHOULD WE TELL THE HEATHEN ABOUT CHRIST, THE SAVIOR?
___ Because Christ is also the light of the heathen;
___ Because also the heathen shall come to the Light;
___ Because gross darkness covers the heathen.

THE LIFE IN THE BRANCHES OF THE VINE
___ Life in God;
___ Life from God;
___ Life for God.

CHRIST'S KINGDOM A KINGDOM OF LOVE
___ The love of the saved for Christ;
___ The love of the Savior for His own.

WHY IS LOVE THE GREATEST THING IN THE WORLD?
___ Because it is able to lift the sinner up to God;
___ Because it drew Christ down to the sinner.

THE GLORY OF THE SON OF MAN
___ The hour of it;
___ The fruit of it;
___ The manner of it.

THE THREE KINDS OF FRIENDS AT THE ANOINTING OF JESUS
___ The wavering and doubting;
___ The utterly false;
___ The sterling true.

OUR HOUSES MUST ALL PASS THROUGH THE STORM
___ Well, if they are built on the rock;
___ Woe, if they are built on the sand.

THE STORY OF SIMEON WOULD MAKE THE CHRIST-CHILD MINE
___ Mine to praise His salvation;
___ Mine to possess His salvation;
___ Mine to spread His salvation.

A GLORIOUS HYMN ON THE CHRISTIAN'S DELIVERANCE
___ Deliverance from the guilt of sin;
___ Deliverance from the penalty of sin;
___ Deliverance from the power of sin.

FOR ME TO LIVE IS CHRIST
___ To work for Christ;
___ To suffer with Christ;
___ To have Christ;
___ To die in Christ.

THE JOY OF THE GODLY SORROW
___ The joy which springs from such sorrow;
___ The sorrow which brings such joy.

WHAT DOES THE LORD'S COMMUNION REQUIRE?
___ Receptive hearts;
___ Empty hearts;
___ Responsive hearts.

GOD'S GIFTS OF GRACE ARE SPREAD OUT BEFORE US
___ Believe and receive them;
___ Enjoy and preserve them;
___ Draw near and behold them.

JOY TO THE WORLD, THE LORD HAS COME!
___ Hear the testimony concerning Him;
___ See Him as the Word of Life;
___ Enter into fellowship with Him
___ Let your joy in Him be full.

THE CHRISTMAS MESSAGE OF THE FATHER'S LOVE
___ In the Christmas of today
___ In the Christmas at Bethlehem;
___ In the eternal Christmas to come.

THE FATHER'S LOVE IN CHRIST, OUR CHRISTMAS GIFT
___ Come, take it;
___ Come, see it;
___ Come, thank Him for it.

COME OUT FROM AMONG THEM AND BE YE SEPARATE
___ How this is to be done;
___ Why this is necessary.

SAMPLE OUTLINE

Text: Luke 10:17-21

And the seventy returned again with joy, saying, Lord even the devils are subject unto us through thy name. And he said unto them, "I beheld Satan as lightning fall from heaven. Behold, I give unto you power to tread on serpents and scorpions, and over all the power of the enemy: and nothing shall by any means hurt you. Not withstanding in this rejoice not, that the spirits are subject unto you; but rather rejoice, because your names are written in heaven." In that hour Jesus rejoiced in spirit, and said, "I thank thee, O Father, Lord of heaven and earth, that thou hast hid these things from the wise and prudent, and hast revealed them unto babes: even so, Father; for so it seemed good in thy sight."

<u>Introduction</u> Though we all want to be happy, it is hard to be happy all the time. Worry and personal misfortune cast clouds of sadness over our lives.

Is there happiness that will remain, even in life's dark periods? Jesus makes it plain that abiding happiness has a spiritual basis. He tells His disciples to rejoice because their "names are written in heaven." This truth is the source and basis of lasting joy. Let us direct our attention to this truth which has so much to do with our joy.

NAMES WRITTEN IN HEAVEN

Our text shows us: I. The kind of people whose names are written there.
II. The kind of privileges that are given to them.

I.

<u>Exposition</u> A. They are people who are in a relationship to Jesus Christ.
1. The disciples demonstrated this relationship by exorcism (v. 17).
(Isagogical) 2. The essence of this relationship is personal faith in Jesus (Rev. 21:27).

<u>Statement</u>
(Definition) To have one's name written in heaven is the same as believing that the blood of
(Line of direction of part and of sermon) Jesus Christ, God's Son, cleanses us from all sin (1 John 1:7).

Exposition B. They are people who refuse to judge God and His Word.
1. There are others--the wise and the prudent (the superintellectuals and the sophisticated) who decline to believe that "God was in Christ". . . . (2 Cor. 5:19) (v. 21).
<u>General Application</u> 2. Reason often leads men astray in spiritual matters ("Neither can he know them, they are spiritually discerned" 1 Cor. 2:14).

<u>Statement</u>
(Line of direction of part and of sermon) As long as men place their reason above God's Word, the way of salvation will be hidden from them. But those for whom the atoning blood is nonsense do not have their names in the book of life.

27

Illustration C. They are people who let God fill them with His wisdom. v. 21

1. When you tell a small child about the Savior, the child does not ordinarily question or doubt.
2. Childlike trust (openness and readiness to receive) characterizes those whose names are written in heaven.
   a. This does not mean that the less educated or simple a person is the better Christian he will be.
   b. In every case the Holy Spirit must do the revealing.

Statement (Line of direction of part and of sermon) Only through such revealing can both the educated and the uneducated know of things," the truths about human sin and God's forgiveness. Such "babes" are the kind of people whose names are written in heaven.

Application (Line of direction of sermon) Are you one of those childlike ones who have refused to make reason master over faith? The Word assures you of forgiveness in the blood of Christ. Rejoice in spirit and say, "I thank Thee, Father. . .I thank Thee that Thou hast revealed Thy saving Gospel to me. Even so Father, for it so seemed good in Thy sight." You can be sure that your name is written in heaven.

Transition When your name is written in heaven, you have privileges. Our text shows us what kind of privileges they are.

II.

Exposition A. The disciples had the privilege of driving out evil spirits. v. 17

1. Their success hinged on what Jesus would do, v. 18.
2. The disciples' success was a reminder of Christ's complete victory ("That He might destroy the works of the devil" (1 John 3:8).

Statement Through Christ's name they were able to exercise a power whereby Satan's might was vanquished.

Exposition B. The disciples had the privilege of treading underfoot serpents and scorpions. v. 19

1. Serpents and scorpions are figurative for the powers of evil.
2. Although the disciples were weak, erring men, they would not go down to defeat.

Statement (Line of direction of part) Through Christ's name they would win over all the powers of evil.

C. We whose names are written in heaven can likewise tread on serpents and scorpions.

General Application

1. We do not fight alone; we have a mighty Helper.
2. Yet there will be no victory without pain.
3. Commitment results in action which results in reaction.

<u>Statement</u>	The attacks will come, the wounds will smart. It's not going to be easy, this battle against the serpents and scorpions of evil, not easy to stand up for what's right and good.
<u>Specific Application</u>	
(Line of direction of part)	But no matter how stinging the abuse, how severe the temptations, let's wade into the battle. Just be sure to pause regularly to make contact with the Word. Christ will strengthen us, so that we'll experience the truth of His Words: v. 19b.
(Line of direction of sermon)	What privileges are ours when our names are written in heaven! We can tread underfoot all the power of the enemy, nothing shall by any means hurt us. We can say with Luther, that battle-scarred veteran of former years: "Though devils all the world should fill," etc.
<u>Conclusion</u>	To have one's name written in heaven! Here is the basis of abiding joy.. Here is power for victorious living. Jesus, give us a childlike trust in you. Give us the victory over evil. Amen.

SAMPLE WORKING BRIEF (Full Outline)

Text: Luke 10:17-21

The seventy returned with joy, saying "Lord even the demons are subject to us in your name!" And he said to them, "I saw Satan fall like lightning from heaven. Behold, I have given you authority to tread upon serpents and scorpions, and over all the power of the enemy; and nothing shall hurt you. Nevertheless do not rejoice in this, that the spirits are subject to you; but rejoice that your names are written in heaven." In that same hour he rejoiced in the Holy Spirit and said, "I thank thee, Father, Lord of heaven and earth, that thou has hidden these things from the wise and understanding and revealed them to babes; yea, Father, for such was thy gracious will."

GOAL: Live victoriously in the power of Christ.
MALADY: We are vulnerable by ourselves.
MEANS: Christ has conquered the powers of evil for us.

Introduction

How vulnerable we are to life's trouble and pain! Colds and flues, tension and tiredness, anguish and accidents take their toll. We have no magic cloak that will protect from all danger. Complete security is impossible in this life. We can be hurt and harmed. We are not invulnerable.

That is why Christ's words in the text strike us with particular force: "Nothing shall hurt you" (v 19b). He is saying that for the Christian there is a point of invulnerability. We can truly say that:

A CHRISTIAN IS INVULNERABLE

I. Invulnerability comes from Jesus Christ
II. Invulnerability makes possible the victorious life

I.

Explanation

A. Invulnerability is a life quality rooted in Christ
1. No promise of outward success. The disciples drove out demons (v. 17), but they were not always able to do so (Mark 9:18 ". . . asked your disciples. . .and they were not able. . . No immunity from bodily harm (Matt. 10:22-23 "You will be hated. . .when they persecute you. . .").
2. However, the Christian's real self can never be destroyed (Matt. 10:28 ". . .kill the body, but cannot kill the soul.")

Summary Statement (Line of direction of part)

To be invulberable means that nothing can destroy that inner life "hid with Christ" (Col. 3:3).

	B.	Invulnerability became a reality through the action of Christ.
		1. Christ decisively defeated Satan (v. 18)
<u>Exposition</u>		2. Christ conquered all the powers of evil by His cross and triumphant resurrection (1 John 3:8 ". . . to destroy the works of the devil."); (Col. 2:15 ". . . triumphing over them in it.")
<u>Summary Statement</u> (Line of direction of part)		Christ's victory alone made invulnerability possible.
	C.	We are invulnerable through faith in Jesus Christ.
<u>Illustration</u>		1. Reason often leads men to reject the Gospel (v. 21a); (1 Cor. 2:14 Unspiritual man "cannot understand. ")
<u>Example</u>		2. Faith is characterized by childlike trust that is worked by the Holy Spirit in both the intelligent and the unintelligent, the educated and the uneducated (v. 21b); (1 Cor. 12:3 ". . . except by the Holy Spirit.")
<u>Summary Statement</u> (Line of direction of part and of sermon)		When the Holy Spirit draws us through the Gospel to faith in Jesus Christ, we become partakers of Christ's invulnerability.
<u>Application</u> (Line of Direction of part and of sermon)		Are you one of those childlike ones who has refused to make reason master over faith? Then you are a sharer in Christ's victory (Rom. 8:37 ". . .more than conquerors through him. . .") Can you say: "I thank thee, Father. . .?" Invulnerability is yours through faith in Christ who vanquished the powers of evil.
<u>Transition</u>		Invulnerability is not just something we have, though. It's something we experience. It makes a difference in the way we live. Invulnerability makes it possible for us to live victoriously.
		II.
	A.	Christians can tread upon the powers (serpents and scorpions, v. 19a)
<u>Examples</u>		1. The disciples did not go down to defeat (Peter and John "cannot but speak. . ." Acts 4:20). Neither did St. Paul (2 Cor. 9:10 ". . .as punished, and yet not killed."), and neither did Luther (to Worms, though devils filled the housetops).
<u>Application</u>		2. We, too, can face trying situations with courage without frenzy or panic, because we are clothed in Christ's armour (Phil. 4:13 "I can do all things through Christ. . .").
<u>Summary Statement</u> (Line of direction of part and of sermon)		The powers of evil may rage around us and in us, but we can wage an offensive war against them.

Examples	B. Yet victory comes painfully 1. We'll be bruised, and the wounds will smart (hurtful words and evil thoughts).
Application (Line of direction of part and of sermon)	It's not going to be easy, this battle against the serpents and scorpions of evil. That's why it's so necessary to make contact with the Word through which Christ pours into us His power. We'll experience the truth of His words (v. 19b).
Exposition	2. Victory will come. Death defeated, heaven gained (v. 20b). Victory beyond our highest dreams.
Summary Statement (Line of direction of part)	No victory without a battle, no crown without a cross.
Conclusion	We are invulnerable--in Christ. We can overcome that which threatens to hurt us. We can say with a battle-scarred veteran of former years: "Though devils all the world should fill. . ." Nothing shall hurt us who are stabilized in the invulnerable Christ!

"NOTHING SHALL HURT YOU"

Text: Luke 10:17-21

To be invulnerable, unwoundable, unable to be hurt or harmed--to find some magic cloak that will protect from all danger. That is what we long for. The dream of perfect security haunts the human race.

But we have no magic cloak. In spite of our wonder drugs and antipollution devices, there is no infallible shield against dangers and risks. How vulnerable we are to life's trouble and pain! Colds and flues, tension and tiredness, anguish and accidents take their toll. In this world there is no wrapping of complete security. We can be hurt and harmed.

For this reason Christ's words in our text strike us with particular force: "Nothing shall hurt you." Jesus is saying that for the Christian there is a point of invulnerability. We can say that

A CHRISTIAN IS INVULNERABLE

I. Invulnerability comes from Jesus Christ
II. Invulnerability makes possible the victorious life.

I.

A. 1. At first sight such a claim seems absurd. True, the seventy disciples to whom Jesus spoke the words of our text had just returned from a mission on which they had succeeded in driving out evil spirits. They seemingly were invulnerable against the attacks of devils. In obedience to their words of exorcism evil spirits had to flee. The disciples were elated. "Lord, even the demons are subject to us in your name!"

But there came other days when they were not always successful. Once when a father came to the disciples asking them to cast out from his son a demon who had been vexing him, the disciples were not able to cast it out (Mark 9:18) and Jesus never promised them continual outward success. He did promise that they would be hated by all for His name's sake and that they would be persecuted (Matt. 10:22-23). We ask: Were they not then hurt by those devil-induced difficulties? Were not the apostles hurt when they were thrown into prison and put to death? Were not the early Christians hurt when they were subjected to ridicule and torture, burned at the stake, fed to wild beasts? What did Jesus mean by saying, "Nothing shall hurt you"?

2. He meant that although Christians could be hurt physically, even killed, their real selves could never be destroyed. The enemies, no matter who they were, would not be able to touch the Christians' inner life. For this reason, Jesus was able to say to His disciples on another occasion: "Do not be afraid of those who kill the body and after that have no more that they can do" (Matt. 10:28). "No more that they can do." The powers of evil can wreak fearful havoc, but they are impotent against the soul. They cannot destroy that inner life "hid with Christ in God" (Col. 3:3).

B. "With Christ." Invulnerability comes from Christ. The disciples were not invulnerable in and of themselves. They soon learned that their own strength wasn't always sufficient. When Jesus was captured and crucified, they all forsook Him and fled. Peter went so far as to deny his Lord with a curse. Their invulnerability had come from outside themselves. "Behold, I have given you authority," said Jesus. This authority or power Jesus could give because He would gain for them and for all men the final victory over Satan.

1. When the seventy returned to Jesus to tell Him of their experiences, Jesus replied: "I saw Satan fall like lightning from heaven." Jesus saw in the activity of the disciples the overthrow of the prince of darkness. A lightning bolt zig zags down from the sky and disappears on earth. That's a picture of the blinding force of Satan being suddenly extinguished. The fall from heaven represents Satan's fall from the pinnacle of his power. Each new conquest of evil spirits by the disciples pointed ahead to that complete victory over Satan which Jesus would achieve on the cross.

2. There, on the cross, a terrible battled raged. On one side, Satan and all his hosts. On the other, Christ and all the holy angels. Christ experienced physical and spiritual anguish. The conniving of the Jewish leaders, the cowardice of Pilate, the pain of the nails, the whole sordid mess instigated by Satan and his cohorts cut Him to the very depth of His being. Yet, it was the Son of God who conquered. The battle went in His favor. Only because of this victory were the disciples able to exercise a power by which demons were vanquished. The disciples' invulnerability came from Jesus who "appeared to destroy the works of the devil" (1 John 2:8). When He died and rose triumphantly on Easter morning, "He disarmed the principalities and powers (all the forces of evil) and made a public example of them, triumphing over them" (Col. 2:15).

C. When we believe that Jesus, by His suffering, dying, and rising again atoned for our sins, paid for our guilt, and vanquished our foes, we are sharers in His victory. We, too, are invulnerable. For we are among those whose names are written in heaven. In our text Jesus tells the disciples not to rejoice so much in this that the spirits are subject to them, but to rejoice "that their names are written in heaven." That was Jesus' way of saying that a faith relationship to Him is at the basis of Christian invulnerability. To have one's name written in heaven is the same as believing that the blood of Jesus Christ not only cleanses us from sin but makes us invulnerable.

1. But proud, conceited men find it difficult to believe that the cross on which Christ shed His blood has so much to do with our invulnerability. People already in Jesus' day found this difficult to believe. Jesus said: "Father, you have hidden these things from the wise and understanding." By the wise and understanding Jesus meant the sophisticated, the super-intellectuals who refused to believe anything which they could not explain. The Jewish leaders, by and large, refused to believe that Jesus of Nazareth was the atoner of their sin and the source of their power. There are people like that today who refuse to believe that, when Jesus died on a Roman cross outside the city of Jerusalem, God reconciled the world to Himself. Such belief they decry as a crude blood theology. As reasonable, reasoning men, it offends them.

   None of us denies that man with his mind, his reason, has accomplished wonders. Think of the amazingly precise, intricately detailed electronic devices used in space technology and computer science. Yet, when it comes to spiritual matters, reason always leads men astray. Reason insists that we must reach up to God. God's Word says that He must reach down to us. Reason says that men are inherently good. God's Word says that men are by nature totally evil. Reason says that God will love us only if we try to make ourselves holy. God's Word says that we cannot possibly make ourselves holy, but that God for Jesus' sake loves and will save us anyway. It is not by reasoning power or intellectual acumen that we become sharers of Christ's victory. St. Paul reminds us that "the unspiritual man does not receive the gifts of the Spirit of God, for they are folly to him and he is not able to understand them because they are spiritually discerned" (1 Cor. 2:14).

2. Jesus thanks the heavenly Father for having "revealed" these things. It is by God-given insight, by Spirit-wrought faith that we become invulnerable. God reveals Christ and His victory to babes. When you tell a small child about Jesus, the child does not say, "Can I really believe that Jesus died for me? How can I be sure? Prove it." No. He simply believes that Jesus is his Savior, too. Such childlike implicit trust characterizes the Christian. This does not mean that the more uneducated and simple a person is, the better Christian he will be, or the more ready he will be to believe in Christ. It means rather that no one, neither the educated nor the uneducated, the brilliant or the not so brilliant can say, " 'Jesus is Lord,' except by the Holy Spirit" (1 Cor. 12:3). It is only when the Holy Spirit draws us through the Gospel to believe in Jesus Christ that we become partakers of His invulnerability.

Are you one of those childlike ones who has refused to make reason master over faith? Do you look to Jesus as your victorious Lord? Then you can say, "O Father, Lord of heaven and earth, I thank you that you have revealed Jesus to me!" Then you are more than a conqueror through Him who loved you (Romans 8:37). You are invulnerable through faith in that Lord Jesus who conquered the powers of evil for you.

Invulnerability, though, is not merely something we have in the sense of a quality to be admired or an honor to be appreciated. It is something we experience. It makes a difference in the way we live. Invulnerability makes it possible for us to live victoriously.

II.

A. Jesus went so far as to tell His disciples: "Behold, I have given you authority to tread upon serpents and scorpions and over all the power of the enemy, and nothing shall hurt you." Serpents and scorpions are figurative terms for the powers of evil. Not only would Christ's disciples not be hurt; they would be able to take the offensive against Satan and his minions. Far from going down to defeat, they would be able to wage a victorious war.

1. What Jesus said to His disciples applies to all Christians at all times. And Christians have shown that they believed Christ's words applied to them. Peter and John were convinced that nothing could cause them lasting hurt or permanent injury. That's why they boldly told the Jewish leaders of their day: "Whether it is right in the sight of God for us to listen to men rather than to God, you judge. We cannot but speak the things which we have seen and heard" (Acts 4:20). St. Paul was convinced that nothing could ultimately hurt him. That's why he could speak of being "afflicted in every way, but not crushed; perplexed, but not driven to despair; persecuted, but not forsaken; struck down, but not destroyed" (2 Cor. 4:8-9). It was in this conviction that Luther said he would go and face the Emperor though devils filled the housetops of Worms.

2. What has given men and women down through the ages courage to face trying situations

without frenzy or panic? Nothing else than the conviction that Christ has already conquered the forces of evil, and that the Christian can "do all things through Christ who strengthens him" (Phil. 4:13). In this conviction you and I can live out our lives each day. The powers of evil may rage around us and in us, but we can take the offensive against them. Buffeted we may be by winds of doubt and trouble. We will not go down to defeat. We can tread under foot all the power of the enemy. That's how invulnerable we are.

B. 1. Yet there will be no victory without pain. Anyone who treads upon serpents and scorpions will get his share of wounds and scars, just as Christ was wounded by the old serpent Satan on the cross. The attacks will come and you will feel them. People may say to you, "Do you mean to tell me in this enlightened age that you believe in such things as miracles, that Jesus was born of a virgin, that the Bible is the inspired Word of God? Don't you know that that's against science and reason? When people make fun of your intellect, when they treat you as a child who hasn't seen the light of modern knowledge, it hurts. Or they may say to you, "Are you really making your children take religious instruction? Why don't you do what educated people are doing? Let religious ideas take their course. Let the children choose what they want to choose when they are old enough and wise enough to make their own choice." You don't like to be told that you are out of step with psychology. It hurts your pride to have people tell you that you are trailing behind in the parade of modern thought. If you are a young person the attack can come in another way. "Are you one of those prudes who thinks he has to inhibit himself? Don't you know that's bad for you? You shouldn't repress things. And who told you anyway that those things were wrong? So express yourself. Do your own thing. Enjoy life." Young people don't like to be told that they're killjoys or squares. So you see there will be wounds, and they will smart. It's not going to be easy, this battle against the serpents and scorpions of evil. It's not going to be easy to stand up for what's right when you are surrounded by temptation and when even your friends entice you to wrong.

We are living in a world in which the forces of Satan are running rampant. The newspapers tell of crime and lawlessness, hatred and prejudice, capable of tearing society apart. Our own lives only too often give evidence of the activity of Satan. Think of the coldness of our love, the sluggishness of our prayers, our allurement by the things of the world. That's why it is so necessary that we make regular contact with the Word through which Christ pours into us His power. Then, even in the pain of battle, we will experience the truth of His words, "Nothing shall hurt you."

2. If we were left to stand alone, the enemy, working both from without and within, would soon overwhelm us. We would stand exposed to every danger and naked to every attack. But we do not stand alone. With us is the Lord Jesus, and with Him we are safe, even in the lion's den. You remember the story: "Daniel, servant of the living God. Has your God, whom you serve continually, been able to deliver you from the lions?" "O king. . . My God sent His angels and shut the lions' mouths, and they have not hurt me" (Dan. 6:20-22). Many a believer since Daniels' time has felt the lion's claws. But the fact remains that nothing in death or in life, in earth or in hell, in the depths of the atom or in the heights of outer space can harm those who have found refuge in Christ. So we can live victoriously. Even the final evil, death, will be defeated for us, and heaven will be won. But there is no victory without a battle, no crown without a cross.

No matter how hard the battle seems, let's dare to wade in. We can say with Luther, that battle-scarred veteran of former years:

Though devils all the world should fill
All eager to devour us,
We tremble not, we fear no ill
They shall not overpower us.
This world's prince may still
Scoul fierce as he will;
He can harm us none;
He's judged--for 'ere undone.
One little word can fell him.

Amid the stinging attacks of the evil one, how good it is to know that He who is with us is greater than he who is against us, that nothing shall by any means hurt us who have stabilized our souls in the invulnerable Christ. In His armour we shall withstand every earthly battle and gain a victory beyond all mortal dreams. Amen.

THE INTRODUCTION OF THE SERMON

I. Purposes

A. Arouse interest. The "success" of a sermon often depends upon the first impression the preacher makes on his hearers. The first sentence or two, and certainly the first paragraph, can therefore be crucial. Spend time devising an interesting way of beginning the sermon. Avoid trite commonplaces and pious platitudes.

B. Establish a common ground. Communicating biblical truths and religious concepts to people who often have had little contact with the Bible during the week is not easy. We do not necessarily communicate what we think we are communicating. In the introduction try to establish a common ground with your hearers, a common ground of belief, attitude, interest, or concern. Let the hearers get on your wave length so that they will begin thinking about the same thing you are thinking in somewhat the same way.

C. Create a proper atmosphere. The introduction should set the tone and mood of the entire sermon. An awareness of the emphases of the Church Year and of a particular Sunday, as reflected in the Propers, will help you to set an appropriate tone for the sermon.
Use the introduction to maintain the sermon as an integral part of the whole worship service. The introduction ordinarily sets the mood of occasional sermons such as funeral and wedding addresses.

D. Introduce the theme. The main purpose of the introduction is to lead up to the theme. In the introduction help the hearers to see the worthwhileness of the theme by pointing out how the theme relates to their lives. Show the hearers how they are involved in the theme's challenge, appeal, thanksgiving or whatever. Let the hearers begin to encounter the life issues in the theme.

II. Qualities

A. Vital relationship to the theme. The introduction should focus on an idea that is closely related to the theme so that you can move easily and naturally to the theme itself. You might use a key word of the theme in the first sentence of the introduction, or deal briefly with the concept the key word conveys. For example, if your theme has to do with the Christian race, the key word with which you could begin the introduction would be "race." In the theme, "Choose you this day whom you will serve," the key word is "choose." Remember that the introduction is an integral part and vital unit of the sermon.

B. Unity. The introduction should focus on just one idea. Otherwise, if we consider the introduction as a porch or entrance to the body of the sermon, there will be a porch to a porch. Guard against the temptation to remark on matters suggested by the text but only remotely related to the theme. Don't use the introduction to tell the story of salvation from the fall of Adam to the final victory in heaven. Stick to one thought. Don't string things together.

C. Directness. The introduction should lead to the theme as quickly and directly as possible. Watch out for wearisome preliminaries. Don't beat about the bush. Take the shortest road you can to the theme. The introduction should be brief, ordinarily not more that

1/8 of the sermon. Say no more than is necessary to prepare the hearers adequately for the theme. Avoid a jump in thought between the last sentence of the introduction and the theme. The introduction should flow smoothly into the theme.

D. Concreteness. Achieve concreteness by tying the theme to the hearer's experiences. Get the hearers into the introduction by the use of personal pronouns. Be specific with references to life, the universe, or God.

III. Sources

A. The best source for the introduction is the interests and concerns of the hearers. Take into account the hearer's situation and involve them immediately.

B. The text or context may serve as a source, but then you will need to present your material in an interesting way that will not lead the hearers to dissociate the Bible and the sermon from their lives.

C. Literature may provide refreshing and stimulating material for the introduction.

D. A story can serve as the introduction if it is not too dramatic and gripping so that the body of the sermon falls flat by comparison. A very dramatic story that pinpoints the theme may be more effective as a conclusion to the sermon. Watch out for stories that sound contrived, too neatly nice ever to be true.

Gerhard Aho

THE CONCLUSION OF THE SERMON

I. Purposes

A. To bring the sermon to an effective close. A sermon should conclude, not just stop. The purpose of the conclusion is to end the sermon in the right way and at the right place. The conclusion is the moment when the life issue in the theme ought to be seen at its clearest, felt at its sharpest, and carried into life. Because the conclusion is the last chance to accomplish the sermon's purpose, it is, rhetorically, psychologically, and spiritually, the most important moment of the entire sermon. It is not a mere appendage but the crowning, vital point of the sermon, the opportunity for supreme impression on the minds and hearts of the hearers. For this reason you will do well to write out your conclusion and not leave it to the inspiration of the moment. If you do not prepare the conclusion, you may find yourself floundering and thereby spoiling a good sermon. Instead of ending with concentrated force, the sermon unravels like a rope and dangles at loose ends or empties like a pitcher with a few more drops and dregs. Few things are more discouraging to the hearers than the overlong farewell of the preacher who lacks terminal facilities.

B. To apply the truth. Hopefully, application has been distributed throughout the sermon, but it should be compacted in the conclusion. It is usually best, in order to strengthen also the unity of the sermon, to apply the theme in the conclusion. The truth is applied when it is laid on the hearer's conscience, addressed to his will, and presented to him in terms of both the intellectual and emotional meanings of his experiences.

C. To move to action. The action to which we seek to persuade people in the conclusion is not necessarily always the performance of specific tasks. If people are moved to think in a new way about their relationship to God and to other people, or to ponder the meaning of a particular experience, if they receive insight into the meaning of a Word of God, or become a bit more confident, joyful, and thankful, then action of a significant sort is occurring. The conclusion ought to be the clearest possible channel through which the Holy Spirit can move to bring about commitment.

II. Elements

A. Reference to truth unfolded in the sermon. The conclusion should grow out of what has been said. No new ideas should be brought into the conclusion. Never seek a new subject for the conclusion and then start to develop it. This will divert the attention of the hearers from the central thought and dissipate the power of the theme. Don't try to recover something that may have slipped your mind in the body of the sermon by pasting it into the conclusion. The conclusion is supposed to enforce and to focus previously unfolded truth, especially the theme.

B. Language designed to convey maximal meaning and impact. People derive meaning from and are influenced by language that deals with relationships, feelings, and attitudes. That is why the language of the conclusion must deal not with truth in the abstract but with the truth in the context of a person's relationship to God and to his fellow man. The truth must also be related to people's feelings and attitudes with a view to modifying or strengthening them. You will need to pay attention to sentence structure and word choice, if your language is to be effective. Keep the sentences generally simple and the order climatic. Avoid florid, self-conscious verbiage. In choosing words, ask yourself whether a word has the same meaning for the hearers as it has for you. Be aware not only of the denotative but of the connotative meaning of words so that you express what you intend as accurately as possible. Make the conclusion brief and pointed by practicing economy of words. Avoid cliches and trivial expressions that cause the sermon to die out weakly--and weekly.

C. Forceful final sentence. While the introduction should have an interesting opening sentence the conclusion should have a forceful closing sentence. This last sentence can take many forms--exhortation, admonition, affirmation, invitation, directive, promise, appeal, question, challenge, plea, doxology--all aiming to involve the hearer in decision. Exhortations ("Let us. .") and wishes ("May God grant. . .") may not always provide the strongest incitation to right attitudes and action. Determine what you are trying to accomplish in terms of a faith or life goal, and then let the form of the final sentence be rhetorically and psychologically appropriate. Avoid stereotyped, rubber stamped endings. Ordinarily the wording of the last sentence should be your own. A sermon is a personal witness, and the preacher's own words will carry more weight than the words of another person. The final sentence may define an issue sharply but leave it unresolved. Never, however, should you end with the Law, that is, on a note of fear, threat, or punishment. You may challenge the hearer, but you must not discourage him.

III. Types

A. Recapitulation. This type of conclusion works well in a Theme-and-Parts sermon, particularly when the Parts clearly carry out the line of direction of the theme and when they are coordinate and euphonious.

B. Summation. This type of conclusion may be effective when the theme and the major divisions are not emphasized. Be careful not to rehash the sermon but merely to sum up the major ideas and/or the central thought in a few clear, concise statements.

C. The final application may serve as the conclusion when that application constitutes a climax of the whole sermon, relating the theme in a striking way to the assumptions and experiences of the hearers. After such a climactic application it would be a mistake to attach something more because you are supposed to have a separate section called a conclusion. The hearers may also have sensed that you have come to the end, and they will be irritated and frustrated if you go on. The final application often works best as a conclusion in topical sermons.

D. Text. Repeating the text, especially if it is a short one, or repeating the few words of the text forming the sermon theme for a longer text, can be effective ways of concluding a sermon.

E. Poem or hymn verse. Use a poem or a verse of a poem only if you are convinced that this will be a more telling way of concluding the sermon than your own words. Be particularly careful, when concluding the sermon with a hymn verse, to choose a verse that really enforces the theme, and to use only as much of the hymn or of the verse as is pertinent to the theme or to the final application.

Revising the First Draft

I. What hampers self-criticism?

A. Sense of satisfaction with the complete product; reluctance to make alterations because it is "personal" or "creative"; inability to tell when reluctance is just laziness.

B. Inability to put self in hearer's shoes. The preacher has prepared for many hours; the hearer has no advance preparation. How does he react to what is being said?

C. To overcome these handicaps: prepare to do a close job of revision; set up questions to analyze the first draft in terms of the hearer rather than self.

II. Method of revision.

A. Division-by-division: Are they in the proper sequence? Do they sufficiently set for the theme? Does the introduction lead up to the theme? Is each division properly summarized? Does the conclusion summarize enough of the whole sermon so that the plot is in the hearer's mind? Does it summarize too much so that it is tedious? Does it confront the hearer once more with a response to the persuasive goal?

B. Paragraph-by-paragraph: Noting whether the individual paragraph actually develops the topic suggested by the outline; does it do it sufficiently? Does it do it to a tedious degree? Does it incorporate material that belongs in other paragraphs? Does the paragraph properly link with the preceding and the subsequent ones? Does it make a contribution to the understanding of the theme?

C. Line-by-line: cutting out superfluous words (adjectives and adverbs), replacing ambiguous or flat words with lively and precise ones; noting possible alterations in word-order of sentences, or sentence-order in the paragraph.

III. Mechanics of revision

A. Initial changes can be penciled in.

B. Some paragraphs need to be written out in detail, perhaps several times.

C. Revision does not, like the first draft, have to be done all at one time. It may prove helpful to go through the manuscript once for word changes, another time for exploration of individual paragraphs and their coherence and unity; another time a series of revisions of a given paragraph that has been causing difficulty.

D. Not everything has to be changed. Entire paragraphs will be subsequently useful. Normally those written first and last will need redoing; those done after warmup and before fatigue sets in will be more adequately set forth in the first draft.

OVERVIEW OF SEVEN STEPS IN PREPARING AN EXPOSITORY SERMON

I. Interpreting the sermon text. In sub-steps below write ideas as they come to you. These are precious!

A. General setting of the text. Author. Addressee. Date written. General goal/purpose/outline of book.

B. Immediate Context. Study complete thought units before and after text. Catch author's mood/feelings. Clarify thought progression. Note passages which have Law-Gospel, goal-Malady-Means, materials which amplify textual words/concepts.

C. Text in vernacular. Get overview. Study several modern translations. Note variations among them. List questions to answer in original study. Note vivid phrases, modern expressions, illustrations.

D. Study text in original. Note form of text (parable, miracle, hymn, prayer, sermon, proverb, epistle, narrative, etc.) Use dictionaries, grammars exegetical commentaries. Define all basic words. Note basic parallels in Greek/Hebrew dictionary. Clearup grammatical/syntactical problems. Study critical apparatus (variants, interpolations, parallel accounts etc.)

E. Doctrinal Study. Further study of key words/teachings. Use dictionaries, word books, dogmatic/systematic textbooks, The Lutheran Confessions. Keep growing theologically!

F. Parallel passages/accounts. How is the text different from others? Check margin of Greek/Hebrew text Concordances! Lexicons list parallels. Select passages which augment, apply or illustrate your text. Copy passages.

G. Propers for the day. Unify service. Relate Propers to thrust/ideas of text. Note connections/illustrations.

H. Central Thought. (C.T.) In one sentence, state the outstanding, central unique, applicable teaching of text.

I. Note audience and occasion for sermon.

II. Formulate Goal, Malady, Means statements.

III. Basic Outline. With goal, malady, and means in mind, formulate the theme and the major divisions. Coordinate and subordinate the text thoughts. Carry out line of direction of theme.

IV. Read Commentaries, sermons, and other materials related to the text.

V. The Working Brief. Expand the basic outline by means of A's and B's, 1's and 2's, with concise summary statements of each major subdivision and introduction and conclusion indicated briefly.

VI. The First Draft of the Sermon. Rough draft. Trial verbalization. Write with hearers in mind. Get the feel of the whole sermon.

VII. The Final Draft.

QUESTIONS TO ASK YOURSELF AFTER WRITING
THE FIRST DRAFT OF YOUR SERMON

1. The Introduction

Does the introduction lead to the theme?
Is it unified?
Does it involve the hearer?
Is it arresting?

2. Theme

Is it clear?
Is it unified?
Is it interesting?

3. Does each major argument in the sermon begin with the text, not with a paraphrasing, but with a quoting of the text?

4. Is the theme evident throughout the sermon?

5. Are the parts directed by and subordinate to the theme? Are they coordinate with each other?

6. Does the sermon employ all of the major ideas in the text?

7. Do the illustrations actually illustrate the point you are trying to make?

8. Is each major doctrinal point supported with Scripture proof?

9. Do you repeat in one part what you have said in another part?

10. Does the sermon progress? Do you stick to your point, develop it, and then go to the next point?

11. Does the sermon contain the Law? The preaching of the cross?

12. Is the text applied to the individual hearer in each part?

13. Does the sermon preach the text, the whole text, and nothing but the text?

14. Does the sermon end on a hopeful note?

15. Is the language of the sermon sufficiently clear?

16. Have you used transitional words, phrases, and sentences effectively?

Criteria for Judging the Final Draft of the Sermon

A. Theological Substance: The Word of God's will and love in Jesus Christ was persuasively proclaimed to the hearer.

1. God's grace was revealed and offered to the hearer in the proclamation of the life, death and resurrection of our Lord Jesus Christ.

2. The Gospel was proclaimed to the hearer as God's healing and redeeming power in his life.

3. The Gospel was proclaimed as God's answer to a real human problem in a meaningful way.

4. The hearer was made to see how one or more of his every day problems in life is rooted in a partial or complete separation and alienation from God.

5. The Gospel was proclaimed as God's call to the hearer to be a Christ man in faith and love in a specific area of life.

6. The integrity of the text was maintained, and the unique elements in the text were utilized well.

B. Structural Form: The plan was simple, unified, coherent, moving.

7. The theme was clearly defined at the beginning, and the promise made in it was kept in the sermon.

8. The major divisions were mutually exclusive and related directly to the theme.

9. The paragraphs were unified, distinct, and in continuity.

10.The parts were balanced in terms of the contribution they made to the theme.

C. Style and Strategy: The presentation showed imagination and tact.

11.The language was simple, direct, positive, active, concrete.

12.The hearer was engaged at <u>his</u> own level from the introduction through the conclusion.

13.The basic ideas were made concrete through a good use of life situation application, illustration, etc.

14.The manner of presentation was natural, pastoral, evangelical, confessional, and restrained.

45

INSTRUCTIONS FOR TURNING IN SERMONS

(Sermon Theory I and II)

FOLDER:

Procure a double-pocket folder. Write your name legibly on the extreme upper right hand corner. Place all worksheets (study of the original materials gathered from commentaries, text thoughts, efforts at outline, etc.) bibliography (typed) and outlines (those previously submitted to the instructor) in the left pocket of the folder. Place the sermon in the right hand pocket. Do not use clips or staples on the sermon.

QUOTATIONS:

Any direct quotations from any source must be indicated with quotation marks.

BIBLIOGRAPHY:

All books, periodicals, etc., used by the writer must be included in the bibliography. Any sermon books used must indicate the volume and first page of the sermons.

TYPING INSTRUCTIONS:

Sermons are to be typed on 8½ x 11 paper, double-spaced, with at least fifteen point margins to the left and right. Top and bottom margins should be fairly uniform.

The title page should have the name of the writer, the text reference, and the level of the sermon(Sermon Theory I or Sermon Theory II).

Following the introduction, the theme must be stated (capital letters and centered). List the major parts beneath the theme thus:

THEME

I -----
II -----
III -----

The corresponding Roman numeral I, II, or III is to be centered at the place on the page where each major part begins, and the subparts (I, A, I, A, 2, etc.) are to be indicated in the margin of the sermon to correspond with capital letters and arabic numbers used in the outline.

Abstrakt

Gerhard Ahos homiletischer Ansatz beruht auf einer profunden Kenntnis der Geschichte der Homiletik in Europa und Nordamerika und seiner eigenständigen Weiterarbeit auf dieser Grundlage im Kontext seiner Zeit. Auf dem Weg der nordamerikanischen Homiletik vom ausgehenden 19. Jahrhundert bis in die 80er Jahre des 20. Jahrhunderts wird er so zu einem Paradigma, an dem Folgendes deutlich wird:

- Die nordamerikanische Homiletik knüpft in ungebrochener Linie an die klassische europäische Rhetorik und an den Beitrag der Alten Kirche und der Reformation zu ihrer Dienstbarmachung für die Predigt an. Sie rezipiert diese im 20. Jahrhundert vor dem Hintergrund der gesellschaftlichen Veränderungen;
- die Auseinandersetzung der deutschen Theologie mit dem Wort Gottes wird in Amerika intensiv wahrgenommen und trägt in der Bewegung der *new homiletic* zu einem umfassenden homiletischen Umbruch bei;
- Aho steht in einer Reihe lutherischer Homiletiker, die den Dreiklang von prinzipieller, formaler und materialer Homiletik in besonderer Weise systematisch- und praktisch-theologisch reflektieren;
- er steht zudem für den nordeuropäischen Zweig der Missouri-Synode, der geprägt ist von pietistischen Erweckungsbewegungen, dem neukonfessionellen Luthertum und der transkulturellen Erfahrung des neuen gesellschaftlichen und kirchlichen Umfelds in Nordamerika;
- er steht persönlich für die lutherische Tradition wissenschaftlicher Theologie in einem Umfeld, in dem die Praxis häufig zum definierenden Kriterium wird.

Aho selbst veröffentlicht nur in begrenztem Maße Schriftliches. Dies hat zum einen mit seiner Persönlichkeit zu tun, die hinter die Sache zurücktritt, zum anderen mit der Priorität, die er der Ausbildung von Seminaristen und der homiletischen Begleitung von Pfarrern im Gemeindedienst beimisst. Die Wirkungsgeschichte seines Ansatzes wird daran deutlich, dass an beiden Seminaren der Missouri-Synode heute intensiv auf diesem Hintergrund weitergearbeitet wird und dass dessen Einfluss geographisch und sprachlich über den englischsprachigen Raum Nordamerikas hinaus reicht. Er leistet damit einen wichtigen Beitrag zu einer transkulturellen homiletischen Theorie und Praxis.